Geschichte der deutschen Literatur
von den Anfängen bis zum Beginn der Neuzeit

Herausgegeben von Joachim Heinzle

Band I/1

Geschichte der deutschen Literatur
von den Anfängen bis zum Beginn der Neuzeit

Herausgegeben von Joachim Heinzle
unter Mitwirkung von Wolfgang Haubrichs, Johannes Janota, L. Peter Johnson, Gisela Vollmann-Profe, Werner Williams-Krapp

Plan des Gesamtwerks:

Band I: Von den Anfängen zum hohen Mittelalter
Teilband I/1: Die Anfänge: Versuche volkssprachiger Schriftlichkeit im frühen Mittelalter
Von Wolfgang Haubrichs
Teilband I/2: Wiederbeginn volkssprachiger Schriftlichkeit im hohen Mittelalter
Von Gisela Vollmann-Profe

Band II: Vom hohen zum späten Mittelalter
Teilband II/1: Die höfische Literatur der Blütezeit
Von L. Peter Johnson
Teilband II/2: Wandlungen und Neuansätze im 13. Jahrhundert
Von Joachim Heinzle

Band III: Vom späten Mittelalter zum Beginn der Neuzeit
Teilband III/1: 14. Jahrhundert
Von Johannes Janota
Teilband III/2: 15. Jahrhundert/Perspektiven des 16. Jahrhunderts
Von Werner Williams-Krapp

Geschichte der deutschen Literatur von den Anfängen bis zum Beginn der Neuzeit

Herausgegeben von Joachim Heinzle

Band I: Von den Anfängen zum hohen Mittelalter

Teil 1: Die Anfänge: Versuche volkssprachiger Schriftlichkeit im frühen Mittelalter (ca. 700–1050/60)

von Wolfgang Haubrichs

2., durchgesehene Auflage

Max Niemeyer Verlag Tübingen
1995

Quellenverzeichnis der Abbildungen

Abb. 1: Rheinisches Landesmuseum Bonn
Abb. 2: Ausstellungskatalog Karl der Große – Werk und Wirkung. Aachen 1965
Abb. 3: Stiftsbibliothek St. Gallen
Abb. 4: Musée du Louvre Paris
Abb. 5: British Museum London
Abb. 6: Bibliothèque Municipale Valenciennes
Abb. 7: Bayerische Staatsbibliothek München
Abb. 8: Kunsthistorisches Museum Wien
Abb. 9: Österreichische Nationalbibliothek Wien
Abb. 10: Stiftsbibliothek St. Gallen
Abb. 11: Stiftsbibliothek St. Gallen
Abb. 12: Bayerische Staatsbibliothek München
Abb. 13: Österreichische Nationalbibliothek Wien
Abb. 14: Österreichische Nationalbibliothek Wien
Abb. 15: Österreichische Nationalbibliothek Wien
Abb. 16: Bayerische Staatsbibliothek München

Umschlagbild: Notker I. Balbulus von St. Gallen, Einzelblatt, Staatsarchiv Zürich AG 19 XXXV, ursprünglich vor den Sequenzen des Notker Balbulus im Codex Sangallensis 376 plaziert (um 1075).

Die Deutsche Bibliothek – CIP-Einheitsaufnahme

Geschichte der deutschen Literatur von den Anfängen bis zum Beginn der Neuzeit
/hrsg. von Joachim Heinzle. – Tübingen : Niemeyer.
Früher im Athenäum-Verl., Frankfurt am Main
NE: Heinzle, Joachim [Hrsg.]

ISBN 3-484-10700-6

Bd. 1. Von den Anfängen zum hohen Mittelalter.
Teil 1: Die Anfänge: Versuche volkssprachiger Schriftlichkeit im frühen Mittelalter: (ca. 700-1050/60) / von Wolfgang Haubrichs. – 2., durchges. Aufl. – 1995

ISBN 3-484-10701-4

Satz: Williams Graphics, Abergele
Druck: Gulde-Druck GmbH, Tübingen
Einband: Heinrich Koch, Tübingen

Inhaltsverzeichnis

Vorwort zur 1. Auflage

Eine Geschichte der volkssprachigen Literatur der karolingischen und ottonischen Epoche hat den Umstand zu bedenken, daß „das Frühmittelalter den äußersten Kontrastpunkt zur eigenen Lebens- und Denkwelt bildet" (Arnold Angenendt). Auch kann die Kenntnis des Althochdeutschen und damit eigenständiger Zugang zu den Texten nur bei den wenigsten Lesern vermutet werden. Um so mehr bedarf daher die Darstellung der Evokation vergangener literarischer Formen, vergangener artistischer Formung durch das Zitat, durch die exemplarische, eine Übersetzung einschließende Textdarbietung.

Freilich läßt sich der Klang althochdeutscher Sprache nicht so ohne weiteres erwecken: die frühmittelalterlichen Schreiber haben sehr verschiedene orthographische Konventionen befolgt, und sie haben Konventionen befolgt, die von unseren orthographischen Normen weit weg liegen. Deshalb ist die Schreibung althochdeutscher Texte behutsam vereinheitlicht worden. Die wichtigsten Abweichungen von neuhochdeutscher Schreibnorm seien, um dem Leser eine Hilfe bei der Realisation dieser Texte zu bieten, im folgenden notiert: Der [w]-Laut wird in Lautverbindungen mit Konsonanten wie [hw], [sw] auch durch einfaches ‹v› wiedergegeben. Dagegen bezeichnet ansonsten ‹v› wie ‹f› den Laut [f]. Zwischen Vokalen hat ‹hh› und vor Konsonanten sowie im Auslaut hat ‹h› denselben Lautwert wie neuhochdeutsches ‹ch›. Nach Vokal geben ‹z›, ‹zz› zumeist ein stimmloses [s] wieder, können aber auch – wie im Neuhochdeutschen – die Affrikate [ts] bezeichnen. Das Zeichen ‹þ› gibt einen dem englischen ‹th› ähnlichen Laut wieder, ebenso (vor allem in altsächsischen Zitaten) ‹đ›. Altsächsisches durchstrichenes ‹ƀ› bezeichnet einen dem neuhochdeutschen [w] ähnlichen weichen Reibelaut (Lenisspirans). Zum Zeichen der Vokallänge werden Zirkumflex oder ein Strich über dem Buchstaben (z.B. in langem â = ā) verwandt, in altnordischen Wörtern auch der Akut (á). Ausdrücklich sei auf die für die reiche Klangfarbe des Althochdeutschen mitverantwortlichen Zwielaute (Diphthonge) [iu], [eu], [eo], [ea], [ia], [ie], [uo], [ua], [oa], [ai], [ei] aufmerksam gemacht, die nicht nach neuhochdeutschen Ausspracheangewohnheiten, sondern im Zusammensprechen der Einzelvokale realisiert werden wollen. Schließlich sind noch einige Besonderheiten poetischer Texte (vor allem aus dem ‚Evangelienbuch' des Otfrid von Weißenburg) zu erwähnen: Die dort zu findenden Akzente dienten einem rezitativen, dem Sprechgesang in den Lektionen der Messe ähnlichen Vortrag; einem Vokal untergesetzte Punkte bezeichnen Tilgung dieses Lautes und dienen einer metrisch gebotenen Verschleifung zweier Wörter.

Die Ferne des frühen Mittelalters machte eine Einbettung der Literaturgeschichte in die allgemeine Geschichte, in Sozial- und Kulturgeschichte notwendig. Ich kann nur hoffen, daß mir dabei nicht allzuviel zu schief geraten ist und die betroffenen Fachkollegen mir diese Exkursionen im interdisziplinären Grenzland nachsehen werden. Die literarhistorische Methode, die in diesem Buche verfolgt wurde, bedient sich vorwiegend der funktionalen Perspektive, d.h. es wird weniger den Ursachen, die einzelne Phänomene der Literaturgeschichte haben, nachgegangen als ihren Funktionen, ihrem im Gebrauch sich offenbarenden Wesen. Gerade die althochdeutschen Texte sind selten welthaltig, beschreiben kaum außerliterarische Realität, vielmehr sind sie durchweg Instrumente in einem wohl zu definierenden Gebrauchszusammenhang. Sie handeln nicht nur von etwas, sondern vermittels ihrer wird gehandelt.

Dieser Band ist (wenn auch nicht zuerst erschienen) der erste Band in einer mehrbändigen Geschichte der deutschen Literatur des Mittelalters. Daraus ergeben sich besondere Verpflichtungen und Eigenheiten. Eine der Verpflichtungen ist es, daß in diesem Bande über die Anfänge der deutschen Literatur gerade im Bereich einfacher Gattungen und Gebrauchsformen, z.B. der Übersetzungen, Beichten, Segen- und Zaubersprüche manches exemplarisch zu behandeln ist, das den späteren Epochen zwar nicht fehlt, doch in der Darstellung zugunsten entwickelterer Formen zurücktreten muß. Eine der Eigenheiten ist es, daß in einem Anfangsbande Elemente jener kulturellen und literarischen Techniken und Institutionen wie Bildungsvermittlung, Schreib- und Buchwesen beschrieben werden müssen, die Literatur überhaupt erst ermöglichten.

Vielen habe ich zu danken, ohne deren Hilfe das Buch nicht hätte geschrieben werden können. Einige seien hier besonders genannt: Meine skandinavistische Kollegin Edith Marold (Saarbrücken) für ihre sorgsame und wertvolle Durchsicht der Passagen, welche die so vielfältig mit der alten Literatur des Nordens verwobene Heldensage betreffen; der Herausgeber Joachim Heinzle und mein Freund Ernst von Borries (München) für aufmerksame, kritische und anregende Lektüre des Manuskripts; meine Mitarbeiter und Mitarbeiterinnen Monika Buchmüller, Peter Godglück und Christa Jochum für sorgfältiges Korrekturlesen und für geduldige Erstellung von Literaturverzeichnis und Register. Vor anderen aber gebührt Dank meiner Frau Doris, die das allzulange lange Entstehen dieses Buches lesend, helfend und duldend begleitet hat.

St. Ingbert, im Mai 1988 Wolfgang Haubrichs

Vorwort zur 2. Auflage

Der Text der 2. Auflage wurde durchgesehen, korrigiert; die Literaturhinweise wurden ergänzt und auf den erreichbaren Stand gebracht. Allen sei gedankt, die mich in Rezensionen und Briefen auf Fehler und Versehen aufmerksam machten.

St. Ingbert, im August 1994 Wolfgang Haubrichs

TEIL 1

Die Anfänge: Versuche volkssprachiger Schriftlichkeit im frühen Mittelalter (ca. 700–1050/60)

von Wolfgang Haubrichs

Einleitung: Die Welt des frühen Mittelalters

Oft nennt man die Periode „deutscher" Literatur, von der in diesem Buch zu sprechen ist, die althochdeutsche Periode. Von diesem Begriff ist hier – obwohl er sich, wie wir noch sehen werden, in bestimmter Hinsicht als unumgänglich erweist – zunächst einmal bewußt Abstand genommen worden. Distanz zum Begriff „Althochdeutsch" empfiehlt sich aus zwei Gründen. Zum einen existiert eine „deutsche" Sprache in der Zeit des achten bis elften Jahrhunderts noch nicht, sie wird erst. Erst in einem lange Jahrhunderte dauernden Prozeß entstand aus den „theodisken" Idiomen, den Volkssprachen einiger früher westgermanischer Stämme, der Franken, Thüringer, Alamannen, Bayern und anfänglich auch Langobarden, die *tiuschiu zunge* Walthers von der Vogelweide, und auch da war ihre Einheit noch nicht vollendet, denn wie kaum eine andere Sprache Europas wird das Deutsche geprägt von der Vielfalt seiner Dialekte, seiner regionalen Varianten, die sich ableitet aus Siedlung, Kultur und Geschichte der Frühzeit. Und dabei wäre dann immer noch abgesehen von den nicht ins „Deutsche" integrierten Sprachen des Altsächsischen und Altniederfränkischen, in denen immerhin im frühen Mittelalter geschrieben und gedichtet wurde. Aber auch in einem anderen, politischen und kulturellen Sinne läßt sich für diese Zeit nicht von „deutsch" reden; auch dieser Horizont des „Deutschen" bildete sich erst im Zusammenspiel der Stämme und der sie umklammernden politischen Einheiten, wie es Königtum und Reiche sind, der übergreifenden kulturellen Institutionen wie es Sprache, Zivilisation, Kirche, ja auch Literatur sind, allmählich aus.

So bevorzugen wir hier den Begriff des frühen Mittelalters, der die beiden Epochen des fränkischen Reiches, die merowingische und karolingische, und auch noch die Neuformation Europas auf dem Boden dieses Reiches zwischen dem Tode Ludwigs des Frommen (840) und dem elften Jahrhundert umfaßt.

Frühes Mittelalter, das enthält einen Ruch archaischer Fremdheit, eine Vision der Anfänge. Anfang ist die volkssprachige Literatur des Mittelalters schon, indem sie Literatur ist, oder besser auch hier: wird. Zum ersten Mal wird im Bereich jener Stämme, aus denen das deutsche Volk sich bilden sollte, in eigener Sprache, *propria lingua*, geschrieben. Aber dieses Beginnen hat doch seine Wurzeln: Volkssprachige Literatur des frühen Mittelalters wächst hervor aus der nur in ihren verschrifteten Reflexen noch faßbaren, aus ihrer Latinisierung und historischen Akkulturation erschließbaren, ja oft nur noch aus ihrer bloßen Erwähnung rekonstruierbaren mündlichen Dichtung der Stämme und ihrer führenden Schichten. So gehört denn auch die „Vorgeschichte des deutschen Schrifttums", wenn auch nicht als eigene Gestalt, so doch als Boden und Hintergrund zum Verständnis der Literatur des frühen Mittelalters. Diese Literatur ist aber auch nicht denkbar ohne die Vaterschaft der eigentlichen Kultursprache der Gebildeten, der *litterati*, der Buchstabenbesitzer jener Zeit, des Lateins also. Hieraus ist nicht abzuleiten, daß die lateinische Literatur des frühen Mittelalters die zahlreichen Überlieferungslücken der volkssprachigen Literatur zu füllen habe. Diese scheinbaren Lücken sind Symptom, sind literarhistorischer Befund, der nicht therapiert werden darf. Die volkssprachigen Denkmäler des frühen Mittelalters wachsen in funktional definierbaren Situationen, zu Zwecken, die mit der Kultursprache nicht erreichbar waren, je einzeln aus dem massigen, reichen und fruchtbaren lateinischen Boden der Literatur heraus, sind dann aber, als Schöpfungen extremer Situationen, oft Spitzengewächse. So gilt es, jeweils am eigenen Ort das Terrain sichtbar zu machen, auf dem die volkssprachigen Texte siedelten, aber auch die Zwecke, zu denen sie geschaffen wurden. Daß Literaturgeschichte hier Funktionsgeschichte werden muß, ergibt sich von selbst.

Verwoben ist die volkssprachige Literatur des Mittelalters mit der in viele Äste, theologische, wissenschaftliche, juristische, poetische und andere, verzweigten lateinischen Literatur, aber auch mit den Schwestersprachen der Romania und der Angelsachsen, jedes Einzelstück für sich in eigenem Geflecht sitzend und nur selten zu literarhistorischer Kontinuität gelangend. Auch hieraus ergibt sich, daß Literaturgeschichte im gewohnten neuzeitlichen Sinne auf der Basis sprachimmanenter Sequenzen und literarischer Reihen hier nicht zu schreiben ist. Viele der Autoren jener Zeit schrieben sich in die Volkssprache hinein mit dem Bewußtsein, etwas völlig Neues zu tun, am deutlichsten in den sechziger Jahren des neunten Jahrhunderts Otfrid von Weißenburg mit seiner poetischen Evangelienübersetzung und zu Beginn des elften Jahrhunderts der St. Galler Mönch Notker Labeo, der den Beinamen *Teutonicus* („der Deutsche") empfing.

Diese „deutsche" Literatur der Jahrhunderte zwischen 700 und 1050 gehört mehr zur Vorgeschichte Europas denn zur deutschen Vorgeschichte. Sie ist fremd durch ihre Sprache, die sich am Ende dieses Zeitraumes radikal gewandelt haben wird, so daß sie den Nachlebenden wohl kaum noch verständlich war, sie ist fremd in ihren Themen und fremd in ihren Zwecken. Aber gerade dadurch lehrt sie etwas über den Menschen des frühen Mittelalters, über seine Kultur, sein Denken, sein Verhalten, wenn wir sie nicht in eine falsche Kontinuität „deutscher" Literaturgeschichte einbinden. Ihr Erbe reicht weiter.

Ihre Fremdheit gilt es zu evozieren, und das heißt zunächst, den fernen Raum, in dem sie spielt, einzugrenzen. So läßt sich am Anfang dieses

Buches nicht mit der Literatur, die es nicht gibt, die erst wird, beginnen, sondern mit der Organisation des Raumes, den Menschen, ihren Bindungen und Strukturen, den Bedingungen und Zwängen, die Sprache, Religion, Kultur und Politik auferlegen. Nur so wird die Sinnhaftigkeit dieser Literatur sichtbar, welchen Zwecken sie diente, wovon sie Teil und Ausschnitt, wofür sie Ganzes und Begriff ist.

Raum, Menschen und Strukturen

Als der Mönch und *magister* Otfrid von Weißenburg zwischen 863 und 871 seine Evangelienharmonie Ludwig dem Deutschen, dem König des ostfränkischen Reiches (833–876), widmete, da begann er sein Widmungsschreiben so:

Lúdowig ther snéllo, thes wísduames fóllo,
er óstarrichi ríhtit al, so Fránkono kúning scal;
Ubar Fránkono lant so gengit éllu sin giwalt...

(„Ludwig der Kühne, voll der Weisheit, herrscht über das Ostreich ganz so, wie es einem König der Franken wohl ansteht; über das Land der Franken geht all seine Macht...“).

Als ein unbekannter Dichter in den Jahren 881/82 den westfränkischen König Ludwig III. (879–882) anläßlich eines überraschenden Sieges über die Normannen rühmte, tat er es so (v. 4ff.):

Holoda inan truhtin, Magaczogo warth her sin.
Gab her imo dugidi, Fronisc githigini,
Stuol hier in Vrankon...

(„Der Herr selbst nahm sich seiner an, er ward sein Erzieher. Er gab ihm Stärke, gab ihm ein herrscherliches Gefolge, gab ihm den Thron hier in Franken...).

Diese Könige aus dem Geschlecht Karls des Großen, tapfer und weise wie Könige des alten Testaments, erzogen, begabt und eingesetzt von Gott, herrschen in beiden panegyrischen Texten über Volk und Land der Franken. Und doch wissen wir, daß im Reiche Ludwigs des Deutschen auch Bayern, Alamannen, Thüringer, Sachsen, Friesen, Slawen und Rätoromanen lebten, daß die Krone Ludwigs III. Franken und Romanen, von denen einige dem Rechte nach sich als Goten und Burgunder fühlten, vereinigte, während die meisten seiner Franken längst romanisch sprachen. Alle diese Stämme, Völker, *gentes* waren seit der Zeit der Merowinger vom fränkischen Reichsvolk unterworfen worden, waren in ein Großreich integriert worden, das von Magdeburg bis nach Barcelona, von Hamburg und der Bretagne bis nach Spoleto in Süditalien reichte, das auf erstaunliche Weise sich wandelnd mehrere Jahrhunderte überdauerte und auch jetzt noch, in der Zeit Ludwigs des Deutschen und Ludwigs III. von Westfranken, nach vollzogener Spaltung, deren Endgültigkeit man freilich noch nicht absah, eine Faszination verströmte, die sich vor allem im Namen der Franken sammelte.

Längst hatten die Geschichtsschreiber des eigenen Volkes den stolzen Namen der Franken mit den Helden der Antike verbunden. Der fränkische Geschichtsschreiber des siebten Jahrhunderts, Pseudo-Fredegar, und der im Umkreis der aufsteigenden Vorfahren Karls des Großen um 727 entstandene ‚Liber Historiae Francorum' („Buch fränkischer Geschichte") hatten die fränkischen Könige von den trojanischen Fürsten Priamus und Antenor hergeleitet, so wie sich die Römer auf den trojanischen Helden Aeneas zurückführten. Wie eine Beschreibung der fränkischen Geschichte klingt es, wenn der ‚Liber' anhebt, die Trojaner zu schildern: *Gens illa fortis et valida*... „Jenes Volk war tapfer und stark, die Männer alle Krieger und unbezähmbar, stets waren sie in Kämpfe verwickelt, bis sie die Nachbarvölker im Umkreis unterworfen hatten". Und in der Tat formuliert der 763/64 in der Kanzlei König Pippins entstandene Prolog zur ‚Lex Salica' („Recht der salischen Franken") das Selbstverständnis der Franken ganz ähnlich: *Gens Francorum inclita*... „das berühmte Volk der Franken, von Gott gegründet, stark in den Waffen, treu in seinen Bündnissen, klug in seinen Ratschlüssen, von edler Gestalt, von unversehrtem Glanz, von erlesener Bildung, kühn, tapfer und ausdauernd, zum katholischen Glauben bekehrt und gefeit gegen den Irrglauben".

Die Franken hatten sich in der Anknüpfung an die Helden der Antike literarische Legitimität verschafft. Ihre Taten, ihr Stolz, ihr Ruhm aber waren es – so faßt es wenigstens Otfrid von Weißenburg auf –, die sie zu literarischem Gebrauch der Sprache ihrer *gens* legitimierten, ja geradezu verpflichteten. Ludwig dem Deutschen teilt er mit, daß er die Evangelien übersetze, damit man höre, was Christus in diesen heiligen Schriften *Fránkono thiet*, dem „Volke der Franken", gebiete (Ad Lud. 89f.). Sein Unternehmen, das die fränkische Sprache neben die Literatursprachen (*edilzungen*) der Griechen und Römer stellen soll, begründet er mit ihrem Reichtum, mit ihrer Kunstfertigkeit in Ackerbau und Technik, mit ihrer Klugheit, vor allem aber mit ihrer kriegerischen Tüchtigkeit. Kein Volk, weder der Gegenwart noch des Altertums, kann es darin mit ihnen aufnehmen: sie sind unbezwungen. Auch er kennt die fränkische Trojasage. Mit Pseudo-Fredegar ordnet er sie dem ebenfalls Troja entsprungenen Geschlecht, der Sippe Alexanders des Großen zu (I, 1, 87ff.). Und in Anlehnung an den Beginn des Lukas-Evangeliums schließt er (I, 1, 31f.):

Nu es fílu manno inthíhit, in sína zungun scríbit,
joh ílit, er gigáhe, thaz sínaz io gihóhe:
Wánana sculun Fránkon éinon thaz biwánkon,
ni sie in frénkisgon bigínnen, sie gotes lób singen?

(„Da es nun viele Völker unternehmen, in der eigenen Sprache zu schreiben, und viele sich eifrig bemühen, ihren eigenen Wert damit zu erhöhen: Warum sollen allein die Franken darauf verzichten, in ihrer fränkischen Sprache Gottes Lob zu singen?").

Deutlich wird bei Otfrid, wie aus dem gentilen, ja imperialen Bewußtsein des Frankenvolkes der am Vorbild der antiken Reichsvölker orientierte, wenn auch christlich gewendete Repräsentations- und Ostentationswert der Literatur entspringt. Politik, Religion, Kultur, Literatur – wir hören es hier nur zum ersten Mal – sind untrennbar in diesen frühen Zeiten.

Mit Otfrid und dem ‚Ludwigslied' bewegen wir uns schon in der Spätzeit des Reichsvolkes der Franken, in der wie so oft in Spätzeiten der politische Mythos die Vorzeit beschwört, um die augenscheinlich schmaler gewordene Realität neu zu interpretieren. Die merowingischen Könige des sechsten Jahrhunderts, allen voran Chlodwig (481–511), hatten die umliegenden Völker, die konkurrierenden *gentes* unterworfen. Mit den Romanen der gallischen und rheinischen Reste des Römerreiches waren sie eine fruchtbare Symbiose eingegangen, die allmählich zur Verschmelzung der Oberschichten der Völker führte. Mit Chlodwigs Taufe (um 498) hatten sie zuerst das katholische Christentum angenommen und hatten es in langen Jahrhunderten der Verbreitung, mit der Hilfe aquitanischer, irischer und angelsächsisch-römischer Glaubensboten, zumindest für die Oberschicht auch innerlich gewonnen. Franken gründeten seit dem ausgehenden sechsten Jahrhundert zunehmend Kirchen, in denen sie sich begraben ließen, Klöster, die ihnen gehörten und in die Verwandte und Abhängige eintraten. Franken besetzten seit dem siebten Jahrhundert zunehmend neben den Romanen die Bischofsstühle des weiten fränkischen Reiches. Franken wurden Heilige: Familien, die Heilige zu den Ihren zählten, stiegen auf, die Karolinger, das Geschlecht Karls des Großen, sind das vornehmste Beispiel.

Das siebte Jahrhundert brachte den Niedergang des Königtums und den Aufstieg eines machtbewußten Adels, der sich seine eigenen Zentren und Basen schuf. Vor allem im Osten schwanden die alten Römerstädte in ihrer Bedeutung, die Macht verlagerte sich auf die ländlichen Zentren, die *curtes* („Adelshöfe") und die Klöster, die nun bevorzugt auf dem Lande entstanden. Wie der König, wenn auch in kleinerem Maßstabe, herrschte ein Angehöriger des fränkischen Reichsadels, umgeben von seinen *satellites* („Vasallen") oder dem *fronisc githigini*, dem kriegerischen Gefolge, über weiten Streubesitz, der – wie wir am Beispiel des in einer frühen Urkunde (634) mit seinem Gesamtbesitz genannten Verduner Diakons Adalgisil Grimo erkennen können – von der belgischen Maas bei Lüttich bis an die Mosel bei Trier und wiederum nach Westen bis nach Verdun, im Osten aber bis in den Hunsrück reichen mochte. Diese Jahre bringen nicht nur den Abstieg des merowingischen Königstums, sie bringen auch in mehreren Siedlungswellen, an denen der merowingische Adel führend beteiligt gewesen sein muß, die Frankisierung Lothringens um das seit dem Ende des 6. Jahrhunderts aufsteigende Metz, die Kapitale des Teilreichs Austrasien, und von diesem Glacis und der rheinischen Basis aus die Eroberung, politische Integration und Frankisierung der rechtsrheinischen Lande, des „Amerikas der Franken".

Noch scheint alles auseinanderzustreben, das Reich in seine Teile zu zerfallen, da entsteht aus dem Schoße der austrasischen Aristokratie, gesichert durch das Ansehen zweier Hausmeier merowingischer Könige, Pippins († 640) und Grimoalds († 661/62), und die Heiligkeit des Bischofs Arnulf von Metz (614–629), dennoch über ein Jahrhundert im Kampfe stehend, die neue Dynastie fränkischer Könige, die später den Namen ‚Karolinger' tragen wird. Im Bündnis mit der römischen Kirche stößt Pippin der Jüngere den letzten Merowinger vom Thron und läßt sich 751 zum König der Franken salben. In unaufhörlichen Kriegen und Feldzügen einen und verteidigen die Karolinger das fränkische Großreich – und so wird es noch lange bleiben. Pippins Sohn Karl erobert das langobardische Italien; in jahrzehntelangen Kämpfen unterwirft er die Sachsen, zwingt ihnen das Christentum auf. In einem spektakulären, aber auch umstrittenen Akt erwirbt Karl am Weihnachtstage des Jahres 800 das *nomen imperatoris* („Würde und Titel des Kaisers"), wird vom Papst zum Kaiser gekrönt. Die Kaiserwürde als Ausdruck der Suprematie über die auf dem Boden der Westhälfte des alten Römerreiches siedelnden Völker wird von nun an die *stirps regia* („Königssippe") der Karolinger und viele königliche Geschlechter nach ihr in ihren Bann ziehen.

Als Memorialbildnis des Reichsgründers hat man wohl die bronzene Reiterstatuette aus der Mitte des neunten Jahrhunderts zu deuten, die einen nach Typus, Tracht und Insignien karolingischen Herrscher zeigt, der wie das Reiterstandbild des oströmischen Kaisers Justinian vor der Hagia Sophia zu Konstantinopel den Globus als Zeichen der imperialen Herrschaft in der Linken hält, und die am Sterbetag des großen Kaisers auf dem Lettner der Kathedrale von Metz, der Heimatstadt des Königgeschlechtes, zwischen brennenden Kerzen zur Verehrung ausgestellt wurde (s. Abb. 4).

Das römische Kaisertum scheint die überpersonale Einheit des Reiches zu garantieren, durch setzt sich jedoch das germanische Erbe, dem das Reich, und sei es noch so groß, wie Haus und Hof erscheint, wie Besitz, den es nach dem Tode des Vaters unter die Söhne zu teilen gilt. Die Enkel Karls des Großen teilen das Reich, wenn auch ohne das Bewußtsein der Endgültigkeit. Dennoch geht vom Teilungsvertrag von Verdun (843) eine neue Ordnung aus, ein neues System der Mächte, das eine Formation von Zentrum und Peripherie ankündigt, wie sie im elften und zwölften Jahrhundert wirksam wird. Ein Westreich, ein Ostreich und ein bald auf die vorgenannten aufgeteiltes Mittelreich entstehen; der Gedanke der fränkischen Einheit verliert sich im Prozeß der auch besitzmäßigen Neuorientierung und Neuformierung des Reichsadels und unter den Schlägen von Invasoren, von Normannen, Sarazenen und Ungarn. Das Renommee der karolingischen Königssippe zerstiebt, 911 tritt im Ostreich an ihre Stelle der glücklose Konrad, 919 etabliert sich mit Heinrich I. das aus Sachsen kommende neue Geschlecht der Ottonen, das seinerseits 1024 wiederum von den verwandten, im fränkischen Worms- und Speyergau aufgestiegenen Saliern abgelöst wird. Im Westreich setzt sich 987 endgültig mit dem Herzog Hugo Capet von Franzien eine neue, die kapetingische Dynastie durch. Deutschland und Frankreich kündigen sich von ferne an. Im Osten entstehen mit den slawischen Königreichen der Polen und Böhmen und der Etablierung der Ungarn im Raum von Donau und Theiß neue periphere Gravitationszentren.

So ist die Zeit des frühen Mittelalters wie alle anderen Zeiten auch eine Zeit des Wandels, der Umbrüche, wenn wir auf die politische Ebene schauen. Doch gibt es auf anderen Ebenen auch stabile, sich nur allmählich oder gar nicht transformierende Strukturen.

Wie viele Menschen zur Karolingerzeit im Frankenreich lebten, darüber gibt es sehr unterschiedliche Schätzungen. Vielleicht waren es etwa 10 Millionen. Sicher ist, daß die Lebenswelt der erdrückenden Mehrheit durch agrarische Wirtschaftsweise bestimmt war. Die bäuerliche Lebensweise prägte durchaus auch das Bewußtsein der Intellektuellen. Wenn Otfrid von Weißenburg Glanz und Ruhm der Franken beschreibt, dann steht für ihn noch vor dem Reichtum an Bodenschätzen wie Kupfer, Eisen, Silber und Gold die Kunst des Bauern (I, 1, 65ff.):

Sie búent mit gizíugon (joh warun io thes giwón)
in gúatemo lánte; bi thíu sint sịẹ únscante.
Iz ist fílu feizit (hárto ist iz giwéizit)
mit mánagfalten éhtin...

„Sie leben in bester Ausstattung – und das nicht erst seit heute – auf gutem Land; zum Ruhme gereicht ihnen dies. Das Land ist – wie jeder weiß – überaus fruchtbar und gesegnet mit mannigfaltigen Gütern...").

Jedoch war noch in karolingischer Zeit der größte Teil des Landes Waldwüste und Waldgebirge, wie es der belgische Kohlenwald, die Ardennen, der Argonnerwald, der von Basel bis vor die Tore von Trier reichende *Vosagus* (Vogesen, Haardt und Hunsrück), die *silva Buchonia* (die rechtsrheinischen deutschen Mittelgebirge) und viele andere waren. Noch um 813/14 meldete Bischof Frothar von Toul für seine vogesennahe Diözese die Tötung von 240 Wölfen in einem Jahr. In diese unwirtliche, gefahrvolle Umgebung waren kleinere und größere Siedlungskammern und Siedlungsinseln auf den fruchtbaren Böden und entlang der Flüsse hineingesprengt. Aus ihnen entstanden die Gaue (*pagi*), wie sie uns in den urkundlichen Quellen des fränkischen Großreiches und seiner Nachfolgestaaten in großer Anzahl entgegentreten. In diesen Siedlungskammern lagen zahlreiche Dörfer von zwanzig bis vierzig Bauernhöfen (so vor allem im Rheinland), in anderen Regionen dominierten dagegen große Einzelhöfe, vom Zaun umschlossen, mit dem Wohnhaus als Mittelpunkt, um den sich weitere Funktionsgebäude gruppierten. Die im Ganzen eher noch spärlichen Ausgrabungen fränkischer Dörfer zeigen, daß wir es vorwiegend mit Flechtwandhäusern und eingetieften Grubenhäusern zu tun haben (vgl. Abb. 1).

Quer zu den bäuerlichen Siedlungsstrukturen lagen die grundherrschaftlichen. Ein Grundherr, sei es nun der König, ein Adliger oder eine Kirche, verfügte in der Regel über „ein System von Haupthöfen, Nebenhöfen und abhängigen Bauern" (Reinhard Schneider), das ganze Siedlungseinheiten erfassen konnte, zumeist aber nur noch Teile von verschiedenen Dörfern an sich band. Die Haupt- und Herrenhöfe (*curtes dominicae*) lagen im unmittelbaren Bereich der frühmittelalterlichen Siedlungen. Von Palisaden umwehrt, konnten sie als Wohnstätte der adligen Grundherren dienen. Seit dem 10. Jahrhundert, als sich die Rodung in die Wälder hineingefressen hatte, lassen sich auch frühe Adelsburgen fassen, isolierte Herrschaftsmittelpunkte inmitten geschlossener Neulandzonen oder geistlicher Grundherrschaften, die vor dem Zugriff des Königs sicher waren. In der Weise der wirtschaftlichen Organisation und der Herrschaftsausübung nur graduell und quantitativ unterschieden, errichtete der König seine Königshöfe, *palatia* („Pfalzen") inmitten großer Fiskalgutbezirke, die er in ständigem Umherziehen mit Hof und Verwaltung abwechselnd besuchte. Erst Karl der Große schuf in Aachen seit 794 eine feste, an imperiale Repräsentationsgewohnheiten der Spätantike anknüpfende Residenz. Die geistlichen Grundherren dagegen waren von Anfang an auf einen zentralen Mittelpunkt hin orientiert, die Bischöfe und die den Kathedralen, den Bischofskirchen, zugehörigen Klerikergemeinschaften auf die seit römischer Zeit zu Kernzentren um die Domkirche heruntergeschrumpften *civitates* („Stadtgemeinden") wie Köln, Trier, Metz, Mainz, Worms, Speyer und andere oder auf die seit der Karolingerzeit neu erwachsenen Städte rechts des Rheins wie Würzburg, Freising, Paderborn und andere, die Mönchskonvente samt ihren Äbten aber auf ländliche oder vorstädtische Klöster wie Prüm, Fulda, Weißenburg, Reichenau, St. Gallen, Wessobrunn, Corvey oder St. Maximin vor Trier, St. Emmeram vor Regensburg und viele andere (vgl. Abb. 2).

Es bedarf kaum eines Kommentars, daß die Voraussetzungen für Kontinuität und damit für kulturelle und literarische Leistungen in keiner Weise bei der Masse der bäuerlichen Bevölkerung, in geringem Maße beim grundherrlichen Adel, in höherem Maße jedoch in den königlichen *palatia* und vor allem in den Klöstern und Kirchen des Reiches gegeben waren. Sie besaßen zudem eine transpersonale Kontinuität; während sich das Erbe des Adels im Ungunstfalle nach dem Tode des Individuums zerstreute, ergänzten sich Bischofskirchen und Konvente der Klöster in steter Folge – und damit ergänzte sich auch die Organisation. So wie Karl der Große und andere Herrscher diesen strukturellen Vorteil der geistlichen Institutionen nutzten, um das gewaltige, vielfältige, ja disparate Reich zu verklammern, indem sie diesen Institutionen in fernen Teilen des Reiches Besitz übergab und damit ihre Interessen banden, das franzische St. Denis in Lothringen, im Elsaß, in Alemannien und im oberitalienischen Veltlin, das luxemburgische Echternach in Friesland, Franken und Thüringen, das hessische Fulda im Rheinland, in Bayern und Sachsen – so waren es die Beziehungen und Verflechtungen der Klöster und Bischofskirchen, welche literarische Kultur, Innovationen in sich aufnahmen und verbreiteten, Rezeption, wo wir sie denn überhaupt feststellen können, gewährleisteten.

Die Welt des frühen und nicht nur des frühen Mittelalters war eine aristokratisch geprägte Welt. So wie die in den Quellen genannten *maiores* („Großen"), *meliores* („Angesehenen"), *potentes* („Mächtigen"), *proceres* („Vornehmen"), *principes* („Fürsten") als Angehörige einer Oberschicht Träger und Funktionäre der Reichspolitik waren und den weniger Mächtigen und Ohnmächtigen, den *mediocres* („Mittelschichten") und *pauperes* („Armen") gegenüberstanden und im Rahmen der Grundherrschaften über die unfreien Schichten der *servi* („Sklaven") und *mancipia* („Knechte") herrschten, auch wenn diese auf einem Bauernhof saßen und sich eines gewissen Wohlstandes erfreuten, so waren diese „Großen" als Angehörige einer schon wirtschaftlich und sozial ausgezeichneten Führungsschicht auch Träger aller Kultur, von der wir überhaupt Reflexe fassen können, ja in einem gewissen, noch im Detail zu belegenden Maße war diese Kultur Standes- und Institutionenkultur, ob wir uns nun auf die Errichtung von Kirchen und Klöstern, die Pflege der mündlichen Heldendichtung, die Anfertigung von Prachthandschriften oder die Herstellung kunstvoll verzierter, mit Geschmeide geschmückter Waffen und Trachtbestandteile beziehen. Diese Kultur war Teil der Repräsentation adliger Würde und Stellung. Wer zum Adel aufrücken wollte, mußte diese Elemente der Repräsentation ergreifen – wie es zum Spott der Mönche zu Beginn des zehnten Jahrhunderts die St. Gallischen Dorfmeier taten, die sich mit Schild und Schwert rüsteten, Hundemeuten hielten und der Jagd auf Wölfe, Bären und Eber oblagen.

Zwar hat man an der Existenz eines rechtlich gegründeten Adels bei den Franken gezweifelt, jedoch kann zumindest seit dem 7. Jahrhundert an der Tendenz der fränkischen Führungsschicht, Adel zu werden, und an einem sich auch auf Geburt berufenden Sonderbewußtsein nicht gezweifelt werden. So schlägt sich der Mönch Hildemar von Corbie im 9. Jahrhundert als Kommentator der Klosterregel des hl. Benedikt mit den aus einer anderen sozialen Welt, nämlich der der Spätantike, geborenen Bestimmungen des 69. Kapitels der Regel herum: „Es ist zu beachten, daß der hl. Benedikt drei Gruppen unterscheidet, und zwar die Reichen, die Mittleren und die, die keinerlei Besitz haben... Die Adligen bezeichnet er als die ‚Reichen', wogegen die Heilige Schrift sie die ‚Freien' nennt, da es ja viele Arme gibt, die von Geschlecht adlig sind (*nobiles genere*), eben weil sie aus einem adligen Geschlecht stammen (*de nobili genere orti*). Umgekehrt gibt es viele Reiche gemeiner Herkunft (*ignobiles*), und zwar weil sie aus einer bäuerlichen Familie geboren sind (*de rustica progenie nati*)." Wichtig ist, daß Adel hier „eine durch die Geburt abgegrenzte Gruppe" bezeichnet und daß der Autor sich nicht vorstellen kann, „daß es in früheren Zeiten einen derartigen Adel nicht gab" (Hagen Keller). Noch bündiger formuliert der Trierer Chorbischof Thegan, zugleich Vorsteher des Bonner Stiftes St. Cassius um 837, als er einem Günstling Kaiser Ludwigs des Frommen, Erzbischof Ebo von Reims, dessen Aufstieg aus unfreier Herkunft zu einer der höchsten geistlichen Würden des Reiches von der fränkischen Aristokratie bekämpft wurde, in der Lebensbeschreibung des Herrschers (c. 44) selbst zurief: „Der Kaiser machte dich zum Freien, nicht zum Adligen, was unmöglich ist!"

Diese „exklusive Gesellschaftsschicht" des Adels verfügte „allein über Grundherrschaften, politischen Einfluß und Zugang zu königlichen und kirchlichen Ämtern". Sie war „der Auffassung, daß es ihren Angehörigen aufgrund der Geburt vorbehalten war, Herrschaft und Führung im weltlichen wie kirchlichen Bereich auszuüben, weil die Qualitäten, die adliges Geblüt vermittelte, zur Herrschaft und Führung unabdingbar waren (Hagen Keller)". Diese Gruppe, die ein eigenes, vom König unabhängiges Standesbewußtsein entwickelt hatte, ist Träger der Kultur des frühen Mittelalters, nicht nur unmittelbar faßbar in den künstlerischen und literarischen Erzeugnissen der Adelszivilisation, wie wir noch sehen werden, sondern auch mittelbar durch die Ausübung der wichtigsten Funktionen in Klerus und Mönchtum, der „Adelskirche“, wie man gesagt hat, und durch mannigfache verwandtschaftliche und rechtlich-liturgische Bindungen an Konvente und Kirchen, an die Institutionen kultureller Kontinuität.

Die Kirchenfürsten des frühen Mittelalters betrieben in Ausübung von Kriegs- und Jagdkunst, in Kleidung, Gefolge und festlicher Repräsentation, in der Förderung von Kunst und Dichtung einen adligen Lebensstil, der durch kirchliche Verbote kaum tangiert wurde. Ja, Priestern mußte durch die karolingische Kirchengesetzgebung eigens die Repräsentation ihrer Herrenstellung während der Meßfeier verboten werden. So bestimmen die ‚Admonitio Synodalis‘ („Synodale Vermahnung“) und andere Texte, daß kein Priester sich unterstehen möge, „in Sporen und mit über der Kleidung herabhängenden Kurzschwertern die Messe zu singen“.

Gleichsam quer zur ausgeprägten und harten sozialen Schichtung des fränkischen Reiches laufen andere, dennoch nicht unwichtige Bindungen, die Verbände von Personen schaffen und damit zur Strukturierung der Gesellschaft beitragen. Zu Recht hat man den Staat des frühen Mittelalters als „Personenverbandsstaat“ charakterisiert, dessen Herrschaftsaufbau mehr – wenn auch nicht ausschließlich – auf der Grundlage von personalen Bindungen beruht, als auf der Herrschaft über das Land. So ist der fränkische König auch *rex Francorum* („König der Franken“), bei Otfrid von Weißenburg in volkssprachiger Formel *Fránkono kuning*, und nicht *rex Franciae* („König des Frankenreichs“). Sein Volk ist das „Volk der Franken“, *Fránkono thíet* bei Otfrid und *thiot Urankono* im ‚Ludwigslied‘. Die *gens, thiot* der Franken war aber nur der vornehmste, der herrschende, ruhm- und namenspendende Stamm des Reichs, das ein „Vielvölkerstaat“ war, in dem das gentile Erbe der Völkerwanderung sich vereinigte, darunter auch jene *gentes* der Bayern, Alemannen, Thüringer, Romanen, Slawen, Sachsen und Friesen, aus denen sich dereinst das Deutsche Reich formen sollte.

Stammliches, gentiles Sonderbewußtsein prägte sich bis in die Neuzeit aus und spielte auch in der Karolingerzeit eine Rolle, wie sich schlaglichtartig in jenem Strafwunder kundgibt, das sich an einem fränkischen Adligen des Mosellandes vollzog, der im späteren 8. Jahrhundert nach der ‚Vita S. Goaris‘ Haß gegen die romanischen Mönche des Eifelklosters Prüm hegte, und sich in komischer Übertreibung auch erweist in dem im ersten Viertel des 9. Jahrhunderts niedergeschriebenen, bairischen ‚Kasseler Gesprächsbüchlein‘, dessen Autor zu den Vokabeln *sapiens homo*, d.i. *spâher man* „kluger Mensch“ und *stultus*, d.i. *toler* „dummer (Mensch)“ der Merksatz einfällt: *Stulti sunt Romani, sapienti sunt Paioari, modica est sapientia in Romana, plus habent stultitia quam sapientia*, d.h. *Tole sint Walha, spahe sint Peigira, luzic ist spahi in Walhum, mera hapent tolaheiti denne spahi* („Dumm sind die Romanen, klug sind die Bayern, nur wenig Klugheit findet man bei den Romanen, sie besitzen mehr Dummheit als Klugheit“). Ernster jedoch prägt sich die Gentilität in der sprachlichen Vielfalt und kulturellen Besonderheit der Stämme aus: Will man etwa dem nicht des Lateins mächtigen Volk die Kenntnis der heiligen Schriften vermitteln, so muß man verschiedene volkssprachige

Bibelübersetzungen an verschiedene *gentes*, etwa Sachsen und Franken, adressieren. Poetische Techniken wie Stabreimdichtung und Endreimdichtung tendieren zu einer an die Stämme gebundenen Verteilung im Raum. Wo man – wie im Umkreis des Hofes Karls des Großen – darangeht, eine exemplarische orthographische Norm für das „Althochdeutsche" zu entwerfen, erweist sich diese als spezifisch fränkisch und im bairischen Sprachraum nicht recht adaptierbar.

Neben der Bindung an die *gens*, die auch rechtliche Qualität in den Stammesrechten gewinnt, kann der Adlige und der Freie in personalen Bindungen der Gefolgschaft und der Vasallität gegenüber einem Herrn, im hervorragendsten Falle als *vassus dominicus* („Königsvasall") gegenüber dem König stehen. Die in dieser Bindung zu erwartende Treue geht über das Emotionale hinaus, sie besitzt rechtliche Qualität. Der Vasall leistet dem Herrn, der Herr wiederum dem Gefolgsmann „Rat" und „Hilfe"; dieser ist aber auch verpflichtet, vor Unternehmungen, in denen er Unterstützung erwartet, den Rat der Gefolgschaft einzuholen. Ein dingliches Substrat der Bindung, etwa eine Grundherrschaft, erhält der Vasall vom Herrn zu Lehen; dies sichert seine wirtschaftliche Existenz.

Wie wirkkräftig dieses Modell sozialer Bedingungen in der Gesellschaft gewesen sein muß, zeigen Reflexe im archaischen Frömmigkeitsstil der Zeit. Wenn etwa Otfrid von Weißenburg die Begriffe „Apostel" und *discipuli* („Schüler") Christi in fränkischer Volkssprache wiederzugeben hat, dann stellt er in jeweils sozialer Terminologie die *iungoron*, d.h. lateinisch *iuniores* („Untergebene, Gefolgsleute") ihrem *senior* („Herrn"), d.i. althochdeutsch dem *herero, hērro* Christus, gegenüber; noch öfter aber heißen die Jünger *thie holdun thegana* („die treuen Krieger"), *liebun thegana* („teuren Krieger"), *kristes* oder *gotes thegana*, in lateinischer Terminologie *milites dei* („Krieger Gottes") – wie übrigens ansonsten alle Gottesdiener, besonders die Mönche. Nach bereits älterem Sprachgebrauch ist Christus bei Otfrid *druhtin* ‚Herr, Gefolgschaftsherr'. Als Gottessohn ist Christus *adalérbo... thes héreren sún* („adliger Abstammung... Sohn des Herrn") (IV, 6, 9). Petrus wehrt der Gefangennahme des Herrn (IV, 17) *soso éin man sih scal wérien joh héreron sinan nérien* („wie ein Gefolgsmann sich wehren und seinen Herrn erretten soll")... *Níst ther widar hérie so héreron sinan wérie, ther úngisaro in nóti so báldlicho dáti, ther ana scílt inti ana spér so fram firlíafi in thaz giwér, in githréngi so ginóto sinero fíanto!* („Wen gäbe es außer ihm, der wider ein ganzes Heer so seinen Herrn verteidigte, der ungerüstet in notvoller Lage so tapfer handelte, der ohne Schild und ohne Speer so weit sich wagte in die feindliche Wehr, im Kampfgetümmel so bedrängte seine Feinde!"). Wie bedeutsam die soziale Bindung der Gefolgschaft war, zeigt sich bei der Beschreibung der Schrecken des Jüngsten Gerichts, wenn die Eitelkeit und Nutzlosigkeit der in der Welt so vertrauten Hilfe beschworen wird; nach den leiblichen Bindungen zwischen Eltern und Kindern, aber noch vor den Bindungen an die weiteren Verwandten, die *gisibbon*, wird die Bindung zwischen Herr und Mann eingestuft (V, 20, 43f.): *Gisceídent sih in alawár herero inti thégan thar fon álteru líubi...* („Dort müssen wahrlich sogar Herr und Krieger von ihrer alten Treue lassen...").

Nicht anders als bei Otfrid ist in der altsächsischen Evangelienharmonie des 9. Jahrhunderts, im ‚Heliand', Christus *mari drohtin* („ruhmvoller Herr"), *herro* und *thiodan* („Herrscher"), die Apostel aber heißen *jungaron* („Gefolgsleute") und *thegana* („Krieger"). Darin drückt sich kaum eine ‚Germanisierung' der Frömmigkeit aus, wie man lange meinte, es handelt sich vielmehr um das Ergreifen der biblischen Vorzeitwelt in den Denkformen einer archaischen Gesellschaft. Es kann kein Zweifel darüber sein, daß in der Mentalität der Adressaten dieser hochkarolingischen Bibelepen das Kriegertum tief verankert war.

Die Durchtränkung des Bewußtseins mit gentilem und vasallitischem Denken wird noch deutlicher in Otfrids sehr eigenständiger Interpretation jener evangelischen Szene (Johannes 11, 49f.), in der der Hohepriester Kaiphas dem Hohen Rat den Entschluß begründet, den Messias gefangenzunehmen: „Es ist uns besser, ein Mensch sterbe für das Volk, denn daß das ganze Volk (*gens*) verderbe". Durchaus in Anlehnung an die Interpretation schon des Evangelisten deutet der Weißenburger Mönch diese Worte als Vorausdeutung der Erlösung allen Volks – wie er sagt – durch den freiwilligen Tod Christi. Dann aber vergleicht er diese Heilstat mit dem Tod, ja dem Opfertod eines weltlichen Königs (III, 26, 39ff.):

Thanne wóroltkuninga stérbent bi įro thégena,
in wíge iogilícho dowent théganlicho:
So sint se álle gírrit, thes wíges gimérrit,
thér in thera nóti thar imo fólgetti;
Joh fállent sie ginóton fora iro fíanton,
úntar iro hánton spéron joh mit suérton.

(„Wenn Könige der Welt um ihrer Krieger willen sterben, in wie gewaltigem Kampf auch immer heldenhaft untergehen, so werden die in Verwirrung gestürzt und geben den Kampf auf, die ihnen in dieser Not folgten; und sie fallen leicht vor ihren Feinden, fallen in ihre Hände, fallen durch ihre Speere und Schwerter").

Der Tod der Weltkönige läßt ihre Gefolgsleute fliehen und in der Zerstreuung umkommen. Christi Opfertod aber rettet und sammelt sein Volk. Man ist versucht, an die Atmosphäre eines dem altenglischen Epos ‚Beowulf' vergleichbaren Heldenliedes zu denken, in dem der Opfertod eines Volkskönigs und die Trostlosigkeit seines Volkes das tragische Ende des Gedichts bezeichnen – dort fällt im Loblied der Krieger auf ihren toten König (v. 3180ff.) das gleiche Heldenepitheton *wyruldcyninga* („Weltkönig, Großkönig") –, und doch hat Otfrid, gerade indem er die Szene aus gentiler und vasallitisch-heroischer Mentalität neu formte, die zentrale Lehre des christlichen Glaubens vermitteln können.

Herr, Gefolgschaft, Krieger, Handwerker, Bauer, kurz alle – auch unfreie – Angehörige einer Grundherrschaft, sei diese nun geistlich oder weltlich, gehörten einem Verbande an, den das frühe Mittelalter *familia* nannte. Die *familia* eines großen Klosters wie Fulda, Prüm, Reichenau oder St. Maximin in Trier konnte einige Zehntausend Menschen umfassen. Besonders in den Sammlungen von Mirakeln einzelner Heiliger, wie sie nach gallischem Vorbild im neunten und zehnten Jahrhundert auch in den Landen links des Rheins entstanden, werden Personen aus den Mittel- und Unterschichten oft genug nur durch diese Verbandszugehörigkeit – „aus der *familia* des hl. *Maximin*", „aus der *familia* des hl. Goar" – gekennzeichnet. Die

Identität von Menschen dieser Schichten gewann sich also zu einem guten Teil aus der Zugehörigkeit zu einem solchen Verbande, der sicherlich auch Schutz gewährte. Zum Schutze des Grundherrn wiederum waren zweifellos alle Angehörigen der *familia* verpflichtet. Der zeitgenössische Chronist Regino von Prüm berichtet zum Jahre 882, als normannische Scharen das Kloster Prüm erobern, niederbrennen und die Umgegend ausplündern, daß sich „eine unzählige Menge Fußvolk von den Äckern und Landgütern in einem Haufen" gesammelt habe und „wie zum Kampf gegen jene" vorgerückt sei. Der *ignobile vulgus* („das gewöhnliche Volk"), jeder *disciplina militaris* („militärischen Kunst") entblößt, wie Regino aus der Mentalität des kriegerischen Adels, dem er entstammte, nicht ohne Häme bemerkt, hatte freilich keinen Erfolg und wurde niedergemetzelt. Auch Otfrid kennt die Hilfepflicht des Grundholden, des *mancipium* („Knechtes"), wenn er in der Schilderung des Jüngsten Gerichts vermerkt (V 19, 47f.): *ni mag thar mánahoubit helfan héreren wiht, kínd noch quéna in ware...* („da vermag kein Leibeigener seinem Herrn zu helfen, ebensowenig wie Kind oder Gattin").

Gerade in den geistlichen Grundherrschaften waren die Angehörigen der *familia* auch kultisch durch die gemeinsame Verehrung des Heiligen, der das eigentliche Rechtssubjekt der Herrschaft bildete, an das Zentrum gebunden. Hier wurzeln grundherrliche Pflichtprozessionen zum Heiligen, wie sie vor allem im Rheinland üblich waren und – als geordnete Prozession von Pfarreien – z.B. für das trierische Eigenkloster Mettlach an der unteren Saar auf eine Verfügung des Erzbischofs Rodbert von Trier (bald nach 941) zurückgehen. Für die Adressaten einzelner Texte der frühmittelalterlichen volkssprachigen Literatur, vor allem die Heiligenlieder, kommt auch der soziale Verband der *familia* in Frage – wie wir noch sehen werden.

Mächtig waren die Heiligen. Zu ihren Ehren gründete der Adel Kirchen, ließ sich zu Füßen der Heiligen bestatten. Um sich ihrer Fürbitte für das eigene Seelenheil zu vergewissern, verband man sich – vor allem seit dem 8. und 9. Jahrhundert – den Mönchskonventen und Weltkirchen in geistlicher Assoziation. Man war damit in die Bruderschaft und vor allem Gebetsgemeinschaft einer Kleriker- oder Mönchsgemeinschaft aufgenommen. Der Konvent, dem man sich assoziiert hatte, übernahm den Gebetsdienst für die Seele des „Bruders". Dieser hatte Anteil an allen geistlichen Verdiensten der Gemeinschaft. So sichert Bischof Frothar von Toul (819/30) einem ungenannten *nobilissimus vir*, einem Hochadligen also, in einem Brief zu: „Wissen soll euer Liebden, daß wir Euer stets in heiligen Gebeten gedenken und Euch beständige Gesundheit wünschen, weshalb ich auch alsbald für Euch habe Messen und Psalter singen lassen". Aus einigen Klöstern des Reiches wie St. Peter in Salzburg, Reichenau, St. Gallen, Pfäfers, Remiremont, St. Denis, und zufällig nur aus diesen, haben sich Verbrüderungsbücher mit Listen der Assoziierten – Gemeinschaften und Einzelpersonen – erhalten. Seit dem 9. Jahrhundert entstehen auch in Folge des von den

Konventen übernommenen Gebetsdienstes Totenbücher, Nekrologien, in denen zur *memoria*, zum „Gedächtnis" nach der Ordnung des Jahres, die Sterbetage und Namen der Assoziierten verzeichnet sind. Eine rege personengeschichtliche Forschung hat es verstanden, ein differenziertes Bild der eingetragenen Gruppen und Gemeinschaften, mithin der Personenverbände der frühmittelalterlichen Gesellschaft zu zeichnen.

Auch für kulturelle und literarische Prozesse müssen wir mit der Wirksamkeit der Brüderschaften und anderer Personenverbände rechnen. Ganz deutlich wird dies wiederum an der sozialen Einbettung der Evangelienharmonie Otfrids von Weißenburg, die er uns selbst in seinen Vorreden und Widmungsbriefen offengelegt hat. Wie er in seinem rechtfertigenden Approbationsschreiben an Erzbischof Liutbert von Mainz angibt, geht das Werk auf das Drängen einiger *fratres* („Brüder") zurück. Um ihrer *caritas* („brüderlichen Liebe") willen, gewissermaßen *fraterna petitione coactus* („durch brüderliches Drängen gezwungen") schreibt er. So bekennt auch am Ende des 9. Jahrhunderts Haimoin von St. Germain-des-Prés in der Vorrede seiner in Prosa und Versen gehaltenen ‚Translatio sancti Vincentii' („Reliquienübertragung des hl. Vincentius"), daß er die Anregung zu seinem Werk durch die *laudabilis karitas* („löbliche Liebe") anderer erhalten habe und daß ihn die „Liebe" des Mäzens, eines Priesters namens Theotger, zu diesem Werk „gezwungen" habe. Es handelt sich beim „brüderlichen Zwang" um einen literarischen Allgemeinplatz, aber um einen, der durchaus Realitätsgehalt besaß. Am Schlusse seiner Dichtung meint Otfrid (V, 25, 7ff.) dann auch eindringlich:

Bin gote hélphante thero árabeito zi énte,
thes mih fríunta batun, in gótes minna iz dátun;
Thes síe mih batun hárto selben gótes worto,
thaz ih giscríb in unser héil, evangéliono deil;
Tház ih es bigúnni in únseraz gizungi;
ih thuruh gót iz dati, soso man mih báti.
Ni móht ih thaz firlóugnen, nub íh thes scolti góumen,
thaz ih ál dati, thes káritas mih bati.
Wanta sí ist in war mín druhtines drútin,
ist fúrista innan húses sines thíonostes.
Thes selben thíonostes giwált, thaz géngit thuruh íra hant;
nist es wíht in thanke, mit íru man iz ni wírke!
Nu íst iz, so ih rédinon, mit selben Krístes segenon,
mit sínera giwélti braht anan énti,
Giscríban so sie bátun, thaz iro mínna datun,
brúaderscaf ouh díuru, thaz ságen ih thir zi wáru.

(„Ich habe mit Gottes Hilfe diese mühevolle Arbeit beendet, um die mich Freunde baten, um der Liebe Gottes willen taten sie dies; sie baten mich sehr um das Gotteswort, daß ich ihnen unser Heil aufschriebe, einen Auszug aus den Evangelien, ja, daß ich es in unserer Sprache begönne; ich möge um Gottes willen tun, worum man mich bäte. Nie hätte ich mich, auch wenn ich es gewollt hätte, weigern können, all das zu tun, um was Karitas mich bat; denn sie ist in Wahrheit die Geliebte des Herrn, sie ist die Fürstin im Haus seines Dienstes. Die Macht dieses

Dienstes kommt nur aus ihrer Hand, was nicht mit ihr gewirkt wird, hat seinen Dank dahin! Nun ist es, wie ich sage, mit Christi Segen, durch seine Kraft an ein Ende gebracht; es ist geschrieben, worum sie mich baten, das wirkte ihre Minne und auch ihre teure Bruderschaft, das ist mein fester Glaube.")

Das Wesen der *bruaderscaf* ist *karitas, minna*, Liebe, verstanden im ekklesiologischen Sinne des evangelischen Doppelgebotes als die Kraft, welche die Gemeinde des Herrn beseelt, einigt und zu ihren Leistungen befähigt, wirksam werdend durch die Gebete der Brüder. So stellt sie auch Smaragd von St. Mihiel, der enge Vertraute des Mönchsreformers Benedikt von Aniane († 821), in seinem um 820 entstandenen Kommentar zur Benediktsregel als die Grundkraft monastischer Gemeinschaft dar: „Wahrlich ist" die Liebe „die edelste und ausgezeichnetste aller Tugenden... und es ziemt sich, daß solch königliche Tugend in der Gemeinde der Brüder alle Zeit wirke". Sie darf freilich nicht gedacht werden ohne die ergänzenden Wirkungen des *amor dei*, der Gottesliebe. Aus Gottesliebe baten die *fratres* Otfrid zu seinem Werk. Durch Gott, als Gottesdienst vollendete der Autor das Wagnis einer poetischen Übertragung der Evangelien in die Volkssprache, das er als *officium caritatis* („Pflichtwerk der Liebe"), um des Seelenheiles der Brüder willen, begonnen hatte. Die gemeinschaftsbildende, ekklesiologische Kraft der *karitas*, der brüderlichen Liebe, ist wie bei Walahfrid Strabo († 849), dem Reichenauer Mönch, der auf Drängen verbrüderter Kanoniker aus Langres die Vita von deren Stadtheiligen Mammes versifizierte, Antrieb seiner literarischen Aktivität. Das betont Otfrid nochmals in seiner volkssprachigen Widmungsepistel an die Mönche Hartmuot und Werinbert von St. Gallen, aus einem Kloster also, das in der Tat mit dem im Speyergau gelegenen Weißenburg verbrüdert war, wie der ‚Liber Vitae' („Buch des Lebens"), das Verbrüderungsbuch des Schweizer Klosters belegt; ihr brüderliches Gebet erbittet er (Ad Hartm. 149ff.):

Mit káritate ih férgon (so brúederscaf ist giwón,
thi unsih scóno, so gizám, fon selben sátanase nam):
Ófono thio gúati joh dúat mir thaz gimúati
in gibéte thrato íues selbes dáto;
Ni lázet ni ir gihúgget joh mir ginâda thigget,
mit mínnon filu fóllen, zi sélben sancti Gállen.

(„Mit Karitas zusammen, die uns fein und wirksam von Satan selbst befreite, bitte ich eindringlich – wie es Brauch der Bruderschaft ist –: Eröffnet mir Eure Güte und erweist mir rasch die Wohltat Eures eigenen Gebetes; laßt nicht ab, meiner zu gedenken und mir im Geist herzlicher Liebe bei St. Gallus selbst Gnade zu erflehen").

Karitas und *fraternitas* („Verbrüderung") retten den Menschen vor dem Griff des Satans. Daher auch fleht der Autor mit *káritate* um das liebende Gebet seiner Sankt-Galler Brüder, das für ihn Huld und Gnade beim Schutzpatron des assoziierten Konvents erlangen soll. Intensität und Wirklichkeitsbedeutung der Verbrüderung im Denken eines Mönchs des neunten Jahrhunderts werden hier wie in den Caritas-Liedern seines Lehrers, des Abtes Hrabanus Maurus von Fulda (822–842), und anderer ganz deutlich: *Ubi caritas est vera, Deus ibi est* („Wo die wahre Liebe ist, da ist Gott"), heißt es darin. Die monastische Gemeinschaft und mit ihr alle Verbrüderten befinden sich, eingehüllt in den Mantel ihrer schützenden Regeln, auf dem Weg zur himmlischen Heimat (Ad Hartm. 129ff.):

Mínna thiu díura (theist káritas in wára),
brúaderscaf (ih ságen thir éin) – thiu giléitit unsih héim.
Óba wir unsih mínnon: so birun wir wérd mannon,
joh mínnot unsih tráto selb drúhtin unser gúato.

(„Die teure Liebe – das nämlich heißt Karitas –, die Bruderschaft gewiß, die geleiten uns zur Heimat. Wenn wir uns lieben, werden wir den Menschen wertvoll und uns wiederum liebt unser gütiger Herr.")

Die *fraternitas* der Mönche und Kleriker verwirklicht – dem Anspruch nach – eine elitäre Gemeinschaft, in der das evangelische Liebesgebot absolute Geltung besitzen soll. Als *praefiguratio* („Vorausdeutung") der wahren, der himmlischen Kirche erfüllt sie eine besondere, exemplarische Aufgabe im heilsgeschichtlichen Prozeß. Zugleich beseelt sie die Träger der klerikalen Kultur mit dem Glauben an die eigene geistliche Sendung, begründet ein Sonderbewußtsein gegenüber den Laien, den Liebhabern der Welt, und begründet damit auch den Auftrag zur *correctio mentis* („Korrektur des Bewußtseins") der Unwissenden, zur Bekehrung der Laien, wie das Otfrid in seiner lateinischen Vorrede wiederum deutlich ausspricht.

So heißt es denn auch 838 in der preziös formulierten Arenga, der Einleitung des zwischen den Klöstern St. Denis bei Paris und St. Remi in Reims abgeschlossenen Verbrüderungsvertrages: „Da sich nämlich die Liebhaber der Welt, um sich gegenseitig ihre Liebe zu bezeugen, oft mit vielen vergänglichen, wie es ihnen aber scheint, wertvollen Dingen beschenken, sollen die geistlichen Menschen, die sich von den Affären der Welt fernhalten und beinahe nichts in der Welt außer ihrem Unterhalt und ihrer Kleidung besitzen, um Gott mehr zu gefallen, mit geistlichen und zum Heil ihrer Seelen gereichenden Werken, die Kraft ihrer Liebe zu steigern suchen, damit sie, wie sie von jenen Weltmenschen in Verhalten und Brauch abstechen, so sich auch gegenseitig die besseren und wertvollen Geschenke der Karitas darbringen, da ja auch in der Jüngerschaft des Erlösers Jesu Christi niemand sich zurechnen lassen darf, daß er etwa dieses Geschenks der Liebe ermangele, wie Christus selbst bezeugt, wenn er spricht: ‚Darin sollen alle erkennen, daß sie meine Jünger sind, daß sie sich gegenseitig lieben' (Johannes 13, 35). Und so mahnt auch der Apostel, der spricht: ‚Die Liebe der Brüderlichkeit (*caritas fraternitatis*) bleibe in Euch erhalten' (Hebräer 13, 1)". Die bemühte, eindringliche Art, in der Otfrid an drei Stellen seines ‚Liber evangeliorum' das zitierte Wort des Johannesevangeliums auslegt, läßt erkennen, wie nahe auch dieser volkssprachige Autor dem in der Urkunde formulierten Programm der Verbrüderung steht.

Die Verbrüderung hatte aber auch ihre weniger vergeistigten Seiten. Sie konnte auch zur ganz handfesten Speise- und Trinkgemeinschaft zwischen Verbrüderten zum Gedenken des Heiligen führen, der durch das rituelle Minnetrinken der Tischgenossen geehrt wurde. Diese konkrete Form sozialer Bindung muß eine so alltägliche gewesen sein, daß der Verfasser eines wohl westfränkischen Gesprächsbüchleins (‚Pariser Gespräche'), das um die Wende vom 9. zum 10. Jahrhundert entstand, eine Formel für den Minnetrank in seine Sammlung von Gebrauchssätzen zur Erlernung des Fränkischen aufnahm: „Trinket wohl in Gottes Minne und in aller guten Heiligen Minne und in der Minne der Herrin St. Maria und in Eurer Minne!" Ekkehard IV. erklärt in seinen St. Galler Klostergeschichten (c. 13) zu Anfang des elften Jahrhunderts, daß „Minnetrinken" *mos* („Brauch") sei. Aus der Wirksamkeit der Verbrüderung erklärt sich auch die in den ‚Pariser Gesprächen' aufscheinende allgemeine Höflichkeitsanrede *brothro* („Bruder"), lateinisch *frater*, romanisch *fradre*. Das Element des Genossenschaftlichen läßt sich umgekehrt in den Bruderschaften nicht übersehen, während daneben gildenartige Zusammenschlüsse und Genossenschaften ihren Bezugspunkt in einem gemeinsamen Kult nehmen konnten und sich in Speisegemeinschaften inszenierten. Für den Angehörigen einer solchen Vereinigung wird im Romanischen bezeichnenderweise der Begriff *companio* („der mit einem das Brot teilt") gebildet; in den ‚Pariser Gesprächen' kommt *conpagn* ebenfalls als Höflichkeitsanrede vor und wird ins Fränkische mit *gueselle* („Geselle"), *guenoz* („Genosse") übersetzt. „Trank und Mahl" waren eben „soziale Integrationsfaktoren von großer Bedeutung" (Otto G. Oexle).

Die wichtigste soziale Bindung des frühmittelalterlichen Menschen, insbesondere des Adligen, bestand jedoch in seiner Zugehörigkeit zu einem Verwandtschaftsverband, den wir in Aufnahme eines zeitgenössischen volkssprachigen Begriffs „Sippe" nennen dürfen. Die Sippe war weniger durch Abstammung und historische Tiefe definiert, sie umfaßte die Verwandten der Vater- und Mutter-Seite und auch die Verwandten der Schwiegereltern. So war sie ein fluktuierendes, aus der Perspektive jedes einzelnen neu sich formendes Gebilde. Unter dieser Form hat die Forschung zahlreiche Verwandtschaftsverbände in den historischen Quellen des frühen Mittelalters, vor allem aber gerade unter den Einträgen der Verbrüderungsbücher ausmachen können.

Die Sippe bot dem einzelnen Schutz und Hilfe, sie tendierte zu gemeinsamem Handeln. Sie wachte über die Taten der Angehörigen. Es ist bezeichnend, wie Otfrid von Weißenburg die Aufforderung der Brüder Jesu an Christus, nach Judäa zu kommen und sich zu offenbaren (Johannes 7, 3), in der Szenerie uminterpretiert. Nicht länger sind es nur die Brüder, sondern die Verwandten insgesamt, die ihn fordern (III, 15, 15ff.):

Tho bátun sine síbbon, so ofto mága sint giwon,
thén ist io gimúati thero náhistono gúati;
Lértun sie nan, einen rúam thaz er gidáti imo, einan dúam,
ímo ein gizámi thaz er zeru fíru quami...

(„Da baten seine Gesippen, wie es Brauch der Verwandten ist, denen stets angenehm ist die Größe der Angehörigen; sie belehrten ihn, daß er sich Ruhm und Macht erwerben müsse, daß er eine Großtat vollbringen müsse, zum Fest möge er kommen...")

Die Szene erscheint in frühmittelalterlichem Kolorit: die Verwandten fordern das Renommee einer Tat, sie fordern Macht und Ruhm, die vom einzelnen auf die Sippe ausstrahlen und zur Repräsentation auf einem Fest taugen, zu dem er geladen wird. Die Schutz- und Hilfsfunktion der Sippe wird beschworen, wenn Otfrid, um die Gleichheit aller Menschen vor dem Gericht Gottes drastisch zu schildern, ausruft (V, 20, 45f.):

Gisíbbon filu líebe, thie wárun hiar in líbe
mit mínnon filu zéizen, ni múgun siez thar giwéizen!

(„Noch so traute Gesippen, die sich hier im Leben in noch so süßer Liebe anhingen, dort können sie diese nicht länger bewähren!")

Auch das ‚Muspilli', eine bairische Endzeitdichtung des späteren 9. Jahrhunderts, weiß (v. 57):

dar nimac denne mak andremmo helfan vora demo muspille

(„da vermag kein Verwandter dem andern zu helfen vor den Schrecken der Endzeit").

Wie weitgehend die Sippe das Leben und Handeln des frühmittelalterlichen Menschen organisierte, läßt sich aus einem Fehdefall ersehen, den Bischof Liudger von Münster (804–809) in seiner Vita des aus fränkischem Adelsgeschlecht stammenden hl. Gregor von Utrecht schildert. Zwei Halbbrüder des Heiligen wurden im Machtbereich seiner beiden im Königsdienst stehenden Vollbrüder getötet. Die Brüder ergreifen die Mörder und übergeben sie dem älteren Gregor, der an Stelle des bereits verstorbenen Vaters die Blutrache an ihnen vollziehen soll. Die Sippe, zu der auch die Halbbrüder gehören, ist also auch eine Rechtsgemeinschaft. Ihre Forderungen machen in den Augen der Zeitgenossen auch vor einem geistlichen Angehörigen nicht halt. In diesem Falle freilich – und nur deswegen hat die Episode Aufnahme in den hagiographischen Text gefunden – übt der Heilige exemplarische Christusnachfolge und überwindet damit die Bande der natürlichen Verwandtschaftspflichten. Gleichem Zwecke diente bereits Otfrids Gestaltung der Verwandtenbitte an den Erlöser (s.o.): seine Weigerung, sich zu offenbaren, wird erst so in ihrer Größe dem heimischen Hörer verständlich.

Sippenbindung und Sippenstolz waren dort besonders stark ausgeprägt, wo man auf einen hervorragenden Spitzenahn, auf herausgehobene Verwandte, auf vornehme Angehörige blicken konnte, im Adel also. Die *genealogia*, das *genus*, das Geschlecht, dem man angehörte, wirkte in seinen Gliedern. Der *vir venerabilis* Ludubertus, ein Franke, der sich bei St. Eucharius zu Trier im frühen 8. Jahrhundert begraben ließ, vermerkte auf seinem Memorienstein, daß er *de nobile genere* („aus adligem Geschlecht") stammte. Auch der Grabstein des Franken Hlodericus, gefunden im Friedhof des Klosters St. Maximin zu Trier – ebenfalls aus dem 8. Jahrhundert – gibt an, daß der Verstorbene *in suo genere primus*, also das Oberhaupt der Sippe, gewesen sei. Der heidnische Friesenfürst Ratbod († 719), zunächst zur Taufe bereit, weigerte sich gar, als er hörte, daß seine heidnischen Vorfahren und Sippengenossen nicht zugleich mit ihm der Wonnen des Paradieses teilhaftig werden würden: „er könne nicht ohne die Gemeinschaft seiner Vorfahren, der Friesenfürsten, sein und mit einer kleinen Zahl Armer in jenem Himmelreich leben."

Da Sippenbindung das Denken der Adelskirche ebenso beherrschte wie das der Laien, da somit ein weiteres soziales Band hineinreichte aus der Welt der Herren und Krieger in die Welt der Mönche und Kleriker, wird es nicht wundernehmen, daß wir Verwandtschaftsverbänden auch als leitenden Instanzen in kulturellen und literarischen Distributionsprozessen begegnen werden.

Sprache

Das fränkische Großreich war ein „Vielvölkerstaat". In ihm dominierte politisch der Stamm der Franken, ethnisch und sprachlich war er eine Minderheit, eine aus der Zeit der „Völkerwanderung" überkommene *gens* unter anderen. Die weitaus größte Gruppe im Reich bildeten zweifellos die Romanen, deren Sprache in diesen Jahrhunderten im Begriff war, sich in regionaler Variation zum Italienischen, zum Rätoromanischen, zum Katalanischen, zum Provenzalischen und zum Französischen umzuformen. Auch östlich der sich erst später verfestigenden Sprachgrenze, die vom nordfranzösischen Flandern über Belgien, Lothringen und das Elsaß in die Schweiz reichte, hielten sich noch lange romanische Sprachinseln, am längsten im Moselraum um Trier, dessen vor allem im Sonderhandwerk der Winzer sich bewahrende Romanen wohl erst im elften Jahrhundert sprachlich integriert wurden.

Von den Basken im Pyrenäenland und slawischen Verbänden abgesehen, die an Elbe und Saale, am oberen Main, in Österreich, Steiermark und Kärnten saßen, sprachen alle anderen ethnischen Gruppen des Frankenreichs germanische Sprachen. Jedoch waren sie ganz unterschiedlicher Provenienz. Nur zu erwähnen braucht man die Sprachen ostgermanischer Stämme auf dem Boden des Merowingerreichs, der Burgunder und Westgoten. Während diese *gentes* rechtlich noch lange an ihrem Sonderstatus festhielten, wurden sie sprachlich früh romanisiert, die Burgunder wohl noch in der Merowingerzeit, die Westgoten in der Karolingerzeit.

Eine dauerhafte Entfaltung war nur den Sprachen jener Stämme beschieden, welche entweder im Raum der spätantiken Germania in sprachlicher Autarkie gesiedelt hatten, oder – so in den Gebieten links des Rheins, in der Schweiz und im südöstlichen Alpenraum – eine romanische Minderheit zu assimilieren vermochten. Für die spätere sprachliche Integration dieser Stämme bildete es nun eine unabdingbare Voraussetzung, daß sich sprachlich nah verwandte *gentes* in Spätantike und früher Merowingerzeit – historisch weitgehend zufällig – zu einem Block aneinanderschlossen, der von Main und Saale bis zu den Alpen und darüber hinaus und vom österreichischen Donauland bis zum Schweizer Jura und den Vogesen reichte. Alamannen, Bayern, Thüringer (jene freilich mit zunehmender fränkischer Überschichtung) und ursprünglich auch Langobarden, die jedoch in der Karolingerzeit von den Romanen Italiens allmählich sprachlich assimiliert wurden, gehen auf elbgermanische Verbände der römischen Kaiserzeit zurück. So wie ihre Sprachen uns im späteren achten Jahrhundert entgegentreten, zeigen sie starke Ähnlichkeiten untereinander und damit eine Integrationsfähigkeit, die sich auch in der solidarischen Durchführung sprachlicher Veränderungen im frühen Mittelalter bewährte.

Nördlich der hier skizzierten Zone siedelte bei Zurückdrängung der Alamannen in der frühen Merowingerzeit der Verband der Franken, der ältere Kleinstämme, kulturell verwandte Gruppen, die man als Weser-Rhein-Germanen bezeichnet hat, aufgesogen hatte. Der Großstamm der Franken expandierte von einer Basis im Raum der Niederlande, Belgiens und der Rheinlande nach Nordfrankreich, zum Mittelrhein, später ins Moselland und nach Mainfranken. Für die Merowingerzeit fassen wir eine politische und vor allem rechtliche Besonderung der Franken in Salier (Belgien, Niederlande, Nordfrankreich) und Ripuarier (Kölner Raum). Eine nicht ganz unverdächtige Quelle des achten Jahrhunderts, die jedoch auf ältere Nachrichten zurückgreift, liefert den Begriff der *Francia Rhinensis* („Rheinisches Franken"), das einen zumindest politischen Ausgriff des auf das Kölner Frankenreich gegründeten Ripuarien ins Mittelrheingebiet und Moselland anzeigt. Früh hatte sich offenbar auch die *gens* der Hessen dem Frankenbunde angeschlossen. Die Siedlungsexpansion – gefördert vom Erfolg und der Dauerhaftigkeit des fränkischen Großreiches – war mit dem siebten Jahrhundert im wesentlichen abgeschlossen.

Nordöstlich des Frankenbundes im Bereich der norddeutschen Tiefebene bis hin zur Elbe und im Westen in einem schmalen Küstenstreifen bis zur Mündung von Rhein und Maas saßen offenbar wiederum kulturell verwandte Gruppen, die man als Nordseegermanen gekennzeichnet hat. Zu ihnen gehörten auch Angeln, Sachsen und Jüten, die in Wellen das um 446 von den Römern endgültig aufgegebene Britannien besiedelten. Die kontinentalen nordseegermanischen Gruppen gingen außer den Friesen, die ihre gentile Selbständigkeit ins Karolingerreich retten konnten, im Großstamm der Sachsen auf, der sich im Westen und Süden auf Kosten weser-rhein-germanischer Gruppen ausdehnte. Auch hier ist jedoch die Expansion mit dem siebten und frühen achten Jahrhundert abgeschlossen.

Alle diese sprachlichen Gruppierungen, aber auch die Sprachen der einzelnen *gentes* untereinander unterschieden sich mehr oder weniger stark.

Dabei gab es durchaus sprachliche Neuerungen, die anfangs noch das gesamte Feld der „westgermanischen" Sprachen, wie man die hier beschriebenen Gruppierungen genannt hat, durchliefen.

Zu denken ist etwa an die westgermanische Konsonantenverdoppelung vor gewissen Folgekonsonanten, vor allem [j], [r] und [l], die altsächsischem, altfriesischem, niederländischem, rhein- und mittelfränkischem *appel*, altenglischem *oeppel* und althochdeutschem *apful* (aus voralthochdeutschem **appul*) aus germanisch **ap(a)lja* gemeinsam ist.

Andere sehr tiefgreifende Veränderungen umfassen nur die elbgermanischen *gentes* und Teile der Franken und gliedern so das Sprachenfeld der *gentes* des östlichen Frankenreiches in merowingischer und frühkarolingischer Zeit in neuer Weise. Besonders die sog. althochdeutsche Lautverschiebung, eine Aufspaltung der germanischen stimmlosen Verschlußlaute (Tenues) [t, p, k] in zwei Reihen von Affrikaten [ts, pf, kch] und Doppelfrikativen (Reibelaute) [ss, ff, hch] hat sich nachhaltig ausgewirkt.

In der beschriebenen Form ist sie – vereinfacht dargestellt – nur in den elbgermanischen Gentilsprachen des Südens durchgeführt, wobei das Thüringisch-Ostfränkische nochmals eine Sonderposition einnimmt. Diese Gruppierung von Sprachen, weitgehend noch in der heutigen dialektalen Gliederung des Deutschen erhalten, wird man später „Oberdeutsch" nennen. Sie hat noch weitere sprachliche Veränderungen im Laufe des frühen Mittelalters gemeinsam durchgeführt; so besteht etwa in ihr die gemeinsame Tendenz, die im Lautsystem freigewordenen Positionen der Tenues durch eine Verschiebung der stimmhaften Verschlußlaute (Medien) [d, b, g] neu zu besetzen, was zu dem dialektalen Gegensatz von oberdeutschen *tochter, tūn, tōt* gegenüber nördlichem *dochder* aus germanischem **duhtēr* (vgl. altsächsisch *dohtar*), nördlichem *dūn* aus westgermanischem **dōn*, nördlichem *dōt* aus germanischem **dauþa* (vgl. altsächsisch *dōd*) führt.

Im Altfränkischen dagegen führten der Lautverschiebung analoge Veränderungen, die entweder aus den „oberdeutschen" Dialekten (Alamannisch, Bairisch, Thüringisch) partiell entlehnt wurden oder polygenetisch im Schoße des Altfränkischen selbst entstanden, zu einer Spaltung der Sprache dieser *gens* in eine südliche und eine nördliche Gruppierung. Diese und weitere Lautveränderungen, die sich in sprachlichen Raumbildungen ähnlich ablagerten, unterteilten den Sprachraum der südlichen, der rheinischen Franken in wenig ausgedehnte, aber in ihrer Besonderung schon in der Karolingerzeit faßbare Zonen, die um die Zentren Köln (Ripuarisch), Trier (Moselfränkisch) und Mainz, Worms, Speyer (Rheinfränkisch) gravitierten und deren Differenzierung von natürlichen Schranken wie Hunsrück, Taunus, Eifel und Westerwald sowie durch Diözesangrenzen noch bestärkt wurde.

Noch wenig erforscht ist das Westfränkische, die untergegangene Sprache der westlich der späteren Sprachgrenze, in überwiegend romanischer Umgebung

Althochdeutsche und altniederdeutsche Sprachlandschaften

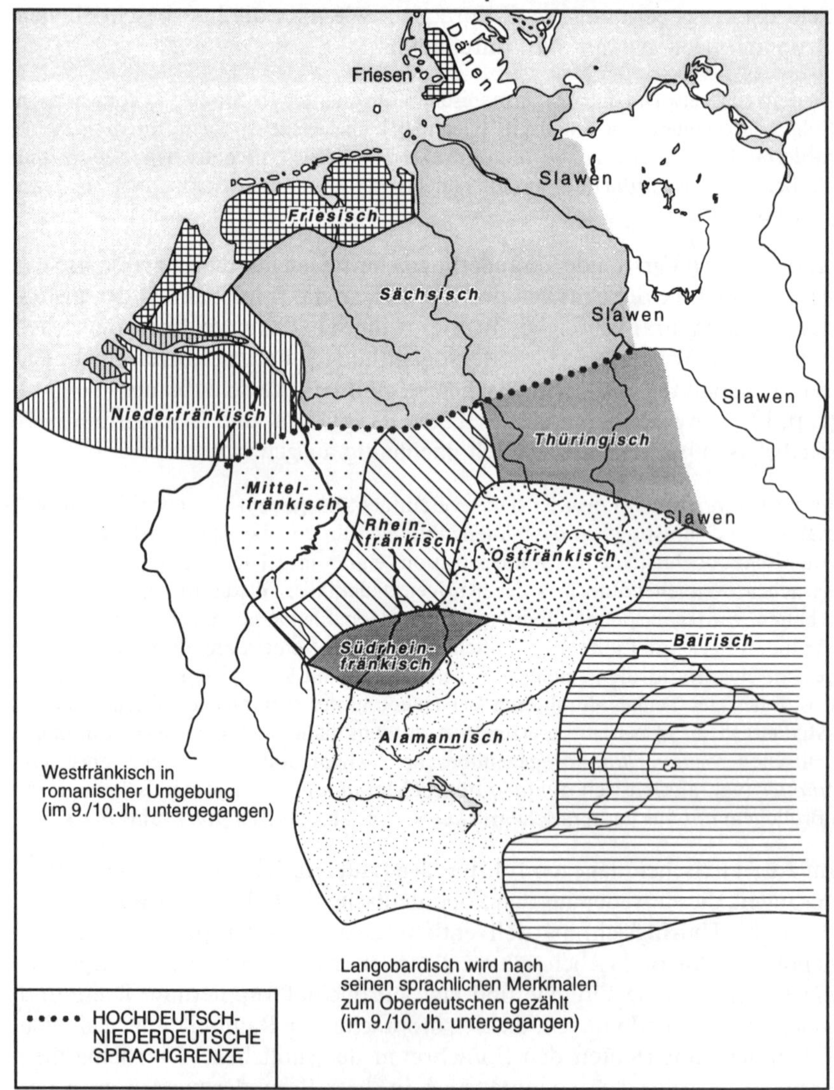

(nach: D. Schlosser, *Die literarischen Anfänge der deutschen Sprache*, Berlin 1977, S. 90)

Karte 1

siedelnden Franken. Kann man auf diesem weiten Terrain überhaupt mit einer einheitlichen Sprache rechnen oder zerfiel das Westfränkische in mehrere Dialekte? Welche sprachlichen Veränderungen hat dieses Fränkisch mitgemacht? Welche Besonderheiten charakterisieren es gegenüber den anderen fränkischen Dialekten? Wann ging das Westfränkische unter? In der zweiten Hälfte des 9. Jahrhunderts war die Kenntnis des Althochdeutschen im Westreich nicht mehr selbstverständlich, aber doch erwünscht, wie wir aus einem Brief des Abtes Lupus von Ferrières (bei Orléans) ersehen, der – selbst aus einer bairisch-romanischen Mischehe stammend – seine Neffen zum Erlernen der *germanica lingua* („der ‚germanischen' Sprache") nach dem Kloster Prüm in der Eifel sandte. Noch 876 besaß ein westfränkischer Adliger, Graf Ekkehard von Autun, ein *evangelium theudiscum*, ein althochdeutsches Evangelienbuch. Auf der Synode von Ingelheim des Jahres 948 konnten die versammelten Könige, Otto I. aus dem Ostreich und Ludwig IV. aus dem Westreich, zwar kein Latein, jedoch verstanden sie beide die *teutisca lingua*, so daß man ihnen päpstliche Briefe verdeutschte. Für das ausgehende 9. Jahrhundert und das beginnende 10. Jahrhundert besitzen wir in der Tat noch volkssprachige Texte, das ‚Ludwigslied' und die ‚Pariser Gespräche', für die westfränkische Herkunft zu vermuten ist. Noch im 10. Jahrhundert stellt Folcuin, der Verfasser der Geschichte des belgisch-wallonischen Klosters Lobbes (Laubach), „zwei in Gallien gebrauchte Sprachsorten fest, ... die lateinische nämlich, welche die Invasoren verdarben und die *teutonica locutio*, die theodiske Sprache".

Nördlich der Zone der beschriebenen mitteldeutschen Dialekte und östlich des Westfränkischen verblieben Sprachen jener *gentes*, welche die althochdeutsche Lautverschiebung und andere im Süden beheimatete Entwicklungen nicht mitgemacht hatten: im Westen das Altniederfränkische als Sprache der salischen und niederrheinischen Franken, zugleich Vorgängerin des Niederländischen, und im Osten das Altsächsische als Vorläuferin des Niederdeutschen, an der Küste schließlich das Altfriesische. Durchaus scheint es allerdings noch im 9. Jahrhundert Sprachbewegungen gegeben zu haben, die über die hier sich konstituierenden Grenzen hinweggriffen. So scheinen an der vorwiegend althochdeutschen Diphthongierung von germanisch [ō, ē²] zu [uo, ie] – wenn nicht die Schreibungen trügen – auch noch Teile des Altniederfränkischen und Altsächsischen teilgenommen zu haben. Die Diphthongierung zeigt sich am frühesten und nachhaltigsten – wenn auch in unterschiedlichen graphischen Repräsentationen – zuerst im Alamannischen und Rheinfränkischen, während das Bairische zunächst abseits steht und sich erst später anschließt.

Für alle gentilen Sprachen germanischer Herkunft auf dem Boden des Frankenreichs und darüber hinaus – die Sprache der Westgoten eingeschlossen – gab es auch noch lange eine einheitliche, wohl schon merowingerzeitlich geprägte Bezeichnung: **þeudisk*, eine vom germanischem **þeudō* ‚Volk, Stamm, *gens*' abgeleitete Adjektivbildung. Lebendig vor allem als mittellateinisches Lehnwort *theudiscus*, bedeutete es „den Sprache(n) der *gentes* zugehörig" und setzte diese damit vor allem – ohne pejorativen Beigeschmack – von der Staats- und Kultursprache Latein ab. Erst später – und unter jeweils ganz eigenständigen Bedingungen entstanden daraus

Bezeichnungen für bestimmte Nationalsprachen – wie unser *deutsch*, wie italienisches *tedesco*, wie englisches *dutch* „niederländisch“, altfranzösisches *tieis* „niederdeutsch“.

Im Ganzen jedoch setzten sich im Laufe des achten bis zehnten Jahrhunderts Tendenzen durch, welche die Ausgliederung der „niederdeutschen“ und niederfränkisch-„niederländischen“ Dialekte bestärkten und die Barrieren zwischen den „oberdeutschen“ und „mitteldeutschen“ Sprachen und Varietäten eher abbauten und damit die Grundlagen des künftigen Deutsch schufen (vgl. Karte 1, S. 24).

Die Vereinheitlichungstendenzen, die kaum denkbar sind ohne die andauernde Sonderexistenz des ostfränkischen Reiches seit 843, gingen soweit, daß seit dem späteren 10. Jahrhundert die oben beschriebene Medienverschiebung [d, b, g] zu [t, p, k] unter fränkischem Einfluß wieder rückgängig gemacht wurde – mit Ausnahme des [t], in dessen ursprüngliche Position im Lautsystem inzwischen die germanische dentale Spirans [þ] eingerückt war.

Ein Ergebnis dieser sprachlichen Prozesse war, daß die Kommunikationsbarrieren zwischen einigen germanischen *gentes* des Frankenreiches höher wurden: Ein Alamanne des neunten Jahrhunderts dürfte erhebliche Schwierigkeiten gehabt haben, einen Sachsen zu verstehen. Hier war der Keim für die Zweiteilung der volkssprachigen Literatur der Karolingerzeit in eine altsächsische und eine „althochdeutsche“ gelegt. Umgekehrt wuchsen „mitteldeutsches“ Fränkisch und „oberdeutsche“ Sprachen zur gleichen Zeit enger zusammen. Im Schmelztiegel des fränkischen Reiches entstand allmählich das „Deutsche“, woraus sich der Begriff „Althochdeutsch“ als Zusammenfassung der „mittel“- und „oberdeutschen“ Varietäten leidlich rechtfertigt.

Auch dies hatte Konsequenzen für die Literatursprachen des frühen Mittelalters. Als Otfrid von Weißenburg in den sechziger Jahren des neunten Jahrhunderts seine althochdeutsche Evangelienharmonie vollendete, die er mit Adressen an den vorwiegend im bayrischen Regensburg residierenden ostfränkischen König Ludwig den Deutschen, an den im rheinfränkischen Mainz als der *metropolis Germaniae* („Hauptstadt Germaniens“) Hof haltenden Erzbischof Liutbert, an Salomo I., den Bischof des alamannischen Konstanz, und an zwei leitende Mönche des alamannischen Klosters St. Gallen versah, gebrauchte er, um die Sprache seines Werkes zu bezeichnen, im lateinischen Approbationsschreiben den alten, merowingischen Sammelbegriff für die gentilen Sprachen *theotisce* (übrigens dort, wo die eigene Sprache der *latinitas* gegenübergestellt wird) und das neue, spezifische *francisce* („fränkisch“), ganz ähnlich im althochdeutschen Text *in frenkisga zungun* („in fränkischer Sprache“). Den Gebrauch der eigenen Sprache für die Verbreitung eines heiligen Textes hat Otfrid in auffallend reichhaltiger Weise aus dem historischen Status des Reichsvolkes der Franken, aus der 794 auf einer Synode zu Frankfurt begründeten theologischen Konzeption des „Gott kann in jeder Sprache angebetet werden“ und dem Verlangen des illitteraten Frankenvolkes nach Kenntnis der evangelischen Lehren begründet. Aus der Widmung an den König geht deutlich hervor, daß unter *Frankono lant* („Land der Franken“) nicht mehr die *gens* der Merowingerzeit zu verstehen ist, deren niederfränkischer Zweig Otfrids Sprache längst nicht mehr sprach, sondern die führenden Schichten des gesamten *ostarrīchi*, des Ostreiches. Hier wird die Kongruenz zwischen sprachlicher und politischer Entwicklung faßbar, und zwar im Bewußtsein eines Zeitgenossen. Programmatisch, wie es ausformuliert ist, wird es dabei nicht nur sein eigenes Bewußtsein gewesen sein, sondern das der Leitungsschicht des ostfränkischen Reiches, auch wenn dabei offen bleibt, wieviel Wunsch und wieviel bereits Realität war. Die Rezeption von Otfrids Evangelienbuch, die nach Alamannien, Bayern und ins hessische Fulda führt, bestätigte jedenfalls die Konzeption.

Die Tendenzen der Vereinheitlichung, die sich im Althochdeutschen zeigen, dürfen freilich nicht dazu führen, die Bedeutung der Differenzen zwischen den einzelnen *gentilen* Sprachen einzuebnen. Sie waren und blieben groß und klingen ja bis heute in den Dialekten des deutschen Sprachraums nach. Die Auswirkung der sprachlichen Gentilität auf die althochdeutsche Literatur war enorm. Kaum einen Text gibt es, der nicht in der Rezeption durch einen anderen Stamm sprachlich überformt und neu eingekleidet worden wäre. So wie sich die althochdeutschen Texte in der Überlieferung darbieten, ist es zumeist die erste Pflicht des Philologen, die dialektal differierenden Schichten von Vorlage und Kopie zu scheiden. Andererseits bezeugen gerade diese Interferenzen, daß im Rahmen des althochdeutschen Sprachraumes Texte verständlich und konvertibel waren. Ein bedeutender altsächsischer Text ist dagegen nie althochdeutsch bearbeitet worden, jedoch gibt es eine altenglische Adaptation der altsächsischen Genesisübersetzung.

Wenig wissen wir über eine sicherlich vorhandene, aber selten faßbare soziale Differenzierung der gentilen Sprachen. Nur in den für das Erlernen des Bairischen und Fränkischen durch Romanen bestimmten Gesprächsbüchlein mit ihren aus der Alltagswelt entnommenen Muster- und Gebrauchssätzen sowie in den Vorakten von Urkunden, ortsgebundenen Aufzeichnungen, nach denen der Kanzlist später das Rechtsgeschäft in geprägter Form redigierte, wie sie vor allem aus St. Gallen überliefert sind, finden wir auf lautlicher, morphologischer und gelegentlich syntaktischer Ebene sprechsprachliche Formen, die Entwicklungen belegen, die aus anderen Quellen erst ein oder mehrere Jahrhunderte später zu gewinnen sind.

Daß es also auch soziale und situationsgebundene Unterschiede gegeben hat, ist zweifelsfrei und mahnt uns zur Vorsicht gegenüber einsträngigen Interpretationen des schriftlich Aufgezeichneten. Das ist eben zumeist Schriftsprache mit allen Eigenheiten derselben: orientiert an Vorlagen und Vorbildern, differenziert nach der Gebrauchssituation – also anders in urkundlicher Beschreibung, anders in der Bibelübersetzung für die Schule, anders im Zauberspruch, anders in politischer Dichtung –, ausgerichtet auf die Rezeption, die jene der führenden Schichten der Gesellschaft ist, und entstanden unter den besonderen Bedingungen einer Kultur von Klerikern und Mönchen, die allein im Besitze der Schrift sind und deren Gemeinschaften, die Klöster und Stifte, je nach besitzmäßiger Verankerung im Lande und je nach den Verflechtungen mit dem umwohnenden Adel, auch sprachlich bunt zusammengesetzt sein können.

Die Volkssprache, die *theodisca lingua*, lebt zudem stets in Konkurrenz mit der Bildungssprache des Lateins, aus der sie sprachliche Bildungen und Inhalte in breiter Lehnschicht übernimmt. Sie nimmt sich anscheinend gegenüber dem Latein als eine ungepflegte, ungrammatische, ja bäuerliche Sprache aus, an deren Lauten und Silben noch der Ruch des Kuhdungs und der Angstschweiß des Kriegers klebt. Sie ist recht eigentlich die Sprache derjenigen, die nicht lesen und schreiben können. So motivieren der Verfasser der lateinischen Praefatio der altsächsischen Evangelienharmonie, des ‚Heliand', und der Autor der althochdeutschen Evangelienharmonie, Otfrid von Weißenburg, ihre Übersetzungen mit dem Auftrag, den *illiterati*, den Nichtschriftkundigen, die Kenntnis der evangelischen Schriften zu vermitteln. Das Althochdeutsche unterscheidet sich in dieser Hinsicht nicht von seiner Nachbarin, der aus dem Schoße des Lateins selbst entsprungenen *rustica romana lingua* („der bäuerischen, ungebildeten romanischen Sprache"). Und so nimmt es nicht wunder, daß der wohl westfränkische Redaktor einer Sammlung althochdeutscher Glossen (Cod. Paris, Bibliothèque Nationale lat. 12445; Cod. Reims, Bibliothèque Municipale 671) einige der volkssprachigen Interpretamente mit den Worten einleitet: *in rustica proverbia, in rustica parabola* („in bäuerlicher, ungebildeter Rede" – man beachte das romanische *parabola*, französisch *parole*!). Und ein anderer, ebenfalls westfränkischer Herkunft verdächtiger Glossenschreiber (Cod. Paris, Bibliothèque Nationale lat. 2685) variiert *in teudisco* („in der Volkssprache") mit *quam rustici vocant* ... („was die Ungebildeten... nennen").

Dem Reichenauer Mönch Walahfrid Strabo († 849) ist in seiner Kirchengeschichte „unsere barbarische theodiske Sprache" etwas, das, wollte man es literarisch behandeln, „den Lateinern lächerlich erscheinen könnte, als wollte man grobschlächtige Affensöhne den Kindern des Augustus gleichsetzen". Die Behandlung dieser Sprache rechtfertigt sich nur, weil „wir in den Dingen der Religion und ihrer zweckmäßigen Benennung vielfach der Weisheit der Griechen und Römer gefolgt sind". In dieser Würdigung des Lehnwortschatzes scheint die Auffassung durch, daß sich die Volkssprache nur in der Assimilation an die Vatersprache Latein aus ihren Niederungen erheben könne. Auch für den in der gleichen Schule des Klosters Fulda gebildeten Mönch Otfrid von Weißenburg ist das Althochdeutsche seiner Zeit „barbarisch", da diese Sprache nämlich *inculta* („ungepflegt") und *indisciplinabilis* („unbezähmbar") und überhaupt „ungewohnt" sei, „sich durch die Regeln grammatischer Kunst zügeln zu lassen". Sie ist eine *agrestis lingua* („bäuerische Sprache") geblieben, weil sie von den eigenen Sprechern weder in Schrift noch grammatischer Kunst irgendwann geschliffen wurde" (Ad Liutbertum, 58f. 105ff.). Doch reicht der Anspruch des Weißenburgers mit seinem schon skizzierten Sprach- und Literaturprogramm weiter (I, 1, 35f.):

Níst si so gisúngan, mit régulu bithuúngan:
si hábet thoh thia ríhti in scóneru slíhti.

(„Ist auch in ihr noch nicht gesungen worden, ist sie auch nicht von den Regeln [der Poetik und Grammatik] bezwungen: sie besitzt doch ihr Ebenmaß in feiner Einfalt"). Die fränkische Sprache ist eben potentiell auch eine Literatursprache.

Angesichts des Prestigegefälles zwischen Latein und Volkssprache muß man Mut, Impetus und Leistung jener Autoren bewundern, die als erste die gentilen Sprachen schriftliche werden ließen. Diese Spracharbeit scheint noch um 1019/20 Notker Labeo „ein bis dahin nahezu unerhörtes Unterfangen" (Brief an Bischof Hugo von Sitten). Seinem Schüler Ekkehard ist Deutsch schon wieder die *lingua barbara* („die wilde, barbarische Sprache"). Der Impetus aber zu althochdeutscher Spracharbeit, der sich letztlich aus Reformen Karls des Großen speist, die es noch im einzelnen zu betrachten gilt, läßt sich nicht besser wiedergeben als mit Otfrids engagierten Vorwürfen an die Gelehrten seiner Zeit (Ad Liutbertum, 105ff.): „Diese Sprache wird für bäuerisch gehalten, weil sie von den Franken weder durch schriftlichen Gebrauch noch durch Kunst und Regel zu irgendeiner Zeit geglättet worden ist; sie halten ja nicht einmal die Geschichte ihrer Vorfahren, wie viele Völker sonst, für die Erinnerung fest, noch verherrlichen sie ihre eigenen Taten oder ihr Leben, um Würde und Ansehen zu erlangen. Wenn dies, selten genug, einmal geschieht, dann schreiben sie die Darstellung lieber in der Sprache anderer Völker, nämlich der Lateiner und Griechen. Dort vermeiden sie jede Verunstaltung; in der eigenen Sprache aber scheuen sie eine solche nicht. Der Atem stockt ihnen, wenn sie in fremden Sprachen auch nur durch einen winzigen Buchstaben die Regel verletzen, und ihre eigene Sprache bringt beinahe in jedem Wort einen Fehler hervor. Es ist schon eine wunderliche Sache, daß große Männer, die sich der Wissenschaft verschrieben haben, die sich durch Behutsamkeit auszeichnen, Männer von rascher Auffassungsgabe, tiefer Einsicht und hervorragender Heiligung, alle diese Vorzüge zum Ruhm einer fremden Sprache einsetzen und keine Übung haben im Schreiben ihrer eigenen Sprache. Dennoch gebührt es sich, daß die Menschen, auf welche Weise auch immer, sei es durch eine mangelhafte oder eine kunstvoll ausgebildete Sprache, den Schöpfer aller Dinge loben, der ihnen das Instrument der Sprache gegeben hat, um in ihnen ein Lied zu seinem Lobe erklingen zu lassen. Nicht die Schmeichelei der schönen Worte wünscht er, sondern die fromme Gesinnung des Denkens in uns und die Fülle fromm verrichteter Werke, nicht den leeren Dienst der Lippen" (Übersetzung nach Rainer Patzlaff).

Religion, Kirche, Frömmigkeit

Man hat den archaischen Frömmigkeitsstil des frühen Mittelalters mit dem Begriff „politische Religiosität" fassen wollen. In der Tat lassen sich die Bereiche politischen, repräsentativen Handelns und religiösen Verhaltens für jene Zeit nicht trennen. Eine einheitliche Ordnung umschloß Welt und Jenseits. Der König, weltliches Oberhaupt des Reiches, wurde in Krönung und Weihe sakral legitimiert, hatte seine Pflicht zum Schutz der Kirche und der Sorge für die Religion in seinem Amt zu bewähren. Fränkische Könige wohnten Kirchensynoden bei und erließen Gesetze und Verordnungen, die tief ins Leben der Kirche und die Praxis der Frömmigkeit eingriffen. Sie setzten Bischöfe und Äbte ein, beschenkten Kirchen und Klöster, erwarteten dafür Reichs- und Verwaltungsdienst des hohen Klerus, ja militärische Hilfe durch die Kirche. Eine ottonische Heeresordnung sieht vor, wie viele Panzerreiter einzelne Kirchen und Klöster, gestaffelt nach Besitz und Reichtum, im Falle eines königlichen Feldzuges zu stellen hatten. Die Kirche wiederum betete in der Messe für den König, für die königliche Sippe, für Reich und Heer. Karls des Großen Untertanen waren, in bezeichnender Überschneidung der Sphären und unter Ausnutzung der Doppelbedeutung des Wortes *fidelis* zugleich *fideles Dei et regis* („Gläubige Gottes und Vasallen des Königs"). Reliquien der Heiligen begleiteten die Heere, schützten die Städte vor der Eroberung durch die Feinde. Reliquien hatten auch den Zug Karls des Großen nach Sachsen begleitet, den er eigenem Verständnis nach als Missionskrieg, als fromme Arbeit der Bekehrung einer heidnischen *gens*, als verdienstvolles Heilswerk führte. Die vornehmsten unter den Heiligen entwickelten sich zu Schutzpatronen des fränkischen Königs und des Reiches, so die Heiligen Martin, Dionysius, Remigius, Medardus. Zu ihren Gräbern in Tours, St. Denis, Reims und Soissons wallfahrtete auch der König; ihre Kirchen nahmen wiederum die Gräber von Angehörigen des merowingischen und des karolingischen Königshauses auf. Auf den Gütern des Königs errichtete man gerade diesen „Staatsheiligen", die sich im Laufe der Zeit und im Zuge der Partikularisierung des Reiches noch vermehrten, bevorzugt Kirchen.

Die fränkische Kirche hatte sich in diesem selbstverständlichen und sowohl aus spätantikem wie germanisch-gentilem Denken motivierten Bündnis mit dem König kräftig entfaltet. Mit Hilfe des Königtums und des Adels hatten Mönche aus Aquitanien, Irland und Großbritannien, bald aber auch einheimische Mönche bereits im 7. und 8. Jahrhundert das Reich mit einem Netz von Klöstern überzogen. Besonders dicht massierten sie sich in der Achsenlandschaft des Reiches zwischen Seine und Rhein. Seit den vierziger Jahren des achten Jahrhunderts reformierte mit päpstlicher Unterstützung der Angelsachse Bonifatius gegen erhebliche Widerstände des einheimischen Episkopats die fränkische Kirche, reorganisierte die bayrischen Bistümer, schuf östlich des Rheins in Hessen, den Mainlanden und Thüringen neue Bistümer. Im Jahre 751 schloß König Pippin sein Bündnis mit dem Papst; sein Sohn Karl bewährte es 774 durch die Vernichtung der Feinde des Stuhles Petri, der Langobarden. Römischer Einfluß entfaltete sich nun im Reiche der Franken, erfaßte Liturgie und Theologie. Römischer Meßbrauch, römischer Heiligenkult erfaßten mit Mustersakramentaren und Legendaren die fränkische Welt und suchten – nicht überall mit Erfolg – die alten Bräuche der „gallischen" Kirche zu verdrängen. Weltlicher Adel und Adelsklerus brachten von der Italienzügen, von ihren südlichen Aufenthalten im Königsdienst Reliquien der römischen und italischen Heiligen mit und statteten damit ihre Kirchen- und Klostergründungen aus, die „Eigenkirchen" und „Eigenklöster" waren, d.h. Kirchen und Klöster, die sie aus eigenem Recht und auf eigenem Grund und Boden errichtet hatten und mit Priestern und Ausstattung besaßen und vererbten wie andere Sachen.

Über den umfangreichsten Besitz von Eigenkirchen und -klöstern verfügte der König, dem seit den Wirren der karolingischen Frühzeit freiwillig oder weniger freiwillig zahlreiche Adelskirchen aufgetragen worden waren. Die größten Eigenkirchen des Königs waren die Bischofskirchen und großen Klöster. Das System der Eigenkirchen von König, Adel, Bischöfen und Klöstern trug bis zum frühen 9. Jahrhundert zu einer massiven Verdichtung des Pfarrnetzes bei, das damit im wesentlichen abgeschlossen war. Danach gelang es nur noch wenigen Kirchengründungen, den Status einer Pfarrkirche zu erwerben; die meisten blieben *filiae* („Töchter") der alten Mutterkirchen, Filialkirchen also. Die Eigenkirchenherren waren Grundherren, und so trachteten sie danach, ihren Grundherrschaften durch die Gründung von Kirchen, deren Einkünfte zudem zu zwei Dritteln an den Grundherrn und zu einem Drittel an den Pfarrer gingen, auch religiöse Autarkie zu verschaffen.

Weitgehende Selbständigkeit verschaffte die eigenkirchliche, in der Hand des Königs konzentrierte Struktur der fränkischen Kirche auch gegenüber Rom. Wie selbstbewußt sich die fränkischen Bischöfe unter dem Schutze des Königs und mit Hilfe von Hoftheologen von Positionen Roms absetzen konnten, erwies sich etwa im sogenannten Bilderstreit auf der Frankfurter Synode von 794, in der es um die bei religiösen Unruhen in Byzanz aufgekommene Frage ging, ob die Verehrung von Bildwerken Gottes und der Heiligen Götzendienst sei oder nicht. In einem eigenen theologischen Gutachten, den ‚Libri Carolini', entwickelte der fränkische Klerus eine gegenüber Byzanz und Rom unabhängige Stellungnahme.

Unter Ludwig dem Frommen (814–840) wird der Versuch gemacht, die stets durch das germanische Erb- und Teilungsdenken bedrohte Reichseinheit in einem nahezu „theokratischen" Staat auf den Reichsepiskopat und ein von dem Abt Benedikt von Aniane († 821) reformiertes benediktinisches Reichsmönchtum zu stützen. Die anianische Reform erzielt Erfolge, der Versuch als ganzer mißlingt. Noch einmal, im Angesicht des neuen Reformmönchtums der Konvente von Cluny (910), Einsiedeln (934) und Gorze (933), stützt sich das ottonische und salische Königtum im zehnten und elften Jahrhundert auf Reichsmönchtum und Reichskirche. Erst die Wirren des Investiturstreits werden das System archaischer, „politischer Religiosität" nachhaltig zerstören.

Dennoch deckt der Begriff „politische Religiosität" nur eine Schicht frühmittelalterlicher Frömmigkeit auf. Im System der Eigenkirchen selbst liegt begründet, daß die Kirche Adelskirche ist, eine Kirche, die an den Unterschichten, auch an ihrer Christianisierung wenig interessiert ist. Klagen kommen über die schlechte Bildung der Pfarrer, des niederen Klerus, der vom Grund- und Eigenkirchenherrn eingesetzt wurde. Noch im frühen elften Jahrhundert klagt der Bischof Thietmar von Merseburg, daß die Bauern seiner Diözese den einheimischen, heidnischen Göttern anhingen, obwohl sie die Riten der Kirche vollzögen und die Sakramente empfingen. Zwar spiegelt diese Klage die Situation der spät christianisierten Gebiete Sachsens; Synkretismus, d.h. Verschmelzung oder Koexistenz von christlichen und paganen Elementen gab es aber auch anderswo, und er reichte bis in den Adel hinein.

Synkretismus der Vorstellungen ist vor allem für die Merowingerzeit charakteristisch, wo er sich im Totenbrauchtum, in Schutz- und Abwehrriten auch archäologisch fassen läßt. Runenzauber, ambivalente Heilswünsche, Kombination von Kreuz und Runen, magische Formeln auf den christlich zu interpretierenden Amulettkapseln belegen den von den Trägern dieser Zivilisation wohl kaum als Widerspruch empfundenen, erst in der Zeit des Bonifatius und der angelsächsischen Mission, im 8. Jahrhundert also, angeprangerten *cultus paganorum* („Religionsbrauch der Heiden"). Dabei werden pagane und christliche Zeichen addiert, ja die kulturelle Addition von Symbolen und Vorstellungen verschiedener Herkunft, das Streben nach Potenzierung von Schutzmitteln und Heilszeichen ist Signum der Zeit. Das heißt zugleich, daß es jenseits der kirchlichen Schriftsteller im Bewußtsein der Zeitgenossen keinen bedeutsamen Unterschied zwischen heidnischen und christlichen Instrumenten dieser Praxis gab. Noch Bonifatius († 754) berichtet aus seinem austrasischen Interessenbereich den Brauch, daß christliche Frauen Amulette und dem Abwehrzauber dienende Schnüre an Armen und Beinen trugen, was die aufgefundenen Grabbeigaben bestätigen. Diese Schutzmittel wurden öffentlich verkauft. Gegen solchen legitimierten Synkretismus, weniger wohl gegen echtes Restheidentum, ging in der ersten Hälfte des 8. Jahrhunderts auch der Reformer Pirmin, unter anderem Gründer der Abteien Reichenau, Murbach im Elsaß und des westpfälzischen Hornbach, vor: es ging ihm „um die Bekämpfung heidnischer Bräuche bei einer sich bereits zum Christentum bekennenden Bevölkerung" (Heinz Löwe). Ein deutliches Zeichen des aus der Verschmelzung von Antikem und Germanischen mit Christlichem entstandenen merowingerzeitlichen Frömmigkeitssynkretismus ist noch in dessen Endphase die Verbotstafel des mit der ältesten sächsischen Taufformel zusammen überlieferten ‚Indiculus superstitionum et paganiarum' („Verzeichnis abergläubischer und heidnischer Gebräuche"). Neben paganen Bräuchen eindeutig galloromanischer und germanischer Provenienz (z.B. *notfyr*, magischer Brauch des Feuerreibens) werden auch solche Gewohnheiten indiziert, die einen lebendigen und kreativen Synkretismus bezeugen, der während der Merowingerzeit und wohl auch noch während der frühen Karolingerzeit in der

Lage war, aus den vorhandenen Elementen eine eigenständige und den Bedürfnissen einer archaischen Gesellschaft angepaßte Frömmigkeitskultur zu schaffen: man erfährt, daß Heiligen Opfer (*sacrificie*) dargebracht werden, daß pagane heilige Orte im christlichen Kultus fortleben, daß die Gläubigen einen Bittbrauch paganen Ursprungs auf Maria umdeuten, daß scheu verehrte Tote zu Volksheiligen werden, daß Feld- und Flurprozessionen mit sakralen Statuen stattfinden. Dazu kommen die allgegenwärtigen Amulette, Reliquienkapseln und Zauberschnüre. Ein großer Teil dieser kreativ in der Zeit des Synkretismus entstandenen und trotz Verbots allmählich christianisierten Bräuche ist nie mehr aus dem Brauchtumsreservoir der agrarischen Gesellschaft des Mittelalters verschwunden, mußte und konnte schließlich integriert werden. Das Nebeneinander und die Durchlässigkeit füreinander von volkssprachigen Zaubersprüchen, Segen und Rezepten bis ins 10./11. Jahrhundert und darüber hinaus rührt daher.

Eine neue Phase der frühmittelalterlichen Frömmigkeitsgeschichte wird gegen Ende des siebten und im Laufe des achten Jahrhunderts sichtbar in den Bestattungssitten: die merowingische Beigabensitte, die dem Krieger und der adligen Frau mit ihrer Tracht die Insignien ihrer Würde auch im Tode beließ, wird aufgegeben, allmählich auch die Beerdigung der Toten in Reihengräbern in der Nähe der Höfe. Die Bestattung wird in die Friedhöfe der Kirchen verlegt. Vorbedingung war der schon skizzierte verstärkte Ausbau des Pfarrnetzes, die Stärkung der lokalen Instrumente der Seelsorge. Es vollzieht sich der Übergang von der synkretistischen Reihengräberzivilisation, in welcher der Kontakt des Gläubigen zum Christentum weitgehend auf seiner eigenen Initiative beruhte, zur Parochial- und Pastoralzivilisation der Karolingerzeit mit ihrer stärkeren Erfassung des Individuums, mit ihrem Impetus zur Mission der Seelen, des Gewissens, dem wir auch die Entstehung zahlreicher religiöser Texte in der Volkssprache verdanken.

Es ist ein Zeichen für eine allmähliche Verinnerlichung des Christentums, vor allem in den führenden Schichten, die ja auch in ganz anderer Weise als die Unterschichten über Möglichkeiten der Repräsentation und Manifestation von Frömmigkeit und über die Instrumente der Teilhabe am *sacrum* („dem Heiligen“) wie Eigenkirche, Heiligengrab, Reliquien, Preister verfügten, wenn um 800 zum ersten Mal die Frage einer möglichen Opposition von Kriegerberuf und christlichem Bekenntnis auftaucht. Die Frömmigkeit entwickelt sich ins Praktische und Politische hinein; Fragen der moralischen Verantwortung und des individuellen Seelenheils rücken in den Vordergrund. So prangert die althochdeutsche ‚Lorscher Beichte‘ die Nichtgewährung von Gastfreundschaft als Sünde an, die ‚Bairische Beichte‘ fragt danach, ob man es unterlassen habe, den Nackten zu kleiden, d.h. Bedürftige zu unterstützen. Evangelische Lehre dringt nun in radikaler Form, wie es vorher nicht möglich war, in die Laienunterweisung ein. Laienethiken, wie z.B. die an den Grafen Wido, einen fränkischen Reichsadligen gerichtete Abhandlung ‚De virtutibus et vitiis‘ („Von den Tugenden und Lastern“) des am Hofe Karls des Großen in führender Position lebenden Angelsachsen Alkuin († 804), und Fürstenspiegel entstehen, ohne daß sich die klerikalen Verfasser vom radikalen asketischen Ideal der exzeptionellen Heiligkeit lösen können. Ganz im Sinne des Mönchtums soll auch der Laie durch *labor* („Mühe") zur Vollkommenheit gelangen. Folgerichtig entwickelt sich zugleich die Bußpraxis zu einer Art sakralen „Wergeldes". Zum ersten Mal werden auch Gebetssammlungen (*libelli precum*) für Laien, vor allem des Hochadels, veranstaltet. In Alkuins kalendarischer Votivfrömmigkeit (Samstag als Tag der Gottesmutter) zeichnen sich bereits weitergehende Bestrebungen zur Sakralisierung des Alltags ab. Gerade der Samstag empfängt – ausgehend von seinem Charakter als Tag der Vorbereitung auf den Sonntag – im angelsächsischen Missionsbereich Norddeutschlands als Lehnwort aus der Sprache der Angelsachsen die neue Bezeichnung „Sonnabend".

Man wird freilich betonen müssen, daß alle diese Tendenzen, wo sie, wie im Bestattungswesen, umfassend erfolgreich waren, sich auf Äußerlichkeiten bezogen, die eine neue christliche Form (Friedhof bei der Kirche statt bei der Hofstätte, Seelgerät als Schenkung für das Seelenheil, Messe und Gebetsfürsorge statt Beigaben) erhielten. Überall dort, wo man gegen Bräuche einschritt, die nicht christianisiert, sondern nur verboten werden konnten, traf man auf Bereitschaft der Annahme nur in den obersten Schichten des karolingischen Adels, sonst aber auf zähen Widerstand, wie gerade die stets erneuerten Verbote und die Anfragen in den Handbüchern der Pfarrvisitation erweisen. Weiterhin muß gegen „heidnische" Bräuche eingeschritten werden, die gleich neben der Kirche geübt werden, müssen Auswüchse an den Vigilien der großen Feste bekämpft werden, *turpia joca et verba* („schändliche Scherze und Worte"), Mähler und Trinkgelage (Minnetrinken) anläßlich von Flurprozessionen verboten werden, Prachtaufzüge des Adels an heiligen Tagen und Waffengang in der Kirche untersagt werden. Trotz kirchlicher Gegnerschaft setzen sich schließlich synkretistische Bräuche – wie die Findung des Rechts durch Zweikämpfe und Gottesurteile – endgültig durch.

Die Formeln elaborierter Frömmigkeit des gebildeten Christentums in Klerus und Mönchtum müssen in ständigem bewußtem Gegensatz zur laikalen Lebensform gesehen werden. Die Bewußtheit dieses Gegensatzes, die periodische Erneuerung dieser Bewußtheit in den Reformen des Mönchtums ermöglichte zugleich den Abstand und in der Sonderung die Vorbildwirkung für den *populus* („das Volk"). Hier sind in den Anstrengungen des Fastens, der Arbeit, der Buße, des Gebetes – schon bei Bonifatius und Alkuin – Tendenzen zur Leistungsethik und Werkgerechtigkeit vorhanden, welche uns noch später beschäftigen werden und ohne die auch die Leistungen der Klöster in der Arbeit an der Volkssprache und ihrer Literatur nicht verständlich werden. Die Wurzel dieses neuen Frömmigkeitsstiles scheint man in der Christusfrömmigkeit der Zeit suchen zu müssen: Spätantike Traditionen aufnehmend sah die archaische Gesellschaft der Merowingerzeit und Karolingerzeit in Christus den Gottkönig, den Richter und Vergelter der Werke des Menschen. „Was ihn mit der Welt und dem Menschengeschlecht verband, war nicht mehr seine menschliche Natur, in der er uns gleich und Bruder ist, sondern seine königliche Huld und Milde, mit der er sich uns zuwendet, die aber durch seine Gerechtigkeit fast wieder aufgehoben wird" (Erwin Iserloh). Den Richter und Herrscher Christus galt es ständig zu versöhnen, er forderte die stetige Steigerung der Frömmigkeitsleistung angesichts der sündhaften Menschheit in quantitativer und qualitativer Hinsicht.

Daß nun zwischen Himmel und Erde der Richterstuhl Christi steht, hat auch ekklesiologische Folgen. Die Welt löst sich vom Jenseits, das Sakrale vom Profanen, die Kirche wird als Verwalter der Richterfunktionen Gottes begriffen, Laienkirche und Kirche des Klerus beginnen auseinanderzubrechen. Der Klerus begreift sich immer stärker als der privilegierte Teil der Gesellschaft, der die notwendigen Versöhnungsleistungen (Vermittlung der Heiligenfürbitte, Buße, Gebete, Sakramente) verwaltet und teilweise auch stellvertretend erbringt.

Dabei mischen gesteigertes Sündengefühl und Askese als exzeptionelle Frömmigkeitshaltung sich gerade im Mönchtum, was zu einem moralischen Rigorismus führt, der in der Benediktinerregel eine – wenn auch nur scheinbare – Stütze erhält. Erklärte doch der Mönchsvater Benedikt im Prolog programmatisch: „Wir wollen uns also mit dem Glauben umgürten, in Treue das Gute tun und unter Führung des Evangeliums die Wege gehen, die der Herr uns zeigt..." Das Himmelreich erwirbt jener, der einen moralisch einwandfreien Lebenswandel führt. Die Tage dieses Lebens sind eine von Gott gesetzte Gnadenfrist, „damit wir vom Bösen ablassen und uns bessern". „Man möge sich bekehren und man wird leben" – so heißt es in Anlehnung an Ezechiel 33, 11. Das Kloster ist eine „Schule für den Dienst am Herrn", in der die oberste Pflicht der heilige Gehorsam gegen seine Gebote ist. In der Möglichkeit, durch moralische Leistung den anscheinend unlösbaren Spannungen der Welt zu entgehen, liegt wiederum die Attraktivität der monastischen Lebensform für die Zeitgenossen, freilich auch die Gefahr der individuellen Abwendung von den Problemen der Welt, die in solcher Haltung nicht zu durchschauen und nicht zu bewältigen sind. Den moralischen Tugenden des Menschen werden, wie man bei Alkuin nachgewiesen hat, unmittelbare Heilswirkungen zugeschrieben. Freundes-, Nächsten- und Gottesliebe verschmelzen ebenso wie die *fides* („Treue, im religiösen Sinne aber auch Glaube"), die man Gott und dem König schuldet. Die objektive Geltung des Sakraments kann von Bonifatius bezweifelt werden, wenn es von unwürdigen Priestern gespendet wird. Gebet wird in diesen Kreisen zunehmend moralisch und leistungsbezogen statt kultisch motiviert: es ist Schutz vor Fährnissen, bewahrt vor Sünde. Deshalb sucht man Gebetsverbrüderung, wo es nur möglich ist, kollektive Formen der Frömmigkeit, in denen es um das Heil des einzelnen geht. Die Sonderstellung des Mönchs wird freilich gesehen: Bonifatius z.B. billigt Weltklerikern durchaus die Teilnahme an Festen und Weingenuß zu, was er für Mönche strikt ablehnt. Dennoch wirken die in der Askese und in der ethischen Anstrengung enthaltenen Formen elaborierter Frömmigkeit über Predigt, Bilder und volkssprachige religiöse Dichtung auf andere Gruppen zurück. Es ist kein Zufall, daß religiöse Unterweisung und das Bild Christi als Lehrer (neben seinem Königs- und Richteramt) in den karolingischen Bibelepen, sei es nun bei Otfrid von Weißenburg oder im altsächsischen ‚Heliand', so dominieren. Auch hier entsteht aus der Anerkennung der absoluten

Distanz zwischen dem allmächtigen Christengott, der allen Heidengöttern überlegen ist, und der Position des Menschen eine Korrektur der germanischen Religiosität, die eine ethische Komponente nicht kannte.

Es ist kaum verwunderlich, daß bereits Alkuin die Arbeitsteilung und gegenseitige Stellvertretung der Stände im göttlichen Heilsauftrag und Heilswerk klar artikulierte: „Die Männer der Welt sind eure Beschützer, ihr aber deren Mittler zu Gott, damit eine Herde wachse unter einem, dem göttlichen Hirten Christus“. Das ist nämlich die Kehrseite der Leistungsfrömmigkeit. Das Heilige wird mehr und mehr zum Erbe des Klerus und des Mönchtums.

Es müssen aber auch die Konvergenz- und Interferenzzonen zwischen klerikaler, monastischer und laikaler Frömmigkeitskultur genannt werden. Bei allem gegenseitigen, tiefgehenden kulturellen Unverständnis besitzen Laien und Kleriker doch auch gemeinsame mentale Strukturen: beide glauben an den stets möglichen Eingriff der Gottheit (aber auch des Teufels und der Dämonen) in die irdischen Verhältnisse, an das Wunder, an Schutzzeichen, Amulette, an die Möglichkeit des Zaubers, die Strahl- und Wirkkraft der Heiligen, ihre Fürbitte bei Gott usw. Nicht zuletzt ist an die Polyvalenz der Riten und Zeichen zu denken. So können die Wissenden, die Eingeweihten innerhalb des Klerus in der Verehrung der Reliquien die christliche Hoffnung auf Auferstehung wirken sehen; das Volk aber hofft auf die magische Potenz der Heilskörper, auf ihre Wunderwirkungen, die freilich von den *litterati*, den Schriftgelehrten, nicht geleugnet, sondern als Erweis göttlicher Gnade und Barmherzigkeit interpretiert werden. Die *litterati* und das Volk können sich damit auf Gesten und Riten einigen, denen sie unterschiedliche Nuancen an Sinn unterlegen.

So kristallisieren sich in den Frömmigkeitsstilen verschiedener Schichten doch habitualisierte Konstanten aus. Die Frömmigkeitspraxis des frühmittelalterlichen Menschen ist geprägt von Heilserwartungen, die der Handlungsungewißheit und Zukunftsunsicherheit einer archaischen Gesellschaft entsprechen, welche sich außerstande sieht, die Bedingungen ihres Zustandekommens zu erkennen und aus diesem Verständnis zu verändern. Der archaische Mensch sieht sein Leben als Wirkungsfeld mächtiger Kräfte, vor denen er sich schützen oder um die er sich bemühen muß. Hier liegt der gemeinsame Punkt, von dem aus divergente Erscheinungen wie der durchgängige Glaube an Vorzeichen, an das Eingreifen Gottes in die Geschichte, an Strahlkraft und Wunder der Heiligen, die apotropäische Wirkung des Kreuzes, wie auch an synkretistische Magie erklärbar werden.

Deshalb auch artikulierte sich ein grundlegender Zug der frühmittelalterlichen Frömmigkeit, die Hochschätzung der Werke und der Leistung, durchaus ambivalent in seinen Wirkungen. Die Gerechtigkeit Gottes, ganz im Sinne des Alten Testaments verstanden, dessen Vorbildhaftigkeit für die archaische Gesellschaft kaum zu überschätzen ist, galt dieser Frömmigkeit als Schlüssel zur Ordnung der Welt: Gott ist Garant der Rechtsordnung, er bestraft die Frevler und belohnt die Guten. Die Untaten, der Frevel eines Volkes sind die Ursachen seiner Niederlagen, Frömmigkeit provoziert den Sieg. So werden noch in der späten Karolingerzeit – auch das althochdeutsche ‚Ludwigslied' ist Zeuge dieses Denkens – die Invasionen der heidnischen Normannen, Ungarn und Sarazenen interpretiert. Das Heil wird unter diesen Prämissen eher als Aufgabe denn als Gnadengeschenk Gottes erfahren. Die Rechtfertigungslehre rückt ins Zentrum des theologischen Denkens, die Buß- und Ersatzleistungen, die ganz im Sinne germanischer Rechtsauffassung die beleidigte Gerechtigkeit Gottes wiederherstellen sollen, rücken in den Vordergrund der Frömmigkeitspraktiken.

Diese Haltung führt in Klerus und Mönchtum zur Dominanz der Askese als einer aus der Antike ererbten Praxis, die nun im Sinne der Versöhnung und Satisfaktion Gottes angewandt werden kann. In der Liturgie führt sie zu einem skrupulösen Ritualismus, zu einer Häufung der liturgischen Akte (z.B. bei der Feier der Privatmesse, bei den Gebets- und Totengedächtnisleistungen), die steter Manifestation und Erneuerung bedürfen und gleichsam die Qualität von Rechtssymbolen gewinnen können. Diese archaische Frömmigkeit ist mehr formale Handlung denn Schaffung eines inneren Raums, in dem der Mensch zu Gott finden könnte. Das Christentum wird zugleich in einer eher volkstümlichen Sphäre als Ritus und Sakralisierungsinstanz, als Quelle von Heil und Charisma, die ihr Fließen an bestimmte äußere Voraussetzungen knüpft, begriffen. Die meßbaren Verdienste werden noch in der Vita des westfränkischen Königs Robert des Frommen (11. Jahrhundert) vor allem anderen gelobt: die Almosen, das Psalmodieren und die eifrig gepflegte Gewohnheit, die Vigilien der großen Feste in der Kirche zu verbringen. Die wahre Frömmigkeit besteht in Exaktheit, die kaum noch einen Unterschied macht zwischen Wesentlichem und Akzidentiellem. Frömmigkeit ist Pflicht und wird Gott geschuldet: das läßt sich etwa an der Durchsetzung der Sonntagsheiligung mit dem Verbot der Arbeit am heiligen Tage und dem Gebot des Meßbesuchs als der wahren Arbeit am Tage des Herrn zeigen. Die Bestrafung der Sonntagsarbeit ist ein Thema auch der Hagiographie. Bald nach 830 berichtet Einhard, ehedem wichtiger Berater Karls des Großen und seines Sohnes Ludwig des Frommen, in seinen ‚Miracula Sanctorum Petri et Marcellini' („Wunder der heiligen Petrus und Marcellinus"), daß ein Dämon, der das Frankenreich verwüstete, dies getan habe, weil die Franken die Sonntage und Feiertage nicht eingehalten hätten. Der zornige und gerechte Gott weiß den Anspruch auf seinen Tag auch gegenüber den Erfordernissen einer agrarischen Gesellschaft zu verteidigen.

In der Sphäre der Leistungsfrömmigkeit ist auch die explosive Entfaltung der Gebetskultur, der Bittformen, etwa der Litaneien, seit der Karolingerzeit einzuordnen: Im Gebet wird der zornige Gott versöhnt und gnädig gestimmt, um das erwünschte Heil von ihm zu erhalten. Es ist bezeichnend, daß die antike Gebetshaltung – erhobene Arme – sich im Laufe des frühen Mittelalters zur Form der feudalen *commendatio* („Übergabe") – gefaltete Hände – wandelte, mit der sich der Vasall als *fidelis* in der schon skizzierten Doppelbedeutung des Wortes in die Hände seines Herrn begibt. Die Multiplikation der Leistungen aber erweist sich beim Beten als dominanter Zug. So behauptete schon ein Schüler des Iren Columban, Abt Eustathius von Luxeuil, auf einer burgundischen Synode des frühen

7. Jahrhunderts: „Die Vervielfältigung der Gebete im Gottesdienst kann, wie ich glaube, allen Kirchen nutzen... Ermahnt uns doch der Apostel, ohne Unterlaß zu beten". Vor allem die auf dem Kontinent missionierenden Angelsachsen gehen dann in der Ausbreitung der Gebetskultur voran. Das gilt für Bonifatius, den Reorganisator der fränkischen Kirche, aber auch für Alkuin: „Die Stellen, an denen Alkuin das Gebet seiner Freunde und Bekannten erbittet, sind so zahlreich, daß es genügt, irgendeinen seiner Briefe zu lesen, um sich davon zu überzeugen, welche Rolle er dem fürbittenden Gebet zuschrieb" (Hans B. Meyer). Im Jahre 762 schlossen zahlreiche Prälaten des fränkischen Reiches unter Führung des Bischofs Chrodegang von Metz zu Attigny in der Champagne einen Gebetsbund, der genau die Leistungen festlegte, die im Falle des Ablebens eines Mitglieds von den *fratres*, den Brüdern, zu erwarten waren. Stolz errechnete Erzbischof Hrabanus Maurus, Schüler Alkuins, auf dem Konzil von Mainz 847 die Summe des für alle Pfarreien befohlenen Fürbittegebets für den König Ludiwig den Deutschen, seine Gattin und seine Sippe: 3500 Messen und 1700 Psalter! Das schon skizzierte Verbrüderungswesen – in den konkreten Formen der Assoziation geistlicher Gemeinschaften untereinander, von Laien mit Klöstern, der gemischten Bruderschaften, der sich an den Kalenden, den ersten Tagen eines Monats, in gemeinsamem Gebet für Lebende und Verstorbene zusammenfindenden Kalandsbruderschaften, der Gilden usw. – nahm seit dem 8. Jahrhundert einen gewaltigen Aufschwung, der nur aus der zunehmenden Verchristlichung jener Formen erklärt werden kann, die das gleichbleibende Heilsbedürfnis des archaischen Menschen befriedigen sollten. Selbst auf den Grabsteinen dokumentierte sich das Verlangen nach dem Gebetsgedächtnis, nach der *memoria* („Erinnerung") zum Seelenheile des Verstorbenen. Wir verdanken diesem Wunsch sogar eine einzigartige Grabschrift in althochdeutscher Sprache, die wohl ins frühe 11. Jahrhundert zu setzen ist. Im Friedhof des Bingener Martinsstiftes, dem er seinen Totendienst anvertraut hatte, in einer Landschaft, in der sich seit der Spätantike die Tradition des Memoriensteins gehalten hatte, forderte ein fränkischer Adliger unter Angabe seiner Eltern, was ihn unverwechselbar machte, den Leser auf: *Gehvgi Diederihes Go‹z-zolfes› inde Drvlinda son‹es. imo hi›lf Got* („Gedenke des Dietrich, des Sohnes des Gozzolf [?] und der Drulinda, ihm helfe Gott"). In der Mitte des Steines ist der Tote mit erhobenen Händen – in der Haltung des Beters abgebildet. Über der Figur steht der Name, darunter der Text des Memento. Den Text ihrer Grabschrift legte 841/43 auch die hochadlige Dhuoda, Frau des hofnahen Grafen Bernhard von Septimanien in ihrem für ihren sechzehnjährigen Sohn bestimmten ‚Manuale' („Handbuch") fest: Das Epitaph lautete: „Niemand soll vorübergehen, ohne diese Inschrift zu lesen. Ich beschwöre alle, das folgende Gebet zu sprechen: Gütiger Gott, schenke ihr die ewige Ruhe und gewähre ihr gnädig das ewige Leben in der Gemeinschaft der Heiligen." Dhuoda hielt ihren Sohn auch zum – vom Mönchtum inspirierten – Stundengebet, zum Psalmenbeten, zur Schriftlesung und zum genau bemessenen Gebetsgedächtnis für Bischöfe und Priester, für Könige und königliche Funktionäre, für den Lehnsherrn und für die verstorbenen Verwandten an. Eine solche ausgedehnte, buchmäßig geführte Totenmemoria einer frühmittelalterlichen Adelsfamilie, welche die Namen der toten *proceres* („Großen") enthielt, übergab auch Königin Mathilde, Witwe Heinrichs I., auf ihrem Totenbett am 14. März 968 ihrer gleichnamigen Enkelin, die wie sie Äbtissin zu Quedlinburg war.

Zur frühmittelalterlichen Leistungsfrömmigkeit gehört das vertiefte Sündenbewußtsein des Christen. Dem entspricht eine Intensivierung der privaten Supplementärfrömmigkeit, ein quantitatives Anwachsen der Beichtpraxis, zugleich eine qualitative Verfeinerung der Erfassung in Sündenbekenntnis und Bußpraxis. Treibender Faktor dieser Entwicklung waren die Mönche aus dem insularen, irischen und angelsächsischen Bereich. „Alkuin redet oft und mit großer Eindringlichkeit von der Notwendigkeit des Sündenbekenntnisses und will, daß man es nicht aufschiebe, sondern so bald als möglich vor einem Priester ablege" (Hans B. Meyer). Noch besitzt die Beichte keinen sakramentalen Charakter, aber die Intensivierung ihrer Praxis zeigt doch auch schon Reflexe bei den Laien, zu denen schließlich auch Übersetzungen der Beichtformulare in die Volkssprache gehören.

Zu den allgemein verpflichtenden Bußriten gehört seit merowingischer Zeit das Fasten zu vorgeschriebenen Zeiten, vor allem in der Fastenzeit vor Ostern, die mit dem Aschermittwoch begann, dazu die Teilnahme an den gallischen Bettagen mit ihren Buß- und Bittprozessionen, den sog. *Rogationes* („Bittprozessionen" um Pfingsten) sowie später an dem römischen Gegenstück, der *Letania Maior* („großer Bittgesang") am 25. April. Bei außergewöhnlichen Vorfällen wurden öffentliche Bußriten eigens angesetzt. Für die Individualbuße kannte die Merowingerzeit nur die in den Bußbüchern dokumentierte Tarifpoenitenz. Für jede Verfehlung war je nach Schwere eine genau spezifizierte Tarifleistung angesetzt. Die Karolingerzeit entwickelte ein System mit zwei Komponenten: Tarifpoenitenz für schwere geheime Verbrechen, öffentliche Buße für schwere öffentliche Verfehlungen. Zu den möglichen Formen der Ersatzleistung gehörte auch die Bußwallfahrt im Büßergewand und manchmal auch in Ketten zu den *loca sancta* („heiligen Orten"), die im insularen Mönchtum und bei seinem kontinentalen Anhang zu einer Spezialform der Askese entwickelt wurde. Sie entfaltete sich ohne speziellen Anlaß und neben der Wallfahrt aus therapeutischen Gründen auch in breiteren Kreisen zu einem eigenen Frömmigkeitsstil, der allgemeine Bußübungen mit Gebet und Andacht an heiliger Stätte verband. Eine mögliche Form der radikalen Buße bildete schließlich die *conversio* („Bekehrung") mit förmlichem Eintritt ins Kloster, Rückzug in die einsame Wildnis der Wälder und Berge, Bindung als *inclusus* („bei einem heiligen Ort Eingeschlossener") bzw. in lockerer Form als *vir religiosus, femina religiosa* („fromme[r] Mann bzw. Frau") an eine Kirche.

Die zunehmende Verinnerlichung der Bußpraxis bei Laien zeigt für das 9. Jahrhundert eine Geschichte, die Ekkehard IV. von St. Gallen über die Eltern des Klosterlehrers Iso zu erzählen weiß:

„Iso war der Sohn nicht nur wohlgeborener, sondern auch frommer Eltern. Und wie sie sich denn häufig durch Enthaltsamkeit von Speisen und anderen Dingen in einstimmigem Verlangen für Gott zu kasteien pflegen, so hatten sie einmal die Fastenzeit hindurch getrennte Lager, bis sie endlich am Karsamstag ein

Bad nahmen. Und nach Asche und rauhem Gewand schmückten sich beide zum Kirchgang mit den Bürgern, so wie sie es sich als Wohlgeborene erlauben konnten. Ermüdet von den Wachen ging die Frau nach dem Bade zum Schlafen in ihr Bett, das nunmehr entsprechend prächtiger aufgeschlagen war. Da kam unter Führung des Versuchers zufällig ihr Mann in jenes Gemach. Er trat zu ihr, und ohne daß sie sich sträubte, legte er sich an diesem heiligen Tage zu ihr. Nach vollbrachtem Frevel erhoben die beiden im Gemach dort so großes Wehklagen, daß das Gesinde, das rasch zur Stelle war, nicht zu fragen brauchte, was geschehen sei, da sie mit lautem Flehen zu Gott selber kundtaten, was sie getan. Unter Tränen gingen beide abermals sich waschen; wieder zogen sie die Bußkleider an, die sie so viele Wochen hindurch getragen hatten. Und mit Asche bestreut und barfüßig fielen sie angesichts aller Bürger dem Priester des Ortes zu Füßen. Er aber billigte in gütiger Einsicht ihre Bußfertigkeit und gab ihnen Erlaß, während das Volk für sie laut zu Gott rief; und da er sie aufgerichtet hatte, ließ er sie diesen Tag und die Nacht zur Strafe vor dem Kirchenportale stehen und nicht am Abendmahl teilnehmen. Nach Abschluß des Tagesoffiziums gingen sie dann zu einem Priester ins nächste Dorf, der im Rufe der Heiligkeit stand, und in derselben Gewandung enthüllten sie ihm und seinen Bürgern unter Wehklagen ihren Fehltritt und baten um seine Erlaubnis, am folgenden Tag das Abendmahl empfangen zu dürfen. Da schalt er sie ernstlich und verwies ihnen ihren Leichtsinn; gleichwohl erhielten sie seinen Segen, worauf sie nach Hause zurückkehrten und die Nacht unter Fasten und Weinen wachend verbrachten. Der Ostertag brach an, frühmorgens standen sie vor dem Portal, und wie das Kreuz vor der Messe herausgetragen wurde, folgten sie als die letzten. Der Priester aber führte sie unter Zustimmung des ganzen Volkes während des Kyrieleison herein und wies ihnen zuhinterst einen Platz an. Weil es jenem schon genannten Priester mißfiel, unterließen sie es, um Teilnahme am Abendmahl zu bitten. Nachdem aber die Kommunion vollzogen war, trat – so schien es – hastig jener Priester herein, als ob er für sein Volk noch ein Meßamt halten wollte, ergriff sie bei den Händen und führte sie zum Altar. Er öffnete die Hostienbüchse und spendete den Tränenüberströmten die Kommunion, und eilig, als müßte er zu den Seinen zurück, gebot er ihnen, sich wieder umzukleiden und zu speisen; dann gab er ihnen Segen und Kuß und ging wieder. Es waren auch alle herzlich froh, daß jene die Kommunion auf Weisung eines solchen Mannes bekommen hatten. Und dann verbrachten sie den Tag in Freuden und mit Almosenspenden, und als sie Stücke davon und Geschenke durch einen Reiter jenem Priester schickten, fand es sich, daß er an diesem Tage von den Seinigen nirgendshin weggegangen war; alles, was geschehen, hatte vielmehr ein Engel Gottes getan, und das ist auch an einer Synode kundgetan worden. Beide statteten sie darauf Tag und Nacht Gott Dank ab und gaben sich ihren gewohnten Tugendwerken nunmehr noch inniger hin." (Übersetzung von Hans F. Haefele)

Hier wird als ‚heiliges' Verhalten von Laien die Abstinenz von Fleischspeisen, sexuelle Enthaltsamkeit während der Quadragesima, („vierzigtägige Fastenzeit vor Ostern"), Verzicht auf Bäder, harte Lagerstatt, rauhe Gewänder, Aschenkreuz und Karsamstagprozession zum Abschluß der Fastenzeit empfohlen. In der Bußpraxis, die vor allen Mitgliedern der Gemeinde vollzogen wird, spielen Fasten, Bestreuung des Hauptes mit Asche, Bußkleidung, Tränen und Klagen, durchwachte Nächte, Ausschluß von Messe und Kommunion sowie Almosen als Kompensationsleistung eine bedeutende Rolle. Die Funktion des Priesters als Verwalter der Heil- und Lösemittel erscheint stark ausgeprägt.

Der Gedanke des Almosengebens, der Schenkungen an heilige Stätten um des eigenen Seelenheils willen dokumentiert sich in zahlreichen Schenkungsurkunden des frühen Mittelalters. In Anlehnung an Lukas 12, 33f. (Matthäus 6, 20) und verwandte Bibelstellen wird immer wieder argumentiert, daß der Spender irdischer Güter sich einen unvergänglichen Schatz im Himmel schaffe. Erkanfrida, die Witwe des Grafen Nithad von Trier, schenkte im Jahre 853 um des Seelenheils ihres Mannes willen an über zwanzig Kirchen der Rhein- und Mosellande. Der Biograph des Abtes Ansegis von St. Wandrille, welcher 833 neunundachtzig religiöse Institute beschenkte, die sich von Tours bis nach Aachen und ins Elsaß, von der Nordseeküste bis nach Lyon erstreckten, kommentierte: „Mit Almosen bereitete er sich den Weg (ins Paradies), weil er wußte, daß der Jüngste Tag jeden Menschen entweder zur Strafe oder zum Ruhm (*gloria*) führt. Daher stärkte er sich mit Almosen und durch die Gebete der Gottesdiener so, daß er den Lauf dieses Lebens friedlich durchstand und glücklich in Ewigkeit leben wird."

Im althochdeutschen ‚Georgslied', gegen Ende des 9. Jahrhunderts entstanden, wird eine Königin, vom Autor als exemplarische Adlige vorgeführt, nach vollzogener Bekehrung durch einen Heiligen sogar ihren gesamten Schatz spenden (Str. IX, 3ff.):

Elessandria . si was dogelika .
si ilta sar woleduon . den iro sanc spent(on) .
si spentota iro treso dar . dazs hilft sa manec iar .
fon ewon uncin ewon . so'se en gnadon .

(„Elessandria, sie war tugendhaft. Sie beeilte sich, Gutes zu tun, ihre Mitgift zu spenden; sie verschenkte ihren Schatz. Das gereicht ihr viele Jahre zum Heil, von Ewigkeit bis in Ewigkeit ist sie in der Gnade.")

In Meßformularen werden Spenden und Namen der Spender seit dem 8. Jahrhundert eigens festgehalten: In Gebeten sollen sich die Beschenkten verwenden für „unsere Brüder und Schwestern, für diejenigen, die uns ihre Sünden und Taten gebeichtet haben, die sich unseren Gebeten empfohlen haben, sowohl die Lebenden wie die Toten, deren Almosen wir als Spenden erhalten haben, deren Namen wir zum Gedächtnis aufgeschrieben haben..." (Übersetzung von Arnold Angenendt).

Man sieht, dem frühmittelalterlichen Frommen geht es nicht um die evengelische Freiheit der Zuwendung zu Gott, sondern um die Garantie seines Heils, die in der minuziösen Befolgung eines religiösen Verhaltenscodex gesucht wird. Wie im Alten Testament vollzieht sich aus diesem Bestreben heraus allmählich die Sakralisierung weiter Lebensbereiche, bildet sich im *ordo clericalis* („Stand der Geistlichen") eine besondere, mit der Verwaltung des Kultes beauftragte Priesterkaste. Gott ist der transzendente Gott der Propheten, von majestätischer Größe, vor dem seine Geschöpfe in Furcht verharren. Die Welt des Alten Testaments ist für den Menschen des frühen Mittelalters keine vergangene Welt, sondern normensetzende heilige Vorzeit, in deren Strukturen er die verwandten Züge seiner eigenen archaischen Gesellschaft wiederentdecken kann. Hier, im Prozeß der Sakralisierung der Welt, ist denn auch die vielbeschworene ,politische Religiosität' des frühen Mittelalters einzuordnen.

Grundlage der archaischen Frömmigkeit der Zeit also ist der Glaube an das Umschlossensein der Welt von übernatürlichen Kräften. Aus ihm resultiert die latente Schutz- und Heilsbedürftigkeit des Menschen, die sich wiederum in der Suche nach Heilsgaranten (Ritualismus, Legalismus) und in quantitativer wie qualitativer Leistungsfrömmigkeit äußert. Das Heilige wird dabei in einer älteren populären Schicht als automatisch wirkende Kraft begriffen: man kann seine Sünden auf Pergament aufzeichnen und auf den Altar legen: dann werden sie von Gott wunderbarerweise getilgt. Das Heilige vernichtet das Unheil. Die archaische Frömmigkeit richtet sich auf das sinnlich Faßbare, läßt dem Numinosen aber die Verhüllung. Es ist kein Zufall, daß sich die frühmittelalterliche Reliquienverehrung im Berühren der verschlossenen Reliquiare äußert, während das späte Mittelalter die Reliquien in Schaugefäßen (Ostensorien) visualisiert. Das Heilige, dessen Zentrum *mysterium* („Geheimnis") bleibt, muß zugleich doch Akt, *manifestatio* („Offenbarung") werden – in der Liturgie und in der Heiligung des Profanen. Hier liegen progressive Elemente der archaischen Frömmigkeit, die in der Darstellung des Heilsprozesses, des Kampfes zwischen den Mächten der Finsternis und des göttlichen Lichts, das Kerygma, die göttliche Offenbarung, als Mythos ergreift. So wird die Weihe einer Kirche im Ritus stets zur Wiederholung und Vergegenwärtigung des *descensus Christi*, der siegreichen Höllenfahrt des Erlösers. Es ist bezeichnend, daß in einem Kirchweihritus des zehnten Jahrhunderts, den uns Ademar von Chabannes bewahrt, die profane Qualität des noch ungeweihten Hauses dadurch dargestellt wird, daß Vieh in die Kirche getrieben wird, welches man im Akt der Weihe wieder vertreibt. Erst so ist in der Offenbarung des Heiligen auch die Konfrontation mit dem stets gegenwärtigen Profanen dargestellt.

Die Liturgie und die Frömmigkeit des frühen Mittelalters haben zahlreiche Literaturformen hervorgebracht, die den Ritus allmählich im wahrsten Sinne des Wortes ,festgeschrieben' haben. Sie sind zunächst bezogen auf die liturgische Praxis und die unterschiedlichen Funktionen der Träger des *officium dei*, des Gottesdienstes. Die biblischen Lesungen finden sich nach dem Kirchenjahr geordnet im Lektionar (Evangeliar, Epistolar), entsprechend die Gesangstexte in Antiphonar, Tropar, Prosar, Sequentiar, die Gebetsformulare im Sakramentar. Die Texte des monastischen Gottesdienstes sind zusätzlich im Brevier und im Hymnar gesammelt. Die Namen und Festtage der Heiligen (manchmal zusammen mit einem Abriß der Legende) sind in Kalendarien und Martyrologien nach der Ordnung des Jahres verzeichnet. Homiliare, lateinische Predigtsammlungen, dienen als Vorlagen für die aktuelle Predigt der Geistlichen: „zur Unterrichtung der Christen und um den Glauben der Gläubigen zu befestigen" – so Alanus von Farfa († 770) im Prolog zu seinem Homiliar. Passionare, Legendare, Mirakelbücher und andere Sproßformen des Heiligenkults nehmen das Leben und die Taten der Heiligen vor und nach ihrem Tode auf. Sie dienen der Erbauung klerikaler Gemeinschaften und bald auch schon der Einweisung der Laien in die Geschichte und Kräfte der im Kult verehrten Heiligen.

Aus nahezu allen diesen Bereichen sind in der Karolingerzeit religiöse Texte in der Volkssprache hervorgegangen. Sie sind nicht zu verstehen ohne die Einbettung in den Grund der lateinisch formulierten Liturgie und Frömmigkeit, sind nicht zu verstehen ohne die Einbettung in die Frömmigkeitspraxis von Klerikern und Laien, *litterati* und *illiterati.* Gemäß ihren Funktionen verteilen sie sich selbst auf zwei Sphären, die Sphäre der klerikalen Praxis, in der lateinische Texte nur übersetzt wurden, und die Sphäre der Vermittlung zwischen klerikalem und laikalem Christentum, in welcher auf der Basis gelehrter Theologie, antiker Wissenschaft und oft auch bodenständiger Traditionen neue kreative Formen volkssprachiger Literatur gefunden wurden. Der klerikalen Praxis dienen Texte, die auf den internen Bedarf klerikaler und klösterlicher Institutionen zugeschnitten sind, wie Wörterbücher, Glossen, schulmäßige Übersetzungen zum Zwecke des Lateinlernens, dann aber auch Gebrauchstexte der Liturgie und christlichen Unterweisung, wie Credo, Vaterunser, Beichten, Taufgelöbnisse, Predigten. Der sich erst gegen Mitte des 9. Jahrhunderts konstituierenden Vermittlungszone gehören z.B. Bibeldichtungen an, in denen es um die Kenntnis der heiligen Schriften in laikalen oder nicht des Lateins kundigen Schichten geht, aber auch Heiligenlieder, in denen es um die aktive Teilnahme der Laien am Kult der Heiligen geht. Verstanden werden müssen auch diese Produktionen – und ein scharfsichtiger Zeitgenosse, wie es Otfrid von Weißenburg war, hat sie so verstanden – als zunehmende Manifestationen des Heiligen im Profanen, in der Sprache und in der Lebenspraxis der Laien. Sie zielen auf *conversio*, Bekehrung und Neuformulierung des Handelns und Denkens (Ad Liutbertum 47ff.), und wollen so die Sakralisierung der Welt befördern.

Kultur und Bildung zwischen Klerus und Laien

Die kulturelle Situation des frühen Mittelalters wird durch den Antagonismus zweier Kulturen, der klerikalen und der laikalen, nachhaltig geprägt. Der Konflikt der Laien und der Kleriker konnte sich auf vielen Gebieten entfalten; hier stand das Profane gegen das Sakrale, das „ungebildete" Illiteratentum gegen die Schriftkultur, die das Erbe des Christentums und der Antike verwaltete und pflegte; es standen die „barbarischen" Volkssprachen gegen die Schrift- und Kultursprache des Lateins; die mit Büchern gefüllten Rüstkammern geistlicher Bibliotheken gegen die Gedächtniskultur in Recht, Sitte, Sprichwort und mündlicher Dichtung; der *cantus sacer*, der in heiligen Hymnen und Gesängen dem Lob Gottes dienende Gesang der

Kirche, gegen den – wie Otfrid ihn nennt – *cantus obscoenus*, den „schändlichen Gesang" der in Helden-, Preis-, Spott- und Liebesliedern sich äußernden Volks- und Adelskultur; damit standen schließlich auch auf der Ebene der Inhalte die Taten Gottes und der Heiligen, die das Heil der Menschen befördern, gegen die eitlen Taten der Vorzeithelden und der Mächtigen.

Die Aversionen gegen die synkretistische „Volkskultur" werden von seiten der klerikalen Intellektuellen deutlich ausgesprochen: Laien sind nicht nur *idiotae et illiterati* („Unwissende und der Schrift nicht Kundige"), sondern auch *rustici* („ungebildet wie Bauern"); ihnen kommt bloß eine *simplex natura* („ein einfältiges Wesen") zu, während sich die Angehörigen des Klerus als *docti et cauti* („Gelehrte und Weise") verstehen – so in einem Kapitular Karls des Großen aus dem Jahre 811. Der karolingische Gelehrte Amalar von Metz bestreitet den Laien grundsätzlich – und zwar auf Grund ihres Lebensstils – das Recht auf Bildung: „Wer danach strebt, Häuser, Vieh und Grundbesitz zu erwerben oder ein Weib zu nehmen, der besitzt nicht den rechten Sinn für das Studium." Zwischen laikaler und klerikaler Kultur gibt es zunächst nur die Entscheidung des Entweder–Oder: Bildung (*eruditio*) hieß nach dem Verständnis des Klerus zugleich Bekehrung (*conversio*) und damit Eintritt in einen neuen Habitus in Lebensstil, Verhalten und Denkformen.

Dabei wird die Trennung in zwei Kulturen nicht nur von Klerikern gesehen und vertreten, sondern auch in der fränkischen Aristokratie hält man überwiegend und bewußt an der Besonderung, vor allem auch der Mündlichkeit der laikalen Standeskultur fest. Bezeichnend scheint um 1014 das Verhalten des Abtes Theoderich von St. Hubert (1056–1087), des Sohns eines kleinen Adligen aus dem Hennegau. Seine Mutter, der Religion und den Künsten zugetan, ließ ihn heimlich und gegen den erklärten Widerstand des Vaters, der ihn zum Erben seiner Güter und seiner Funktionen bestimmt hatte, schreiben und lesen lernen. Als der Vater diese neu erworbenen Fähigkeiten an ihm entdeckt, sucht er den Sohn zunächst mit Gewalt in eine adlig-kriegerische Erziehung zu zwingen, muß ihn aber bald, als für die Welt verdorben, aufgeben; Theoderich wird Mönch, Priester, Bischof. Der Kulturbruch, den Schreiben bedeutet, ändert das Leben.

Das Verhältnis der *litterati* und *illiterati* war, auch wenn sie der gleichen sozialen Schicht entstammten und durchaus aufeinander angewiesen waren, oft genug von gegenseitiger Mißachtung gekennzeichnet. Bezeichnend für diese Situation sind zwei Anekdoten, die aus der Umgebung Kaiser Heinrichs II. († 1024) berichtet werden: „Heinrich ließ dem Bischof Meinwerk von Paderborn einen Brief zustellen, den die kaiserliche Kanzlei mit goldenen Buchstaben abgefaßt hatte und der folgenden Wortlaut besaß: ‚Mein Bischof Meinwerk! Bringe Dein Haus in Ordnung, denn Du wirst am fünften Tage sterben.' Der Bischof, der arglos glaubte, der Brief sei ihm vom Himmel zugesandt, ordnete alles, verteilte seine Güter, zog ein unscheinbares Gewand an und erwartete unter Fasten, Beten und Lobgesängen seinen

Tod. Als der fünfte Tag kam, ließ er sich in die Krypta der Kirche legen, wo er bis zur Mitternacht blieb, ohne daß sich etwas ereignete. Am nächsten Morgen gratulierte ihm der Kaiser mit seinen Fürsten als einem vom Tode wieder auferweckten Lazarus." Gerade jene eigenartige Gattung, in der die Autorität des schriftlichen Worts am deutlichsten behauptet wurde, der Himmelsbrief, wird hier von den Laien als Pseudo-Autorität entlarvt. Ähnlich verhöhnte der Kaiser den Verlust des Gedächtnisses beim schriftgebundenen Priester, indem er aus dem Sakramentar Meinwerks im Gebet für die Verstorbenen das *fa* der Wörter *famulis* („den Angehörigen") und *famulabus* („weiblichen Angehörigen") wegradieren ließ – so daß *mulis* („den Mauleseln") und *mulabus* („Mauleselinnen") übrig blieb – und den Bischof alsbald eine Messe für seine Verwandten lesen ließ.

Zwar gab es immer wieder – vor allem in karolingischer Zeit – Fälle literarischer Bildung auch bei adligen Laien, verbreiteter noch eine entwickelte religiöse Kultur mit eigenen Kirchen und Kaplänen des Adels. In den Bibliotheken des Markgrafen Eberhard von Friaul († 867), des Grafen Ekkehard von Autun (um 876), der Dhuoda (841/43), Gattin des mächtigen Grafen Bernhard von Septimanien, gab es Legenden neben liturgischen und anderen kirchlichen Schriften. Wir lernen den Grafen Rorico von Maine († 841) kennen und damit zugleich ein Stück Kultur des karolingischen Adelssitzes, wenn der Mönch Odo von Glanfeuil von ihm anerkennend berichtet: „dieser verehrungswürdige Graf erging sich in seiner Kapelle, die er an seinem Hofe nach dem Brauch des hohen Adels auf das Schönste eingerichtet hatte, nach den Morgenhymnen in heiligen Betrachtungen...".

Hier also sind Morgengebet (Matutin) und Meditation, Formen des monastischen Gottesdienstes, in die laikale Frömmigkeit eingedrungen. Auch im Zusammenhang mit Bonifatius wird von einer adligen Dame erzählt, die auf ihrem mit Kapelle und *skella* („Glocke") ausgestatteten Landgut *in sanctimoniali habitu* („nach der Lebensweise einer Nonne") ein frommes Leben führte. Weitere Beispiele von adligen Frauen, meist Witwen, die sich in frommer Verpflichtung einem Kloster als Laienkonversen lose verbanden, ließen sich anführen.

Immer wieder hört man auch später noch von Laien, die sich mit der Lektüre des Psalters befassen, gelegentlich werden Psalmenkommentare sogar von Geistlichen für adlige Laien verfaßt.

Das waren aber keine Normalfälle adliger Ausstattung – wenn wir von der Hofkirche absehen – und adligen Lebensstiles. Es spiegelt eher die durchschnittlichen Verhältnisse des zehnten Jahrhunderts, wenn Gerhard von Brogne, ursprünglich ein *miles* („Krieger und Vasall") des Grafen von Namur, erst im Kloster das Alphabet erlernt. Selbst in der ottonischen Königssippe werden nur die Erstgeborenen, die zum künftigen Königtum bestimmt waren, mit den Anfangsgründen des Lesens und Schreibens vertraut gemacht, die übrigen männlichen Angehörigen der *stirps regia* („Königssippe") wuchsen nach den Normen adlig-kriegerischer Erziehung auf. So war es etwa bei Heinrich I. (919–936), der nicht der älteste Sohn der liudolfingisch-ottonischen Familie, damals noch ein Fürstengeschlecht des Sachsenstamms, war. Nicht zum Haupterben vorgesehen, wurde er von einem Grafen Thietmar erzogen, der *magister* („Lehrer") genannt wird, „einem Mann, der in der Kriegskunst überaus erfahren war, in vielem kundig und im Rat überlegen, und durch angeborene Klugheit viele andere übertraf". Heinrich wurde zum Waffenhandwerk und zu politisch-praktischer Klugheit, nicht zu schriftgelehrter Weisheit erzogen; adliges Ethos und eine rudimentäre Frömmigkeit waren Bildungsziele der Zeit. Otto I. „der Große" (936–972), der die *Romana lingua* („Romanisch") und Slawisch sprach, lernte lesen erst nach dem Tod seiner ersten Gemahlin – das war 946 – im Alter von vierunddreißig Jahren. Immerhin erkannte Otto der Große, darin durchaus Karl dem Großen vergleichbar, die Bedeutung schriftlicher Bildung für die Repräsentanten des Königtums. Sein Sohn Otto II. (973–983) wird nicht nur vom Grafen Hodo, dem *magister*, im Waffenhandwerk unterwiesen, sondern auch seine geistigen Interessen werden durch Erzbischof Wilhelm von Mainz (954–968) und den Mönch Ekkehard von St. Gallen verfeinert. Er darf, wie sein Sohn Otto III. (983–1002), als Mann von hervorragender Bildung gelten, der mit den Intellektuellen seiner Zeit, wie Gerbert von Aurillac (dem künftigen Papst Silvester II., 999–1003), Ohtrik von Magdeburg, Willigis von Mainz, Johannes Philagathos und anderen bekannt war. Unter den späten Ottonen nimmt auch die königliche Bibliothek an Umfang zu – Spiegel der geistigen Interessen des Herrschers. Sie füllt sich unter anderem mit theologischen Schriften.

Aber hier bewegen wir uns an einem königlichen Hof, der sich zudem in der Konkurrenz mit dem glanzvollen Byzanz selbst stilisierte. Zu einem durchschnittlichen Adelshof konnten wohl neben den *milites* („Kriegern"), *forestarii* („Förstern"), *venatores* („Jägern") auch *ioculatores* („Spielleute") und Sänger sowie *pictores* („Maler"), *fabri* („Schmiede") und ein *capellanus* („Kaplan") gehören, zum Bildungsprogramm des *vir nobilis*, des Adligen selbst, gehörten die Formen schriftlicher Kultur nicht – auch wenn der wohl in St. Gallen (wahrscheinlich im 10. Jahrhundert) entstandene ‚Waltharius', eine lateinische Adaptation germanischer Heldensage, die fürstlichen Geiseln am Hunnenhofe neben dem Kriegshandwerk die *artes*, die sieben Wissenschaften der klösterlichen Schulerziehung, lernen läßt und ihre Unterweisung nach dem alttestamentarischen Vorbilde der Erziehung Davids am Hofe Sauls stilisiert. Das ist monastische Projektion, nicht gelebte Wirklichkeit. Der feudale Adlige des frühen Mittelalters besaß Kultur, indem er ihre Produzenten besaß oder beanspruchte.

Die oben geschilderte Ausstattung und mehr gehörte natürlich auch zu einem großen Königshof oder einer Königspfalz. Sie konnte (und das gilt abgemildert auch für adlige Grundherrschaften) praeindustrielle Züge annehmen, wie die Ausgrabungen auf der Pfalz Tilleda am Kyffhäuser ergeben haben: „Zur Zeit der Ottonen wurde hier eine repräsentative Pfalzanlage errichtet, in deren Vorburg ein ausgedehnter gewerblicher Wirtschaftsbezirk des 10./11. Jahrhunderts ausgegraben wurde. Eisenverhütung, Holzverarbeitung, Tuchmacherei, Elfenbein- und Geweihbearbeitung, Bleiverarbeitung, Steinverarbeitung, Töpferei und Weberei sind hier vertreten. Art und Umfang dieser Handwerke überschreiten klar den Rahmen der häuslichen Selbstversorgung der Pfalz. Die gewerbliche Produktion im Vorfeld der Pfalz ist eindeutig auf den überregionalen Austausch von Produkten ausgerichtet, und dies alles spielt sich in einem völlig ländlich strukturierten Umfeld ab" (Edith Ennen/ Walter Janssen).

Das Bildungsethos dieses Adels ist aus germanischer Zeit ererbt und entspricht dem kriegerischen Selbstbewußtsein der Großen. Der Katalog von Fähigkeiten, die ein vollkommener Adliger und Krieger besitzen soll, ist daher im Norden, in England und im frühmittelalterlichen Mitteleuropa weitgehend derselbe; den körperlichen Exerzitien gebührt absoluter Vorrang: erlernt werden Reiten, Jagen, Ringen, Steinstoßen, Springen, Laufen, Schwimmen, Fechten, das Kriegshandwerk usw. Wettspiel und Wettkampf sind Bestandteile der kriegerischen agonalen Welt (vgl. Abb. 3).

Bezeichnend ist eine höfische Repreäsentationsveranstaltung, die Ludwig der Deutsche und Karl der Kahle im Anschluß an das Bündnis gegen den älteren Bruder Lothar, in dessen Zusammenhang auch die althochdeutsch-französischen ‚Straßburger Eide' gehören, 842 in der Pfalz zu Worms abhielten. Über diese Waffenspiele berichtet der Augenzeuge Nithard, Hofhistoriograph des westfränkischen Königs Karl des Kahlen (840–877): „Dabei kam man da zusammen, wo es für das Zuschauen zweckmäßig schien, und während hüben und drüben das ganze Volk stand, stürzten zuerst von beiden Seiten in gleicher Zahl Sachsen, Aquitanier, Austrasier und Bretonen wie zum Kampf in schnellem Laufe aufeinander; darauf machten die einen kehrt und taten, als wollten sie sich, mit dem Schild gedeckt, vor den Nachdrängenden durch die Flucht zu den Ihrigen retten, dann aber suchten sie wieder die zu verfolgen, vor denen sie flohen; bis zuletzt beide Könige, umgeben von der ganzen jungen Mannschaft, mit lautem Geschrei, in gestrecktem Lauf, die Lanzen schwingend vorstürmten und bald den einen, bald den anderen nachjagten, wenn sie sich zur Flucht wendeten" (Übersetzung von Reinhold Rau). Dabei wurde die entsprechende Verhaltenspraxis des Adligen und Kriegers von früher Kindheit an eingeübt. So hören wir von dem Fuldaer Abt Hrabanus Maurus in seinem Kommentar zur antiken ‚Epitoma rei militaris' („Abriß des Kriegshandwerks"): „Wir sehen heute, daß Kinder und Jugendliche in den Häusern der Großen dazu erzogen werden, Härten und Widrigkeiten wie Hunger, Kälte und Sonnenglut zu ertragen. Ein bekanntes Sprichwort des Volkes sagt: ‚Wer nicht bis zur Pubertät im Reiterkampf fertig ausgebildet ist, wird diese Fähigkeiten in höherem Alter, wenn überhaupt, nur mit großer Mühe erlangen' " (Übersetzung von Cornelia u. Ulf Dirlmeier). Im Verfolg dieses Trainings galt es als gutes Zeichen des künftigen tüchtigen Adligen, wenn sich schon früh beim Knaben Jagd- und Tötungslust zeigten. Eine bezeichnende Anekdote überliefert Ermoldus Nigellus aus dem Jahre 826 für die Jugend des späteren westfränkischen Königs Karl des Kahlen, der seinen Vater, Kaiser Ludwig den Frommen, und seine Mutter, die Kaiserin Judith, auf der Jagd begleitete: „Sowie der Knabe Karl das Wild erspäht, will er es unbedingt nach dem Vorbild seines Vaters verfolgen. Er fleht um ein

Pferd, fordert dringend Waffen: einen Köcher voll schneller Pfeile... Hätten ihn sein Erzieher und seine Mutter nicht zurückgehalten, würde er, eigensinnig wie kleine Kinder sind, zu Fuß hinterherlaufen. Aber andere junge Leute fangen das flüchtige Jungwild und bringen es unversehrt zu Karl. Sofort greift er nach seinen Spielzeugwaffen und schlägt das zitternde Tier" (Übersetzung von Cornelia u. Ulf Dirlmeier). Gerade weil diese Passage in einem Panegyrikos, in einem höfischen Preisgedicht, steht, sagt sie über die Mentalität der Adelsgesellschaft aus. Es ist *mos Francorum* („Sitte der Franken"), die Söhne im Reiten, Jagen und im Waffenhandwerk zu unterrichten – so der Biograph Einhard zur Art und Weise, wie Karl der Große seine Söhne erziehen ließ.

Pferde spielen eine herausgehobene Rolle im Leben des Adels. So läßt Ermoldus Nigellus einen aquitanischen Krieger einem Sarazenen zurufen: „Auch wenn Du meine Mutter tötest, beeindruckt mich das nicht sonderlich. Mein Pferd, das du für sie forderst, wirst Du nie von mir erhalten. Für Dein Zaumzeug ist es nicht bestimmt!" Immer wieder sprechen die Quellen, auch bei Angehörigen des hohen Klerus, von der Zucht von Jagdfalken, von Hundemeuten, die gehalten werden. Von der Kirche bekämpft, waren diese Zeichen adliger Repräsentation doch nie zu verdrängen.

Das Ideal des adligen *vir strenuus* („tüchtigen Mannes") wird ergänzt durch historisches Wissen (Wissen um das Woher und Wohin der eigenen Sippe, Kenntnis heroischer beispielhafter Taten) und juristische Kenntnisse (Wissen um die Ordnung, in der die eigene Person steht, um ihre gesellschaftliche Position, die es zu verbessern oder zu verteidigen gilt). Rechtswissen ebenso wie moralische Regeln (Weisheitssprüche, Sprichwörter als sediertes Verhaltensbewußtsein einer Kultur) konnten in einer mündlichen Kultur durch Gnomik, durch Lehrdichtung vermittelt werden. Nach dem Verständnis einer bischöflichen Visitation aus Bayern vom Jahre 805 gehörte es zum notwendigen Wissen der Laien, *legem scire vel intellegere* („Recht zu kennen und zu verstehen"). Die (höhergestellten) Laien sollten ihre Söhne zur Schule schicken, um als Grundlage der Gesetzeskenntnis lesen zu lernen. Hier wirken sich bereits Tendenzen der Reformpolitik Karls des Großen aus, die darauf abzielte, die Ausbildung der adligen Laien, die ja in späteren amtlichen Funktionen oft genug Recht sprechen, ja setzen mußten, zu verbessern, indem man sie verschriftlichte. Die karlischen Reformen befaßten sich ja auch mit der Verschriftung der Rechte der einzelnen *gentes* des Reiches, der Volksrechte. Kapitularien, die Beschlüsse von Reichsversammlungen und Verordnungen des Königs enthielten, wurden von nun ab in schriftlicher Form ausgefertigt. Leges-Handschriften finden sich in karolingischen Adelsbibliotheken. Sogar Fragmente volkssprachiger Übersetzungen von Gesetzestexten sind überliefert. Noch Udalrich von Ebersberg († 1028) klagt, daß die *moderni* („die Neueren") ihre Kinder nicht mehr das Recht erlernen ließen, während er diesen Unterricht in St. Gallen noch empfangen hatte. Rechtswissen war Wissen des Adligen par excellence. Genealogie und Geschichte konnten in Helden- und Preisliedern, welche von den *gesta priorum* („Taten der Vorfahren") berichteten, gelernt werden.

Die Kenntnis mehrerer Sprachen (z.B. des Romanischen und des Fränkischen) war vor allem in den nordfranzösischen, belgischen und lothringischen Mischzonen germanischer und romanischer Bevölkerung eine Notwendigkeit und ist vom 7. bis zum 9. Jahrhundert mehrfach bezeugt (s. S. 25). Innerhalb des Kanons der für die Bedürfnisse der laikalen Kultur standardisierten Fähigkeiten und Kenntnisse war also auch intellektueller Bildung ein gewisser Raum gesichert. Im zwar angelsächsischen, aber für diese Fragestellungen gewiß vergleichbaren Epos ‚Beowulf' (8./10. Jahrhundert) wird vom Krieger verlangt, daß er Bescheid wisse in „Worten und Werken" (v. 287f.).

Wohl auf bereits germanischer Grundlage ruhte die Institution des Ziehvaters auf, die auch im Norden bekannt war. Im christianisierten Süden hören wir sowohl bei Ostgoten, Angelsachsen, Langobarden als auch bei den Franken von vergleichbaren Formen der Erziehung: so wird der zukünftige König einem *nutritor* („Nährvater"), *baiulus* („Erzieher") oder *magister* („Lehrer") übergeben, der zumeist dem Hochadel entstammt; junge Adlige wiederum werden von ihren Vätern *ad nutriendum... in obsequium regis* („zur Erziehung... in die Obhut des Königs") entsandt. Aus dem ‚Manuale' der schon erwähnten Dhuoda erfahren wir, daß ihr Gatte, der einflußreiche Graf Bernhard von Septimanien, seine Söhne schon in frühem Kindesalter zur Ausbildung für den Königsdienst an den Hof gab. In einer bezeichnenden Wendung läßt das 881/82 entstandene althochdeutsche ‚Ludwigslied' für den westfränkischen König Ludwig III. Gott als *magaczogo* („Erzieher") eintreten. Ursprünglich war der Sinn der Fremderziehung, eine politische Bindung zwischen den Familien des Zöglings und des Erziehers herzustellen. Besonders an den Königshöfen läßt sich diese Intention auch noch später beobachten. Es versteht sich ferner, daß gerade am Königshof, auf den ein fränkischer Adliger in kaum noch vorstellbarem Maße hin ausgerichtet war, sich Formen kollektiver Erziehung entwickeln konnten, deren Pflege Spezialisten oblag und deren Inhalt in der Vorbereitung auf die Übernahme amtlicher Funktionen im fränkischen Reich bestand.

Schon eine Wirkung der karlischen Reformen ist es, wenn Laien auch in die *scholae externae* („Schulen für Auswärtige") der Klöster aufgenommen werden, was freilich von rigiden Kreisen des Mönchtums wiederum bekämpft wurde. Eine Adaptation des althergebrachten Systems der *nutritio* („Erziehung") ist es, wenn St. Galler Äbte die Söhne der Klostervasallen an sich binden, indem sie diese im Kloster aufziehen und unterweisen. Aus St. Gallen ist in den ‚Gesta Karoli' („Taten Karls des Großen") des Notker Balbulus (um 883) die pädagogische Anekdote überliefert, nach der Karl der Große persönlich die Visitation einer Klosterschule vornahm und dabei die faulen Söhne des Adels und der Fürsten rügte, weil sie nur auf ihre Geburt und ihren Besitz vertrauten und die Beschäftigung mit den Wissenschaften vernachlässigten. Ganz klar geht aus dem Kontext hervor, was sich der Adel von Bildung erhoffte – die Erlangung von Ämtern und Pfründen, oder wie Notker den Herrscher sagen läßt: „Bistümer und Klöster".

Während – von diesen vorwiegend auf die Ausbildung des Weltklerus gerichteten Fällen abgesehen – die literarische Bildung in der profanen Knabenerziehung durchweg verpönt war, drangen Inhalte der klerikalen Kultur leichter in die Erziehung der Mädchen ein. Adlige Damen aus dem Laienstande, die einen elementaren Unterricht erfahren haben (seit karolingischer Zeit zunehmend in Kloster- und Stiftsschulen), sind seit merowingischer Zeit bekannt. Bereits der Kirchenvater Hieronymus hatte in seinem Brief an Laeta die Unterweisung der jungen Frau im Psalter und in Gebeten als Anfang der religiösen Erziehung empfohlen, daneben die Ausbildung manueller Fähigkeiten (z.B. spinnen). Dieser Brief des Kirchenvaters wird 817 von der Aachener ‚Institutio sanctimonialium' („Satzung der Nonnen") als Lehrschrift für die Erziehung junger Mädchen empfohlen. Lektüre des Psalters, *meditatio* (das halblaute Memorieren heiliger Texte), kunstvolle Handarbeit (Spinnen, Weben, Sticken) gehen nun in den Kanon adliger Mädchenerziehung ein.

Psalter finden sich daher auch in karolingischen Adelsbibliotheken. Es entstanden Auszüge aus dem Psalter für adlige Damen. Bischof Prudentius von Troyes (um 843–861) verfaßte ‚Flores Psalmorum' für eine Aristokratin. Zwei nicht weiter bekannte Mönche namens Rihker und Ratelm verfaßten einen Psalmenkommentar für eine Gräfin Hoda. Otfrid von Weißenburg schildert 863/71 auch Maria in diesem Erziehungsverständnis als adlige Dame von Stand (I, 5, 9ff.):

Gíang er in thia pálinza, fand sia drúrenta,
mit sálteru in hénti, then sáng sį unz in énti;
Wáhero dúacho werk wírkento
díurero gárno, thaz déda sių io gérno.

(„Er [der Erzengel Gabriel] ging in den Palast, fand sie nachdenklich meditierend, mit dem Psalter in der Hand, den sang sie bis zu Ende; das Wirken schöner Stoffe aus edlen Garnen, das tat sie stets gerne").

Von einer anderen Dame heißt es: „... nur den Psalter hatte sie lesen gelernt nach der Sitte adliger Mädchen". Immer wieder auch werden die kunstvollen Handarbeiten hochgestellter Frauen gerühmt. Während König Heinrich I. nicht schreiben konnte, wurde seine Gemahlin Mathilde im Kloster Herford in der *disciplina litteralis* („Wissenschaft des Schreibens und Lesens") erzogen – wozu Psalter, religiöse und liturgische Unterweisung gehörten: „Täglich widmete sie sich dem Psalmengesang und der Lektüre heiliger Schriften (*lectio divina*)"; sie las gar die Dialoge Gregors. Otfrids Schilderung der Gottesmutter als adliger Dame unterstreicht nur die Rolle, welche der Psalter als Instrument adliger, vor allem weiblicher Laienbildung im frühen Mittelalter besaß. Es ist noch zu klären, ob er vielleicht deswegen – mehr als andere biblische Texte – so stark in der frühen volkssprachigen Übersetzungsliteratur repräsentiert ist. So stammt die Handschrift des altsächsischen Psalmenkommentars des 10. Jahrhunderts aus dem Nonnenkloster Gernrode. Notkers deutschen Psalter ließ sich die Kaiserin Gisela, Gemahlin Konrads II., abschreiben, dieselbe, die bereits seine Übertragung des Buches Hiob besaß. Frauen werden bereits in karolingischer Zeit Förderer und Zielgruppe klerikaler Seelsorge in der Volkssprache. So wurde Otfrids Evangelienharmonie unter anderem durch eine *matrona veneranda* („verehrungswürdige Dame") mit Namen Judith angeregt; sein Buch wiederum las eine *Kicila*, wie ein Eintrag in der Handschrift P besagt.

Seit karolingischer Zeit geht die literarische Bildung der weiblichen Angehörigen der Oberschicht oft weit über das Elementare hinaus. Interesse für wissenschaftliche Fragen, für Poesie, Kunst und Theologie ist bezeugt u.a. für die Töchter und Basen Karls des Großen, Gisla, Bertha, Rottrud und Gundrada; Karls Gemahlin Liutgardis († 800); Judith, die Gemahlin Ludwigs des Frommen († 843); Irmentrud, die Gattin Karls des Kahlen (840–877); Dhuoda, die Frau des Grafen Bernhard von Septimanien (820–844); die mit Heinrich I. vermählte Mathilde († 968); Adelheid, die Gemahlin Ottos I. († 999); Gerberga, Ottos mit dem westfränkischen König Ludwig IV. verheiratete Schwester († 984); die Herzogin Hadwig von Schwaben († 994); Biletrud, die Witwe des bayrischen Herzogs Berchtold (938–947); die niederrheinische Gräfin Adela von Elten († vor 1028); die mit Heinrich II. verheiratete Kunigunde aus lothringischem Pfalzgrafengeschlecht († 1033); dessen Schwester Gisela, ungarische Königin; ihre Namensvetterin († 1043), welche die Gattin Konrads II. wurde, der selbst nicht lesen konnte; die aus dem Poitou stammende Agnes, die Gemahlin Heinrichs III. († 1077), und viele andere. Es versteht sich, daß diese Neigungen nur auf der Basis eines laikalen Bildungsbewußtseins entwickelt werden konnten, das literarische und tieferreichende religiöse Kenntnisse zu den weiblichen Fähigkeiten rechnete. Wahrscheinlich diskreditierte gerade ihre funktionale Spezialisierung innerhalb der Erziehung diese Elemente klerikaler Kultur in den Augen der adligen Krieger.

Obwohl die „leibeigenen Unterschichten" der frühmittelalterlichen Gesellschaft, „die über neunzig Prozent des Volkes ausmachten" (Karl Bosl), keineswegs eine amorphe, undifferenzierte Masse waren, wissen wir über ihre Kultur in jener Zeit nahezu nichts. Man kann nur vermuten, daß in ihnen die im Entstehen begriffene klerikale Intelligenz, der zahlenmäßig geringe niedere Klerus, eine kulturelle Führungsfunktion – vor allem in den allmählich sich belebenden Märkten und Städten – übernahm. Das Leben der Abhängigen dagegen spielte sich im engen Rahmen des Dienstes für einen bestimmten Herrn ab; so könnten Elemente der spezifischen Kultur der Unterschichten aus der Nachahmung des Lebensstils der Herren geflossen sein. Von den eigenen Komponenten dieser Kultur wissen wir nichts.

Im Kloster formulierte sich die von geistlichen, transzendenten Idealen geleitete Gegenwelt zur Kultur des Adels, eine andere Lebensform, in die man – zumindest den theoretischen Forderungen nach – nur durch einen radikalen Bruch mit dem alten Habitus, durch eine Bekehrung also, Eintritt erhielt, oder durch Erziehung von Jugend auf. Ziel des Mönchtums (und auch der nach dem Vorbild des Mönchtums organisierten Klerikergemeinschaften) war das *officium dei* („der Dienst an Gott"), das in Gebet, liturgischem Gotteslob, Askese und durch tätiges Wirken zu erbringen war. Der Mönch praktizierte eine radikale Form der Sorge um das eigene

Seelenheil; die Gemeinschaft der *milites dei* („Krieger Gottes") gab dem einzelnen den Halt, den ständigen Kampf gegen das stets sich erneuernde Böse, gegen Satan und seine Dämonen zu bestehen. Es versteht sich, daß frühmittelalterliche Klöster deshalb in erster Linie – und das vor allem in der Frühzeit – gerade nicht als Bildungsinstitutionen gewertet werden dürfen, wie es oft verkürzend geschieht. Diese und andere, vor allem politische und wirtschaftliche Aufgaben sind dem Kloster erst allmählich zugewachsen. Die Mönchsreformen, seien es nun die von Benedikt von Aniane im zweiten und dritten Jahrzehnt des neunten Jahrhunderts geleiteten, oder seien es die zuerst in Cluny, Gorze und Einsiedeln erprobten Reformbestrebungen des zehnten Jahrhunderts, suchten diese als laikal begriffenen und wuchernden Sekundärfunktionen mit der Forderung nach *libertas* („Freiheit"), d.h. Selbstorganisation der Gott dienenden Gemeinschaft, eher einzudämmen.

Daher können Kloster- und Kathedralschulen für die Frühzeit nicht nachgewiesen werden. Die Klöster konnten freilich Bildungsmöglichkeiten – etwa durch den Besitz einer Bibliothek und eines Skriptoriums, das schon wegen der Verwaltung der geistlichen Grundherrschaften, der wirtschaftlichen Basis also, zumindest in größeren Gemeinschaften notwendig war – zur Verfügung stellen. Im Rahmen der Sozialisation des mit frühestens sechs Jahren in das Kloster eintretenden *oblatus* („des Gott als Opfer dargebrachten Kindes") fand auch die Vermittlung religiösen Wissens ihren Platz. Sie war jedoch anfangs nicht schulmäßig organisiert, sondern beruhte auf der privaten Kommunikation, „dem wechselseitigen Gespräch" (*confabulatio mutua*) der Mönche. Sie richtete sich auf die Objekte des Kultes, der Liturgie, der Askese – ihre Grundlagen waren Psalmen, Hymnen und andere geistliche Texte. Vor allem der Psalter kann – wie schon angedeutet – als das vornehmste pädagogische Textbuch der religiösen Unterweisung des frühen Mittelalters gelten. Grammatik wurde induktiv gelernt. Die affektive Wissensvermittlung ließ unschriftlichen Formen des Lernens großen Raum: Schreiben als Abschreiben von biblischen Schriften, Legenden der Heiligen und theologischen Texten der *patres*, der Väter der Kirche, war wie die *meditatio*, das ständige Rezitieren und Memorieren von Texten, fromme, in den klösterlichen Tagesablauf integrierte, asketische Übung.

Erst das Bündnis der aufsteigenden Karolinger mit angelsächsischen Mönchsvätern und Missionaren wie Willibrord von Echternach († 739) und Bonifatius († 754) engagiert das Mönchtum kräftiger in einer nach außen gerichteten Seelsorge, etwa auch in der Übernahme von Pfarrstellen bei den Eigenkirchen der Klöster. Im achten und neunten Jahrhundert wächst die Anzahl der Mönche, die priesterliche Weihen erwerben und daher die Seelsorge wahrnehmen können, kontinuierlich an, bis diese weitaus in der Mehrheit sind. Auch der zunehmende Gebetsdienst der klösterlichen Gemeinschaften für Laien richtet das Mönchtum stärker nach außen. Die

Klerikergemeinschaften bei den Kathedralen der Bischofsstädte übernehmen geregelte Formen des Zusammenlebens aus dem Lebensstil des Mönchtums – die Regel des Bischofs Chrodegang von Metz (742–766) kodifiziert sie. In beiden Entwicklungslinien macht sich das zunehmende Bedürfnis der sich im 8. Jahrhundert neu organisierenden und auch veramtenden fränkischen Kirche nach Qualifikation des Nachwuchses geltend. Objektivierung und Kollektivierung der Wissensvermittlung bei gleichzeitigem Abbau charismatischer religiöser Bildung wird nötig. Mit der Übertragung auch politischer und gar militärischer Funktionen durch Karl den Großen und bereits seinen Vater Pippin wird eine Reform klerikaler Bildungsvermittlung dringlich.

Anscheinend erst jetzt entsteht organisierter Schulbetrieb in Klöstern und bei Klerikergemeinschaften. Die Rolle von Angelsachsen wie Alkuin († 804), die aus einer bereits entwickelteren Klosterkultur kamen, darf dabei nicht unterschätzt werden. Kapitularien und Erlasse Karls des Großen ordnen die Einführung des Studiums der *artes*, der antiken Siebenheit der Wissenschaften (Grammatik, Rhetorik, Dialektik, Arithmetik, Geometrie, Musik, Astronomie) in den Klöstern des Reichs explizit und implizit an. Die ‚Epistola de litteris colendis' („Sendbrief über die Pflege von Schreibkunst und Literatur") von 780/89 und die ‚Admonitio generalis' („Allgemeine Vermahnung") vom Jahre 789 sind Markzeichen der Reform. Diese und andere königlichen Verordnungen sind zugleich Instrumente einer umfassenden Politik zur Reform der kirchlichen Verhältnisse und enthalten so Vorschriften, die den kulturellen Sektor der geistlichen Institutionen im engeren Sinne betreffen, nur unter anderem. Sie atmen jedoch einen Geist, der, wenn er wirken wollte, gerade diesen Sektor von Grund auf neu formen mußte.

Die Intentionen kann die Einleitung der ‚Admonitio generalis' verdeutlichen. Sie begründet die Anordnungen aus der Pflicht des christlichen Herrschers, über das Seelenheil seiner Untertanen aufmerksam zu wachen. Instrumente seiner Anordnungen sind die Hirten der christlichen Kirchen, insbesondere die Führer der Kirche, Bischöfe und Äbte. Zu ihnen sendet der König *missi*, spezielle Beauftragte, die „bessern sollen, was zu bessern ist". Das ist die zentrale Botschaft der Reform: *errata corrigere, superflua abscindere, recta cohortare studemus* („die Irrtümer zu korrigieren, Auswüchse zu beschneiden, das Rechte zu bestärken bemühen wir uns"). Dieses Bemühen wird aus dem Vorbild des israelitischen Königs Josias begründet, der das ihm von Gott verliehene Reich *circumeundo* („umherreisend"), *corrigendo* („bessernd") und *ammonendo* („mahnend") zur wahren Religion zurückzuführen suchte. Unter 82 Kapiteln, die unter anderem auch elementare Überlegungen zu den Inhalten christlicher Unterweisung und Predigt enthalten, findet sich in dem offenbar an Priester innerhalb und außerhalb von Klöstern gerichteten 72. Kapitel auch, daß „Schulen für Knaben, die lesen lernen wollen, eingerichtet werden sollen. Bessert den Psalter, die Urkunden, den Kirchengesang, den Komputus" – eine

Schrift zur Errechnung des Osterfestes –, „die Grammatik und die rechtgläubigen Bücher in den einzelnen Klöstern und an den Bischofssitzen; oft nämlich werden diejenigen, die Gott zu verehren wünschen, durch verdorbene Buchtexte irregeführt. Und laßt nicht zu, daß eure Zöglinge die Bücher beim Lesen oder durch Schreiben beschädigen. Und wenn ein Evangeliar, ein Psalter oder ein Meßbuch geschrieben werden soll, dann sollen sie von Männern reiferen Alters mit aller Sorgfalt geschrieben werden."

Die ‚Epistola' wird noch deutlicher; sie schärft den Klöstern und Bischöfen ein, „daß außer den Pflichten eines regelmäßigen Lebens und frommen Verhaltens diejenigen, denen Gott gegeben hat, zu lernen und nach der Fähigkeit jedes einzelnen zu lehren, sich eifrig auch um die Pflege der *litterae*" – d.h. der geschriebenen Texte – „bemühen sollen, damit wie die Gesetze der Regel die Ehrbarkeit der Sitten, so auch eifriges Lehren und Lernen die Rede ordne und ziere, auf daß, wer erstrebt, Gott durch rechte Lebensweise zu gefallen, auch nicht säume, ihm durch die rechte Art zu reden zu gefallen... Denn obwohl die Tat wichtiger ist als das Wissen, so muß doch das Wissen der Tat vorausgehen. Es muß daher jeder lernen, was er zu leisten vermag, damit um so vielfältiger die Seele erkenne, was ihm zu tun aufgegeben ist, je mehr die Zunge sich in Lobpreisungen des allmächtigen Gottes ergehe, ohne ihn durch Fehler zu beleidigen. Denn wenn schon alle Menschen gehalten sind, Fehler zu vermeiden, sollen in ganz besonderem Maße diejenigen, die nur dafür erwählt wurden, daß sie einzig und allein der Wahrheit dienen, Fehlern, wie sie es nur vermögen, ausweichen. Es sind uns nämlich in den letzten Jahren öfter aus verschiedenen Klöstern Texte übermittelt worden, in denen das stand, was die dort lebenden Brüder für uns in heiligen und frommen Gebeten wetteifernd erarbeiteten. Wir erfuhren an den vorgenannten Schriften gleichermaßen richtigen Sinn als auch eine ungepflegte Redeweise. Denn was fromme Andacht dem Inhalte nach treu ersann, gelang der Vernachlässigung des Studiums halber der ungebildeten Zunge nicht ohne Anstoß auszudrücken. Daher begannen wir zu befürchten, daß, wie die Kenntnisse der Schreibkunst abgenommen hatten, vielleicht noch stärker sich das Wissen, das zur richtigen Erforschung der heiligen Schriften nötig ist, verringert haben könnte. Und wir wissen alle nur zu gut, daß, wenn schon die sprachlichen Irrtümer gefährlich sind, noch viel gefährlicher die Irrtümer der Auslegung sind. Deswegen ermahnen wir Euch, das Studium der *litterae* nicht nur nicht zu vernachlässigen, sondern Euch auch mit demütigem und Gott zugewandtem Sinn eifrig lernend zu bemühen, damit ihr in die Geheimnisse der göttlichen Schriften um so leichter und richtiger eindringen könnt. Da aber auch in den heiligen Texten rhetorische Figuren, Tropen und ähnliche Elemente gefunden werden, gibt es keinen Zweifel darüber, daß jeder, der sie liest, um so schneller den verborgenen geistlichen Sinn erkennt, je früher und besser er in der Kunst der *litterae* unterrichtet wurde. Es sollen aber solche Männer zu diesem Werk erwählt werden, die sowohl den Willen als auch die Möglichkeit zu lernen haben und den Wunsch besitzen, andere zu unterrichten... Wir wünschen Euch nämlich, daß Ihr, so wie es den Kriegern der Kirche ziemt, zugleich innerlich fromm und nach außen gelehrt seid, zugleich keusch in Eurer Lebensweise und gewandt in Eurer Sprechweise seid, damit wer immer Euch um Gottes Namen und Eures heiligmäßigen

Lebenswandels willen aufsuche, so wie seine Augen von Eurem Anblick erbaut werden, er auch von Eurer Weisheit belehrt, die er in Lesung und Kirchengesang erfährt, Euch freudig und Gott dankend wieder verlasse..."

In der zwischen 786 und 800 abgefaßten ‚Epistola generalis' („Allgemeiner Sendbrief") formuliert Karl in einem Tätigkeitsbericht über die bisherige kirchliche Kulturreform, daß er, die Versäumnisse früherer Herrscher wiedergutmachend, sich mit Eifer um die „Werkstätten" der *litterae* gekümmert habe, und nach besten Kräften mit eigenem Beispiel das Studium der *artes liberales* („freien Wissenschaften") befördert habe. Er habe die durch die Unerfahrenheit der Schreiber verdorbenen Bücher des alten und des neuen Testaments korrigieren lassen. Sein Vater Pippin habe bereits nach römischem Vorbild die liturgischen Gesangstexte erneuert; er aber wolle nun mit gleicher Sorgfalt die *lectio*, die Predigt, reformieren. Die ‚Epistola generalis' enthält daher zugleich den Befehl, die Predigtsammlung des Paulus Diaconus († 799), eines am Karlshofe wirkenden Langobarden, verpflichtend in den Kirchen des Reiches einzuführen.

In diesen Texten werden Impetus und Methode der Reformen deutlich genug. Leitend sind die aus dem schon beschriebenen Ritualismus der Leistungsfrömmigkeit entspringende Furcht, Gott durch Fehler in Inhalt und Form des Gottesdienstes zu beleidigen und seinen Zorn auf sich zu ziehen, und das Bemühen, Irrlehren, wie sie von heiliger Schrift und Vätern für die Endzeit angekündigt wurden, zu vermeiden. Daraus entspringt die intensive Sorge um die Besserung und Korrektur der Texte, aber nicht nur dem Inhalte, sondern auch dem Buchstaben, den Formen nach. In der Tat wird unter Karl dem Großen in bestimmten Klöstern des Reiches sogar eine neue Schriftform, die karolingische Minuskel, erarbeitet und zur Nachahmung empfohlen. Und so wie der Kirchengesang bis ins Musikalische hinein neu gestaltet wird, so auch die Kunst des Redens, des Schreibens, des Abfassens der Texte. Dazu bedarf es der Wissenschaften der Grammatik, der Rhetorik und der Dialektik. Gerade auf dem Gebiete der Grammatik läßt sich eine Reform der Orthographie und der Aussprache des Lateins beobachten, die sich am Vorbild der klassischen antiken Autoren und der christlichen Autoren der Spätantike orientierte, zu einer neuen Lesesprache führte und die romanischen Volkssprachen bis hin zu Phonetik, Akzentuierung und Sprachmelodie endgültig vom Latein trennte.

In dieser durchaus instrumentellen und dienenden Funktion treten *artes, litterae* und sogar antike heidnische Autoren als Inhalt klerikaler Bildung neben Psalmen, Hymnen, Schrift, Väter und Hagiographie. Hier wie bei der Predigtsammlung des Paulus Diaconus werden auch die Methoden der Durchsetzung der Reform sichtbar. Anordnungen allein genügen nicht. Der Hof Karls des Großen schafft Modelle, setzt *exempla* („Beispiele"). Wenn Alkuin seine Lehrbücher verschiedener *artes* in Form von Lehrgesprächen mit Mitgliedern der königlichen Familie abfaßt, einen „Saxo" und einen „Franco“ als Vertreter zweier Stämme des Reiches als Gesprächspartner auftreten läßt, so ist das Indiz einer schon angedeuteten Erweiterung der Reformidee auf alle Untertanen, um deren Seelenheil sich der Herrscher zu sorgen hat, also auch der Laien. Darzutun ist, daß Adel und literarische Bildung sich durchaus miteinander vertragen können, zu überwinden ist der Antagonismus der Kultur der *litterati* und der Kultur der *illiterati.* Mit dem von Alkuin an den Grafen Wido gerichteten Traktat ‚De virtutibus et vitiis‘ („Von Tugenden und Lastern“) wird auch zum ersten Male der Versuch einer Adaptation christlicher Ethik auf die Situation des Laien gewagt, der sich in der Literatur der karolingischen Fürstenspiegel, die eine christliche Standeslehre des Adels enthalten, später fortsetzt.

Exemplarisch für den auf Ausgleich und reichsweite Vereinheitlichung gerichteten Bildungswillen des karolingischen Königtums wird ein am Hofe in der *capella regis* („königlichen Kapelle“) versammelter Kreis von Klerikern und Laien, die von Karl aus allen Teilen des Reichs zusammengezogen werden. Unter ihnen sind Iren, Langobarden, Westgoten, Angelsachsen und gelegentlich auch Griechen. Die nie ganz erloschene Erziehungsfunktion des Königshofes für die sozial führende Schicht des Reiches wird am Königshofe in Aachen wiederbelebt. Aus den *pueri palatini* („Zöglingen der Hofschule“) gehen die führenden Bischöfe und Äbte des Reiches hervor. Diese Stellung des Königshofes, besonders der königlichen Kapelle und Kanzlei, als einer Schule der geistlichen und zum Teil auch weltlichen Elite lebt unter den späteren Herrschern des frühen Mittelalters – mit wechselnden Akzenten – fort. Am Hof wird auch in antikisierenden Formen lateinische Zirkular- und Gesellschaftsdichtung gepflegt, orientiert auf einen Kreis feinsinniger literarischer Kenner. Man gibt sich in diesem kleinen Kreis – teils spielerisch, teils ernst gemeint – Übernamen aus der Antike und dem Alten Testament, die zugleich den hochgespannten Anspruch wie den Versuch einer Synthese zweier Wertwelten personalisieren. Karl „ist“ bezeichnenderweise David, der in Frömmigkeit, Sehergabe und auch Dichtkunst – er gilt als Verfasser der Psalmen – den Prototyp eines christlichen Königs darstellt. Selbstverständlich entsteht am Hofe eine Bibliothek, die sich mit seltenen Werken antiker und patristischer Schriftsteller füllt. Sie wird wiederum zum Vorbild karolingischer Klosterbibliotheken, die Handschriften der Hofbibliothek erwerben oder abschreiben. Schließlich darf man nicht die vom Hof ausgehenden Impulse in der Herstellung reich verzierter Prunkhandschriften, in der Goldschmiedekunst und Elfenbeinschnitzerei, vor allem aber auch in der Repräsentationsarchitektur vergessen, die ihren glanzvollen Höhepunkt in der Pfalzanlage und der Pfalzkapelle der Aachener Residenz finden.

Die *capella* („Mäntelchen“) bezeichnete ursprünglich eine Teilreliquie des hl. Martin, nämlich seines Mantels (*cappa*), die der reisende König bei sich zu führen pflegte, dann aber das Institut von *capellani*, Kaplänen, das sich zur Pflege des Kultes und des Gottesdienstes um diese Reliquie am Königshof bildete. In karolingischer Zeit nahm dieses in vasallitischer Bindung zum König stehende Gremium politische sowie kulturelle Berater- und Leitungsfunktionen wahr, unterhielt offenbar ein Skriptorium und war oft mit der königlichen Kanzlei verknüpft. Die letzteren Aspekte der Hofkapelle hat wohl um 883 Notker Balbulus, der St. Galler Mönch, im Auge, wenn er Karl in einer pädagogisch orientierten, sagenhaften Erzählung bei der Visitation einer Klosterschule den „besten Diktierer und Schreiber“ in seine Kapelle aufnehmen läßt.

Diese Wirkungen der karlischen Bildungsreform haben – das darf nicht übersehen werden – ihre Begründung nicht nur in christlicher Herrscherethik, sondern auch in der politischen und organisatorischen Praxis der Reichsverwaltung, ja sogar in einer sich erst bildenden, religiös fundierten Reichsideologie. Zeitgenossen sehen die Reformen in planvoller Synchronie zum politischen Aufstieg des fränkischen Reiches, welches das weströmische Imperium fortsetze. Die *translatio studii* („Übertragung der Bildung“), die Erneuerung antiker Bildungsinhalte tritt an die Seite der *translatio imperii* („Übertragung des Reiches“). Der neue *rector imperii* („Leiter des Reichs“), der fränkische *rex* („König“) und seit 800 römische *imperator* („Kaiser“), der sich in antiker Pose und zugleich in fränkischer Tracht auf einem Reiterstandbild als *rector* und *imperator* porträtieren läßt (s. Abb. 4), der programmatisch die *renovatio imperii Romani* („Erneuerung des römischen Reiches“) seinem kaiserlichen Siegel einprägt, ist gemäß einer schon älteren etymologischen Deutung zur *cor-rectio* („Besserung“) der Untertanen verpflichtet. Mit dem spätantiken Philosophen Boethius argumentiert im Hofkreis Alkuin: „Dem menschlichen Geist ist zwar die Begierde nach dem wahren Gut angeboren, jedoch leiten Irrtümer viele auf den falschen Weg.“ Hier begegnen sich im Sinne der „politischen Religiosität“ das Heil der Seele und das Heil des Staates. Geprägt von endzeitlichem Bewußtsein, kommt es den Reformern aus beiden Motiven darauf an, die Irrtümer und Fehler zu beseitigen und die Lehren wie die Texte, das Gemeinwesen wie die Kirche und die Seelen zur *norma rectitudinis* („Richtschnur“) zurückzuführen. Daher findet man die Männer des Hofkreises persönlich im Reformwerk tätig. Alkuin und andere – wie Abt Maurdramnus von Corbie (772–781), Bischof Angilram von Metz (768–791), zugleich Erzkaplan des Reiches, und Bischof Theodulf von Orléans (vor 798–821) – bemühen sich um die reinigende Emendation der Bibeltexte. Paulus Diaconus legt eine Mustersammlung von Predigten an. Am Hof sucht man den Urtext der Benediktinerregel zu erwerben, jener Regel, welche mit ihrer Verbindung von Gottesdienst und gottgefälliger Arbeit den neuen Aufgaben der Klöster am besten gerecht wird und sich in karolingischer Zeit in den Mönchsgemeinschaften des Reichs endgültig durchsetzt. Schließlich bemüht man sich am Hof auch um das „echte“ römische Sakramentar, um den „richtigen“ Kirchengesang.

Die karlischen Reformen sind – trotz mancher Widerstände – doch auf ein ganzes Jahrhundert hin prägend für die kulturelle Situation geworden. Sie haben die Bildungsfunktion der Klöster überhaupt erst ermöglicht, haben ihnen eine verbindliche und eindeutige Prägung gegeben, haben ihre innere und äußere Organisation und damit ihre spezifische Leistung – wie später noch genauer darzustellen bleibt – bis hin in den Randbereich der volkssprachigen Literatur nachhaltig bestimmt, wie am deutlichsten vielleicht eine im Umkreis des Hofes entstandene Musterübersetzung religiöser Texte (althochdeutsche Isidorgruppe) zeigen kann.

Wirkungen zeigen die karlischen Reformen auch in der Verbesserung der Bildung und der Seelsorgefunktion des Klerus, vor allem der niederen Geistlichkeit. Dieses Thema läßt die karolingischen Kirchensynoden nun nicht mehr los. Um verständlich zu werden, sollen die Pfarrer in der Lage sein, in der Volkssprache zu predigen. Und sie müssen in der Lage sein, wenigstens Vaterunser und Glaubensbekenntnis den zu betreuenden Laien – eventuell in der Volkssprache – vermitteln zu können. Auch hierüber wird noch ausführlicher zu handeln sein. Dabei ist davor zu warnen, den Bildungsstand des niederen Klerus allzu hoch einzuschätzen; er hat sich merklich verbessert, aber nur relativ zu den offensichtlich katastrophalen Verhältnissen der vorkarolingischen Zeit.

Sehen wir, wie am Ende der karolingischen Epoche Regino von Prüm in seinem Synodalhandbuch die notwendigen Kenntnisse eines Priesters zusammenfaßt. Er muß Aufzeichnungen von Credo und Paternoster sowie die Fähigkeit besitzen, die Gemeinde über die zentralen Lehrstücke des christlichen Glaubens zu informieren. Ferner soll er die Homilien und andere seelsorgliche Schriften Gregors sowie ein Martyrologium und Bußbücher besitzen. Die Formeln, Gesänge und Gebete der Messe, die Perikopen und die Formulare wichtiger liturgischer Handlungen soll er auswendig können; er soll die Zeitrechnung und den Psalmengesang beherrschen. Reginos Forderungen können als einigermaßen praxisorientiert gelten. Optimistischer noch formulierte im zweiten Jahrzehnt des 9. Jahrhunderts der Fuldaer Abt Hrabanus Maurus in seinem ‚De institutione clericorum' („Von der Ausbildung der Weltgeistlichen") ein Ideal des vollendeten Klerikers: Die „Fülle des Wissens" (*scientiae plenitudo*) und „rechtschaffene Lebensführung" (*vitae rectitudo*) sollen sich in ihm zur „vollkommenen Bildung" (*eruditionis perfectio*) vereinigen. Dieses hochgespannte Bildungsziel einer personalen Einheit von Theorie und Praxis, bis in die Wortwahl hinein karlisch bestimmt, ist von der karolingischen Wirklichkeit rasch dementiert worden – wie wir nicht zuletzt an einschlägigen volkssprachigen Texten noch sehen werden.

Am problematischsten ist die Wirkung der karlischen Reformen auf die Kultur der Laien gewesen, was schon angesprochen wurde. Im Umkreis des Reichsadels läßt sich Nachahmung der königlichen Bildungsvorstellungen erkennen, wie aus Nachrichten über die Bibliotheken der Gattin des Grafen Bernhard von Septimanien (841/43), des Markgrafen Eberhard von Friaul (863/64) und des Grafen Ekkehard von Autun (um 876) zu entnehmen ist.

Dhuoda dürfte, wie aus ihrer literarischen Bildung hervorgeht, vor allem seelsorgerlichen Schriften wie die ‚Moralia in Job‘ des Papstes Gregor des Großen und dessen ‚Regula Pastoralis‘ („Anleitung zur Seelsorge“), ethische Unterweisungen wie den schon erwähnten ‚Liber de virtutibus et vitiis‘ des Alkuin und ‚De conflictu vitiorum et virtutum‘ („Vom Streit der Laster und Tugenden“) des fränkischen Mönchs Ambrosius Autpertus († 784), schließlich zur Erbauung bestimmte Heiligenlegenden besessen haben. Sie kannte auch die in der klösterlichen Schullektüre gebrauchte ‚Psychomachia‘ des spätantiken Dichters Prudentius, in der es ebenfalls um den Konflikt der Tugenden und Laster geht. Sie zitierte reichlich aus der Heiligen Schrift, vor allem aber aus dem Psalter, dem Grundbuch der adligen Mädchenerziehung. Ein ganzes Kapitel widmet sie der richtigen Art, Psalmen zu singen – wir werden erneut an Otfrids Beschreibung der psalmensingenden Maria erinnert –, und sie besaß auch ein einschlägiges Handbuch, das Alkuin zugeschriebene ‚De psalmorum usu‘ („Vom Gebrauch der Psalmen“). Sie sagt ausdrücklich, daß sie den Stoff ihres ‚Manuale‘ aus vielen Werken, die sie selbst gelesen habe, zusammengestellt habe, und zwar zum Zwecke der Unterrichtung ihres Sohnes.

Die Bibliothek des Markgrafen Eberhard, die „Bücher seiner Kapelle“, wie er in seinem Testament schreibt, imponiert durch ihren Umfang; sie enthielt etwa fünfzig Handschriften, reichte damit wohl an manches kleine Kloster heran. Es finden sich darin liturgische Bücher und Predigtsammlungen für den praktischen Gebrauch der Kleriker, die den Gottesdienst an seinem Hofe besorgten; dann aber auch – passend für einen mit der Rechtsprechung befaßten Grafen – eine Sammlung von Volksrechten, historische und geschichtsphilosophische Schriften wie des Augustinus ‚De civitate Dei‘ („Vom Gottesstaat“), die Weltgeschichte des Orosius, Bücher zur fränkischen Geschichte und Papstgeschichte. Das Lexikon des frühen Mittelalters, den ‚Liber etymologiarum‘ („Buch der Etymologien“) des Isidor von Sevilla (600–636) besaß er in drei Exemplaren. Dazu kamen Erbauungsschriften wie Heiligenlegenden und seelsorgerliche Texte, darunter wieder einmal Alkuins Tugendlehre. Eberhard, dem der Ire Sedulius Scottus Gedichte widmete, dem der berühmte Abt und Handschriftensammler Lupus von Ferrières (837 – nach 862) Handschriften herstellen ließ, der Gelehrte wie Gottschalk den Sachsen und den Römer Anastasius Bibliothecarius an seinen Hof zog, besaß sogar theologische Kommentare zu einigen biblischen Büchern und den spätantiken Reise- und Abenteuerroman des Apollonius. Bezeichnend ist, daß sich in Eberhards Bücherbestand neben zwei vollständigen Bibeln und einem Evangelium zwei Gebrauchspsalter, davon einer mit Kommentar, und zwei Prunkhandschriften des Psalters, darunter eine goldverzierte, befanden.

Die Bibliothek des Grafen Ekkehard erscheint dagegen bescheiden. Wie bei Dhuoda dominieren pastorale Schriften, etwa Papst Gregors, dann Heiligenlegenden; wie bei Eberhard finden sich historische Schriften zur Franken- und Langobardengeschichte, ferner – seinem Wirkungskreis angepaßt – Volksrechte der Franken, Burgunder und Romanen, auch eine kirchenrechtliche Sammlung, schließlich ein Isidor. In die Bereiche der engeren profanen Adelskultur führen der ‚Libellus de arte militari‘ („Büchlein über die Kriegskunst“) des Vegetius, ein landwirtschaftlicher und ein medizinischer Traktat. Wie nicht anders zu erwarten, besaß dieser karolingische Adlige neben einer vollständgen Bibel, einem Evangelientext mit zugehörigem Kommentar, neben dem schon erwähnten „deutschen“ Evangelium einen Psalter sowie ein „Büchlein mit Gebeten und Psalmen“.

Es läßt sich nicht verkennen, daß in den Bibliotheken dieser drei karolingischen Aristokraten ein erstaunlicher Standard erreicht ist, der Impulse der karlischen Reform aufgenommen hat. Markgraf Eberhard war zudem mit einer Tochter Kaiser Ludwigs des Frommen verheiratet, bei ihm ist auch die Orientierung am Modell der Hofkapelle am deutlichsten. Für die beiden anderen Fälle möchte man „Adelskapellen" vermuten, jedenfalls läßt sich auch für diese Angehörigen des Reichsadels Hofnähe aufweisen. Hier muß dann auch Skepsis über die Repräsentativität der Beispiele einsetzen. Es muß sehr bezweifelt werden, daß wir exklusive Verhältnisse – wie sie hier sichtbar werden – generalisieren dürfen. Zudem sind alle geschilderten Adelsbibliotheken in romanischer Umgebung angesiedelt, auch wenn die Besitzer fränkischen Geschlechtern angehörten und nachgewiesermaßen in einem Fall über einen althochdeutschen Text verfügten. Es wird noch an konkreten Fällen zu erörtern sein, inwieweit wir – vor allem für die Rezeption volkssprachiger Dichtung – mit vergleichbaren Verhältnissen im althochdeutschen oder altsächsischen Sprachraum rechnen dürfen.

Am erfolgreichsten scheint die karlische Reform, soweit sie die laikale Kultur betraf, dort gewesen zu sein, wo deren unschriftlicher Charakter nicht angetastet wurde, sondern in anpassenden Formen mit religiöser Zielsetzung ergänzt wurde. So wurde im Laufe der karolingischen Epoche mehrfach der Versuch umfangreicher volkssprachiger Bibeldichtung gewagt, in Aufnahme einheimischer epischer Formen im altsächsischen ‚Heliand' und in Vervollkommnung einheimischer Verstechnik im althochdeutschen ‚Liber evangeliorum' Otfrids von Weißenburg. Dabei stehen beide Dichtungen im Umkreis des karolingischen Königtums, die Initiative zum ‚Heliand' ging vom Herrscher aus. Es ist kaum ein Zufall, daß sich in der lateinischen Vorrede der altsächsischen Dichtung die deutlichsten Anklänge an die Motive, die Terminologie und die Argumentation der karlischen Bildungsreformen finden lassen.

Orte literarischer Interessenbildung und literarische Formen I: Das literarische Erbe der Adelskultur

Als ... wir uns froh zum Festmahl gesetzt hatten, da gab es Singen und Sagen. Der siegreiche alte Däne, der Vielerfahrene, erzählte von fernen Zeiten. Bisweilen ließ ein Kampfkühner den Klang der Harfe ertönen, spielte auf dem Lustholz, bisweilen trug er ein Lied vor, ein wahres und wehmütiges. Eine wundersame Begebenheit erzählte glaubwürdig der großherzige König. Ein greiser Gerkrieger begann schließlich, vom Alter geschwächt, über seine entschwundene Jugend zu klagen, über die verlorene Kampfkraft...

(‚Beowulf', v. 2103ff., übersetzt von Martin Lehnert)

Mündliche Dichtung und ihre Träger

An der Existenz einer großen Gruppe berufsmäßiger Unterhalter, Erzähler und Sänger im frühmittelalterlichen Westeuropa ist nicht zu zweifeln. Auch im Frankenreich hielten sich Restbestände der lateinischen Populärkultur, die vom spätantiken Christentum nicht beseitigt worden waren. Es gab Spezialisten für Rezitationen, die von Musik umrahmt waren, für szenische Darbietungen, für Pantomimen und Farcen. Die Produzenten dieser Unterhaltungskultur werden in den Quellen mit den verschiedensten aus der Antike ererbten Bezeichnungen benannt, deren Mannigfaltigkeit vielleicht anfangs noch auf die Vielfalt der Formen ihres Repertoires und die Differenzierung ihrer Fähigkeiten verweist. Allmählich aber drückt sich in den Namen *mimus, histrio, ioculator, scurra, scaenicus* usw. nur noch variierende Synonymik aus, die wir im Begriff des „Spielmanns" vereinheitlichend fassen können. In den Quellen tritt uns diese Berufsgruppe vorwiegend im Zerrspiegel klerikaler Publizistik entgegen, so daß man sich nur schwer ein angemessenes Bild von der Funktion, dem sozialen Status und der Dichtung des *ioculator* machen kann. Jedoch ist die Heftigkeit der kirchlichen Polemik gegen den Spielmann der beste Beweis für die Lebendigkeit dieser Institution in der laikalen Kultur des frühen Mittelalters.

Schon die Kirchenväter der Spätantike hatten die Spielleute als Träger einer säkularen und antiasketischen Kultur auf das heftigste bekämpft. Lactantius († um 317) sagte: „Was lehren die unzüchtigen Bewegungen der Schauspieler anders, was stacheln sie anderes an denn die Begierden?" Und zur Zeit Karls des Großen zitiert Alkuin in einem Brief den Satz Augustins, daß der Mann, welcher Schauspieler,

Spielleute und Tänzer in sein Haus einführe, nicht ahne, wie viele unreine Geister mit ihnen kämen. Die Kunst des Spielmanns ist Werk des Teufels und seiner Dämonen. Und warnend an den Adel als den eigentlichen Mäzenaten der Unterhaltungskünstler gerichtet, schreibt Alkuin († 804): „Besser ist es Gott zu gefallen als den Gauklern, für die Armen zu sorgen anstatt für die Spielleute." In der karolingischen Zeit scheint der Spielmann eine bedeutende Stellung in der Adelskultur errungen zu haben. 813 weist die Synode von Tours die Kleriker eindringlich an, „die Unverschämtheiten der Spielleute und ihrer häßlichen und widerlichen Vergnügungen... aus ihrem Sinn zu verbannen". Die im gleichen Jahr abgehaltene Synode von Châlons fügt noch hinzu, daß die Geistlichen auch allen Gläubigen empfehlen sollen, die Darbietungen der Spielleute zurückzuweisen. Man war offenbar zu einer abgesprochenen Aktion gegen den „widerlichen Gesang der Laien" – wie Otfrid von Weißenburg die laikale Kunst später nennen wird – angetreten. Auch auf der Pariser Reformsynode des Jahres 829 werden die „Possen", die „törichten Reden" und „widerlichen Vergnügungen" der Spielleute verurteilt. Klerikale Verachtung für den Spielmann fällt auch weiterhin reichlich ab. Hartmann von St. Gallen redet im 10. Jahrhundert von den „unnützen Possen der Spielleute". Verständnis für die kulturelle und kommunikative Funktion des Spielmanns, der als Fahrender Nachrichten, Geschichten, Deutungsmuster, Formen und literarische Innovationen über lokale Zentren hinweg zu vermitteln vermochte, besaß die Kirche nicht. Jedoch sah die Wirklichkeit anders aus: der Spielmann war und blieb unentbehrlich, der Kampf klerikaler Puristen gegen ihn aussichtslos.

Welche Stoffe und Themen, welche Formen und Gattungen vermittelte der Spielmann? Gerade in diesem Punkt lassen sich die einseitig aussagenden Quellen nur schwer auswerten. Auf bescheidenerem Niveau produzierte – so scheint es – der Spielmann Späße, Schwänke, Pantomimen, Theater, aber auch Erzähllieder, am Adelshofe reichte er wohl allmählich in die völkerwanderungszeitliche Institution des germanischen Sängers hinein. Die Grenzen des Repertoires eines einzelnen darf man sich nicht zu eng vorstellen, auch der soziale Status dieser Leute konnte bei entsprechender Begabung wohl wechseln. Aufstieg wird möglich gewesen sein. Aber auch die Grenzen dieser eigentlich illiteraten Institution zum *clericus* („Geistlichen") waren nicht so eindeutig und fest, wie es die Polemik vermuten ließe.

Schon Bischof Caesarius von Arles (503–542) kannte einen Geistlichen als „Spaßmacher" und „in schändlicher Redeweise agierenden Spielmann". Der Angelsachse Aldhelm von Malmesbury (675–709) nutzte die Möglichkeiten saekularer, mündlicher Dichtung zur Seelsorge. Er hatte die Gewohnheit, nach der Messe, vor der Predigt ein *carmen triviale* („unterhaltendes Lied") einzulegen, aus dem er allmählich in eine geistliche Auslegung überging. Hier also war ein Kleriker vornehmer Provenienz in der Lage, „englische Gedichte herzustellen, eine Melodie zu komponieren und angemessen zu singen oder zu rezitieren (*canere vel dicere*)" – so Wilhelm von Malmesbury († 1125) in seiner englischen Kirchengeschichte, die hier auf guten Quellen des 9. Jahrhunderts fußt. Noch zu Zeiten König Alfreds (871–899) sang man im Volke ein Lied Aldhelms. Solche speziell angelsächsischer missionarischer Akkomodation entsprungenen Bemühungen wurden jedoch bald von der

Kirche offiziell bekämpft. Seit dem 8. Jahrhundert hört man in England von synodalen Verboten für Kleriker, den Beruf eines Spielmanns auszuüben. Auf dem Kontinent findet sich das Verbot zuerst auf dem Mainzer Konzil von 813, dann bald nach 820 in bischöflichen Pastoralinstruktionen, die im Umkreis von Basel entstanden (‚Capitula Florentina', c. 17): „Kein Kleriker soll sich unterstehen, bei Gastmählern Unterhaltung zu treiben, d.h. mitzusingen oder selbst Gesang vorzutragen; er darf auch nicht – bei welcher Gelegenheit auch immer – als Spielmann, d.h. als Schauspieler oder im Vortrag scheußlicher Texte auftreten..." Das Verbot findet sich 847 auch auf der von Hrabanus Maurus als Erzbischof einberufenen Synode von Mainz; am Ende des Jahrhunderts steht schließlich im Pfarrvisitationshandbuch Reginos von Prüms ein die Mainzer Texte aufnehmendes Verbot für Geistliche, „sich in schändlicher Rede oder Aufführung als Spielmann zu betätigen oder auch nur sich an weltlichen Vergnügungen zu laben". Der neue Ton der Synoden und der kanonischen Handbücher ist jedenfalls ein Zeichen dafür, daß sich im späteren 9. Jahrhundert ein aktiveres Bemühen des Klerus um die volkssprachige einheimische Dichtung anbahnt.

Dabei scheint es, daß religiöse und spezifisch adlige Themen in der Dichtung der Spielleute eher geduldet wurden. Eine Gruppe der *ioculatores* nahm die Kirche nämlich gelegentlich vom allgemeinen Verdammungsurteil aus – jene, welche die Taten der Fürsten (*gesta principum*) und die Lebensläufe der Heiligen (*vitae sanctorum*) besingen: „Wenn sie die Taten der Fürsten und die Lebensgeschichten der Heiligen zu ihren Instrumenten so vortragen, daß sie den Menschen Tröstung und Vergnügen zugleich spenden, so darf man diese wohl dulden". So ein Bußbuch des 13. Jahrhunderts, das hier auf eine Quelle des elften Jahrhunderts zurückgeht. Hier ist eine gehobene Schicht von Sängern angesprochen, welche Helden- und Heiligenlied pflegten. Für das frühe Mittelalter fassen wir diese Schicht in Sängern an Adelshöfen (und wohl auch Bischofshöfen), den Skops. Tatsächlich werden etwa der im altenglischen Heldenepos ‚Beowulf' dargestellten höfisch-aristokratischen Gesellschaft Lieder über heroische Stoffe dargeboten, oder es wird auf die Kenntnis solcher Lieder angespielt; es werden jedoch auch christliche Themen besungen (v. 89ff.): „... da war Harfenklang, des Sängers lautes Singen. Es sagte der Kundige der Menschen Ursprung in alten Zeiten, wie der Allmächtige die Erde schuf, die lichten Fluren von der Flut umschlossen, damit siegesfroh setzte Sonne und Mond als leuchtendes Licht den Landbewohnern". Um 790 traf der hl. Liudger, Bischof von Münster, auf dem Landgut einer friesischen Dame von Stand den blinden Sänger Bernlef, der – wie Liudgers Biograph, Bischof Altfrid von Hildesheim, noch um die Mitte des neunten Jahrhunderts mit Kennerschaft vermerkt – „von den Umwohnenden sehr geschätzt wurde, weil er angenehm im Umgang war und es wohl verstand, die Taten der Alten und die Kämpfe der Könige zur Begleitung eines Saiteninstruments vorzutragen (*psallendo promere*)". Der heilige Mann läßt den Blinden Buße tun, legt ihm die Hände in Kreuzform auf die Augen und heilt ihn. Der heidnische Sänger bekehrt sich, wird von Liudger im friesischen Missionswerk verwandt und lernt schließlich vom Bischof die Psalmen, die er gewiß in sein Vortragsrepertoire aufnahm. Von einer Abneigung des Bischofs, der selbst dem Adel Frieslands entstammte, gegenüber dem Heldenlied verlautet nichts.

Daß Lieder und Vortragsdichtung, aber auch etwa Vergils ‚Aeneis' als Tischlektüre zum Leben großer Adelshöfe gehörten, erfahren wir auf höchstem Niveau vom Aachener Hofe Karls des Großen. Dort dominiert die lateinische, an antiken Formen geschulte Poesie; ihre Träger entstammen dem in einzigartiger Zusammensetzung geformten engen Kreis der Hofgelehrten und Berater um den König. Das sollte sich in dieser Form nicht wiederholen, auch wenn wir einzelne Dichter – wie etwa um die Mitte des neunten Jahrhunderts den Iren Sedulius Scottus – für königliche, bischöfliche und auch adlige Höfe arbeiten sehen. Für ottonische Höfe belegt die kulturellen Funktionen der Liedkunst und auch wohl des Spielmanns gehobener Form die am Hof Heinrichs II. (1002–1024) überarbeitete Fassung der Vita der Königin Mathilde, Gattin Heinrichs I. (919–936). Nach dem Tode ihres Sohnes Heinrich, heißt es da von der Königin, habe sie deutliche Zeichen einer *conversio* („Bekehrung") bewiesen: „Danach wollte sie nämlich niemanden mehr hören, der weltliche Lieder sang, noch jemanden sehen, der ein Spiel aufführte, sie hörte stattdessen nur noch heilige Lieder über Themen, die aus den Evangelien oder anderen heiligen Schriften stammten." Am ottonischen Königshofe gab es also eine Konkurrenz zwischen sakraler und profaner Dichtung und feste Vorstellungen darüber, welche Lieder sich für welche Situationen schickten. Doch wird diese situationsbedingte Konkurrenz aus einem Nebeneinander hervorgegangen sein.

Anschaulich und merkwürdig zugleich ist die Schilderung, die Ekkehard IV. (‚Casus S. Galli', c. 16) von einem Königsfest im Refektorium des Klosters St. Gallen gibt. Das Fest, das nach der Aufnahme König Konrads I. (911–919) in die Bruderschaft des heiligen Gallus und einer darob gehaltenen Messe beginnt, setzt alle monastisch-strengen Bräuche außer Kraft: die Klosterluft war erfüllt vom „gewürzten Duft von Wild und Fleisch". Gaukler tanzten, Spielleute sangen, der König lachte zu den ernsteren Mienen einiger „gesetzterer Brüder"... Gerade im ungewohnten Rahmen werden aber die unverzichtbaren Requisiten höfischer Feste um so deutlicher.

Um 1100 berichtet Sextus Amartius von einem Spielmann, der in einer Herberge einen vornehmen Herrn während des Essens mit der Laute und mit Gesang unterhält, wobei viel Volk zusammenströmt, um zuzuhören. Der *iocator* („Unterhalter") läßt aus seinem Repertoire folgendes hören: ‚David und Goliath', ‚Das Schneekind', ‚Von der Tonkunst des Pythagoras', ‚Von der Nachtigall'. Einem alttestamentarisch-kriegerischen, wohl mimisch darstellbaren Stück folgt ein vergnüglich-moralischer Schwank – übrigens erhalten; den Beschluß machen zwei ebenfalls erhaltene Kurzdichtungen, die sicherlich dem Artisten Gelegenheit zu musikalischen Bravourstückchen gaben. Die Geschichte vom ‚Schneekind' ist wie die beiden anderen erhaltenen Texte in den ‚Carmina Cantabrigensia' (Nr. 14), einer aus dem Rheinland stammenden und im Kontakt mit dem Hofe Heinrichs III. (1039–1056) entstandenen lateinischen Liedersammlung als Dichtung des Bischofs Heribert von Eichstätt († 1042) überliefert: Ein Schwabe, der auf Kauffahrt schiffbrüchig in fremdes Land verschlagen wurde, wird unterdes von seinem Weibe betrogen. Dem nach zwei Jahren zurückkehrenden Ehemanne erklärt die inzwischen mit einem Knäblein gesegnete Frau, daß sie eines Tages, als sie in Sehnsucht nach ihm vergangen sei, sich mit Schnee eingerieben habe. Davon aber sei sie schwanger geworden... Einige Jahre später rüstet der Kaufmann zu neuer Seefahrt. Er nimmt den Sohn mit auf die Reise und verkauft ihn in südlichem Land. Der Ehefrau erklärt er bei der Heimkehr, das „Schneekind" sei in der glühenden Hitze des Südens geschmolzen. In ihrer Struktur von listigem, ja betrügerischem Schlag und Gegenschlag entspricht bereits diese Erzählung den Bauprinzipien der erst seit dem 13. Jahrhundert in der Volkssprache verschrifteten Schwänke (vgl. II/2, S. 138ff.).

Ganz nebenbei erfährt man hier etwas über den Prestige- und Repräsentationswert, den die Spielmannskunst für einen Adligen besaß. Erfahren läßt sich aber auch, daß das Repertoire der gehobenen Sänger – hier wohl in lateinischer und vielleicht schon schriftlicher Formung zu denken – nicht auf die „Taten der Fürsten" und die „Lebensgeschichten der Heiligen" beschränkt war. Die Variation der Stoffe und Formen war wohl publikums- und situationsbezogen; ihre Träger und Vorträger bildeten allenfalls in klerikaler Polemik eine einheitliche Gruppe.

„Die Träger der deutschen, mündlichen Dichtung dieser Art als Spielleute zu bezeichnen, hindert uns nichts, sofern wir dem Spielmann nur einen genügend breiten Raum in sozialer wie künstlerischer Hinsicht zubilligen, also die Übergänge zum geistlichen oder aristokratischen Dichter offen lassen." Die Spielleute waren „eine zwischenständische, assimilationsfähige Gruppe, der Menschen von sehr verschiedener Herkunft und Leistungsfähigkeit angehörten." Mit diesen Sätzen Max Wehrlis und Klaus von Sees, die sich beide an Piet Waremanns Monographie über den Spielmann orientieren, ist der heutige Stand der Forschung umrissen.

Die mündliche Dichtung war nicht nur Sache der Berufsdichter. Sie wurde – und das betrifft vor anderem die volkssprachigen Formen – an den Höfen und Tafeln des Adels und oft von den Adligen selber gepflegt. In Alamannien, in Köln und in Nordfrankreich hat man Adligen der Merowingerzeit neben ihrer kriegerischen Tracht auch sechssaitige Zupfleiern mit ins Grab gegeben, die der musikalischen Begleitung während der Rezitation von Liedern dienten. Gleichartige Funde im angelsächsischen und skandinavischen Bereich zeigen, daß die Pflege mündlicher Dichtung – es ist wohl vor allem an die Heldendichtung zu denken – in der gesamten germanischen Welt zum adligen Lebensstil, zum Verhaltenskodex des Kriegers des frühen Mittelalters gehörte. Aber auch noch im letzten Drittel des neunten Jahrhunderts hörte der St. Galler Mönch Notker Balbulus die Fabeln und Sagen seiner ‚Gesta Karoli' („Taten Karls des Großen") – nicht unbedingt in Liedform – von dem Kriegsmann Adalbert, der noch Awaren-, Sachsen- und Slawenkriege mitgemacht hatte. Er nennt ihn „einen Laien und in den Schriften weniger gebildet." Alles in allem dürfte jedoch die Bedeutung des berufsmäßigen Spielmanns – vor allem seit karolingischer Zeit – für die Verbreitung von Stoffen und Motiven, für die Weiterentwicklung von Formen höher einzuschätzen sein als die Bedeutung der Laien unter den Liebhabern.

Diese Schicht bedurfte allerdings des Mäzenatentums. So wird man den Vortrag des berufsmäßigen, vielleicht zur Gefolgschaft eines Adligen gehörigen, vielleicht in Abhängigkeit vom Adligen bestellten Sängers am Hofe wiederum für wichtiger in der Entwicklung der mündlichen Dichtung halten müssen als den ebenfalls bezeugten Vortrag auf den Straßen der Handelsplätze und an den Festen des Volkes, bei dem Thema und Inhalt meist unklar bleiben. „... Das Lied war vorgetragen, das Werk des Skops, Jubel erhob sich wieder, hell tönte Lärm auf den Bänken, Schenken gaben Wein aus schönen Krügen..." – so beschreibt der Autor des altenglischen Heldenepos ‚Beowulf' (v. 1159ff.) die Integration der Dichtung in das höfische Fest der frühen Zeit.

Die Institution des Hofdichters erscheint seit der Völkerwanderungszeit in der europäischen Adelswelt. Neben dem germanischen *skop*, den uns ausführlicher nur angelsächsische Dichtungen schildern, dem aber auch kontinentale Erscheinungen wie der friesische Sänger Bernlef zuzuordnen sind, lebt aus antiker Tradition der am Adelshof tätige *ioculator*. Beide verschmelzen allmählich in der germanische und romanische Elemente integrierenden Adelskultur des späteren Frankenreichs. Wir treffen zwar im 6. Jahrhundert auch einen *mimus regis* („Spielmann des Königs"), die Natur der Quellen des frühen Mittelalters gibt uns jedoch vor allem Einblicke in die Kultur des adligen hohen Klerus. Man darf freilich die auf Höfe von adligen Bischöfen und Äbten abhebenden Quellenaussagen in noch strikterer Weise auf deren Substrat, die laikale Adelsstruktur, beziehen. In der Legende des politisch bedeutsamen, aus romanischer Familie stammenden Bischofs Praiectus von Clermont, der im ausgehenden 7. Jahrhundert lebte, sind die *ioculares viri* („Spielleute"), die *scurri* („Spaßmacher") und *mimi* („Unterhalter") selbstverständliche Elemente der adligen Lebenswelt. In der Vita des Bischofs Desiderius von Cahors (630–655) – ebenfalls eines Romanen – wird lobend hervorgehoben, daß in seinem Haus gegen die Gewohnheiten des Adels die *histriones* („Spielleute") und *scurri* keinen Platz hätten. Erzbischof Lullus von Mainz († 786) bezeichnet im 8. Jahrhundert die Eitelkeiten seiner fränkischen adligen Umwelt: diese liebt „wertvolle Kleider, mit Spelt gemästete Pferde, Jagdvögel und Falken, ... bellende Hunde, die Worttrunkenheit der Spielleute, die auserlesenen Genüsse wohlschmeckender Speisen und Getränke." Der Spielmann gehörte mit Jagd, auserlesener Tracht und Gastmählern im 8. und 9. Jahrhundert zu den festen Bestandteilen der Kultur der Oberschicht. Die Freigebigkeit des Adels gegenüber den Spielleuten beklagte 836 Erzbischof Agobard von Lyon: „Betrunken macht man die Histrionen, die schnödesten Mimen und nichtsnutzigsten Spielleute, während die Kranken der Kirche Hungers sterben." Die *ioculatores* gehörten zum Prestigezubehör der Mächtigen. Notker Balbulus bezeugt um 883 – freilich in sagenhaftem Gewand, aber deswegen nicht weniger aufschlußreich für die Adelskultur des 9. Jahrhunderts – einen Spielmann auch für den Hof Karls des Großen. Von Brun, dem Bruder Ottos I. und Erzbischof von Köln (953–965), wird als asketische Leistung mitgeteilt, er sei bei den Spielen, die am Hofe seines Bruders aufgeführt wurden, stumm geblieben. Es sind vielbeachtete Ausnahmen, wenn berichtet werden kann, daß Ludwig der Fromme die Spielleute aus Rücksicht auf die Gäste zwar zuließ, ihnen aber nicht das leiseste Lächeln schenkte; daß Heinrich III. bei seiner Hochzeit zu Ingelheim die Fahrenden unbeschenkt abziehen ließ. Bei beiden Herrschern zeigen Erziehung und Bildung einen klerikalen Einschlag.

Bereits 789 mußte Karl der Große verfügen und 802 ließ er es wiederholen, „daß Bischöfe und Äbte und Äbtissinnen keine Hundemeuten halten sollen, auch keine Falken noch Jagdvögel noch Spielleute". Aber diese „Verbote und Ermahnungen lassen Einblicke in die Wirklichkeit der karolingischen Reichskirche zu" (Friedrich Prinz). Wie Waffengebrauch, Krieg und Jagd gehörte der Spielmann zum *mos saecularis* („zur weltlichen Verhaltensnorm"), zu den Standesattributen der geistlichen Aristokratie. Sogar ein Bischof, der wie Udalrich von Augsburg († 973) schon zu Lebzeiten beinahe als Heiliger verehrt und bald nach seinem Ableben kanonisiert wurde, förderte die *ioculatores* und ließ sie an christlichen Hochfesten teilnehmen. Von Erzbischof Bardo von Mainz († 1051) heißt es in seiner Lebensbeschreibung (c. 8): „... den elenden Spielleuten war er sehr zugetan". Auch Erzbischof Adalbert von Bremen (1045–1072) ließ sich *fabulae* („Sagen") vortragen. Für den Bamberger Domscholaster Meinhard waren die Heldensagenstoffe, die sein Bischof Gunther (1057–1065) – wie er indigniert vermerkte – so liebte, *fabulae curiales* („höfische Sagen").

Man darf sich dabei vorstellen, daß die für die frühmitelalterliche Adelskultur, in deren Schoß die mündliche Dichtung im Austausch von Kunst und Improvisation lebte, so charakteristische Nachbarschaft von Berufssängern und Liebhabern, von verständigen Produzenten und verständigen Rezipienten, von zahlreichen Motiven gesteuert war, die von der höfischen Freude am Fest, von der Überhöhung adliger Mentalität und Lebensweise bis zum handfesten Interesse an Publizität für den adligen Fürsten reichte, das sich etwa im Preislied ausfalten konnte.

Obwohl sicherlich von Anfang an neben dem vasallitisch gebundenen Hofsänger der fahrende Sänger stand, der gleichwohl nach Verbesserung seiner Situation strebte, ist seit dem neunten und zehnten Jahrhundert ein allmähliches Entgleiten der *carmina gentilia* („Lieder der Völker") aus den Händen des *adhalsangheri* („Adelssänger") – so nennt die althochdeutsche Isidorübersetzung den Psalmisten – zu beobachten. Die Pflege des Helden- und Preisliedes und anderer Gattungen der mündlichen Dichtung in eigener Ausübung scheint zunehmend weniger den verchristlichten Verhaltensnormen karolingischer und ottonischer Adliger entsprochen zu haben. Noch für das achte Jahrhundert unterscheiden kirchliche Quellen *poetae* und *scurri*, d.h. den sozial gehobenen, aus germanischer Liedkultur stammenden Skop und den Spielmann. Vor 900 glossieren *skop, skof* lateinisch *vates, psalta, psalmista*, also Bezeichnungen für eine gehobene Schicht von Dichtern und Sängern. Nach dem neunten Jahrhundert glossiert das gleiche Wort neben *spiliman* lateinisch *ioculator, mimus, tragicus, satyricus* und dergleichen. Im neunten Jahrhundert also hat sich wohl ein

Wandel der sozialen Stellung des Skop vollzogen, der einem Wandel in der Kultur des Adels entsprechen dürfte. Der Adel gab zunehmend den eigenen Vortrag der hohen Gattungen volkssprachiger mündlicher Dichtung auf. Es bleibt noch zu fragen, ob mit dem Verlust der Trägerrolle nicht auch ein Wandel der formalen Tradition einherging.

Gattungen und Formen der mündlichen Dichtung

Die „Gattungen" der frühmittelalterlichen volkssprachigen Literatur sind durchweg mit Einzelstücken gefüllt. Diese Literatur ist dort, wo sie aufgezeichnet wurde, „so experimentell, ihre Werke, Prosa und Vers, sind nach Art und Überlieferung so sehr Zwecktyp oder *unicum*, daß sie... auch gattungsmäßig lauter Sonderfälle darstellen, die in einem Meer vor allem lateinischer Literatur und Tradition schwimmen, geistlichen und weltlich-politischen Gebrauchs, aber auch dagegen gesondert" (Hugo Kuhn). Die gattungsmäßige Isolierung dieser Stücke erklärt sich aber auch aus dem Charakter vieler Texte als Kontrafakturen zeitgenössischer, uns aber nicht erhaltener Formen und Gattungen der mündlichen Dichtung. Freilich gewinnt diese Behauptung erst dann an Wert, wenn sich die gattungsmäßige Zusammensetzung der mündlichen Dichtung als Hintergrund übersehen und damit die Auswahl, welche die gelehrten, klerikalen Autoren und Kopisten aus ihr trafen, beurteilen läßt.

Die Überlegungen zu den Trägern der mündlichen Dichtung haben gezeigt, daß es bei den auf dem Boden des fränkischen Reiches lebenden Stämmen wie auch bei anderen germanischen *gentes* eine hochstehende Dichtung vorliterarischer Schicht gegeben hat, dienstbar der Adelskultur des Stammes und bald schon des Reiches, handelnd von den Helden der Vorzeit, von der *origo* („dem Ursprung") des Stammes, vom Preis der Fürsten und Vornehmen, gesungen im Stil der altererbten Stabreimdichtung an Adelshöfen von Berufsdichtern, den Skops, und adligen Amateuren. Diese weltliche mündliche Dichtung der hohen Gattungen ist für das Althochdeutsche, das Altniederfränkische und das Altsächsische nur in dem einen kostbaren Fragment des ‚Hildebrandsliedes' überliefert, sonst aber verloren und nur mühsam den Inhalten nach aus Reflexen und späteren, zum Teil außerdeutschen Abkömmlingen zu rekonstruieren, was uns später noch beschäftigen wird. Jedoch kann die Analyse der kontrafaktorischen kirchlichen Stabreimepen – im Altsächsischen der Bibeldichtungen des ‚Heliand' und der ‚Genesis', im Althochdeutschen der Weltgerichtsdichtung des ‚Muspilli' – zeigen, in welchem Umfang es sie in den kontinentalen gentilen Sprachen, ebenso wie in der Schwestersprache des Altenglischen, gegeben und in welchen Formen sie existiert hat.

Mündliche Dichtung ist bei allen Völkern der Welt gekennzeichnet durch eine dichte Formelhaftigkeit, einen konventionalisierten Wort- und

Bilderschatz, durch stereotype Stilzüge und Handlungsmuster, die dem frei über ein Thema improvisierenden, für ein bestimmtes Publikum in einer bestimmten Situation variierenden Sänger die Arbeit erleichtern. So hat sich etwa gezeigt, daß altenglische und altsächsische Stabreimdichtung über einen gemeinsamen Formelvorrat verfügen, der aus ererbter Tradition, wohl aus der gemeinsamen kontinentalen Vergangenheit vor der Abwanderung der Angeln und Sachsen nach Britannien im 5. und 6. Jahrhundert stammen muß. Freilich besitzen Altenglisch und Altsächsisch jeweils auch ihre eigenen, differenzierten Formelapparate, welche damit das Fortleben einer altsächsischen mündlichen Dichtung bis in die Karolingerzeit, bis zum Beginn einer literarischen altsächsischen Dichtung bezeugen. Andererseits heben sich die altenglisch-altsächsischen Gemeinsamkeiten wiederum charakteristisch ab von poetischen Techniken, poetischem Wortschatz und auch geprägtem Formelgut, ja typischen Motiven und Handlungsmustern, welche sich aus altsächsischen, altenglischen, skandinavischen, althochdeutschen Dichtungen sowie aus Reflexen langobardischer und gotischer Überlieferung herstellen lassen. Daß es eine durch ähnliche Formen und gleichartige Stilzüge gekennzeichnete gemeingermanische Dichtung der Völkerwanderungszeit gegeben hat, von der die einzelnen gentilen Poesien des frühen Mittelalters abstammen, darf als gesichert gelten. Sie kann durchaus bereits ein breiter gefächertes Gattungsspektrum entfaltet haben, kann kürzere Formen, wie sie das auf etwa 80 Langzeilen berechnete ‚Hildebrandslied' bietet, aber auch längere, breiter ausmalende epische Typen enthalten haben, wie sie etwa durch den altenglischen, freilich wohl schon buchepisch weitergestalteten ‚Waldere', den man nach erhaltenen Fragmenten auf etwa 700 Zeilen berechnet hat, repräsentiert werden. Mündliche Erzähler, das zeigen empirisch erforschte Beispiele aus noch lebenden archaischen Kulturen, sind durchaus in der Lage, „längere Gedichte sogar in kunstvollem, regelmäßigem Versmaß zu gestalten, wenn sie in einer festen Tradition stehen. Diese Tradition bietet ihnen eine Fülle sozusagen vorgefertigter Bauteile: ganze Verse und Versteile, formelhafte Wortgruppen und einen speziellen dichterischen Wortschatz. Es ist eine eigene Ausdrucksebene, fast eine eigene Sprache" (Dietrich Hofmann). Dabei darf nicht von vornherein ausgeschlossen werden, daß mündliches Traditionsgut auch in stilisierter Prosa erzählt oder als ungeformtes „Faktenwissen" weitergegeben wurde.

Freilich war im Repertoire vor allem der Spielleute des 8. bis 11. Jahrhunderts sicher noch anderes vorhanden als Helden- und Preislieder oder auch *carmina* zum Lob der Heiligen, nämlich – wie schon angedeutet – Erheiterndes, Groteskes, Skurriles, Parodistisches, wie es uns zumeist nur in lateinischer Sprache, also in der Umformung durch besser gestellte, zum Teil an den Höfen des hohen Klerus produzierende Standesgenossen erhalten ist.

Es muß aber noch stärker funktionalisierte Gattungen gegeben haben, die traditionell und konventionell von „Ungeübten“, d.h. vom Volk produziert oder zumindest reproduziert wurden. In einer Schrift ‚De harmonica institutione‘ („Vom musikalischen Unterricht“) weist Regino von Prüm gegen Ende des 9. Jahrhunderts auf höheren Ansprüchen nicht immer genügende Lieder hin, die Laien für sich oder auch für einen kleinen Kreis sangen, wenn er auf die Frage: „Welches Alter und Geschlecht sich nicht an musikalischen Gesängen ergötze“ antwortet: „... es gibt überhaupt keine Altersgruppe, die nicht sich an einem süßen Lied (*dulcis cantilena*) erfreute. Darunter sind freilich manche, die anderen in gelehrter und schöner Form (*docte ac suaviter*) nicht vorsingen können, für sich selbst aber sozusagen unschön und doch schön singen.“ In den Worten des gelehrten Mönchs klingt leiser Spott an, ohne daß er sich zu einer ausdrücklichen Verurteilung gegenüber dem volkstümlichen Gesang versteigt. Auch aus diesem Grunde muß man vor der Überbewertung von Konzilbeschlüssen und geistlichen Bußbüchern warnen, die sich gegen „Volkslieder“ richten. Es sollen wohl nur die Auswüchse, die „häßlichen und unkeuschen Tänze und Lieder“ getroffen werden, auch die Gewohnheit, die populären Bräuche auf die heiligen Feste der christlichen Kirche, die Sonntage und Feiertage zu übertragen. So erwähnt die altsächsische Beichte unter den bußwerten Sünden: *Ik gihorda hethinussia endi unhrenia sespilon*, auf Latein *turpia et inhonesta cantica* („häßliche und unkeusche Lieder“). In der Bamberger Beichte muß der Sünder bekennen: *Ich bin sculdig... in huorlieden* („weltliche Liebeslieder“), *in allen scantsangen.* So auch warnt die Sammlung des kanonischen Rechts, die Benedictus Levita um 850 – in Mainz oder im westfränkischen Reims – durchführte, davor, „daß man sich – wie es der Brauch sei – an einem heiligen Tage auf Plätzen und Straßen eitlen Erzählungen (*fabulis*) oder Rezitationen (*locutionibus*) oder Gesängen (*cantationibus*) oder Tänzen (*saltationibus*) hingebe“. Diese kasuistische Aufzählung ist nicht nur deswegen interessant, weil sie etwas über den sozialen Ort populärer Liedgattungen außerhalb der Höfe verrät, sondern auch, weil sich in ihr wahrscheinlich so etwas wie ein Kanon dieser Gattungen spiegelt:

1. *fabula* – (Prosa-)Erzählung
2. *locutio* – (Vers-)Rezitation
3. *cantatio* – Sanglied
4. *saltatio* – Tanz(-lied?)

Vielleicht bezeichneten die beiden letzteren Begriffe kürzere Aufführungen, die mit althochdeutsch *leoth* (eigentlich „kurzes Gesangsstück“) und *leich* (eigentlich „Melodie“ oder „Tanzvers ohne Strophengliederung“) identisch waren. Das lateinische *chorus, chorea* wird in althochdeutschen Glossen mit *garleoth, gartsanc* (zu *gart* „Kreis“) interpretiert. John Meier und Andreas Heusler haben hieraus und aus den wiederholten kirchlichen

Verboten von *ballationes, saltationes, cantationes* im Zusammenhang mit anstößigen Liedern und Weiberreigen (*chori foeminei*) auf die Existenz von balladesken Liedern im neunten Jahrhundert geschlossen.

Dieses Verbot wird in karolingischen Pastoralinstruktionen der Bischöfe für ihren Klerus vor allem im Hinblick auf Darbietungen im Vorhof der Kirche vor der Messe ausgesprochen. So formuliert Regino von Prüm zu Beginn des 10. Jahrhunderts in den Prüffragen seines Synodalhandbuchs, die der visitierende Bischof den Pfarrern und Priestern zu stellen habe: „Ermahnt er das Volk, daß man im Atrium der Kirche nicht singe und die Weiber Tanzreigen aufführen, sondern in die Kirche eintrete, um in Stille das Wort Gottes zu hören?"

Allerdings muß man sich hüten, diese auch im romanischen Westen des Frankenreiches beheimateten Vorläufer der sog. Caroles („Reigentänze") aus germanischen Wurzeln herzuleiten, wahrscheinlich liegt ihr Ursprung in romanischer Tanzlyrik, die mit kirchlichen Gattungen wie Litanei und Prozessionslied kontaminierte. In dem lateinischen höfischen Epos ‚Ruodlieb', das um 1035 im westlichen Deutschland entstand, wird wie im Kontext des 869 für Meaux in der Ile de France bezeugten Liedes auf den heiligen Faro ein Reigen von Frauen geschildert, die zugleich zum Tanze singen. Mit dem ‚Tanzlied von Kölbigk' ist im elften Jahrhundert zufällig, weil es in einem Mirakel eine Rolle spielt, das – allerdings ins Lateinische umgeformte – Beispiel eines Reigenliedes erhalten, bei dem der Refrain vielleicht auf einen alten Gruppentanzbrauch weist, nach dem zum Text auf der Stelle getanzt, zum Refrain aber vorgerückt wurde.

Die in mehrfacher, schwieriger und in Details divergierender Überlieferung vorliegenden Berichte über das Mirakel im ostsächsischen Kölbigk skizzieren folgendes Geschehen: In der Weihnacht des Jahres 1018 sollen im Vorhof der Kirche des hl. Märtyrers Magnus zwölf Gesellen unter Führung eines *Gerlevus* während der heiligen Messe auf Anstiften des Teufels sich abscheulichen Vergnügungen hingegeben und damit die Feier der heiligen Geburt Christi geschändet haben. Sie raubten für einen ihrer Genossen die Tochter des Priesters und begannen ein Tanzspiel, zu dem der Anführer ein Lied sang, das von einem Brautraub (?) handelte:

Equitabat Bouo per silvam frondosam,
ducebat sibi Mersuinden formosam.
Quid stamus? Cur non imus?

(„Es ritt Bovo durch den grün belaubten Wald, führte mit sich die schöne Merswind. Was stehn wir? Warum gehn wir nicht?") „Während sie mit ihrem Lied tobten, als könnten sie durch ihren Tanz die Diener Gottes überwinden", trat der Priester vor die Kirchentür und verfluchte die Frevelnden unter Anrufung des Kirchenpatrons so, daß sie ein ganzes Jahr ununterbrochen tanzen mußten, bis sie am Heiligen Abend des nächsten Jahres erlöst wurden. Es ist bezeichnend, daß einer der Berichte als vom Erzbischof von Köln genehmigter Bettelausweis eines angeblichen Teilnehmers des Tanzes auftritt, der diesen auf vorgeblich zur Buße unternommenen Wallfahrten zu den großen Heiligtümern Europas kriminell nutzte. Die Funktion des Mirakels im kirchlichen Kampf um die Feiertagsheiligung liegt gleichfalls auf der Hand. Das zitierte Fragment eines Tanzliedes mit Refrain dürfte jedoch auf älterem Brauch verweisen. Zu notieren bleibt, daß die Frauenraubstrophe, die in der Situation des Tanzspiels durch den gespielten „Brautraub" nachgebildet wurde, mit einem auf die konventionell erotische Jahreszeit des Mai verweisenden Natureingang beginnt.

In einem Kapitular Karls des Großen von 789 wird den Nonnen (oder „geweihten Frauen"), die ohne feste Regelordnung in kleinen Klöstern leben, verboten, *winileodos* anzufertigen. Das mittellateinische *winileodus* setzt frühalthochdeutsches *wini* „Freund, Geliebter" (dazu *winiskaft* („Freundschaft") und *leod* „Lied" voraus. Da es sich beim Edikt des Königs um einen Sonderfall handelt, nämlich die Situation von Kleinklöstern, in denen keine Regel galt, sind die *winileod* wohl zu Recht mit den in Klosterregeln als Verstöße gegen die Klausur geahndeten (übrigens auch im gleichen Kapitular erwähnten) *salutationes*, Gruß- und Segensgedichten an die Adresse von Verwandten und Freunden und damit Zeichen der auch im Kloster weiterbestehenden Sippen- und Freundschaftsbindungen, verglichen worden. Im Satz davor wird denn auch verfügt: „Ihre Klausur (*claustra*) soll gut verschlossen sein." Das althochdeutsche, recht häufig bezeugte *winileod* muß aber auch eine weitere Bedeutung gehabt haben; in den Glossen interpretiert es *plebeii psalmi* („volkstümliche Gesänge"), *seculares cantilenae* („weltliche Lieder"), *rustici psalmi sine auctoritate* („ungebildete Gesänge, deren Inhalt nicht verbürgt ist"), *cantica rustica et inepta* („ungebildete und alberne Lieder"). *Winileod* repräsentiert also die ganze Breite der kirchlicher Polemik anstößig erscheinenden weltlichen Liedkunst. Man wird das Wort daher am besten als Repräsentanten geselliger Lieder weltlichen Inhalts fassen.

Für das Verständnis des auf Nonnen zielenden Verbots von *winileodi* sind auch ältere Klosterregeln beizuziehen. So verbietet bereits die spätantike Regel für das südfranzösische Kloster Tarnat „die Unterhaltung durch weltliche Dichtung (*fabularum saecularium*)". Diese Bestimmung wird vom ‚Memoriale qualiter II', einer aus älteren karolingischen Reformsatzungen Ende des 10. Jahrhunderts komponierten Anweisung für Nonnen, aufgenommen: „Weltliche Dichtungen (*seculares fabulae*) sollt ihr von euch fernhalten!".

Aus dem sicherlich vielfältigen Bezirk lyrischer Kleindichtung des frühen Mittelalters hat sich – kaum ohne Verschulden der klerikalen Polemik – so gut wie nichts erhalten. In eine in Nordostfrankreich entstandene Handschrift karolingischer Rithmi, vorwiegend für die Erbauung bei der Tischlesung im Kloster bestimmten Liedern also, wurden – wahrscheinlich in St. Gallen – im späten zehnten Jahrhundert zusätzlich zu einem Prosa-Offizium auf den St. Galler Klosterheiligen Othmar, drei gereimte Halbverse (‚Hirsch und Hinde') eingetragen:

Hirez runeta hintun in daz ora:
wildu noh, hinta ...?

(„Der Hirsch raunte der Hinde ins Ohr:/ ‚Willst du noch, Hinde?‘ “)

Rätselhaft, wie Fragmente sind, scheint das Stück doch einen eindeutig erotischen Sinn zu besitzen. Man hat zur Erläuterung auf skandinavische Sing- oder Paarungsspiele hingewiesen, in denen die Männer als Hirsche, die Mädchen als Hinden verkleidet auftraten.

Auch im kontinentalen Bereich lebte – wohl aus keltisch-römischer Wurzel erwachsen – das *in cervolo vadere* („als Hirsch gehen“) oder *cervulum facere* („den Hirsch machen“) im Neujahrsbrauchtum. Man darf an ein Hirschmaskenspiel denken. Bereits Caesarius von Arles († 542) predigte in einem im Mittelalter oft wiederholten Text gegen diejenigen, „die noch die höchst schmutzige Schändlichkeit mit der Hindin und dem Hirsch betreiben“. Zweifellos waren Hirsch und Hinde dem frühen Mittelalter erotische Signa.

Näher liegt eine lateinische Parallele aus dem nahen Konstanz. Dort hat um 1080 ein Kleriker zu den Erörterungen des Kirchenvaters Gregor des Großen über die Verführung Adams durch Eva am Rande der Handschrift notiert: „Solches hat der Täuberich der Taube eingeflüstert.“ Jedenfalls repräsentieren die wenigen Verse das Leben volkssprachiger Liebesdichtung im frühen Mittelalter.

Aus St. Gallen stammt auch ein im 10. oder 11. Jahrhundert am Rande einer Handschrift mit der Vita des hl. Martin von Tours eingetragener zweisprachiger „Spinnwirtelspruch“, der in langer populärer Tradition steht und einem Objekt – in diesem Fall wohl einer Spindel – eingeritzt wurde, das als Liebespfand diente:

veru (romanisch) – *taz ist spiz:*
taz santa tir tin fredel ce minnon.

(„Romanisch *veru* – das heißt ‚Spieß‘: das sandte dir dein Geliebter aus Liebe“.) Die Inschrift der Liebesgabe spielt auf die spitze Form des verschenkten Gegenstandes an und ist sicherlich recht anzüglich gemeint.

Der Name eines weiteren kleinlyrischen Typus ist mit mittelhochdeutsch *schimpfliet* („Spottlied“) erst später belegt. Zwei Spottverse sind uns jedoch – zweifellos als Repräsentanten weiter verbreiteter mündlicher Gelegenheitsdichtung – bereits in althochdeutscher Sprache überliefert, beidemal aus St. Gallen. Eines der beiden Denkmäler wurde gegen Ende des neunten Jahrhunderts auf dem leeren Vorsatzblatt einer Bibelhandschrift, welche die Spruchweisheiten Salomos und das ihm im Mittelalter ebenfalls zugeschriebene ‚Hohe Lied‘ enthielt, notiert. Es besteht aus einer Strophe aus vier gereimten Versen:

Liubene ersazta sine grūz und kab sina tohter uz.
To cham aber Starzfidere, prahta imo sina tohter widere.

(„Liubwin braute sein Würzbier und gab seine Tochter aus. Bald kam aber Starzfider, brachte ihm seine Tochter wieder.")

Die kleine, reizvolle Strophe spiegelt archaisch-bäuerlichen Hochzeitsbrauch. Der Vater hatte seine Tochter in rechtssymbolischer Handlung mit der Spende des Verlobungstrunks an den Bräutigam übergeben; doch konnte dieser aus bestimmten Gründen, z.B. wegen Unfruchtbarkeit, die Braut ins Vaterhaus zurückführen. *Starzfidere* („Schwanzfeder") könnte Beiname sein, vielleicht ist er aber auch fingiert und birgt obszönen Nebensinn.

Neben dem erotisch gefärbten Brauchtumsspott steht gentile Schelte, die sich hier wie im bairischen ‚Kasseler Gesprächsbüchlein' auf das Verhältnis zwischen „Deutschen" und Welschen bezieht. Zwei Verse nur sind es, die hier treffen, zweimal (davon einmal unvollständig) eingetragen im 10. Jahrhundert am Rande einer medizinischen Abhandlung, wobei trotz schwieriger Interpretationsprobleme der auch sonst belegte Gegensatz zwischen den Rätoromanen und den ins Innere Churrätiens vordringenden Alamannen deutlich wird:

Churo com sic her en lant, aller oter lestilant.

(„Ein Churwalscher kam her ins Land, aller Schätze Leisteland.") Das könnte heißen: ‚der hergelaufene Romane bildete sich ein, daß er ins Schlaraffenland kam; nun sieht er, daß man auch hier arbeiten muß.'

Andere, noch strenger funktional gebundene Gattungen fassen wir im Zauberspruch, den wir einer späteren Erörterung im Bereich der den Kontaktzonen zwischen Laien und Klerikern gewidmeten Abschnitten vorbehalten, und im Totenlied oder Klagelied. Die Benutzung der Volkssprache – hier der *rustica romana lingua* („bäurischen romanischen Sprache") – im Lied ist in einer Ekloge des Abtes Paschasius Radbertus aus dem nordfranzösischen Kloster Corbie für die Totenfeier seines Vorgängers, den 826 verstorbenen Adalhard, bezeugt. Dem reihen sich andere Quellen an. So ist ein Planctus („Klagelied") und offenbar gar eine mimische Totenfeier für den im elften Jahrhundert lebenden Großvater des sächsischen Adligen Wiprecht von Groitzsch belegt. Eine gegen Ende des neunten Jahrhunderts im Auftrag des Trierer Erzbischofs Ratbodo entstandene ‚Praelocutio in parrochiis' („Sendpredigt für die Pfarreien") scheint auf einen ähnlichen Totenbrauch zu deuten. Es heißt dort – an die Adresse der Pfarrer gerichtet: „Wir wollen von Euch wissen, ob Ihr Tänzer oder Tänzerinnen, die über den Körpern der Toten einen Tanz vollführen und Gesänge hören lassen und Späße treiben, zur Besserung aufruft!"

Den volkssprachigen Begriffen *sisu, sisesang* und *dadsisas, dodsisas*, mit denen in Glossen *carmen funebre* („Totenlied"), *carmen lugubre* („Klagelied") und *naenia* („Leichenlied, Zauberlied") interpretiert werden, liegt ein germanisches Wort für „Klage" zugrunde. So ließe sich glauben, daß die seit der Karolingerzeit bezeugten lateinischen ‚Planctus' auf hochgestellte Persönlichkeiten – erste Zeugnisse beziehen sich auf den 814 verschiedenen Kaiser Karl den Großen und auf den 900 verstorbenen

Erzbischof Fulco von Reims –, die im 10. und 11. Jahrhundert häufiger und höfisch werden, letztlich nur die literarisch und überlieferungsmäßig als Kontrafaktur manifeste Spitze einer weiter verbreiteten, in der Volkssprache gepflegten Gattung sind, wobei allerdings nicht der tiefprägende Eingang antiker Elemente und die baldige Verselbständigung des lateinischen Gattungszweiges in eigener Tradition übersehen werden darf. Jedoch bleibt der volkssprachliche Untergrund der Gattung dunkel. Wenn im Synodalhandbuch des Regino von Prüm († 915) *carmina diabolica* („teuflische Lieder") erwähnt werden, „die das Volk nächtlicherweise über Tote zu singen pflege", gleitet der Kontext ins Reich der Beschwörungen und Zauberlieder, wie denn ja auch der *sisu* als lautmalende Nachahmung des Summens, des leisen, geheimnisvoll raunenden Singens ursprünglich aus dem Bereich des Zaubers gekommen sein mag. Und diese Formulierungen über archaischen Totenbrauch häufen sich in der kirchlichen Verbots- und Bußliteratur des frühen Mittelalters.

Sicherlich hat es wie im Altenglischen und im Norden auch auf dem Kontinent Spruchdichtung, Weisheitsdichtung, Wissensdichtung gegeben. Umfangreichere Formen der Gnomik haben sich in der Volkssprache nicht erhalten. Jedoch deuten langobardische Quellen auf die merowingerzeitliche Existenz von Genealogien, Herrscherlisten in Stabreimform; Überlieferungen über die *origines*, die Ursprünge des Stammes, die einstmals die Kult- und Lebensnormen der vorchristlichen Langobarden gesetzt und verbürgt hatten, waren noch bis ins achte Jahrhundert lebendig. Noch im zehnten Jahrhundert weiß Widukind von Corvey, der Geschichtsschreiber der Sachsen und des aus ihrem Stamme entsprossenen ottonischen Herrschergeschlechts, Sagen über die heidnischen Ursprünge der eigenen *gens* zu erzählen. Noch war die Origo lebendig, wenn auch nicht mehr verbindlich.

Gnomik bewahrt sediertes Wissen in geprägter Form, und so gehört hierher auch die so manche typische menschliche Konfliktsituation verhüllende Tierfabel, deren Reiz ja in der stets möglichen Aktualisierung liegt. Auch sie ist in den Volkssprachen des frühmittelalterlichen Frankenreiches nicht erhalten, doch lernen wir gerade aus fränkischen Geschichtsschreibern etwas über den politischen Anspielungscharakter, über die praktische Funktion solcher *rustica fabula* („ungebildet" oder „bäurischer Erzählung"), wie der um die Mitte des 7. Jahrhunderts am austrasischen Hof zu Metz schreibende Pseudo-Fredegar (IV, 38) sie nennt. Bischof Leudegasius von Mainz erzählte sie während des Bürgerkrieges von 611/12 dem Könige Theuderich II. von Burgund, um ihn zu völliger Vernichtung seines schon halb geschlagenen Bruders und Gegners Theudebert II. von Austrasien zu bewegen: „Der Wolf stieg auf einen Berg und rief seine Söhne, als sie schon anfingen, (für sich) zu jagen, zu sich und sprach: ‚Soweit ringsum euer Blick schweifen mag, habt ihr keine Freunde, außer den wenigen, die Eures Geschlechtes sind. Daher führet zu Ende, was Ihr begonnen habt' ". Es ist merkwürdig, daß diese ja auch auf die Geschlossenheit des Sippenverbandes zielende Fabel sich auf einen Bruderkonflikt beziehen ließ. Freilich hatte Theuderich seinen Gegner nicht als Bruder anerkannt.

Kleinere *versus gnomici* („Merkdichtung“), auch Sprichwörter haben sich trümmerhaft in wenigen wertvollen Stücken gehalten. Der weitgereiste Reichenauer Abt Walahfrid Strabo (um 800–849) hat – vielleicht nach einer Vorlage, die er am Hofe Kaiser Ludwigs des Frommen fand – in seinem Vademecum (Codex Sangallensis 878) in der ersten Hälfte des 9. Jahrhunderts ein altsächsisches Runen-Merkgedicht (‚Abecedarium Nordmannicum‘) aufgezeichnet:

ᚠ feu forman | ᚢ ur after | ᚦ thuris thritten stabu | ᚬ os is th(em)o oboro | ᚱ rat en(d) os uurita(n)

ᚴ chaon thanne cliu(o)t ᚼ hagal ᚾ nau(t) habet | ᛁ is ᛅ ar ᛋ endi sol

ᛏ (tiu) ᛒ bri(c)a ᛘ endi man midi | ᛚ lagu the leohto ᛦ yr al bihabe(t)

(„*Feu* zuerst, *Ur* danach, *Thuris* im dritten Stabe; *Os* kommt darauf, *Rat* wird zuletzt geschrieben. / *Chaon* hängt sich an, *Hagal* hält *Naut, Is, Ar* und *Sol, / Tiu, Brica* und *Man* zugleich, *Lagu* der Leuchtende, *Yr* schließt alles ab“.) Aus dem Norden sind die Formen und die Namen dieser Runen gekommen, wie altnordischer Wortschatz – z.B. *ár* „Jahr“, *sól* „Sonne“ – erweist. Bei den Sachsen wurden die wohl im Ursprung älteren, den Stabreim zur Stütze des Gedächtnisses einsetzenden Verse neu geformt, welche die jüngere nordische Runenreihe auflisteten. In einfachster Form dienten sie der Vergegenwärtigung der Ordnung, welcher die Runen in den drei Alphabetzeilen, nach ‚Runengeschlechtern‘ gefügt, folgten. Der sächsische Bearbeiter, der in den rohen Text die an heimischer Epik geschulte Stabreimformel *lagu the leohto* „die leuchtende See“ wie eine Perle einlegte, muß die Bedeutung der Runennamen noch verstanden haben. Auf der weiteren Wanderung nach Süden legte sich ein hochdeutsches Buchstabenkleid darüber. Die endgültige Bergung auf dem Pergament verdankte das archaische Denkmal, dem altengtlische und skandinavische Runengedichte zu vergleichen sind, dem Interesse des *litteratus*, des schriftgelehrten Mönchs, an dem auf die germanische Vorzeit zurückweisenden „Alphabet der Nordleute“. Er stellte es in eine Reihe mit einem Auszug aus der Enzyklopädie des Isidor von Sevilla, der den Buchstaben gewidmet war, und notierte dazu mehrere Alphabete, ein hebräisches, ein griechisches und eine altenglische Runenreihe. Das mündliche Merkgedicht mündete ein in die klösterliche Wissenschaft von der Schrift.

Sprichwörter und Spruchweisheit nehmen in einer mündlichen Kultur einen hohen Rang ein; sie dienen der Selbstvergewisserung des Lebens und Handelns. In unterschiedlicher funktionaler Verwendung sind einige Exemplare für die germanischen Volkssprachen des Frankenreichs mehr zufällig überliefert worden: Bischof Leo von Vercelli zitierte um 1016 in einem Brief an Heinrich II., den letzten Herrscher aus dem sächsischem Hause, in feiner Anspielung eine Sentenz in dessen ererbter altsächsischer Sprache: *Uuaregat self iuuua*[*re*] *got!* („Beschützet selbst Euer Gut!“). In ironischer Weise läßt der Dichter des ‚Hildebrandsliedes‘ einen seiner

Protagonisten ein stabendes Rechtssprichwort aktualisieren: *Mit geru scal man geba infahan, ort wider orte* („Mit dem Speer soll der Mann Gabe empfangen, Spitze wider Spitze“). Ein (vielleicht unvollständiges) Sprichwort, das sich auf eine erotische Werbesituation beziehen könnte, hat sich wohl in einer Federprobe des 11. Jahrhunderts erhalten, die einen lateinischen und altniederfränkischen Text bietet, wobei das Latein offensichtlich den volkssprachigen Text Wort für Wort übersetzt:

Abent omnes volucres nidos inceptos nisi ego et tu
Heban olla vogala nestas bigunnan hinase hi[*c*] [*e*]*nda thu*

(„Alle Vögel haben begonnen, ihre Nester zu bauen, außer ich und du.“)

Die meisten dieser Memorabilien bewahrte ein St. Galler Schulmeister des frühen elften Jahrhunderts, Notker Labeo, der sie in einer lateinischen Schrift über die Logik zur Demonstration von Schlußverfahren gebrauchte. Aus pädagogischen Gründen, um dem unterschiedlichen Ausbildungsstand seiner Schüler im Latein Rechnung zu tragen, mischte er lateinische und althochdeutsche Beispiele.

Am Beispiel des von der Subsumierung eines Begriffs unter einen Oberbegriff ausgehendes Schlusses (*argumentum a genere*) läßt sich dieses didaktische Verfahren zeigen. Notker führt zunächst ein lateinisches Beispiel an: *Si virtus bona est, castitas quoque bona est* („Wenn die Tugend gut ist, ist auch die Keuschheit gut“). Dann wendet er den Schluß auf ein episches Charakterisierungsmuster bei Vergil an: *varium et mutabile semper est femina, ergo et Dido varium et mutabile videatur*“ („schillernd und launisch ist die Frau, also scheint auch Dido schillernd und launisch“). Dann aber führt er mit *teutonice* („auf Deutsch“) die Sentenz ein: *Ube man alliu dier furtin sal, nehein so harto so den man* („Wenn man auch alle Tiere fürchten soll, so doch keines so sehr wie den Menschen“). Es bleibt nicht verborgen, daß sich im Laufe der dreischrittigen Demonstration des Schlußverfahrens die Komplexität des Erkennens für den Schüler steigert: Auf der letzten Stufe muß er die ungewohnte Prämisse ‚Der Mensch ist ein Tier‘ erschließen. Vielleicht ist deshalb das abschließende Beispiel in der vertrauten Muttersprache formuliert. Gerade hier zeigt sich aber auch eine Problematik der Notkerschen Proverbien. Die Sentenz geht eindeutig auf eine vielgelesene gnomische Sammlung, die ‚Disticha Catonis‘, zurück, die man dem bekannten römischen Sittenlehrer der Antike zuschrieb. (vgl. Bd. II/2, S. 150f.) Wir können nicht ganz sicher sein, ob nicht erst Notker das Distichon übersetzt hat, zumal von ihm in der Tat eine (verlorene) Übersetzung dieser Sammlung berichtet wird. Zumindest muß die Prägung dann aber seinen Schülern aus dem Unterricht bereits bekannt gewesen sein; sonst hätte das didaktische Verfahren seinen Zweck verfehlt. In anderen Fällen hat Notker jedoch sicherlich auf altbekannte Volksweisheiten zurückgegriffen.

Viele dieser Sprichwörter scheinen in anderen germanischen Literaturen und in deutschen Sammlungen des späten Mittelalters und der frühen Neuzeit wieder auf. Sie verleugnen nicht, daß sie zum Traditionsgut einer archaischen, agrarischen Gesellschaft gehören, die sich in ihren Grundstrukturen über

Jahrhunderte nicht veränderte: *Fone demo limble so beginnit tir hunt leder ezzen* („An kleinen Riemen lernt der Hund Leder fressen"); *Tu nemaht nieht mit einero dohder zewena eidima machon* („Mit einer Tochter kann man nicht zwei Schwiegersöhne gewinnen"); *Tu nemaht nieht follen munt haben melves unde doh blasen* („Mit dem Mund voller Mehl läßt sich schlecht blasen"); *Ter der sturzzet, der vallet* („Wer stürzt, der fällt auch"); *Dir scolo dir scofficit io, unde dir gouh der guccot io* („So wie der Kuckuck ‚Kuckuck' schreit, hat der Schuldner stets seine Ausflüchte"); *So iz regenot, so nazscent te bouma* („Wenn es regnet, werden die Bäume naß"); *So iz wat, so wagont te bouma* („Wenn der Wind weht, wackeln die Bäume"). Notkers Sprichworttechnik hat in St. Gallen Schule gemacht. Eine Hand des 11. Jahrhunderts hat auf der letzten Seite eines Bibelkommentars in der Art einer Federprobe die beiden zuletzt zitierten Sprichwörter notiert und ein weiteres hinzugefügt: *So diz rehpochchili fliet, so plecchet imo ter ars* („Wenn das Rehböcklein flieht, dann blitzt ihm der Arsch").

In seiner Rhetorik hat Notker ein analoges didaktisches Verfahren angewandt und bestimmte Stilfiguren mit Strophen aus sonst verlorener althochdeutscher Dichtung erläutert. Sie stehen alle im Kapitel über die Wortfiguren. So dient der Demonstration der poetischen Technik, mit ähnlich klingenden Silben Verse gefällig auszuzeichnen, zunächst ein Hexameter Vergils, dann aber eine teilweise alliterierende, endgereimte Strophe:

Sose snel snellemo pegagenet andermo,
so wirdet sliemo firsniten sciltriemo.

(„Wenn der Tapfere anderem tapferen Mann begegnet, wird rasch zerschnitten der Schildriemen.")

Unter *sciltriemo* ist am Ort wohl – als pars pro toto für den Schild – der Lederüberzug des Schildes zu verstehen. Der Schüler sollte, wie Notker vorher am Vergilvers demonstriert, an der althochdeutschen Strophe die Variation ähnlicher Silben (etwa *se* und *sne, sni* und *sci, uuir* und *fir*) erkennen lernen. Jedenfalls ist hier „heldisches Kampfgeschehen in ein spruchartig formuliertes Bild gefaßt" (Ute Schwab). Woher stammt die ‚Schildriemen-Strophe'? Ist sie selbständig in mündlicher Tradition gegangen, zu stets möglicher situativer Aktualisierung bestimmt? Oder zitiert Notker aus einem verlorenen spätalthochdeutschen Heldenlied? Im gleichen Zusammenhang und unmittelbar anschließend führt der St. Galler Mönch eine zweite volkssprachige endgereimte Strophe an:

Der heber gat in litun, tregit sper in situn;
sin bald ellin ne lazet in vellin.

(„Der Eber geht an Berges Abhang, trägt den Speer in der Seite; seine kühne Stärke läßt ihn nicht fallen.") Hier ist deutlich, daß auf eine spezifische epische Situation Bezug genommen wird. Mit der Fügung *bald(ez) ellin* wird eine Heldenliedformel eingesetzt, die so und in Variation in alt- und mittelhochdeutschen Kampfschilderungen begegnet. Man hat wahrscheinlich machen können – ohne daß letzte Sicherheit zu erreichen ist – daß die Eberstrophe auf eine Szene der

Walthersage anspielt, in welcher der Held mit dem von einem Speer getroffenen Schilde am Berge stehend seinen Gegnern trotzt, die ihn mittels eines Taus, das an den mit Widerhaken versehenen Speer (Ango) geknüpft wurde, zu Fall bringen wollen. Die Walthersage hat in der Tat im 10. Jahrhundert in St. Gallen eine poetische Formung in lateinischer Sprache erfahren. Notker hätte aus dem zugrundeliegenden althochdeutschen Lied zitiert. Der Ebervergleich verwiese dann auf die Kampfsituation, die der Situation des von der Meute der Hunde umstellten und angegriffenen Tieres gleicht. Walther wird in der erhaltenen lateinischen Dichtung mit einem Eber verglichen. Aus mittelhochdeutscher Epik ist der Ebervergleich für den Kampf des Kriegers gegen eine Überzahl belegt. So heißt es von dem Sagenhelden Wolfdietrich (,Wolfdietrich' D, Str. IX 102; vgl. Bd. II/2, S. 125f.): *ērste tet Wolfdietrich sin starkez ellen schīn, er gienc vor in houwen alsō ein eberswīn.* („Zuerst offenbarte Wolfdietrich seine starke Kraft, er begann sich durchzuschlagen wie ein Eber"). Von Dankwart im ,Nibelungenlied' heißt es in ähnlicher Situation (Str. 1946 ed. Bartsch/de Boor; vgl. Bd. II/1): *do gie er vor den vienden, als ein eberswīn ze walde tuot vor hunden: wie möht er küener gesīn?* („Da ging er durch die Feinde, wie ein Eber es im Walde unter Hunden tut: konnte er tapferer handeln?").

Zur Erläuterung der rhetorischen Figur der Synekdoche, in der Teilaspekte von Begriff oder Handlung das Ganze charakterisieren, verwendet Notker neben der Beschreibung der Charybdis durch Vergil das beliebte Schusterrätsel: „Das Schwein folgt der Spur des Eisens durch den Ochsen" – d.h. „Schweinsborsten, die dem eisernen Pfriem folgend den Zwirn leiten, gehen durch das Leder beim Festnähen der Sohlen am Oberleder". Der St. Galler Schulmeister zitiert dann *teutonice de apro* („zu Deutsch über den Eber"):

Imo sint fuoze fuodermaze,
imo sint purste ebenho forste,
unde zene sine zwelifelnige.

(„Er hat Füße fudergroß, Borsten baumhoch und seine Zähne sind zwölf Ellen lang.")

,Fuder' ist ein Festkörpermaß: man kann etwa von einem Fuder Heu, d.h. einer Karrenladung, sprechen. ,Ellen' ist ein Längenmaß, entspricht etwa 50–80 Zentimetern.

Haec aliena, sed propinqua sunt („Das scheinen unzusammengehörige Dinge, finden sich aber doch zusammen") – schließt Notker ab und läßt uns mit dem ,Rieseneber' allein. Sicher zitiert Notker hier einen seinen Schüler bekannten, also wohl in der mündlichen Kultur der Zeit lebenden Vers. Ist es eine Rätselstrophe aus einer Sammlung, wie sie aus dem Norden bezeugt ist und im altenglischen ,Riddlebook' von Exeter vorliegt? Oder nur eine poetische Beschreibung aus verlorenem Gedicht? Das Rätsel bleibt ungelöst.

Deutlich wird nur der Impetus, mit Hilfe volkssprachiger Dichtung in die antike Poetik und Stillehre einzuführen. An dieser Stelle tritt das *carmen barbarum* („volkssprachige Lied") dem klassischen Epos des Vergil zur

Seite. Über Vergleichbares im Heimischen soll der künftige *litteratus*, der Klosterschüler im Latein heimisch werden. Dieser pädagogische Impuls ist kein Einzelfall. Schon in der Karolingerzeit ist er für das benachbarte Kloster Reichenau bezeugt. In einem Bücherkatalog des Bodenseeklosters findet sich 821/22 unter den Schulbüchern auch der Titel *De carminibus theodiscae vol*[*umen*] *I* („Von Liedern auf ‚Deutsch' ein Band"). Zwischen 835 und 842 hat der bedeutsame Reichenauer Lehrer und Bibliothekar Reginbert in dem stolzen Verzeichnis der durch ihn beschafften Bücher auch *XII carmina Theodiscae linguae formata* („Zwölf Lieder, die in ‚deutscher' Sprache gedichtet wurden") und noch einmal... *carmina diversa ad docendam Theodiscam linguam* („verschiedene Lieder, um die ‚deutsche' Sprache zu lernen") aufgelistet. „Wenn... ein Lehrer wie Reginbert ‚deutsche Lieder' unter dem Gesichtspunkt ihrer Verwendbarkeit im Unterricht beurteilte, kann er ihnen eine ähnliche Aufgabe zugedacht haben, wie sie die römischen und christlichen Epen, die in der Schule gelesen wurden, für die Bereicherung des Wortschatzes und die Schulung des Ausdrucks erfüllten" (Bernhard Bischoff).

Welcher Gattung gehörten diese volkssprachigen Lieder an? Waren es Spottstrophen, Rätsel oder nicht eher Preis- und Heldenlieder? Wir wissen es nicht. Jedoch geben Notker und Reginbert eine Ahnung von den verlorenen Schätzen althochdeutscher Dichtung.

„Heldensage" und „Heldendichtung" im frühen Mitelalter

„Heldendichtung" ist kein zeitgenössischer Begriff; erst die gelehrte Literaturwissenschaft hat ihn – orientiert am griechischen Altertum und dem deutschen Epos der Stauferzeit – geprägt. Das althochdeutsche *helid*, das altsächsische *helid* heißt „Mann, Krieger". Daneben stehen hochdeutsch für den Krieger *kempfo*, altsächsisch *kempio* „Kämpfer", althochdeutsch und altsächsisch *thegan* „Krieger, Gefolgsmann", die schon im epischen Wortschatz lebten. Auch das bereits klassisch-lateinische, aus dem Griechischen stammende Lehnwort *heros* „Heros, Halbgott", aber auch „ausgezeichneter Mann", nimmt im karolingerzeitlichen Latein den Sinn von „Krieger" an.

Der karolingische Hofdichter und spätere Bischof von Orléans, Theodulf, nennt einen Feldherren und Krieger des Hofkreises *heros*. Walahfrid Strabo († 849) führt in falscher Etymologie auf *heros* das althochdeutsche *heroro, herro* „adliger Herr" zurück, „weil er nämlich *heros*, Krieger ist". Angelsächsische Glossen übersetzen *heroicis* durch *mid eorliscum* zu altenglisch *eorl*, altsächsisch *erl* „Krieger, Vornehmer, Edelmann". Nach der im 10. Jahrhundert entstandenen älteren ‚Vita Mathildis', der Lebensbeschreibung der Gemahlin König Heinrichs I., verhandelten die *principes* („Fürsten") der Sachsen auf einem Stammeslandtag, auf dem Heinrich zum Herzog gewählt wurde, *quis heroum* („wer von den edlen Kriegern") die Rolle des führenden Fürsten übernehmen solle.

Wo in den zeitgenössischen Quellen von „Heldendichtung" im modernen Sinne gesprochen wurde, nennen sie als Inhalt die „Taten der Könige", „die Kämpfe der Vorfahren". Wenn wir also im folgenden die eingebürgerten Gattungsbegriffe „Heldendichtung", „Heldenlied" und „Heldensage" beibehalten, so ist doch stets zu vergegenwärtigen, daß es sich eigentlich um die Tradition und die Dichtung der Krieger und die Taten herrscherlicher Adelsgeschlechter handelt und nicht um das im moralischen oder politischen Sinne beispielhafte Handeln herausgehobener Einzelner.

Stoffe und Themen

Wenn die folgenden Seiten es unternehmen, ein Spektrum der theodisken „Heldensagen" und „Heldenlieder" zu geben, die zwischen dem achten und zehnten Jahrhundert im Frankenreich – vorwiegend nördlich der Alpen – umliefen und bekannt waren, so soll die Gefahr, die eine solche Rekonstruktion bei nur einem in der Volkssprache erhaltenen Exemplar läuft, durchaus mitbedacht werden: Alle kontinentalen Sagenstoffe außer der Hildebrandssage müssen entweder aus zeitgenössischen Reflexen lateinischer Historiographie oder Dichtung, oder aus zeitgenössischen Formungen der Sagen in altenglischer und altnordischer Literatur, oder gar teilweise aus späterer poetischer Umsetzung in deutscher Sprache rückgewonnen werden. So läßt sich aus den Geschichtsschreibern des frühen Mittelalters zwar gelegentlich eine Sage stofflich belegen, jedoch kaum mehr entscheiden, ob und in welcher Form sie poetisch gestaltet war. Die in andere Literaturen gewanderten Lieder sind dem Einfluß fremder Kulturen und fremder literarischer Traditionen ausgesetzt gewesen, die altenglischen der eigenständig vollendeten Kunst des christlichen Buch- und Bibelepos, die nordischen Fassungen sind angereichert mit wikingerzeitlichen Vorstellungen, sind gar zum Teil heidnisch überformt worden. Hier wie in noch erweitertem Maße bei der mittelhochdeutschen Heldenepik muß man sich oft fragen, welche Motive und Handlungsschemata zurückprojiziert werden dürfen. Dennoch wird man auf diese Rekonstruktion nicht verzichten dürfen, wäre doch ohne die Ausleuchtung des Erwartungshorizonts der ganzen Gattung das Erhaltene nicht adequat zu verstehen, müßte dieses mißverständlich isolierend behandelt werden, ließen sich auch Phänomene wie die Entwicklung einer volkssprachigen, christlichen Buchepik, die außer auf antike Vorbilder auch auf Stil-, Motiv- und Argumentationsmuster der Helden- und Preisdichtung zurückgreift, nicht verstehen. Aber auch für das Verständnis der Kultur und Mentalität der frühmittelalterlichen *illiterati*, der schriftlosen Schichten des Volkes und des Adels, wäre viel verloren.

Auf der anderen Seite gibt es, wenn auch spärliche, so doch genügende Indizien für die Existenz von Heldensage. Unter anderem „setzen Eigenheiten der eddischen Fremdstofflieder" des skandinavischen Nordens „eine reichhaltige deutsche

Stabreimdichtung des 9. Jahrhunderts voraus" (Klaus v. See). Ja, man wird sogar davon ausgehen müssen, daß es letztlich wesentlich mehr Lieder und Sagen in karolingischer und ottonischer Zeit gegeben hat, als hier auf dem Grunde klarer Indizien rekonstruiert werden können.

Die Protagonisten der Heldensagen haben, soweit wir es zu erkennen vermögen, soweit es sich überhaupt um historische Personen handelt, zwischen dem vierten und dem siebten Jahrhundert gelebt, sind also ursprünglich Gestalten der Völkerwanderungs- und der Merowingerzeit. Mit wenigen Ausnahmen erfahren wir von den ihnen gewidmeten Sagen jedoch erst in der Karolingerzeit; in dieser Epoche scheinen die uns zugänglichen Stoffe erst eine analysierbare Prägung erfahren zu haben. So werden wir hier, obwohl selbstverständlich mit einer langen formalen und inhaltlichen Tradition von Sagen und Liedern gerechnet werden muß, vorwiegend nach Gestalt und Funktion der Heldensage in der karolingisch-ottonischen Lebens- und Kulturwelt fragen, nach dem Sinn dieser Art und Weise, Geschichte zu verarbeiten und zu vergegenwärtigen in einer Zeit, in der die *litterati* bereits eine an antiken Mustern geschulte entwickelte Geschichtsschreibung geschaffen hatten.

In karolingischer Zeit scheint sich das Repertoire der Heldensage bereits nach drei wesentlichen Konstruktionsschemata umgeformt zu haben: Begegnungen mit Ungeheuern und Wesen der „anderen Welt", dann Fabeln von Verletzung und Wiederherstellung der Rechtsordnung, schließlich tragische, aber auch versöhnliche Inszenierungen von Wertkonflikten.

Im altenglischen ‚Beowulf' trägt ein Hofsänger ein Lied über den Helden Sigmund vor. Von seinen „unerschrockenen Taten", seinen „weiten Fahrten" und seinen „Fehden und Feindschaften" ist die Rede. Der alter Sagen kundige Sänger erwähnt auch Fitela, den Neffen und „Kriegsgefährten" des Sigmund; es wird erwähnt, daß beide zusammen Riesen erschlagen haben. Dann konzentriert sich die nur stichwortartig wiedergegebene Erzählung auf ein ohne Hilfe des Neffen bestandenes Abenteuer: Sigmund tötete einen Schatzdrachen, sein Schwert blieb dabei im Felsen der Höhle stecken, das „Seeboot" belud er mit dem so gewonnenen Hort. Weiterhin bezeugen Skulpturen aus Skandinavien und dem wikingerzeitlichen Großbritannien den Drachenkampf Sigmunds seit dem zehnten Jahrhundert. Ohne Zweifel liegt hier eine frühe Fassung der Sage über die Herkunft des Nibelungenschatzes vor, die später anscheinend auf Sigmunds Sohn Sigfrid, den der Norden als Sigurd kennt, übertragen wurde. Im ‚Beowulf' heißt Sigmund *waelses eafera* („Nachkomme des Welsi"). Nun kennt der Norden eine – allerdings erst in der zweiten Hälfte des 13. Jahrhunderts fixierte – Sage über das Geschlecht der Wälsungen, d.h. der Nachkommen des Welsi, die aus älteren, verlorenen Liedern schöpfte; sie erläutert auch den im ‚Beowulf' bezeugten Familienzusammenhang zwischen Sigmund und Sinfjötli, wie Fitila im Norden heißt.

Wölsung (der altenglische *Waelsing*, althochdeutsche *Welisunc*) besitzt unter anderen Kindern die Zwillinge *Signy* und *Sigmund*. Signy heiratet den Gautenkönig *Siggeirr*; beim Hochzeitsfest vollbringt Sigmund eine Kraftprobe, indem er ein berühmtes Schwert aus einem Baum herauszieht, was vor ihm niemand vermochte. Er erweckt damit Neid und Besitzgier des Gautenkönigs. Dieser lädt die Wölsungen in böser Absicht ein. Im Kampfe zwischen den Gästen und den Gauten fällt Sigmunds Vater, seine zehn Söhne werden gefangengenommen. Nur den Zwillingsbruder Sigmund kann Signy vor dem elenden Tod bewahren. Sie zeugt mit ihm einen Rächer: das ist *Sinfjötli*. Nachdem beide Helden sich in Abenteuern bewährt haben, rüsten sie zur Rache für Wölsung. Sie verbrennen den Gautenkönig in seinem Hause. Signy folgt dem Gatten in die Flammen. Auch die Rächer ereilt ihr Schicksal: Sinfjötli wird von Sigmunds Frau vergiftet, weil er ihren Bruder erschlagen hat. Sigmund empfängt in der Schlacht die tödliche Wunde.

Für den Norden beweisen Anspielungen in den um 950 entstandenen ‚Eiriksmál', in denen die toten Helden Sigmund und Sinfjötli erwähnt werden, und in der ‚Ragnarsdrápa' des neunten und zehnten Jahrhunderts, welche die Umschreibung „Trank der Wölsunge" für „Gift" verwendet, das hohe Alter der Sage. Ob sie damit aber auch schon in ihrer gesamten Konstruktion für den Süden gesichert ist, bleibt zweifelhaft. So dürfte der Inzest, der Sigmund zugleich zum Vater und Onkel Sinfjötlis macht, kaum den Andeutungen im altenglischen ‚Beowulf', wo nur von Oheim und Neffe die Rede ist, entsprechen. Dieser Teil wird also spätere Verdichtung der Sage darstellen. Auf dem Kontinent ist die Wälsungensage schon bald zugunsten der nibelungischen Tradition abgestorben – die Rachefabel hat sich vielleicht nie entwickelt. Für den Süden lassen sich im Grunde nur – vage genug – die Riesenabenteuer Sigmunds und seines Neffen sowie der Drachenkampf Sigmunds sichern. Bekannt waren beide Krieger im neunten und zehnten Jahrhundert auch auf dem Kontinent, wie die zweifellos aus Nachbenennung entstandenen, in althochdeutscher Zeit überaus seltenen und auf bayrische Adelsgeschlechter konzentrierten Personennamen *Welisunc* und *Sintarvizzilo*, das nordischem *Sinfjötli* und – im zweiten Bestandteil – altenglischem *Fitila* entspricht, bezeugen.

Schon der funktionale Einbau der Sigmundsage in den Handlungszusammenhang des Beowulfliedes sollte davor hüten, Drachen- und Riesenkämpfe von vorneherein als Abenteuersagen ohne tieferreichende Bedeutung zu werten. Der Sänger trägt den Drachenkampf nämlich im Zusammenhang eines Preisliedes auf Beowulf vor, der soeben Volk und Land von dem Ungeheuer, dem „grimmen Geist", „Feind aus der Hölle", dem „Schattengänger" Grendel befreit hat, der Sumpf und Moor, das „Reich des Riesengeschlechts" bewohnt. Das durchaus als Krieger gedachte Ungeheuer stammt in der bereits verchristlichten Welt des ‚Beowulf' aus dem von Gott verdammten Geschlechte Kains (vgl. Genesis 6, 1–4, Baruch 3, 26–28): „Von daher haben alle Unholde ihre Abkunft, arglistige Riesen und Alben und Ungeheuer wie auch Giganten, die gegen Gott kämpften sehr lange Zeit"

(v. 110ff.). Hier bricht frühmittelalterliche alttestamentarisch gestützte Glaubenswelt durch: Trolle, Riesen, Dämonen, Geister und Ungeheuer bewohnen das unheilige, nicht urbar gemachte, von dem in seinen schmalen Siedlungskammern lebenden Menschen immer wieder als Bedrohung empfundene Land. Der siegreiche Kampf gegen die Wesen der „anderen", der bösen Schattenwelt wird so zur Erlösertat, ja kann zur primordialen, die Anfänge setzenden und sichernden Tat eines Stammes werden.

Der „Wald", die „Heide", das unbebaute, „wilde" Land gilt auch dem christlichen Verständnis des frühen Mittelalters als Ort der bösen Geister, Unholde und Bestien. Nicht nur aus Weltflüchtigkeit, sondern auch, um den Kampf gegen die Dämonen und die Geschöpfe des Bösen aufzunehmen, geht der Heilige in den *eremus*, in die „wilde Einöde". Bezeichnend ist etwa, wie der heilige Gallus nach seiner Vita und auch nach dem volkssprachigen Lied, das man gegen Ende des 9. Jahrhunderts auf ihn dichtete (vgl. S. 332), in primordialer Tat das Land an der Steinach von Geistern, Feen und wilden Tieren reinigte und den Bezirk des späteren Klosters St. Gallen im Gebet heiligte. Für Otfrid von Weißenburg ist die biblische Wüste der Wald, die *wuastinna waldes* („Wüste des Waldes"), die Gegenwelt.

Auch die Sage Dietrichs von Bern, des im hohen und späten Mittelalter gefeiertsten Sagenhelden Deutschlands, kennt Kämpfe gegen Riesen und Unholde (vgl. Bd. II/2, S. 52ff. und 122ff.). In ihnen ist von der ursprünglich historischen Person des großen Ostgotenkönigs Theoderich, der 493 Italien eroberte, nichts mehr übrig geblieben. Daß zumindest einige dieser Kämpfe gegen die Wesen der „anderen" Welt bereits im achten und neunten Jahrhundert in Zügen entwickelt waren, zeigt überraschenderweise ein Fragment des altenglischen Heldenepos ‚Waldere' (II, 4ff.), das sich auf ein wunderbares Schwert Dietrichs bezieht: „Ich weiß, daß Deodric gedachte, dies Schwert dem Widia selbst zu senden und zusammen mit dem Schwerte einen großen Schatz von Kleinodien, und manch andres dazu, es mit Gold zu schmücken. Da empfing Lohn für einst, dafür, daß er ihn aus Nöten befreite, Nidhads Verwandter, Welands Sohn Widia: mühsam entrann Deodric der Gewalt der Riesen." Hier erscheint Dietrich bereits wie in mittelhochdeutschen Epen mit Witege verbunden, dieser selbst aber an die Sage vom Wunderschmied Wieland angesippt. Auch die Befreiung Dietrichs aus der Gefangenschaft bei Unholden und Riesen wird vom Echo der späteren Dietrichepik bestätigt (s. Bd. II/2, S. 123). Wie Dietrich-Theoderich steigt dabei Witege-Witigouwo aus gotischem Sagengrund empor: Bereits Jordanes, der Geschichtsschreiber der Goten, weiß im sechsten Jahrhundert von dem Westgoten Vidigoja, der als „Tapferster des Volkes" um 330, noch in den Steppen Südrußlands, im Kampf gegen die Sarmaten fiel. Er gehörte zu jenen alten Helden des Gotenvolkes, „die zu Saitenklang vor den Königen besungen wurden und im Volke großen Ruhm haben". Mit der Dietrichsage ist auch, in sie eingeschmolzen, der Sagenheld Widigoja aus dem italischen Gotenland über die theodisken Stämme des Frankenreiches zu den Angelsachsen gewandert, wo er episodenhaft in der dichterischen Bearbeitung der ja gleichfalls aus dem Süden gekommenen Walthersage zitiert wird. Auch der Kampfgenosse Witeges in der mittelhochdeutschen Heldenepik, Heime, ist schon früh im altenglischen ‚Widsith', einem poetischen Heldenkatalog, genannt: *Wudga* und *Hama* treten dort als Verbannte und Kampfgefährten am Hofe des Gotenkönigs Ermanarich auf. Ja, das Beowulfepos spielt auf eine weitere Episode aus der Heime-Sage an (v. 1197ff.): „Nie unter dem Himmel vernahm ich von herrlicheren Hortschätzen der Helden, seit Hama davontrug zur blinkenden Burg den Brosingenhalsschmuck sowie Schätze und Schmuckkästchen. Er erlitt schlimme Nachstellungen durch Ermanarich und erwählte das ewige Heil." Der nur anscheinend so späte Zug des Eintritts des Sagenhelden Heime mit seinem Schatz in die „blinkende Burg", in ein Kloster also, den uns die nach niederdeutschen Quellen im 13. Jahrhundert aufgezeichnete nordische ‚Thidrekssage' bezeugt, ist somit schon für das frühe Mittelalter zu sichern – nichts anderes meint die „Erwählung des ewigen Heils".

Mit Ermanarich betreten wir das weite Reich germanischer Rachefabeln, in denen es um die aus den dunklen Trieben des Menschen geborene, oft in monströsen Taten ausgestaltete Verletzung gesetzter Ordnung und die Wiederherstellung des Rechts in den vielfältigsten Formen geht. Nur dunkel und blaß noch lebt in der Sage die Gestalt des historischen Gotenkönigs des vierten Jahrhunderts, der in den Steppen Südrußlands alle Goten in einem mächtigen Reich vereinigte, um es schließlich an die nach Westen vordringenden Hunnen zu verlieren.

Jordanes, von dessen Erzählung wir freilich nicht wissen, inwieweit sie nicht schon selbst auf Sage beruht, da er im Gotenvolk umlaufende Lieder über Ermanarich bezeugt, berichtet folgendes Geschehen: Als der König des Einfalls der Hunnen (aus dem Jahre 375) gewahr wurde, „ergriff das treulose Geschlecht der Rosomonen, das ihm unter andern damals diente, die Gelegenheit, ihn zu verlassen. Der König hatte nämlich eine Frau aus ihrem Geschlechte, namens Sunilda, in Wut über den verräterischen Abfall ihres Gatten an wilde Rosse binden und sie von diesen zerreißen lassen. Ihre Brüder aber, Sarus und Ammius, griffen aus Rache für ihre Schwester den König mit dem Schwerte an. An der Seite verwundet, schleppte er nur noch ein kurzes elendes Leben dahin." Die Hunnen nutzten die Schwäche des Königs zum Angriff. Ermanarich starb, da er „die schmerzende Wunde ebensowenig wie die Einfälle der Hunnen noch ertragen konnte", im hundertundzehnten Jahr seines Lebens.

Die kontinentale Sage des frühen Mittelalters hat den Gotenkönig ganz aus dem Geflecht der Kämpfe zwischen Hunnen und Goten gelöst und ihn zum Verfolger und Mörder seiner Verwandten und Gefolgsleute gestempelt. Ein in mancher Hinsicht aufschlußreicher Brief des westfränkischen Erzkanzlers und Erzbischofs Fulco von Reims aus dem Jahre 893 warnt den ostfränkischen König Arnulf vor Härte gegenüber seinem unterlegenen

Konkurrenten und karolingischen Verwandten Karl dem Einfältigen – mit Verweis auf die Sage vom „Sippenfeind" Ermanarich: „Es wird auch in deutschen Büchern von einem König namens Hermenricus berichtet, der auf die gottlosen Ratschläge eines Ratgebers hin sein gesamtes Geschlecht (*progenies*) zum Tode verurteilte..." Hier ist Heldensage belehrendes Geschichtserlebnis, *memoria* und verpflichtende Mahnung zugleich. So wundert es nicht, daß sich die ganze abgründige Tiefe der düsteren Ermanarichfigur zuerst in einem (für diesen Teil) etwa 1009 im ostsächsischen Quedlinburg aufgezeichneten Geschichtswerk erschließt.

Die ‚Quedlinburger Annalen' notieren: „Zu jener Zeit" – gemeint ist die Zeit des historisch in Wahrheit späteren Hunnenherrschers Attila († 454) – „herrschte Ermanarich über alle Goten, zugleich überaus schlau in listigen Plänen als auch freigebig im Schenken; nach dem Tode seines einzigen Sohnes Friderich hing er in Ausführung seines Mutwillens seine Bruderssöhne Embrica und Fritla am Galgen auf. Gleichermaßen zwang er, auf Anstiften seines Neffen Odoaker, den Theodorich, der ebenfalls sein Neffe war, nachdem er ihn aus Verona vertrieben hatte, ins Exil bei Attila".

Die Häufung der verfolgten Verwandten ist hier deutlich. Der Quedlinburger Annalist spricht es zwar nicht aus, aber Fulco von Reims setzt es voraus: auch der Tod des Sohnes geht auf Rechnung des Ermanarich. Auch die im neunten oder zehnten Jahrhundert entstandene nordische ‚Ragnarsdrápa' kennt einen Sohn – wenn auch mit anderem Namen – als Opfer des Gotenkönigs. Eine ausführlichere Fassung der Sage bietet erst die ‚Thidrekssaga': Ermanarich hat die Frau seines Ratgebers Sifka – in deutschen Quellen heißt er Sibiche – geschändet. Der treue Ratgeber wird aus Rache zum ungetreuen Ratgeber. Er verleumdet die Söhne Ermanarichs – es sind hier drei Söhne, von denen einer *Fridrekr* (Friderich) heißt – beim König, der sie töten läßt. Sibiches Weib verleumdet währenddessen Ermanarichs Neffen aus dem Orlungenland, die Harlungen, wie sie deutsche Sage nennt. Der König will auch sie vernichten; sie werden zwar von ihrem treuen Ziehvater gewarnt, jedoch im anschließenden Kampf gefangen und gehängt. Daß Ermanarich den Tod seines Sohnes Friderich verschuldet hat, daß er seine Neffen tötete und der Harlungen Gold und Land an sich zog, bestätigt auch die mittelhochdeutsche Dietrichepik.

Daß der verleumderische, treulose Ratgeber eine zitierbare Chiffre geworden war, belegt die 1051/59 in Mainz entstandene Vita des Erzbischofs Bardo (c. 8), dort ist von einem Gegner, einem Speyrer Bischof namens Sigibodo (1039–1051), die Rede, der den Beinamen *perfidus Sibicho* („der treulose Sibiche") trug.

Aus diesen verschiedenen Quellen lassen sich die Nachrichten Fulcos und der Quedlinburger Annalen interpretieren und die Sage – wie sie das frühe Mittelalter kannte – rekonstruieren. Im Zentrum stehen Vergeltung und Rache des Ratgebers, dem die Annalen – wohl in einer speziellen

Ausformung der Geschichte – den Namen des historischen Gegners des Gotenkönigs Theoderich in Italien, Odoakers, geben. Die Schändung des Geschlechts des Dieners erfordert in maßloser Rache die Vernichtung des Geschlechts des Herrschers. Dem treulosen Ratgeber, dem treulosen Verwandten steht auf der Seite der Harlungen, Herilinge (im Norden *Orlunge*) der getreue *baiulus* („Ziehvater"), der nach späteren Quellen Eckehard heißt, gegenüber.

Dieses Ermanarich-Bild, und wohl auch diese oder eine ähnliche Formung der Harlungensage kannte auch die altenglische Überlieferung des achten Jahrhunderts. Die elegische ‚Klage Deors' redet von dem „wölfischen Sinn", mit dem der Gotenkönig seine Gefolgschaft in Unterdrückung und Elend hielt. Im ‚Widsith' heißt er der „böse Treuebrecher" – noch im mittelhochdeutschen Epos ‚Dietrichs Flucht' (v. 2414ff.) ist er der „untreueste...", den je eine Mutter gebar (vgl. Bd. II/2, S. 122ff.). Im ‚Widsith' wird das Gefolge Ermanarichs auch ausführlicher geschildert: zu ihm gehören neben *Wudga* (Witege) und *Hama* (Heime) auch die *Herelingas Emerce* (Embricho) und *Fridla* (Fritilo) sowie der Königssohn *Freotheric* (Friderich), schließlich auch der ungetreue Ratgeber *Becca* (Sibiche). Ein früher deutscher Sagenreflex ist wohl – wieder einmal im bairischen Raum beheimatet – in dem 832 bei Pöchlarn in Niederösterreich genannten *castrum* („Burg") *Herilungoburg* („Burg der Harlungen") zu sehen.

In der Konsequenz der Sage lag es, daß Ermanarich auch den Verwandten aus dem gotischen Königsgeschlecht der Amelungen, den historisch weitaus späteren Theoderich, verfolgen mußte. Die Quedlinburger Annalen kennen Theoderich bereits als Neffen Ermanarichs. Seine Vertreibung geschieht auf Anstiften Odoakers, Neffe des Gotenkönigs wie er. Die ‚Thidrekssaga' verknüpft mit der Verfolgung Theoderichs auch die Helden Heime und Witege: „Als Ermanarich auf Sifkas (Sibeches) Einflüstern beschlossen hat, nach Swanhild, Friedrich und den Harlungen nun auch Dietrich den Garaus zu machen, reitet Vidga (Witege) und dann auch Heimir (Heime) aus, ihn zu warnen. Danach wirft Heimir dem König all die Schandtaten vor und schlägt Sifka als Anstifter zu Boden. Ermanarich heißt ihn greifen und hängen. Heimir enteilt, wappnet sich und sprengt durchs Tor. Die Sechzig, die ihm nachsetzen sollen, weichen vor Vidga zurück, der dort mit dem Schwert Miming in der Hand erscheint" (Georg Baesecke). Als Rekonstruktion der ja auch im ‚Beowulf' belegten Verfolgung Heimes durch Ermanarich kann der Zug durchaus alt sein.

In dieser Passage der nach niederdeutschen Quellen konzipierten Sage erscheint noch ein weiteres Opfer des Verwandtenmörders Ermanarich, und damit wird auch wieder der Faden zum einleitend zitierten Bericht des gotischen Geschichtsschreibers Jordanes geknüpft. Dort rächten die Rosomonenbrüder Sarus und Ammius ihre vom König grausam ermordete Schwester Sonilda. Die kontinentale Sage hat *Svanahild*, dem Namen nach aus gotischem *Sōnilda* (bei Jordanes spätgotisch *Sūnilda*) umgedeutet, zur Gattin des Ermanarich werden lassen und damit auch die Fabel jener Rache, die des Gotenkönigs Ende einleitet, in die Verwandtenthematik überführt. Erst nordische Dichtungen, die aber im Wortschatz und in der Motivik noch südgermanische Spuren ihrer wohl niederdeutschen Quellen aufweisen, zeigen uns die Sage in voller Ausgestaltung, zum Teil auch in eigenständiger Weitergestaltung, in der etwa als Mutter der Rächer und treibende Kraft des Geschehens aus der noch zu besprechenden Sage vom Burgundenuntergang ihrer Rächerinnenrolle wegen Gudrun übernommen wird.

Nach den im Kern ins neunte Jahrhundert zurückreichenden ‚Hamđismál' brechen Hamdir und Sörli auf, ihre Schwester *Svanhildr* zu rächen, die ihr Gatte Ermanarich (im Norden *Jörmunrekkr*) von Pferden hatte zu Tode trampeln lassen (Str. 3f.):

„Eure Schwester war Swanhild geheißen,
Die Ermanarichs Rosse zerstampften,
Helle und dunkle auf dem Heerwege,
Graue, gangschnelle gotische Hengste.
...
Ihr nur bliebt übrig von unserm Geschlecht,
Verkümmerte Sprossen nach des Königs Tode"
(Übertragung nach Felix Genzmer).

Die älteste Version des Rachekampfes bietet die ins neunte oder zehnte Jahrhundert zu setzende ‚Ragnarsdrápa': Die beiden Brüder brechen bei Nacht in den Hof Ermanarichs ein und überfallen ihn im Schlafe. Mit abgeschlagenen Händen und Füßen stürzt der König kopfüber in die sich mit Blut füllenden Bierschalen. Die schwertlosen Krieger des königlichen Gefolges bewerfen die Brüder zunächst mit Steinen, dann rüsten sie zum Kampf mit Schwert und Speer. Nach der wohl jüngeren, dramatisch neu gefaßten Version der ‚Hamđismál' werden die Brüder zu Tode gesteinigt, wohl weil sie durch den Zauber der Mutter unverwundbar für Stahl geworden sind. Die altnordischen ‚Ynglingatal' belegen jedoch durch die den Begriff „Steine" umschreibende Kenning „Schmerz der Söhne des Jonákr", daß das Motiv der Steinigung ebenfalls mindestens ins 9. Jahrhundert zurückreicht.

Die ‚Quedlinburger Annalen' bestätigen die Existenz einer Rachesage über ‚Ermanarichs Tod' auf deutschem Boden für das frühe Mittelalter. Sie notieren lapidar: „Die Brüder Hemidus und Serila und Adaccarus töten auf eine schimpfliche Weise, wie er es verdiente, Ermanaricus, den König der Goten, der ihren Vater getötet hatte, indem sie ihm Hände und Füße abhauen."

Für die Namen der Brüder bietet der Quedlinburger Annalist wie schon bei den zitierten Namen der Harlungen ostsächsische Formen. Der Bamberger Chronist Frutolf von Michelsberg hat im frühen 12. Jahrhundert die hochdeutschen Formen der Sagennamen mit *Sarelo* aus **Sarulo* und *Hamidiecus* aus **Hamatheuk*, die nach ihm *vulgariter* („im Volke") bekannt waren. Der auch im Norden auftauchende, aber anders benamte und als späte Zutat zu bewertende dritte Bruder *Adaccarus* geht auf westgermanisches **Audawakkar* oder **Athawakkar* zurück. Im Norden heißt der Vater der Rächer *Jonákr* aus **Eh(w)ankkar*, trägt also ebenfalls einen Namen auf *-wakkar*. So dürften die Annalen eine Variante der Sage referieren, in der das Geschlecht des Vaters auch durch einen nachbenennenden Namen vertreten war – vielleicht um die märchenhafte Dreizahl von Brüdern zu erreichen –, und in der Ermanarich auch den Tod des Vaters verschuldet hatte.

Den haßvollen König, der statt das Recht zu bewahren und die Seinen zu hegen, sein Geschlecht ausrottete und seine Krieger grausam verfolgte, trifft zum Schluß – aber, wie der Quedlinburger Annalist bemerkt, in voller Angemessenheit für seine Untaten – eine der schimpflichsten Strafen, die das frühe Mittelalter für Rechtsbrecher vorsah. Wir erkennen, daß es auch in der Sage von Ermanarichs Tod letztendlich um die Wiederherstellung der verletzten Rechtsordnung durch Rache geht.

Das altnordische ‚Hunnenschlachtlied', das vom Kampf eines gotischen Herrschers des 4. Jahrhunderts mit seinem hunnischen Halbbruder um Reich und Hort handelt, bleibt hier außer Betracht. Zwar deuten gewisse Elemente des Wortschatzes auf Herkunft aus dem Süden, jedoch läßt sich kein positives Zeugnis für die Kenntnis der ‚Hunnenschlachtsage' in karolingischer oder ottonischer Zeit beibringen, nicht einmal ein Reflex des Herrschernamens Angantyr wird faßbar.

Der beliebteste Sagenheld des deutschen Sprachraumes im hohen Mittelalter war – wir hatten schon Gelegenheit, es zu erwähnen – Dietrich von Bern. Auch er hatte im breiten Repertoire der frühmittelalterlichen Heldensage seinen Platz, doch bleiben die Nachrichten geringfügig und für die Aufgabe einer Rekonstruktion der Sage unbefriedigend, was vor allem daran liegt, daß die für andere Stoffe vorliegenden frühen nordischen Liedformungen des Stoffes für Dietrich ausfallen. Jedoch reichen die Quellen aus, um auch hier zu beobachten, wie aus einer historischen Person, dem gotischen König und Eroberer Italiens Theoderich, der Protagonist einer vielleicht schon früh nachdenklich und problematisierend gestalteten Geschichte von der Verletzung rechtmäßiger Ordnung und ihrer Wiederherstellung wird.

Der historische Theoderich, Sohn des Gotenfürsten und späteren Königs Theodemer, 455 geboren, gelangte mit acht Jahren als Geisel und Unterpfand eines Konföderationsvertrages mit dem oströmischen Kaiser nach Byzanz. Nach dem Tode seines Vaters wird er 473 König der konföderierten Ostgoten. Zwanzig Jahre zieht er mit seinem Volk kämpfend und plündernd auf der Suche nach neuen Wohnsitzen durch die Provinzen des Balkans. Im Jahre 488 ernennt Kaiser Zeno den Gotenkönig zum *magister militum* („Heermeister") und Statthalter für Italien, wo seit 476 Odo(w)akar, Sohn eines Fürsten aus dem Stamme der Skiren, als germanischer Heerkönig die Macht ausübte. Theoderich schlägt Odo(w)akar in drei Schlachten, darunter einer bei Verona – dem *Bern* der Heldensage – und zwingt nach dreijähriger Belagerung 493 Odo(w)akar, der sich nach Ravenna zurückgezogen hatte, zur Aufgabe. In einem Vertrag sichert er dem Skirenfürsten die Mitherrschaft über Italien zu, ermordet ihn jedoch bald mit eigener Hand – eine Tat, die schon vierzehn Jahre später von der ostgotischen Hofhistoriographie zur Verwandtenrache umgedeutet wird. Theoderich herrscht bis zu seinem Tode im Jahre 526 unangefochten über Italien, gesichert durch ein System von Bündnisverträgen mit germanischen Randstaaten seines Reiches.

Theoderich hat als Repräsentant germanischer Herrschaft über Italien traditionsbildend gewirkt. Die Langobarden, die 568 Italien eroberten, haben sein Andenken bewahrt. Ihr Geschichtsschreiber Paulus Diaconus hebt im achten Jahrhundert hervor, daß die langobardischen Königsresidenzen Pavia und Monza Bauten Theoderichs waren. Noch 968 wird in der Pfalz von Pavia Recht unter dem Mosaikbildnis des Gotenkönigs gesprochen. Nach seiner Eroberung des Langobardenreichs und der Kaiserkrönung in Rom vom Jahre 800 hat Karl der Große auch Theoderich und damit die Tradition eines germanischen Großkönigtums ins Frankenreich eingeholt. Die Reiterstatue des Gotenkönigs wurde als imperiales Herrschaftszeichen aus Ravenna nach Aachen, der Residenz des fränkischen Reiches, verbracht und dort repräsentativ aufgestellt. Einem nach 800 geborenen Sohn gab er demonstrativ den Namen des Gotenkönigs, so seine *memoria* („feierliches Andenken") auch in der Familie bewahrend.

Die Dietrichsage hat die Gotenherrschaft in Italien völlig neu legitimiert. Nach der späten Dietrichepik des hohen Mittelalters ist es aus den schon genannten, der Entwicklung der Ermanarichsage immanenten Gründen der Oheim und „Verwandtenfeind" Ermanarich, der auf Anstiften des bösen Ratgebers Sibeche Theoderich bis in sein Erbland, als das hier Italien angesehen wird, verfolgt (s. Bd. II/2, S. 52ff.). In einer Schlacht bei *Berne* siegt zwar Dietrich, aber der listige Oheim fängt sieben Gefolgsleute Dietrichs. Der „treue" König muß ihre Freilassung mit dem Exil und dem Verlust des Landes erkaufen. Er sucht und erlangt Zuflucht bei Etzel (Attila), dem Hunnenkönig – wie wir bereits wissen, keineswegs ein Zeitgenosse Theoderichs des Großen. Nach dreißigjährigem Exil und mehreren vergeblichen Versuchen, in denen er nahezu alle seine Gefolgsleute, seine Freunde, den eigenen Bruder und die Söhne des Gastherrn Etzel unglücklich verliert, gelingt es ihm, nach dem Tode Ermanarichs und einem Sieg über Sibeche sein Reich wiederzugewinnen.

Aus Quellen des frühen Mittelalters lassen sich nur wenige Details, aber doch die zu Grunde liegende Konstruktion der Sage erkennen. Der Geschichte noch näher steht in den frühesten Berichten Odo(w)akar als Feind des Gotenkönigs. Schon die bei Pseudo-Fredegar, dem fränkischen Geschichtsschreiber des siebten Jahrhunderts, eingelegten ‚Gesta Theoderici' („Taten Theoderichs") kennen dabei unter vielen anderen sagenhaften Elementen einer novellenhaften Erzählung, die nicht in die Richtung der Dietrichfabel weisen, Odo(w)akar nicht mehr als den aus dem germanisch durchsetzten römischen Heer in Italien hervorgegangenen Heerkönig, sondern als germanischen Stammeskönig, der mit seinem Heer und mit verbündeten Stämmen nach Italien einfällt, nachdem zuvor „die Goten Rom verwüstet und von Italien Besitz ergriffen" und sich später „freiwillig der Oberherrschaft des

Kaisers Leo" unterstellt hatten. Zu ihrem Führer gab ihnen der Kaiser nach diesem Bericht Theoderich. In den folgenden Kämpfen des Theoderich gegen Odo(w)akar muß der Gotenkönig fliehen, bevor er bei einem Ausfall aus seiner Festung Ravenna den Gegner endgültig besiegt und tötet. Auch Paulus Diaconus kennt im achten Jahrhundert Odo(w)akar als erobernden germanischen König, der mit seinem Heer in Italien einfiel. Hier ist also die grundsätzliche Revision der historischen Figurenkonstellation bereits erfolgt: Odo(w)akar ist Angreifer, Theoderich verteidigt das Erbland der Goten. Ob diese chronikalischen Berichte, die ihre Herkunft aus dem Süden nicht verleugnen können, von einer bereits etablierten Sage beeinflußt wurden oder ihrerseits diese anregten, läßt sich nicht ermitteln.

Aus dem im frühen 9. Jahrhundert aufgezeichneten althochdeutschen ‚Hildebrandslied' ergibt sich, daß Hildebrand, ein Gefolgsmann Theoderichs, mit Theoderich vor den Nachstellungen Odo(w)akars floh und dreißig Jahre im Exil verbrachte. Diese Zeit berechneten für *Deodric*, den Herrscher über *Maeringaburg* („Burg der Maeringe") – damit ist wohl die mittelalterliche Landschaft Meran in Slowenien an der Pforte nach Italien gemeint –, auch die dem achten Jahrhundert angehörende altenglische ‚Klage Deors' und die mittelhochdeutsche Dietrichepik. Das ‚Hildebrandslied' scheint ferner darauf anzuspielen, daß der Held in einem Hunnenheer steht: er erhielt vom *huneo druhtin* („Herrscher der Hunnen"), der gewiß mit Attila-Etzel zu identifizieren ist, einen goldenen Spiralring. Die Situation deutet also – ohne daß es sich stringent beweisen ließe – auf eine der in der späteren Dietrichsage berichteten Rückkehrschlachten Theoderichs mit hunnischer Hilfe.

In den ‚Quedlinburger Annalen' ist dann im frühen elften Jahrhundert auch Ermanarich in die Sage eingeführt: *Theodericus* und *Odoacrus* sind beide Neffen des „Verwandtenfeindes"; auf Anstiften Odo(w)akars vertreibt Ermanarich seinen Neffen aus Verona und zwingt ihn ins Exil bei Attila. Die Rückeroberung ordnet der sächsische Annalist auffälligerweise – wie die spätere Dietrichsage – unmittelbar nach dem Tode Ermanarichs ein.

Es heißt dort: „Theodoricus gelangte mit Hilfe König Attilas zurück in das Reich der Goten, besiegte seinen Vetter Odoacrus in der Stadt Ravenna, schickte diesen, nachdem Attila intervenierte, daß er ihn nicht töte, ins Exil und belehnte ihn mit einigen Dörfern am Zusammenfluß von Elbe und Saale." Daneben steht noch eine gelehrte Glosse: „*Theoderic* wird auch *Amulung* genannt; sein Ahne, der als der mächtigste der Goten angesehen wurde, hieß nämlich *Amul.*"

Die Fabel gleicht bereits weitgehend der Dietrichsage – nur hat der böse Ratgeber Sibiche aus der Harlungensage Odo(w)akar noch nicht völlig zu verdrängen vermocht. Auch ist das Ende Odo(w)akars im Sinne einer sächsischen Lokalsage umgestaltet worden. Aber das Reich der Goten in Italien ist nicht mehr auf Eroberung, sondern auf ererbtes, zwar gefährdetes, aber schließlich doch siegreiches Recht gegründet. Das ist das

Wichtigste. Dürften wir weitere inhaltliche Züge der oben skizzierten hochmittelalterlichen Ausformung auch für die frühe Dietrichsage annehmen, so ließe sich vielleicht als ihre Botschaft jenseits eines schon problematisch werdenden Schemas von Recht und Vergeltung formulieren, daß sie geprägt ist „von der Erfahrung, daß man beim Sieg gerade das verspielt, worum es eigentlich ging: es fallen die Getreuesten, es sterben die Liebsten..." (Walter Haug).

Im Jahre 437 erlebt ein germanischer Stamm eine Katastrophe am Rhein. Im Bündnis mit dem römischen Heermeister Aetius vernichtet ein hunnisches Heer die ostgermanischen Burgunden. Ihr König Gundahari fällt mit der Königssippe und dem größten Teil seines Volkes. Man spricht von zwanzigtausend Toten. Aetius siedelt den Rest des Stammes in der Landschaft *Sabaudia* (Savoyen) um den Genfer See an. Von dort aus entfaltet sich nach dem Zerfall des weströmischen Imperiums ein neues Königreich der Burgunden, das bald auf die Länder an Rhône und Saône um Mâcon und Chalon ausgreift. Die burgundische Tradition bewahrt die Namen der gefallenen Könige und Königssöhne: Das zwischen 480 und 516 entstandene Stammesgesetz König Gundobads nennt unter den Herrschern der Vorzeit *Gibicha, Gundomaris, Gislaharius, Gundaharius*. Eine Sage über den Untergang von Volk und König im Osten entwickelt sich und wandert, sie führt im deutschen Sprachraum zu Nibelungensage und spätem staufischem ‚Nibelungenlied' (vgl. Bd. II/1), im Norden erfährt sie gegen 900 eine eindrucksvolle poetische Gestaltung in der ‚Atlakviđa', dem ‚Alten Atlilied', das uns wie andere Lieder die späte nordische Sammlung der ‚Edda' überliefert. ‚Edda', ‚Nibelungenlied' und andere Quellen bewahren die durch Stabreim verbundenen Namen der alten Königssippe, das ‚Atlilied' *Giúki* (Gibicha) mit seinem Sohn *Gunnar* (Gundahar), das ‚Sigurdlied' den zweiten Sohn *Gothormr* (Gundomar), das ‚Nibelungenlied' Gunther mit seinem Bruder Giselher, die Walthersage Gibicho und seinen Sohn Gunther; der altenglische ‚Widsith' nennt *Gificha, Gislhere* und *Guđhere*.

Wie in der Dietrichsage rückt Attila, der nordische Atli und deutsche Etzel, in die Sage ein, obwohl er am Untergang des mittelrheinischen Burgundenreichs nicht beteiligt war. Die Gier des Hunnenkönigs nach Macht und Schatz der Burgunden wird zum Auslöser eines grausamen Geschehens, das sich auf Attila und die Angehörigen der burgundischen Königssippe verengt. Nicht in der Schlacht, sondern in rechtsverletzendem, tückischem Mord werden die Burgundenkönige getötet. Paulus Diaconus bezeugt im achten Jahrhundert als erster diese Version: „Attila... metzelte König Gundicarius während dessen Besuch (*sibi occurentem*) nieder". Das nordische ‚Atlilied' gibt dann die Szenerie in greller Ausleuchtung.

Atli und die Burgunden sind hier durch das feste Band der Verwandtschaft – Gudrun, Gunnars Schwester ist mit dem Hunnenkönig verheiratet – aneinander gebunden. In verräterischer Absicht jedoch sendet Atli zum Burgundenkönig, um ihn zum Hunnenhofe zu laden. Dort sollen Gunnar und sein jüngerer Bruder Högni (der deutsche Hagen) mit Gold beschenkt und mit Land belehnt werden. Beide erkennen den Trug; Gudrun hatte die Brüder mit einem wolfshaarumwundenen Ring vor dem wölfischen Sinn Atlis gewarnt. Doch mit „heftigem Willen", in heroischem Übermut, nehmen die Brüder die Einladung an, ohne Brünne – auch dies eine heroische Geste – reiten die Niflunge (Nibelungen), wie sie mit einem zweiten variierenden Namen genannt werden, zur Burg des Hunnenkönigs. Noch einmal warnt sie am Eingang der Halle die Schwester Gudrun, doch ist es zu spät. Die trügerischen Hunnen fesseln Gunnar; Högni erschlägt sieben Gegner, wirft einen ins Herdfeuer – wohl als Zeichen dafür, daß zu allen bestehenden Banden nun auch noch das Gastrecht gebrochen wurde; dann wird auch er gebunden. Es folgt die berühmte Horterfragung: Gunnar wird das Leben versprochen, für den Fall, daß er den Schatz der Niflungen herausgäbe. Er verlangt zunächst die Tötung des Bruders; Högni lacht, als man ihm das Herz aus dem Leibe schneidet. Gunnar triumphiert, als man ihm das Herz seines Bruders bringt. Nun weiß er, daß niemand mehr das Geheimnis des Schatzes verraten wird; der Rhein wird das „Erbe der Niflunge" hüten. Atli verdammt den letzten des burgundischen Königsgeschlechtes zum Tod in der Schlangengrube (Str. 31):

„Lebend legte den Landherrn da
hin in den Hof der Hunnen Schar,
wo Schlangen glitten. Doch Gunnar schlug
mit der Hand die Harfe harten Mutes;
die Saiten klangen. So soll ein kühner
ringvergeudender König Reichtum hüten"
(Übertragung nach Felix Genzmer).

Im grandiosen Bild des im Angesicht des Todes die Harfe schlagenden Königs in der Schlangengrube – im Norden oft als ikonographische Heldenchiffre gebraucht – kulminiert das Lied. Es lehrt uns verstehen, daß allen Grausamkeiten zum Trotz der Kampf zwischen Atli und Gunnar vorwiegend ein geistiger ist. Waffenlos triumphiert Gunnar noch im Untergang über den macht- und goldgierigen Hunnenfürsten, der sich durch den Mord an den Niflungen dreifach – in Verletzung des Sippenrechts, der angekündigten Vasallitätsbindung und des Gastrechts, wie auch schon Paulus Diaconus anmerkte – ins Unrecht setzte.

Daß die im nordischen Lied berichtete Sage aus dem Süden kam und auch dort ungefähr die gleiche Handlungsstruktur aufwies, läßt sich aus mancherlei Indizien schließen: Das mittelhochdeutsche ‚Nibelungenlied' kennt – vielleicht einige Grausamkeiten ausgenommen, die aber auch erst höfischer Glättung des staufischen Epikers zum Opfer gefallen sein können – eine ähnliche Version des Burgundenuntergangs, in der freilich Kriemhild aus noch zu erörternden Gründen die Position Gudruns und Attilas zugleich einnimmt. Das Grundgerüst – Einladung der Burgunden an den Etzelhof, Horterfragung, Tötung Hagens auf Verlangen Gunthers, Hortverweigerung und Tod des letzten der Nibelungen – ist das gleiche. Für das merowinger- und karolingerzeitliche Burgund ist durch Ortsnamen wie *Nibilings, *Nibilingos* und den dort lebenden, sonst sehr seltenen Personennamen *Nebelung* usw. ein Sagenleben frühzeitig zu sichern. Es ist also die herausgehobene Handlungsstruktur dieses Teiles des Nibelungenliedes sicherlich so auf kontinentalem Boden gewachsen. Auf der anderen Seite weisen wiederum stilistische Züge und Wortschatzspuren für die ,Atlakviða' auf südliche Herkunft. Besonders charakteristisch scheint die unverstanden mitgeschleppte Konterbande eines nur im Süden denkbaren Sagendetails: Gunnar weist in Ablehnung des Schenkangebotes Atlis stolz darauf hin, daß sein „Helm" und sein „Schild" aus der Halle *Kíars* stammen. In *Kíar* liegt eine altnordische Übersetzung eines vielleicht als Personenname mißverstandenen ostgermanisch-burgundischen *kaisar* „Kaiser" vor. Als Geschenk des römischen Kaisers also hatte der Burgundenkönig seine goldenen Waffen erhalten. Dies Motiv muß weit zurückreichen, in die Zeit, als die Föderaten Roms in der Sabaudia ein Interesse daran hatten, ihre rheinische Niederlage als Folge ihrer Treue zu interpretieren. Schließlich kann die karolinger- und ottonenzeitliche Verbreitung der Sage auch durch ein Zitat im lateinischen ,Waltharius' gesichert werden, wo Hagen als *de germine Troiae* („aus trojanischem Stamme") entsprossen bezeichnet wird, entsprechend den Epithetha von *Tronege*, von *Tronje* im ,Nibelungenlied' und *af Troia* der ,Thidrekssage', womit wohl das niederrheinische Xanten als Nachfolgesiedlung der römischen *Colonia Traiana* (Gründung Kaiser Trajans) gemeint sein dürfte. Um 1060 auch ist im Umkreis eines Bischofs von Bamberg mit dem bezeichnenden Namen Gunther, der aus Bayern stammte, ein wohl in der Überlieferung des eigenen Geschlechts beruhendes Interesse für das Geschehen um Attila festzustellen.

Jedenfalls enthüllt sich im Signum des in der Niederlage noch siegreichen Königs eine geniale Umdeutung der burgundischen Katastrophe der Völkerwanderungszeit, die ihre Faszination weit ins frühe Mittelalter und ringsum in die benachbarten *gentes* („Stämme") des fränkischen Reiches und bald auch des Nordens verströmte.

Im altnordischen ,Atlilied' endete das Geschehen freilich nicht mit dem Tode Gunnars in der Schlangengrube: Gudrun rächte die Brüder durch die Tötung ihrer von Atli empfangenen Kinder und schließlich des Hunnenkönigs selbst.

Gudrun empfängt den von der Ermordung Gunnars zurückkehrenden Atli mit dem Trinkbecher; die Hunnen feiern bei einem Gelage in der Halle. Höhnend eröffnet Gudrun dem Hunnenkönig, daß sie ihm die Herzen seiner Söhne zum Mahle bereitet habe – zweifellos eine spiegelnde Vergeltung für die Tötung des Bruders Högni, so wie in der Ermanarichsage die schmachvolle Strafe des Zerstampfens der Swanhild durch Pferde durch die schimpfliche Verstümmelung des Täters gerächt wurde. Das war Anschauungsform der Zeit: Der Quedlinburger Annalist hatte Ermanarichs Tod mit *turpiter, ut dignus erat* („schmachvoll, wie er es verdiente") kommentiert. Es ist nahezu dieselbe Formulierung, mit der im ,Liber Historiae Francorum' (8. Jahrhundert) die Zerreißung der Königin Brunichild durch wilde Pferde charakterisiert wird: *morte turpissima esse dignissima* („den schmachvollsten Tod verdient sie") lautete der Spruch der Großen. Im ,Atlilied' vernichtet Gudrun in bewußter Reziprozität das Geschlecht Atlis, so wie dieser das ihre vernichtet hat. Wie der Schatz der Niflunge verloren ist, so verschleudert sie nun Atlis Hort an die in der Halle feiernden Hunnen. Den sinnlos betrunkenen König tötet sie im Bett mit der Spitze eines Dolches (oder Schwertes); die Halle entzündet sie,

„die Hausleute weckte sie mit heißem Brande, so rächte sie die Brüder. Dem Feuer gab sie alle, die innen waren...“. Dann, nachdem sie allen Besitz und alle Gefolgschaft des dreifach treulosen Königs vernichtet hat, stirbt sie selbst; vielleicht folgte sie wie die Signý der Wölsungensage – wo ja auch Sippenrecht und Gastrecht zugleich verletzt worden waren – dem Gatten in die Flammen, Vergeltung auch an sich selbst übend. Später – doch immerhin auch schon für das 9. oder 10. Jahrhundert durch die ‚Ragnarsdrápa‘ belegt – wird Gudrun als Mutter der Rächersöhne Sorli und Hamdir in die Ermanarichsage eingebunden. Die ‚Ragnarsdrápa‘ nennt beide „Nachkommen des Gibicha“.

Da die deutsche Nibelungendichtung nichts vom Tode Etzels weiß, ist es in der Forschung strittig, ob die Sage von Attilas Tod bereits auf die wohl niederdeutsche Vorlage der ‚Atlakvīđa‘ des achten oder neunten Jahrhunderts zurückgeführt werden darf oder ob es sich hier um eine nordische Ausgestaltung des Burgundenuntergangs zur Rachefabel handelt. Bedeutsame Indizien sprechen jedoch für die Herkunft zumindest einer isolierten Sage vom gewaltsamen Tode Attilas aus dem Süden. Der Tod des hunnischen Herrschers, der 454 nach dem Gelage anläßlich seiner Hochzeitsfeier mit der Germanin (H)ildiko an einem Blutsturz starb, wurde in der Tat schon bald in einen Mord umgedeutet. So schreibt der illyrische Geschichtsschreiber Marcellinus Comes in seiner im sechsten Jahrhundert entstandenen Fortsetzung der Chronik des Kirchenvaters Hieronymus († 419/20): „Attila, der Hunnenkönig, der ganz Europa plünderte, wurde in der Nacht von der Hand eines Weibes mit dem Messer durchbohrt.“ Die Wirkung des Marcellinus Comes war keineswegs – wie noch Helmut de Boor glaubte – auf den byzantinischen Einflußbereich begrenzt; seine Chronik war vielmehr in zahlreichen und auch frühen Handschriften im lateinischen Westen verbreitet. Eine weitere Stufe in der Umgestaltung der Überlieferung über Attilas Tod begegnet gegen Ende des neunten Jahrhunderts beim Poeta Saxo, der Attilasage anläßlich des fränkischen Sieges über die Awaren (791), die man mit den Hunnen gleichsetzte, referiert.

Dort heißt es: „... der Hunnenkönig Attila, Sieger über so viele Völker, starb von der Hand einer Frau... Denn man erzählt, daß, als die hohe Nacht allen Lebenden Schlaf gebot, die wilde Gattin den von Wein und Müdigkeit Übermannten in grausamem Beginnen und mit haßvollen Reizreden zu den schlaflosen Schatten führte, daß die Königin in grauenvollem Wagemut den König tötete. So rächte sie den rechtsverletzenden Mord am eigenen Vater.“

Die ‚Quedlinburger Annalen‘ geben um 1009 ein weiteres Detail hinzu, die Entführung der Braut durch den Hunnenkönig: „Attila, der König der Hunnen und Schrecken des ganzen Europa, wurde von einem Mädchen, das er dem dabei ermordeten Vater mit Gewalt raubte, mit dem Dolche durchbohrt und starb.“ Beide Berichte – obwohl beide aus Sachsen – sind nicht direkt voneinander abhängig. Der Poeta Saxo kennt – mit der antiken Historiographie übereinstimmend – die Atmosphäre des Gelages, die nächtliche Szene, aber woher stammen die Wildheit der Gattin, ihre Reizreden, das Motiv der Vaterrache? Der Quedlinburger Annalist hat zweifellos Marcellinus Comes benutzt, wie die wörtlichen Anklänge beweisen. Aber das Motiv des Brautraubs und der Vaterrache hat er wohl derselben Sagenquelle entnommen wie der Poeta Saxo. Aus den alten Überlieferungen über Attilas Tod bewahrte auch die nordische ‚Atlakviđa' einige Punkte: Gelage und Trunkenheit, Tod Attilas im Bett, Mord mit einer Stichwaffe, die Frau als Täterin. Es sind bis auf Brautraub und Vaterrache auch die Motive der sächsischen Sagenquelle. Hinzu kommt, daß auch der Brand der Halle für das 10. Jahrhundert im Süden belegt werden kann: Der ‚Waltharius' (v. 318ff.) spielt in gleicher Situation – als nämlich der Protagonist seine Flucht vom Hofe Attilas durch ein Gelage vorbereitet, das alle Hunnen einschließlich des Königs betrunken und schlafend hinterläßt – darauf an, auf ein Motiv, das im übrigen auch im mittelhochdeutschen ‚Nibelungenlied' in anderer Funktion erhalten blieb. Diese Sage vom Tode Attilas durch die Rache einer Frau hätte dann die kontinentale Vorstufe der nordischen Überlieferung unter Aufgabe des Motivs des Brautraubs und der Vaterrache für die Ausgestaltung des Burgundenuntergangs im Sinne einer Rachefabel genutzt. In der Tat mußte ja der als Rechtsbrecher weiterlebende Atli wie Ermanarich in der Harlungensage unbefriedigend für ein Publikum sein, dem die Sage als Epiphanie des Rechts galt. Dort aber, wo wie im ‚Nibelungenlied' die Gattin Attilas zur Rächerin Sigfrids an den burgundischen Brüdern wurde, mußte der Tod des Hunnenkönigs in dieser Form überhaupt funktionslos werden.

(H)ildikō, der Name der historischen letzten Gattin Attilas, ist eine Koseform zum germanischen Personennamenstamm **hildjō* „Kampf", gebildet mit einem diminutiven Suffix. Es ist durchaus möglich, daß der Name der Gattin Etzels im ‚Nibelungenlied' – *Kriemhilt* (oberdeutsch) aus westfränkisch **Gremhild* aus älterem **Grimhild* – vom Kurznamen **Hildō* mit dem sprechenden Element *grim* „grimmig, wütend" gebildet wurde.

Über den langobardischen König Alboin, der sein Volk 568 aus Pannonien nach Italien führte, sagte Paulus Diaconus im achten Jahrhundert: „Sein leuchtender Name ist weit und breit so bekannt geworden, daß seine Freigebigkeit und sein Ruhm, sein Heil und seine Tapferkeit im Kriege auch bei den Baiern und Sachsen und anderen Völkern von gleicher Sprache in ihren Liedern bis heute gefeiert wurden." Von im deutschen Sprachraum einstmals umlaufenden Preisliedern auf den Langobardenkönig hat sich nichts, auch keine Nachricht erhalten. Immerhin kennt ihn der altenglische ‚Widsith' im achten Jahrhundert in seinem Heldenkatalog als freigebigen Fürsten.

Von den beiden Sagen über Alboin, die von Paulus Diaconus überliefert werden und anscheinend auf Liedquellen zurückgehen, ist eine der Handlungskonstruktion nach der Sage von Attilas Tod sehr ähnlich, die Sage nämlich von Alboin und

Rosamund: Alboin hatte die Tochter Rosamund des von ihm 567 in siegreicher Schlacht getöteten Gepidenkönigs Kunimund geheiratet. Nach zeitgenössischen Geschichtsquellen wird er mit Zustimmung seiner Frau getötet. Bei dem fränkischen Geschichtsschreiber Gregor von Tours (um 594) vergiftet sie den Ehemann bereits aus Vaterrache. Paulus kennt dann ein sagengemäßes Motivations- und Steigerungsgefüge: Alboin hat aus dem Schädel des getöteten Gepidenkönigs einen Pokal fertigen lassen. Er zwingt während eines maßlosen Gelages Rosamund, daraus zu trinken – und zwar mit den Worten: „so könne sie mit dem Vater fröhlich zechen!" Sie gewinnt einen Gefolgsmann Alboins namens Helmichis für die Ermordung seines Herrn. Es gilt noch den *cubicularius* („Kämmerer") des Königs zur Unachtsamkeit zu überreden. Dem Zögernden läßt sie sich als Bettgenossin unterschieben und hat ihn nun in der Hand. Alboin wird von seinem Vasallen Helmichis im Bett erschlagen.

Wenig ist für Karolinger- und Ottonenzeit zu sichern von Sagen um die frühen Merowingerkönige. Bis in den altenglischen ‚Beowulf' gelangte eine Erzählung, die ihren Ausgang von einem historischen Einfall des dänischen Königs *Chocilaicus* bzw. *Hugilaik* ins Gebiet des fränkischen Teilstamms der Chattuarier (um 521) nimmt. Im ‚Liber monstrorum' (8. Jahrhundert) allerdings ist er riesenhafter Vorzeitkönig der Geten, dessen Grab man zeigt; im ‚Beowulf' als *Hygelac* König der Gauten und damit in dieselbe gentile Tradition eingeordnet wie Beowulf selbst. Hugilaik wird von Theudebert, dem Sohn des fränkischen Königs Theuderich, besiegt und verliert sein Leben. Auch Gregor kennt diesen Feldzug.

Dieser Theuderich, Sohn Chlodwigs, der zwischen 511 und 534 über Austrasien herrschte, ist der einzige frühe Merowinger, der in der Heldensage Spuren hinterlassen hat. Leider sind die Sagenkerne in der mittelhochdeutschen Wolfdietrich- und Hugdietrichepik (vgl. Bd. II/2, S. 125f.) ebenso wie im französischen Epos des zwölften Jahrhunderts über *Floovent* (aus **Chlodowing* „Chlodwigssohn") so abenteuerlich überwuchert, daß sie nahezu wertlos für die Rekonstruktion sind, immerhin aber das Wachsen und die Umformung der an Theuderich gebundenen Sage über die Merowingerzeit hinaus grundsätzlich sichern. Auch der altenglische ‚Widsith' kennt *Theodric*, den „Fürsten der Franken", unter seinen Helden.

Eine an die Vernichtung des Thüringerreiches durch Theuderich im Jahre 531 anknüpfende Heldensage findet sich in der Iringsage, die ihrer Perspektive nach bei den geschlagenen Thüringern entstanden sein muß. Sie liegt jedoch, in mehreren Berichten überliefert, nur in sächsischer Überformung vor. Sächsische Waffenhilfe für Theuderich hatte dazu geführt, daß der Sachsenstamm seinen Machtbereich bis an den Harz und in die Gebiete von Elbe und Saale vorschieben konnte. So verwundert es nicht, daß die Sachsen das Iringlied in ihre Origo („Ursprungssage") einbauten, in der sie Ausdehnung und Struktur des Stammes auf göttliche Führung und die Kraft ihrer Krieger zurückführten. Die Verbindung ist alt, da um

863 die für das sächsische Adelskloster Wildeshausen verfaßte ,Translatio S. Alexandri' („Überführung der Reliquien des hl. Alexander") des Fuldaer Mönchs und Lehrers Rudolf sie bereits kennt und als Quelle die *antiquitas* („die altehrwürdige Überlieferung") angibt.

Ausführlicher wird die Iringsage von dem sächsischen Geschichtsschreiber Widukind von Corvey (um 967) und den ,Annales Quedlinburgenses' (um 1008) referiert, wobei man in der Hauptsache Widukind folgen kann.

Demnach hinterließ der Frankenkönigt *Huga* (d.h. Chlodwig) keinen Thronerben „außer einer Tochter namens *Amalberga*, die mit *Irminfrid*, dem König der Thüringer, vermählt war". Die Franken wählen einen Bastardsohn Chlodwigs namens *Thiadrich* zu ihrem Könige. Diese Exposition findet sich beim Annalisten, vielleicht auf Grund seiner Kenntnis des fränkischen Geschichtsschreibers Gregor von Tours (um 594), etwas anders: Er erwähnt die drei legitimen Brüder Theuderichs: er ist der Lieblingssohn Chlodwigs, und auf Befehl des Vaters wird er mit Zustimmung der Brüder zum König in einem Teil des Reiches eingesetzt, zu dem Thüringen gehörte. Er nennt ihn *Hugo Theodoricus*, „d.h. Franke, weil einst alle Franken *Hugones* genannt wurden nach ihrem Herzog Hugo". In einer bemerkenswerten Heldenformel schreibt er ihm *sapientia et fortitudo* („Klugheit und Stärke") zu. Thiadrich sendet eine Gesandtschaft zum Thüringerkönig, nach Widukind „um des Friedens und der Eintracht willen", nach dem Annalisten, um ihn einzuladen. Der Gesandte verlangt nicht Unterwerfung, sondern bietet Freundschaft, wie sie unter Verwandten üblich sei. Irminfrid will die Sache dem Rat der Fürsten und Gefolgsleute vorlegen; Amalberga verbündet sich mit dessen erstem Ratgeber, um ihren Gemahl dann zu überzeugen, „daß nach dem Erbrecht das Königreich ihr zugefallen sei, weil sie die Tochter des Königs und die Tochter der Königin war; daß Thiadrich hingegen als Sohn einer Konkubine sein Knecht sei und daß es demnach sich für ihn nicht zieme, dem eigenen Knechte je zu huldigen. Es war aber Iring ein kühner Mann, von starker Hand, von raschem Geiste und scharfem Verstande, zäh im Handeln, leicht imstande, andere nach seinem Willen zu überreden – und dadurch hatte er das Herz des Irminfrid gewonnen." Gegen die Meinung der Fürsten gelingt es ihm, den König zu einer scharfen Ablehnung des Herrschaftsanspruches des Frankenkönigs zu überreden. Im Vordergrund steht bei Widukind in der Wiedergabe von Irminfrids Rede der Knechtsvorwurf. Der Annalist zitiert hier noch deutlicher: „Theuderich möge zuerst mit mannigfaltigem Schatz und Geld zu ihm kommen, um von meiner Gattin, der von beiden Elternteilen her edel geborenen, so ich es gebiete, die Urkunde der Freilassung zu erkaufen." Die Szene ist mit Rede des Gesandten, Verschwörung von Weib und Ratgeber, Rede und Gegenrede im Fürstenrat, höhnischer Antwort des Königs und einer abschließenden, auf das kommende Unheil hinweisenden Rede des Gesandten gut ausgewogen, man glaubt, die einheitliche Komposition eines Liedes zu spüren. Die öffentliche Beleidigung kann nur mit Blut gesühnt werden. Im Stile des Heldenliedes läßt die Sage Thiadrich mit bitterer Ironie den Krieg ankündigen: „Wir müssen eiligst unseren Dienst bei Irminfrid antreten, damit wir, denen man die Freiheit nimmt, wenigstens das nackte Leben behalten." Beim Quedlinburger Annalisten antwortet der Frankenkönig nicht weniger ironisch: „Ich werde kommen, wie Du befohlen hast. Und wenn mein Gold nicht reicht, dann werde ich Dir als Preis für meine Freiheit eine unnennbare Menge an Köpfen der Thüringer und der Franken geben". Nach einer dreitägigen Schlacht (beim Annalisten sind es zwei Schlachten) flieht Irminfrid in seine Burg Scheidungen. Die Franken halten Rat und beschließen, die Sachsen um Waffenhilfe zu bitten, denen dafür ein Teil des Thüringer Landes angeboten wird. In aussichtsloser Lage sendet der Thüringerkönig seinen Ratgeber Iring zu Thiadrich, um die Unterwerfung des „ehemaligen Verwandten, nun des Knechts" anzubieten und das Bündnis zwischen Sachsen und Franken zu sprengen. Es ist gut möglich, daß in dieser Situation die ursprüngliche, thüringische Sage das verräterische Übereinkommen zwischen Theuderich und Iring, welches das Ende der Geschichte bestimmt, ansetzte. Die Burg wird des Nachts erstürmt. Irminfrid entkommt mit Gemahlin, Kindern und einem kleinen Gefolge, bei dem sich nach dem Annalisten auch Iring als einziger Krieger befand. Die Schlußszene gibt der Annalist nach Gregor von Tours, die Sagenfassung findet sich nur bei Widukind: Der von Thiadrich zum Verrat gewonnene Iring überredet seinen Herrn zur Unterwerfung vor dem Frankenkönige. Während sich Irminfrid seinem Schwager zu Füßen wirft, tötet Iring, der als Waffenträger des Königs mit entblößtem Schwert danebensteht, seinen knienden Herrn. „Sogleich rief ihm der Frankenkönig zu: ‚Da du durch solchen Frevel, den Mord an deinem Herrn, allen Menschen verhaßt geworden bis, sollst du freien Weg haben, von uns hinwegzugehen; an deiner Freveltat wollen wir weder Schuld noch Anteil haben.' ‚Mit Recht', erwiderte Iring, ‚bin ich allen Menschen verhaßt geworden, da ich deiner Arglist gedient habe; bevor ich jedoch von dannen gehe, will ich dieses mein Verbrechen sühnen, indem ich meinen Herrn räche.' Und wie er mit entblößtem Schwerte da stand, hieb er auch den Thiadrich nieder, nahm die Leiche seines Herrn und legte sie über die des Thiadrich, damit der wenigstens im Tode siegte, welcher im Leben unterlegen war. Und mit dem Schwerte sich den Weg bahnend, ging er von dannen."

Die historischen Fehler der Iring-Sage liegen auf der Hand; schon die Quedlinburger Annalen suchten die geschichtliche Wahrheit wiederherzustellen. So war Theuderich nicht der einzige Sohn Chlodwigs; Amalberga nicht seine Halbschwester, sondern eine Prinzessin aus dem Hause des Ostgotenkönigs Theoderich, aus dem Geschlecht der Amalungen. Damit schon ist die Grundlage der Sagenkonstruktion völlig brüchig geworden, wollte man sie für Geschichte halten. Weder das Ende Theuderichs noch der Mord an Irminfrid entsprechen der Sage: Der Chlodwigsohn starb erst zwei Jahre nach dem Thüringerkriege an einer Krankheit, Irminfrid aber wurde nach dem Gericht Gregors von Tours während eines Gesprächs mit Theuderich auf den Mauern von Zülpich zu Tode gestürzt. Vielleicht darf man in diesem Ereignis den Anlaß für die radikale Umgestaltung des historischen Geschehens der Sage sehen. Die Sage nun gab der *gens* der Thüringer eine faßliche Erklärung für den Untergang ihres Reiches – durch den Hochmut einer fränkischen Königin und den Verrat eines Ratgebers, wie ihn schon der Sagenkreis um Ermanarich kannte, wurde er verursacht. Die Umgestaltung mußte jedoch tiefer reichen, bis die Geschichte unter dem Aspekt des verletzten und wiederhergestellten Rechts wirklich verstanden war. Die Geschichte wurde zur Rachefabel, unter den vielen Rächern der germanischen Heldensage erhielt Iring sein besonderes Signum dadurch, daß er Verrat und Sühne in einer Person vereinigte: Im Tode läßt der getreue Ungetreue seinen Herrn zum Sieger über den Sieger werden. Ein grandios gegen die Möglichkeiten der Realität gekehrtes Bild schließt die Sage ab: Iring bahnt sich mit dem Schwert den Weg in ein einsames Dasein als Outlaw und Verbannter, aus dem er im mittelhochdeutschen ‚Nibelungenlied‘ wieder am Hofe Attila-Etzels auftaucht.

Der Quedlinburger Annalist hat noch einen anderen, eher fränkischen Akzent der Reziprozität gesetzt: Der als Knecht verhöhnte Frankenkönig verknechtet die thüringische Bevölkerung, indem er sie zur Zinszahlung verurteilt, wie das Leibeigene ihrem Herrn schuldig sind.

Wie die sächsische Ursprungssage den Iringstoff benutzte, so ein Heiligenlied auf den heiligen Faro von Meaux (südöstlich Paris) eine ältere Sage oder ein Lied über einen Sachsenkrieg des Merowingerkönigs Chlothar II. (584–629). Fetzen dieses *carmen publicum iuxta rusticitatem* („romanisch-volkssprachigen Königsliedes“) gab um 869 Bischof Hildegar von Meaux lateinisch in seiner Vita des Heiligen. In einem dieser Fragmente ist die beleidigende Reizrede der Gesandten des Sachsenherzogs Bertoald vor dem Frankenkönig wiedergegeben, in der die Franken als unkriegerische Feiglinge beschimpft werden und zum Krieg im Sachsenlande eingeladen werden. Ausführlicher – und zwar zweifellos nach einer epischen Quelle – gibt der 727 in Neustrien entstandene ‚Liber Historiae Francorum‘ („Buch der fränkischen Geschichte“) den (völlig unhistorischen) Sachsenkrieg Chlothars.

Der König schickt seinen in Austrasien herrschenden Sohn Dagobert gegen die rebellierenden Sachsen. Während der Schlacht wird Dagobert oben am behelmten Kopf getroffen, eine Locke seines Haupthaares abgeschnitten. Sein hinter ihm stehender Waffenträger hebt sie auf. Er wird mit ihr, als Dagobert die Niederlage erkennt, zum Vater um Hilfe gesandt. Der König, der den Verlust der nach fränkischem Glauben Macht und Heil der Merowingerkönige verkörpernden Locke betrauert, läßt noch in der Nacht sein Heer „beim Schall der Kriegstrompeten“ aufbrechen. Die Scharen von Vater und Sohn vereinigen sich und stehen nun dem Sachsenherzog am Ufer der Weser gegenüber. Als Bertoald hört, daß Chlothar gekommen sei, hält er die Nachricht für eine Kriegslist. Man hatte wohl angenommen, daß die Heerführerschaft Dagoberts den Tod des Vaters signalisierte, denn Bertoald ruft den jubelnden Franken zu: „Wir aber haben gehört, daß er tot ist!“ Doch steht auch der König am jenseitigen Ufer „mit dem Waffenkleid angetan, den Helm am Kopf und sein weiß gewordenes Haupthaar verdeckt“. Als er den Helm abnimmt und sein königliches Haupt entblößt, erkennt Bertoald, daß es der König ist und ruft: „Da bist du also, weißhaariger Esel (*bale iumente*)!“. Der ob dieser Schmähung zornige König treibt sein Pferd durch den Fluß und verfolgt kämpfend den Sachsenherzog. Das Ende kommt so: Bertoald sucht Chlothar mit listiger Rede und in gespielter Unterwerfung aufzuhalten, ein fränkischer Reiter feuert den König an, nicht nachzulassen; Chlothar aber stürmt schweigend auf Bertoald los, tötet ihn, spießt sein Haupt auf den Speer und kehrt zurück. Das ganze Sachsenland verwüstet er und „läßt niemanden am Leben, der größer war als sein Schwert“.

„In anderen Liedern bewunderten wir die Kunst der Rede und Gegenrede, in unserem Lied ist die Antwort auf die Rede das Schweigen, das setzt die Feinde in Furcht, das wird immer drohender bei der Verfolgung, unheimlich, unerbittlich...“ (Friedrich v. d. Leyen)

Es ist das Schweigen der Wut, wie es Petrus, der Krieger des Herrn, in der Malchusszene der altsächsischen Evangelienharmonie übt (‚Heliand‘, v. 4867ff.): „da schwoll ihm der Sinn, kein einziges Wort konnte er sprechen: so bitter ward ihm ums Herz... Zornvoll ging er da...“

Der König würdigt den Gegner nicht des kriegerischen Komments der Reizrede vor dem Kampf, aus dieser Abweichung bezieht die Gestaltung der Chlotharsage ihre Wirkung. Der König erschlägt den, der ihn mit einem alten, feigen Tier verglich, wie ein Tier. Die verletzte Ehre wird durch eine die Verletzung spiegelnde Rache wiederhergestellt. Auf einer zweiten Ebene der Reziprozität erfolgt am Ende die blutige Antwort auf die vermessene Herausforderung des Anfangs. Die Gesandten hatten Aufstand und Einladung zum Kriege *consilio eorum* („auf den Rat ihrer Stammesgenossen“) ausgesprochen. So wird der Stamm ausgerottet, soweit die Männer schwert- und ratsfähig sind.

Die Chlotharsage läßt sich am unverstanden beibehaltenen Kernwort der auf die Heiligkeit des Haupthaares der Merowingerkönige bezogenen Schmähung – *bale* zu germanisch **bal-* „leuchtend weiß“ – als volkssprachige mündliche Überlieferung für das achte Jahrhundert wahrscheinlich machen. Jenseits des wohl schon romanisch adaptierten, 869 in der Ile de France bekannten Heiligenliedes sichert nur die schwache Spur einer Einwirkung auf das ‚Nibelungenlied‘, wo die zum Sachsenkrieg gehörige Kriegseinladung der Boten merkwürdig ähnlich klingt, die Möglichkeit des Weiterlebens dieser fränkischen Heldensage.

Wieder ein anderes Heldensignum, wieder eine andere Racheikonographie entwirft die Sage von Wieland dem Schmied. Die früheste literarische Fassung findet sich in der altnordischen ‚Völundarkviđa‘, deren Herkunft aus dem Süden durch das weitgehend dem Norden fremde Namengut der Sage wie auch durch sprachliche und metrische Indizien wahrscheinlich gemacht wird. Da sie wohl bereits von einem norwegischen Skalden der zweiten Hälfte des neunten Jahrhunderts zitiert wird, scheint die Übernahme der Sage vor diese Zeit zurückzureichen.

Das altnordische ‚Wielandlied‘ der ‚Edda‘ erzählt die Fabel so: *Niđuđr* (im Süden *Nidhad*), König der Njaren, überwältigt den Goldschmied *Völundr*, raubt ihm Schatz und Schwert, verbringt ihn in seine Halle und läßt ihm auf Anraten der goldgierigen Königin die Sehnen der Beine durchschneiden, damit er nicht fliehen kann und nur noch für das Königshaus seine kostbare Kunst übe. Als des Königs Söhne ihn aufsuchen, um des Schmiedes Schätze zu sehen, schlägt er ihnen, als sie in die Truhe blicken, die Köpfe ab. Aus ihren Hirnschalen – man vergleiche die Alboinsage – fertigt der mit dämonischen Zügen ausgestattete Schmied Trinkschalen für den König, aus ihren Augen Edelsteine für die Königin, aus den Zähnen einen Brustschmuck für beider Tochter *Bödvildr*, die im Süden *Baduhild* (altenglisch *Beadohild*) heißt. Die Königstochter kam mit dem aus der Halle des Schmiedes entwendeten Ring zu Völundr; er war ihr zerbrochen. Der Schmied macht sie mit Bier gefügig und schändet sie. In einen Vogel verwandelt (so offenbar ein gotländischer Bildstein) oder mittels eines heimlich verfertigten Federkleides (so die spätere ‚Thidrekssaga') erhebt sich der kunstfertige Schmied alsbald in die Lüfte. Dem herbeieilenden Königspaar erzählt er triumphierend die Geschichte seiner Rache; ein Weib und bald auch ein Kind hat er nun in der Halle des Königs: „Mit Kindes Bürde geht Bödwild um, euer beider einzige Tochter" (Übertragung nach Felix Genzmer). Schon im altenglischen ‚Waldere' ist als sein und der Baduhild Sohn Witege, der aus dem Kreis der Ermanarich- und Dietrich-Sagen kommt, genannt.

Diese für den hinkenden Schmied am antiken Vulcanus-Mythos und für die Flucht mit einem selbsterbauten Flugapparat an der antiken Dädalus-Sage orientierte Heldensage ist in Kurzform auch in der elegischen Heldenklage des altenglischen ‚Deor' (8. Jahrhundert) zitiert; es bestätigen sich die Gefangenschaft Wielands (altenglisch und frühalthochdeutsch: *Wēland*) bei König Nidhad, seine Verstümmelung, die Tötung der Königssöhne und die Schändung der Königstochter.

Die Wielandsage wird ferner am Ende des siebten bzw. Anfang des achten Jahrhunderts bezeugt durch das Bildprogramm (s. Abb. 5) des Runenkästchens von Auzon in der Auvergne (*Franks Casket*). Dort findet sich wie in der späteren ‚Thidrekssaga', die aus sächsischen Quellen schöpfte, auch Wielands Bruder, der Meisterschütze *Egil* (auf dem Kästchen in Runenschrift: *Ägili*), der auf Befehl Nidhads auf den entfliehenden Wieland schießen sollte. Als *Welandes werc* („Wielands Werk") sprechen sowohl der altenglische ‚Waldere' (I, 2), der auch *Nidhad* und *Widege* erwähnt, wie auch der mittellateinische ‚Waltharius' (v. 965) eine kunstvoll gefertigte Waffe an, worin sie auf die gemeinsame Vorlage, die kontinentale Walthersage, zurückgehen. Auch die Brünne Beowulfs (v. 455) ist ein Werk des Wunderschmiedes. Eine englische Urkunde des 9. Jahrhunderts erwähnt eine sagenhafte „Wielandsschmiede". Der angelsächsische König Alfred der Große (871–899) setzt mit seiner elegischen, in seiner Boethius-Übersetzung gestellten Frage „Wo sind nun die Gebeine Wielands?" die Bekanntheit der Sage voraus. Mehrere englische Skulpturen des 10./11. Jahrhunderts schildern die Flucht des Schmiedes mit Flügeln und den Raub der Königstochter. Der altfranzösische Sagenschmied *Waland, Galand* gar setzt sprachlich frühalthochdeutschen *Wēland* voraus, reicht also ins 8. Jahrhundert zurück.

Die Sage von der grausam-grandiosen Rache eines Schmiedes, die ein Königshaus auslöscht, war also zweifellos im frühen Mittelalter auch im Süden bekannt. Ihr Sinn erschöpft sich allerdings nicht in der Außerordentlichkeit der Tat, sondern bildet erneut reziproke Sühne ab; die Verletzung des Rechts wird spiegelnd wieder aufgehoben: Der gelähmte Schmied entfliegt. Die Schatzgier des Königspaares wird am Paar der Königssöhne in der

Situation der noch sinnlich-unschuldigen Freude an den Kleinodien gerächt. Teuflisch wird die Goldgier der Eltern mit den aus den Gliedern der Söhne geschmiedeten Pretiosen befriedigt. Der König stahl Wielands Schatz; Wieland sorgt dafür, daß des Königs Geschlecht erlischt, während sein Sohn den Schatz dereinst in der Königshalle besitzen wird. In kunstvoll-sarkastischer Ironie wird das alte Recht wiederhergestellt, würdige Rache des klugen Künstlers und Schmieds, die er schließlich in unerreichbarer Epiphanie dem Gegner triumphierend offenbart.

Mit dem grausam-ironischen Signum der Wielandsage ist ein Höhepunkt in der Entwicklung des Racheschemas erreicht. Jeweils entstand aus dem Ausleben menschlicher Triebe, aus ungehemmter sexueller Lust, aus kriegerischer Machtgier, aus Schatz- und Goldgier, aus leichtfertig-grausamem Mord, aus Verrat und entehrender Beleidigung Verletzung des Rechts. Jenseits irgendwelcher Institutionen des Rechts wurden die oft exzessiven Taten vom Geschädigten oder Angehörigen seiner Sippe in manchmal außerordentlicher Sühne gerächt. Die auf dem Kontinent, im Frankenreich des frühen Mittelalters umlaufenden Sagen scheinen in der Einheit des Schemas und der je verschiedenen, oft in einem szenischen Typus (Gunther in der Schlangengrube; Chlothar als schweigender Rächer; der sich mit dem Schwert den Weg bahnende Iring; der entfliegende Wieland) oder in einer heldischen Chiffre (Sieg in der Niederlage bei Gunther; Niederlage im Sieg bei Dietrich; Verrat und Rache durch einen Täter bei Iring) kulminierenden Variation geradezu Repertoirecharakter aufzuweisen.

Über das so in seinen Grundvariationen erschöpfte Schema war nur noch in Umformung der Fabelstruktur hinauszukommen. Diesen Schritt vollzogen – beide wohl ursprünglich dem achten Jahrhundert angehörig – das althochdeutsche ‚Hildebrandslied‘ und die nur in ihren Reflexen faßbare, aber sicher kontinentale Walthersage. In der neuen Konstruktion sind Recht und Unrecht nicht mehr eindeutig verteilt, die Welt wird problematisch. Gleichberechtigte Werte geraten in einen Konflikt, der tragisch enden, aber auch durch klugen, man möchte sagen: politischen Verstand der Beteiligten gelöst werden kann.

Im ‚Hildebrandslied‘, dem als dem einzig erhaltenen, frühen kontinentalen Zeugnis des Heldenliedes ein späterer Abschnitt gewidmet ist (S. 116ff.), geht es um die in zugespitzter Dramatik aufgebaute Opposition von Sippenbindungen und öffentlichen, rechtlichen Bindungen der Protagonisten, die aus der Gefolgschaftsethik herauswachsen und Bestandteil der Ehre, der intersubjektiven Konstitution einer Persönlichkeit sind. Die konkrete Form, in die dieser Konflikt gegossen wird, ist die kriegerische Begegnung zwischen Vater und Sohn als Vorkämpfer zweier Heere. Wenn die Anzeichen des nur fragmentarisch erhaltenen Textes nicht trügen, endet der Konflikt in auswegloser Tragik.

Die Walthersage, die zeitgenössisch in den altenglischen Fragmenten des ‚Waldere‘ und im mittellateinischen ‚Waltharius‘, der aller Wahrscheinlichkeit nach im zehnten Jahrhundert in St. Gallen entstand, belegt ist, konstruiert eine komplexe Dreiecksgeschichte, in die zwei bereits aus dem Motivkomplex des Burgundenuntergangs bekannte Helden, König Gunther und sein Gefolgsmann Hagen sowie ein neuer Held, Walther – in anderer Quelle mit dem Davidattribut *Manufortis* („Starkhand“) ausgezeichnet – eingeführt wurden (vgl. Bd. II/2, S. 125). Nach dem Sprachstand der im ‚Waltharius‘ vorkommenden Personennamen hat man wohl zu Recht auf eine Sagenvorlage des neunten Jahrhunderts geschlossen. Nutzt das ‚Hildebrandslied‘ als Hintergrund die Dietrichsage, so erweist sich auch die Walthersage auf Grund ihrer Beziehung zur Nibelungensage als spätes Konstrukt, in dem schon rein sagentechnisch an ein vorhandenes Bild vom Hofe Attilas als eines Aufenthaltsortes von Geiseln und Verbannten angeknüpft wird und die Helden Gunther und Hagen auch deshalb nicht sterben dürfen, weil sie zu solchem Behufe noch im ‚Burgundenuntergang‘ gebraucht werden. Jedoch reicht dieses Argument nicht aus, um den im Grauen des Geschehens doch schließlich versöhnenden Ausgang zu erklären.

Der Hunnenkönig Attila bedrängt die Stämme des Westens, die ihm Geiseln stellen müssen. König *Gibicho* (im ‚Waltharius‘, aber nicht unbedingt in der Walthersage) Herrscher der Franken, sendet seinen Gefolgsmann *Hagano*; der Burgundenkönig sendet seine Tochter *Hiltgunt; Alphere* von Aquitanien gibt seinen Sohn *Walthari.* Auf die auffällige, unhistorische Verknüpfung eines Hunneneinfalls mit Aquitanien scheint im späten 9. Jahrhundert Notker Balbulus, ein St. Galler Mönch, anzuspielen, wenn er von den Hunnen (ihm wie andern identisch mit den Awaren) zu erzählen weiß, daß sie das Frankenland, Gallien, Aquitanien und Spanien verwüsteten und jahrhundertelang die Schätze des Westens in ihre Verstecke geschleppt hätten, bis Karl der Große ihren siebenfachen Ring eroberte. Walthari und Hagano, die am Hofe Attilas zu Heerführern aufsteigen, werden Schwurbrüder, *sodalices* („Freunde“): eine Handschrift nennt den ‚Waltharius‘ den *liber duorum sodalicium Waltharii et Haganonis* („Buch von den beiden Freunden Walthari und Hagano“). Inzwischen hat *Gunthari*, der Sohn Gibichos, den Vertrag mit den Hunnen aufgekündigt, Hagen sich in die Heimat durchgeschlagen. Walthari flieht, nachdem er die Hunnen in einem Gelage betrunken gemacht hat, mit Hiltgunt und einem Teil des Hunnenschatzes. Als sie in die Nähe von Worms, der Königsstadt Guntharis, kommen, will dieser, der den Schatz für das von den Hunnen seinem Vater abgepreßte Gold hält, Walthari den Hort abfordern. Walthari erschlägt in einer engen Waldschlucht (am Wasgenstein) nacheinander elf Krieger, die ihm mit Gunthari und Hagano nachsetzten. Hagano bleibt in diesen Kämpfen wegen seiner Schwurfreundschaft mit Walthari unter Hintansetzung seiner Lehnspflichten neutral. Man kann seine Haltung der gewisser austrasischer Großer vergleichen, die sich im Krieg zwischen König Sigibert III. (633/34–656) und dem thüringischen Herzog Radulf wegen ihrer *amicitia* („vertraglichen Freundschaft“) zu Radulf zurückhielten. Als Walthari am nächsten Morgen seinen günstigen Platz verläßt, kommt es zum Kampf mit Gunthari. Anscheinend sind die beiden altenglischen Fragmente eines ausgedehnten Liedes mit ihren Reizreden hier einzuordnen. Walthari scheint danach mutlos geworden, jedoch richtet ihn Hiltgunt auf: „Jetzt sei der Tag gekommen, das Leben zu verlieren oder langdauernden Ruhm zu gewinnen" (‚Waldere' I 8ff.). Im sich entspinnenden Schwertkampf schlägt Walthari dem König ein Bein ab; als er den Todesstreich führen will, wirft sich Hagano dazwischen und schlägt dem Aquitanier die rechte Hand ab. Mit dem hunnischen Schwert in seiner Linken schlägt Walthari seinem Schwurfreund ein Auge aus. Damit endet der Kampf in einem Patt: „Nachdem das Ende da war, zierte jeden ein Zeichen: König Gunthers Fuß lag da und Walthers Hand und das zuckende Auge Hagens. So, ja so haben sie miteinander die hunnischen Goldringe geteilt." (‚Waltharius', v. 1401ff.)

Die eigentlich zentrale Figur der Walthersage ist Hagen. An ihm vollzieht sich das heroische Experiment des Konflikts zwischen zwei Treuebindungen, der Gefolgschaftsbindung und der Schwurfreundschaft der Krieger. Er ist es, der in diesem Experiment durch Zurückhaltung, solange es geht, den Konflikt erst vermeidet, ihn aber, als er durch die akute Bedrohung seines Herrn unvermeidlich wird, klug, wenn auch um grausamen Preis, begrenzt. Hagen greift erst ein, als der *honor regis*, die „Ehre des Königs", seines Herrn, auf dem Spiele steht (vgl. v. 1094ff., 1108ff.). So gelingt es ihm, beiden Verpflichtungen nachzukommen. Die Walthersage ist kein Dokument heroischer Ausweglosigkeit. Es entbehrt nicht der Ironie, daß Hagen gerade seine kluge Zurückhaltung von dem anderen Protagonisten einer Wertkonfliktfabel, Hildebrand nämlich, im mittelhochdeutschen ‚Nibelungenlied' (s. Bd. II/1) vorgeworfen wird (Str. 2344); *Nû wer was, der ûf einem schilde vor dem Waskensteine saz, dô im von Spânje Walther sô vil der friunde sluoc?* („Wer war das wohl, der auf seinem Schilde untätig am Wasgenstein saß, wo ihm Walther von Spanien so viele seiner Kampfgenossen erschlug?")

Ebenfalls in die Kategorie der Wertkonfliktfabeln gehört die langobardische Sage von Alboin und Thurisind, deren Kenntnis freilich nördlich der Alpen nicht nachzuweisen ist: Alboin, Sohn des Langobardenkönigs Audoin, hat im Kampf Thurismod, den Sohn des Gepidenkönigs Thurisinds, getötet. Als er begehrt, von seinem Vater in die Tischgemeinschaft des Hofes aufgenommen zu werden, bedeutet ihm dieser, daß die Aufnahme erst erfolgen könnte, wenn er nach altem Brauch von einem fremden König die Waffen erhalten habe. Alboin zieht zu Thurisind und wird als Gast aufgenommen, doch sucht während eines Gelages Kunimund, der Bruder des erschlagenen Thurismond, König und Gefolge zur Rache zu reizen. Klug bewahrt der Gepidenkönig das Gastrecht. Er verleiht Alboin, den er damit an Sohnes Statt aufnimmt, die Waffen seines Sohnes und läßt ihn in Frieden zu den Langobarden ziehen. Das Gastrecht suspendiert die Verpflichtung der Verwandten zur Rache.

Zur Funktion der Heldensage

Ein um die Mitte des siebten Jahrhunderts in Metz schreibender fränkischer Historiograph (Pseudo-Fredegar) erzählt über den getauften Chlodwig, den Gründer des merowingischen Frankenreiches, folgende Anekdote: „Als der heilige Remigius in der Osternacht Chlodwig die evangelische Botschaft verkündigte, wie unser Herr Jesus Christus zur Passion gelangte, sagte Chlodwig: ‚Wenn ich dort mit meinen Franken gewesen wäre, ich hätte das Unrecht, das man ihm angetan hat, gerächt!“ Deutlicher ist die einsträngige Weltauffassung, nach der sich auch in der Heldensage reale Geschichte in das Schema von Unrecht und Vergeltung verwandelte, kaum zu charakterisieren. Recht und Rache sind in dieser Welt eine Anschauungsform der Geschichte. So bedeutet auch in der Heldensage der Übergang von Rachefabeln, die gleichwohl neben dem Neuen bestehen bleiben, zu Wertkonfliktfabeln den Übergang von einer einfachen Welt zu einer komplexen Welt, gleichsam von einer rechtlichen zu einer politischen Mentalität, die sich in Testsituationen vor dem Konflikt gleichberechtigter Werte zu bewähren hat. Der experimentelle Charakter, der Geist der Konstruktion, der Walthersage und ‚Hildebrandslied‘ gleichermaßen zeichnet, ist dabei nicht denkbar ohne den Hintergrund des älteren Sagenschemas. Diese Sinnfindungsexperimente sind durchaus bereits geprägt von aesthetischer Variationsfreude, von „spielender“ Kunst der Modellierung.

Jedoch gibt es auch gemeinsame Züge des älteren und des jüngeren Sagenschemas. So kennzeichnet beide die Faszination des Außerordentlichen, des „Exorbitanten“. Sind in den Rachefabeln die Protagonisten getrieben von Gold- und Machtgier, Ruhmsucht und Rachedurst, denen sie Ehre, Recht und Treue opfern können, so tritt in der Wertkonfliktfabel an die Stelle der außerordentlichen Triebe, der Untaten und ihrer Vergeltung die raffinierte Zuspitzung des Konflikts: So wird im ‚Hildebrandslied‘ das Entsetzen gesteigert durch die Verlagerung des Geschehens in die nahest denkbare menschliche Beziehung, nämlich die zwischen Vater und Sohn, durch die Opposition von Unheilsblindheit und Unheilssichtigkeit, die beide in wohlverstandenem Recht um so auswegloser die Katastrophe befördern läßt, als sie sie vermeiden wollen; so wird in der Walthersage die Spannung über eine schier endlose Serie von Kämpfen einem scheinbar ausweglosen tragischen Ende zugesteuert, um dann auf dem Höhepunkt wie ein übermäßig aufgeblasener Ballon mit grellem Knall zu bersten. Dabei ist für unsere moderne Rezeption der Stoffe und Motive stets zu bedenken, daß eine Welt wie die merowingische und karolingische die Zerreißung der Königin Brunichild durch wilde Rosse inszenierte und die grausame Tötung von Königskindern mit ansah; daß sie erlebte, wie die Leiche eines burgundischen Königs schimpflich in einen Brunnen geworfen wurde; daß für sie die Ermordung von Königen, Großen und Verwandten zur politischen Tagesordnung gehörte; daß in dieser Welt ein Hausmeier wie Pippin der Mittlere, der den Aufstieg des karolingischen Geschlechts begründete, seinen politischen Gegner im Bett umbrachte (was die Haushistoriographie als Davidstat rühmte); daß in ihr ein Enkel Karls des Großen, Kaiser Lothar, die Schwester eines Gegners, eine Nonne, als Hexe diffamierte und ertränken ließ; daß in ihr List und Verrat zur Normalität politischer Konfliktbewältigung gehörten; daß in ihr die Grausamkeit die alltägliche Straf- und Kriegswirklichkeit grundlegend prägte. Für eine solche Welt besaß die Brutalität der epischen Motive eine ganz andere Akzeptanz. Was uns „exorbitant" und außerhalb der Regeln einer geordneten Gemeinschaft stehend dünkt, war für den Adel der Merowingerzeit und mit Einschränkungen auch noch für die kriegerische Oberschicht der Karolinger- und Ottonenzeit Teil der Atmosphäre, in der man sich bewegte, in der man lebte und dachte.

Nicht weniger problematisch für eine zeitadäquate Deutung der Heldensage ist die oft gehörte Redeweise von der „Personalisierung", ja der „Privatisierung" der Geschichte durch die Sage. Wohl trifft dies zu, ist aber keineswegs erstaunlich. Es handelt sich nämlich um die Anschauungsformen auch der Geschichtsschreiber der Zeit, des Gregor vonTours, des Pseudo-Fredegar, des ‚Liber Historiae Francorum' und auch noch, wenn auch schon durch christliche Muster einer objektivierenden Heilsgeschichte überlagert, um die Darstellungsraster eines Regino von Prüm im neunten, eines Widukind von Corvey im zehnten Jahrhundert. Neid, Besitzgier, Haß, Vermessenheit der Großen und Rächung geschehenen Unrechts durch die Großen bewegen auch hier das Geschehen. Es gilt bei der Bewertung zu bedenken, wie wenig entwickelt institutionelles Denken im frühen Mittelalter war: Wohl und Wehe von Stämmen und Reichen gründeten sich auf das Schicksal und Handeln der Könige, der Großen und ihrer Geschlechter. So heißt das Königsgut zwar *publicus* („öffentlich"), das Reich seit Ludwig dem Frommen *res publica* („öffentliche Angelegenheit"), jedoch ist dies nur antikisierendes Etikett, in Wahrheit verfährt der König zusammen mit dem Gefolge seiner Großen – nur gelegentlich gehindert – mit dem Reich wie der Grundherr mit seinem Besitz. Er ist der Garant des Rechts, des Wohlergehens; sinkt sein Königsheil, so liegt das in seinen Fehlern begründet, was sich unter der Kategorie der Sünde sogar christlich fassen ließ. So muß man die Rede der Quellen, daß die Sagen von den „Taten der Könige" und den „Kämpfen der Alten" handelten, ganz ernst nehmen. Es ist selbstverständlich in den Augen der Zeit, daß Geschichte sich im Handeln der Großen herstellt, und so konnte die Sage, die poetisch gesteigerte, kunstvoll variierte Anschauung der Geschichte wurde, selbst wieder als positives oder negatives Exemplum geschichtsmächtig werden. Die Sage stellte nach den Anschauungsformen der Gegenwart und zur Legitimation dieser Gegenwart Schemata bereit, in denen die nie abgeschlossene Geschichte einer durch mündliche Überlieferung geprägten Gesellschaft zu erzählbarer Form und verständlichem Sinn fand.

Außerordentlich frappierend für den Betrachter ist die Amalgamierung der Stoffe und die Verschmelzung der historischen Zeiten in der Heldensage, die sich zwischen dem achten und dem zehnten Jahrhundert vollzieht. Ermanarich und Witege dringen in die Dietrichsage ein; Witege wird mit der Wielandsage verknüpft; das ‚Hildebrandslied' nutzt die Dietrichsage als Hintergrund; mit Hilfe der Überlieferungen um Sigmund und seinen Sohn Sigfrid (im Norden Sigurd) werden der Burgundenuntergang und Attilas Tod neu interpretiert; Attilas Hof wird zur Heimat der Verbannten und Geiseln in der Dietrichsage und in der Walthersage, die zusätzlich die Figuren der burgundischen Helden zu einer neuen Komposition nutzt. Da sich dieser Prozeß der Amalgamierung nicht im langobardischen Süden, sondern nur bei den *gentes* des Frankenreiches nördlich der Alpen und in den davon abhängigen angelsächsischen und skandinavischen Überlieferungen vollzieht, ist die Herstellung einer so gearteten Heldenvorzeit – der *geārdagas* („Tage der Vorzeit"), die der ‚Beowulf' schon in seiner ersten Zeile anruft – wohl das Werk von Franken, Bayern, Alamannen, Thüringern und Sachsen oder besser der Sänger und Skops, die für den aus diesen Stämmen erwachsenen merowingischen und karolingischen Reichsadel arbeiten. Das so sich entfaltende und vereinheitlichende Sagenrepertoire schafft dabei durchaus „eine neue Form des historischen Bewußtseins" (Walter Haug), die über die Sage hinausreicht und deren Funktion für die Mentalität des laikalen Adels es noch zu erörtern gilt.

Am Beispiel der ‚Quedlinburger Annalen' lassen sich die weitreichenden Folgen des in der Heldensage sich äußernden Vorzeitbewußtseins außerordentlich plastisch vergegenwärtigen. Der Verfasser der Annalen war ein Geistlicher des Damenstiftes Quedlinburg, der in nahen Beziehungen zu Mitgliedern der kaiserlichen Familie der Ottonen stand. „Diese Beziehungen" werden „namentlich durch die beiden Quedlinburger Äbtissinnen Mathilde (966–999) und Adelheid (999–1045) vertreten und vermittelt worden sein – jene die Schwester, diese die Tochter Ottos II., beide vom Verfasser mit nicht endenwollenden Lobsprüchen verherrlicht" (Robert Holtzmann). So lebte der Verfasser – für uns besonders wichtig – im Umkreis eines großen Adels- und Königshofes mit seiner mündlichen Überlieferung. In quasi offiziellem Auftrag trug er auch die Todesdaten der von der Königsfamilie zum Gebetsgedächtnis vorgesehenen Personen in seine Chronik ein. Der Quedlinburger Kleriker schrieb etwa vom Jahre 1008 bis 1025 (oder gar 1030) zeitgleich mit den Ereignissen, jedoch ist er bereits seit etwa 993 Augenzeuge, die Zeit eigenen Erlebens historischen Geschehens scheint bis in die Jahre um 985 zurückzureichen. Die frühen Teile seines weit zurückreichenden Annalenwerks werden also bereits in den Jahren kurz vor oder um 1008 entstanden sein.

Der Quedlinburger Annalist hat sich für die Darstellung von Spätantike und Merowingerzeit stark auf die beiden Chroniken des Angelsachsen Beda († 735) gestützt. Daneben hat er aber auch die fränkischen Geschichtsschreiber, vielleicht Gregor von Tours, vor allem aber den ‚Liber historiae Francorum' (und andere Quellen) benutzt. Das Gerüst für sein Geschichtswerk bilden Herrscherdaten der römischen Kaiser. Erstaunlich breit hat er den Zeitraum zwischen Valentinian

(364–375) und Justinian (527–565) gefaßt, und gerade in diesem Abschnitt wurden aus mündlicher Überlieferung der Heldensage die Taten und Kämpfe der Vorzeitkönige eingelassen.

Edward Schröder hat für die aus der Heldensage – vor allem des Ermanarich-Komplexes – geschöpften Nachrichten der Annalen als Quelle einen kommentierten Text einer Beda-Chronik vermutet, was den Stellenwert der Aussagen ändern würde. Sein Hauptargument dafür sind die angeblich altenglischen Namensformen, die sich jedoch ebenso gut als ostsächsisch erklären lassen. Der Annalist verwendet z.B. auch späterhin sächsische Namensformen auf -a statt althochdeutsch -o. Gegen die Annahme einer englischen Quelle spricht die Anbindung etwa der Dietrichsage an das Gebiet an der Saalemündung, wohin Odoakar angeblich verbannt wurde, oder der Iringsage an die Landschaft um Hannover und das Land an der Unstrut. Ferner hat R. Holtzmann gezeigt, daß die Heldensagenreferate durchaus vom besonderen Stil des Annalisten geprägt sind. Schließlich muß die ‚Würzburger Chronik' in ihrem wörtlich gleichlautenden Bericht über Ermanarich – wie auch Harry Bresslau schon sah – nicht unbedingt auf eine unabhängige Quelle zurückgeführt werden, sondern kann, bei Verhochdeutschung und teilweise auch Latinisierung bekannter Heldennamen, durchaus von den ‚Quedlinburger Annalen' abhängig sein, die demnach unabhängig Heldensage, wie sie im ostsächsischen Raume lebte, wiedergeben.

Für den Quedlinburger Annalisten ist die Zeit der Helden die Zeit der Hunnen, ja vor allem die Zeit Attilas. Unter Kaiser Valentinian – so wird nach Beda berichtet – brach die *gens Hunorum*, „lange hinter unübersteigbaren Bergen eingeschlossen", gegen die Goten los und drängte diese über die Donau zurück. Es folgt ein langer Exkurs, vorwiegend aus dem ‚Liber Historiae Francorum' geschöpft, über die trojanische Abkunft der Franken, über ihre Wanderung nach Pannonien und zum Rhein und über die merowingischen und karolingischen Könige bis hin zu Karl dem Großen. Zur Zeit des Kaisers Theodosius (379–395) herrschen die Brüder Bledla und Attila über die Hunnen und verwüsten Illyrien und Thrazien, ein Satz, der wiederum aus Beda geschöpft wurde. Zur Zeit des Kaisers Valentinian III. (424–455) hätten die Angeln – so erzählt der Quedlinburger Kleriker teilweise nach dem britischen Historiographen Nennius, teilweise nach unbekannter Quelle – das Land, das nun die Dänen innehaben, verlassen und unter ihrem König *Anglingus*, einer Einladung des britischen Königs *Vertigernus* folgend, gegen Skoten und Pikten sich Britannien erkämpft. Nach dem ‚Liber Historiae Francorum' wird dann der Einfall Attilas nach Gallien und seine Verjagung durch den römischen Heermeister Aetius und den Gotenfürsten Thurismod referiert. Es folgt die Harlungensage und die Austreibung Theoderichs aus Verona auf Betreiben Odoakars und Ermanarichs sowie seine Flucht zu Attila. Unter Kaiser Anastasius (481–518) wird der Tod Ermanarichs und die siegreiche Heimkunft Theoderichs mit Attilas Hilfe plaziert. Sehr breit fügt sich dann in die Herrschaftszeit Justinians die Iringsage ein, mit ihrem Bericht über das Ende des Thüringerkönigs Irminfrid im Kampf gegen den fränkischen König Hugdietrich. Marcellinus Comes und eine Sagenquelle kombinierend wird der Abschnitt über die Kämpfe der Könige und Völker abgeschlossen durch einen bereits analysierten Satz über den Rachemord am Hunnenkönig Attila, dem „Schrecken des ganzen Erdteils Europa".

So endet die schreckliche „Vorzeit", in der das westliche Reichsvolk entstand, das Kaiser Valentinian selbst angeblich in „griechischer Sprache Franken, d.h. die

,Wilden', wegen der Härte und Kühnheit ihres Mutes" genannt haben soll, die Zeit, die alle Helden und den mit einer extrem langen Lebenszeit gerüsteten Hunnenkönig Attila hervorbrachte, der zum Schluß doch auch der sühnenden Rache verfiel. Deutlich wird, wie in dieser Vorzeitkonzeption des Annalisten archaisch-gentile und christlich-alttestamentarische Perspektiven miteinander kongruieren. Die Heldenvorzeit ist dem Quedlinburger Kleriker der wilde, dunkle Untergrund der christlichen Gegenwart, auf dem gleichwohl die Lebensform der Stämme und die Herrschaft des Reiches gegründet ist.

Es sind also die Quellen des frühen Mittelalters nach „der aktuellen Funktion epischer Muster" der Heldensage in der Zeit zu befragen (Walter Haug). Diese scheinen vielfältige Antworten zu geben. Wir finden etwa die lokale Anbindung von Sage, wie gerade beim Quedlinburger Annalisten zu bemerken war. Die gegen Ende des zehnten Jahrhunderts entstandenen ,Miracula S. Bavonis' („Wunder des hl. Bavo") lokalisieren die „Reichsburg" (*arcem imperii*) Ermanarichs nach Gent, wo die Gebeine des heiligen Bavo ruhen. Die sächsische „Origo" und mit ihr der sächsische Geschichtsschreiber Widukind verflechten die thüringische Iringsage in die Ursprünge des eigenen Stammes. Heldensage wird so in den gentilen Bereich eingeholt, auf andere Weise aber auch in die Tradition der großen Geschlechter des Stammes- und Reichsadels. Ohne daß man jeden in den Quellen des frühen Mittelalters aufscheinenden Heldennamen als motiviert ansehen muß, gibt es doch schlagende Fälle der Nachbenennung, der onomastischen Ansippung an Sagenhelden in großen Adelsfamilien des frühen Mittelalters.

Ein Sohn des Hausmeiers Pippin des Mittleren († 714) aus einer Verbindung mit einer Konkubine wurde Childebrand genannt. Als Graf in Burgund begründete er ein Haus, in dem über Generationen die Namen Hildebrand, Nibelung und schließlich auch Ekkehard, Heribrand und Walthari gepflegt wurden. Karl der Große gab einem nach der Kaiserkrönung geborenen Bastardsohn den Namen Theoderich, den während der Feldzüge gegen Aquitanier und Sachsen geborenen Zwillingssöhnen aber die Namen Chlodwigs, des Gründers des fränkischen Reiches und Bezwingers des westgotischen Aquitanien, und Chlothars, des Sachsensiegers. Historisches Vorbild der beiden Markgrafen *Gero* und *Eckewart* im ,Nibelungenlied' scheinen die beiden sächsischen Markgrafen Gero († 965) und Ekkehard († 1002) zu sein. Jedenfalls muß mit ,nibelungischer' Haustradition in beider Familien gerechnet werden. „Sowohl ein Sohn wie ein Bruder Markgraf Geros hieß Siegfried, dessen Namen noch mehrfach in seiner Stammtafel auftaucht. Sowohl der Vater wie ein Sohn Markgraf Ekkeharts... hieß Gunther, während sein Bruder Gunzelin eine Koseform dieses Namens führte" (Reiner Wenskus). Eine ,nibelungische' Haustradition scheint es auch in der Familie Bischofs Piligrim von Passau (971–991) gegeben zu haben, dem die mittelhochdeutsche ,Nibelungenklage' zuschreibt, er habe *durh liebe der neven sîn* („aus Liebe zu seinen Verwandten") die Nibelungensage in einem lateinischen Referat aufzeichnen lassen. Die Nachricht scheint durch nibelungische Namenstradition in der Sippe Piligrims bestätigt zu werden. In seine Familie, in das Geschlecht der bairischen Sieghartinger, gehört offenbar auch Bischof Gunther von Bamberg, der sich zum Leidwesen seines gebildeten

Domscholasters Meinhard um 1060 *fabulae curiales* („höfische Sagen") vortragen ließ und sich für *Attila* und *Amalungus* (wohl Dietrich von Bern) interessierte, was seinen eigentlichen Gehalt erst angesichts der Indizienfunktion des eigenen Namens entfaltet.

Die Einholung der Vorzeithelden in die Tradition der Stämme und der führenden Adelsfamilien läßt sich unter dem Aspekt der *memoria* (des feierlichen „Gedenkens"), der legitimierenden und verpflichtenden Tradition der *exempla* („Beispiele") der Krieger und Herrscher fassen, die der Wiege des Adels und der Völker entstammten, als welche die Heldenvorzeit allmählich begriffen wurde. Ein schönes Beispiel für die exemplarische Memoria, die ja einmündet in die von den Adelsfamilien so eifrig und aufwendig gepflegte christlich-liturgische Memoria der Toten des eigenen Geschlechts, bietet der schon angeführte Warnbrief des Erzbischofs Fulco von Reims an König Arnulf aus dem Jahre 893, in dem er diesen unter Anführung des „Verwandtenfeindes" Ermanarich und dessen untreuen Ratgebers von Härte gegen einen Verwandten abhalten will. Es muß besonders notiert werden, daß der westfränkische Bischof und der aus Kärnten kommende König in der Heldensage einen gemeinsamen Verständigungshorizont besaßen. Hier wird Heldensage als „kollektive Erinnerung" des Adels sichtbar; sie scheint mit Ethos und Legitimation adligen, herrscherlichen Handelns verknüpft. Ähnlich wird in einem Hildesheimer Brief aus der Zeit des Bischofs Hezilo (1054–1079) der *Purgundio* (wohl der „Burgunder" der Sigfridsage) als Prototyp der Untreue hingestellt.

Überhöhende *memoria* des Helden zum Zwecke der Deutung aktuellen Geschehens ist es, wenn im altenglischen ‚Beowulf' – wie erwähnt – Beowulfs Sieg über das Ungeheur Grendel im Bilde von Sigmunds Drachenkampf gepriesen wird.

Im gleichen Sinne ist Widukind von Corvey die Iringsage zwar nicht gerade verbürgte Geschichte, aber doch *memorabilis fama* („denk- und erinnerungswürdige Sage"), aus der heraus die Würde und Stellung des Sachsenstammes und seines führenden Geschlechts, der zur Königswürde aufgestiegenen Ottonen, begründet werden kann. Erst später, um 1100 im Bamberger Milieu nach Bischof Gunther, wird der Mönch Frutolf von Michelsberg die *vulgaris fabulatio* („Erzählung des Volkes") und die *modulatio cantilenarum* („Vortrag der Lieder") der *rustici* („Ungebildeten") gegenüber seiner neuen kritischen Geschichtsschreibung abwerten. Immerhin steht auch hier noch die Heldensage als Geschichtsbewußtsein in Konkurrenz zur gelehrten, klerikalen Historiographie.

Aus dem Motiv der *memoria*, welche das pietätvolle Andenken an die Taten der Könige, als deren Erbe sich Karl der Große fühlte, einschloß, ist auch ein Unternehmen des ersten fränkischen Kaisers mitzuverstehen, von dem uns sein intim unterrichteter Biograph Einhard, der an seinem Hofe gelebt hatte, im 29. Kapitel seiner ‚Vita Karoli' berichtet: *Item barbara et antiquissima carmina, quibus veterum regum actus et bella canebantur, scripsit memoriaeque mandavit* („Ebenso ließ er die volkssprachigen altehrwürdigen Lieder, in denen die Taten und Kriege der alten Könige besungen wurden, aufschreiben und dem Gedenken der Nachwelt überliefern"). Die Nachricht Einhards läßt sich nur würdigen, wenn man sie in Kontext und Intention des betreffenden Abschnitts des ‚Karlslebens' einordnet. Dieser handelt nämlich von Anordnungen und Kodifikationen Karls, welche Recht, Sitte und Sprache der in seinem Vielvölkerstaat vereinigten *gentes* und *nationes*, besonders aber der Franken, betrafen. Das Kapitel beginnt mit Karls Versuch, die beiden fränkischen Volksrechte, die ‚Lex Salica' („Recht der salischen Franken") und die ‚Lex Ripuariorum' („Recht der rheinländischen Franken") zu vereinheitlichen. Es folgt die Nachricht, daß er das ungeschriebene Recht aller Völker seines Reichs aufzeichnen ließ und unmittelbar daran schließt der Satz über die Aufzeichnung der uralten volkssprachigen Lieder an; dem folgt wiederum die – noch ausführlich zu besprechende – Nachricht über den Versuch einer „Grammatik" der Muttersprache. Das Kapitel wird beschlossen von einem längeren Bericht über die „Verdeutschung" der Namen der Monate und Winde. Alle genannten Tätigkeiten sind aber von Einhard bewußt in die Zeit nach Annahme des *imperiale nomen* („Kaisertitels"), nach 800 also, gesetzt worden. Sie knüpfen, in teilweiser Anlehnung an Suetons Biographie des römischen Kaisers Augustus, die Einhard überhaupt als Modell diente, an herrschaftliche Akte antiker Kaiser – Kodifizierung des römischen Rechts durch Theodosius und Justinian, Förderung des nationalen Epos Vergils durch Augustus, Neufestsetzung der Monatsnamen Juli und August durch Antonius und Augustus – an, erhalten aber ihren besonderen Akzent durch den Bezug auf die Stämme des Frankenreiches. Sie tragen bei „zu jenem Bau der Legitimität" karlischer Herrschaft über die *gentes* (Emil Ploss), den der *pater Europae* („Vater Europas") – wie ihn das Paderborner Karlsepos preisend nennt – zumindest zu errichten angestrebt hatte. Es sind also auch die aufgezeichneten Lieder kaum anders zu verstehen denn als gentile Überlieferungen über die Könige der Vorzeit, sicherlich vornehmlich der Franken und damit der merowingischen und karolingischen Herrscher, aber doch auch wohl der anderen Stämme seines Reiches, als deren Erbe er sich bis hin zu Langobarden und Goten fühlte. Es ist kein Zufall, daß er einem bald nach 800 von einer Konkubine geborenen Sohn den Namen des edelsten der Heldenkönige, Theoderichs, gab und daß er 801 die Statue des großen Gotenkönigs aus Ravenna nach Aachen übertragen ließ, um sie vor der Aula seines Palastes, vor der Halle seiner Herrschaft, aufzustellen.

Man muß deshalb nicht gleich, wie in älterer Forschung üblich, von einem ‚Heldenliederbuch' Karls des Großen sprechen. Andererseits ist die hohe Wahrscheinlichkeit, daß sich in Karls Sammlung von Vorzeitliedern auch poetische Formungen der Heldensage befanden, neuerdings mit unzureichenden und teilweise falschen Argumenten bestritten worden – vor allem von G. Meissburger. So soll der Text die Volkssprachigkeit der aufgezeichneten Lieder überhaupt ausschließen. Jedoch bedeuten *barbara carmina* im gegebenen Text zweifellos „volkssprachige" und nicht nur „einheimische" Lieder: so hat bereits der merowingische Hofpoet des 6. Jahrhunderts, Venantius Fortunatus, die Begriffe *barbara carmina, barbari leudi* (zu germanisch **leuþa* „Lied") verstanden; mit *barbare* werden in althochdeutschen Glossierungen volkssprachige Übersetzungen angekündigt. Schon wenige Zeilen weiter formulierte übrigens Einhard, daß vor Karls Übersetzungsversuch die Monate teils mit lateinischen Namen, teils *barbaris nominibus* („mit volkssprachigen Namen") benannt wurden. Auch die *antiquitas* gehörte zum Ruch der Vorzeitlieder. Jordanes, der in Karls Hofkreis bekannte Geschichtsschreiber der Goten, erzählt, daß die Goten „in altehrwürdigem (*antiquo*) Gesang... die Taten der Vorfahren feierten". Die von Einhard gegebene Inhaltsbeschreibung der Vorzeitlieder entspricht durchaus dem zeitgenössischen Bericht der Liudgersvita über die Lieder des friesischen Sängers Bernlef: „die Taten der Alten und Kämpfe der Könige". Schon 789 hatte der zum Hofkreis Karls gehörige irische Poet Dungal in einem Preisgedicht auf die Unterwerfung des bairischen Herzogs Tassilo es als Aufgabe der Dichtkunst beschrieben, die „berühmten Taten der alten Könige" zu besingen und damit sein Werk zugleich als zeitgenössische Kontrafaktur in die Tradition der Vorzeitlieder eingereiht. Wenn Einhard schließlich den Gegenstand der aufgezeichneten Lieder auf die fränkischen Könige hätte beschränken wollen, wie man vermutet hat, so hätte er leicht statt *veteres reges* („alte Könige") einen den Quellen geläufigen Begriff wie *antecessores* („Vorgänger"), wie *avi et proavi* („Ahnen und Urahnen") gebrauchen können. Auch die Versifizierung des Einhard-Berichtes durch den Poeta Saxo (Ende 9. Jahrhundert) steht dieser Interpretation nicht entgegen: die entscheidenden Verse (Buch V, v. 537ff.) ordnen ebenso wie Einhard die berichteten Tätigkeiten ein in die Bemühungen des *augustus* („Kaisers") um *correctio* der Fehler und in seine Sorge für die Völker des Reichs. Deshalb ließ er die volkssprachigen Lieder (*barbara carmina*) aufzeichnen, welche die Kämpfe der alten Könige (*veterum proelia regum*) besangen. Eine zweite, von der Forschung gerne herangezogene Stelle des Poeta Saxo (Buch V, v. 117ff.) kann den Bericht über Karls Werke schon deshalb nicht erläutern, weil sie im Text in anderem Zusammenhang voransteht, was in der Forschung durchweg übersehen wird. Der Sachse spricht dort von den *vulgaria carmina* („volkssprachigen Liedern"), welche mit reichem Lob Karls *avos et proavos* („Ahnen und Urahnen") mit den Namen Pippin, Karl, Chlodwig-Ludwig, Theoderich, Karlmann und Chlothar-Lothar feiern und besingen, deren Taten dennoch von Karl übertroffen wurden. Es handelt sich hier um den Preis der edlen Abkunft Karls und der *stirps regia* („Königssippe"), der die Merowingerkönige bereits eingeordnet sind. Die Linie des Geschlechts zieht der sächsische Autor mit dem Preis des heiligen Arnulf als Stammvater des Geschlechts weiter aus bis zum gleichnamigen Herrscher der Gegenwart, Arnulf von Kärnten (887–899). Daß der Poeta Saxo noch Lieder auf die genannten Könige gehört hat, ist sehr wahrscheinlich; aber es ist müßig, angesichts unserer Unkenntnis der Formen und Übergangsformen der mündlichen Dichtung darüber zu streiten, ob es nun Preis- oder Heldenlieder waren, denen er den Ruhm der Vorzeitkönige der Franken entnahm. Mit Karls Sammlung hat der Preis der Königssippe nichts zu tun. Immerhin hat der Poeta Saxo eine sagenhafte Fassung von ‚Attilas Tod' zitiert und damit seine Kenntnis eines Vorzeitliedes unter Beweis gestellt.

Wenn Einhard über Karl den Großen an anderer Stelle berichtet, daß er während der Mahlzeiten einen Musikanten oder Vorleser beschäftigte, der die *historiae* („Geschichten, Sagen") und die *res gestae antiquorum* („Taten der Alten"), aber auch Augustins Geschichtswerk ,De civitate Dei' („Vom Gottesstaat") vortrug oder vorlas, dann wird man die gesammelten Lieder keineswegs aus dem Stoffkreis der Tischlektüre ausschalten dürfen. In bewußtem Kontrast hat Thegan, der Biograph des Karlssohnes Ludwig der Fromme, betont (c. 19), daß Ludwig, der christliche Kaiser par excellence, die *poetica carmina gentilia*, die „Lieder der gentilen" (oder „heidnischen"?) „Dichter, die er in seiner Jugend gelernt hatte, verschmähte und sie weder lesen noch hören noch weitergeben lassen wollte". Auch von den Produktionen der Spielleute, die an Festtagen für Tischunterhaltung sorgten, wandte er sich ab. Für den Ausdruck *carmina gentilia* läßt sich durch Alkuins, des Angelsachsen aus dem Karlskreise, auf das angelsächsische Ingeld-Lied gemünzte Bezeichnung *carmina gentilium* („Lieder der Stammesgenossen oder Heiden") der Bezug auf das Heldenlied wahrscheinlich machen. In den sechziger Jahren des 9. Jahrhunderts wird sich Otfrid von Weißenburg im lateinischen Widmungsbrief zu seiner Evangelienharmonie darüber beschweren, daß die Franken die „*historiae* ihrer Vorfahren nicht, wie viele andere *gentes*, der *memoria* überliefert noch ihre Taten oder ihr Leben gefeiert hätten, um selber Würde und Ansehen zu erlangen" (Z. 107ff.). Noch einmal – wie bei Einhard – klingt hier in spätkarolingischer Zeit das Thema der *memoria* der normen- und geschichtssetzenden Vorfahren an.

In der Verschriftlichung der Vorzeitlieder steht Karls Sammlung im neunten Jahrhundert nicht allein. Es sei an die schon zitierten, *theodisce* verfaßten *carmina* der Reichenau erinnert (s. S. 80), auch daran, daß Erzbischof Fulco von Reims die Ermanarichsage 891 in *libris teutonicis* („deutschen Büchern") fand. Schließlich waren nach dem philologischen Befund sowohl die Vorlage des vor 840 in Fulda aufgezeichneten ,Hildebrandsliedes' wie auch die Quelle des wohl dem zehnten Jahrhundert angehörigen mittellateinischen ,Waltharius' bereits schriftliche Aufzeichnungen.

Zu Stil und Form des Heldenliedes

Die altnordische Überlieferung der ältesten „eddischen" Schicht, die altenglischen Heldenlieder, das althochdeutsche ,Hildebrandslied', die langobardischen Sagenreflexe zeigen – wie schon dargestellt – eine einheitliche Konstruktion der Konflikte, ein einheitliches Repertoire von Handlungen, Formen und Motiven, die auf germanische Liedschemata und germanischen Liedstil der Völkerwanderungs- und Merowingerzeit zurückweisen. Gemeinschaftlichkeit des Stils, die freilich auch durch späteren Import vom Kontinent her bestärkt wurde, zeigt sich auch auf anderen Ebenen. So sind alle gentilen Abwandlungen des Heldenliedes doch von der kunstvollen Verflechtung von Erzählung und Rede geprägt geblieben, die schon die alte Kunst ausgezeichnet haben muß; so durchzieht alle Sonderformen die Kunst der Variation, wie es im altenglischen ,Beowulf' vom Hofsänger, dem Skop, heißt: „... gebundener Rede [war er] kundig, der sich all der vielen alten Sagen in großer Menge erinnerte, fand unterdes manch alte und neue Worte, kunst- und kenntnisreich gefügt... und mit Geschick [war er imstande], eine Geschichte kunstvoll vorzutragen, mit den Worten dabei zu wechseln" (v. 868ff.). Die abschließende Kampfpassage des ‚Hildebrandsliedes' mag die Kunst des Lieddichters vergegenwärtigen:

v. 63 *Do léttun se a̋erust a̋sckim scrítan.*
sca̋rpen sci̋ltim stónt.
65 *do stőptum to sámane stai̋mbort chlúdun*
he̋uwun ha̋rmlicco hvi̋tte scílti,
únti im iro li̋ntun lűttilo wúrtun,
68 *giwi̋gan miti wa̋bnum*

(„Da ließen sie zuerst die Speere gegeneinander rasen, in wütenden Schauern, daß sie fest in den Schilden staken. Dann ließen sie ihre dröhnenden Kampfbretter selbst aufeinanderprallen, schlugen voll Ingrimm auf die weißen Schilde ein, bis ihnen das Lindenholz schmal wurde, von den Waffen zerschlagen...") Es läßt sich an dieser Kampfszene beobachten, was „mit Worten wechseln", was Variationsstil heißt. Da wird (v. 63f.) das „Rasen der Speere" durch den Vergleich mit „wütenden Schauern" paraphrasiert, da wird das „Zerschlagen der Schilde" (v. 66) in neuer Formulierung zwei Zeilen weiter wieder aufgenommen. Dabei fügt die Variation dem Geschehen jeweils eine neue Perspektive, einen neuen Ausdruck hinzu, staut auch die Handlung kurzfristig auf, bevor sie sprunghaft weiterbricht.

Diesem Durchgang des Geschehens durch die Metamorphosen der Sprache dienen „alte und neue Worte", Topoi, Formeln und Metaphern. Es fällt auf, wieviel archaisches und seltenes Wortgut allein in diesen sechs Zeilen sich drängt: *asck* „Speer", *scrītan* „schreiten, rasen", *scūr* „Schauer", *stōpian* „zusammenprallen lassen", *staimbort* „Kampfbrett, Schild", *harmlīcco* „erbittert", *linta* „Lindenholz, Schild" sind für die gesamte althochdeutsche Literatur nur hier belegt. Zum hocharchaischen Wortschatz gehört im ‚Hildebrandslied' auch ein kopulatives Kompositum wie *sunufatarungo* „zu Sohn und Vater zugleich Gehörige" (v. 4), das sich den aus dem alten ‚Ingeldlied' stammenden altenglischen Prägungen *suhtergefaederan, suhtorfaedran* („Schwiegersohn und Vater") in ‚Beowulf' und ‚Widsith' vergleicht. Zeugnisse uralter Formeln gibt das ‚Hildebrandslied' ferner mit v. 42 *dat sagetun mi seolidante* („das sagen mir Seefahrer"), das sich ‚Beowulf' v. 377ff. 411ff. wörtlich wiederfindet. Ebenso stimmt v. 43 *inan wic furnam* („ihn raffte Kampf hinweg") zu altenglisch *wig ealle fornam* (Beowulf, v. 1080), oder v. 16 *alte anti frote* („alte und erfahrene") zu altenglisch *eald ond infrote* (Beowulf, v.2449). Neue variierende Wortung erfährt das Geschehen in pars pro toto-Metonymien wie „Lindenholz" für den (aus diesem Holz gefertigten) Schild, vor allem aber in einer speziellen Art der Metapher, der sogenannten Kenning, in deren Komposita-Spielarten der erste Bestandteil der Zusammensetzung den aus einem oft verblüffend fremdartigen Bedeutungsfeld gewonnenen zweiten

Bestandteil ins eigentlich Gemeinte zurückführt. So vereinigt *staimbort* (v. 65) die Vorstellungen von mhd. *steim* „Gewühl, Gedränge" und *bort* „Brett" zum Begriff „Schild", vergleichbar altenglisch *guđbord*, altnordisch *gunnborđ* „Kampfbrett" (zu germanisch *gunþō* „Kampf"); so entsteht *guđhamo* „Kampfkleid, Rüstung" (v. 5) aus *gu(n)þō* und *hamo* ‚Kleid', vergleichbar altenglisch *gudgewoed* „Kampfgewand". Im Gegensatz zur altenglischen und altnordischen Heldendichtung bleibt jedoch die Kenning im ‚Hildebrandslied' sparsamer Prunk (übrigens wie das seltene schmückende Adjektiv), dient im Verein mit Formeln und Variationsgefügen der Erhebung des Geschehens ins Pathetisch-Feierliche.

Feierlich, pathetisch wirkt auch das für die ältere germanische Liedkunst charakteristische Metrum, die Bindung der Verse durch „Stabreim", eine kunstvoll geregelte Art der Alliteration. Dabei antworten einander durch den Stabreim An- und Abvers einer Langzeile, die im Zeilenstil zumeist auch die syntaktische Einheit bildet, während erst im Laufe weiterer Entwicklung über einen freieren Zeilenstil der raffiniert-literarische, die Möglichkeiten des Enjambements nutzende sogenannte Bogen- oder Hakenstil der altenglischen und altsächsischen Buchepik entsteht (vgl. S. 282ff.).

Die stabende Langzeile besteht dabei aus je zwei zweihebigen, in ihrer Silbenzahl schwankenden Kurzversen, dem An- und dem Abvers. Die erste Hebungssilbe des Abverses trägt stets neben dem Akzent den Hauptstab, im Anvers staben entweder beide akzentuierte Silben (z.B. v. 64, 66, 68) oder nur die erste Hebung (z.B. v. 65 oder 37: *mit gȅru scal mán gȅba infáhan* – „mit dem Speer soll der Mann Gabe annehmen"), seltener, im ‚Hildebrandslied' (z.B. v. 63, 67) aber geläufiger, die zweite Hebung. Staben können miteinander jeweils entsprechende anlautende Konsonanten der Stammsilben der in Hebung befindlichen Wörter (z.B. in v. 66 *h*, in v. 65 *st*, in v. 37 *g*); es staben untereinander auch alle Vokale. Wahrscheinlich wurde die starke metrische Bewegung des Stabreimverses im Vortrag aufgefangen von einer schlichten, nicht taktgebundenen Langzeilenmelodie (Dietrich Hofmann).

„Der Stabreimvers ist" – so hat Klaus von See formuliert – „hoch stilisierte, nachdrücklich gesteigerte Prosarede". Es ist nicht verwunderlich, daß sowohl die archaische altnordische Heldendichtung wie auch das althochdeutsche ‚Hildebrandslied' sich dabei noch metrische Freiheiten gestatten. Die aus späterer Buchepik rekonstruierte ausgereifte Stabreimtechnik war wohl in mündlicher Dichtung zunächst mehr ideales Modell denn verpflichtende Norm.

Das ‚Hildebrandslied'

Das einzige (erhaltene) Zeugnis germanischer Heldensage in der deutschen Literatur wurde in den dreißiger Jahren des neunten Jahrhunderts im Kloster Fulda von zwei Schreibern, die noch Reminiszenzen der angelsächsischen Schrifttradition des Klosters aufwiesen, in eine ebenfalls in Fulda etwa ein Jahrzehnt zuvor entstandene Bibelhandschrift eingetragen. Diese Handschrift enthält als Grundtext den ‚Liber Sapientiae' („Weisheit

Salomos“) und den ‚Ecclesiasticus‘ („Prediger Salomo“), Texte, die nach der Tradition dem alttestamentlichen König Salomo zugeschrieben wurden und der traditionellen Rolle dieses Königs gemäß Weisheitslehren beherbergen. Die noch leeren Seiten der Handschrift wurden mit Predigtfragmenten und Gebeten gefüllt, bis nur die Außenseiten der beiden Schutzblätter übrig waren, in die man zuletzt das ‚Hildebrandslied‘ eintrug. Es handelt sich also um zufällige Überlieferung, um einen vielleicht als Schreibübung gedachten „Füllseleintrag“, nicht jedoch um eine provisorische Aufzeichnung, da diese sorgfältig durch Linierung vorbereitet wurde. Die heutige fragmentarische Gestalt – das Lied bricht mitten in Zeile 68 ab – ist daher vielleicht nur dem Verlust eines eingelegten Blattes oder des ursprünglichen Spiegels des Rückendeckels zu verdanken. Die Schreiber arbeiteten – wie Abschreibfehler eindeutig beweisen – nach schriftlicher Vorlage. In der Tat läßt sich die Sprache des Textes nicht mit althochdeutschen Fuldaer Denkmälern der ersten Hälfte des neunten Jahrhunderts vergleichen, sondern muß bedeutend älter sein. Daß die Vorlage Ende des achten Jahrhunderts in Fulda entstand, ist angesichts bairischer Sprachspuren im Lied und der Anwesenheit bairischer Mönche im frühen Fulda möglich, vielleicht sogar wahrscheinlich. Entscheidend ist jedoch das Lied durch seine schwer zu deutende, aus hochdeutschen und niederdeutsch-altsächsischen Elementen komponierte Mischsprache charakterisiert.

Zu den Saxonismen gehören etwa die sächsische Flexion des Nominativ Plural von *helidos* „Männer, Krieger“, die Revision der hochdeutschen Lautverschiebung, welche *p, t, k* wieder an Stelle der hochdeutschen Resultanten einsetzt (*dat* „das“, *to* „zu“, *werpan* „werfen“, *harmlicco* „-lich“), manchmal allerdings schematisch, hyperkorrekt und falsch (so entsteht aus althochdeutsch *sitzen* v. 20 *sitten* statt altsächsisch *sittian*, aus *heiz(z)u* „ich heiße“ v. 17 *heittu* statt *hētu*). Das gleiche Phänomen beim niederdeutschen Nasalschwund vor Dental: *usere* aus althochdeutsch *unsere* statt altsächsisch *ūse*. Die Saxonismen, die zweifellos schon der Vorlage angehörten, finden sich dabei am häufigsten zu Beginn des Liedes, gehen gegen die Mitte des Textes zurück, verstärken sich aber wieder im Schluß. Sind die altsächsischen Sprachformen der Versuch eines Sprachfremden, das Lied für sächsische Hörer aufzubereiten? Oder ist die Saxonisierung dort in Fulda, wo man wie der Klosterlehrer und Historiker Rudolf von Fulda die Sachsen für die Repräsentanten der von Tacitus beschriebenen Germanen hielt, wo man mit dem Verfasser der Vorrede des altsächsischen ‚Heliand‘ ihnen eine *germanica lingua* („germanische Sprache“) zusprach, der Versuch einer Archaisierung des Vorzeitliedes im Medium altsächsischer Sprachformen? Eine weitere mögliche Anbindung des Liedes an Sachsen sei wenigstens erwähnt: v. 58 zählt Hildebrand sich (und damit wohl auch seinen Gefolgsherrn Theoderich) zu den *ostarliuti* („Ostleute“). Nun lautete die Bezeichnung für die Ostsachsen (Ostfalen) *ostarliudi* (Poeta Saxo, Buch V, v. 217; Quedlinburger Annalen zu 995; Karolingische Reichsannalen zu 775: *Austreleudi*; Widukind, c. 12: *orientales populi* „Ostleute“). Nach Ostsachsen aber hatte Theoderich – nach der Sagenfassung der ‚Quedlinburger Annalen‘ – seinen Gegner Odoakar ins Exil geschickt und mit einigen Dörfern belehnt (s. S. 91).

Ostsachsen gehörte zugleich zum Fuldaer Missionsbezirk. Wirkte also bei Aufzeichnungen und Saxonisierung des Liedes Interesse an der Geschichte dieses „Erblandes" des Gotenkönigs und der *ostarliuti* mit? In Sachsen glaubte man jedenfalls, daß Theoderichs Machtbereich sich einmal bis an Saale und Unstrut (Thüringerreich?) erstreckt habe. Eine sekundäre Identifizierung von Theoderichs *ostarliutti* – im Text zweifellos die Goten im östlich Italiens gelegenen Exil – und den Ostsachsen lag nahe.

Auch die letztliche Herkunft des Liedes bleibt unklar: für langobardische Entstehung – wie sie zuletzt Georg Baesecke vertrat – beweisen die *-brand*-Namen der Helden Heribrand, Hildibrand, Hadubrand nichts, da sie genauso stark im Bodenseeraum, in Bayern und im Fuldaer Raum vertreten sind. Sicher ist, daß für den Dichter noch *h* vor Konsonant (wie in *hrusti* „Rüstung", *hvitte* „weiße") stabte, mithin die Dichtung vor dem althochdeutschen Verstummen des *h* gegen Ende des 8. Jahrhunderts entstanden sein muß. Dem entspricht hocharchaischer, wohl in Heldendichtung tradierter Wortschatz, der oft wie *bano* „Mörder", *helid* „Krieger, Mann", *bur* „Wohnung", *hevan* „Himmel", *cheisuring* „Kaisermünze", *breton* „niederschlagen" u.a. im Althochdeutschen einzig dasteht und Parallelen nur in den westgermanischen Nachbarsprachen findet (vgl. S. 115f.).

Die Interpretation des ‚Hildebrandsliedes' ist mit vielen Unsicherheiten und Kontroversen belastet, die sich aus der mangelhaften Überlieferung, aus der Konglomeratsprache des Textes, dem oft schwer deutbaren archaisch vereinzelten Wortschatz, auch aus dem durch Parallelen und spätere Sagenüberlieferung nur mangelhaft aufzuhellenden, dem zeitgenössischen Hörer aber wohl präsenten Handlungskontext ergeben. Nicht immer ist daher die Entscheidung für eine bestimmte Deutung die einzig mögliche. Die hier vorgenommene Interpretation versucht jedenfalls ohne Eingriff in den überlieferten Text auszukommen, solange die überlieferte Fassung Sinn ergibt. Sie versucht ferner, die Intentionen des Liedes aus der auch für den zeitgenössischen Hörer nur allmählich im Fortschreiten des Liedes sich enthüllenden Handlung zu rekonstruieren.

Mit dem Gestus der Vorzeitdichtung setzt das Lied ein: *Ik gihorta đat seggen* („das hörte ich berichten..."). Ähnlich beginnt das altnordische ‚Hamdirlied': „Das erfuhr ich im Volke als die früheste Kunde...". So versenkt sich der Wessobrunner Schöpfungshymnus in den Anfang der Zeiten: *Dat gafregin ih mit firahim firiwizzo meisto* („das erfuhr ich unter den Menschen als der Wunder größtes..."). Die Geste weist zurück auf die verbindliche Memoria, auf kollektive Erinnerung, mithin auf die ununterbrochene Kette der mündlichen Tradition, deren letztes Glied das Lied ist. In meisterhaft knappen Zügen wird die Exposition der Handlung gezeichnet. Zwei Herausforderer (*urhettun*) begegnen sich alleine, *Hiltibrant* und *Hađubrant* heißen sie, zwischen zwei Kriegerscharen (v. 3ff.):

... untar hériun tuém
súnufátarungo, iro sáro ríhtun,
gárutun se iro gúđhamun, gúrtun sih iro svért ana,
hélidos, ubar hrínga, do sie to dero híltiu rítun.

(„zwischen den beiden Heeren der [Gefolgs-]Leute von Sohn und Vater richteten sie ihre Rüstung, bereiteten ihre Kampfkleider, es gürteten ihre Schwerter über die Panzerringe die Krieger, als sie zu diesem Kampf ritten"). Umschlossen ist das gesamte Variationsgefüge der Exposition von drei Schlüsselbegriffen. Einer eröffnet: „Herausforderer"; einer markiert die Mitte: „Vater und Sohn"; einer führt die letzte Zeile an: „Krieger". Zwei gerüstete Reiterkrieger, die nächsten Blutsverwandten, begegnen sich zu einem Kampf, dem eine förmliche Herausforderung, ein Kampfversprechen vorausgegangen sein muß. Welches Bild für den zeitgenössischen Hörer evoziert wurde, etwa für die weitere Rüstung der Krieger, wir müssen es uns erschließen aus dem Liedschluß, „daß Hildebrand über Brünne und Streitpferd, Speer, Schild und Schwert, also die vollständige kostspielige Ausstattung des berittenen Kriegers verfügt" (Norbert Wagner). Man erfährt in zunehmender Präzisierung zuerst die Funktionen der Krieger, dann ihren Namen, schließlich, daß sie Vater und Sohn sind, nichts aber über die Vorgeschichte und den Anlaß der Herausforderung und des bevorstehenden Zweikampfes.

Wußten die Hörer mehr? Es ist anzunehmen, daß sie sagenkundig waren, aber sind Hildebrand und Hadubrand bereits so bekannte Gestalten gewesen, daß sie von vornherein in eine Geschichte einzuordnen waren? Oder ist die spätere Enthüllung des Zusammenhangs mit der Dietrichsage auch für die Hörer der Zeit eine Enthüllung gewesen? Wir wissen es nicht. Jedoch will das Lied, daß dieses Nichtwissen sei. Alles Licht fällt in der Exposition auf den Kampf der Blutsverwandten, Szenerie und Rahmen bleiben in Dunkel gehüllt – bis auf einen Punkt: „zwischen zwei Heeren", zwischen zwei (zweifellos feindlichen) Scharen bereiten sich die Krieger zum Kampf. Diese Aussage des Textes in der knappen Einleitung, in der kein Wort ohne Funktion steht, jedes vielmehr bedacht dem Konstrukt der Dichtung eingeordnet ist, ein weiteres Tor auf dem Weg zum Verständnis aufstößt, darf nicht abgewertet werden. Sie gibt der Handlung neben der Verwandtschaft der Kämpfer die zweite wesentliche Prämisse: die Öffentlichkeit des Kampfes, die einen schweigenden, doch stets gegenwärtigen Horizont von Pflichten für alle künftigen Worte und Taten der Krieger etabliert.

Der öffentliche Rahmen des Kampfes wird im übrigen auch von dem Begriff der *urhĕttun* („Herausforderer") bereits impliziert, einem Begriff, in dem in Anlehnung an althochdeutsch *urheiz* „Verschwörung, Aufruhr, Unbesonnenheit" ein Hauch von kühner Vermessenheit und anmaßendem Mut mitschwingt. Vor allem aber gehört die Provokation, die förmliche Herausforderung und Reizung zum Ritual des Zweikampfs, der – sei er nun Vorspiel zum Gefecht der Heere oder stellvertretende Entscheidung – in frühmittelalterlichen Schlachtschilderungen vielfach belegt ist, wobei es nichts verschlägt, ob er jeweils einen Realitätskern besaß oder literarisches Muster war. Er war in der Mentalität des frühmittelalterlichen Kriegers fundiert, auch wenn er vielleicht für die Karolingerzeit bereits als Vorzeitmotiv galt.

So traten sich nach Pseudo-Fredegar im Jahre 604 in Orléans der austrasische Hausmeier Bertoald und der neustrische Hausmeier Landerich „an der Spitze ihrer Gefolgschaftshaufen“ gegenüber. Der Austrasier forderte den Neustrier zum Zweikampf heraus, „um ein größeres Blutvergießen zu vermeiden und um ein Gottesurteil zu erzwingen, aber auch um Heil und Eignung eines von ihnen zu erproben“ (Karl Bosl). Der Zweikampf wird feierlich gelobt und festgesetzt. Wie sehr die Personalisierung des Krieges im Zweikampf die Kriegermentalität beherrschte, läßt sich an der älteren Vita der Königin Mathilde, Witwe Heinrichs I., aus dem 10. Jahrhundert sehen, in der die historischen Sachsenkriege Karls des Großen in einen Zweikampf des Karolingers und des sächsischen Führers Widukind um Heere und Länder umgedeutet wurden. „Zweikampf“ war die gehobene, die edle und adlige Form des Krieges. Für die Situation eines formalisierten Zweikampfs im ‚Hildebrandslied‘ sprechen ferner die Ritualisierung der Rüstungsvorbereitungen und der Reizrede, die Bezeichnung des Geschehens als *dinc* („Rechtssache“) durch Hildebrand (v. 32), schließlich die Anspielung auf das *reht* („rechtlicher Anspruch“) über die Rüstung des Besiegten (v. 57), wie es auch in der *Daeghrefn*-Episode (v. 2503f.) des altenglischen ‚Beowulf‘ und in einer Zweikampfschilderung des französischen Historiographen Richer (10. Jahrhundert) aufscheint. So wird es bei Nennung der Herausforderung und der Situation „zwischen zwei Heeren“ den Hörern klar gewesen sein, daß Hildebrand und Hadubrand wie Beowulf (v. 2497f.) *campiones regum* („Vorkämpfer der Könige“) waren.

Es ist der dramatische Kunstgriff des Lieddichters, daß er den Hörer schon alle Prämissen der Handlung wissen läßt, während die Protagonisten sie erst allmählich erfahren müssen. So ergreift den Hörer von Anfang an Furcht und Schrecken vor der angekündigten ‚Kainstat‘, in der der Vater den Sohn oder der Sohn den Vater erschlagen wird. Zwei Fragen müssen ihn bedrängen: Ob und wie entdecken die Handelnden das Verhängnis ihres Handelns? Kann das beschworene Unheil vermieden werden? So wird der folgende Dialog von den Motiven des Erkennens, des Mißverständnisses und der Vergeblichkeit der Worte beherrscht. Meisterhaft hat dabei das Lied in steter Steigerung der Intensität des Gesprächs die Handlungsalternativen bis zur Ausweglosigkeit abgebaut. Schon, daß Hildebrand die Rede eröffnet, ist ebenso notwendig – er ist der Ältere – wie verhängnisvoll, wird doch dadurch Hadubrand in die undankbare Rolle desjenigen gerückt, der sich zuerst erklären muß, vielleicht Blößen erkennen läßt, jedenfalls Grund zu besonderer Vorsicht hat. Hätte Hadubrand den Dialog eröffnet, hätte Hildebrand als erster seinen Namen, seine Herkunft bekannt, der vom Unglauben des Sohnes geprägte Konflikt hätte sich so nicht ergeben können.

Hildebrand erfragt Vater und Geschlecht des Gegners. Er gibt sich als Mann, der das Volk, dem der Gegner entstammt, genau kennt: *chud ist mi al irmindeot* (v. 13 „mir ist das ganze Volk bekannt“). Hadubrand antwortet, indem er die Lebensgeschichte des Vaters – zugleich ist es die eigene Leidensgeschichte – ausführlich erzählt.

Die Ausführlichkeit der Antwort auf die Herkunftsfrage ist nicht außergewöhnlich, sondern konventionell. So antwortet Beowulf (v. 258ff.) auf eine entsprechende Frage: „Wir sind dem Stamme nach Leute der Gauten und gehören zu dem Gefolge Hygelacs; mein Vater war bei den Kriegerscharen berühmt, ein Anführer von Adel, namens Ecgþeow". Und Walther erzählt in gleicher Situation seine Abstammung und sein Lebensschicksal (Waltharius, v. 597ff.)

Der Gegner hatte Hadubrand mit seiner Erfahrenheit und Weltläufigkeit zu beeindrucken versucht: „Wenn Du mir einen [Verwandten] nennst, weiß ich die andern!" (v. 12). Hadubrand kontert, indem er seine Vertrautheit mit dem Komment erweist. Der Hörer erfährt hier die Vorgeschichte des Kampfes – uns ist es der Sagenhintergrund, zu dem der Zeitgenosse sicherlich mehr zu assoziieren wußte, als wir es vermögen.

Hadubrand verbürgt seine Erzählung unter Berufung auf „alte und erfahrene" Angehörige seines Volkes (v. 15ff.): Sein Vater sei nach Osten gezogen auf der Flucht vor dem Haß Odoakars (*Otachres*), zusammen mit Theoderich (v. 23 *Detrihhe*, v. 26 *Deotrichhe*) und vielen von dessen Gefolgsleuten. Im Lande ließ er die junge Gattin und den minderjährigen Sohn – Hadubrand – zurück. Der Haß Odoakars machte ihn ebenso *friuntlaos*, d.h. zum „außerhalb jeder Bindung an Verwandte und Freunde gestellten" *exsul*, „Verbannten und Landfremden", wie es Theoderich nach Aussage des Liedes (v. 24) war. „Theoderich war er der liebste unter dem Gefolge, er stritt an der Spitze des Heeres; die Tapfersten kannten ihn, so willkommen war ihm der Streit der Krieger. Ich glaube nicht, daß er noch lebt" (v. 26ff.). Die Hörer werden hier auf Grund ihrer Kenntnis der Dietrichsage verstanden haben, was die Lage Hildebrands war. Was sie wußten, läßt sich in grober Übersicht aus weiteren Angaben des Liedes, weiteren Signalen an das Publikum zur Rekonstruktion der Sage, erschließen: Wenn Hadubrand den Gegner (v. 39) als „Hunnen" beschimpft, wenn Hildebrand Goldringe vom *huneo truhtin* („Herrscher der Hunnen") erhalten hatte (v. 35), so war auf eine hunnische Umgebung des Vertriebenen und in hunnisches Heer, dem er angehört, angespielt, was recht gut der späteren Dietrichsage entspricht, die Theoderich nach seiner Flucht beim Hunnenkönig Etzel-Attila ansiedelt und den Gotenkönig seine Rückeroberung Italiens mit hunnischer Hilfe beginnen läßt. Da der „Herrscher der Hunnen" variierend auch *chuning* genannt wird, läßt er sich jedenfalls kaum als oströmischer Kaiser fassen. Die Leute Theoderichs befinden sich im Osten Italiens, dem zurückgebliebenen Hadubrand bringen „Seeleute, die westwärts über die *wentilseo* („Wandalensee", d.i. das Mittelmeer) gekommen sind", die Kunde vom Tod des Vaters (v. 42f.). Hildebrand bezeichnet selbst (v. 58) seine Zugehörigkeit zu den *ostarliuti* („Ostleuten"), das sind wohl die Hunnen und die um sie gruppierten germanischen Stämme. Dreißig Jahre war Hildebrand außer Landes (v. 50) – das entspricht genau der Anzahl der Jahre von Dietrichs Exil in der Sage. So ist es gerechtfertigt, dem Hörer die Möglichkeit der Einordnung der Hildebrandfabel in die Rückkehrsituation der Dietrichsage, die noch nicht alle Spezifika der späteren Rabenschlacht-Fabel (s. S. 89f.) enthalten haben muß, zu unterstellen. Dabei gehen wir für unsere Interpretation – diese Einschränkung ist methodisch wichtig – von den Möglichkeiten der Hörer des 8. und 9. Jahrhunderts aus.

Nun ist der Knoten des Konflikts noch enger geschnürt. Darin liegt nämlich der dramatische Sinn der sparsamen Informationen zur Vorgeschichte jenseits der Einbettung des Geschehens in die Heldenvorzeit. Die Möglichkeit des Nichterkennens von Vater und Sohn ist durch die lange Abwesenheit erklärt; die Möglichkeit des Mißverständnisses jedes folgenden Verständigungsversuches ist durch die Hadubrand überkommene Todesnachricht eröffnet; die Möglichkeit des unheilvollen Ausgangs ist in der stolzen Qualifizierung des Vaters als „kampfgierig", neben dem sich der Sohn erst als ebenbürtig erweisen muß, bereits vorbereitet. So wird die Problematik heroischer „Kampflust" auch im altenglischen ‚Waldere' (I, 18ff.) angedeutet, wenn Hiltigunt dem Protagonisten sagt: „Du hast stets vorn Fechten gesucht, Kampf ohne Grenzen; drum graute mir um Dein Schicksal, weil Du zu freventlich Fechten suchtest in dem Anpralle mit andren Mannes Kampfwillen." Das alles wird dem Hörer in sparsamen Strichen noch einmal vergegenwärtigt, zugleich damit die Situation des Mannes ohne Geschichte, Hadubrands. Er ist der Sohn eines Geächteten und Verbannten; was das heißt, wußten die Zeitgenossen nur zu gut: Vernichtung des Hauses, Einziehung des Besitzes, Erbelosigkeit des Sohnes (v. 22: *arbeo laosa*). Die Frau wurde zur rechtlichen Witwe, das Kind zur Waise erklärt. Aus dieser hoffnungslosen Lage muß sich Hadubrand, war er denn nun Vorkämpfer auf der Seite Odoakars, emporgearbeitet haben. Gefährdet war seine Stellung wohl immer noch. Auch von daher wird seine Aufwertung des Vaters durch die Betonung seiner Königsnähe und seiner Bekanntheit unter den Kriegern – für das frühe Mittelalter Kriterien des Adels – verständlich.

Wie ernst die Situation für die Familie eines Geächteten war, ist an Paulus Diaconus zu sehen, der sich mehrfach für seinen Bruder bei Karl dem Großen verwandte, der, nachdem er sich an einem Aufstand der Langobarden gegen die fränkische Herrschaft beteiligt hatte, als Gefangener im Frankenreiche lebte, während Frau und Kinder als Enteignete Not litten. So könnte man daran denken, daß *lutila* „die Kleine" (v. 20) als Epitheton von Hildebrands Frau lateinisch *minor* „klein" und *pauper* „arm, machtlos" wiedergibt, Begriffe, die zur Kennzeichnung der Schwachen und Schutzlosen in der sozialen Terminologie der Zeit geläufig waren.

Hildebrand hat seinen Sohn erkannt. In der Anrufung Gottes, in feierlicher Verhüllung und zugleich Enthüllung der Verwandtschaft geht er an die Grenzen dessen, was er den Seinen „im Heer" noch glaubhaft zumuten konnte: „Ich rufe Gott im Himmel an, daß Du noch nie mit so nahem Verwandten Recht gesucht hast!" Vom Arm streift er einen aus dem Gold eines Kaisermedaillons gewirkten Spiralring und reicht ihn dem Sohn, um ihn nach üblichem Brauch als Unterpfand einer nun herzustellenden, zum Frieden verpflichtenden *amicitia* („Freundschaft") oder *huldi* („Neigung, rechtliche Freundschaftsbindung") zu schenken (v. 35).

Die Herstellung von Frieden und vertraglicher Freundschaft durch Geschenke war üblich. So machte sich der fränkische König Sigibert – *elegans et versutus*

(„gewandt und verschlagen") – nach Gregor von Tours († 594) die Awaren durch die Kunst des Schenkens geneigt. Und im altnordischen ‚Hunnenschlachtlied' überlegt König Angantyr nach der Tötung des Halbbruders Hlöd: „Ich bot dir, Bruder, bruchlose Ringe, an Geld und Gut soviel dein Begehr: Erlangt hast Du nun als Lohn des Kampfes nicht Land noch Leute noch lichte Ringe" (Str. 33, Übertragung nach Felix Genzmer). Zu Recht verweist Ingo Reiffenstein für die Situation des Kämpen Hildebrand auf ein angelsächsisches Gesetz, das die Möglichkeit eines Rücktritts vom Zweikampf durch Herstellung der *amicitia* ausdrücklich vorsieht. So war das Angebot des Vaters in der Situation des Liedes, wenn auch ungewöhnlich, so doch möglich. Goldringe, *armillae*, gehörten zudem zum üblichen Repertoire von Kriegergeschenken und militärischen Auszeichnungen.

Doch es gibt keine Chance der Verständigung. Wie sollte es auch? Der Sohn war zum Mißtrauen motiviert, er hatte Grund zum Mißtrauen: Hatte er dem Gegner nicht alle Informationen gegeben, er, der sich als erster offenbaren mußte, damit dieser so antworten konnte, wie er es tat? War die Verwandtschaftsbehauptung des Gegners nicht ein besonders perfider Trick, um seine Kampfkraft zu schwächen? So zieht er sich auf Komment und Konvention zurück, antwortet mit einem Rechtssprichwort: „Mit dem Speer soll der Mann Gabe empfangen, Spitze gegen Spitze!" (v. 37f.)

Eine offenbar sagenhafte Geschichte aus einer Chronik des Klosters Novalese (Oberitalien) erhellt den Hintergrund des Sprichworts: Als Adalgis, der Sohn des letzten Langobardenkönigs Desiderius, vor Karl dem Großen flieht, will ihn dieser durch ein Geschenk von Armringen gewinnen. Als Adalgis wahrnimmt, daß ihm die angekündigte Gabe auf einer Lanzenspitze gereicht wird, ahnt er, daß man ihm eine Falle stellen will. Er wirft sich in seinen Brustpanzer und ergreift den eigenen Speer mit den Worten: „Wenn Du mir diese Gabe mit dem Speer reichst, dann will ich sie auch mit dem Speer entgegennehmen!" Es wird also auf den Mißbrauch eines auch sonst bekannten Rechtsbrauches – die Schenkung durch die Gabe und Annahme mit dem Speer rechtswirksam werden zu lassen – ironisch verwiesen.

Hadubrand will sagen, daß er den Fortgang der Handlung nach Rechtsbrauch kenne, aber auch den möglichen Mißbrauch. Er spricht im Sprichwort aus, daß er die Listen des Alten durchschaue und zugleich die Gefahr, die im Moment der Abnahme des Ringes liegt, in dem der Gegner seinen Speer in Wurfposition bringen kann. „Du bist, alter Hunne, unmäßig schlau; Du willst mich mit Deinen Worten täuschen, willst mich mit Deinem Speer treffen. Du bist wohl überhaupt nur so alt geworden, weil Du Dich stets im Betrug geübt hast" (v. 39ff.).

Die Rolle der List im Kampf der Krieger darf man für das frühe Mittelalter nicht unterschätzen. Auch im ‚Waltharius' beantwortet ein Gegner Walthers dessen Rede mit dem Vorwurf der Hinterlist: „Du schlaue Schlange mit deinen Schlichen!" (v. 790) Nur so habe er seine Gegner bisher besiegt. Am erfolgreichen Krieger, dem *homo utilis* („gewandten, vom Glück begünstigten Mann"), beobachteten schon die Zeitgenossen „Eigenschaften, die auf körperliche Stärke, entschlossenes Handeln und schlaue Berechnung hinweisen... Man war grausam, verschlagen und habgierig und wußte genau, daß vom Gegner nichts anderes zu erwarten war" (Jean-Pierre Bodmer). Ein Eid, wie ihm Hildebrand durch die Anrufung Gottes leistete, war im Alltag des Kriegers oft genau so wenig wert wie eine vertragliche Übereinkunft. Ein besonders erfolgreiches Exemplar dieses Kriegertypus, den Herzog Guntram Boso, nennt Gregor von Tours „wohlgeübt in Meineiden".

In der Situation „zwischen den Heeren" konnte Hadubrand nicht anders handeln, als er es tat. Die Prätention des Gegners, sein Vater zu sein, mußte er unter Hinweis auf den Bericht der Seefahrer über den Kampftod seines Vaters abtun: *tot ist Hiltibrant, Heribrantes suno* (v. 44: „Tot ist Hildebrand, Heribrands Sohn"). Die Rede des Gegners hat er als raffinierte Eröffnung der Reizreden, wie sie dem Kampf der Herausforderer nach Brauch vorausgehen müssen, entlarvt. Es ist nur folgerichtig, daß er die Reizung mit dem Vorwurf einer auf erfolgreichen Betrug gegründeten Existenz des Kriegers, der ihm gegenübersteht, vertieft und weiterführt. Damit hat er die Kriegerehre des Gegners öffentlich angezweifelt. Die Konsequenzen sind unausweichlich. Man erinnere sich an den Knechtsvorwurf des Thüringerkönigs Irminfrid gegenüber seinem fränkischen Schwager in der Iringsage, man erinnere sich an die ehrenrührige Beschimpfung des Frankenkönigs durch den Sachsenherzog Bertoald in der Chlotharsage. Beide Male wurde der Kampf unausweichlich. *Fero corde* („mit wildem Herzen") beginnt er.

Die Situation der Reizrede ist nicht auf Sage und Lied beschränkt, sondern ist durchaus wirklichkeitshaltig: Als der Normannenherzog Gotafrid, Vasall Karls III., 885 seinen Eidschwur bricht, wird er von Getreuen des Kaisers zu einer Aussprache geladen und wegen seines Treubruchs getadelt. „Als er sie durch Scheltworte und mannigfachen Hohn erbitterte", so formulieren die zeitgenössischen ‚Annales Fuldenses', wurde er „mit allen seinen Begleitern umgebracht: so verlieh ihm der Herr den verdienten Lohn für seine Untreue." Als sich 743 bei den Auseinandersetzungen zwischen dem bayrischen Herzog Odilo und den fränkischen Hausmeiern Pippin und Karlmann die beiden Heere wochenlang am Lech gegenüberstanden, haben die Spottreden der Bayern die Franken zu einer waghalsigen, unüberlegten, wenn auch letztlich erfolgreichen militärischen Operation getrieben.

Hildebrand weiß, daß die Chancen einer Verständigung vertan sind. Er spricht in sarkastischer Bitternis aus, daß er in seinem Sohn einen uneinsichtigen Feind und unbekehrbaren Partisan seines Feindes – das muß Odoakar sein – gefunden hat: „An Deiner Rüstung sehe ich deutlich, daß Du zuhause einen vermögenden Herrn hast und daß Du seiner Herrschaft wegen noch nie hast in Verbannung gehen müssen" (v. 46ff.). Der Vorwurf der Korruption gegenüber dem Sohn ist unüberhörbar. Zugleich wird der elegische Ton angeschlagen, der den folgenden Teil der Rede Hildebrands beherrschen wird. Was weiß dieser kampfwütige Günstling des Herrschers von der Not der Verbannten?

Die Situation eines *exsul*, althochdeutsch *reccheo*, eines Verbannten, war hart. Er besaß kein Heimatrecht, war *friuntlaos* getrennt von den Rechtsgenossen seines Stammes, konnte nur dem Schutz des Gefolgsherrn vertrauen, dem er sich empfohlen hatte. War dieser tot, so schützte ihn nichts mehr, wie man aus der von Gregor von Tours berichteten Geschichte des aus dem „Gotenland" gekommenen Sigila erfährt, der ein Vasall des fränkischen Königs Sigibert wurde. Nach dem Tode des Herrn († 575) ließ man an ihm den Zorn der Sieger aus: Sigiberts Gegner Chilperich ließ ihn mit glühenden Zangen zu Tode zwicken.

Der zweite Teil von Hildebrands Schlußrede ist von einem bewegenden, archaisch feierlichen Planctus („Klagerede") erfüllt (v. 49ff.):

„Wélaga nu, wáltant got", quad Hiltibrant, „wéwurt skíhit!
ih wallota súmaro enti wíntro séhstic ur lánte,
dar man mih éo scérita in fólc scéotantero.
so man mir at búrc énigeru bánun ni gifásta.
nu scál mih svásat chind svértu háuwan,
bréton mit sinu bílliu eddo ih imo ti bánin wérdan."

(„Wohlan nun, waltender Gott, sprach Hildebrand, das schmerzliche Schicksal möge geschehen! Ich wandelte der Sommer und Winter sechzig außer Landes. Da scharte man mich stets in das Heer der Speerschützen. Da mich vor keiner Stadt der Tod ereilte, soll nun mich der vertraute Sohn mit dem Schwerte erschlagen, zu Boden schlagen mit seiner Streitwaffe – oder ich ihm zum Töter werden.") Die ganze Blindheit des Sohnes, die ganze vergebliche Einsicht des leiderfahrenen Verbannten hat sich enthüllt. Mit dem niederschmetternden Gefühl, vom Schicksal nur für diesen einen, grausamsten der Kämpfe aufgespart zu sein, wendet sich Hildebrand öffentlich ab von der Schuld, der er nicht entrinnen kann, wie immer der Kampf ausgehen wird. Denn untilgbare Schuld kommt nun auf ihn zu, das ist gewiß. Das Volksrecht der Alamannen (§ 40) sagt über die Tötung eines nahen Verwandten: Der Täter „soll wissen, daß er gegen Gott gehandelt, die von Gott gebotene Freundschaft der Verwandten (*fraternitatem*) nicht gewahrt und gegen Gott schwer gefrevelt hat."

Da aber nun *wēwurt*, das Verhängnis, sich vollziehen soll, nimmt Hildebrand, aus dem Vater wieder zum Kämpen geworden, die Reizrede mit einem konventionellen Motiv erneut auf, treibt das Geschehen selbst voran: „Doch kannst Du nun leicht, wenn Deine Kraft reicht, von so altem Manne die Rüstung gewinnen, die Gewandung erbeuten, wenn Du dann noch irgendein Recht darauf haben wirst" (v. 55ff.). So rief im altenglischen ‚Waldere' (II, 17) der Held dem Angreifer zu: „Nun hole, wenn Du es wagst, von so kampfmüdem Manne die graue Brünne!" Die Reizrede spielt auf das Beuterecht des Siegers im Zweikampf an; ihre Funktion reicht jedoch weiter: der Gegner wird als beutegierig denunziert; so schiebt die Lebensbeschreibung des Erzbischofs Brun von Köln (953–965) einem aufständischen lothringischen Herzog gerade wegen seiner Beutelust ein ethisch fragwürdiges

Kampfmotiv unter: „kurz vorher noch der tapferste ‚Führer', nun aber der keckste der Räuber!" (c. 19). Hildebrand spricht auch den Altersunterschied der Krieger an. Ist ein so ungleicher Kampf noch dem Komment gemäß? Was ist ein solcher Sieg wert? Zugleich zieht Hildebrand in Zweifel, daß die Kraft des Gegners selbst für die Ausführung einer so leichen Aufgabe ausreiche. Nur noch für die schweigenden Heere ist eine letzte bittere Anspielung auf den bevorstehenden Verwandtenmord hörbar, der ungläubige Sohn kann sie nicht verstehen: selbst wenn der Sohn siegen sollte, wird er die Rüstung nicht gewinnen. Nach Rechtsbrauch „nimmt blutige Hand kein Erbe", der Töter eines Verwandten verliert sein Erbrecht. Hadubrand ist und bleibt *arbeo laosa* „erblos" (v. 22). Hildebrand wendet sich zurück an die Schar der Krieger, das Gefolge und wohl auch den Herrn, dem er zugehört. Sie sind die *ostarliuti* („Ostleute"), zu denen er nun spricht: „Der wäre nun doch der Feigste unter den Ostleuten, der Dir den Kampf verweigern würde, da es Dir so sehr danach gelüstet" (v. 58f.). Die lange, letzte Rede des Vaters schließt mit der noch ausstehenden Aufnahme des inplizit in der Schmährede des Sohnes enthaltenen Feigheitsvorwurfs. Sie tut es in einer indirekten, überpersönlichen Form, die den objektivierenden Appell an die unverrückbaren Werte der Kriegergesellschaft enthält und zugleich den tiefsten Grund des bevorstehenden Kampfes enthüllt. Die Beurteilung des letzten Satzes ist so, wie er formuliert ist, den Hörern auf dem Kampfplatz und den Hörern des Liedes aufgegeben. Es ist nicht zweifelhaft, wie sie ausfällt. Wer seine öffentlich angegriffene Ehre nicht verteidigte, verlöre sie; er ginge in ein zweites endgültiges Exil, wäre gesellschaftlich tot, eine Unperson.

Der Vorwurf, *arga* („feige") zu sein, war eine der schwersten Beleidigungen, die man einem Krieger zufügen konnte. Paulus Diaconus erzählt, daß ein so beschimpfter langobardischer Führer sich zu einem selbstmörderischen Unternehmen hinreißen ließ, in dem er, der Beleidiger und das ganze Heer den Tod fanden. Ein langobardisches Gesetz fordert für denjenigen, der den *arga*-Vorwurf erhebt und auf ihm beharrt, den Erweis durch den Zweikampf mit dem Beleidigten. Man muß sich ferner vergegenwärtigen, daß offensichtlich Zweikämpfe auch Instrumente der moralischen Demontage des gegnerischen Führers waren. So wird bei dem von Paulus Diaconus erzählten Zweikampf der Langobarden Cunincbert und Alahis von einem der Herausforderer der vereinbarte Kampf verweigert und damit dessen Feigheit öffentlich vorgeführt. Auch in dem von Pseudo-Fredegar (IV, 25f.) zum Jahr 604 berichteten Kampf der Hausmeier Bertoald und Landerich wird der Kampf von letzterem zweimal verweigert: Landerich hatte den in Orléans verschanzten Bertoald aufgefordert, sich mit seinen Kriegern vor der Stadt zum Kamf zu stellen. Bertoald konterte mit dem Angebot eines Zweikampfs: „Wenn Du auf mich warten willst und Dein Heer in einiger Entfernung aufstellst, so wollen wir beide zu einem Zweikampf antreten. Dann wird der Herr entscheiden." Aber Landerich schob das hinaus. Da fügte Bertoald hinzu: „Da Du Dir das nicht zutraust, werden unsere Herren wegen Eurer Taten demnächst in den Kampf ziehen. Dann aber kleiden wir uns beide, ich und Du, in rote Gewänder und treten vor unsere Heere; und schon beim ersten Zusammentreffen wird sich unser beider Tapferkeit und Kampfheil erweisen. Geloben wir also einander vor Gott, dieses Versprechen in die Tat umzusetzen“. Beim angesagten Zusammentreffen der königlichen Heere tritt Bertoald hervor und fordert Landerich zum Kampf auf, „doch dieser wagt nicht, so, wie er versprochen hatte, zu diesem Kampfe anzutreten.“ Dem Gesetz der Kriegerehre folgend, flieht Bertoald, der sich zu weit vorgewagt hatte, nicht und wird samt seinem Gefolge vom feindlichen Heer niedergemacht.

Es folgt der Kampf der Krieger. Bis zum Zerschlagen der Schilde können wir ihn verfolgen, dann verstummt das Fragment. Das Ende – die Tötung des Sohnes durch den Vater – ist dennoch kaum zweifelhaft. Sowohl der dänische Historiograph Saxo Grammaticus (12. Jahrhundert) und nordische Quellen des 14. Jahrhunderts kennen ein älteres ‚Sterbelied Hildebrands‘, in dem der Vater seiner Schuld am Tode seines Sohnes gedenkt: „Dort liegt der liebe Sohn zu Häupten, der Erbnachkomme, den ich zu eigen besaß; ohne es zu wollen, nahm ich ihm das Leben“ (‚Ásmundarsaga kappabana‘, übersetzt von Werner Schröder). Die Schuld ist Sühne zugleich: Hildebrand vernichtete sein eigenes Geschlecht.

Auch der Marner, Spruchdichter und Spielmann des späten Mittelalters, hatte in seinem Vortragsrepertoire – aufgezeichnet in der Kolmarer Liederhandschrift – ein Lied *von des jungen albrandes tot.* Alebrand heißt der Sohn auch in der auf niederdeutsche Quellen gestützten nordischen ‚Thidrekssage‘ (13. Jahrhundert) und im spätmittelalterlichen sog. ‚Jüngeren Hildebrandslied‘. Allerdings endet in diesen beiden Quellen der Kampf in Versöhnung. Es muß also spätestens in mittelhochdeutscher Zeit mit einer Sagenvariante gerechnet werden.

„Das Lied des eigenen Unglücks“. Heldensage und Kriegergesellschaft

Über das aktuelle Rezeptionsmotiv der Fuldaer Niederschrift des neunten Jahrhunderts läßt sich nichts Sicheres ausmachen. Galt das Lied den Fuldaer Mönchen als ein negatives Exemplum, „das zu den moralisch-didaktischen Bibelversen“ der Handschrift „vorgetragen wurde“ (Dagmar Hüpper-Dröge, William C. McDonald)? Sollte es eine „Warnung vor den letztlich autonomen ethischen Normen der Heroik“ aussprechen (Werner Hoffmann, Herbert Kolb)? Sollte es vor dem Streit zwischen Blutsverwandten warnen (Rudolf Schützeichel)? Deutete es gar dem historischen Bewußtsein der Zeit den Vater-Sohn-Konflikt zwischen Kaiser Ludwig dem Frommen und seinem Sohn Lothar (Dieter Schlosser)? Wir wissen es nicht.

Eine Sinndeutung des ‚Hildebrandsliedes‘ läßt sich nur auf einer tieferen Ebene durch die Einbettung in die Mentalität der Adels- und Kriegergesellschaft des frühen Mittelaltes vornehmen. Das Lied bezeichnet den künstlerischen Höhepunkt in der Entwicklung der frühmittelalterlichen Heldendichtung. In Anlage und Durchführung der Konfliktfabel ist es ein durch und durch „literarisches" Konstrukt, in dem Sinne, daß es sowohl die Entwicklung der Gattung als auch eine Einzelsage voraussetzt. Wenn man aber das Lied als Konstrukt betrachtet, ist die entscheidende Frage: warum hat der Schöpfer des Liedes als Handlungsschema den tragischen Kampf zwischen Vater und Sohn eingeführt? Auf der literarischen Ebene lautet die Antwort: um den Wertekonflikt zwischen Recht, in diesem Fall dem Recht der Sippe, und Kriegerehre, die in diesem Fall an die Handlungsverpflichtung gegenüber Gefolgsherrn und Kriegergesellschaft gebunden ist, bis zum Extrem zuzuspitzen. In diesem Gattungsexperiment jedoch setzt das Lied die Kampfpflicht des ehrenhaften Kriegers über alle Bedenken. Es geht nicht den Weg der – wenn auch teuer erkauften – Befriedung, wie sie die Walthersage kennt. Das ‚Hildebrandslied' etabliert im Gegenteil in einem extremen Fall die Verstrickung des Kriegers, des zur Herrschaft und zur Macht berufenen Großen, in Gewalt, Tod, Vernichtung und Schuld als eine tragische, ausweglose. Sie ist Pflicht und Verhängnis zugleich. Was der Krieger auch tut, dem Gesetz des Krieges entkommt er nicht. Die exzessive Konfliktlösung der Fabel gründet in der Unausweichlichkeit einer Lebensform.

Die Anerkenntnis der Lebensform des Kriegers als der Grundlage adliger Herrschaft findet sich nun aber auch in den historischen Quellen des frühen Mittelalters (vgl. Abb. 3). Sie bezeugen den permanenten Krieg vor allem der frühkarolingischen Zeit, in dem jahraus, jahrein die Großen, ihre Gefolgschaften und alle Berufskrieger zu Feldzügen nach Aquitanien, Spanien, Italien, Pannonien, gegen Awaren, Slawen, Bretonen, Sachsen sowie Bayern und Alamannen aufbrachen.

Ermoldus Nigellus schilderte die Kriegszüge Ludwigs des Frommen (814–840) in Spanien so: „Wie im Herbst die Drosseln und andere Vögel in dichten Schwärmen in die Weinberge einfallen und die Trauben stehlen... so erschienen die Franken sofort bei Beginn der Erntezeit und plünderten den reichen Ertrag dieser Gegend (v. 124ff.)". Der Feldzug gegen die Bretonen nimmt sich bei diesem seinen König preisenden Hofdichter so aus: „Man marschiert vorwärts; die Wälder öffnen sich den Eindringenden bis in ihre letzten Tiefen; die Felder werden von den fränkischen Kriegern überschwemmt. Sie suchen nach den in den Wäldern, Sümpfen und Gräben versteckten Reichtümern. Sie nehmen unglückliche Menschen, Schafe und Rinder mit: nichts entkommt, keine List hilft. Keine Rettung bieten die Sümpfe, das Dickicht nur trügerischen Schutz. Die Franken verwüsten alles... (v. 1596ff.)". 33 Jahre führte man nach dem Bewußtsein der Zeitgenossen in ähnlichem Stil ununterbrochen Krieg gegen die Sachsen (Einhard, ‚Vita Caroli', c. 7).

In der Welt des permanenten Krieges gehörte Gewalt zum Lebensstil des frühmittelalterlichen Adligen. Schwert und Rüstung waren Standesmerkmale und Herrschaftszeichen der auf den Krieg gegründeten Existenz, sie waren deshalb auch Trachtbestandteile und gelangten als signifikante Beigaben in die Gräber der merowingischen Herrenschicht. Zwar erlosch die Beigabensitte um 700, jedoch war dies nur eine Änderung des Grabbrauchs. Die

Verleihung des Schwertes an den Jüngling etwa blieb auch in karolingischer Zeit ein repräsentativer symbolischer Akt. Ludwig der Fromme wurde in der Pfalz Regensburg öffentlich „mit dem Schwert umgürtet". Das Schwert bezeichnete bei Akten der Repräsentation die Adels- und Herrschaftsqualität seines Trägers.

Als der *nobilis vir* („Adlige") Ratolt, der über mindestens eine Eigenkirche verfügte und dessen Bruder Bischof war, 839 zu Daglfing (Stadt München) auf den Rat seiner Gefolgschaft eine bedeutende Seelgerätsstiftung an das Hochstift Freising machte, trat er dem Freisinger Bischof und den Reliquien der Gottesmutter als Patronin des Domes in seiner Halle stehend und „männlich mit dem Schwert umgürtet" entgegen. Den gleichen Sinn hat es, wenn uns in einem Apsisbild der Kirche St. Benedikt zu Mals (Südtirol) der adlige Kirchenstifter, gekleidet in karolingische Hoftracht und mit beiden Händen das Langschwert vor seinem Körper haltend, entgegenblickt. Selbst Christus spricht bei Otfrid von Weißenburg (IV, 13, 21) *baldlîcho ioh harto theganlîcho* („kühn und heldenhaft") wie ein Adelskrieger.

Triebkräfte und Handlungsmotive, die in der Heldensage auftreten, lassen sich – wie schon an manchen Beispielen belegt werden konnte – auch bei den Geschichtsschreibern des frühen Mittelalters auffinden: blutige Vernichtung ganzer Personenverbände und Gefolgschaften wie in der Nibelungen- und Chlotharsage; Beute- und Schatzgier prägen nicht nur den Burgundenuntergang und die Walthersage, sondern auch den Awarenfeldzug Karls des Großen (796) und viele andere Kriegszüge der Zeit; List und Verrat kennzeichnen das Kampfgeschehen wie in der Iringssage und im ‚Atlilied'; wie Ermanarich schreckten auch merowingische Könige und Große nicht vor Verwandtenmord zurück. Nach der Meinung noch des Mönchs Sigebert von Gembloux (nach 1071) begründete sich die königsgleiche Stellung des Hausmeiers Pippin des Mittleren († 714) nicht nur auf den Geburtsadel und die Heiligkeit der Vorfahren, sondern auch auf den in siegreichen Schlachten erworbenen Kriegerruhm, das erwiesene Heil (*felicitas*) und die Kraft (*virtus*) und Macht (*potentia*) des Fürsten. Gerade er tötete nach karolingischer Haustradition in rächender, primordialer Davidstat den Mörder seines Vaters, den *tyrannus* („ungerechten Herrscher") Gundoin, und stellte damit das verletzte Recht und die traditionelle Geltung seines Geschlechts wieder her. Das Ethos der Rachefabeln gehörte zur Mentalität der frühmittelalterlichen Herrenschicht.

Siagrius (um 555), Sohn des Bischofs Desideratus von Verdun, überfällt in der Morgenfrühe den Hof eines Gegners, der den Vater beim König verleumdet und beraubt und mißhandelt hatte, tötet den Hausherrn und Gefolgsleute (Gregor v. Tours, III, 34). Um 585 erhebt sich zwischen zwei Adligen aus Tours, Sichar und Austregisil, anläßlich eines weihnachtlichen Festgelages ein Streit, in dem Austregisil samt Vater und einem Bruder erschlagen wurden. Nach einer mehrteiligen Rachefehde gelingt es Bischof Gregor von Tours, vertraglichen Frieden zu stiften, ja der überlebende Bruder Austregisils namens Chramnesind und Sichar verkehren in *caritas*, in inniger Mahl- und Schlafgemeinschaft, wie Schwurbrüder miteinander. Bei einem

Gelage jedoch, zu dem Chramnesind den Sichar lädt, führt – fast wie in den Alboinsagen – der Gast Reizreden gegen den Freund: „Großen Dank, herzlieber Bruder, habe ich von dir dafür verdient, daß ich deine Verwandten erschlagen habe; denn du hast das Wergeld für sie empfangen, und nun ist in deinem Hause Gold und Silber die Fülle; arm aber und dürftig würdest du jetzt leben, hätte dies dich nicht etwas zu Kräften gebracht." Wie Hildebrand verpflichtet sich Chramnesind nach dieser Beleidigung in feierlicher Selbstverfluchung zur Rache: „Wenn ich den Tod meiner Verwandten nicht räche, so verdiene ich nicht ferner ein Mann zu heißen, ein feiges Weib muß man mich nennen." Er spaltet Sichar mit dem Schwert den Kopf (Gregor v. Tours, VII, 47; IX, 19).

„Unrecht dulden, auf Rache verzichten, würde den Verlust der Ehre bedeuten" (Otto Brunner). Nirgendwo ließ sich die Ehre des Kriegers wirkungsvoller, weil unwiderruflich zum letzten Male inszenieren, als in dessen heroischer Anstrengung im Angesicht des Todes. Gerade die scheinbare Sinnlosigkeit eines aussichtslosen Kampfes machte den Wert der Ehre als einer auch *in extremis* verpflichtenden Norm sichtbar.

So hatte unter König Theuderich I. (511–534) Munderich, der vorgab, ein Merowinger zu sein, in vermessenem Anspruch sich als König ausrufen lassen. Vor der Heeresgewalt Theuderichs zog er sich nach seiner Burg Vitry-le-Brulé (Dép. Marne) in der Champagne zurück. Durch Verrat wird er zur Aufgabe überredet, soll aber beim Austritt aus dem Burgtor getötet werden. Dem Verräter ruft er zu: „Wahrlich, ich sage dir, dieweil du mich durch Meineid täuschtest, soll dich niemand lebend sehen." Er schleudert seinen Speer nach dem Verräter und durchbohrt ihn, daß er niedersinkt und stirbt. „Dann zog Munderich das Schwert und richtete mit den Seinigen ein großes Blutbad unter den Leuten des Verräters an und streckte jeden nieder, den er erreichen konnte, bis er den letzten Atem aushauchte" (Gregor v. Tours III, 14).

In der Inszenierung einer Rache, die ihm selbst schon nicht mehr helfen konnte, etablierte der sterbende Krieger dennoch seine Ehre. In einen Wertekonflikt, der deutlich die Funktion der Ehre als einer laikalen, kriegerischen Verhaltensnorm erkennen läßt, gerät nach seiner frühen Vita der Bischof Lambert von Maastricht († 705/06), den uns sein Biograph in seiner vorklerikalen Vergangenheit als „stark und tapfer, fähig und vielseitig, entschlossen im Kriege" vorstellt: Als in einer Rachefehde eine feindliche Schar von Kriegern seinen befestigten Hof Lüttich – Lambert residierte dort im Stile eines Adligen – überfällt, reagiert er zunächst impulsiv im Stile der standesgemäßen Mentalität, will das bereitliegende Schwert zum Kampf ergreifen, dann aber besinnt er sich darauf, daß ihm als Bischof das Blutvergießen nicht zukomme, ergreift den Psalter, den er schon niedergelegt hatte, von neuem, wirft sich demütig zu Boden und betet vor dem herannahenden Tod. Die Tugend des christlichen Märtyrers siegt über die Ehre des Kriegers. Hier wurde Kriegermentalität in christlicher Heroik aufgehoben (althochdeutsche Glossen übersetzen *virtus* „Tugend" einfach mit *deganheid* „Kriegertum, Tapferkeit"), aber doch nur, weil es die Lebensform des

Klerikers so erforderte. Es kann jedoch nicht davon die Rede sein – wie es manche Interpretationen des ‚Hildebrandsliedes' als eines negativen Exemplum voraussetzen – daß die klerikale Geschichtsschreibung des frühen Mittelalters grundsätzlich negativ gegenüber den Verhaltensnormen der Kriegergesellschaft eingestellt war.

Das geht auch aus der liebevoll in seiner Chronik inszenierten Darstellung bretonischer Adelsfehden durch Abt Regino von Prüm (um 908) hervor: Der bretonische Herzog Wurfand „war durch sein Geschlecht (*genere*) angesehen unter seinen Landsleuten, doch berühmter noch nach den Beweisen seiner Tapferkeit (*virtutum experimentis*) durch seine adlig-heroische Gesinnung (*nobilitate*), die in ihm so groß war, daß er... an Hochherzigkeit und Tatenruhm keinem nachzustehen schien." Seine Kühnheit (*audaciam*) und Standhaftigkeit des Mutes (*constantiam mentis*) bewies er, indem er auf normannische Herausforderung einem großen normannischen Heer mit kleiner Schar entgegentrat. Noch in seiner Todesstunde ließ er sich auf einer Bahre in die Schlacht tragen, um seine Gefolgsleute durch das Beispiel seines Mutes anzufeuern. Zusammen mit dem Herzog Pasquitan ermordete er hinterlistig den bretonischen König und teilte dessen Reich. Im Kampf mit seinem Konkurrenten um die Herrschaft stürzte er sich dann auf eine dreißigfache Übermacht und wies jeden Gedanken an Rückzug von sich: „Fern sei es von mir, ihr mutigen Krieger, heute zu tun, was ich noch nie getan habe, nämlich meinen Feinden den Rücken zu zeigen und den Ruhm unseres Namens beschimpfen zu lassen. Besser ist es, rühmlich zu sterben, als mit Schande das Leben zu retten..." Wie ein Berserker attackiert Wurfand die Feinde, „und wie das Gras auf der Wiese fällt, niedergemäht von der Schärfe der Sichel, und wie die üppigsten Saaten niedergeworfen werden, wenn ein heftiger Sturm unter ihnen wütet, so schlägt und streckt er alles mit dem Schwerte nieder."

Die heroische Anstrengung des *experimentum virtutis*, im Angesicht des Todes die Norm der Ehre neu zu befestigen, wird auch deutlich, wenn Nithard, der Geschichtsschreiber Karls des Kahlen, um 844 formuliert: „Die Großen zogen es vor, in edler Gesinnung (*nobiliter*) zu sterben als den verratenen König zu verlassen." Wir sind mit diesen Worten der Welt des ‚Hildebrandsliedes' und der Walthersage sehr nahe.

Ähnlich läßt der ottonische Historiograph Widukind (967/68) Otto den Großen in schwieriger Lage der Lechfeldschlacht gegen die Ungarn 955 sagen: „Es ist besser, meine Krieger, wenn das Ende bevorsteht, ruhmvoll zu sterben denn von den Feinden unterworfen ein knechtisches Leben zu führen..." Darauf ergriff der König Schild und heilige Reichslanze und sprengte als erster gegen die Feinde. Die Annalen von Niederaltaich berichten zum Jahre 1042 von einem Ungarneinfall. Eine kleine Schar von „Adligen und Tapferen" entschließt sich, der feindlichen Übermacht entgegenzutreten – mit den Worten: „Ehrenvoller sei es, das Leben in Ehren (*cum honore*) zu verlieren, als es in Schande zu verlängern!" Ähnlich reagiert die kleine Schar der schon verlorenen Krieger in dem altenglischen Heldengedicht des 10. Jahrhunderts über die ‚Schlacht von Maldon' (v. 312f.): „Unsere Gedanken müssen um so härter, unser Herz um so kühner, unser Geist um so großmütiger werden, je kleiner unsere Macht wird." Es ist die *magnitudo animi* („Größe des Herzens"), die Regino an Wurfand lobte. Noch Wipo formulierte in seinen ‚Taten des Kaisers Konrad II. (1024–1039)', daß schlimmer als der Tod sei, „im Ruf der Feigheit" zu leben.

Die heroische Inszenierung der Ehre erweist sich also als ein historisches Selbstdeutungsmuster des kriegerischen Adels. Es kommt dabei nicht darauf an, daß die Realität des Geschehens sich so oder nicht so abspielte, wie sie gesehen wurde. Diese Selbstdeutung war eine Realität des Bewußtseins. Und die Mentalität des kriegerischen Adels schlägt die Brücke zur Intention des Heldenliedes. Je extremer sich der Wert der Ehre im *experimentum virtutis*, dem Aufweis der Tapferkeit, der Erprobung des Heils, bewährt, um so gefestigter geht er als Lebens- und Anschauungsnorm aus der Erfahrung des Konflikts hervor. So werden das Fatum, welches Blut, Grauen und Gewalt verhängt, die *wêwurt*, die es fügt, daß Vater und Sohn sich in mörderischem und widernatürlichem Kampf gegenüberstehen, in seltsamer Verkehrung von Ursache und Wirkung zum Fundament einer Lebensweise, die Herrschaft in sich begreift. Zu durchschauen, daß eben die kriegerische Lebensform das Grauen hervorbrachte, hätte bedeutet, den Bau adliger Herrschaft zu stützen. So bleibt denn das Undurchschaute jenseits christlicher Ethik als Fatum und Verhängnis etabliert; es wird als Leiden erfahren – wie so überaus deutlich in der elegischen altenglischen ‚Klage Deors'; der *labor heroum* („die Mühsal der Helden") aber, die Exorbitanz der Taten und Leiden legitimiert die Ausnahmestellung des adligen Kriegers. Die tragische Vergeblichkeit Hildebrands, das Grauen der Verletzungen aller um Walther versammelten Helden, die um der Wiederherstellung des Rechts willen in Rache geopferten Toten in anderen Sagen gewinnen damit ihren Sinn. Diesen Sinn, die *memoria* der in der Vorzeit schon längst und immer als gültig geformten und bewährten Lebensform erfährt der Adel stets von neuem in der Erzählung der Sage, im Vortrag des Liedes, in denen sich menschlicher Konflikt und Erfahrung der Geschichte miteinander ästhetisch verbinden. So heißt die Botschaft der Heldensage, daß Gewalt unausweichlich ist. Es ist das „Lied des eigenen Unglücks", das der Vandalenkönig Gelimer „unter Weinen und Wehklagen" nach dem Bericht des byzantinischen Geschichtsschreibers Prokop (II, 6) spielen will, als er in aussichtsloser Situation von seinen Feinden belagert wird; es ist wohl auch das Lied, das der Burgundenkönig Gunnar nach dem alten ‚Atlilied' im Angesicht des Todes sang.

Hier gerät in der Tat der heroische Konflikt in die Nähe eines Opfers, einer Passion. Das ist kein Einzelfall. In christlichem Zugriff auf die Heldensage kann etwa der altenglische ‚Beowulf' den tödlichen Kampf seines Helden gegen das Monster als Opfertod für die *gens*, das eigene Volk zeichnen. Ottonische und salische Geschichtsschreibung preist in christomimetischer, Christus nachahmender Inszenierung die *miseriae regum* („Leiden der Könige"), die dem Heil des Reiches dienten. Wie Christus in Versuchung geführt und im Leid erprobt und beständig erfunden, wie David von Gott mit Schlachtenglück begnadet, rettet ein westfränkischer König nach dem althochdeutschen ‚Ludwigslied' (881/82) sein Volk vor den heidnischen Normannen. Die althochdeutsche Paraphrase des

138. Psalms wird ihre Hörer gar darüber belehren, daß es das Geheimnis des biblischen Musterkönigs David war, nicht Unrecht zu rächen, sondern sich von allem Unrecht abzukehren und sein Geschick in die Hände des allwissenden und allmächtigen Gottes zu legen (vgl. S. 314ff.). Den Gedanken eines neuen ‚Helden' und Retters der *gentes*, nämlich des sich selbst opfernden Weltenkönigs Christus, der – wie Otfrid sagt (vgl. S. 14) – die *woroltkuninga* und ihre Heere und Schlachten an ‚Heil' und Kraft übertrifft, werden auch die volkssprachigen Bibelepen des späteren neunten Jahrhunderts aufnehmen, die – wie Otfrid – gegen das „unverbindliche Spiel der weltlichen Gesänge", gegen die Lügen der „schändlichen Lieder" antreten und – wie der altsächsische ‚Heliand' – sich der Formen der ererbten mündlichen Dichtung bedienen, indem sie diese mit den Inhalten evangelischer Wahrheit füllen (vgl. S. 272ff.).

Christliche Rezeption der Heldensage

Eine explizite Auseinandersetzung eines klerikalen Autors mit einem Stoff der ‚Heldensage' ist nur in dem mittellateinischen, formal an den Vorbildern römischer Epiker wie Vergil, Statius, Lukan und eines christlichen Dichters wie Prudentius geschulten Epos des ‚Waltharius' erfolgt, das die Walthersage ausarbeitet.

Autorschaft und Datierung des etwa 1450 Verse umfassenden anonym überlieferten ‚Waltharius' sind in der mittellateinischen Forschung heftig umstritten. Nach einer Bemerkung des im elften Jahrhunderts lebenden St. Galler Lehrers und Klosterhistoriographen Ekkehard IV. wurde das Epos in älterer Forschung überwiegend Ekkehard I., einem St. Galler Klosterlehrer, Hagiographen und Verfasser geistlicher, liturgischer Lieder zugeschrieben. Neuere Forschung hat erhebliche Zweifel an der Autorschaft Ekkehards vorgebracht und in verschiedenen Ansätzen eine frühere Datierung vorgeschlagen, wobei man gelegentlich bis in die Zeit Karls des Großen zurückging. In letzter Zeit hat jedoch die St. Galler These – ohne daß damit schon durchschlagende Beweise für eine Autorschaft Ekkehards geliefert werden konnten – auf Grund des Nachweises spezifischer Abhängigkeiten des Epos von Autoren und singulärer Überlieferung des Bodenseeraums wieder an Boden gewonnen. Demnach hätte man in jenem *magister* („Lehrer") *Geraldus*, der einen Prolog zum ‚Waltharius' verfaßte, den bekannten St. Galler Klosterlehrer Gerald des zehnten Jahrhunderts zu sehen, mit dem *pontifex* („Bischof") *Erckanbaldus*, dem er das – nach stilistischen Eigentümlichkeiten nicht von ihm verfaßte – Werk zueignete, wäre Bischof Erkanbald von Straßburg (965–991) gemeint, der auch sonst als literarischer Mäzen und Handschriftensammler bekannt ist. Jedenfalls erweist die Anrede *fratres* („Brüder") in v. 1, daß das Epos für den Vortrag in einer klösterlichen oder sonstwie klerikalen Gemeinschaft bestimmt war. Die Überlieferung setzt im letzten Viertel des zehnten Jahrhunderts ein.

Das Publikum, für das der ‚Waltharius' bestimmt war, mußte sowohl mit den lateinischen Epen der Antike wie auch mit den Motiven, Handlungsschemata und Intentionen der einheimischen Heldensage gut bekannt sein, um

Entwurf und Ziel des ‚Waltharius' verstehen und goutieren zu können. Daß dabei das Epos seinem Inhalte nach noch als durchaus vorzeitlich-heidnisch verstanden wurde, zeigt die Einreihung unter die *libri gentilium poetarum* („Bücher heidnischer Dichter") in einem Bibliothekskatalog des 10./11. Jahrhunderts. Die in Brechungen sich vollziehende Christianisierung des heroischen Sagenstoffes nimmt ihren Ausgang von einer intensiven Rezeption der ‚Psychomachia' des Prudentius († nach 405). In seiner Psychomachie (d.h. „Seelenkampf") hatte der christliche Dichter – in der Karolingerzeit Schulautor, an dem man Latein lernte – den Widerstreit der Tugenden und Laster im Menschen im Gewande einer Reihe von Einzelkämpfen der kriegerisch gerüsteten Seelenkräfte dargestellt. Im ‚Waltharius' werden die Helden in gewisser Weise als Verkörperungen bestimmter Tugenden und Laster begriffen, ihre Zweikämpfe damit allegorisiert. Der schatzgierige König Guntharius erscheint als Repräsentant der *superbia* („Vermessenheit, Hochmut") und der *avaritia* („Habgier"), der klug abmessende Hagano vertritt die Tugenden der *patientia* („Geduld") und *prudentia* („Klugheit"). Ihm ist es aufgegeben, in einer Klagerede über den bevorstehenden Tod seines in blinder Vermessenheit zum Kampfe drängenden Neffen die Habsucht als das dominierende Laster der Kriege und der Krieger zu denunzieren (v. 857ff.): „O schändliche Gier nach Schätzen, die, nimmer gesättigt, die Welt vernichtet und einzig Schuld ist an allem Unheil! O verschlängest du nur mit verruchtem Schlunde Gold und Silber und verschontest uns selbst! So aber entbrennt die Brust des Menschen von wildem Wahnwitz und niemandem genügt mehr das Seine; sie sehen, sinnlos verblendet, nicht mehr den Höllenrachen! Je mehr einer hat, desto heißer die Habgier. Mit frecher Stirn rauben und stehlen sie dem Nächsten sein Gut und geben die Seele, die himmelentstammte, der Hölle dahin. Mein geliebter Neffe läßt sich nicht warnen durch mein Wort; es treibt ihn die wilde Begierde. Den schmählichen Tod enteilt er zu schmecken, ein Trugbild von Heldenruhm treibt ihn zur Hölle..." Hagen als antifeudaler, monastischer Bußprediger! Heftiger kann man die heroisch-fatale Konstruktion des Heldenethos aus der Sicht des seiner Hierarchie der Werte sicheren christlichen Bewußteins nicht attackieren. Selbst der mit allen Tugenden versehene Protagonist des Epos, Waltharius, erleidet einen Anfall von *superbia*, heroisch-eitler Selbstberühmung (v. 559ff.), indem er in vermessenem Schwur sich verpflichtet, jeden Angreifer des „Hunnenhortes" zu besiegen. „Doch ehe die Lippe das Wort noch entlassen, warf er sich zu Boden und betete reuig, daß ihm Gottes Güte die Rede vergäbe." So faßte auch der ‚Heliand'-Dichter die Worte des Petrus beim Abendmahl des Herrn, er wolle Christus weder in Kerker noch Kampf verlassen, als *bihēt* („maßloses, ruhmbegieriges Versprechen") eines Mannes auf, der nicht bedachte, daß die Taten des Menschen ohne Gott ein Nichts sind (v. 5042).

Die Distanz des ‚Waltharius' zum heroischen Ethos der Heldensage reicht noch weiter. Nahezu spielerisch nimmt er seine Helden auseinander, bietet sie dem Hörer als montierte und fiktionale Geschöpfe zum Lachen an. Diesem Ziel dient der Anspielungs- und Zitatcharakter des epischen Kleides, das aus bunten Flecken der antiken Epik und der heimischen Sage zusammengesetzt ist; ihm dient aber auch das ironische Spiel, in dem die Nibelungen zu *nebulones* („Windbeutel, Angeber"), Hagano zum *spinosus* („dornig", aber auch „spitzfindig" in deutendem Spiel mit ahd. *haganīn* „dornenbewachsen"), Waltharius aber zum *silvanus* („Waldschrat") und *faunus* („Waldgeist") in Anlehnung an ahd. *wald* („Wald") werden. Was bleibt von der heroischen Welt, wenn der Attila des Burgundenunterganges zwar in einem von Waltharius angezettelten Gelage anzitiert wird, der fliehende Held jedoch ungleich der rächenden Gudrun explizit darauf verzichtet, die Brandfackel in die Halle des Königs zu werfen, schließlich der aus der Trunkenheit erwachende Hunnenfürst in seinem Katzenjammer darauf verzichten muß, den flüchtigen Walther und seine Verlobte zu verfolgen. Die parodistische Heldendemontage gipfelt zweifellos in den makabren Spottreden der Protagonisten nach bestandenem Kampfe, in dem sie sich in „burleskem Wettstreit" lachend die Folgen ihrer grausamen Verletzungen vorhalten (v. 1421ff.): Waltharius, dem die rechte Hand abgehauen wurde, müsse nun zur Jagd sich den rechten Handschuh mit Wolle stopfen, ja – „willst du einmal dein Weib umarmen, so mußt du verkehrt mit der Linken kosen. Kurz, was du auch tust, das tust du als Tölpel!" Hagano aber, dem ein Auge ausgeschlagen wurde, könne, so gibt Waltharius zurück, in Zukunft nur noch „schielend nach den Dienern schauen und schielend begrüßen der Gefolgsleute Scharen". Hier ist die Heldensage wirklich nur noch pergamentene Literatur, mit der die schreibgelehrten Mönche spielen.

Die späten Sagenlieder

Mündliche Dichtung, die an die Taten der Krieger und Fürsten anknüpfte, entstand auch noch in karolingischer, ottonischer und salischer Zeit, ohne daß es noch einmal zu einer die Zeiten verschmelzenden Bildung eines heroischen Zeitalters kam, wie es die Heldensage bezeugt – dies übrigens anders als in Frankreich, wo sich mehrere in die Karolingerzeit zurückreichende Sagenzyklen allmählich zur hochmittelalterlichen *matière de France* („Sagen mit dem Thema Frankreich") formten.

Sagen über Karl den Großen, darunter auch kriegerische wie die vom ‚Eisernen Karl vor Pavia', die auf die Eroberung des langobardischen Reiches durch Karl den Großen im Jahre 774 zurückging, ließ sich der St. Galler Mönch Notker Balbulus im letzten Drittel des neunten Jahrhunderts von einem uralten Kriegsmanne, dem „in den Schriften weniger gebildeten" Adalbert aus einem regionalen Adelsgeschlecht des Thurgaus erzählen.

Doch sind auch Lieder bezeugt. So über den von Blutrache durchzogenen Krieg zwischen den beiden großen fränkischen Adelsgeschlechtern der Babenberger (Popponen) und Konradiner, deren Prätendent Konrad 911 zum König des Ostfrankenreiches gewählt wurde, um die Vorherrschaft in der Mitte des Ostreiches. Er endete 906 nach der Belagerung der Burg Theres am Main, nach der durch eine böse List des Erzbischofs Hatto von Mainz erreichten Gefangennahme und schließlichen Hinrichtung des letzten Popponen Adalbert mit der Ausrottung einer Familie. Der schon genannte St. Galler Mönch Ekkehard IV. wußte im elften Jahrhundert, daß man von dieser maßlosen und im tückischen Verrat endenden Fehde „im Volke dichtet und singt" (‚Casus S. Galli', c. 11). Noch Otto von Freising (nach 1111–1158), Sohn des Markgrafen Leopold des Heiligen von Österreich, hörte die Sage „in volkssprachiger Überlieferung an Höfen und bei Gelagen" (Chronica VI, c. 15). Otto entstammte dem jüngeren Hause der Babenberger, die sich auf eine popponische Nebenlinie zurückführten. Hier wird deutlich, und Otto macht es deutlich, indem er die Nachkommenschaft Adalberts und damit seine eigene Abkunft ausdrücklich anführt, daß man für die Tradierung der Sagenlieder auch mit der Kraft der Hausüberlieferung großer Adelsgeschlechter rechnen muß. Das wird bestätigt, wenn Widukind von Corvey, der Historiograph der mit den Popponen nah verwandten, mit den Konradinern aber verfeindeten Ottonen, bereits 967/68 einen *vulgi rumor* („Volkssage") über die Babenbergerfehde kennt (I, c. 22). Der ebenfalls im Umkreis der Ottonen schreibende Bischof Liutprand von Cremona (961–um 970) nennt den unglücklichen, aber auch maßlosen, wie ein mittelalterlicher Kohlhaas die Lande verheerenden Fürsten Adalbert einen *magnus heros* („großen Krieger"). Er gibt den ausführlichsten, zugleich aber schon sagenhaften Bericht über die Ereignisse (‚Antapodosis' II, c. 6).

Wer der Träger und Verbreiter solcher Sagenlieder sein könnte, erfahren wir anläßlich Widukinds Schilderung einer Schlacht zwischen dem Sachsenherzog Heinrich, einem Ottonen, und seinem Widersacher, König Konrad, über welche die *mimi* („Spielleute") sangen (I, c. 23). Ekkehard IV. von St. Gallen wiederum weiß von einem Lied über den kleinwüchsigen konradinischen Lahngaugrafen Konrad (Kuno) Kurzibold († 948), der sich in einer Slawenschlacht einem riesenhaften Gegner zum Zweikampf stellte und diesen als ein „neuer David" mit einem einzigen Speerwurf tötete (c. 50). Auch über die Taten des Bischofs Benno II. von Osnabrück (1067–1092) als Beschützer Heinrichs III. im Ungarnkrieg von 1043 lebten *populares fabulae* („volkstümliche Sagen") und *cantilenae vulgares* („volkssprachige Lieder"). Solche *vulgares cantilenae* sang man nach einem bayrischen, bei Ekkehard von Aura im frühen zwölften Jahrhundert in dessen Weltchronik festgehaltenen Bericht auf den 909 verstorbenen bayrischen Pfalzgrafen Aribo bzw. Erbo, Stammvater des Geschlechtes der Aribonen. Nach diesem Liede kam der *famosus* („berühmte") *Aerbo* bei einem Kampf gegen einen Wisent, eine ungeheure *bestia* („wildes Tier"), ums Leben. Es ist nicht ausgeschlossen, daß wir hier einen Nachfolger des archaischen Sagentyps vom „Kampf gegen den Unhold der Wildnis" vor uns haben. Doch wissen wir zu wenig über den Inhalt. Jedenfalls wird deutlich, daß es sich auch hier um Hausüberlieferung handelt, erwähnt doch der Historiograph dieses Lied zum Jahre 1104 bei der Vorstellung des Grafen Boto und seines Bruders Erbo, die aus dem „allerältesten Adel des bayrischen Stammes" stammten, aus dem Geschlecht nämlich des Wisentkämpfers Erbo.

Hausüberlieferungen, Haussagen kannte schon die Karolingerzeit. Deutlich wird sie uns freilich fast nur in der vornehmsten Schicht des Adels, der Königssippe der Karolinger. Die im Kreise Karls des Großen entstandenen ‚Annales Mettenses' wissen von einer davidsgleichen Heldentat Pippins des Mittleren († 714), der einen mächtigen Konkurrenten um die Macht in gefährlicher, heroischer Einzelfahrt in seinem Hofe aufsuchte, um ihn zu töten. Der am Hofe Karls des Großen lebende italienische Gelehrte Paulus Diaconus ließ sich für seine ‚Geschichte der Bischöfe von Metz' von Karl selbst erzählen, wie der Stammvater des Geschlechts, Arnulf von Metz († um 640), Gott ersuchte, ihm zu offenbaren, ob seine Sünden vergeben seien: Er warf seinen Ring in die Hochwasser führende Mosel und fand ihn wunderbarerweise im Magen eines aus dem Flusse geborgenen Fisches wieder. Das ist ein internationales Sagenmotiv.

Das Schlacht- und Fürstenpreislied

Als der westfränkische König Ludwig der Stammler im April 879 starb, hinterließ er zwei junge Söhne. Der siebzehnjährige Ludwig III. und der dreizehnjährige Karlmann gerieten zwischen die Fronten zweier westfränkischer Adelsparteien. Der neustrische Große Hugo der Abt, im Besitze mehrerer Königsabteien zwischen Seine und Loire, suchte eine Teilung des Reiches durch die Gesamtherrschaft der Brüder zu vermeiden; die Partei des westfränkischen Kanzlers Gauzlin, zugleich Abtes der Pariser Klöster St. Denis und St. Germain-des-Prés sowie des flämischen St. Amand, sah in einer Teilung des Reiches die Chance, den übermächtigen Einfluß Hugos zu begrenzen. Während die Brüder im Kloster Ferrières östlich von Orléans durch den Erzbischof von Sens gekrönt wurden, rief Gauzlins Partei den ostfränkischen König Ludwig den Jüngeren zu Hilfe. Dessen Eingreifen konnte Hugo jedoch durch die Abtretung der Westhälfte des lotharingischen Teilreiches, die 870 an Westfranken gefallen war, verhindern. Angesichts von Rebellionen und Usurpationen im südlichen Lothringen, in Burgund und in der Provence, angesichts auch der wachsenden Bedrohung durch die zunächst über die Nordsee und die großen Flüsse angreifenden, inzwischen aber auch mit schnellen und schlagkräftigen Reiterheeren agierenden Normannen war jedoch eine Verständigung der streitenden Adelsparteien unumgänglich. Sie wurde im Mai 880 durch die Reichsteilung von Amiens erreicht: Ludwig III. erhielt Neustrien und Franzien (d.h. das Land zwischen Loire, Schelde und Nordsee), Karlmann Burgund und Aquitanien. Während Ludwig seinem Bruder Karlmann bei der Niederschlagung der burgundischen

Usurpation half, errangen die Normannen während des Winters 880 und des Frühjahrs 881 einen militärischen Erfolg nach dem andern. Sie eroberten Courtrai, plünderten St. Vaast bei Arras, Cambrai, St. Riquier, Amiens, Corbie, St. Omer: Fast alle größeren Städte und Abteien des westfränkischen Nordostens fallen in ihre Hand. Gauzlins Normannenabwehr scheitert, der König kehrt zurück in den Norden. Nach offenbar sorgfältiger Vorbereitung gelingt es Ludwig III. am 3. August 881, das normannische Heer bei Saucourt-en-Vimeu an der Mündung der Somme zu schlagen. Durch seine in einer kritischen Situation der Schlacht bewiesene Tapferkeit hatte der junge König einen gewichtigen Anteil am Sieg der Franken. Ohne die normannische Macht entscheidend und auf Dauer schwächen zu können, erreichte er doch, daß normannische Heere aus dem Westen abzogen und sich verstärkt dem Ostreiche zuwandten. Schon die zeitgenössische Chronistik feierte den bedeutsamen Erfolg des Königs; selbst ostfränkische Autoren würdigten ihn.

Regino von Prüm schreibt anläßlich seines im August 882 erfolgten Todes: „Er war... ein tapferer Mann und verteidigte das ihm untergebene Reich kraftvoll und mannhaft gegen die Einfälle der Heiden. Unter den übrigen Taten, die er erfolgreich abschloß, wird vor anderen jene Schlacht gerühmt, in welcher er bei Saucourt mit aller Macht gegen die Normannen focht; in diesem Kampfe streckte er, wie man berichtet, mehr als achttausend der Feinde mit dem Schwerte nieder." Vielleicht hat Regino aus mündlicher Überlieferung geschöpft. Jedenfalls berichtet der Chronist des in der Nähe des Schlachtortes gelegenen Klosters St. Riquier im elften Jahrhundert, daß noch zu seiner Zeit vom Siege Ludwigs bei Saucourt gesungen wurde.

Lieder über Ludwigs Sieg gegen den Normannenkönig Gormund gingen später in das altfranzösische Heldenlied von ‚Gormond et Isembart‘ ein. Diesen Sieg preist auch das im Banne der Ereignisse entstandene althochdeutsche ‚Ludwigslied‘.

Das ‚Ludwigslied‘ wurde von einem (damit offensichtlich sowohl der altfranzösischen wie der althochdeutschen Sprache kundigen) Schreiber kurz nach dem Tode Ludwigs III. – wie die Überschrift *Rithmus teutonicus de piae memoriae Hluduico rege filio Hluduici aeque regis* („Althochdeutscher Rithmus über König Ludwig frommen Angedenkens, Sohn des Ludwig, der ebenfalls König war") erweist – in eine frühkarolingische Handschrift mit Werken des Kirchenvaters Gregor von Nazianz zusammen mit der ältesten altfranzösischen Dichtung, dem ‚Eulalialied‘ eingetragen (s. Abb. 6). Die beiden volkssprachigen Lieder stehen hinter einigen ebenfalls, aber von anderer Hand nachgetragenen lateinischen liturgischen Stücken, darunter wieder einer Sequenz auf die heilige Eulalia, deren Reliquien man 878 in Barcelona neu aufgefundenf hatte. Die Handschrift (Cod. Valenciennes B.M. 150) hat später dem Kloster St. Amand gehört, jedoch läßt sich die Schrift der Nachträge keinesfalls dem Skriptorium dieses Klosters zuordnen. Die Aufzeichnung der Texte ist sorgfältig und bewahrt die Gestalt der Dichtungen durch die Abteilung von Strophen, Zeilen und Halbzeilen; sie hat nicht den Charakter eines Füllseleintrags oder einer

Schreibübung. Die 59 binnengereimten Langzeilen fügen sich zu Strophen aus zwei bis drei Zeilen; sie folgen damit einem auch von anderen althochdeutschen Reimgedichten praktizierten und deshalb wohl auf ältere Formen zurückzuführenden Bindungsprinzip (vgl. S. 301). Dreizeilige Strophen kommen auch bei den karolingischen, lateinischen Rithmi vor, einer gegen die Gesetze der antiken Metrik akzentuierenden, Hebung und Senkung und nicht Längen und Kürzen messenden poetischen Gattung, die für die Tischlesung u.ä. vor allem in Klöstern mit erbaulichen Inhalten gefüllt wurde. Die Überschrift nennt das ‚Ludwigslied' einen „volkssprachigen Rithmus". Die Sprache des Liedes ist im wesentlichen rheinfränkisch, weist aber auch einige mittel- und niederfränkische Elemente auf, die sich allesamt als Komponenten eines gehobenen Westfränkisch begreifen ließen; dazu kommen Züge westfränkisch-romanischer Orthographie (Zusatz von unorganischem ‹h›, z.B. *hiu* statt ahd. *iu* „euch"; ‹*tz*› als Schreibung des lautverschobenen dentalen Reibelauts, z.B. *lietz* statt normal althochdeutsch *liez* „ließ"). So erscheint die Annahme, daß der Eintrag in einem Bereich romanischer und fränkischer Kontakte nahe der Sprachgrenze im nördlichen Frankreich erfolgte, durchaus nicht unberechtigt.

Das althochdeutsche Lied hat seine Deutung des Normannensiegs von Saucourt ganz auf den König bezogen, der seine herrscherliche und kriegerische Tüchtigkeit von Gott empfängt, der von Gott geprüft und auserwählt wird, der seine von Gott abgeleitete Herrschaft in der Rettung des Volkes vor den Feinden bestätigt.

Dabei war das Lied zweifellos für ein informiertes Publikum bestimmt, das die faktischen Ereignisse kannte, wenn nicht miterlebt hatte. So müssen Zeit und Raum nicht näher angegeben werden, das Geschehen wird in seinen Details reduziert (es wird etwa das engagierte Eingreifen Ludwigs in kritischer Schlachtsituation nicht erwähnt), es wird nur evoziert, memoriert und bereits gedeutet vorgeführt. Die Deutung greift zurück auf Muster des Alten Testaments, auf das geprägte Verhältnis zwischen Gott, dem Gottesvolk und seinem von Gott investierten König.

Mit der Aufnahme von Deutungsmustern des Alten Testaments steht das Lied im frühen Mittelalter nicht allein. Die archaische Gesellschaft erkannte sich in der Ordnung des Volkes Israel, erkannte ihren Gott im politischen Gott des Reichsvolkes. Es ist der transzendente Gott der Propheten, von majestätischer Größe, der seine Geschöpfe prüft, versucht und straft, vor dem sie in Furcht verharren. So ist die Welt des Alten Testaments für den Menschen des frühen Mittelalters keine vergangene Welt, sondern normensetzende heilige Vorzeit, in deren Strukturen er (in sakral gewandelter Analogie zur Heldenvorzeit) die verwandten Züge seiner eigenen archaischen Gesellschaft wiedererkennen kann. In der Tat verarbeitet die frühmittelalterliche Geschichtsschreibung einen großen Teil des Geschehens in Zitaten, Kategorien und Anschauungsformen des Alten Testaments. So wird für Gregor von Tours († 594) König Chlothar, der im Kampf gegen seinen Sohn Chramnus steht, zum „neuen David", dessen gerechten Kampf gegen seinen Sohn Absalom der Herr durch ein Gottesurteil richtet. Die ostfränkischen Reichsannalen aus dem Kloster Fulda erblicken 866 in dem im Kampf gegen die Normannen gefallenen Grafen Rotbert einen „neuen Machabeus". Die Könige erscheinen als „neuer David",

„neuer Salomo", sie empfangen wie die Könige Israels Salbung und sakrale Weihe. Um die Ankunft des Herrschers, seinen Adventus, entwickelt sich eine eigene, von psalmartigen *laudes* („Lobpreisungen"), Hymnen und Litaneien geprägte Liturgie.

Laudes durchziehen auch das Lied auf den westfränkischen König Ludwig III. Dieser wird begriffen als Diener Gottes – *ther gerno gode thionot* (v. 2: „der gerne Gott dient"). Dem vaterlosen Kind wird nach dem Vorbild Salomos Gott selbst zum *magaczogo* und *baiulus* (v. 3f.: „Erzieher"). Der Gott Israels hatte dem betagten David versprochen (2. Buch der Könige 7, 14f.): „Ich werde ihm Vater sein, und er wird mir Sohn sein". So heißt es im erzählerischen Übergang zur Situation der Reichsteilung von Amiens: *holoda inan truhtin* (v. 4: „Gott nahm sich seiner an"). Er gab ihm *dugidi* („Herrschertugenden"), die *virtus* des Königs, und *fronisc githigini* („herrschaftliches Gefolge"), die *trustis dominica* („Gefolgschaft des Königs") der fränkischen ‚Lex Salica' und den *stuol hier in Vrankon* („den Thron hier bei den Franken"), „den er lange genießen möge" (v. 5f.). Sein Reich teilte er mit seinem Bruder Karlmann. Bewußt nimmt die Deutung des Liedes ihren Ausgang von der Teilung zu Amiens, nicht von der umstrittenen Krönung in Ferrières. Sie ist Gottes und des Königs Werk. Hier hat Ludwig Thron, Gefolge und Legitimität erworben.

Nun versucht ihn Gott, „ob er Mühsal schon so jung zu ertragen vermöchte". Die Anspielung auf die sakrale Biographie eines Heiligen ist unüberhörbar. Gott schickt die Heiden übers Meer: sie sollen die Franken an ihre Sünden mahnen.

In der Tat wurden in der Zeit – wie uns Chroniken und Berichte von Kirchensynoden lehren – nach alttestamentlichem Muster die normannischen Invasionen als Folge der Abkehr des Volkes von Gott aufgefaßt, als Strafe des erzürnten Gottes: *Was erbolgan Krist* („Christus war erzürnt") heißt es im Lied (v. 20). So weiß eine zeitgenössische Predigt auf den nordfranzösischen Heiligen Quintinus (St. Quentin), „daß uns die Gerechtigkeit des höchsten Königs für die Nachlässigkeit unserer Sünden mit der wilden Wut der Heiden züchtigen will". Regino von Prüm deutet die Verwüstungen der Normannen als „himmlischen Zorn über das Volk, das die christliche Religion entweiht habe". Ganz im Sinne des Alten Testaments fordern Synoden und Kirchenfürsten wie Erzbischof Hinkmar von Reims (845–882) Umkehr des Volkes und öffentliche Buße, ja Bestrafung der Missetäter als Voraussetzung eines Sieges über die Normannen. So reinigt sich auch im ‚Ludwigslied' das Volk ausführlich von seinen Missetaten (v. 13ff.): Verlorene werden errettet; Verbrecher erleiden schmerzliche Strafen; Diebe nehmen Fasten auf sich und werden „gute Menschen"; Lügner, Räuber und Unkeusche tun Buße.

Höhepunkt des Gotteszorns ist die aus ihm hervorgehende Ferne des Königs von seinem Reich (v. 19): *Kuning was ervirrit, thaz richi al girrit* („Der König war fern, das Reich ganz in Auflösung"). Doch Gott, „der alle Not kennt" (vgl. Psalm 9, 10; 34, 7; 46, 2), erbarmt sich seines bußfertigen Volkes. Wie zu den Königen und Propheten des Alten Testaments spricht Gott zu „seinem" König (übrigens in feierlicher, Stabreim imitierender Alliteration) (v. 23f.):

,Hludvig, kuning min, Hilph minan liutin!
Heigun sa Northman Harto bidwungan.'

(„Ludwig, mein König, hilf meinem Volk! Die Nordmänner haben es hart bedrängt.")

Auch Angilbert von Corbie hat in einem panegyrischen Gedicht den „frommen" und „demütigen" Ludwig, den *domini ac fratris praeclarus amator* („ausgezeichneter Liebhaber und Freund des Herrn und seines Bruders") gepriesen. Hier wird er als inniger Freund Gottes gezeigt, der sich in demütigem Gehorsam seinen Wünschen fügt, wie ein Vasall von Gott Urlaub nimmt, die Kriegsfahne erhebt und zum Kampf gegen die Normannen reitet (v. 29f.):

Gode thancodun The sin beidodun,
Quadhun al ,fro min, So lango beidon wir thin'.

(„Gott dankten alle, die ihn erwartet hatten. Sie sprachen alle: ,Mein Herr, so lange schon erwarten wir Dich.' ")

In einer langen Rede an den *populus*, sein Reichsvolk und sein Gefolge, an seine *gisellion* („Mitkämpfer") und *notstallon* („Kampfgefährten") betont der König, daß Gott ihn gesandt habe, ihnen zum Trost und zur Rettung. Er fordert in Zitat des karolingischen Untertaneneides mit seiner Kontamination der *fideles Dei et regis* („Getreue Gottes und des Königs") alle *godes holdon* („Getreue Gottes") auf, ihm in den Kampf zu folgen. In Erfüllung feudaler Erwartungen sichert er der Gefolgschaft Lohn zu, der im Falle des Todes eines Kriegers dessen Sippe zukommen soll (v. 31–41).

Zu Recht hat man die christomimetische Gestaltung dieser auch formal im Zentrum des Liedes stehenden Passage hervorgehoben. Wie Christus wird Ludwig versucht, er bewährt sich im Gehorsam gegen Gott; von Gott als „Sohn" angenommen, wird er zur Errettung des Volkes aus seiner Not ausgesandt. Die Szene gipfelt im heilskräftigen Adventus des Herrschers, den Volk und Gefolge durch Zuruf feiern. Im Lied nimmt die *imitatio* („Nachahmung") Christi, welche die Fürstenspiegel und Sittenlehren der Zeit für den Herrscher fordern, Gestalt an. Ludwig erfüllt den Willen des Herrn der Geschichte, des „allmächtigen Gestalters der Dinge und Lenkers der Reiche und Zeiten" – wie der zeitgenössische St. Galler Mönch Notker Balbulus sagt. Durch diese Unterwerfung unter den Willen Gottes wendet sich die Geschichte zum Guten.

In Gottes Willen und Macht wird auch die Schlacht eingebettet: Der König dankt Gott dafür, daß er die Normannen findet; er singt vor Beginn des Kampfes ein *lioth frōno* („heiliges Lied"), das Heer singt ein ,Kyrieeleison' („Herr, erbarme dich unser!") – wie es auch für ottonische Heidenschlachten mehrfach bezeugt ist. Das Lied endet mit dem Dank an Gott und seine Heiligen. Die Einbettung des Kampfgeschehens in Gottes

Willen, der sich nahezu selbstverständlich daraus ergebende Sieg ist der Grund dafür, daß die Schlacht in topisch andeutender Kürze geschildert werden kann. Doch sind die verwendeten Topoi nicht weniger aufschlußreich: sie evozieren, indem sie heldenliedgemäße Formeln verwenden, das weltliche *experimentum virtutis* („Erprobung der Tapferkeit"), das Ludwig nicht schlechter besteht als die geistliche Prüfung und in dem er seinen Adel, sein Königsheil nach Abstammung und kriegerischer Tat erweist (v. 48ff.):

Sang was gisungan, Wig was bigunnan,
Bluot skein in wangon: spilodun ther Vrankon.
Thar vaht thegeno gelih, nichein soso Hludvig:
Snel indi kuoni, Thaz was imo gekunni.
Suman thuruhskluog her, Suman thuruhstah her.
Her skancta cehanton Sinan fian[*ton*]
Bitteres lides. So we hin hio thes libes!

(„Das Lied war gesungen, der Kampf hatte begonnen, Blut floß auf die Felder: dort tummelten sich die Franken. Dort focht jeder der Krieger, keiner aber so wie Ludwig: tapfer und kühn, das war ihm von seinem Geschlecht her angeboren. Manchen durchschlug er, manchen durchstach er. Er schenkte schnell seinen Feinden bitteren Wein. Ewiger Fluch ihrem Leben!") Es folgen die litaneiartigen Dankpreisungen Gottes und der Heiligen, die liturgischen *laudes regiae* („Lobpreisungen des Königs"), die im akklamierenden Heilswunsch des Liedschlusses anzitiert werden (v. 55ff.):

Gilobot si thiu godes kraft! Hludvig warth sigihaft;
[*I*]*oh allen heiligon thanc! Sin warth ther sigikamf.*
[*V*]*olar abur Hludvig, Kuning v*[*ilo*] *salig!*
So garo soser hio was, So war soses thurft was,
Gihalde inan truhtin Bi sinan ergrehtin!

(„Gelobt sei die Macht Gottes: Ludwig wurde siegreich; und allen Heiligen sei Dank: Sein wurde der Siegeskampf. Heil aber auch Ludwig, dem so überaus glückhaften König! So fähig, wie er stets war, wo immer es Not tat, erhalte ihn der Herr in seiner Gnade!").

Laudes, prozessionsartige Umzüge und Herrscherempfang nach großen gewonnenen Heidenschlachten sind auch anderweitig bezeugt. So schreiben die ‚Fuldaer Annalen' zum Normannensieg König Arnulfs, den er 891 an der niederländischen Dyle errang, daß er die Feier von Litaneien anordnete; „er selber hielt mit dem ganzen Heer Umzug, indem er Gott Lobgesänge darbrachte (*laudes Deo canendo processit*), der solchen Sieg den Seinen gab". Und nach der von Otto dem Großen gegen die heidnischen Ungarn gewonnenen Lechfeldschlacht vom Jahre 955 bezeugt Thietmar von Merseburg einen Umritt des Königs: „... alle Großen zogen ihm von weither entgegen und empfingen ihn in höchster Begeisterung". Ekkehard IV. berichtet in seinen ‚Casus S. Galli' (c. 19), daß Bischof Salomo III. von Konstanz (890–919) nach dem Sieg über seine Feinde von den *potentiores*, den „Großen" also, mit dem *cantus* („Gesang") *Heil hero! Heil liebo!* („Heil dir, o Herr! Heil dir, geliebter Freund!") begrüßt worden sei. Wipo erzählt in seinen ‚Gesta Chuonradi' („Taten Konrads", c. 3), daß bei der Königswahl Konrads II. 1024 alle „jubelnd herbeieilten: die Kleriker sangen Psalmen, die Laien sangen, beide nach ihrer Weise". Auch die Schlußzeilen des ‚Ludwigsliedes', vielleicht gar das ganze Lied muß man in die Traditionen von Adventus-Feier und Huldigungszeremoniell einordnen.

Ludwig ist von Gott erzogen und mit seiner Herrschaft begabt worden; er ist der Vertraute des Herrn, der zu ihm spricht; er dient Gott, ist ihm gehorsam, spendet ihm Lob und Dank; Gott aber gibt seine Feinde in die Hand des Königs. Die Intention des Liedes ist es, das Königtum Ludwigs unmittelbar aus der Gnade Gottes abzuleiten – wie es der letzte Vers des Liedes ausdrücklich anspricht. Zu Recht hat man in dieser Tendenz des Liedes auch eine Stellungnahme gegen die klerikale Opposition des Reiches, besonders gegen deren Führer Hinkmar von Reims gesehen, welche die Unterwerfung des Königs unter die geistliche Autorität der Bischöfe forderte, da ja ein Bischof den König salbe und kröne, und dies mit Argumenten aus dem Alten Testament untermauerte. Auch das Operieren des Liedes mit Deutungsmustern des Alten Testaments ist also funktional, nämlich als politische Antwort zu verstehen. Hinkmar hält den König für zu jung und schlecht beraten. Auf diese Jugend des Königs wird in seiner Erprobung durch Gott angespielt (v. 10). Hinkmar polemisiert, Ludwig herrsche nur dem Namen, nicht der *virtus* („herrscherlichen Tugend und Fähigkeit") nach. Das Lied erweist dagegen, daß Gott dem König jene *dugidi* oder *virtus* schenkte, die er in der Schlacht allen offenbarte.

Den Verfasser dieses zugleich zelebrierenden und theologisch wie politisch subtil argumentierenden Textes muß man in Kreisen des Hofes, besser noch im geistlichen Beraterstab Ludwigs III. suchen. Er schrieb für wissendes, ja solidarisches Publikum, dem das Geschehen vergegenwärtigt und gedeutet wurde.

Vor solidarischem Publikum wirkt das zweimalige *ih weiz* der Exposition – „Einen König weiß ich", „ich weiß, daß Gott ihm seinen Dienst lohnt" – am ehesten verständlich. Autor, Publikum und König befinden sich *hier in Vrankon* („hier bei den Westfranken"). Besonders fällt die mehrfache und stellenweise disfunktionale Erwähnung des herrscherlichen Gefolges auf, das außer Gott und König einziger weiterer Handlungsträger des Liedes ist. Es ist dem König von Gott gegeben (v. 5), es wirkt beratend und helfend im Kriege (v. 34), ihm gebührt Lohn für den militärischen Dienst (v. 40f.). Diese Akzentuierung muß ihren Grund in der pragmatischen Situierung des Liedes haben. So sucht man wohl zu Recht das Publikum „in den Kreisen der persönlichen Gefolgschaft Ludwigs" (Klaus Mattheier).

Mit der Annahme einer Zweckbestimmung für Hof und Gefolgschaft erklärt sich vielleicht auch der überwiegend rheinfränkische Sprachcharakter. Zahlreiche westfränkische Kronvasallen entstammten dem Adel des Ostens: es seien nur erwähnt die Robertiner, die Söhne Roberts des Tapferen, von denen Odo bald (888) zum westfränkischen König aufsteigen wird; Hugo der Abt und Graf Konrad von Paris gehörten der Familie der Welfen an, die ihre Interessen im Ost- wie im Westreich verfolgte; zu den Rorgoniden gehörte Gauzlin, Kanzler Ludwigs III. und unter anderem Abt jenes Klosters St. Amand, in dessen Bibliothek die Handschrift des Ludwigsliedes gelangte: er besaß besondere Beziehungen zum ostfränkischen König Ludwig dem Jüngeren. Auch ein Mann wie der spätere Erzbischof Fulco von Reims, der *libri teutonici* kannte, welche die Ermanarichsage enthielten (vgl. S. 85), gehörte als Abt der Reichsabtei St. Bertin (seit 878) zum Gefolge des Königs.

Um aber die volle Funktion des Liedes zu verstehen, muß man seinen *Laudes*-Charakter ganz ernst nehmen, der im Eingang anläßlich der Thronbesteigung Ludwigs mit dem Ruf (v. 6) *‚So bruche her es lango!‘* („Lange möge er sie, d.h. seine Herrschaft, genießen!“) erstmalig anklingt und im triumphalen Gottes- und Königspreis des Liedschlusses gipfelt. Diese *laudes* werden nicht erzählt, sondern im Lied aktualisiert. Man könnte sich das ‚Ludwigslied‘ gut neben anderweitig bezeugten Akklamationsrufen der Großen als laikalen, volkssprachigen Teil einer höfischen Adventusfeier vorstellen, die sicherlich auch lateinisch-klerikale Elemente integrierte.

Im feiernden Charakter des ‚Ludwigsliedes‘ liegt auch seine Verbindung zu anderen Schlacht- und Königspreisliedern. Nur am Rande braucht man die Widmungsstrophen des Mönches Otfrid von Weißenburg zu erwähnen, die er in seinem althochdeutschen Evangelienbuch an den ostfränkischen König Ludwig den Deutschen adressierte: sie sind mehr Preisgedicht als Widmungsepistel, sind jedenfalls nicht denkbar ohne die Tradition eines höfischen Preislieds. Auch hier leitet Gott den König, schützt ihn und legitimiert ihn und sein Geschlecht.

Otfrid preist den ostfränkischen König in einem verbreiteten Herrschertopos als mit Tapferkeit und Weisheit zugleich begabt. „ihm möge immer Heil und Glück blühen, der Herr vermehre seinen Besitz und fülle ihm stets die Seele mit Freude!“ Er ist von adliger Abstammung, besitzt festen Mut, mit Gott rang er seine Feinde nieder, beschirmte das Reich und gab ihm Frieden. Er ist ein neuer David, viel Leid und Mühsal ertrug er männlich als *gotes thegan* („Gefolgsmann Gottes“). Das Leitmotiv seines Handelns, das wie im ‚Ludwigslied‘ christomimetisch ausgeführt ist, bildet die *thulti*, die Tugend der *patientia* („Geduld“). In ihr dient er stets Gott, ist *gotes drut* („Gottes Vertrauter“), übt Gerechtigkeit und Frömmigkeit. Das Widmungsgedicht endet mit dem Wunsche langen Lebens und Heils für König und königliche Familie, der in ein Gebet um die *salus aeterna* („das ewige Seelenheil“) – wie Überschrift und Buchstaben-Akrostichon des Gedichts lateinisch formulieren – des Königs mündet. Er ist erstaunlich, wie intensiv wiederum das Alte Testament die Deutungsmuster bestimmt.

Weiter zurück reicht das auf den 796 errungenen Awarensieg eines Karlssohnes verfaßte Preislied. Die fünfzehn Strophen des Rithmus ‚De Pippini regis victoria avarica' („Vom Awarensieg des Königs Pippin") sind inhaltlich streng symmetrisch aufgebaut; das lateinische Lied arbeitet vor allem den providentiell-heilsgeschichtlichen Charakter des fränkischen Sieges heraus.

Das Lied beginnt mit einer Schilderung (fünf Strophen) der Übeltaten der in der ungarischen Tiefebene hausenden Awaren, die den Hunnen gleichgesetzt werden. Vom Teufel verführt, zerstören sie Klöster und Kirchen, rauben die heiligen Schätze der Christen. Auf der Seite der Christen aber ersteht der *rex catholicus* („katholische, rechtgläubige König") Pippin; ihm und dem fränkischen Heer kommt der Apostelfürst Petrus zu Hilfe – wohl als Patron Roms und Italiens, dessen König der Sohn Karls des Großen ist. Die fünf Strophen des Zentrums spielen am Hofe des Awarenkhans. Ein Ratgeber rät zur Unterwerfung unter den Willen des durch Gottes Hilfe unbezwinglich gewordenen Frankenkönigs: „Eure Reiche sind den Christen in die Hand gegeben!" Der Awarenkhan nimmt den Rat an. Der Schlußteil schildert die Unterwerfung der Awaren, die ihre Söhne als Geiseln darbringen. Die letzten drei Strophen danken Gott für den Sieg über das *regnum Uniae* („Hunnenreich") und die heidnischen *gentes*, gipfeln schließlich in einem Heilswunsch für den König, seine Söhne und *palatia* („Königshöfe"), deren großes und mächtiges Reich von der Gnade Gottes erhalten wird. Die *palatia* des Königs bilden wohl eine Chiffre für das „Gefolge" des Herrschers.

Der Schluß des zur „religiösen Rechtfertigung eines Angriffkrieges im Geiste der augustinischen Lehre vom *bellum iustum*" (Josef Deér), vom „gerechten Krieg", bestimmten ‚Awarenschlachtliedes' stimmt in seinem *Laudes*-Charakter in bemerkenswerter Weise mit dem ‚Ludwigslied' überein. Den christomimetischen Aspekt betont wiederum der ‚Rithmus' von der Gefangenschaft des italienischen Königs und Kaisers Ludwig II. in Benevent im Jahre 871. Der Herrscher wird im Stile eines *sancte pius* („heilig Frommen"), ja eines Märtyrers vorgestellt, dessen im Hochmut befangene Feinde ihn vom Teufel verführt seiner Herrschaft zu berauben und zu töten trachten. Seine Rettung ist ein Wunder, das der „mächtige Herr Jesus Christus als Gottesurteil wirkte." Das Lied richtet sich in romanisch verfremdetem Latein an *omnes fines terre* („alle Völker der Erde"), ist also wohl ein für eine größere Öffentlichkeit bestimmtes Propagandalied gewesen.

Es ließe sich noch ein Hymnus auf die Thronbesteigung des westfränkischen Königs Odo im Jahre 888 anschließen. Der in zehn Strophen gehaltene Hymnus 'Ad Odonem regem' („An König Odo") ist umrahmt von je zwei Einleitungs- und Schlußstrophen. Er beginnt (Str. 1) mit der Aufforderung an den König, die Zeichen seiner Herrschaft zu ergreifen, wünscht lange Herrschaft und erbittet dann (Str. 2) für den König den Schutz des göttlichen Kreuzes und die Erfüllung mit weiser Tugend und heiligem Geist. In schier endloser Reihe werden dann, in den sechs zentralen Strophen des Liedes, alttestamentarische und antike Herrschervorbilder zitiert: „Gottes würdig seist Du wie Abel, ... richten mögest Du wie Daniel, ...

heilig seist Du, wie Job es war, ... Beredsam mögest Du sein wie Abraham, ... weise wie Salomon, stark wie Samson, schön wie Absalom, klug wie Gideon, ... Einherrscher mögest Du sein wie Julius (Caesar) ... ein milder König sein wie David, gewaltigster Sieger wie Judas (Makkabäus). Wie der großmächtige Alexander mögest Du der tüchtigste der Krieger sein, deine Gegner mögen vor Dir fliehen, wie man vor Pompejus floh!" Die Schlußstrophe läßt die Lande des Reiches, Gallien, Burgund, Aquitanien und die *Teutonia* (der theodisk sprechende Reichsteil Flandern?) in die Laudes auf den König einstimmen. Daß wir es aber hier mit geselliger Hofdichtung zu tun haben, offenbart die vorletzte Strophe, eine Spottstrophe, in welcher der Sänger – wohl zum Gaudium seiner Zuhörer – im Versmaß bleibt, doch aus seiner hohen Rolle fällt: „Die meine Lieder loben, mögen süßen Würzwein trinken, denen sie aber zuwider sind, reiche man schaumiges Erbsenbräu!" Solches Zitat spielmännischen Gebarens war wohl nur vor solidarischem Hofgefolge denkbar.

Kennzeichen aller dieser formal als „Rithmi" gehaltenen Preislieder ist die panegyrische Steigerung von Schlachtensieg und Herrschertaten zum Zwecke der Legitimierung eines Fürsten. Zu den Grundmotiven gehören die in Demut, Geduld und Leiden sich vollziehende Christusimitatio sowie die Ableitung königlicher Herrschaft aus der Gnade Gottes. Einige dieser Lieder scheinen Teil von *Laudes*-Feiern gewesen zu sein. Das ‚Ludwigslied' ist nichts anderes als die volkssprachige Version dieses christlich-karolingischen Preisliedtypus.

Ottonische Hofdichtung

Höfische Dichtung in lateinischer Sprache mit panegyrischem Inhalt gab es auch an den Königshöfen (auch Fürsten- und Bischofshöfen) der ottonischen und salischen Zeit. So läßt sich etwa der ‚Modus Ottinc' („Lied auf die Ottonen") als ein um 1000 entstandenes und nur am Hofe denkbares Preislied auf Otto III. (983–1002) verstehen, das seine *laudes* auf den Herrscher aus einer Schilderung der Taten der gleichnamigen Vorfahren, Ottos des Großen (936–972) und Ottos II. (973–983), deren genealogischer und ideeller Erbe zugleich nach dem Liede Otto III. ist, heraus entwickelt. Im Mittelpunkt steht der *magnus cesar* Otto („der große Kaiser Otto I.") und sein mit der Lechfeldschlacht triumphal abgeschlossener Kampf gegen die Ungarn, die nach der antikisierenden Manier des höfischen Kreises um Otto III. als Römerfeinde, als *Parthi* („Parther"), bezeichnet werden. Die das Kaisertum Ottos de facto begründende Heidenschlacht bei Augsburg (955) wird memorierend gefeiert; hinter ihr treten alle anderen glänzenden Taten zurück. Aus diesem Sieg leitet sich der Ruhm des königlichen Geschlechts ab; dem Sohne vererbt der erste Otto den Namen, das Reich und *optimos mores* („außerordentliche Tugenden und Heil"). Dieser ist zwar als Kaiser „gerecht, mild und tapfer", jedoch fehlt ihm der Triumph in der Schlacht. „Doch sein berühmter Sohn Otto, die Zierde der Jugend, war nicht nur tapfer, sondern auch heilvoll (*felix*); denn Völker, die noch von keines Heeres Waffen bezwungen wurden, besiegte zur Gänze der Ruhm seines Namens" (Str. 6). In der Vereinigung von kriegerischem Heil und christlicher Milde und Barmherzigkeit im Frieden ersteht im Enkel der Ahne neu und legitimiert so seine Herrschaft.

Das Lied ist im Stil einer liturgischen Sequenz gehalten: zwei Chöre bieten alternierend gleichgebaute Strophen nach dem Schema *aa bb cc dddd a* dar. Die Rahmung – zwei einleitende Strophen knüpfen die Melodie an ein Ereignis aus dem Leben Ottos des Großen, die wohl gemeinsam gesungene, formal gleich gebaute Schlußstrophe schließt mit dem Unsagbarkeitstopos – deutet ebenso wie Form und Sprache auf den gelehrt-höfischen Charakter solcher Dichtung. Der ‚Modus Ottinc' ist in den ‚Carmina Cantabrigensia' (Nr. 11) überliefert, der Cambridger Liedersammlung, die in einzig erhaltener Handschrift im späteren 11. Jh. in Canterbury (wohl im Kloster St. Augustine) aufgezeichnet wurde. Diese aus kleineren, älteren Sammlungen komponierte Handschrift vereinigt neben schwankartigen Stücken, geistlichen Liedern und sangbaren Prunkstücken aus antiker Epik vor allem Preis- und Klagelieder auf deutsche Könige und Kaiser von Otto III. bis Konrad II. († 1039), die ihren „Sitz im Leben" bei Krönungsfesten, höfischen Festen und Bestattungsfeierlichkeiten hatten. Anderes bezieht sich auf salische Kirchenfürsten wie Erzbischof Poppo von Trier (1016–47) und Erzbischof Heriger von Köln († 1021); insbesondere einige an regionale Zentren wie St. Victor in Xanten und das Caecilienstift in Köln attachierte Texte lassen an eine Vorlage aus der Erzdiözese Köln denken. Für die Entstehung der Kernsammlung hat man wohl zu Recht an den Hof Heinrichs III. (1039–1056) gedacht. Unter den 49 Stücken finden sich auch zwei lateinisch-deutsche Mischgedichte: eines (Nr. 28) – herkömmlicherweise ‚Kleriker und Nonne' genannt – ist noch im Mittelalter wegen seines erotischen Themas von einem empörten Leser so durch Schwärzung und Rasur zerstört worden, daß nur noch Bruchteile sicher lesbar sind. Das zweite (Nr. 19) – ‚De Heinrico' („Von Heinrich") – steht in der Sammlung zwischen einem zur Vermahnung gedachten merowingischen Rithmus über das Thema der *vanitas* („weltlichen Eitelkeit") und einer satirischen Klosterdichtung von der Eselin Alfrad. Das Gedicht besteht aus acht Strophen zu je drei oder vier Reimverspaaren. Jeweils der erste vierhebige Kurzvers ist lateinisch (akzentuierend), der zweite althochdeutsch. Die Reimbindung zwischen lateinischem Anvers und althochdeutschem Abvers besteht oft nur in Vokalassonanzen der letzten Silben.

‚De Heinrico' ist einer der seltenen, aber auch rätselhaften Repräsentanten althochdeutscher Literatur im zehnten Jahrhundert, wenn denn in diesem Falle die säuberliche Trennung zwischen volkssprachiger und lateinischer Literatur überhaupt einen Sinn hat. Das raffinierte höfische „Kunststück" aus lateinisch-althochdeutschen Mischversen ist wie der ‚Modus Ottinc' in einer bereits komplizierten Erzählperspektive gehalten. Die erste Strophe beginnt mit einer Anrufung Christi zur Unterstützung des poetischen Unternehmens – einer Christianisierung der in der antiken Literatur üblichen Musenanrufung – und der Angabe des Themas: das Lied handelt von einem

Herzog Heinrich, *qui cum dignitate thero Beiaro riche bewarode* („der in tugendhafter Würde das Reich der Bayern schützte"). Der Hauptteil des Liedes besteht in der Vergegenwärtigung einer einzigen, in der Vergangenheit liegenden Szene: in der Einholung und Begrüßung des Herzogs durch einen Kaiser Otto an seinem Hof, die in einen Rechtsakt mündet.

Strophe II: Ein Bote des Herzogs fordert den Kaiser auf, Heinrich zu empfangen, der ein *hera kuniglich* („ein königliches Gefolge [oder: Heer]") bringt, das dem Kaiser zu Diensten sein werde.

Strophe III: Kaiser Otto erhebt sich, geht dem Herzog mit großem Gefolge entgegen und empfängt ihn mit großen Ehren.

Strophe IV: Der Kaiser sagt: *Willicumo, Heinrich, ambo vos equivoci, bethiu goda endi mi: nec non et sotii, willicumo sid gi mi!* („Willkommen, Heinrich, ja ihr beiden Gleichnamigen sollt auch beiden, Gott und mir, willkommen sein: dazu auch die Gefolgsleute, seid mir alle willkommen!"). Die vielbesprochene Stelle kann kaum anders als durch die Anwesenheit eines zweiten Heinrich erklärt werden, den der Kaiser in die Begrüßung einschließt. Anscheinend ist die Rede des Kaisers aus dem sächsischen Hause auch durch einige altsächsische Formen (*mī* „mir", *gī* „ihr") charakterisiert.

Strophe V: Nach einer geziemenden Antwort Heinrichs reichen sich beide die Hände; der Kaiser geleitet den Gast in die Kirche; beide gemeinsam bitten um Gottes Gnade.

Strophe VI: Nach dem Gebet nimmt Otto seinen Gast auf, führt ihn ehrenvoll in den Rat [der Fürsten] und übergibt ihm, *so waz so her thar hafode* („was auch immer er von da an [als Lehen] besaß"), vorbehaltlich königlicher Rechte, „nach denen Heinrich auch nicht strebte".

Strophe VII: Von da ab stand Heinrich jeder Beratung vor – *quicquid Otdo fecit, al geried iz Heinrih: quicquid ac omisit, ouch geried iz Heinrihc.* („Was auch Otto tat, alles beriet es Heinrich: was er unterließ, auch dazu riet Heinrich").

Strophe VIII: Da war nicht einer unter den Adligen und Freien, dem Heinrich nicht hätte sein Recht werden lassen.

Es gibt keinen Zweifel, daß der Herzog Heinrich des Liedes die Empfangsszene beherrscht: schon der auffordernde Ton seines Boten läßt die Perspektive deutlich werden. „Die eigentliche Aktivität liegt bei Heinrich, vor allem das innere Gewicht des Handelns" (Marie Luise Dittrich). Kern der Begegnung zwischen Kaiser und Herzog ist die Einführung in den Rat der Fürsten und die öffentliche Belehnung mit seiner Herrschaft (wohl mit dem bayrischen Herzogtum), wobei der Belehnte offensichtlich auf den Anspruch königlicher Rechte in seinem Herrschaftsbereich verzichtete. Der Vorbereitung dieses Rechtsaktes dient das Zeremoniell: feierliche Einholung und Begrüßung des mit „königlichem Gefolge" nahenden Herzogs, die *coniunctio manuum* („Vereinigung der Hände") zum Zeichen der Eintracht, das Gebet um Gottes Segen für die kommende Handlung... Erst in den letzten beiden Strophen tritt das Lied aus dem Zeremoniell heraus und schildert die Folgen des vollzogenen Rechtsaktes: Herzog Heinrich wird der erste Ratgeber des Kaisers, alles entscheiden sie gemeinsam. Die Schlußstrophe erweist die Legitimität der Herrschaft des Herzogs aus seiner *iustitia* („Gerechtigkeit").

Die Tempusgestaltung der ersten und der letzten Strophe setzt voraus, daß der gefeierte Herzog zum Zeitpunkt der Abfassung des Liedes nicht mehr unter den Lebenden weilte. Die geschilderte Szene muß noch weiter zurückliegen, da sich ihr ja noch ein ebenfalls geschildertes Stück politischer Praxis des Herzogs anschließt. Andererseits muß sie bedeutungskräftig und plastisch genug gewesen sein, um den Hörern noch so im Gedächtnis zu haften, daß sie die uns enigmatische Anspielung auf die beiden Fürsten gleichen Namens, welche dem Zeremoniell beiwohnten, verstanden.

Wer war der bayrische Herzog Heinrich des Liedes? Wer Otto, *ther unsar keisar guodo* („unser mächtiger Kaiser")? Seit dem Bruder Ottos des Großen, Heinrich I., herrschten nacheinander und neben den ottonischen Kaisern vier Herzöge dieses Namens (davon der zweite Sohn und der vierte Enkel des ersten) über Bayern, bis 1002 Herzog Heinrich IV. als zweiter König dieses Namens den Thron des Reiches bestieg. Die Forschung hat lange in der Identifizierung geschwankt – doch ist heute kaum ein anderer Bezug als der auf Herzog Heinrich II., „den Zänker" und Otto III. (s. Abb. 7) möglich. Heinrich II. hatte sich jahrelang im Aufstand gegen den minderjährigen Otto befunden, wovon er seinen Beinamen erhielt. Noch Thietmar von Merseburg weiß um 1018, daß „das Volk" von ihm sang: „Herzog Heinrich wollt' regieren, Gott der Herr wollt's leider nicht". Auf dieses Streben nach königlicher Herrschaft – übrigens unter dem Vorwand, die Vormundschaft als Onkel ausüben zu wollen – scheint auch das Lied anzuspielen, wenn es ausdrücklich den Verzicht Heinrichs auf königliche Rechte hervorhebt. Noch 983 hatte Otto seinem Verwandten das Herzogtum entzogen und es an den Liutpoldinger Heinrich III. gegeben. Im Juni 985 unterwarf sich Heinrich „der Zänker" auf dem Frankfurter Reichstag. Heinrich II. wurde in der Folge erneut mit Bayern belehnt, der gleichnamige Liutpoldinger erhielt als Kompensation Kärnten. Wo und wann die förmlichen Akte der Rückgabe des Herzogtums und der Neuvergabe vollzogen wurde, ist uns nicht überliefert. Nach einer plausiblen These von Mathilde Uhlirz wäre dieser Rechtsakt Ende September 985 in der Königspfalz Bamberg zu situieren, wo die beiden Heinriche als Intervenienten („Fürsprecher") in einer Königsurkunde für das bayrische Bistum Passau auftreten. Hier also hätte Heinrich II. sein Gefolge dem fünfjährigen König zugeführt, hier hätte Otto III. diese beiden Heinriche in sein versöhnendes Willkommen eingeschlossen, seinen Verwandten erneut mit der Herrschaft investiert und ihn zu seinem vornehmsten, einem Vormund vergleichbaren Ratgeber gemacht.

Entstanden ist das Lied demnach erst nach dem Tode Heinrichs „des Zänkers" am 28. VIII. 995, und nach der Kaiserkrönung Ottos III. am 21. V. 996. Vielleicht muß man sogar in I,3 das wenig sinnvolle *de quodam duce* („von einem gewissen Herzog") in *de quondam duce* („von dem ehemaligen Herzog") emendieren. Angesichts des klaren Bezugs des Liedes auf den Belehnungsakt, in dem Heinrich von Kärnten als bisheriger Inhaber der Herzogswürde eine Rolle spielen mußte, wirkt eine Identifizierung des *aequivocus* mit Heinrich IV., dem Sohn des „Zänkers" – wie sie Marie-Luise Dittrich vertritt –, weniger wahrscheinlich. Die im Lied angesprochene beratende Tätigkeit Heinrichs II. für den König läßt sich auch in den Quellen nach 985 feststellen. So wird er zwischen 985 und 994 bei sieben Schenkungen Ottos III. als Intervenient faßbar; noch am 16. VIII. 995 – im Jahr seiner Volljährigkeit – urkundet Otto *consiliante duce Henrico* („auf den Rat des Herzogs Heinrich"). Und zum Magdeburger Hoftag von 995, wo Otto „mit seinen Fürsten Rat pflegte", kam – eigens und als einziger hervorgehoben durch den Chronisten Thietmar von Merseburg (IV, 20) – auch der „erlauchte Herzog" Heinrich. Für die in der Schlußstrophe angesprochene Rechtstätigkeit verweist Marie-Luise Dittrich zu Recht auf dessen in seinen letzten Regierungsjahren erlassene ‚Ranshofener Konstitutionen'. In Heinrichs Epitaph zu St. Emmeram in Regensburg wird seine *defensio legis* („Wahrung des Rechts") gefeiert. Die ‚Quedlinburger Annalen' rufen ihm nach: „In der Wahrung des Rechtsfriedens war er mehr als frühere [Herzöge] erfolgreich, so daß er von den Einwohnern des bayrischen Reiches ‚Heinrich der Friedfertige' und ‚Vater des Vaterlandes' genannt wurde". Auch im Lied wird ja die Metamorphose des „Zänkers" angedeutet.

Die königsgleiche Stellung, das herrscherliche Repräsentationsbewußtsein Heinrichs II. wird anscheinend auch durch einen kunstgeschichtlichen Befund unterstrichen: Zu dem bekannten Herrscherbild Ottos III. in seinem Evangeliar (München, Bayrische Staatsbibliothek, Clm. 4453; hier Abb. 7) mit der Huldigung geistlicher und weltlicher Stände und der Prozession tributbringender *gentes* existiert eine nahezu getreue Replik in der Bamberger Josephus-Handschrift (Bamberg, Bayrische Staatsbibliothek, Class. 79), die jedoch wegen ihrer Umschrift Heinrich zugeordnet werden muß.

Man wird ‚De Heinrico' als ein nach dem Tode des Herzogs geschriebenes Memorialgedicht betrachten müssen, in dem das Ereignis, auf dem die Herrschaft der Heinriche über Bayern beruhte, vergegenwärtigt wurde. Wie der ‚Modus Ottinc' und andere Gedichte der Cambridger Sammlung ist es ein politisch-rhetorisches Hofgedicht, angeregt vielleicht vom gleichnamigen, später zum Königtum aufsteigenden Sohne. Es will im Kreise von Kennern der politischen Szene, bei erfahrenem, die zugrundeliegenden Fakten beherrschendem Publikum angesiedelt werden. Dieses Publikum kannte die *dignitas* des Baiernfürsten, welche die ‚Quedlinburger Annalen' so beschreiben: „er entstammte einem außerordentlich vornehmen Geschlecht, aber noch edler war er durch sein Wirken und Verhalten (*moribus*) und ebenso ausgezeichnet durch seine lautere Freigebigkeit". Die Erinnerung an den Fürsten, der sich durch Tugend und Gerechtigkeit auszeichnete, war Funktion des Liedes, so wie es wenig später Wipo in seiner Todesklage auf Kaiser Konrad II. († 1039) formulieren wird: *Gloria sit nobis in memoria et recenti mentione vivat vir indolis bone* („Ruhm erstehe uns durch die Erinnerung und es lebe in erneuertem Gedenken der Mann guten Geschlechts").

Zugleich aber arbeitete der Dichter dieses „Kunststücks" auch für einen Kreis von Kennern lateinischer und althochdeutscher Dichtung. Das Verhältnis zwischen lateinischem Anvers und althochdeutschem Abvers komponierte er in komplexer Responsion: Manchmal führt der althochdeutsche Vers den lateinischen nur formelhaft weiter (z.B. III,3 und VI,2 *mit mihilon eron* „mit großen Ehren"), in anderen Fällen befindet sich gerade die Pointe einer Aussage im volkssprachigen Abvers. In einer Wahrheitsbeteuerung der Schlußstrophe lassen sich lateinischer und althochdeutscher Text jeweils getrennt voneinander vertikal lesen – was übrigens bei einfachem Vortrag kaum tolerabel sein konnte und eher für Gesang durch zwei alternierende Chöre spricht, die sich antworten, variieren und vollenden, aber auch genügend Eigengewicht besitzen, daß der Hörer ihre vom Partner unterbrochene Stimme ergänzend wiederaufnehmen kann. Schließlich hat der Autor zwei Zeilen des Liedes durch eine progressive, über die Ergänzung von An- und Abvers hinausgehende Kontamination der Sprachen ausgezeichnet: es sind die Anrufung Christi im Liedeingang und die erste Zeile der siebten Strophe, welche im Prozeß der Erzählung von der erzählten Szene zu deren Resultaten überleitet und damit dem Hörer das Gerichtete als Argument in einem Beweisgang erkennen läßt: *Tunc stetit* al thiu sprakha *sub firmo* Heinriche („Von da ab stand jede Beratung unter Leitung des zuverlässigen Heinrichs").

‚De Heinrico' steht in einer festen Tradition ottonisch-salischer Haus- und Hofdichtung: Eine Sequenz auf Otto II. entstand im Zusammenhang mit dem Reichstag von Verona Ende Oktober 967, auf dem der künftige Mitkaiser Otto vorgestellt wurde. Hausliteratur schrieb in ihrer ‚Historia Ottonum' („Geschichte der Ottonen") Hrotsvith von Gandersheim. Die um 975 entstandene ältere Vita der Königin Mathilde, der Gattin Heinrichs I., ist oft mehr eine Geschichte der Vorfahren Ottos II.; die etwa 1003 am Hofe König Heinrichs II. entstandene jüngere Vita verherrlicht die bayrische Linie der Ottonen, der Heinrich II. (1002–1024) just entstammte. Mit Geschick beginnt man im Hochadel liturgische (Modus, Sequenz) und hagiographische (Legenden) Formen für eigene Zwecke einzusetzen. Im Kreis um Heinrich III. (1039–1056) entstehen die ‚Gesta Chuonradi' (eine Lebensbeschreibung Konrads II., des Vaters Heinrichs) und der ‚Tetralogus' Wipos; auf Heinrich III. ist wahrscheinlich auch die Anregung zum ‚Ruodlieb' zurückzuführen, zu jener Formen des heroischen Epos rezipierenden Dichtung, die vom *rex maior* („hochherzigen König") und dem *miles perfectus* („vollkommenen Ritter") als seinem edlen und stets treuen Vasallen handelt. Durch den *magister* („Lehrer") Ebo von Worms läßt sich Heinrich III. 1028/29 eine Sammlung von *modi* zusammenstellen; auch die ‚Carmina Cantabrigensia' waren wohl eine am Hofe zusammengestellte Sammlung von *modi, planctus* („Klageliedern") und Sequenzen.

Anhang I: Volkssprachige Rechtstexte

Wissen um das Recht der eigenen *gens*, des Stammes als des Rechtsverbandes, zu dem man gehörte, Recht als aus der Tradition geschöpfte Form des öffentlichen, des wirtschaftlichen und politischen Handelns war Adelswissen par excellence. Auf seine Bedeutung für die Bildung jener Schicht, welche die Träger der Reichsverwaltung und der Justiz, Grafen, Herzöge, Äbte und Bischöfe stellte, ist schon hingewiesen worden (vgl. S. 48).

Wie sehr Rechtswissen als Kennzeichen adliger Herrschaftsbefähigung galt, zeigt eine Bestimmung der ,Lex Baiuwariorum', des Gesetzes der Baiern (2,9): sie fordert für einen Herzog des Stammes neben seiner Eignung zum Heerführer, neben der Geschicklichkeit im Gebrauch der Waffen auch die Fähigkeit, „sich im Gerichtsstreit zu messen" und das „Volk zu richten", d.h. Recht zu sprechen und durchzusetzen.

In den Adelsbibliotheken der Karolingerzeit, die wir kennen, sind stets auch Rechtshandschriften vertreten. Adlige Amtsträger brauchten sie, weil jeder Angehörige einer *gens*, wohin er auch ging, im Reich der Franken, „sein" Recht mitnahm und nach ihm beurteilt werden mußte, so daß in jedem Amtsbezirk eine Pluralität von Rechten wirksam war. In seinem wesentlichen Kern war dabei freilich das Recht mündliches Wissen, ererbtes, in geprägter Form überkommenes Wissen, das stets neu am Fall aktualisiert, von den Rechtskundigen „gefunden" werden mußte. Die Formen der „Rechtsfindung", die Formen des Prozesses, der Erlangung des Rechts waren ebenfalls mündlich und traditionell festgelegt. Wie verbindlich auch in einer Zeit zentralistischer Verschriftlichung das mündlich überkommene Gewohnheitsrecht sein konnte, zeigt eine Verfügung aus der Zeit Ludwigs des Frommen (818/19): bei der Entdeckung eines Gegensatzes zwischen Gewohnheitsrecht und verschriftetem Frankenrecht sollte die Sache nicht behandhabt werden, „wie sie in der ,Lex Salica' geschrieben steht, sondern wie es bis heute die Altvorderen gehalten hätten".

So existierte seit merowingischer Zeit selbstverständlich eine „volkssprachige Form der Rechts- und Geschäftssprache, die primär in der Mündlichkeit lebte" (Ruth Schmidt-Wiegand). Kunde von ihr geben uns die in die älteren Volksrechte einzelner Stämme eingegangenen volkssprachigen Rechtswörter, insbesondere aber die sog. ,Malbergischen Glossen' des Rechts der salischen Franken.

Die ,Malbergischen Glossen' sind (wohl als Randglossen entstandene) Zusätze zum ,Pactus legis Salicae' („Statuten des salfränkischen Rechts", 6. Jh.) und zur ,Lex Salica' („Salfränkisches Recht"), die „Termini einer" merowingisch-fränkischen „Verhandlungssprache vor Gericht" nennen, „die in Klage, Verteidigung, Reinigungseid, Urteil und Urteilsschelte ihren festen Platz hatten. Reste einer Mündlichkeit also, für die es sonst kaum Zeugnisse gibt" (Ruth Schmidt-Wiegand). Sie stehen in den Handschriften im lateinischen Kontext, sind aber durch ein einleitendes *in mallobergo* („vor Gericht") o.ä. kenntlich. Mit „Salfranken" bezeichnet man die auf dem Boden Belgiens und Nordfrankreichs siedelnden Franken im Gegensatz zu den „rheinischen Franken" oder „Ripuariern", die auch ihr eigenes Recht besaßen.

Die frühfränkische Rechtssprache der Stammesrechte und der ‚Malbergischen Glossen' war im achten und neunten Jahrhundert bereits stark veraltet und in ihrem Wortschatz in vielen Fällen durch Neubildungen der karolingischen Epoche ersetzt. Der älteren wie der jüngeren Rechtssprache ist jedoch die Neigung zu feierlicher und auch mnemotechnisch günstiger Stilisierung und Rhythmisierung durch Formeln, Paarbildung, Stabreim und Wortfiguren eigen.

Das läßt sich gut am althochdeutschen ‚Priestereid' aufzeigen. Dieser Eid – in Handschriften des frühen 9. Jahrhunderts aus dem bairischen Freising überliefert – enthält ein aus dem karolingischen Treueid entwickeltes Versprechen zu *huldi* („Treue und Gefolgschaft") und Gehorsam des Priesters gegenüber dem Bischof, der hier auch als eine Art Gefolgsherr des Klerikers auftritt, eine aus germanischem Denken entwickelte Besonderheit des Priesterweiheritus im Raum nördlich der Alpen. Der Priester soll – in stabreimender Formel – *kahorich enti kahengig* („gehorsam und ergeben") sein, er soll – in rhetorischer figura etymologica – die *fruma frumen* („Nutzen und Heil mehren") und Schaden abwenden. Auch die ebensofrühe althochdeutsche Übersetzung der ‚Lex Salica' kennt diese Stilelemente, übersetzt lateinisches *porcellum in campo* („Schwein im Felde") stabend mit *farah in felde* und verwendet die figura etymologica bei der Wiedergabe der Überschrift *De conpositione homicidii* („Von der Vergeltung des Totschlags") mit *hve man weragelt gelte* („wie man Wergeld, d.h. Abgeltung für einen erschlagenen Menschen, bezahlen soll").

In einer bestimmten Sparte des Rechtswesens, nämlich der Beurkundung von Schenkungs- und Verkaufsakten, hatte sich die aus dem römischen Notariat ererbte schriftliche Form stets erhalten. Die Produkte dieser traditionellen Schriftlichkeit bilden die Massen an lateinischen Urkunden, die aus dem frühen Mittelalter erhalten sind; zur Volkssprachigkeit ging man hier erst im Hoch- und Spätmittelalter über. Jedoch gab es begleitende Vorgänge eines urkundlichen Aktes, die mündlich und gewohnheitsrechtlich gehandhabt wurden und gelegentlich – wenn sie denn überhaupt aufgezeichnet wurden – in ihre schriftliche Fixierung volkssprachige Elemente aufnahmen. So diente etwa der Grenzumgang und die Befragung kundiger Männer der Festlegung der Grenzen eines erworbenen Grundstücks, mithin der Feststellung eines geltenden Rechts, „das als ‚gewiesenes Recht' dann in einem Weistum als Text Gestalt gewinnen konnte" (Ruth Schmidt-Wiegand). Aus althochdeutscher Zeit sind drei solcher Stücke – alle aus dem ostfränkisch-osthessischen Raum – erhalten. Sie vertreten uns zahlreiche Texte ähnlicher Funktion aus späterer Zeit.

Die in Kopie der 1. Hälfte des 9. Jahrhunderts vorliegende ‚Hammelburger Markbeschreibung' zeichnet die Einweisung des Abtes Sturmi von Fulda in ein von Karl dem Großen der Abtei geschenktes Landstück mit dem Zentrum Hammelburg durch zwei Grafen, zwei Königsvasallen und zahlreiche Zeugen am 8. Oktober 777 in Form des Protokolls eines Grenzumgangs auf, wobei die Flurnamen und Stellenbezeichnungen in volkssprachigen Formen in den lateinischen Urkundentext einfließen. Ähnlich gestalten sich die beiden ‚Würzburger Markbeschreibungen', die nach älterer Vorlage (die erste aus der Frühzeit Karls des Großen) gegen Ende des 10. Jahrhunderts aufgezeichnet wurden. In der ersten fließen in die Einweisung durch den königlichen *missus* („Gesandten") und die *optimates* („Großen") des Landes althochdeutsche Flurnamen ein, das zweite Protokoll ist dagegen völlig volkssprachig abgefaßt und weist daher in der bemerkenswerten Schlußformel auch die stabende Technik der Rechtssprache auf: ... *unte quedent daz in dero marchu si iegwedar, ióh chirihsahha sancti Kilianes ióh frono ióh friero Franchono erbi* („und sie sagen, daß in dieser Gemarkung von jeglichem sei, sowohl Kirchvermögen des hl. Kilian [Patron des Hochstifts Würzburg] als auch Herrengut und freier Franken Erbgut").

Aus dem westfälischen Raum sind einige volkssprachig durchsetzte Aufzeichnungen über Abgaben von Höfen an bestimmte Klöster erhalten, die aber schon in den Bereich der klösterlichen Wirtschaftsverwaltung gehören. Auch sie stellen weistumsartig geltendes Recht fest; diese Heberegister und Heberollen kommen z.B. aus den Klöstern und Stiftern Werden (880/90), Essen (1. Hälfte 10. Jahrhundert) und Freckenhorst (11. Jahrhundert).

Den Bedürfnissen der Verwaltung eines Großreiches angepaßt, hatten Karl der Große und teilweise schon sein Vater Pippin (751/52–768) die Rechtsprechung zu verschriftlichen gesucht – und das in mehreren Schritten. Die sog. Kapitularien (in Kapitel abgeteilte, vorwiegend königliche Rechtssatzungen) ergänzten die bestehenden Stammesrechte und schufen neues Recht. Schon Pippin hatte die älteren Stammesrechte der Westgoten, Burgunden, Alamannen, der salischen und ripuarischen Franken einer Revision unterzogen; das Recht der bairischen *gens* wurde 743 neu kodifiziert. Karl ließ die Stammesrechte der Sachsen, Thüringer, der an der Unstrut in Thüringen sitzenden Angeln und Warnen, der niederrheinischen Franken (Chamaven) und der Friesen aufzeichnen und unterzog die ‚Lex Salica' einer umfassenden Revision. Ihr Resultat ist die sog. ‚Lex emendata' („verbessertes Recht"). In Karls schon skizzierte Bemühungen um Besserung (*correctio*) und Reinigung (*emendatio*) des Überlieferten ordnet sein Biograph Einhard auch Versuche ein, die beiden wichtigeren Rechte fränkischer Teilstämme, der Salier und der Ripuarier, einander anzugleichen. Die Verschriftlichung sollte der Rechtssicherheit und der Rechtsvereinheitlichung dienen. Die „Grafen, Zentenare", d.h. in einem gräflichen Amtsbezirk tätige Unterbeamte, „und übrigen Adligen" und die *missi*, die in die einzelnen Provinzen entsandten königlichen Aufsichtsbeamten, sollten „ihr Recht vollständig erlernen" – wie ein zwischen 802 und 813 zu datierendes Kapitular formuliert.

Die Sprache der schriftlichen Verwaltung und des kodifizierten Rechts war das Latein. Volkssprachige Rechtswörter verschwanden aus den gereinigten

Fassungen der karlischen Rechtsreform. Damit waren „Rechtssprache und Schriftform des Rechts endgültig auseinandergetreten" (Ruth Schmidt-Wiegand). Um so mehr, um so dringender stellte sich nun das Vermittlungs- und Übersetzungsproblem. Die Reichsregierung Karls hat das Problem gesehen und Übersetzungen – vor allem in der Periode einer nach Annahme der Kaiserkrone im Jahre 800 verstärkten Fürsorge für das gentile Recht – mehrfach angeordnet. Insbesondere auf der Aachener Reichsversammlung von 802 „versammelte" Karl – nach dem Bericht der ‚Lorscher Annalen' – „Herzöge, Grafen und das übrige christliche Volk sowie die Rechtskundigen und ließ alle in seinem Reich geltenden Rechte lesen und jedem Manne sein ihm eigenes Recht übersetzen...". Parallell dazu lasen und übersetzten im Rahmen einer Synode Bischöfe, Priester und Diakone die Kanones, das kodifizierte Kirchenrecht; in gleicher Weise beschäftigten sich Äbte und Mönche mit ihrem Gesetz – der Regel des hl. Benedikt. So dienten Glossierungen der Kanones, interlineare Übersetzungen der Benediktsregel und Übersetzungen von Stammes- und Königsrecht – wie sie uns als Ausschnitte einer sicherlich weiter gefaßten Übersetzungstätigkeit noch überliefert sind – der Unterweisung von Klerikern und Laien in ‚ihrem' Recht. Besonders die althochdeutsche ‚Lex-Salica-Übersetzung' kann mit den in der Reichsversammlung von 802 konkretisierten Bemühungen in Verbindung gebracht werden, da sie sich auf die dort verabschiedete ‚Lex emendata' bezieht.

Das Bruchstück (Doppelblatt) der ‚Lex-Salica-Übersetzung' wurde aus dem inneren Deckel eines in der Trierer Stadtbibliothek aufbewahrten Frühdruckes herausgelöst; es gehörte zu einem nach Ausweis eines Bibliotheksverzeichnisses im 11. Jahrhundert im Trierer Kloster St. Maximin noch vollständig vorhandenen *liber Theutonicus* („deutschen Buch"). Die Schrift entstammt jedoch der Mainzer Schreibschule des zweiten Viertels des 9. Jahrhunderts, also der Zeit des einflußreichen, im Reichsdienst tätigen Erzbischofs Otgar (826–847). Es enthält Teile des Titelverzeichnisses der ‚Lex Salica' sowie Titel 1 und Fragmente von Titel 2. Die Sprache ist frühalthochdeutsch und führt auf die Jahre um 800 zurück. Die flüssige und gewandte Übersetzung gilt als „ein frühes Meisterwerk althochdeutscher Fachsprache und Übersetzungskunst" (Stefan Sonderegger). Stil, Syntax und stabende Formeln verraten die Herkunft aus der Praxis heimischer Rechtsprechung. Rhythmische Gliederung und rhetorische Interpunktion weisen unmißverständlich darauf hin, daß die Übersetzung zum Vortrag bestimmt war.

Auf eine lange weiterwirkende Tradition der Übersetzung lateinischer Rechtssatzungen weist die erst in die Mitte des zehnten Jahrhunderts zu setzende moselfränkische Übertragung eines Kapitulars Ludwigs des Frommen von 818/19, das als Ergänzung bestehenden Volksrechts gedacht war. Es bestimmt, „daß jeder freie Mann das Recht haben soll, sein Vermögen zum Heil seiner Seele nach freiem Willen zu verschenken". Damit wurde altes Recht zu Lasten des Verwandtschaftsverbandes der Sippe und zugunsten der Kirche durchbrochen. Das ‚Trierer Capitulare" „könnte deshalb zu den Stücken gehört haben, die wegen ihrer Bedeutung in der Kirche bekannt gemacht werden oder in der Predigt den Gläubigen nahegebracht werden sollten“ (Ruth Schmidt-Wiegand).

Daß Mündlichkeit und damit Volkssprachigkeit bis in politische Verträge und diplomatische Verfahren des Verhandelns hinein rechtswirksame Faktoren waren, darin geben uns einige Bündnisschlüsse von Königen karolingischer Teilreiche im späteren neunten Jahrhundert überraschenden Einblick. Im Jahre 860 schlossen der westfränkische König Karl der Kahle, der ostfränkische König Ludwig der Deutsche und ihr Neffe Lothar II., König des Mittelreiches, zu Koblenz einen Bund, in dem sie sich durch gegenseitige Eide zu Frieden und wechselseitiger Unterstützung verpflichteten.

Vierzig *fideles* („Getreue“) der drei Könige formulierten die Schwurformel; dieselben berieten danach den Vertrag, zeigten ihn den Königen, die ihn in ihren *adnuntiationes* („feierlichen Botschaften“) annahmen und eidlich beschworen. Ludwig der Deutsche sprach *lingua theodisca* („in althochdeutscher Sprache“), Karl der Kahle wiederholte den gleichen Text *romana lingua* („in romanischer Sprache“) und rekapitulierte ihn in seinen Hauptzügen in *lingua theodisca*. Es folgte ein Gespräch beider Könige in romanischer Sprache, bevor Lothar II. *lingua theodisca* dem Vertrag zustimmte und seine Befolgung versprach. Das Protokoll der Verhandlungen ist in lateinischer Sprache erhalten geblieben.

Auch der Vertrag, den Ludwig der Deutsche und Karl der Kahle während des Bürgerkrieges nach dem Tode ihres Vaters Ludwig des Frommen im Februar 842 zum Zwecke eines Sonderbündnisses gegen den älteren Bruder Lothar I. schlossen, war mündlich gehalten und ist uns infolgedessen als solcher nicht erhalten. Jedoch unterrichtet Nithard, der Geschichtsschreiber Karls des Kahlen, zuverlässig über den Ablauf des Verfahrens. Danach waren auch hier „die von den Königen gesprochenen und dadurch rechtsverbindlichen *adnuntiationes*, die beiden Eide der Herrscher und das Gelöbnis der anwesenden Fideles wichtigste Bestandteile des Vertragsabschlusses“ (Ruth Schmidt-Wiegand). Der ostfränkische Herrscher schwor in Romanisch *pro deo amur et pro christian poblo et nostro commun salvament* („bei der Liebe Gottes und dem Volk der Christen und unserer gemeinsamen Erlösung“), der westfränkische König analog in rheinfränkischem Althochdeutsch *in godes minna ind in thes christanes folches ind unser bedhero gehaltnissi*. So konnten die anwesenden Heere jeweils den Eid des Bündnispartners verstehen. Der öffentliche Eid baute Mißtrauen in die Aufrichtigkeit des Fürsten ab. Zugleich verpflichteten sich die Heere – jeweils in ihrer eigenen Sprache – eidlich zur Gefolgschaft gegenüber ihren Königen unter dem Vorbehalt eines Rücktritts bei Vertragsverletzung durch diese selbst. Erhalten sind uns die ‚Straßburger Eide‘ (die übrigens den ältesten altfranzösischen Text enthalten) nur, weil diese Texte vor dem feierlichen Vollzug abgesprochen, beraten und bis in den Wortlaut hinein zweisprachig ausgearbeitet werden mußten.

Anhang II: Das Erlernen von Fremdsprachen in einer mehrsprachigen Kultur

Lateinkenntnisse waren im karolingischen und ottonischen Reich auf den Klerus und die hof- bzw. klosternahen Gruppen des höheren Adels beschränkt. Anders steht es mit der wechselseitigen Kenntnis der beiden wichtigsten Volkssprachen des Reiches – Romanisch und Althochdeutsch – bei Romanen und Angehörigen der germanischen *gentes*. Bis ins zehnte Jahrhundert sind Adlige aus dem romanischen Westen wie aus dem theodisken Osten bezeugt, welche beide Sprachen beherrschten, wobei naturgemäß die sprachgrenznahen Gebiete stärker repräsentiert sind.

So mußten lateinische Dokumente auf der Ingelheimer Synode von 946 für Otto den Großen und den westfränkischen König Ludwig IV. ins Althochdeutsche übersetzt werden, weil beide kein Latein, jedoch die *teutisca lingua* verstanden. Umgekehrt wußte der St. Galler Mönch Ekkehard IV. anekdotenhaft eine Sprachmarotte Ottos hervorzuheben, mit der er vielleicht in höfischen Kreisen zu brillieren suchte: „Lächelnd sagte er zu ihm auf Romanisch: ‚*bōn mān*‘!“ Otto bot also den romanischen Morgengruß („Guten Morgen!“) – übrigens spielt die Szene im westoffenen Speyer. Widukind von Corvey (967/68) berichtet über Otto den Großen, daß er die romanische und die slawische Sprache beherrschte, sie jedoch selten gebrauchte. Auf sächsische Große und Adlige bezieht sich Widukind, wenn er zum Jahre 939 feststellt, daß sich im Heere Ottos I. einige befanden, die „in gewissem Umfang die altfranzösische Sprache zu sprechen wußten“. Im 9. Jahrhundert betonte Abt Lupus von Ferrières (837 – nach 862), der aus einer bairisch-romanischen Mischehe stammte und sich während eines Aufenthaltes im hessischen Fulda unter anderem mit Althochdeutsch beschäftigt hatte, die Bedeutung des Studiums der *lingua germanica* für die romanisch sprechende westfränkische Oberschicht. Die Beziehung zu Ostfranken ließ er nicht abreißen – die Verbindung lief über die lotharingischen Klöster St. Maximin in Trier und Prüm in der Eifel. Als 844 die beiden Fuldaer Mönche Hatto und Ratharius nach Ferrières reisten, nahmen sie wie selbstverständlich den Weg über Prüm. Wichtiger aber ist, daß Lupus im selben Jahr seinen Neffen, Sohn des Wago, und zwei andere junge Adlige zu Abt Markward von Prüm, seinem Verwandten, schickte, damit sie bei ihm Althochdeutsch lernten. Als die Schüler drei Jahre später aus dem Eifelkloster in Begleitung eines Prümer Mönches zurückkehrten, äußerte sich Lupus zufrieden: „... ihr habt unsere Knaben eurer Sprache teilhaftig werden lassen; niemand wird, wenn er nicht ganz geistesträge ist, leugnen, daß deren Gebrauch gerade heute überaus von Nöten ist.“

Einblick in das rudimentäre Erlernen von Althochdeutsch durch Romanen zum praktischen Zweck der Verständigung bei Reisen und Gesprächen mit Angehörigen der theodisken Stämme gewähren uns zwei ‚Gesprächsbüchlein‘, die jeweils ein kurzgefaßtes Wörterbuch und Mustersätze für den Gebrauch des Alltags enthalten. In bairischem Land (vielleicht in Regensburg) sind im ersten Viertel des neunten Jahrhunderts die ‚Kasseler Glossen‘ aufgezeichnet worden.

Der Text besteht hier aus einem Sachglossar, das die vulgärlateinisch-romanischen Wörter für Körperteile, Haustiere, Wohnung, Kleidung und Hausgeräte ins Bairische übersetzte, und einem Gesprächsbüchlein, das im Schema von Frage und Antwort Redewendungen bereitstellte, mit denen ein Romane Alltagskommunikation bewältigen konnte: *wer pist du?* („Wer bist du?"), *wanna quimis?* („Woher kommst du?"). Auch Handlungsanweisungen für Dienstleistungen finden sich darunter: *skir min fahs!* („Schneide mein Haar!"), *skir minan part!* („Schere meinen Bart!"). Die Handschrift, in der die ‚Kasseler Glossen' überliefert sind, gelangte später nach Fulda und von dort aus in neuerer Zeit nach Kassel.

Um die Wende von neunten zum zehnten Jahrhundert wurden in romanisch geprägter Orthographie die ‚Altdeutschen' oder ‚Pariser Gespräche' auf den Rändern einer älteren, wohl aus Burgund stammenden Glossarienhandschrift eingetragen.

Die Herkunft der später wieder auseinandergerissenen Handschrift (ein Blatt in der Bibliotheca Vaticana, der Rest in der Pariser Bibliothèque Nationale) ist nicht völlig geklärt. Anscheinend befand sich die Handschrift im 16. Jahrhundert im Raum von Orléans. Das Gesprächsbüchlein ist zusammen mit einigen Exzerpten aus der in Fulda entstandenen althochdeutschen Übersetzung der Evangelienharmonie des Tatian und einem Ortsnamenverzeichnis von einer Hand in „ausgesprochen französischer Schrift" (Bernhard Bischoff) aufgezeichnet worden. Das Ortsnamenverzeichnis enthält Orte aus dem Gau von Sens, der Metropole einer nordfranzösischen Kirchenprovinz, die auch die Diözese Orléans umfaßte. Das Kloster Ferrières, in dem der erwähnte Abt Lupus wirkte, lag in der Erzdiözese Sens. Die romanische Orthographie – z.B. ‹gu› für germanisches [w] – weist für die Niederschrift auf einen Raum, der von Burgund bis in die Landschaften um Sens, Orléans, Paris reichte. Der Schreiber hat – wie zahlreiche Verschreibungen, Korrekturen, Fehlkorrekturen und die häufige Mißachtung von Wortgrenzen zeigen – seine Vorlage wohl nur noch sehr schlecht verstanden. Das zugrundeliegende Althochdeutsch muß im Mittelfränkischen oder eher noch in einem angrenzenden westfränkischen Dialekt beheimatet werden. Die lateinischen Sätze sind stark mit romanischen Sprachformen und Vokabular durchsetzt.

Auch die ‚Pariser Gespräche' beginnen mit einem althochdeutsch-lateinischen Vokabular der Körperteile. Das Gesprächsbüchlein ordnet seine bilinguen Mustersätze und Redewendungen nach dem Frage-Antwort-Schema: *Gueliche lande cumen ger . id est . de qua patria?* („Aus welchem Lande kommt ihr, d.h. ...") – *E guas mer in gene francia . id est . in francia fui* („Ich war in Franzien, d.h. ...") – *Guaez ger da daden – id est . quid fecisti ibi?* („Was tatet ihr dort, d.h. ...") – *Enbez mer dar . id est . disnavi me ibi* („ich speiste dort, d.h. ..."). Die althochdeutschen Sätze sind mit in der Literatur der Zeit einzigartigen sprechsprachlichen Formen durchsetzt, die teilweise Entwicklungen aufweisen, die sich sonst erst ein bis zwei Jahrhunderte später fassen lassen. Einen durchgehenden thematischen Faden bieten die Gespräche nicht. Es gibt jedoch mehr oder minder ausgedehnte thematische Komplexe, in denen Alltagsfragen einer

Reise und spezielle Interessen von Kriegern, adligen Herren und Dienern angesprochen werden, wobei Schimpfworte, Grobheiten und Obszönitäten nicht ausgespart werden: *Undes ars in tine naso* („Einen Hundearsch in deine Nase!“) reflektiert z.B. eine noch später gebräuchliche, volkstümliche französische Beschimpfung.

Dabei herrscht durchaus eine frühfeudale Atmosphäre. Vasallen werden nach Qualität und Tapferkeit beurteilt. Man hat mehrere Pferde zu versorgen. Die Rüstung umfaßt Schild, Speer, Schwert, Handschuhe, Stab und Messer. Für die Nacht steigt man standesgemäß „im Haus des Grafen“ (*ad mansionem comitis – in garaben*[*h*]*us*) ab. Man trinkt *bonum vinum, got guin* („guten Wein“). „Es handelt sich um ein zweckgebundenes Reisehandbüchlein“ für einen adligen oder im Adelsdienst stehenden Romanen, „das Wortschatz und Satzmuster für Körperteile, Kleidung, Dienstleistungen in der Herberge, Bekanntschaft und Konversation mit Fremden, Verkehr mit Dienstboten, Reiten und Waffentragen vermittelt“ (Stefan Sonderegger).

Orte literarischer Interessenbildung und literarische Formen II: Die Literatur der Geistlichen

Das Kloster – „Stadt Gottes“ und „Werkstatt der Tugenden“

Auf einer im Oktober 802 in Aachen abgehaltenen Versammlung der weltlichen und geistlichen Würdenträger seines Reiches hatte Karl der Große in bewußter Analogie zu den Grafen, welche die Rechte der *gentes*, und zu den Bischöfen und Weltpriestern, welche das kanonische Recht diskutierten, die zusammengerufenen Äbte und Mönche angewiesen, die Regel des heiligen Vaters Benedikt zu lesen und zu verhandeln: „und es übersetzten sie die Kundigen im Angesicht der Äbte und Mönche“. Somit waren die um 530 von dem Mönchsvater Benedikt, gebürtig aus Nursia im umbrischen Appenin, für seine in der Nähe von Rom angesiedelten zwölf Klöster und für seine spätere Gründung, das berühmte Bergkloster Montecassino, niedergeschriebenen Klosterstatuten in öffentlicher Billigung durch den Frankenherrscher und seinen vom Angelsachsen Alkuin inspirierten Hof zum „Gesetz“ der Mönche geworden. In der Tat beanspruchte die Benediktsregel für sich gesetzliche Geltung (c. 3: „Alle sollen ... in einem der Weisung der Regel folgen und niemand darf leichtfertig von ihr abweichen“.

Bezeichnend für den Gesetzescharakter ist die Regelung der Aufnahme neuer Mönche durch Benedikt (c. 58): Zunächst sind die „Geister“ zu prüfen, „ob sie aus Gott sind“ (nach dem 1. Johannes-Brief 4,1). Der Eintritt wird rituell erschwert – durch mehrfaches Anklopfen an der Pforte, Demütigungen, die zu erdulden sind, beharrliche Vorhaltungen über die Schwierigkeiten, die des Mönches harren. Nach zwei Monaten wird dem Novizen und Probanden die Regel vorgelesen und gesagt: „Siehe, das ist das Gesetz, unter dem du dienen (*militare*) willst!“ Diese Prozedur wird zweimal (nach sechs und abermals vier Monaten) wiederholt. Nach der Rechtsfrist von Jahr und Tag kann dann die Aufnahme vollzogen werden. Durch das Versprechen von „Ortstreue“ (*stabilitas loci*), der „Umwandlung des eigenen Verhaltens“ (*conversatio morum*) und „Gehorsam“ (*oboedientia*) vor „Gott und allen Heiligen“, durch Beurkundung des Versprechens ist die Aufnahme deutlich als Rechtsakt, als Eintritt in eine neue Ordnung (*ordo*) und in einen neuen Stand gekennzeichnet. Es leuchtet ein, daß diese Synthese von elitärer Initiation und rechtlicher Sicherung das archaische Verbandsdenken des frühen Mittelalters ansprach.

Der Zeitpunkt des Eintritts in das Kloster – in St. Gallen und anderswo durch einen ‚Codex promissionis‘ („Buch des Versprechens“, das die Unterschriften der eintretenden Mönche unter die Profeßformel verzeichnete) festgehalten – bestimmt von nun an Platz und Rang des Mönchs. Nur in seltenen Ausnahmefällen besonderer moralischer Verdienste darf der Abt diese Rangordnung nach dem Profeßalter, wie sie sich auch in zahlreichen erhaltenen Mönchslisten spiegelt, durchbrechen.

Daß dieser Wechsel des *ordo*, des Standes, und die intentional egalitäre Verfassung des Klosters zu Zusammenstößen mit dem ganz anders gearteten Gesellschaftsverständnis adliger Mitglieder der Mönchskonvente führen konnte, ist oft belegt, auch daß sich die Gedanken Benedikts in der archaischen Welt des frühen Mittelalters und auch später noch lange nicht rein in der Praxis verwirklichen ließen. Gerade beim Eintritt eines jungen, dem Adel entstammenden Menschen wird deutlich, was die *conversio* („Bekehrung") des Verhaltens, die Unterordnung unter das harte Gesetz der Mönche, der Eintritt in die Weltabgeschiedenheit der Klausur eigentlich bedeutete: Die ‚Casus S. Galli' Ekkehards IV. (St. Gallen, 11. Jahrhundert) enthalten eine ins 9. Jahrhundert zurückführende, durch annalistische Notizen als authentisch gesicherte Geschichte vom Grafensohn Wolo, der sich in seinem – in der Adelsgesellschaft positiv bewerteten – Freiheitsdrang weder durch Worte noch Schläge bezähmen läßt. Der Teufel kündigt seinem Lehrer Notker Balbulus den Selbstmord des Schülers an: die Warnung gelangt zu den Ohren Wolos, dieser aber spottet ihrer: „Nun ist dem Wolo – wie Ekkehard weiter berichtet – an eben jenem Tage verboten worden, den innersten Bezirk des Klosters zu verlassen und aus der Klausur hinauszugehen. Also sitzt er im Skriptorium und schreibt an einem Exemplar des Johannes-Evangeliums. Und wie er so damit beschäftigt ist, kommt er zu der Stelle, Johannes Kapitel 4, Vers. 47: *Incipiebat enim mori* – ‚Denn er lag im Sterben'. In dem Moment, da Wolo das letzte Wort niedergeschrieben, springt er auf und stürzt hinaus. Vergeblich schreien die anderen, die im Skriptorium arbeiten, hinter ihm her: *Quo nunc, Wolo, quo nunc?* (‚Wohin denn, Wolo, wohin denn?') Wolo läßt sich nicht aufhalten und beginnt geschwind die Stufen zum Glockenturm hinaufzuklimmen, um da oben – wie es wörtlich bei Ekkehard heißt – ‚die Berge und Felder wenigstens mit den Augen zu durchschweifen, da er es doch mit den Füßen nicht durfte'. Aber wie er im Anstieg gerade über den Altar der Heiligen Jungfrauen gekommen ist, gleitet Wolo aus, *impulsu ut creditur Satanae*, angeblich vom Teufel gestoßen: er fällt, stürzt in die Tiefe, durch die Decke hindurch und bricht sich beim Aufschlagen das Genick. Die Brüder laufen herzu. Sie reichen ihm, da sie ihn im Sterben sehen, das Abendmahl an dem Ort, wo er herabgestürzt liegt, vor dem Altar der Heiligen Jungfrauen. Und eben ihnen gilt Wolos letzter Gedanke; er bittet, sie anrufen zu dürfen, um seiner eigenen Keuschheit willen, die er nie gebrochen habe. Und zu Notker, der herbeigeeilt ist, spricht er als letztes Wort: ‚Dir, mein Herr, und den Heiligen Jungfrauen, die du immer verehrt hast, empfehle ich meine sündige Seele.' Worauf Notker sich bei ihm niederwirft mit dem Ruf: ‚Ihr Heiligen Jungfrauen, im Vertrauen auf euch nehme ich die Vergehen dieses Bruders auf mich und überantworte euch uns beide.' Unter Klagen und Weinen wird Wolo aufgehoben. Man trägt ihn hinaus und gelangt bis vor die Tür der Kirche: in diesem Augenblick wird Halt geboten, von Wolo selbst, der sein Ende fühlt. Er streichelt Notker mit der Hand, Trost spendend, Trost suchend, und stirbt." (Hans F. Haefele).

Das Kloster ist wie die Regel auf den Abt als Leiter des Klosters und „Hirten" seiner Herde zugeordnet. Der Abt ist Abbild Christi; er auch ist Gott verantwortlich für „seine" Mönche. „Weil der fromme Glaube in ihm den Stellvertreter Christi sieht", ist der Abt mit *dominus* („Herr") anzureden (c. 63). Die jüngeren Mönche sind als *fratres* („Brüder"), die älteren als *nonni* („ehrwürdige Väter") zu titulieren. Die letzteren sind jene *seniores* („Ältesten"), welche nach der Regel den Abt beraten. So ist das Kloster dem Entwurf nach eine *civitas Dei* („Staat und Stadt Gottes"), der Christus in Gestalt des Abtes präsidiert, dem wiederum die „Ältesten" der Apokalypse als himmlischer Senat in Gestalt der *seniores* zur Seite stehen.

„Nichts ist dem Gottesdienst (*opus Dei*) vorzuziehen" (c. 43). Vor allem anderen ist das Kloster Benedikts eine Stätte des Gottesdienstes. So sagt der Mönchsvater auch im Vorwort der Regel: „Einrichten wollen wir ... eine Schule für den Dienst des Herrn". Erlernt wird zum einen in dieser Schule die „geistliche Kunst", deren Werkzeuge die speziellen asketischen Tugenden des Mönchs sind, wie sie im vierten Kapitel der Regel in 74 moralischen Leitsätzen formuliert sind. Das Kloster wird so zur „Tugendwerkstatt": „Die Werkstatt (*officina*) aber, in der wir das alles gewissenhaft üben sollen, ist die Abgeschlossenheit des Klosters und das treue Ausharren (*stabilitas*) in der Gemeinschaft." Die gottgefällge Vervollkommnung erreicht der Mönch durch Übung in Gehorsam (c. 5), Schweigsamkeit (c. 6) und Demut (c. 7), wobei die letztere in zwölf Stufen zu erklimmen ist. Das Zentrum des *officium divinum* („Dienstes an Gott"), das die Lebensordnung der Mönche bestimmt, ist jedoch das „gemeinsame Gebet".

Dem Gebet widmet Benedikt dreizehn Kapitel (c. 8–20) seiner Regel. In skrupulöser Genauigkeit regelt er die Tages- und Nachtzeiten (*horae*) des Gottesdienstes, die Zahl der Psalmen, die zu singen sind, die Gesänge der Hymnen, der *laudes* („Lobgesänge"), des Alleluja, des „Bittgebets der Litanei", das mit dem *Kyrie eleison* abschließt, die Lesungen heiliger Bücher im Kapitel usw. Die ‚Lebensordnung' des Mönchs wird so mit anspruchsvollem und beanspruchendem Inhalt gefüllt. Zwischen Gebet, Schlaf und Mahlzeiten verbleibt nur wenig – wie wir noch sehen werden, ebenfalls in gottgefälliger Weise genutzter – Freiraum. Das Gebet ist ein wahrer „Dienst". Wer sich im „Dienst" Verfehlungen zu Schulden kommen läßt, hat dem Dienstherrn, hat „Gott in der Kirche", also im Haus des Herrn, „die entsprechende Genugtuung" zu leisten. Das betrifft nicht nur Verspätungen im Gottesdienst, Kürzungen der *laudes*; außerordentlich schwer werden auch Aussprache-, Gesangs- und Lesefehler beim Vortrag heiliger Texte bewertet, womit wir auch einen Impetus der gerade auf die Befriedigung Gottes durch rechte Aussprache, guten Kirchengesang und Reinigung der heiligen Schriften von Fehlern gerichteten späteren karlischen Reformen (s. S. 72) fassen. Dazu kennt die Regel eine eigene Bußordnung (c. 43–46). Aspekte der „Leistungsfrömmigkeit" (s. S. 52) scheinen gleichfalls auf: Frömmigkeit (*devotio*) resultiert aus Eifer im Dienst (*servitium*). Einmal in der Woche – so schreibt Benedikt vor – ist der Psalter mit seinen 150 Psalmen vollständig durchzubeten. Den „lauen Mönchen" der Gegenwart hält er vor, daß die heiligen Väter in ihrem Eifer diese Leistung an einem Tag vollbrachten (c. 18).

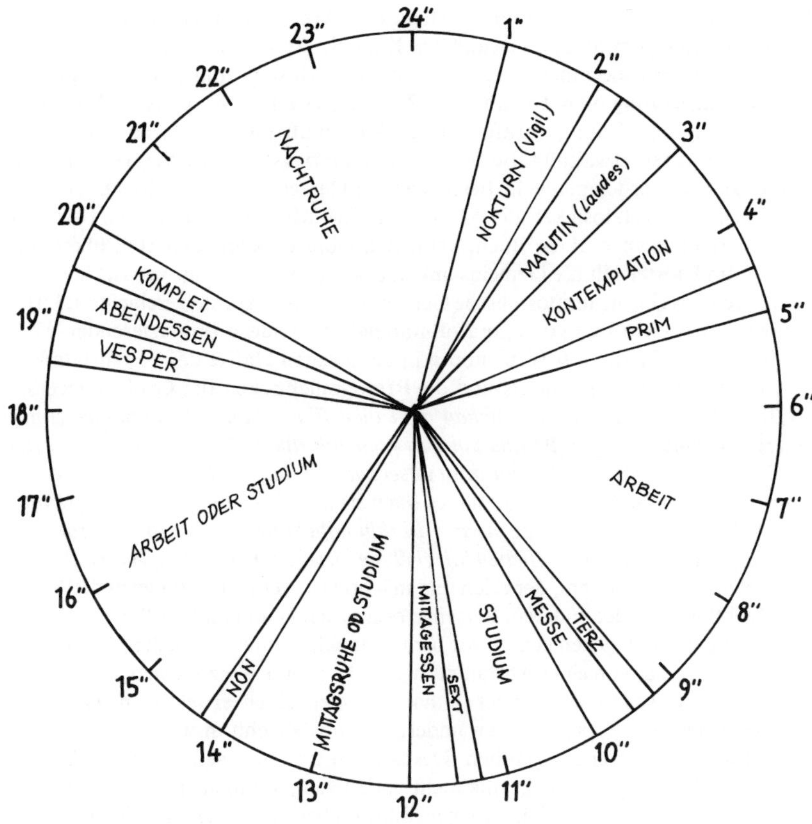

Tagesablauf eines Benediktinermönchs um den 24. Juni

Wer immer die wirtschaftliche und kulturelle Funktion der Klöster des frühen Mittelalters richtig einschätzen will, muß sehen, daß nicht Antikenrezeption, Gartenbau, Kunst, Literatur, Wissenschaft die vornehmste Aufgabe eines benediktinischen Konvents darstellten, sondern nach dem Willen der Regel der Dienst an Gott und seinen Heiligen, das Gebet zu Gott, die Lobpreisungen Gottes die Mitte mönchischer Lebensordnung bildeten – das *opus Dei.* Die *schola* („Schule") und alles andere ist diesem Ziel untergeordnet, bleibt Instrument einer erweckenden und erbauenden Erziehung, so selbständig dieses Instrument auch zu sein scheint. So faszinierend die kulturelle Produktion des Mönchtums für uns Heutige ist, unsere Perspektive ist kaum die der Zeitgenossen und schon gar nicht die der Regel Benedikts.

Die Benediktsregel ist wie gerahmt durch die dem Abt, seinen Eigenschaften, seinem Verhalten, seiner Erwählung gewidmeten Kapitel. Dazwischen werden außer dem Gebet besprochen die innere Organisation eines Klosters und seine Disziplin (c. 21–30): Einrichtung von Dekanien („Zehnerschaften") zu je zehn Mönchen, gemeinsamer Schlafraum, Strafordnung, Ausschluß und Wiederaufnahme von Mönchen. Klosterverwaltung, Besitz (*substantia monasterii*), Küche, Hospital und andere Dienste werden geregelt. Besonders am Herzen liegt dem Mönchsvater die *paupertas*, die Besitzlosigkeit der Mönche (c. 33). Mit scharfen Worten bestimmt er: der Mönch besitze „kein Buch, keine Schreibtafel, keinen Griffel, überhaupt nichts". Im Kloster gilt die Gemeinsamkeit des Eigentums; in ihr verwirklicht sich der Konvent als eine neue apostolische Gemeinschaft (vgl. Apostelgeschichte 4,32ff.). In für das aristokratisch geprägte Frühmittelalter geradezu provozierender Weise hat der Mönch Otfrid von Weißenburg in der zweiten Hälfte des 9. Jahrhunderts die „Untugend" des Hochmuts und die Prestigesüchtigkeit der Großen gegeißelt (III,3, 13ff.): *Wir lázemes uns líchan mán then filu ríchan, firmónames zi nóti anderero ármuati. In ín ist uns gimúati góld joh diuro wáti, ni némen in thía ahta manno scálkslahta. Ni bidráhtot unser súmilih thaz wir bírun al gilih, éinera gibúrti, thoh íz sid súlih wurti. In súmen duen zi nídiri thera giscéfti ébini, in súmen thuruh thia éra ist uns ther scáz mera. Bi thiu hábet unz iz selbo gót hiar fórna nu gibílidot, natúra in uns ni flíehen ioh zi ébine gizíehen.* („Wir zeigen unverhohlen unsere Sympathie mit dem, der reich und mächtig ist, verachten zugleich die Armut und Machtlosigkeit der anderen. Bei jenen beeindruckt Gold und kostbare Kleidung, den Knechtsstand dagegen achten wir nicht. Mancher unter uns bedenkt nicht, daß wir alle gleich sind, von einer Abstammung, auch wenn sich inzwischen der gegebene Zustand der Gesellschaft entwickelt hat. Bei den einen erniedrigen wir so die Gleichheit der Geschöpfe, bei den andern gilt uns Reichtum über alles, weil wir dadurch Ehre zu erwerben glauben. Deshalb hat uns Gott selbst hier ein Beispiel gegeben, daß wir die Natur in uns nicht verleugnen, vielmehr in ihrer Gleichheit anerkennen sollen"). Auch das ist benediktinischer Geist, der in seinem um des Seelenheils willen geführten Kampf um die Gleichheit, ja den Vorrang der *pauperes* („Armen"), die auch die evangelischen „Armen Christi" sind, gegenüber den *potentes saeculi* („Mächtigen der Welt"), die das Himmelreich nicht erben werden, noch eine lange, revolutionierende Wirkung bis in die Neuzeit hinein haben wird.

Der Mönch, der sich auch in seinem äußeren Habitus mit einem wollenen, hemdartigen Leibrock (*tunica*), einem Kapuzenmantel (*cuculla*) und der zur Arbeit getragenen Schürze (*scapulare*) von seiner Umwelt unterschied, diente Gott noch auf eine andere Weise – durch Arbeit (*labor*). In diesem Begriff, der sowohl in seiner lateinischen wie in seiner volkssprachigen Wortgestalt (*arbeit*) den Geschmack der „Mühsal" – *labor improbus* („böse Arbeit") – hatte, ist für Antike und frühes Mittelalter gesellschaftlicher Unwert eingefangen. Erst die in Gott gegründete, heilsführende Lebensordnung des benediktinischen *ora et labora* („bete und arbeite") hat „Arbeit" sakral legitimiert und damit die gesellschaftliche Anerkennung der Arbeit in ihren bis zur Gegenwart reichenden Wirkungen überhaupt erst ermöglicht.

Arbeit ist in der Benediktsregel ein Mittel sittlicher Bewährung und ein Instrument der *devotio* („Frömmigkeit") der Mönche. Sie umfaßt „Handarbeit" (*labor manuum*) und „heilige Lesung" (*lectio divina*). Als Teil der Heilsführung der Mönche ist sie genauestens geregelt (c. 48): „Müßiggang ist der Feind der Seele. Deshalb sollen sich die Brüder zu bestimmten Zeiten mit Handarbeit, zu bestimmten Stunden dagegen mit heiliger Lesung beschäftigen: Wir glauben also, daß durch folgende Ordnung die Zeit für beides geregelt werden kann. Von Ostern bis zum ersten Oktober verrichten die Brüder in der Frühe nach der Prim bis etwa zur vierten Stunde die notwendigen Arbeiten. Von der vierten Stunde bis zur Zeit, da sie die Sext halten, sind sie frei für die Lesung. Wenn sie nach der Sext vom Tisch aufstehen, ruhen sie unter völligem Schweigen auf ihren Betten; falls aber einer für sich lesen will, lese er so, daß er keinen anderen stört [eine Anspielung auf die mittelalterliche Gewohnheit des lauten Lesens]. Die Non wird früher gehalten, etwa um die Mitte der achten Stunde. Dann verrichtet man bis zur Vesper die anfallenden Arbeiten... Vom ersten Oktober bis zur Fastenzeit sind sie bis zum Ende der zweiten Stunde frei für die Lesung. Nach der zweiten Stunde wird die Terz gehalten; dann verrichten alle bis zur Non die ihnen zugewiesene Arbeit. Beim ersten Zeichen zur Non bricht jeder seine Arbeit ab und hält sich bereit, bis das zweite Zeichen ertönt. Nach Tisch sind sie frei für ihre Lesungen oder für die Psalmen. Während der Fastenzeit sind die Brüder vom Morgen bis zum Ende der dritten Stunde frei für ihre Lesung und verrichten dann bis zum Ende der zehnten Stunde die ihnen aufgetragene Arbeit. Für diese Tage der Fastenzeit erhält jeder aus der Bibliothek ein Buch, das er von Anfang bis Ende ganz lesen soll. Diese Bücher werden zu Beginn der Fastenzeit ausgeteilt. Vor allem muß man unbedingt zwei oder drei ältere Brüder bestimmen, die zur Zeit, in der die Brüder für die Lesung frei sind, im Kloster herumgehen. Sie sollen nachsehen, ob sich kein Bruder findet, der an geistiger Trägheit leidet und sich dem Müßiggang oder dem Geschwätz überläßt, statt aufmerksam zu lesen, und nicht nur sich selbst schadet, sondern auch andere ablenkt." In peinlicher Ordnung sind Arbeit und Lektüre des Mönchs Tag für Tag und in Anpassung an die Zeiten des Jahres eingespannt zwischen die Stunden des Gottesdienstes (s. das Schema S. 163). Auch für die Tischmahlzeiten und die an die Vesper anschließende *Collatio* („Besprechung") ist geistliche Lektüre vorgesehen; ein wöchentlich wechselnder und – nach dem karolingischen Regelkommentar des Hildemar – in der Grammatik ausgebildeter sowie zur Erbauung fähiger Vorleser übernimmt diese Aufgabe (c. 38). Arbeit und Lektüre füllen so einen bedeutenden Teil der Zeit des Mönches: das ist durchaus Absicht. Sie stehen durch ihre Segmentierung in ständiger Beziehung zum Heiligen und werden selbst Gottesdienst, müssen als solcher aber auch kontrolliert werden, „und zwar so, daß die andern Furcht bekommen", denn auch hier würde Gott, dem Mühe und Dienst gelten, durch Fehler beleidigt.

Die sakrale Synthese von Arbeit, heiliger Lesung und Gebet in der Lebensordnung des benediktinischen Mönchtums begründete – ohne daß dieses Ziel im Blickpunkt des Mönchvaters gelegen hätte – die wirtschaftliche, kulturelle und – wie wir nun sehen – auch literarische Leistung der Institution des Klosters. Es bleibt einer der faszinierendsten Vorgänge europäischer Sozialgeschichte, „wie das Mönchtum, bewußt am Rande der Gesellschaft angesiedelt und von einer christlich-asketischen Protesthaltung gegen die spätantike Weltzivilisation ausgehend, im Verlaufe des Frühmittelalters gleichsam wider Willen und entgegen dem eigenen asketischen Selbstverständnis in den Mittelpunkt der merowingischen und karolingischen Gesellschaft vorrückt und ein tragendes Element der frühmittelalterlichen Adelsgesellschaft wie auch der materiellen Landesentwicklung wurde, das gar nicht mehr aus dem Begriff Mittelalter weggedacht werden kann" (Friedrich Prinz). Voraussetzung dieser Entwicklung war nicht nur die innere Organisation des Klosters: das Mönchtum als Institution errang seine Bedeutung in der frühmittelalterlichen Kultur auch durch die Rolle, die „Heil" und „Heiligkeit" in einer archaischen Gesellschaft spielten, durch das damit gesteigerte Interesse des Adels der neuen Völker, der seine Funktionen nun christlich legitimieren mußte, an den Heilsinstitutionen, wie auch durch den Ruin nahezu aller anderen kulturellen Institutionen, der das Kloster allein als eine Stätte der Kontinuität und Stabilität übrigließ.

So ist es kein Zufall, daß sich gerade das benediktinische Modell in der vom Adel initiierten monastischen Gründungswelle des siebten und frühen achten Jahrhunderts, die vom irofränkischen und später dann auch angelsächsischen Mönchtum getragen wurde, allmählich durchsetzte. Nach Propagierung der Benediktsregel durch Pippin und seinen Sohn Karl den Großen, denen es auch bereits um die reichspolitische Instrumentalisierung dieser Horte der Schriftlichkeit und Kontinuität ging, war es das Aachener Konzil vom Jahre 802, das die Regel als „Gesetz" des fränkischen Mönchtums festsetzte; vollständig durchgesetzt wurde sie freilich in den Klöstern des Reiches erst durch die Reichsgesetzgebung Ludwigs des Frommen (seit 814) und seines aus Aquitanien stammenden, zum Leiter des ‚Reichsmönchtums' berufenen bedeutenden Reformers Witiza, Abt von Aniane, der programmatisch den Namen Benedikt annahm. Er auch setzte die *conversio morum*, die Umkehr des Verhaltens, endgültig in der Profeßformel der Mönche durch.

Aus dem Umkreis Benedikts von Aniane († 821) ist der ideale Entwurf eines Klosters erhalten geblieben, der, wenn auch niemals in allen Details realisiert, uns doch gerade in seiner „Entschlossenheit für das utopisch Vollkommene" (Wolfgang Braunfels) zeigen kann, wie aus dem Geist der Mönchsregel praktische Wirklichkeit und funktionelle Organisation werden sollte und zum Teil auch wurde. Der ‚St. Galler Klosterplan' entstand nach einem am Königshofe entwickelten Modell auf der Reichenau unter Leitung des Abtes Heito (806–823), seit 802 bereits Bischof von Basel und „berühmt im Rate Karls", wie die St. Galler Annalen formulieren, für Abt Gozbert von St. Gallen (816–836), der sich mit dem Projekt eines Klosterneubaus trug. Der St. Galler Plan kann als exemplarische Umsetzung der Regel Benedikts und der auf den Aachener Synoden von 816 und 817 unter Leitung Benedikts von Aniane getroffenen Ergänzungsbestimmungen in Architektur und Raumgestaltung gelten.

Der in der Bibliothek des Klosters St. Gallen erhaltene Plan umfaßt 77 × 112 cm und ist die vorwiegend von einem Reichenauer Schreiber gefertigte Kopie eines wenig älteren Originals. Der Plan rechnete mit einem etwa 210 Meter langen und 150 Meter breiten Klosterbezirk und gab den Grundriß von mehr als 40 Gebäuden. Den Grundrissen sind Maßangaben, Prosaerklärungen und metrische Deutungen der Anlagen nach ihrem höheren Heilssinn beigegeben.

Der funktionelle Organismus des Klosters unterschied vier Hauptbereiche, die sich um die kreuzförmige Klosterkirche ordneten (vgl. das Modell Abb. 2): zum einen den inneren, abgeschlossenen Bezirk des Klaustrums südlich der Kirche mit den um den Kreuzgang gruppierten Mönchsgebäuden, zum anderen den nördlich der Kirche gelagerten Kontaktbereich zur Außenwelt; zum dritten im Osten der Kirche die jeweils wie ein eigenes Kloster mit Kreuzgang gestaltete Zone der Kranken und Novizen, also jener Personengruppen, die nicht mehr oder noch nicht regelgemäß und daher außerhalb der Klausur lebten; zum vierten das sich im Westen und Süden an das Klaustrum anlehnende Areal der Wirtschafts- und Versorgungsgebäude und -anlagen. In diesen vier Bereichen sollte sich die Lebensordnung der Benediktsregel bis ins einzelne verwirklichen lassen.

„Die gesamte Anlage umfaßte eine Fläche von mehr als dreieinhalb Hektar: Vor der Empfangshalle im Westen liegt linkerhand ein Gebäude, das wahrscheinlich für den Kaiser und seine Gefolgschaft bestimmt ist, und rechts Stallungen und Unterkünfte der Hirten; vorgesehen waren Ställe für Ziegen, Kühe und Ochsen, die Unterkünfte der Ziegen-, Kuh- und Rinderhirten und die der Knechte und Diener. Rechts von der Kirche befinden sich 40 Meter weiter Küche, Bäckerei und Brauerei für Pilger und Arme. Links von der Kirche Küche, Weinkeller, Bäckerei und Brauerei für die vornehmen Gäste. Mehr im Hintergrund das Pilger- und Armenhaus, die äußere Schule für die jungen Leute, die nicht ins Kloster eintreten wollten. Im Nordosten befanden sich die Hospitalgebäude; das Haus, in dem zur Ader gelassen und purgiert wurde, Küche und Bad und ein Garten mit acht Beeten für Heilkräuter, deren Namen überliefert sind. Das im Osten liegende Noviziat, mit Küche, Bad, Kapelle und Krankenhaus, verband diesen Teil der Gesamtanlage zu einem geschlossenen Komplex, in dem auch ein Quartier für durchreisende Ordensbrüder vorgesehen war. Nicht weit davon befanden sich der Friedhof mit seinen Obstbäumen, der Garten der Mönche mit seinen 18 Gemüsebeeten, die Gärtnerwohnung und der Gänse- und Hühnerstall. Auf der Südseite des Klosters läßt der Plan die Wohnungen des Gesindes und der Handwerker, Küfer, Drechsler und Brauer, die Darre, die Mühle und die Kornscheuer mit Dreschplatz erkennen.

Die Kirche, der Kreuzgang und das Abtshaus bildeten das Zentrum der Anlage. Westlich des Kreuzgangs befanden sich der Wein- und Bierkeller der Mönche im Erdgeschoß und die Vorratskammern im Obergeschoß, hier war auch die Küche, durch einen Gang mit der Bäckerei und Brauerei verbunden. Südlich lag das Refektorium gegenüber der Kirche, um diese gegen Küchendünste abzuschirmen, und darüber der Kleiderraum der Mönche. Im Osten des Kreuzgangs schloß sich der Wärmeraum mit seiner hypokaustischen Heizung an. Er war mit dem Bade- und Waschraum der Mönche einerseits und mit dem Abtritt andererseits verbunden.

Über dem Wärmeraum war das Dormitorium für 77 Mönche mit einem Verbindungsgang zur Kirche wegen der nächtlichen Gebete geplant. Nördlich der Kirche lag das Abtshaus mit seinen komfortablen Räumlichkeiten: im Erdgeschoß eine Eingangshalle mit Sitzen, Springbrunnen und Feuerstelle, dann ein Schlafzimmer mit acht Betten und einem zum Abtritt führenden Gang, im Obergeschoß zwei weitere Schlafräume. Auf jeder Seite dieser Räumlichkeiten führten Säulengänge zu den Bädern, der Küche und dem Wein- und Bierkeller. Schließlich lagen entlang der Kirche die verschiedenen Zugangshallen, die Pförtnerwohnung, die Wohnung des Schulvorstehers und die für durchreisende Ordensbrüder. Links von der Apsis war das *scriptorium* durch eine Zwischenmauer in zwei Räume aufgeteilt, darüber lag die Bibliothek. Vorne rechts befand sich der Sprechraum der Mönche und die Eingangshalle des Armen- und Pilgerhauses. Der Sankt Galler Klosterplan zeigt also das Bild einer kleinen Stadt, in der an alles gedacht ist“ (Pierre Riché).

Eine solche, nach Autarkie strebende Klosterstadt, wie sie der St. Galler Plan anstrebte, war in der Karolingerzeit kein Einzelfall, sondern als Tendenz allen Großklöstern eigen. In dem von Angilbert, einem weiteren führenden Mitglied des karlischen Hofes, erbauten Kloster St. Riquier in Nordfrankreich schlossen sich an die ausgedehnte Klosteranlage eine nach Berufen geordnete Siedlung der Handwerker mit etwa 2500 Häusern und ein Quartier der für die Klosterverteidigung zuständigen Krieger und Vasallen an. In Anlehnung an das spätantike Ideal der Weltflucht waren die Klöster seit der Merowingerzeit übrigens zunehmend in den Bereichen außerhalb der Städte, auf dem Lande und sogar im Walde und in Gebirgstälern gegründet worden. Um die suburbanen, vorstädtischen Klöster herum entwickelten sich bald kleinere *burgi* („befestigte Siedlungen“), die mit den alten Städten verschmolzen, wie St. Martin bei Tours, St. Médard bei Soissons, St. Denis und St. Germain-des-Prés bei Paris, St. Maximin und St. Eucharius (St. Matthias) bei Trier, St. Arnulf bei Metz, St. Emmeram bei Regensburg; die ländlichen, meist vom Adel gegründeten Klöster, die bald eigene Rechtsbezirke entwickelten, wurden in vielen Fällen die Keimzellen späterer städtischer Entwicklung: so war es in Fleury an der Loire, im nordfranzösischen Corbie, im flandrischen St. Amand, im belgischen Gent, in Echternach, Prüm, Fulda, Werden, Weißenburg und St. Gallen. „Diese Stadt umgürte du, o Herr, und deine Engel mögen ihre Mauern bewachen!“, heißt es am türmebewehrten Westwerk der Klosterkirche im sächsischen Corvey.

Diese kleinen „Städte Gottes“, diese „Burgen des Gebets“, durchweg besetzt mit etwa hundert (in Ausnahmefällen wie St. Riquier, Corbie und Fulda bis zu zwei- und dreihundert) Mönchen, wollten autark sein, um das von Benedikt aufgegebene *opus Dei* zu vollbringen; gerade der Versuch der Autarkie jedoch verstrickte sie unlösbar in die Welt. Längst waren die Klöster Herren über Grundherrschaften, die gelegentlich bis in die entferntesten Teile des Reiches reichten, die Tausende von Bauernhöfen, Märkte und Handelsbetriebe, ja mehrere Zehntausende von Menschen in einem Verband vereinigen konnten. Die Klöster gehörten den Gründern, und auch als das karolingische Königtum seit der Mitte des achten Jahrhunderts nahezu alle großen Klöster an sich gebracht hatte, traten doch die Söhne und Töchter des Adels in diese ein, und über die Verwandtschaftsbindungen, die den frühmittelalterlichen Menschen so intensiv prägten, strahlten die Klöster zurück in die Adelssippen des Landes.

Ekkehard IV. von St. Gallen (‚Casus S. Galli', c. 135) erzählt, wie Abt Notker (971–975) die Krieger und Vasallen seines Klosters zu „wöchentlichen Truchsessen und Schenken seiner Tafel" nahm. „Grafen und andere mächtige Herren, Gefolgsleute auch von St. Gallen" folgten „um der Freude willen", in Mönchsröcke gehüllt, den „Prozessionen durch das Klosterinnere". Verdiente Laien durften an hohen Festtagen mit dem Abt und den Dekanen „im Mönchshabit" im *refectorium* („Speisesaal") der Mönche tafeln. Die Söhne von Vasallen zog Notker ins Kloster, wobei sie durchaus eine adlige Erziehung (Schachspiel, Falkenzucht) genossen. Selbst dem freieren Lebensstil einiger Mönche gegenüber mußte er Freiräume gewähren. Reiche Gönner wie Bischof Salomo III. von Konstanz (890–919) erwarben sich gar durch Geschenke und Stiftungen das Recht auf einen Gastplatz im Speisesaal, das Recht auf Tischgemeinschaft mit den „Auserwählten" Gottes.

Die Klöster wurden Objekte adliger und königlicher Interessen; König und Adel instrumentalisierten sie, ihre Wirtschaftskraft und ihr Bildungspotential für Politik, Eroberung und Mission. Äbte wurden wie Bischöfe Mitträger der Reichsverwaltung, ja dienten im Kriege mit ihren militärischen Kontingenten. Im späteren Karolingerreich waren Äbte oft nicht mehr regelgemäß gewählt; sie wurden vom König eingesetzt, der große Abteien in vielen Fällen sogar an Laien gab. Die feudale Verflechtung, obwohl in jedem Jahrhundert von Reformern im Namen der Regel Benedikts und der asketischen Heilssorge der Mönche bekämpft, war, da sie aus der Wirtschaft und Existenzweise einer archaischen Gesellschaft hervorging, im Grunde unaufhebbar.

Das benediktinische Mönchtum der Karolingerzeit bringt seine eigene Synthese mit dem aristokratischen Geist der Gesellschaft hervor. Es wandelt sich von einer asketischen Elite, die sich von der Welt abwendet, zur geistigen und kulturellen Führungsmacht der *litterati*, welche die Schrift und die Bücher besitzt, welche, nachdem die Mehrzahl der Mönche seit karolingischer Zeit auch die Priesterweihe erwirbt, das Heil und die Sakramente ihres asketischen Charismas wegen besonders wirkkräftig vermittelt; es wandelt sich das Mönchtum zu einer von Gott privilegierten aktiven Elite, die sich auch rein optisch in ihren mit Reliquien gepanzerten Kirchenburgen durch die Trennung des Chors vom Kirchenschiff von der Masse der Laien absetzt, die Liturgie und Messe nur noch als passive Zuschauer erleben.

Das Schreiben, die Bücher, die Schule

Der Idealplan eines karolingischen Klosters, der St. Galler Klosterplan, sah für die Schreiber einen eigenen Raum vor, ein *scriptorium* („Schreibstube"). In der Tat besaßen viele karolingische Klöster ein Skriptorium. Die elementaren Ziele der karlischen Reform, Verbesserung und Reinigung der Texte, Hebung des Bildungsstandes des Klerus, Verbreitung des Schriftgebrauchs, ließen sich ohne Skriptorium und zugehöriger ausbildender Schreibschule nicht erreichen. Diesen Zielen verpflichtet, hatte der Angelsachse Alkuin, der geistige Vater der Reformen, über den Eingang des Skriptoriums seines Klosters St. Martin zu Tours folgende Zeilen setzen lassen: „Hier sollen alle sitzen, die den Wortlaut der Heiligen Schrift abschreiben. Sie sollen sich vor jedem leichtfertigen Wort hüten, damit nicht wegen solcher Leichtfertigkeiten ihre Hand irrt. Sie sollen sich um die Herstellung fehlerfreier Bücher bemühen und ihre eilende Feder auf dem rechten Wege führen."

Schreiben ist sakraler Dienst in der „Werkstatt der Tugenden". Zugleich verleiht die Fertigkeit des Schreibens demjenigen, der über sie verfügt, ein besonderes Prestige und ein besonderes Bewußtsein. Ekkehard IV. von St. Gallen (‚Casus S. Galli', c. 31) wußte kaum mehr an dem Klosterlehrer Iso zu rühmen, als daß er „viele Knaben mit Griffeln bewaffnet habe". Gerade die militärische Metaphorik, die auch die Bibliothek als *armarium* („Waffenschrank") bezeichnen ließ, läßt erahnen, welche Bedeutung die *milites Christi*, die „Krieger Christi", den „geistigen Waffen" zumaßen: Schreiben hieß, dem Teufel Wunden zufügen. Schreibend wurden die Evangelisten und Kirchenväter abgebildet (s. Abb. 8). Welches Ansehen der *litteratus* andererseits als Teilhaber der neuen karlischen Bildungsnorm besaß, zeigt im negativen Abdruck die zeitgenössische Federprobe eines Unbekannten: „Ich lebe als ein Esel, weil ich nicht schreiben kann".

Eine für den Klerus bestimmte versifizierte Pastoralinstruktion des 9. Jahrhunderts preist – in Anlehnung an Gedanken des Hoftheologen Theodulf von Orléans († 821) – die Früchte auch des eifrigen Lesens und Vorlesens: „Durch eifriges Vorlesen bildet sich bei den Hörenden der Geschmack... Wer in der Arbeit des Lesens faul ist, wird in allem unwissend bleiben... Möge durch den Eifer des Lesens in dir die Liebe ständig wachsen. Wenn du liest, bist du einsichtsfähig; wenn du nicht liest, verkommst du (*Dum legis, intellegis, cum non legis, neglegis*) ... Aller Fortschritt in allen Dingen geht aus heiliger Lektüre hervor... Nach Gottes Willen ist jeder zugleich stets Beter, Täter und Leser. Im Gebet reinigen wir uns von allem Schädlichen, im Lesen belehren wir uns..."

Die *litterati*, die „Schriftgelehrten" der Karolingerzeit, die in den Schreibstuben der Klöster, aber auch der Stifte und der geistlichen Gemeinschaften der Bischofskirchen saßen, haben dem Teufel viele Wunden zugefügt. Die Handschriftenproduktion der Karolingerzeit steigerte sich von etwa 1800 (erhaltenen) Exemplaren im achten Jahrhundert auf etwa 7000 (erhaltene) Exemplare im neunten Jahrhundert. Im zehnten Jahrhundert ist eher ein Rückgang zu verzeichnen. Dabei war sowohl die Herstellung des Beschreibstoffes, des Pergaments, als auch der Betrieb einer Schreibstube, eines Skriptoriums, aufwendig und teuer. Nur wirtschaftlich gut ausgestattete Großklöster und die Domstifte der einzelnen Diözesen konnten sich die gesamte Produktionslinie leisten; andere mußten sich mit dem Kauf von Pergament und der Unterhaltung einiger Schreiber begnügen. Pergament wurde aus der Haut von Kälbern und Schafen hergestellt. Wenn man erfährt, daß für eine Handschrift von 370 Blättern etwa 150 Kälber ihre Haut zu Markte tragen mußten, kann man sich eine Vorstellung vom materiellen Wert des Pergaments machen.

Im Kommentar des Mönches Hildemar von Corbie zur Benediktinerregel (845/50) wird ein Beispielfall erörtert, in dem ein Kloster 30 Pergamente kauft, ein Buch daraus macht und es für 60 Denare verkauft. Dieses nicht allzu umfangreiche Buch kostete mehr, als nach dem Prümer Wirtschaftsbuch (Urbar) von 893 ein Bauernhof an geldlichen Leistungen (etwa 42 Denare) im Jahr zu erbringen hatte, wobei ein Jungschwein 4 Denare und ein Schaf mit Wolle 15 Denare wert waren.

Die Herstellung des Pergaments vollzog sich nach einem um 800 aufgezeichneten Traktat so: „Lege die Haut in Kalkwasser und lasse sie drei Tage in ihm liegen; spanne sie dann in einem Rahmen aus, schabe sie auf beiden Seiten mit einem scharfen Messer ab und lasse sie trocknen." Die gebeizten, gespannten, geschabten und getrockneten Häute wurden alsdann im gewünschten Format zugeschnitten, der Schriftspiegel festgelegt und die Blätter „mit Hilfe von Markierungszeichen genau liniert. Man konnte vier übereinandergelegte Bögen auf einmal linieren; zusammengefaltet bildeten sie acht Blatt einer „Lage" (Quaternio). Nun konnten die Schreiber mit ihrem Werk beginnen. Sie saßen auf Bänken, die Füße auf Schemel gestützt, und legten das Pergament auf ein Pult oder auch nur auf ihre Knie" (Pierre Riché). Als Schreibgerät diente eine Gänsefeder, die Tinten wurden in Rinderhörnchen aufbewahrt (s. Abb. 8). Besonders wertvolle Texte – etwa für den Gottesdienst bestimmte Meßbücher und Evangeliare – wurden mit Gold- und Silbertinten geschrieben, oft auf purpurn eingefärbtem Untergrund. Für einen Text mittleren Umfangs brauchte ein Schreiber zwei bis drei Monate. Sollte das Tempo gesteigert werden, wurden die einzelnen Lagen einer Handschrift nach einem vorher errechneten Schreibplan unter mehrere Schreiber verteilt. Da die Schreiber oft nur eine mechanische Abschrift ohne Sinnverständnis leisteten, war die vom *magister* („Meister, Lehrer") vorzunehmende Korrektur von hoher Bedeutung. Für die Illustrierung von Handschriften, die Ausmalung von Initialbuchstaben in Schmuckhandschriften unterhielten die Skriptorien eigene Malschulen, die – an antiken und byzantinischen Vorbildern geschult – bewundernswerte Kunstwerke schufen und spezifische Schulstile ausbildeten, die uns noch heute erlauben, die geistige und zum Teil auch die materielle Welt des frühen Mittelalters mit den Augen der Zeit anzuschauen. Die fertig beschriebenen oder bemalten Blätter und Lagen wurden zu einem Codex („Buch") zusammengebunden. Wertvollere Handschriften erhielten Einbände aus Holz oder Leder, bei liturgischen Prunkcodices verwendete man sogar Elfenbeinschnitzereien: das „heilige" Buch sollte schon in seinem Äußeren

Repräsentant der im Inhalt aufscheinenden Glorie des Herrn sein. Handschriften für den alltäglichen Gebrauch, für die Reise usw., *libelli* („Büchlein“), mußten dagegen mit einfachen Schutzblättern auskommen.

Die Mühen der Buchherstellung und des Schreibens vermehren unsere Bewunderung für die explosionsartige Steigerung der Handschriftenproduktion im karolingischen Zeitalter noch. Diese ist undenkbar ohne die benediktinische Anerkennung des Schreibens als einer asketischen Übung, die der eigenen Heilssicherung und – in der Abschrift und Besserung heiliger Schriften – der Heilsführung der Menschheit dient. Die Schreiber interpretierten ihr Werk selbst so und baten am Buchende um das Fürgebet des Lesers. So heißt es in einem seit dem achten Jahrhundert oft kopierten und variierten Schreiberspruch: „Wer nicht schreiben kann, kann die Mühen dieses Geschäfts nicht ermessen. O wie schwer ist doch die Schreibkunst: sie ermüdet die Augen, bricht die Seele und schwächt alle Glieder. Drei Finger schreiben, aber der ganze Körper leidet (*laborat*)... Betet für den unwürdigen... Schreiber!“

In die Gattung der Schreiberverse ist auch der althochdeutsche Stoßseufzer in einer St. Galler Handschrift der Mitte oder zweiten Hälfte des neunten Jahrhunderts (Cod. Sang. 623) einzuordnen: *CHUMO KISCREIB FILO CHUMOR KIPEIT* („In fleißiger Mühsal habe ich [das Buch] zu Ende geschrieben, noch viel fleißiger erwartete ich [das Ende]“). Andere Schreiberverse verwenden für die Erleichterung, die der Schreiber nach vollendetem Werk verspürt, das Bild eines nach gefahrvoll stürmischer Seefahrt in den Hafen einlaufenden Schiffes – so auch Otfrid von Weißenburg im Schlußkapitel seines althochdeutschen Evangelienbuches (V, 25, 1ff.):

Selben Krístes stiuru joh sínera ginádu
bin nú zi thiu gefíerit, zi stáde hiar gimíerit;
Bín nu mines wórtes gekerit héimortes,
joh wíll es duan nu énti mit thiu íh fuar férienti.
Nu wíll ih thes geflízan, then segal nítharlazan,
thaz in thes stádes feste mit rúdar nu giréste.

(„Durch die Lenkung Christi und durch seine Gnade wurde ich bis hierher geführt, bin ich hier am Ufer gelandet. Mit meinem Wort bin ich heimwärts gekehrt, will nun [das Wort] zum Ziele bringen, mit dem ich über See fuhr. Nun will ich endlich das Segel reffen, damit mein Ruder ausruhen kann am sicheren Ufer“). Auch die althochdeutsche Evangelienübersetzung ist also asketisches Heilswerk. Der Dichter führt ihr Gelingen auf die in brüderlicher *caritas* („Liebe“) und im Gebet mit ihm vereinigten Mönche und Assoziierten des Klosters (vgl. S. 15ff.), vor allem aber auf Gott (v. 97ff.) zurück, *ther míh hiar so gidrósta, thero árabeito irlósta, thaz ér min githáhta, zi stáde mih bibráhta* („der mich hier so herzlich tröstete, mich von dieser Mühsal erlöste, meiner gedachte und mich zum Ufer brachte“).

Noch im achten Jahrhundert konkurrierten im westlichen Europa zahlreiche, stark differenzierte regionale Schreibstile: Italien, Spanien, Aquitanien,

Rätien, Nordfrankreich, Angelsachsen und Iren hatten jeweils eigene Schreibprovinzen gebildet, welche den Austausch von Büchern und damit zugleich die Verbreitung von fixierter Religion, Liturgie, Recht und Bildung eher behinderten als förderten. Es gehört zu den großen Reformleistungen der Epoche Karls des Großen, daß es auf Anregung und unter Mitwirkung des Hofes und seines Skriptoriums, aber auch unter führender Beteiligung von Großklöstern wie Corbie und St. Martin bei Tours gelang, eine von den Leitbildern der Reform geprägte, auf „Einfachheit, Klarheit und Ebenmaß" gerichtete dekorative Buchschrift zu entwickeln, welche sich im Laufe des neunten Jahrhunderts allmählich im gesamten Frankenreich durchsetzte.

Welches Ansehen die kalligraphischen Fachleute der verfeinerten Schreibkunst in der karolingischen Bildungswelt besaßen, geht aus einem Bericht des St. Galler Klosterhistoriographen Ekkehard IV. (‚Casus S. Galli', c. 22) über den St. Galler Mönch und Schreiber Sintram hervor, dessen Finger „alle Welt diesseits der Alpen" bewunderte. „Auch das war zu bewundern und einzig an dem Manne, daß, da seine köstliche Schrift erfreulich gerade gerichtet war, Du selten auf einer Seite auch nur in einem Wort eine Unrichtigkeit weggekratzt findest" (Übersetzung von Rudolf Schieffer). So bleibt das karlische Ideal der *rectitudo* („Richtigkeit") auch am Ende der Epoche noch spürbar.

Die in strengen Schulbahnen verlaufende, auf wenige Spezialisten beschränkte Schreibkunst des frühen Mittelalters hat der Paläographie als der „Wissenschaft von den alten Schriften" die Chance eröffnet, Texte in bestimmten Schreiborten zu lokalisieren und (in gewissen Grenzen) auch zu datieren; manchmal vermag sie sogar den Schreiber einer Handschrift zu nennen. Der Nutzen paläographischer Lokalisierungen und Datierungen für die Literaturgeschichte liegt auf der Hand.

Der Arbeit der karolingischen Skriptorien verdankt Europa die Kenntnis der antiken lateinischen Literatur und der christlichen Theologie des Altertums. In den lernbegierigen, ländlichen Zentren karolingischer Religion und Kultur wurde das alte, tiefe Mißtrauen des Mönchtums gegen die pagane, antike Bildung in einem positiven Sinne aufgehoben, im Bewahren, im Vervielfältigen und in der Nutzung des Erworbenen für die Umwandlung der monastischen Erweckungs- und Erbauungserziehung in eine auf Tradition, Wissen und vergleichendes Urteil gegründete Theologie. Auch hier darf der große Anteil der Hofbibliotheken Karls des Großen und Ludwigs des Frommen, die seltenste Werke der antiken und patristischen Literatur ansammelten, an diesem Erneuerungswerk nicht unterschätzt werden. Die Kloster- und Dombibliotheken erwarben oder kopierten aus diesen Beständen und ahmten schließlich in eigener Sammeltätigkeit nach.

Wenige Beispiele müssen genügen. So pflegte das hessische Großkloster Fulda den Bücheraustausch zum Zwecke des Kopierens mit Rom und Klöstern wie Montecassino, Lorsch, Corvey. Man kopierte und illustrierte etwa das Corpus der römischen Agrimensoren (Landvermesser). Wie in Lorsch (und daher vielleicht als Kopie eines

Exemplars der Hofbibliothek) besaß man Abschriften des seltenen spätantiken Historikers Ammianus Marcellinus sowie einer Briefsammlung Ciceros, ferner das landwirtschaftliche Handbuch des römischen Autors Columella (Kopie 2.–3. Jahrzehnt des 9. Jahrhunderts), die spätantike Kaisergeschichte der ‚Historia Augusta' (vor 850), das Architekturhandbuch des Römers Vitruv, die Briefe des antiken Naturforschers Plinius, das römische Kochbuch des Apicius und viele andere Rarissima. Neben den ‚Annalen' des Tacitus besaß man dessen ‚Germania' nur in Fulda; ohne die Fuldaer Sammeltätigkeit wüßten wir nichts von dieser für die kaiserzeitliche Geschichte Germaniens grundlegenden Schrift. In einer für die nahezu gierige Ergänzung der Bücherbestände in der ersten Hälfte des 9. Jahrhunderts bezeichnenden Szene beschwert sich der spätere Abt Lupus von Ferrières, selbst ein Handschriftensammler, dem wir die Überlieferung und Emendierung von Ciceros ‚De re publica' („Vom Staate") verdanken, daß ihm der Fuldaer Abt Hrabanus Maurus (822–842) ein Exemplar der ‚Noctes Atticae' („Attische Nächte"), der Sammlung von Lese- und Bildungsfrüchten des spätrömischen Autors Aulus Gellius, mit Gewalt entrissen habe, um sie kopieren zu lassen. Lupus seinerseits baut einen eigenen ausgedehnten Leihverkehr auf und sucht 844 über Prüm die zwei in Fulda lagernden Bände des antiken Kaiserbiographen Sueton zu gewinnen. In Fulda sammelte man auch angelsächsische und irische Literatur, darunter sind verlorene Texte wie die Klosterregeln der irischen Äbte Columcille und Congellus, wie das Hymnar des Angelsachsen Aethilwald. Seltene patristische Literatur – wie des Kirchenvaters Tertullianus gegen die Christenverfolgungen gerichteter ‚Apologeticus' („Verteidigungsschrift") oder der Apokalypsenkommentar des Primasius – fanden ihren Weg in die Gegenwart über Fulda. In der Fulda in ihrer Bedeutung für die Überlieferung der antiken Literatur kaum nachstehenden Bibliothek des karolingischen Königsklosters Lorsch befanden sich nach dem Bücherverzeichnis aus dem 3. Viertel des 9. Jahrhunderts einige verlorene patristische Werke, darunter spätantike poetische Bearbeitungen der Evangelien, Gedichte über die Schöpfung, das Jüngste Gericht und die Auferstehung des Fleisches. Gerade an den verlorenen und seltenen Schätzen karolingischer Bibliotheken läßt sich erkennen, zu welch später Stunde das Reformwerk der Kreise um Karl den Großen einsetzte. Verständlich wirkt aber auch der Stolz, mit dem der St. Galler Mönch Notker Balbulus um 883 in seinen ‚Gesta Karoli' („Taten Karls des Großen") als Erfolg des Reformwerks buchte, „daß die neueren (*moderni*) Gallier und Franken den alten Römern und Athenern gleich wurden".

Der Aufstieg der karolingischen Bibliotheken ist im wesentlichen das Werk der im zweiten und dritten Viertel des neunten Jahrhunderts lebenden Generationen von Mönchen, so des Lehrers und Abtes Hrabanus Maurus in Fulda, des Bibliothekars und Lehrers Reginbert auf der Reichenau, der schon die Anfertigung des St. Galler Klosterplans (vgl. S. 166ff.) überwachte, auch des seit den vierziger Jahren in St. Gallen als *proabbas* („Abtstellvertreter") und später (872–883) als Abt wirkenden Hartmuot, schließlich des gleichzeitig in Weißenburg wirkenden *magister* Otfrid (ca. 851–871). Die älteren Bücherverzeichnisse zeigen literarisch noch recht begrenzte Interessen. Sie enthalten „keinen Hinweis auf eine besondere Aktivität in wissenschaftlicher Hinsicht" (Franz Brunhölzl). Der aus dem ausgehenden achten Jahrhundert stammende älteste Fuldaer Bibliothekskatalog enthält nur etwa 32 Werke, in der Hauptsache Erbauungsliteratur und fundamentale theologische Schriften, allerdings auch ein Buch mit den Taten Alexanders des Großen. Der um 800 verfaßte Katalog der Würzburger Dombibliothek umfaßt 34 Bücher, Bibelhandschriften, Kommentare zu biblischen Büchern, Erbauungsschriften und rudimentäre Dogmatik sowie einige Schulbücher. Damit sind die hochkarolingischen Bibliotheksverzeichnisse zu vergleichen: Der sorgfältige, in Abteilungen zusammengefaßte Lorscher Katalog aus dem dritten Viertel des neunten Jahrhunderts bietet etwa 450 Bände mit nahezu 1000 Schriften; Reginberts 821/22 angelegtes Reichenauer Bücherverzeichnis führt 415 Bände auf; der Katalog des elsässischen Murbach aus der Mitte des Jahrhunderts verzeichnet 335 Werke; in St. Gallen steigert Hartmuot zusammen mit seinem Abt Grimald (841–872) die Bücherzahl von 284 auf 428 Bände. Dagegen scheinen andere Klöster, die der Konventstärke nach vergleichbar sind, geringere Bestände beherbergt zu haben: so Weißenburg, wo erhaltene Handschriften und der Katalog des elften Jahrhunderts nicht erlauben, mehr als etwa 200 Handschriften für die Bibliothek der Zeit Otfrids anzunehmen.

Die großen karolingischen Bücherkataloge zeichnen sich durch sorgfältige genaue Beschreibung und praxisorientierte Gliederung aus. Ihnen tritt der um 840 unter Hraban angelegte Fuldaer Katalog – leider nur in Fragmenten erhalten – würdig zur Seite. Wie die Vergleichszahlen zu den erhaltenen Schriften des Augustinus (Fulda 23, Reichenau 18, St. Gallen 34, Lorsch 98), des Hieronymus (Fulda 38, Reichenau 28, St. Gallen 36, Lorsch 50) und Alkuins (Fulda 7, Reichenau 6, St. Gallen 4) erkennen lassen, konnte sich die Fuldaer Bibliothek zwar nicht in allen Bereichen mit Lorsch, wohl aber mit der Reichenau und St. Gallen messen; sie dürfte um 400 Bände enthalten haben. „Zwischen 800 und 850 wächst die zuvor noch bescheidene Büchersammlung zu einer der bedeutendsten Großbibliotheken des Frühmittelalters empor“ (Paul Lehmann). Stolz rühmte Hraban in einem dem Mönch Gerhoh gewidmeten Gedicht, daß Fuldas Bibliothek geistliche und weltliche Gelehrsamkeit vereinige: „Was Gott aus der Himmelsburg den Menschen durch die frommen Worte der heiligen Schrift zur Erde sandte, dort wirst Du es finden, zugleich was Weltweisheit verschiedenster Zeiten uns schenkte“. Der Fuldaer Abtskatalog hob an Hrabans Wirken besonders hervor: „Er richtete auch eine Bibliothek ein, die er mit einer so großen Menge an Büchern ausstattete, daß man sie kaum zählen kann“.

In Truhen und Schränken wurden die Bücher der karolingischen Bibliotheken wie Schätze gehütet. Eine wohl über dem Eingang der Kölner Dombibliothek als Inschrift angebrachte, im Schluß nur fragmentarisch erhaltene althochdeutsche Reimstrophe (um 860?) vergleicht in der Tat die Bibliothek mit einem Schatz:

Hir maht thu lernan Guld bewervan,
Welog inde wisduom Sigi[*nuft inde ruom*]

(„Hier kannst Du lernen, wie man Gold erwirbt, Reichtum und Weisheit, Sieg und Ruhm.") Der Bezug auf die Werte einer adligen Kriegergesellschaft, die in der asketischen und frommen Übung der *lectio divina*, der Lektüre heiliger Schriften, überboten und zu ihrem „wahren", dem christlichen Sinn geführt werden sollen, ist unüberhörbar.

Auf dem St. Galler Idealplan eines karolingischen Klosters ist die Bibliothek über dem Skriptorium angeordnet. Die enge Verknüpfung beider Institutionen leuchtet ein. Die beiden Schulen des Klosterplans jedoch qualifizieren sich schon durch die Orte ihrer Unterbringung: die „äußere", Laien und künftige Weltkleriker aufnehmende Schule in einem eigenen Gebäude außerhalb der Klausur; die „innere" Schule der jungen Mönche aber im abgetrennten Bezirk des Noviziats. Für beide wird man wohl eine eigene kleinere Schulbibliothek anzunehmen haben. Erst die Bibliotheken und die Schulen gemeinsam haben die Ziele der karlischen Reform verbreitet.

In den vorkarolingischen Klöstern bildete sich der junge Mönch, der Novize, im Gespräch mit den *seniores*, den älteren und erfahreneren Mönchen, und durch die Lektüre der wenigen heiligen und erbauenden Bücher des Klosters. Diese Lektüre war Selbststudium und asketische Übung zugleich. In dem Kloster, das den Autoren des St. Galler Klosterplanes vorschwebte, war Bildung in „nichtinstitutionalisierter Kommunikation" (Detlev Illmer) nicht mehr möglich. Der Geist der Rationalität und Planung, der diese „Werkstatt der Tugenden" durchwehte, hatte für die Schulen fest umrissene Räume vorgesehen; dazu gab es Räume für die Schulvorsteher. Die Schule war eine Institution geworden. Orientiert an angelsächsischen Vorbildern entstand mit der benediktinischen Klosterschule der Karolingerzeit „erstmalig ein System christlicher Erziehung und Wissensvermittlung von bemerkenswerter Effizienz und Geschlossenheit, eine Leistung, auf der im Mittelalter weitgehend der geistige Vorrang und Vorsprung benediktinischer Bildung beruhte" (Friedrich Prinz).

Die Einrichtung von Schulen als Ausbildungsstätten für Weltgeistliche und Mönche war von Anfang an ein zentrales Thema der karlischen Reformgesetzgebung. „Es sollen Leseschulen für die Knaben eingerichtet werden", bestimmte die ‚Admonitio generalis' von 789 (vgl. S. 53). Wenn diese Bestimmung auch auf die Trägerschaft von bischöflichen Zentren, Kanonikerstiften, ja Pfarreien zielte, so blieben in der Praxis doch die Schulen der Klöster führend. Die Novizen, die oft schon mit fünf bis sieben Jahren von ihren Eltern dem Kloster „dargebracht" wurden, erhielten bis zum Erreichen der *aetas rationabilis* („vernünftiges Alter") mit fünfzehn Jahren Unterricht. So kam z.B. der spätere „Apostel des Nordens" Ansgar – nach seinem Biographen Rimbert – als Fünfjähriger auf eine *scola* („Schule"), „um die Buchstaben zu erlernen"; bald darauf trat er als Novize ins Kloster Corbie ein. Der Unterricht war rudimentär und für die meisten Schüler wird es bei den *rudimenta* („Anfängen") geblieben sein: Auswendiglernen der Psalmen, Lesen und Schreiben – was getrennt gelehrt wurde –, dogmatische Grundkenntnisse des Glaubens. Währenddessen formten sich Kenntnisse im Lateinischen, das man las, bevor man es verstand. Mit mnemotechnischen Kunstgriffen erlernte man die Deklination, worauf ein an einen gewissen Robert gerichtetes Scherzgedicht des um die Mitte des 9. Jahrhunderts lebenden Dichters Sedulius Scottus anspielt: *Bonus vir est Robertus Laudes giscunt Roberti Christe, fave Roberto Longaevum fac Robertum*... („Ein guter Mensch ist Robert; das Lob Roberts wächst; Christus, schenke dem Robert deine Huld; laß Robert ein hohes Alter erreichen..."). Später gesellten sich Anfangsgründe des Kirchengesangs, elementares Rechnen und Prinzipien der lateinischen Grammatik und Metrik hinzu. Für die Fortgeschrittenen entwickelte sich seit dem späten 8. Jahrhundert ein bis ins 11. Jahrhundert weitgehend stabiler Lektürekanon, den wir aus Empfehlungen von Lehrern und Kirchenmännern wie Alkuin († 804) in Tours, Bischof Theodulf in Orléans (v. 798–821), Hrabanus Maurus († 856) in Fulda und Mainz, Walahfrid Strabo († 849) auf der Reichenau und Notker Balbulus (um 885) in St. Gallen erfahren, der sich aber auch in für die Schule bestimmten *libri manuales* („Handbüchern"), Sammlungen, die grammatische, metrische Schriften und Schulautoren vereinigten, ferner in den gesonderten Schulabteilungen der Bibliothekskataloge niederschlug. Der Kanon umfaßte die antiken Grammatiker Donatus und Priscianus, dazu als Lektürestoffe vor allem die christlichen Dichter der Spätantike: das ‚Carmen paschale' („Osterlied") des Sedulius (5. Jahrhundert), in dem die Heilsereignisse des Alten und des Neuen Testaments deutend aufeinander bezogen werden; die fünf Bücher ‚De spiritalis historiae gestis' („Über die Ereignisse der geistlichen Geschichte") des Alcimus Avitus (frühes 6. Jahrhundert), eine poetische Darstellung der Geschichte des Volkes Israel bis zum Auszug aus Ägypten, welche das Geschehen des alten Bundes gleichfalls als Vorausdeutung der christlichen Heilsereignisse interpretierte; die Evangeliendichtung des spanischen Priesters Juvencus (frühes 4. Jahrhundert); die zwei Bücher ‚De actibus apostolorum' („Von den Taten der Apostel") des Arator (544); schließlich und vor anderen die ‚Psychomachia' („Seelenkampf") des Prudentius (um 400), eine Darstellung der christlichen Ethik im Gewande eines Kampfes zwischen personifizierten Tugenden und Lastern. Dazu paßten die versifizierten moralischen Sentenzen der ‚Disticha Catonis' (vgl. S. 77). Seltener wurden die heidnischen Dichter der Antike gelesen, der lateinische *Omerus* („Homer"), Horaz, Ovid, Lukan, am meisten noch Vergil, aus dem auch die Grammatiker und Metriker zitierten. Man war also bestrebt, die Grammatik und den Unterricht zu christianisieren, jedoch war die Haltung gegenüber den heidnischen Poeten nicht rigoros ablehnend, denn, wie Theodulf (carmen 45) es ausdrückt: „Wenn auch in ihren Worten viel Nichtsnutziges aufscheint, noch mehr ist an Wahrheit unter dem täuschenden Kleide verborgen".

Man darf nicht vergessen, daß der durchschnittliche Unterricht des frühen Mittelalters vom Drill geprägt war. „Vor allen andern Künsten ist die Buchstabenkunst (*littera*) als die beste befunden worden", preist ein altes, in mehreren karolingischen Handschriften kursierendes Schülergedicht – und fährt dann fort: „Solange man zur Schule geht, wird man angehalten, diese Kunst zu schlucken, solange man lernt, wird man geschlagen!". Das sich endlich doch einstellende Elitebewußtsein aber wird von einem anderen Schülerlied, einem „Abecedarius", dessen Anfangsbuchstaben die Ordnung des Alphabets rekapitulieren, verkündet: *Audite pueri quam sunt dulces litterae. Bene discuntur, sunt amara tempora. Cuncti concurrunt nobis laudes dicere* („Hört, ihr Knaben, wie süß sind doch die Künste der Buchstaben. Gut möge man sie lernen, auch, wenn es bittre Zeiten sind. Alle werden herbeieilen, uns zu lobpreisen").

Karl der Große hatte den Kirchen und Klöstern des Reiches in seiner ‚Epistola de litteris colendis' auch die Pflege der *artes liberales* („freien Künste"), also des antiken, unter ganz anderen gesellschaftlichen Voraussetzungen entstandenen, zyklischen Erziehungsprogramms (vgl. S. 219) anempfohlen. Der Einbezug heidnischen Wissens in die Erziehung von Priestern und Mönchen war zweifellos ein theologisches Problem, jedoch hatte sich der Hof Karls für die aus angelsächsischer Tradition etwa des Bonifatius erwachsene Lösung entschieden, daß die „Kenntnis der grammatischen Kunst" den „in der allerheiligsten Erforschung" des Gotteswortes „Arbeitenden" sehr von Nutzen sei. So rief Alkuin, der führende Berater Karls des Großen und selbst Angelsachse, in seiner ‚Disputatio de vera philosophia' („Abhandlung über die wahre Weisheit") seine Schüler auf: „Geliebte Söhne, täglich sollt ihr auf dem Pfad der Gelehrsamkeit fortschreiten, bis ihr in gereiftem Alter und mit gefestigtem Wissen die Heilige Schrift verstehen könnt. So gerüstet werdet ihr unüberwindliche Verteidiger des wahren Glaubens und Verfechters der Wahrheit." Und auch Hrabanus Maurus würdigt in seinem 819 für den Erzbischof von Mainz geschriebenen Handbuch ‚De institutione clericorum' („Von der Erziehung der Geistlichen") die Bedeutung der *artes* für die Klerikerausbildung aus geistlicher Perspektive als notwendige Übung des Geistes in seinem Aufstieg zu einem religiös bestimmten Weisheitsideal. Die Grammatik ist das Fundament der Theologie, die sieben *artes* sind die sieben Stufen der Weisheit.

Die Benediktsregel (c. 4) schrieb den Mönchen, als ein „Werkzeug guter Werke" vor, „die heiligen Lesungen gern zu hören". In seinem Kommentar nimmt Hildemar von Corbie (845/50) Stellung gegen Tendenzen im Mönchtum, die diese Vorschrift nur auf das passive Hören der heiligen Schriften bezögen, die aktive Beschäftigung mit der Grammatik ablehnten und so die karlischen Reformziele gefährdeten. Richtig sei, daß „der Mönch die Grammatik lernen müsse, wenn er die *causa dei*, die göttlichen Dinge, verstehen wolle".

Wie Alkuin es ausdrückt, das Eindringen in die tieferen Beziehungen zwischen *artes* und Theologie war eine Sache des „reiferen Alters" und des „gefestigten Wissens", sicherlich kaum noch ein Gegenstand primärer schulischer Vermittlung. Die karolingische Epoche selbst läßt hier auch Fortschritte erkennen. Gegen Ende des neunten Jahrhunderts wurden vermehrt anspruchsvollere und dunklere Werke wie des Boethius (523/24) ‚De consolatione philosophiae' („Von den Tröstungen der Weisheit") oder des Martianus Capella (5. Jahrhundert) ‚De nuptiis Philologiae et Mercurii' („Von der Hochzeit der Philologie und des Merkur") abgeschrieben und auch kommentiert. Irische Autoren wie Sedulius Scottus (um 840/60), wie der seit den vierziger Jahren auf dem Kontinent wirkende Johannes Scotus († um 877), wie Martin von Laon († 875) glossierten diese und andere Schulautoren. Ihnen folgten ihre Schüler, z.B. Heiric († 876) und Remigius von Auxerre († um 908), deren Kommentare neben Martianus Capella,

Boethius, Prudentius, Sedulius, den ,Disticha Catonis' und des Angelsachsen Beda († 735) Standardwerk ,De arte metrica' („Über die Verskunst") auch seltenere Autoren wie Iuvenal, Persius und natürlich Vergil erreichten.

Alle Namen, alle Werke können nicht darüber hinwegtäuschen, daß die Literatenkultur der Karolingerzeit auf wenigen Augen stand. An Schulen und Lehrern muß es während der ganzen Epoche gemangelt haben. Auf Synoden der Zeit wird, getragen vom Wunsch nach besserer Ausbildung der Geistlichen, stets von neuem der Wunsch nach Schulen laut. Für die wenigen *magistri* kann man geradezu pädagogische Genealogien aufstellen, wie sie tatsächlich seit ottonischer Zeit in den Quellen erscheinen: Der Angelsachse Alkuin „zeugte" Hrabanus Maurus, ihn hörten in Fulda der Reichenauer Mönch Walahfrid, 838–849 Abt des Bodenseeklosters, und Ermenrich, Mönch aus Ellwangen, schließlich 866–874 Bischof von Passau, weiter Otfrid aus Weißenburg, der Dichter der althochdeutschen Evangelienharmonie, schließlich Lupus aus Ferrières, 837–nach 862 Abt dieses zwischen Sens und Orléans gelegenen Klosters. Er und Haimo von Auxerre, dazu die oben genannten Iren von Laon, Martin und Johannes Scotus, waren die Lehrer des Heiric von Auxerre, dieser wiederum der geistige Vater des Remigius usw.

Als Typus eines solchen herausgehobenen, an den Idealen der karlischen Reform orientierten *litteratus* und *magister* läßt sich der Fuldaer Mönch Hrabanus Maurus *genere Francus* („der Abkunft nach Franke") – so Alkuin – begreifen. Um 780 als Sohn einer bedeutenden Mainzer Adelsfamilie geboren, die Grafen des weiteren fränkischen Raumes stellte und im Mittelrheingebiet reich begütert war, scheint man ihn mit acht Jahren dem Kloster Fulda als *oblatus* („Gott als Opfer dargebrachtes, zum Mönch bestimmtes Kind") übergeben zu haben. Wie man die Fuldaer Mönche Reccheo und Modestus zur Ausbildung zu dem irischen Hoflehrer Clemens Scottus, Brun Candidus zu dem gebildeten Hofmann Einhard sandte, der sich als Künstler, Historiograph und Gelehrter einen Namen gemacht hatte, so Hraban und Hatto, der später sein Nachfolger als Abt wurde, zu dem Angelsachsen Alkuin nach Tours. Wahrscheinlich hatte er den führenden Kopf des Karlskreises schon in den späten neunziger Jahren bei einem Aufenthalt am Hofe kennengelernt. Alkuin gab Hraban den Beinamen Maurus – nach dem Lieblingsschüler des hl. Benedikt. Dem damit erhobenen hohen Anspruch des Lehrer-Schüler-Verhältnisses hat der Fuldaer Mönch zeit seines Lebens durch engen Anschluß an Alkuins geistiges Vermächtnis und überhaupt an angelsächsische Traditionen klösterlicher Kultur und Gelehrsamkeit gerecht zu werden versucht. Sein Erstlingswerk, den grandiosen ,Liber de laudibus sanctae crucis' („Buch der Lobpreisungen des heiligen Kreuzes"), der Buchmalerei, hochstilisierte Poesie und Theologie miteinander zu einem christlichen Gesamtkunstwerk verband, hat er um 810 den Mönchen von Tours gewidmet; in die Dichtung integrierte er Alkuin als seinen Fürbitter beim Schutzpatron von Tours und fränkischen Reichspatron, beim heiligen Martin. Die *intercessio Albini pro Mauro* („Fürbitte Alkuins für Maurus"), eine Art Memorialbild, eröffnete eine Serie von achtundzwanzig Figurengedichten, deren Technik er am Hofe Karls erlernt hatte, wo Alkuin, Theodulf von Orléans und andere Dichter des Hofkreises diese auf den Hof des römischen Kaisers Konstantin des Großen rückverweisende Dichtungstradition – orientiert am Beispiel des spätantiken Dichters Porphyrius – wiederaufgenommen und christlich gewendet hatten. Den Figurengedichten eingewebt ist jeweils in den sichtbaren Formen eines Bildes ein zweites Gedicht, so daß die Buchstabenserien des Textes zwiefach gelesen werden können. Hraban hat dann in einem Prosakommentar den theologisch-allegorischen Bezug von Bild und Text auf das zentrale christliche Heilssymbol des Kreuzes herausgearbeitet. Zahlreiche Handschriften bereits des neunten Jahrhunderts zeugen von der intensiven Rezeption dieses einzigartigen ‚Kunststücks'. Hraban hat diese letztlich aus der Hofschule erwachsene Leistung Päpsten, Herrschern und Prälaten immer wieder als repräsentatives Geschenk überreicht (s. Abb. 9). Dabei hat er den Text – ganz im Geiste des *correctio*-Ideals der karlischen Reformen – mehrfach von neuem überarbeitet und von Fehlern gereinigt.

Spätestens 818/22 – unter dem Abbatiat Eigils – wurde Hraban *magister*, Vorsteher der Klosterschule. Nach dem Tode Eigils wählte ihn der nun über 600 Mönche zählende Konvent von Fulda (davon etwa 140 im Zentralkloster, die anderen in Außenzellen lebend) zum Abt. Sein Schüler Rudolf gibt später einen Überblick über seine Leistungen während seines bis 842 dauernden Abbatiats: Etwa dreißig Kirchen und Oratorien, d.h. Gebetshäuser, hat er erbaut; durch zahlreiche Reliquienübertragungen und -käufe mehrte er das Heil des Klosters. Im Sinne Benedikts sicherte er das Vermögen des Klosters durch Anlage von Kopialbüchern, welche die Fuldaer Schenkungsurkunden geordnet aufnahmen. Der „Vater der Mönche" organisierte und intensivierte – wie man an den Fuldaer Totenannalen und den Fuldaer Mönchslisten im Reichenauer Verbrüderungsbuch erkannt hat – die klösterliche und auswärtige Gebetshilfe für die lebenden und verstorbenen Brüder. Die exemplarischen Taten der Fuldaer Äbte ließ er, damit einem Beispiel Eigils folgend, der um 795 die Vita des Gründerabtes Sturmi schrieb, aufzeichnen: Brun Candidus verfaßte Viten über Sturmis Nachfolger Baugulf und Eigil; Ermenrich von Ellwangen, ein auswärtiger Schüler, die Lebensbeschreibung des Angelsachsen Sola, Gründer der fuldischen Filiale Solnhofen an der Altmühl; Rudolf die Legende der heiligen Lioba, der angelsächsischen Gründerin des fuldischen Klösterleine Tauberbischofsheim. Dies ist zunächst ein Akt pietätvoller *memoria*, begründet aber auch den Ruf der Fuldaer Hagiographie. Später werden Schuler Hrabans, Rudolf, Meginhard und Lupus von Ferrières auch Auftragsarbeiten für auswärtige Klöster ausführen. Die gewaltige Erweiterung der Fuldaer Bibliothek seit den zwanziger Jahren des 9. Jahrhunderts ist Hrabans Werk; seine Verwurzelung in der angelsächsischen Tradition Alkuins und des Bonifatius, der Fulda gründete, erweist sich wohl am stärksten, wenn er im Skriptorium die ererbte insulare Schrifttradition, die im Begriffe war, von der karolingischen Minuskel verdrängt zu werden, erneut pflegen läßt.

Das wichtigste Verdienst gehört jedoch dem Schriftsteller und Theologen Hraban. Neben einem Martyrolog, einem Bußbuch, einem Computus (Anleitung zur Berechnung des Osterfests), neben Arbeiten zur Liturgie und Klerikerbildung, neben Grammatik, Metrik und zwei Predigtsammlungen hat er in zahlreichen exegetischen Kommentaren nahezu alle Bücher der Bibel kommentiert. Dabei ist er auf bezeichnende Weise dem Geist der karlischen Reformen verpflichtet. Seine Kommentare enthalten wenig an eigener theologischer Reflexion, sondern sind überwiegend Kompilation des Schrifttums der Kirchenväter. Seine Katenenkommentare (nach lateinisch *catena* „Kette") enthalten in Serien von Zitaten aus den Werken der Hieronymus, Augustin, Origenes, Beda, Alkuin u.a. den Wissensstoff, der zur Beurteilung jeder Bibelstelle notwendig war. Im Rückgriff auf die Autorität der christlichen Väter glaubte er, verbürgte Wahrheit bereitstellen zu können. In seinem Handbuch der Klerikererziehung (‚De institutione clericorum') schrieb er so im Prolog: „Nicht durch mich oder etwa gar aus mir habe ich dies hervorgebracht, sondern indem ich mich auf die Autorität der Vorgänger stützte und in allem ihren Spuren folgte." Wie Alkuin und die andern um Karl den Großen war er besorgt, daß etwas Inkorektes in seinen Schriften stehen könne, daß darin Überflüssiges oder Schädliches oder Subjektives aufscheine, legte auch Schriften den Herrschern und seinen geistlichen Kollegen zur Korrektur vor. Eigenes zu bieten, erschien ihm als *praesumptio* („Anmaßung"), damit als ein Laster, das Benedikts Regel für den Mönch indizierte. An König Ludwig den Deutschen schrieb er: *Nostrum est citare testes* („Unsere Aufgabe ist es, die Zeugen aufzurufen"). So erweist sich Hraban als geradezu typischer Repräsentant karolingischer Mentalität und Spiritualität, für die die eigene Epoche eine Spätzeit ist, in der es gilt, vor dem bald erwarteten letzten Gericht der Geschichte die Zeugen der christlichen Vorzeit, in der die Wahrheit erkämpft wurde, zu sammeln, zu befragen, zu ordnen und zu bewahren. In dem Versuch, die christliche Lebensordnung aus dem Geist der Alten neu zu begründen, tritt die karlische Reform, treten ihre monastischen und klerikalen Träger dem in der Heldendichtung faßbaren, das Dasein des Kriegers legitimierenden Vorzeitkonzept der Laien durchaus zur Seite.

In Hrabans Augen bewährte sich – wie bei den Schöpfern der karlischen Reform – Wissenschaft, weil sie den Weg zur Verwirklichung des ewigen Heils zeigte. So formulierte er in ‚De institutione clericorum' in Anlehnung an Augustin: „Wenn nämlich jemand sich bemüht, zur Fülle der Weisheit zu gelangen, dann betreibt er damit nichts anderes, als zur Vervollkommnung der Liebe (*caritatis*) zu gelangen, und so weit, wie er in der Weisheit vorankommt, so weit kommt er auch in der Liebe voran." Sein Schüler Otfrid von Weißenburg hat später in althochdeutscher Sprache diese wechselseitige Verflechtung von Wissen und christlichem Heilswerk ganz ähnlich formuliert (vgl. S. 16f.).

Am deutlichsten offenbarte sich das theologische – und damit neue, mittelalterliche – Wissenschaftsverständnis Hrabans in seinem Versuch, die große Enzyklopädie des Mittelalters, den ‚Liber etymologiarum' („Buch der Wortdeutungen") des Isidor von Sevilla (vor 600–636), nach christlichem Verständnis neu zu ordnen, den er nach seinem durch die politischen Verhältnisse 842 erzwungenen Rücktritt vom Abbatiat unternahm: Die von Isidor nach der antiken Systematik der *artes* gestaltete Enzyklopädie wurde zerlegt und nach einer theologischen Rangordnung neu aufgebaut, „die mit dem Höchsten, mit Gott dem Schöpfer, begann und über die Welt der Geister und den Kosmos auf die Erde zum Menschen über alle Wesen und Dinge bis hinab zu den geringsten und niedrigsten Dingen führte" (Franz Brunhölzl). Dabei wurden den Realien und den Etymologien Isidors jeweils biblische Verweise und Deutungen hinzugefügt, welche in allegorischer Exegese den hinter den Dingen liegenden, von Gott mit ihnen intendierten wahren Sinn zu Tage fördern sollen. Dieses „Flechtwerk von Sachwissen, Allegorien und Exegese" (Elisabeth Heyse) nannte Hraban ‚De rerum naturis' („Vom Wesen der Dinge"): Die theologische „Wesensschau" erkennt die Offenbarung Gottes in der Schöpfung, die als zweite Urkunde des göttlichen Geistes neben den verbalinspirierten Heiligen Schriften verstanden wurde. Deshalb auch teilte Hraban seine auf pastoralen Nutzen und Erbauung zielende Enzyklopädie in Analogie zur Anzahl der kanonischen biblischen Schriften in 22 Büchern ein.

Rudolf von Fulda, sein Schüler, hat Hraban in den Fuldaer Annalen zum Jahre 844 einen „Weisen" genannt. Erzbischof Hinkmar von Reims (845–882) hebt seine geistige Genealogie hervor und verleiht ihm zu Lebzeiten (um 850) das Prädikat *beatus* („selig"), das sonst Heiligen vorbehalten war: „Dieser selige Hraban ist nun als einziger in unserer Zeit aus der Schülerschaft des seligen Alkuin zurückgeblieben" (Flodoard, Historia Remensis III,21). Kaiser Lothar I. († 855) tituliert Hraban in einem an ihn gerichteten Brief als *orthodoxus magister* („Lehrer der Rechtgläubigkeit") und dankt Gott, daß er Hraban seiner Zeit gab wie früheren Zeiten die Kirchenväter Hieronymus, Augustinus, Gregorius und Ambrosius. Diese patristische „Ansippung" erscheint heutigen Lesern seiner Schriften schwer verständlich, sie war jedoch die Perspektive der Zeit und begründete seinen Ruhm als einer der bedeutendsten Theologen der Karolingerzeit. In seinem systematischen Rückgang auf die Väter der Kirche gab er der klerikalen Bildung seiner Zeit, was sie brauchte: ein solides, unbezweifelbares Fundament. Seine besten Schüler haben ihn, auf diesem festen Fundamente bauend, alle in Teilbereichen übertroffen: so der Reichenauer Walahfrid in der Qualität seiner lateinischen Dichtungen; der aus dem fernen Ferrières gekommene Lupus in der philologischen, textkritischen Akribie seiner Antikenrezeption; der Fuldaer Rudolf in der hagiographischen und historiographischen Durchdringung der Zeit, die ihn bis zum hellsichtigen und erhellenden Vergleich der karolingischen Sachsen mit den Germanen des Tacitus führte; Otfrid von Weißenburg schließlich in seinem Versuch, die aus der Antike ererbte Gattung der Bibeldichtung, ja sogar theologische Exegese der Evangelien in der Volkssprache zu wagen. Diese originellen Ausgriffe waren die Sache Hrabans nicht; er begnügte sich mit der Sammlung, Sicherung und Ordnung des Gegebenen und Bewährten. Als der einstige politische Gegner Ludwig der Deutsche – auch dies zeigt die Wertschätzung des Fuldaer Mönchs – 847 den Greis aus dem Refugium des Petersberges in das wichtigste kirchliche Amt des östlichen Frankenreichs, auf den Stuhl des Erzbischofs von Mainz, der *metropolis Germaniae* („Hauptstadt Germaniens"), berief, entfaltete er in Zusammenarbeit mit dem König eine geradezu karlische Synodaltätigkeit, die sich 847, 848 und 852 bezeichnenderweise „weitgehend an den Beschlüssen der Mainzer Reformsynode von 813, das heißt: an der alten Ordnung der Karolingerzeit" orientierte (Josef Fleckenstein). Der fast Achtzigjährige starb im Jahre 856.

Wer sich nun am Ende dieser Einführung in die Genese der klösterlichen und klerikalen Kultur der Karolingerzeit fragt, wo denn in ihr der Ort volkssprachiger Überlieferung sei, der muß sich zweierlei vor Augen führen: zum einen, daß die althochdeutschen Texte nur einen winzigen Randbereich der in ihrem Hauptstrom lateinischen Überlieferung der Zeit ausfüllen; so finden sich auch unter den Büchern der besprochenen großen karolingischen Bibliothekskataloge kaum einmal (nur auf der Reichenau) althochdeutsche Schriften. Zum zweiten aber ist auch die klerikale Literatur nur ein, wenn auch mit hohem Prestige ausgestatteter Randbereich der illitteraten Kultur der Laien. Die Spannung, die zwischen klerikaler und laikaler Kultur

1a Modell eines fränkischen Dorfes, nach Ausgrabungen aus dem 7. Jahrhundert bei Gladbach (Kreis Neuwied) [zu S. 9]

1b Speerkrieger der Karolingerzeit. Ausschnitt aus der Apokalypse von St. Amand (Cambrai, Bibliothèque Municipale 386) [zu S. 47]

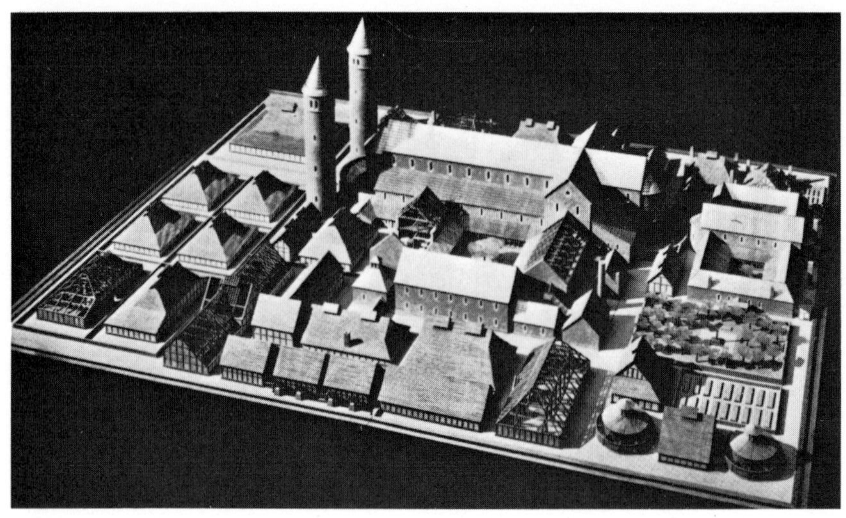

2 Modell eines karolingischen Klosters (Rekonstruktion nach dem St. Galler Klosterplan von W. Horn, E. Born, S. Kartschunke) [zu S. 10 u. 167]

3 Karolingische Reiter- und Fußkrieger, Cod. 22 der Stiftsbibliothek St. Gallen (9. Jh.), S. 141 [zu S. 47]

4 Reiterstatuette (Höhe: 20 cm) Karls des Großen (Musée du Louvre Paris) [zu S. 8]

5 Wielandgruppe auf Franks Casket (Runenkästchen von Auzon 7./8. Jh., British Museum London) [zu S. 102]

6 ‚Eulalialied‘ und ‚Ludwigslied‘, Cod. 150 der Bibliothèque Municipale Valenciennes (nach 882), Blatt 141^{v} [zu S. 138]

7 Kaiser Otto III., aus dem Evangeliar Ottos III., Cod. lat. 4453 der Bayerischen Staatsbibliothek München (Ende 10. Jh.), Widmungsbild [zu S. 50]

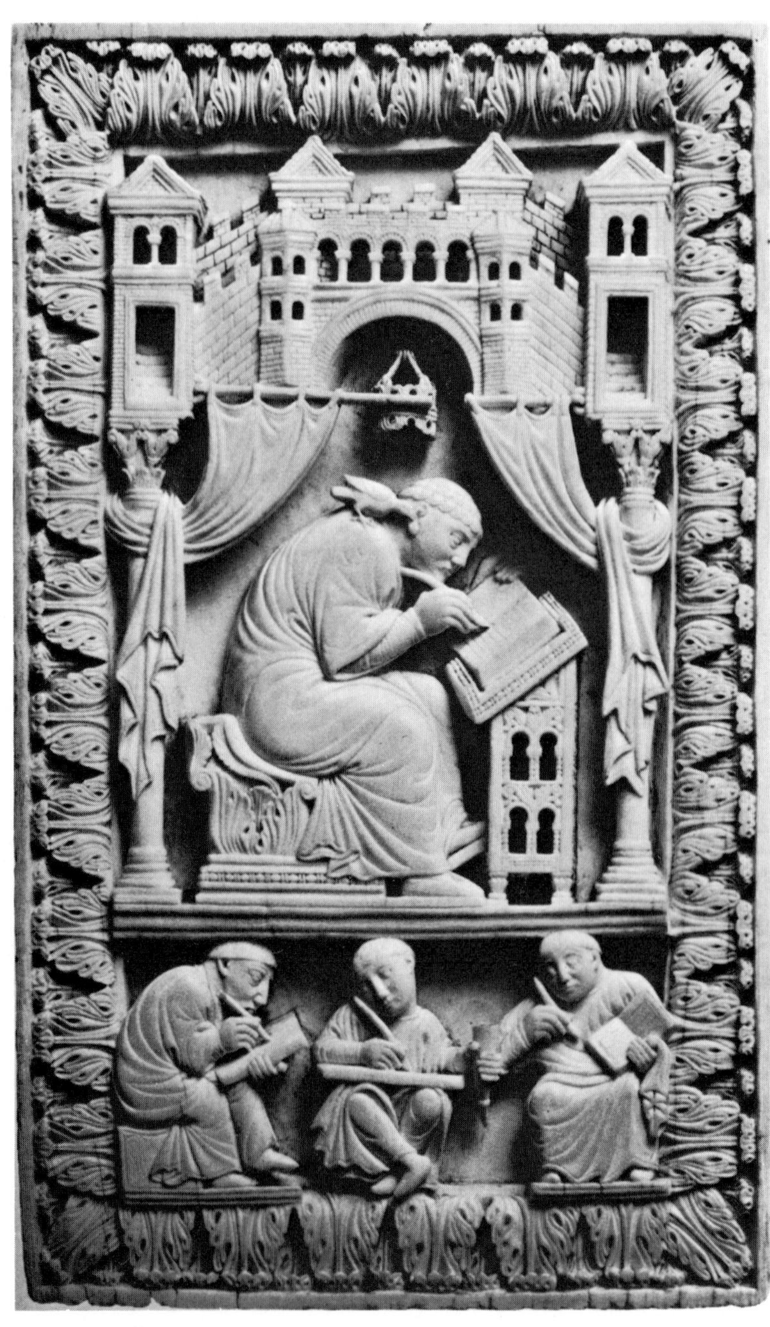

8 Der Hl. Gregor schreibt in seiner Zelle nach dem Diktat des Hl. Geistes, karolingische Elfenbeintafel (Kunsthistorisches Museum Wien) [zu S. 170]

9 Hrabanus Maurus überreicht Papst Gregor IV. den ‚Liber de laudibus sanctae crucis', Cod. 652 der Österreichischen Nationalbibliothek Wien (831/40), Blatt 2v [zu S. 180]

10 ‚Althochdeutscher Abrogans', Cod. 911 der Stiftsbibliothek St. Gallen (Ende 8. Jh.), S. 42 [zu S. 192]

11 ‚Althochdeutscher Tatian', Cod. 56 der Stiftsbibliothek St. Gallen (2. Viertel des 9. Jhs.), S. 35 [zu S. 212]

dilecte mi. et assimi lare capre hinnu loque ceruo rum. super mon tes aro ma tum.

EXPLICIT EXPOSITIO WILLIRAMMI ABBATIS SVPER CANTICA CANTICORVM.

12 Williram von Ebersberg, Kommentar zum ‚Hohen Lied', Cod. germ. 10 der Bayerischen Staatsbibliothek München (Ebersberger Handschrift aus der 2. Hälfte des 11. Jhs.), Blatt 64r [zu S. 227]

LUDOUUICO ORIEN TALIUM REGNORU REGI SIT SALUS AETNA

13 Otfrid von Weißenburg: ‚Evangelienbuch', Cod. 2687 der Österreichischen Nationalbibliothek Wien (Weißenburger Handschrift von 863/71), Blatt 1r: Widmung des Werks an den König Ludwig den Deutschen [zu S. 296]

14 Wie Abb. 13, Blatt I[r] [zu S. 304]

15 Wie Abb. 13, Blatt 153v [zu S. 304]

16 ‚Muspilli', Cod. lat. 14098 der Bayerischen Staatsbibliothek München (spätes 9. Jh.), Blatt 121r [zu S. 319]

bestand, kommt dabei in den geringen Spuren volkssprachiger Schriftlichkeit, wie sie die Zeit Karls des Großen und seines unmittelbaren Nachfolgers hinterlassen haben, noch kaum zum Austrag. Diese Spannung entbindet kreativ erst dann volkssprachige Literatur, als Angehörige der christlich-klerikalen Elite die Kontaktzonen beider Kulturen aktiv zu gestalten beginnen und mit Heiligenlied und Bibeldichtung einheimische Gattungen zu verdrängen suchen.

Die frühen volkssprachigen Texte der Karolingerzeit leben in zwei Bereichen: Zum einen lassen sie sich einordnen in den Funktionszusammenhang der Klöster, vor allem in die Intentionen ihrer Schulen. Sie sind mit volkssprachiger Glossierung, mit Übersetzungen des Ordensgesetzes der Benediktsregel, der klösterlichen liturgischen Lieder, der Psalmen und der Evangelien (von Vorläufern abgesehen) nichts anderes als die Frucht karlischer Reformen, die nämlich in erster Linie der Lateinreform des Kreises um Karl, von dem ein Poet sagt, daß er mit gleichem Eifer seine Feinde als auch die Fehler in der Sprache bekämpft habe, ihre Reife verdankt. Nicht der Volkssprache also dienen Glossierungen und Übersetzungen, sondern der Verbesserung des Lateins der im Gebrauch der Muttersprache aufgewachsenen Zöglinge des Klosters. Sie sollen aus *theodisci* zu *latini*, aus Muttersprachlern zu Adepten der Vatersprache des mittelalterlichen Europas gemacht werden. Nur so erklärt sich die sklavische, Wort für Wort vorgehende, die Regeln der althochdeutschen Sprache mannigfach verletzende Übersetzungstechnik der meisten Texte dieser Gruppe. Auf die inhaltliche Auswahl der glossierten oder übersetzten Texte wirkt ferner das Bemühen des karlischen Kreises um Reinigung der biblischen Texte und Hebung des Standards biblischer Kenntnisse bei den Klerikern, um Vereinheitlichung der monastischen Regel und Liturgie, um Verbesserung der Schule und Standardisierung der dort zu lesenden und zu bearbeitenden antiken und christlichen Autoren. So dienen diese Zeugnisse der Volkssprache alle auf einer unteren, aber fundamentalen und daher notwendigen Ebene der Klosterschule, einer Schule, in welche jene Mönche gingen, die Chroniken und Epen schrieben, die wie Hraban ihre Theologie an den *patres* („Vätern") schulten und festigten, antike Literatur überlieferten, bewerteten, edierten und kommentierten, die schließlich die liturgischen, poetisch-musikalischen Wunder der Sequenzen von St. Amand und St. Gallen hervorbrachten. Erst ganz am Ende des frühen Mittelalters erhebt sich mit Notker Labeo, dem „Deutschen", von St. Gallen und mit dem Abt Williram von Ebersberg auch die didaktisch-volkssprachige Exegese antiker Bildungs- und Weisheitsschriften ebenso wie die allegorische Exegese der Heiligen Schrift zu einer die Möglichkeiten der karolingischen Zeit ausschöpfenden späten Vollendung.

Ein zweiter Bereich früher Volkssprachigkeit ergibt sich aus den ebenfalls in der karlischen Reform neu formulierten Aufgaben und Pflichten des christlichen Herrschers, das ihm anvertraute Volk zum Heil zu führen. Neben die *correctio litterarum* („Besserung schriftlicher Bildung") tritt so die *correctio mentis* („Besserung des Geistes“) der Untertanen: Die Gläubigen sollen in ihrer ganzen Breite christliche Grundwahrheiten einsehen und verstehen (*intellegere*) können. Nach dem Auseinandertreten von lateinischer Gelehrten- und romanischen Volkssprache, und schon gar bei den germanischen *gentes* des Frankenreiches ist dieses Ziel nur über die Volkssprache zu erreichen. In diesem Bereich haben daher die überlieferten Übersetzungen liturgischer und katechetischer Gebrauchstexte (wie Taufgelöbnisse, Credo, Paternoster, Beichten, Gebete) sowie volkssprachiger Predigten ihnen funktionellen Ort.

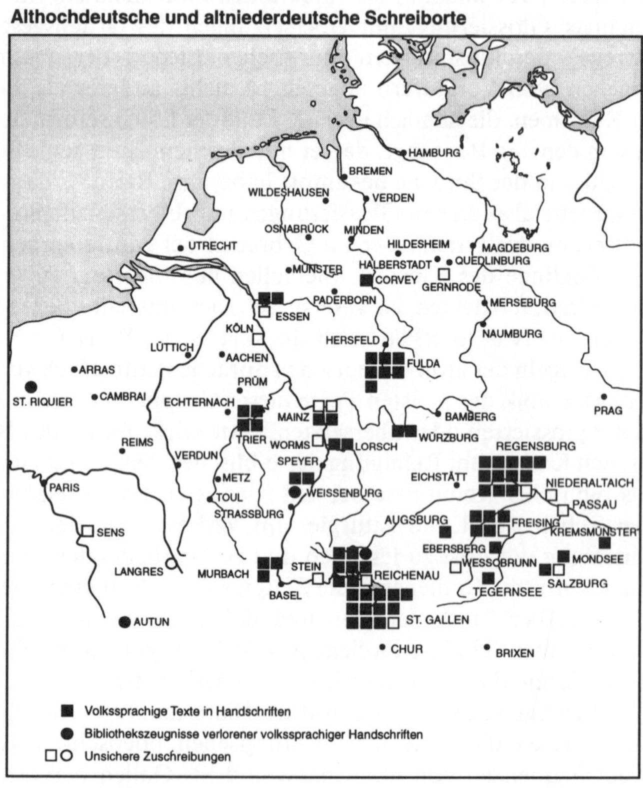

Karte 2

Die wichtigsten Klöster und viele bischöfliche Zentren des ostfränkischen Reiches und des deutschsprachigen Teiles des lotharingischen Mittelreiches sind, wenn nicht an der Produktion, so doch an der Überlieferung althochdeutscher Texte beteiligt (vgl. oben Karte 2), allen voran freilich die durch ihre Bibliotheksausstattungen und durch die Qualität ihrer Schulen ausgezeichneten Klöster Fulda, Reichenau, St. Gallen, Murbach, Weißenburg und Lorsch sowie die bayrischen Bischofsresidenzen Regensburg (mit dem Kloster St. Emmeram) und Freising (mit dem Kloster Weihenstephan), schließlich das rheinische Mainz (mit dem Kloster St. Alban). Dabei ist die volkssprachige Produktion im wesentlichen konzentriert auf das neunte und die ersten Jahrzehnte des zehnten Jahrhunderts, von da ab läßt sie nach und erschöpft sich – von bedeutenden Ausnahmen wie Notker und Williram abgesehen – im Tradieren des Vorhandenen.

Zählt man die von Bernhard Bischoff 1971 lokalisierten Handschriften mit althochdeutschen und altniederdeutschen Denkmälern aus (und streicht dabei einige Fragezeichen) und fügt man einige dort nicht berücksichtigte, aber eindeutig lokalisierte Handschriften (vor allem aus der Notker- und Williram-Überlieferung) hinzu, so kommt man auf folgendes Spektrum althochdeutscher Schreibstätten (wobei freilich die Glossenüberlieferung unberücksichtigt bleibt): Regensburg mit St. Emmeram (13), St. Gallen (13), Reichenau (8), Fulda (7), Freising (6), Mainz (4), Trier (4), Murbach (3), Essen (3), Weißenburg (2), Lorsch (2), Würzburg (2), Salzburg (2), das nahegelegene Mondsee (2), Kremsmünster in Oberösterreich (1?), Ebersberg (1), Tegernsee (1), Wessobrunn (1?), Niederaltaich (1?) und Passau (1?), Augsburg oder Staffelsee (1), Stein am Rhein (1?), Worms-St. Peter (1?), Köln (1?), Corvey (1) und Gernrode (1?) im altsächsischen Stammesgebiet. Bei der Interpretation sind die starken Bibliotheks- und Überlieferungsverluste der westdeutschen und norddeutschen geistlichen Institute zu berücksichtigen. Zu berücksichtigen ist auch die lokale Dominanz bestimmter Persönlichkeiten im Überlieferungsbild, was sich etwa am vielfältigen Werk Notkers von St. Gallen (vgl. S. 220), aber auch an der Initiative Bischof Baturichs von Regensburg (817–848) ablesen läßt: Auf diesen ehemaligen Fuldaer Mönch, zugleich Verwandter des aus Bayern gekommenen Gründerabtes Sturmi († 779) und Freund des großen Abtes und Lehrers Hrabanus (vgl. S. 179) des hessischen Klosters, zugleich auch seit 833 Erzkaplan König Ludwigs des Deutschen, geht ein beachtlicher Teil der althochdeutschen Textproduktion in der Donaustadt zurück.

Althochdeutsche Texte zum Gebrauch der Schule

Die Sammlung der Wörter: Glossen und Glossare

Von den missionierenden und klostergründenden Angelsachsen auf dem Kontinent, den Mönchen und Klerikern um Willibrord (695–739), den Gründer des zwischen Trier und Luxemburg gelegenen Klosters Echternach, um Bonifatius (722–754), den Gründer des hessischen Klosters Fulda und ersten Erzbischof von Mainz, um seinen Nachfolger Lull (754–786) auf dem Thron der *metropolis Germaniae* („Hauptstadt Germaniens"), um den ersten Berater Karls des Großen, Alkuin (781–804), den Abt von Tours, von angelsächsisch und wohl auch von irisch geprägten Bildungszentren im Frankenreich haben die im Bereich der theodisken *gentes* gelegenen monastischen Stätten eine Technik der Aneignung antiker und patristischer

Literatur übernommen, die dem besonderen Verhältnis der theodisken Völker zur „Vatersprache" Latein angemessen war: die muttersprachliche Glossierung schwierigen Wortgutes, schwieriger Flexionsformen und schwieriger syntaktischer Konstruktionen. Der Eintrag der Übersetzungen (oder oft auch nur andeutender „Zielformen" wie Flexionsendungen, Praepositionen) in den handschriftlichen Text vollzog sich in dreierlei Weise: interlinear, d.h. zwischen den Zeilen; marginal, d.h. am Rande des Textes; und kontextuell, d.h. neben und gleichzeitig mit dem lateinischen Text in der Zeile.

Meistens steht die Übersetzung (Interpretament) dem glossierten Wort (Lemma) kommentarlos gegenüber; in einer für das muttersprachliche Selbstbewußtsein der Glossatoren aufschlußreichen Minderheit von Fällen zeigt sich eine reichhaltige variierende Terminologie der „Verdeutschung". Das Interpretament wird sprachlich klassifiziert mit *quod theotisce dicimus* („was wir volkssprachlich nennen"), *teutonica lingua* („in deutscher Sprache"), mit einer Abkürzung wie *f* für *francisce* („fränkisch"), aber auch mit *quod nos dicimus* („was wir nennen"), *rustice vel teodisce appellatur* („in der Sprache der Ungebildeten oder des Volkes heißt das"), *quod vulgo dicitur* („was im Volke heißt"), *que barbare dicitur* („was in der Sprache der ‚Barbaren' heißt") oder noch kürzer *iuxta barbaros* („bei den Barbaren")... Dann aber wieder in den schon späteren Sallustglossen (Codd. Paris B.N. lat. 10195 und Rom Vat.Pal. 889): *Aries... quem nos teutonici nominare possumus murbruchil* („Widder [Sturmbock als Belagerungsmaschine] ... den wir ‚Deutschen' Mauerbrecher nennen können"). Das Selbstgefühl der Glossatoren schwankt zwischen dem aufkeimenden Wir-Bewußtsein der gentilen Völker und der völligen Verinnerlichung antiker Bildungsnormen. Immer aber dient das „Deutsch" der Glossen dazu, „das Latein zu erobern, auf dem die neue christliche und schriftliche Bildung beruhte. Wie schwer die Anfänge waren, zeigen unsere alten Sammlungen" von Glossen „auf Schritt und Tritt. Es unterlaufen elementare Fehler aus Unkenntnis der fremden Sprache; ähnlich lautende Wörter werden verwechselt, und es kostete viel Mühe, die grammatischen Formen des Deutschen mit dem, was die lateinische Schulgrammatik lehrte, in Beziehung zu setzen: was Wunder, wenn etwa Deponentia verkannt, Wortklassen, Kasus, Tempora, Modi durcheinander geworfen werden" (Herbert Thoma).

Von den 49 althochdeutschen Glossenhandschriften des achten Jahrhunderts weisen nahezu die Hälfte – wie Rolf Bergmann nachwies – angelsächsische bzw. insulare Einflüsse (allerdings vorwiegend im Bereich der Schrift) auf. Es treten als Skriptorien hervor die mitteldeutschen Zentren der angelsächsischen Kulturprovinz im Frankenreich, nämlich Würzburg, Fulda, Mainz, Echternach – und in überraschender Quantität auch bayrische Zentren wie Freising, Regensburg und Benediktbeuren. Wichtiger noch ist, daß in vier Handschriften althochdeutsche und altenglische Glossen miteinander vereinigt sind. Von ihnen führt das Harburger Evangeliar mit zweisprachigen Glossierungen unmittelbar zurück in den Mitarbeiterkreis des northumbrischen Missionars Willibrord, in das Echternach der Jahre zwischen 702 und 731; zwei weitere Handschriften gehören nach Fulda, eine davon (Cod. Bonifatianus 2) gar in den Umkreis des Bonifatius.

Die vierte Glossenhandschrift, die altenglische und althochdeutsche Glossierung vereint, enthält den ,Vocabularius Sancti Galli', das älteste Sachglossar Deutschlands, das Wörterbuch eines jener Mönche oder Kleriker, die im Kreise der großen Angelsachsen des achten Jahrhunderts auf dem Kontinent an der Reorganisation der fränkischen Kirche und des fränkischen Mönchtums mitwirkten.

Der Sangallensis 913 ist ein in insular-angelsächsischer Schrift der 2. Hälfte des 8. Jahrhunderts in Deutschland niedergeschriebener, „persönlich zusammengestellter Taschencodex" (Georg Baesecke) von 10 × 12 cm, zusammengestoppelt und zusammengenäht aus teilweise löchrigem Ausschußpergament, mit verbrauchten Rändern, vom Gebrauch schmutzig geworden, ja gezeichnet. Sein Inhalt ist buntscheckig, besteht aus Fragmenten biblischen, patristischen, astrologischen, chronographischen, mathematischen, biologischen, medizinischen, juristischen, historischen Wissens etc., ist, wie Baesecke treffend formuliert hat, „eine Art Diarium, in dem allerhand Lesefrüchte neben Schulaufzeichnungen gesammelt und auch leergebliebene Plätzchen liebevoll ausgestopft wurden". Die St. Galler Tradition hat dieses merkwürdige Büchlein später fälschlich dem Gründer ihres Klosters zugeschrieben. Ganz am Ende des kleinen Buches finden sich altenglische Glossen zu Tier- und Vogelnamen mit eingestreuten deutschen Übersetzungen, dazu jenes ,Vocabularius Sancti Galli' genannte lateinisch-althochdeutsche Glossar von etwa 450 Wörtern, das eigentlich aus drei Teilen besteht, die allesamt aus insularen Quellen stammen und durch deren orthographisches Gewand noch gelegentlich das angelsächsische Vorbild schimmert. Es besteht aus einem Sachglossar, das letztendlich aus einem spätantiken Wörterbuch, den griechisch-lateinischen ,Hermeneumata', abzuleiten ist; dieses enthält nach Gruppen geordnet vor allem Wörter der Alltagssprache – Bezeichnungen von Körperteilen, Tieren, Pflanzen, Gebäuden, Himmelserscheinungen, Ackerbau, Geräten, Amtsbezeichnungen usw. – in teils oberdeutschem, teils fränkischem Dialektstande. Es folgen Fragmente eines alphabetischen Glossars, das sich als Verwandter der altenglischen Corpusglossen herausgestellt hat, und Glossen zum ,Carmen de laudibus virginum' („Lied von den Lobpreisungen der Jungfrauen") des Aldhelm von Malmesbury (675–709). Die Glossen vermerken gelegentlich, daß es dieses oder jenes Tier nicht in *Brittania* („England") gebe, zitieren einmal einen Adrianus, unter dem man sich – bei der Seltenheit des Namens und im gegebenen Kontext – wohl tatsächlich den 709 verstorbenen Hadrian, Schüler des Erzbischofs Theodor von Canterbury, des „Apostels der Angelsachsen", vorzustellen hat.

Zu vergleichen ist dem ,Vocabularius' auch im Rückgang auf angelsächsische Gelehrsamkeit des Theodor-Kreises das in St. Gallen um 800 hergestellte, altenglische ,Leidener Glossar', das in 48 Kapiteln den Wortschatz monastischen Lesestoffs (Kanonistik, Benediktinerregel, Hagiographie, biblische Bücher, Isidors ,Vom Wesen der Natur', die Schriften des Mönchsvaters Cassian, das christliche Geschichtswerk des Orosius, die Predigten des Augustinus, die pastoralen Erbauungsschriften Gregors des Großen, antike Grammatiker usw.) aufarbeitete.

Die Gebrauchsspuren der Handschrift legen es nahe, der Inhalt des Vokabulars bestätigt es: dieser Codex hatte seinen Zweck im praktischen Leben zu erfüllen. Anders auch als die Schulglossen diente er „ganz offensichtlich dem Verständnis des Deutschen" und nicht des Lateins, und „setzt somit einen anderssprachigen Benutzer voraus" (Rolf Bergmann). Daß diese „wohl nicht" – wie Bernhard Bischoff urteilt – „unter den normalen Bedingungen eines Skriptoriums entstandene" Handschrift das Vademecum eines angelsächsischen Missionars war, der sich unter vielem andern auch für die Zwecke praktischer Verständigung ein lateinisch-althochdeutsches Glossar abschrieb, das darf wohl angenommen werden.

Doch diente die überwältigende Mehrzahl der Glossen den Zwecken der Schule und den fortgeschrittenen Interessen der Lehrer und Gelehrten, die in ihr wirkten. Dabei schimmern in manch einer Glossierung – wie etwa in den Bibelglossen des Cod. Paris B.N. lat. 2685 (9. Jahrhundert) – noch die Spuren altenglischer Vorlagen durch. Wie im fränkischen und bairischen Bereich wirkten auch in Alamannien vereinzelt angelsächsische Schreibstätten, so eine nicht mehr näher lokalisierbare Kommunität am Oberrhein, in der im späten achten Jahrhundert eine ganze Gruppe angelsächsischer Handschriften entstand. Es ist somit auch für diese frühmittelalterliche Klosterlandschaft, die seit der zweiten Hälfte durch eigene Glossierungen und die Sammlung von Glossaren hervortritt und sich seit dem neunten Jahrhundert zu einem Zentrum volkssprachiger Glossographie entwickelt, der Impuls der Angelsachsen nicht auszuschließen.

Die frühesten Glossierungen aus dem Oberrheingebiet beziehen sich auf die Bibel und zeichnen sich von vornherein dadurch aus, daß sie über die einfache Wortglosse hinausreichen und bereits umfangreichere, syntaktische Einheiten übersetzen. Das gilt für die Glossen, die interlinear und marginal noch im 8. Jahrhundert in die bald nach 750 von dem bekannten St. Galler Schreiber Winithar gefertigte Handschrift (Sang. 70) der Paulus-Briefe (Vetus-Latina-Version) eingetragen wurden; es gilt auch für die wohl aus Murbach kommenden St. Pauler Lukasglossen, die in originaler Überlieferung vorliegen, also „ein Stück Althochdeutsch von erster Hand" (Rudolf Kögel) darstellen. Der Glossator hat hier den in unzialer Schrift (Italien, 6./7. Jahrhundert) vorliegenden veralteten Vetus-Latina-Text nach der Vulgata-Übersetzung des Hieronymus korrigiert und modernisiert. Es handelt sich also um eine den Versuchen Alkuins und Theodulfs von Orléans zur Reform des Bibeltexts durchaus zur Seite zu stellende, wenn auch bescheidener ausfallende Initiative zum reinigenden, emendierenden Verfügbarmachen der subantiken Bibeltexte. Die althochdeutsche Glossierung könnte der Demonstration des Korrekturvorgangs und seiner inhaltlich-theologischen Bedeutung in der Schule gedient haben.

Der gewaltige Aufschwung, den Glossierung und Glossare im neunten Jahrhundert nahmen, ist undenkbar ohne die Reformen Karls des Großen. Glossierung der Überlieferung gehörte zum *litteras colere* („Pflege der Schriftlichkeit und Literatur"), das die Reformer den Klöstern und Schulen aufgetragen hatten; sie diente der Eroberung des Lateins, der *correctio* („Verbesserung") der Texte, der Lektüre der kanonischen Schriftsteller des Altertums und der Christenheit. Dabei pflanzten sich die Schulglossierungen der Karolingerzeit in getreuer Abschrift wie auch in bearbeitender Neuredaktion in vielfach verzweigter Überlieferung noch bis ins Hochmittelalter fort.

Die letzte Erfassung althochdeutsch glossierter Handschriften durch Rolf Bergmann und Rudolf Schützeichel (1971, Nachträge 1982 und 1985) erbrachte über 1130 Exemplare. Die aus der schulischen und gelehrten Beschäftigung mit den lateinischen Texten erwachsenen, oft umfangreichen, manchmal auch nur schmalen, in vielen Fällen zudem mit lateinisch kommentierenden Glossen kombinierten volkssprachigen Glossierungen geben einen einzigartigen Einblick in Umfang und Art des tatsächlich und häufig Gelesenen. Eine (nur als Annäherung an die tatsächlichen Verhältnisse zu bewertende) Auszählung der in der maßgebenden Edition der althochdeutschen Glossen von Elias von Steinmeyer enthaltenen, oft allerdings näher oder ferner miteinander verwandten Glossierungen bringt folgende Lektüreschwerpunkte: Wenn wir von der selbstverständlich auch quantitativ im Vordergrund stehenden, aber schwer überschaubaren Bibelglossierung absehen, so stellen die zahlreich vertretenen Autoren der Antike der karlischen Bildungs- und Schulreform ein glänzendes Zeugnis aus. Es dominiert die spätantike christliche Dichtung, die Bibeldichtung (s. S. 177) der Sedulius (15), Arator (11), Alcimus Avitus (10) und Juvencus (10). Freilich ist „kein Werk christlicher Poesie, ja überhaupt keines irgendeines anderen lateinischen Schriftstellers so häufig und so reich glossiert worden wie das des Prudentius“ (Herbert Thoma). Die Glossierung der Hymnen und der ‚Psychomachie‘ des Spaniers (45), die auch das Waltharius-Epos beeinflußte (s. S. 133), führt in ihrem Archetyp zurück auf die Reichenau der dreißiger und vierziger Jahre des 9. Jahrhunderts, wird in der 2. Hälfte des Jahrhunderts besonders in St. Gallen gepflegt, strahlt dann an den Rhein und ins altsächsische Sprachgebiet (mit den Zentren Werden und Essen) aus. Von den heidnischen Dichtern der Antike sind respektabel vertreten der als Christ geltende Horaz (7) und die beiden die Sittenverderbnis ihrer Zeit geißelnden römischen Satiriker Persius (8) und Juvenalis (7); allen voran aber steht Vergil (19), dessen Kommentatoren (9) ebenfalls glossiert wurden. Eine alte deutsche Vergilglossierung, die sich mehrfach fortpflanzte, scheint sich in den alamannischen Zentren Reichenau und St. Gallen entwickelt zu haben.

Neuere Glossenforschung zeigt freilich gerade in diesem Bereich, daß sich Quantitäten und Bewertungen noch erheblich verschieben werden: Neben der auch in der absoluten Anzahl von Glossen dominierenden Vergilglossierung haben sich auch die Glossarhandschriften anderer klassischer Autoren reichlich vermehren lassen, vor allem die glossierten Horazhandschriften, deren Schwerpunkt nach Anfängen im 10. Jahrhundert eindeutig im 11. und 12. Jahrhundert liegt.

Den die Lektüre begleitenden elementaren Schulunterricht vertreten vor allem Glossierungen zu den Grammatikern Priscian (17), Eutyches (6), Donatus (5) und Phocas (3), neben denen sich die aus dem Karlskreis stammende Schrift ‚De grammatica‘ („Über die Grammatik“) des Alkuin (3) in alamannischer Glossierung behaupten kann. Andere *artes* sind schwach vertreten, für die Metrik ist des Angelsachsen Beda (5) ‚De arte metrica‘ („Von der Verskunst“) ein Standardwerk geworden. Auch das enzyklopädische Werk des Spaniers Isidor von Sevilla (8), der ‚Liber etymologiarum‘ (vgl. S. 181), wird seine Rolle im Unterricht gespielt haben. Gegen die poetischen und grammatischen Texte treten die theologischen Werke zumindest im primären Schulunterricht zurück. Nur elementare Schriften der Glaubensunterweisung und der moralischen Erbauung sind reich vertreten, so vor anderen die Werke Gregors des Großen (590–604), seine ‚Cura pastoralis‘ („Handbuch der Seelsorge“) 31mal, seine ‚Dialogi‘ („Gespräche“) 16mal, seine ‚Moralia in Job‘ („Moralische Betrachtungen zum Buche Hiob“) 4mal. In der Bibelexegese scheint der bedeutendere der synoptischen Evangelisten, Matthäus, einen gewissen Vorrang in der Schule besessen zu haben: Der Matthäuskommentar des Hieronymus (6) und der des Beda (2) sind mehrfach kommentiert worden; während die Glossierung von Gregors ‚Cura pastoralis' in ihren Anfängen weit zurück in alamannische Zentren des späten 8. Jahrhunderts reicht, scheint die Bearbeitung seiner ‚Homilia in evangelia' („Predigten über das Evangelium") (7) vom bairischen Sprachgebiet (spätes 8. Jahrhundert) ihren Ausgang genommen zu haben. Anspruchsvollere theologische Werke werden selten glossiert: die wenigen, die des Augustinus ‚De civitate Dei' („Vom Gottesstaat") oder auch Alkuins ‚De trinitate' („Über die Dreifaltigkeit") lasen, konnten genug Latein, um auf die Krücken der volkssprachigen Glossen verzichten zu können. Seit dem ausgehenden 9. Jahrhundert drang dagegen das philosophisch anspruchsvolle, vor allem eine eigentümliche, Christentum und Stoa verschmelzende Geschichtsanschauung bietende, aber auch den traditionellen Bildungsstoff der *artes* verarbeitende Werk ‚De consolatione philosophiae' („Von den Tröstungen der Philosophie") des spätantiken Staatsmanns und Denkers Boethius († 524) in den Schulunterricht vor: 17 Glossierungen, die nahezu ausnahmslos von einer St. Galler Arbeit vom Ende des Jahrhunderts abstammen, bezeugen die Beliebtheit dieses Werkes, das die Geschichte unter dem Gesetz der Fortuna, des Glückes als der „Schaffnerin Gottes", sah, in der Zeit des politischen Niedergangs des Karolingerreiches. Notker der Deutsche wird an der Wende zum 11. Jahrhundert diese Tradition in St. Gallen vollenden. An historischen Werken wird sonst die Kirchengeschichte des Rufinus (8) und in der Frühzeit die christliche Weltgeschichte des Orosius (5) glossiert; seit dem 11. Jahrhundert häufen sich Glossen als Lesezeugnisse (8) für das Werk des Sallust über die catilinarische Verschwörung. Aus der Hagiographie werden grundlegende monastische Werke bevorzugt, die ‚Vitae Patrum', die Lebensbeschreibungen der ersten Mönche (5), und des Sulpicius Severus († um 420) Lebensbeschreibung des heiligen Martin von Tours († um 400), des Vaters des gallischen Mönchtums. Zum grundlegenden monastischen Schrifttum gehörten auch die Werke (7) des aus dem ägyptischen Wüstenmönchtum stammenden Cassianus, der um 415 in Marseille zwei Klöster gegründet hatte, die Schrift ‚De institutis coenobiorum' („Von den Einrichtungen der Klöster") und seine ‚Collationes' („Besprechungen"), fingierte Gespräche mit ägyptischen Mönchsvätern über die innere Vervollkommnung des Aszeten; ferner selbstverständlich die Benediktsregel (6), das „Gesetz der Mönche", deren Glossierungen durchweg in Beziehungen zur Reichenauer (?) interlinearen Übersetzung der Regel (s. S. 198) stehen. Die Glossierung weltlicher Rechtstexte ist eher schwach repräsentiert, jedoch entsprechen die 29 Glossierungen der Canones, kirchlicher Rechtssammlung also, einem praktischen Bedürfnis der Kleriker. Eine frühe Canonesglossierung scheint dabei aus Bayern zu stammen, eine andere aus dem rheinfränkischen Sprachgebiet, vielleicht aus Mainz. Andere Familien dieser juristischen Glossierungen bildeten sich neu im alamannischen Raum; schließlich läßt sich hier noch einmal wie bei den Bibel- und den Prudentiusglossen beobachten, daß die althochdeutsche Übersetzungsarbeit auch nach Westfranken ausstrahlte und daß ihr abhängige und eigenständige Glossierungen in altsächsischen (und wohl auch niederfränkischen) Zentren – wie etwa in den ‚Merseburger Glossen' des frühen 11. Jahrhunderts oder den ‚Essener Evangeliarglossen' (10. Jahrhundert) – zur Seite traten.

Die Glossen lassen sich aus dem Geist der schulischen *grammatica ars* („grammatischen Wissenschaft"), des elementaren Unterrichts, als Vorübung für das Bibelstudium verstehen, deren Inhalte freilich sorgsam ausgesucht und entfaltet wurden und sich allmählich zu einem Lektüre- und Studienkanon verdichteten. Nirgendwo läßt sich dabei diese kontinuierliche und gelehrte Schularbeit der karolingischen Klöster deutlicher verfolgen als an dem nahezu vollständig erhaltenen Bücherbestand von St. Gallen.

Eine in der 1. Hälfte des 9. Jahrhunderts in St. Gallen hergestellte Prudentiusglossierung wird wenig später in Marginal- und Interlinearglossen einer Prudentiushandschrift umgesetzt (Sang. 136). Im letzten Viertel des Jahrhunderts vereinigt eine Schulhandschrift (Neapel IV. G. 68) dann den glossierten Prudentius mit dem neu in den Kanon integrierten Boethius. Die Boethiusglossierung findet dann zu Ausgang des Jahrhunderts noch einmal Eingang in eine Schulhandschrift (Sang. 844). Aus ihr wiederum schöpfte ein Jahrhundert später Notker.

Den schulischen Gebrauchscharakter der Glossen demonstrieren deutlich auch Einträge in einer bezeichnenderweise auf den Angelsachsen Bonifatius zurückgehenden Geheimschrift, welche die Auflösung der Lehrerglossen durch Schüler verhindern sollte. Man ersetzte alle Vokale eines Wortes durch die jeweils im Alphabet nachfolgenden Buchstaben; also wurde z.B. lateinisch *monete* „Münzen" durch *mxnkzzb*, d.h. aufgelöst althochdeutsch *munizza*, glossiert. Wie viele andere Schulhandschriften sind auch Glossenhandschriften in Anlage und Überlieferung oft von ihrer Funktion geprägt, so etwa die ‚Kieler Prudentiusglossen' aus St. Ulrich und St. Afra in Augsburg (1012/14): „Die schmucklose Anlage der Handschrift, die deutlich Spuren häufiger Benutzung zeigt, sowie die umfangreichen lateinischen und althochdeutschen Glossen sind charakteristisch für ein Gebrauchsexemplar im klösterlichen Schulunterricht" (Birgit Kölling). Gerade das Miteinander von lateinischen und althochdeutschen Glossen im Text erschließt dabei die schulischen Funktionen der Glossierung, ja sogar Unterrichtsmethoden. So hat Otfrid von Weißenburg, der Dichter der althochdeutschen Evangelienharmonie, zugleich aber *magister* („Lehrer") seines Klosters, bald nach der Mitte des neunten Jahrhunderts in eine Handschrift von Priscians ‚Institutiones Grammaticae' („Grammatische Unterrichtslehre") mehrere tausend lateinische und etwa 150 volkssprachige Glossen eingetragen, die sich ihren Hauptfunktionen nach auf grammatikale Theorie beziehen oder an Hand von Beispielen diese erläutern oder sogar längere literarische Zitate als exemplarische Exkurse einfügen. Hier geht die Glossierung also über die reine Verständnishilfe bei der Lektüre hinaus, sie läßt das Bild eines auf das Latein gerichteten Unterrichts entstehen, in den das Althochdeutsche nur dann eintritt, wenn der sprachliche Erklärungskontext im Lateinischen fehlt. Die althochdeutschen Glossen beziehen hier ihren Sinn aus den didaktischen Schwierigkeiten des Lehrers gegenüber seinen theodisken Schülern.

Die periphere Stellung der volkssprachigen Glossen gerade bei einem Repräsentanten karolingischer volkssprachiger Dichtung erhellt auch aus deren Integration in die vielfältigen Unterrichtsfunktionen der Gesamtglossierung: Wortschatzübung durch Paraphrase, Worterklärung, grammatikalische Bestimmung, Etymologie von Wörtern und Namen, mythologische Exkurse, Sachkunde, syntaktische Alternativen, klarere Darstellung des grammatischen Sachverhaltes, regestenartige Zusammenfassung einer Stelle usw. Über zwei Drittel der althochdeutschen Glossen entfallen auf die der Erweiterung des Wortschatzes und der Worterklärung gewidmeten Paraphrasen und sind in diese integriert: *glis* („Maus"): *glis, gliris* („die Maus, der Maus"), *id est mus* („das heißt althochdeutsch *mus*"). *glis, glitis* („die Distel, der Distel"), *id est glimo* („das heißt althochdeutsch *glimo*"). *glis, glissis* („der Kompost, des Kompostes"), *id est lignum olmo* („das ist Holz, althochdeutsch *olmo*" faules Holz, Kompost). Ein weiteres Fünftel volkssprachiger Glossen dient der Erklärung eines komplizierten Namens. Jedenfalls lassen die althochdeutschen Glossen keine von den lateinischen Glossen gesonderte Funktionen erkennen. Sie beziehen aus „ihrem Rekurs auf den vor- und außerschulischen nichtlateinischen Erfahrungshorizont der Schüler explikatorische Kraft" (Alexander Schwarz).

Schon für die zweite Hälfte des achten Jahrhunderts läßt sich die Anlage oft umfangreicher, vom Text gelöster, lexikonartiger volkssprachiger Glossare beobachten. Sie nehmen ihren Ausgang von antiker und frühmittelalterlicher lateinischer Glossographie, die wie das augustuszeitliche Lexikon ‚De verborum significatu' („Von der Bedeutung der Wörter") des Grammatikers Verrius Flaccus und die daraus geschöpfte ‚Epitome' („Auszüge") seines Kollegen Pompeius Festus (2. Jahrhundert) der Erklärung seltener und schwieriger Wörter diente. Aus ihnen schöpften wiederum subantike, vorwiegend in Oberitalien entstandene, für die Bedürfnisse der lateinischen Rhetoren nach stilistischer Variation komponierte, lateinisch-lateinische, alphabetisch geordnete Synonymenglossare, welche die Forschung nach dem ersten Wort (z.B. ‚Abba', ‚Abavus', ‚Affatim' usw.) bezeichnet, und schließlich karolingische Unternehmungen, die freilich in Orientierung an Isidors Etymologienwerk bereits auf ein umfassendes Sachlexikon hinarbeiten, wie der zu Anfang des neunten Jahrhunderts im nordfranzösischen Corbie unter der Leitung des mit Karl dem Großen verwandten Abtes Adalhard entstandene ‚Liber glossarum' („Buch der Glossen"). Die volkssprachige Glossographie hat ihren – soweit uns erkennbar – ersten Schwerpunkt im oberdeutschen Sprachraum, in den Klöstern Bayerns und Alamanniens genommen. Um die Mitte des achten Jahrhunderts entsteht dort der auf einem (unabhängig weitgehend verlorenen) lateinisch-lateinischen Wörterbuch aufruhende althochdeutsche ‚Abrogans' (s. Abb. 10), der sowohl Lemmata wie Interpretamente der Vorlage – nicht ohne Fehler und Schwierigkeiten – übersetzte, „ein Stück vorkarlischer Geistes- und Sprachbildung" (Stefan Sonderegger). Die Zweckbestimmung ist umstritten: man hat an eine Art „Stilwörterbuch" als Hilfsmittel zum Erlernen seltener, ausgefallener, aber schmückender lateinischer Wörter gedacht. Da das Werk jedoch in den Handschriften den Titel ‚Glosae ex novo et vetere testamento'

(„Glossen aus dem Neuen und Alten Testament") trägt, zudem in der Tat einen hohen Anteil von Bibelglossen und zusätzlich auch systematisch Erklärungen biblischer Namen integriert hat, wird man in ihm eher ein „Hilfsmittel zur Bibelerklärung" (Jochen Splett) erkennen dürfen. Um 790/800 entstand in Regensburg auf der Grundlage des ‚Abrogans' eine um etwa ein Drittel gekürzte und korrigierte Bearbeitung, die ‚Samanunga worto' („Sammlungen der Wörter"), die auch die lateinischen Interpretamente des alten Synonymenwörterbuchs – nun für das althochdeutsche Wörterbuch zu Lemmata geworden – alphabetisch, zu besserem praktischem Gebrauch einsortierte.

Die Überlieferung des ‚Abrogans' gehört bereits in die Zeit der karlischen Reformen. Dem Archetyp am nächsten steht die Handschrift Paris B.N. lat. 7640, die das lateinisch-althochdeutsche Wörterbuch mit einem weiteren rein lateinischen Synonymenwörterbuch, dem ‚Abavus maior' vereinigt. Gefertigt ist die „für Glossen ungewöhnlich prächtige Reinschrift" (Georg Baesecke) von mehreren in einheitlichem Schriftstil ausgebildeten Schreibern, die wohl in den Regensburger Kreis des Bischofs Baturich (817–848) gehören. Der St. Galler ‚Abrogans' (Codex Sangallensis 911) entstand am Ende des 8. Jahrhunderts in einem „von der karolingischen Erneuerung wohl noch kaum gestreiften Kloster im Südwesten des deutschen Sprachgebiets" (Bernhard Bischoff), keinesfalls aber in St. Gallen oder auf der Reichenau. Sprachlich besteht hier der ‚Abrogans' aus zwei Teilen, deren erster (Ka) noch archaisch frühalthochdeutschen Sprachstand vertritt, während sich der zweite (Kb) nördlichen, d.h. fränkischen Einflüssen öffnet und im ganzen eine jüngere sprachliche Entwicklung aufweist. Auf eine mit dem Sangallensis gemeinsame Vorstufe geht eine im frühen 9. Jahrhundert in einem unbekannten oberrheinischen Zentrum (nicht aber auf der Reichenau) geschriebene Version Ra zurück, die später in einen Reichenauer Sammelband von Glossaren (Badische Landesbibliothek Karlsruhe, Augiensis XCI) eingebunden wurde. „Es war ein seltsames Unterfangen", die „feinen Bedeutungsunterschiede" des raffiniert-exotischen, spätantiken Synonymenwörterbuchs in ein Deutsch zu übertragen, das noch kaum geeignet war, auch nur die Hauptbegriffe sinnrichtig nachzubilden. Schon das erste lateinische Stichwort dieses Wörterbuches (nach dem es seinen heutigen Titel hat), nämlich *abrogans* in der spätlateinischen Bedeutung „um Verzeihung bittend, reumütig" ist durch ahd. *aotmot* „demütig" nur ungefähr sinnrichtig wiedergegeben, und danach fehlt dem deutschen Bearbeiter zur Wiedergabe von lat. *humilis* „demütig" dieses deutsche Wort, so daß er mit *sanftmoat* „sanftmütig" wieder zu einem nur annähernd richtigen Notbehelf greifen muß. Das letzte lateinische Stichwort unserer Textprobe, *clandestinum*, bedeutet hier eindeutig, wie die Synonyma beweisen, „heimlich". Dem bairischen Mönch aber war die Heimlichkeit, das heimliche Tun als Sünde und als Verstoß gegen Mönchsregel und Klosterdisziplin bekannt. Daher übersetzt er es mit *uuitharzoami* „unziemlich", wozu dann die Synonyma natürlich nicht mehr passen. Unter den Synonyma findet sich hier lat. *occultum*, das freilich als Substantiv gebraucht werden kann, aber hier, wie die Umgebung beweist, als Adjektiv „dunkel, verborgen" gemeint ist. Das erkannte der Bearbeiter nicht, und anstatt des Adjektivs *tunkal* „dunkel" wählte er daher das Substantiv *tunclî* „Dunkelheit" zur Übersetzung. Es wäre allzu billig, über solche Unzulänglichkeiten zu spotten. Man muß daran vielmehr die ungeheure Schwierigkeit ermessen, mit der diese Pioniere einer deutschen Literatursprache zu kämpfen hatten. Sicher war der deutsche Bearbeiter des ‚Abrogans' ein kluger und gelehrter Mann; aber seine Muttersprache war noch so wenig entwickelt, daß sie den Spitzfindigkeiten einer spätantiken, raffinierten und manchmal schwülstigen Stilkunst unter gar keinen Umständen gewachsen sein konnte" (Hans Eggers).

Die drei Handschriften der ‚Samanunga' führen erneut in die bairischen und alamannischen Pflegestätten der frühen volkssprachigen Glossographie. Eine (Österreichische Staatsbibliothek Wien 162) entstand im Regensburger Kloster St. Emmeram noch vor 817, eine zweite (Bayrische Staatsbibliothek clm. 5153a) ebendort dunter Bischof Baturich zwischen 820 udn 830, korrigiert von dem auch sonst bekannten Diakon Ellenhart. Das Fragment des Codex Österreichische Staatsbibliothek Wien 482 (Fol. 87) wurde um 800 auf der Reichenau gefertigt. Benutzung der ‚Samanunga' ist bis zur Mitte des 9. Jahrhunderts auf der Reichenau, im elsässischen Murbach und im bairischen Tegernsee festzustellen.

In einem zweiten Ansatz wurden in der volkssprachigen Glossographie der Karolingerzeit Bibelglossen außerhalb ihres Textzusammenhangs, aber textfolgebezogen zu oft umfangreichen Glossaren geordnet. Sie werden den uns in ihren frühen Zeugen im wesentlichen durch eine Reichenauer (Badische Landesbibliothek Karlsruhe, Augiensis IC) und eine Murbacher (Bodleian Library Oxford, Junius 25) Sammelhandschrift vermittelt: Einem letzten Endes aus angelsächsischen Quellen stammenden lateinisch-lateinischen Bibelglossar (Rz) geht in dem um die Wende vom achten zum neunten Jahrhundert gefertigten Reichenauer Codex ein lateinisch-althochdeutsches Glossar (Rb) zum Alten Testament und den Homilien Gregors des Großen voraus; es folgt ihm ein weiteres textfolgebezogenes volkssprachiges Glossar zu ausgewählten Büchern des Alten Testaments (Rf). Marginal aber notierte man neben Rb ein teilweise auf den ‚Samanunga' beruhendes, alphabetisch geordnetes Bibelglossar Rd und ein aus nichtbiblischen Bestandteilen gearbeitetes, alphabetisches Glossar Re. Beide flossen in der Murbacher Handschrift, erweitert um Glossen zu Gregors Evangelienhomilien, in das in dem elsässischen Kloster zu Anfang des neunten Jahrhunderts entstandene Glossar Jb ein.

Die aus etwa zehn ehemals selbständigen Teilen früh zusammengesetzte Murbacher Junius-Handschrift enthält ferner von gleicher Hand (Murbach, 1. Viertel des 9. Jahrhunderts) wie die nachgetragenen ‚Murbacher Hymnen' (s. S. 202) ein auf dem lateinischen Synonymenwörterbuch ‚Affatim' beruhendes alphabetisches, volkssprachiges Glossar (Jc), das erneut ‚Samanunga'-Glossierungen aufnimmt und sich mit Zusätzen aus den in Hofnähe entstandenen Übersetzungen der sog. Isidor-Sippe (s. S. 252), aus der Reichenauer interlinearen Glossierung der Benediktinerregel (s. S. 198), aus Glossen zu Gregors Homilien u.a. anreichert. Der Band vereinigt damit ein in einem unbekannten bodenseenahen Zentrum Anfang des Jahrhunderts geschriebenes Büchlein von 26 Blättern, welches das aus dem Reichenauer Glossar Rz abzuleitende, alphabetische lateinisch-althochdeutsche Bibelwörterbuch Ja enthält. Die Massierung der frühen volkssprachigen Glossographie im alamannischen Raum wird durch eine weitere, freilich im 13. Jahrhundert mit anderem Text überschriebene Glossarhandschrift belegt, „Überbleibsel aus einem nicht mehr identifizierbaren südwestdeutschen Skriptorium“ (Bernhard Bischoff), die ein alphabetisches Glossar, ein Glossar der ‚Samanunga‘-Gruppe und Glossen zur Benediktsregel vereinigte.

Auf dem karolingischen ‚Liber glossarum‘ aus Corbie beruht das im wesentlichen lateinische ‚Glossarium Salomonis‘, ein umfassendes, zweiteiliges Sachlexikon, das auch althochdeutsche Übersetzungen der Stichworte integrierte. Es war in zahlreichen Handschriften des elften bis vierzehnten Jahrhunderts verbreitet und wurde von jüngerer Tradition mit dem Namen Bischof Salomos III. von Konstanz (890–919), zugleich Abt von St. Gallen, verbunden. Für die Verdeutschungen wurden in der Tat Quellen des Bodenseeraumes, u.a. die an der Wende vom neunten zum zehnten Jahrhundert wohl auf der Reichenau aus älteren Interlinearglossen gefertigte Bibelglossatur M verwendet, die auch in Tegernseer Glossenhandschriften des 10./11. Jahrhunderts einfloß.

Um 1020 (in Lorsch? oder in Würzburg im Auftrag des Bischofs Heinrich I., der von 995/96–1018 regierte?), vielleicht aber auch erst im frühen 12. Jahrhundert entstand als Spätzeuge althochdeutscher Glossenarbeit das ‚Summarium Heinrici‘, eine Art Enzyklopädie, welche dem Benutzer Sacherläuterungen bot, dazu volkssprachige Übersetzungen der lateinischen Stichwörter. So findet sich etwa (I, 4) im Abschnitt „Von den Geistlichen und anderen kirchlichen Ständen“ der Text: *Sacerdotes vel sacrificus* („Priester oder Opfer“): [ahd.] *ewarto* („Priester“). *Ierarchia* [sic!] *grece summus sacerdos latine* (Hierarcha griechisch, höchster Priester lateinisch“). *Clericus* („Geistlicher“): [ahd.] *phaffo* („Pfaffe“). *Matricularius* („Kirchenbeamter“): [ahd.] *duomphaffo* („Dompfaffe“). *Clerus* („Geistlichkeit“): [ahd.] *phafheit* („Pfaffenschaft“). *Presbiter* („Priester“): [ahd.] *briester* („Priester“). *Archipresbyter* („Archipresbyter“): [ahd.] *ercibriester* („Erzpriester“). *Presbytera* („Frau des Priesters“): [ahd.] *phaffenwib* („Pfaffenweib“) *quam habuit ante ordinationem* („die er vor der Ordination zum Priester besaß“)... In bewährter Tradition wird hier – am Ausgang des frühen Mittelalters – noch einmal die Volkssprache im Verbund mit dem Latein als Hilfsmittel des Sachverständnisses eingesetzt.

Die Lehrbarkeit des monastischen Offiziums

Die Aufgabe, die der Mönch, die Nonne, der Stiftsgeistliche in ihrer Gemeinschaft, der „Werkstatt der Tugenden“, zu erfüllen hatten, war das *officium dei*, der „Dienst an Gott“. Das Gesetz dieses Dienstes war seit den Tagen Karls des Großen für Mönche und Nonnen die Regel Benedikts, für die Geistlichen der Domstifte eine Benedikts Werk nachgebildete, bereits im achten Jahrhundert entstandene Regel (‚Chrodegangregel‘) geworden. Die sprachlich zu fassenden Inhalte dieser Regel entfalteten sich im Gebet, im Lob Gottes, in Hymnen und Psalmen. Regel, benediktinisches Hymnar und Psalmen sind in karolingischer Zeit, wie Kommentare zeigen, in der Schule erklärt worden. Sie sind aber auch in einem über die Maßstäbe der Glossographie hinausgehenden Maße übersetzt worden. Es ist kein Zufall, daß sich gerade im Rahmen dieser das Leben der Mönche tiefgreifend und intensiv lenkenden Texte aus verdichteter interlinearer Glossierung, wie sie etwa die (St. Pauler) Lukasglossen (s. S. 188), aber auch die St. Galler Paulusglossen (Codex Sangallensis 70) noch vor Ende des achten Jahrhunderts entwickelten, die Interlinearversionen entfalteten, welche nicht mehr nur ein einzelnes schwieriges Wort, sondern zwischen den lateinischen Zeilen einen ganzen Text Wort für Wort, Form für Form übersetzten. Auch die Interlinearversionen sind freilich keine ‚Übersetzungen' im modernen Sinne, die aus sich heraus verständlich wären und zu einem Text eigenen Rechts und eigenen Lebens würden. Sie dienen einem höhere Ansprüche stellenden Verständnis wichtiger lateinischer Texte, bleiben dennoch „mehr der Versuch einer Erklärung als eine Übersetzung" (Stefan Sonderegger). Die Interlinearversionen von Regel, Hymnen und Psalmen sind also Produkte der Schule, Zeugnisse der Initiation monastischer *alumni* („Zöglinge") in die neue Lebensform. Immerhin geht es hier aber nicht mehr primär um das Erlernen der fremden Sprache, sondern um das Verständnis der Inhalte. Die Mönche sollen wissen, was sie tun. Das *opus dei* („Werk Gottes"), das die Mönche vollbringen sollen, wird aus dem Geiste der karlischen Reform heraus, die in ihr Programm das *intellegere* („verstehen") der Religion und der heiligen Schriften aufgenommen hatte, lehrbar.

Als Karl der Große sich (wahrscheinlich im Jahre 787) in der Abtei Benedikts, in Montecassino, um ein authentisches Exemplar der Regel bemühte und eine Abschrift des angeblich noch in eigenhändiger Ausfertigung des Mönchsvaters vorhandenen Textes erhielt, kursierten im Frankenreich bereits andere Fassungen der Regel, z.B. die Vulgata-Version und die interpolierte Rezension, die keineswegs verdrängt werden konnten. Nur eine einzige Kopie (Codex Sangallensis 914) des von Karl erworbenen Regeltextes hat – mittelbar – bis heute überlebt.

Die Reichenauer Mönche Tatto und Grimald waren um 817 nach Aachen gereist, um sie für die Bibliothek ihres Klosters anzufertigen; daraus wiederum nahm man in St. Gallen eine getreue Kopie. Auch die *coadunatio* („Zusammenfassung") der Regel, die der aus der Hofschule hervorgegangene Alkuinschüler Rigbodo, Abt von Lorsch (784–804) und Bischof von Trier (seit 791), wohl zum Zwecke des Auswendiglernens verfaßt hatte, war kaum verbreitet. Die einzige Handschrift – aus Lorsch stammend – ist zugrundegegangen.

Zwar hatten in feierlichem Akt, begleitet von Verlesung und Übersetzung des Textes, Kaiser und Reichstag im Oktober 802 zu Aachen die Regel des heiligen Benedikt als die einzig verbindliche Lebensnorm für Mönche und Nonnen anerkannt. Jedoch darf die Reichweite des „Aktes angesichts der

Opposition zahlreicher Vertreter des fränkischen Mischregelmönchtums" (Josef Semmler) unter Führung des Abtes Adalhard von Corbie, der bei dieser Versammlung in einen heftigen Wortwechsel mit Benedikt von Aniane, dem künftigen Führer der Reform, geriet, nicht überschätzt werden. Erst die unter Karls Sohn Ludwig dem Frommen auf Initiative des Abts von Aniane 816 und 817 in Aachen zusammengetretenen Reformsynoden scheinen mehr Erfolg gehabt zu haben.

Aus der Reformdiskussion entstanden nicht nur monastische Gesetzgebung, nicht nur monastische Sammelwerke wie Benedikts von Aniane († 821) ‚Concordia Regularum' („Harmonie der Regeln"), in denen der große Abt die Tradition der bis dato geltenden Mönchsregeln zusammenzufassen suchte, um sein Werk der Vereinheitlichung des monastischen Lebens auch historisch zu untermauern, sondern auch Kommentarwerke, welche den Streit der Meinungen widerspiegelten. So verfaßte – bald nach 817 – Smaragd, Abt von St. Mihiel, einen getreu anianisch ausgerichteten Regelkommentar, während Hildemar von Corbie, Schüler des Abtes Adalhard, 845/50 eine durchaus von Distanz zu den anianischen Reformern getragene Auslegung nachschob.

Immerhin belegen die geschilderten Aktivitäten das Interesse der Reformer an der Benediktsregel. Der alamannische Raum (dem freilich auch eine Inspektion durch eine kaiserliche Kommission bevorstand), allen voran die Klöster Reichenau und St. Gallen, beteiligten sich unter Führung des Mönches, Reichenauer Abtes und Bischofs von Basel Heito (802–823, † 836) intensiv an der Diskussion um die Reform des Mönchtums im Namen Benedikts. Mit der Abschrift des authentischen Regelexemplars durch Reichenauer Mönche, mit einem 817 aus dem Zentrum der Reform, Benedikts Kloster Inden (Kornelimünster bei Aachen), an Heito gesandten Zwischenbericht, mit der Fertigung des St. Galler Klosterplans und den ‚Murbacher Statuten' wohl Heitos, welche Vorschriften der anianischen Reformsynode von 816 aufnahmen und zum Teil kreativ abwandelten, wurde – wie schon oben dargelegt (S. 166) – die Reichenau zu einem Zentrum monastischer Erneuerung: dort ließ Heito auch – nach seiner Resignation als Bischof und Abt – um 826 das Gebetsgedenken der Mönche durch die Anlage und Aktualisierung eines umfassenden ‚Liber vitae' („Buch des Lebens"), in dem die Namen von Tausenden von verbrüderten Mönchen, Nonnen, Klerikern und Laien festgehalten wurden, neu ordnen und intensivieren; er war es, der auf der *Augia felix* („heilvollen Insel") im Bodensee – so wie er den Neubau der Kathedrale seiner Bischofsstadt besorgte – die Hauptkirche des Klosters (Mittelzell) neu erbaute. Unter ihm ließ der Bibliothekar Reginbert für die Reichenau mehrere Handschriften der Benediktsregel anfertigen.

Die Aachener Synode von 816 hatte bestimmt (c. 2): „Alle Mönche, die dazu imstande sind, sollen die Regel auswendig lernen". Die ‚Murbacher Statuten' führten – zunächst in Anlehnung an c. 1 der Aachener Synode –

aus: „Wenn die Äbte in ihre Heimatklöster zurückgekehrt sind, sollen sie die Regel vorlesen, indem sie diese Worte für Wort erforschen, und sie sollen die Regel anwenden... Zum andern, wer kann, soll die Regel auswendig lernen... Wir glauben hinzufügen zu sollen, daß die Regel, wenn sie für die Rezitation aus dem Gedächtnis gelernt wird, den Lernenden von dazu eigens bestimmten Kennern der Schreibkunst, Grammatik und Stilistik (*a dictatoribus ordinatis*) übersetzt werden soll." Hier wird in Anerkennung der Forderung der Reformer nach Verständnis, nicht bloßem Auswendiglernen der Texte die Notwendigkeit der Übersetzung der Regel Benedikts erkannt. In diese Bemühungen und Forderungen ist die im frühen 9. Jahrhundert in einem alamannischen Kloster entstandene althochdeutsche ‚Interlinearversion der Benediktinerregel' einzuordnen. Erhalten ist sie in der (wohl St. Galler) Kopie des Codex Sangallensis 916. Mehrere Schreiber trugen sie aus einer Vorlage in die noch unfertige, aber bereits mit einem lateinischen Text, der von der Vorlage der Übersetzung abweicht, versehene Handschrift „in feiner, steiler Kursive" (Stefan Sonderegger) ein.

Ein Beispiel aus dem Prolog diene zur Verdeutlichung der wortwörtlichen Übersetzungstechnik:

ze kesezzene ist kewisso fona uns dera truhtinlihhun
Constituenda est ergo a nobis dominici

scuala dera deonosti in deru kesezzidu
scola servitii, in qua institutione

neoweht sarfes, neoweht swarres uns
nihil asperum, nihil grave nos

kesezzente wannemes
constituros speramus.

(„Zu gründen ist gewißlich von uns eine Schule des auf den Herrn gerichteten Dienstes, bei deren Satzung wir hoffen, nichts Hartes, nichts Schweres anzuordnen"). Man merkt der Übersetzung an, wie hier mit den schweren Inhalten der fremden Sprache, die in eine ungeeignete, begrifflich kaum entwickelte Sprache von Bauern und Kriegern umgegossen werden mußten, Wort um Wort gerungen wird. Wie man an der Konservierung der nur im Latein möglichen Stellung des Adjektivs in *dominici scola servitii*, an der zweimaligen Wiederholung des Artikels *dera* „der" sowohl beim Adjektivattribut wie beim Substantiv sieht, kam es der Übersetzung mehr auf das Verständnis der grammatischen Formen des lateinischen Textes als auf ein verständliches Althochdeutsch an. So sind auch die begrifflichen Hilfskonstruktionen zur Glied-für-Glied-Übersetzung lateinischer Worte, denen althochdeutsche Partner fehlten, zu beurteilen: *subministrare : untarambahten* („unter" plus „dienen" statt „verhelfen zu"), *eremita : waldlīhher* („der Waldliche", dem lateinischen Wort als Ableitung von *eremus* „Wald, Einöde" nachgebildet). Diese Wörter sind wirklich „Studierstubenerzeugnisse, die niemals von einem lebendigen Menschen in lebendiger Rede gebraucht wurden" (Werner Betz). Daneben gibt es wirkliche Fehler, geboren aus mangelhaften Lateinkenntnissen, wie die Verwechslung von *dolor* („Schmerz") und *dolus* („List"), oder *donatio* („Schenkung") und *dominatio* („Herrschaft"), wobei die Kenntnis romanischer Sprachentwicklung mitgewirkt haben kann. Alle diese Probleme zeigen jedoch, wie bitter nötig man es hatte, erst einmal das Verständnis des Textes durch elementares Übersetzen zu erarbeiten.

Die althochdeutsche Interlinearversion der Benediktinerregel folgt nicht dem um 817 auf die Reichenau gebrachten Montecassino-Text, sondern einer variierenden Rezension der Regel. Varianten älterer fränkischer Regeltexte, darunter auch obgenannter Rezension, hatten auch die Reichenauer Mönche Tatto und Grimald ihrer Kopie des authentischen Regelexemplars zum Vergleich hinzugefügt. Der Abtbischof, der die ‚Murbacher Statuten' verfaßte, ob Heito oder ein anderer, hatte zur Regel im Anschluß an das Aachener Diskussionsgebot festgestellt: „Das wurde durch uns in der Untersuchung ihrer Wörter nach dem Maßstab unserer Einsicht auch ausgeführt". Und im Folgesatz bezeichnet er seine Unternehmung als *illa interpretatio* („obgenannte Übersetzung"). Da die ‚Statuten' ebenso wie die Übersetzung des Sangallensis 916 im alamannischen Raum entstanden sind, besteht eine hohe Wahrscheinlichkeit für einen engen Zusammenhang beider *discussiones verborum* („Untersuchungen der Wörter"). Beide können freilich – zumindest vorläufig – nicht endgültig für die Reichenau gesichert werden, so daß die althochdeutsche Interlinearversion auch in einem anderen, mit Heito oder den aus dem Karlskreis erwachsenen monastischen Reformern verbundenen alamannischen Kloster entstanden sein kann. Jedoch bleibt die Reichenauer Herkunft aufgrund mancher Indizien allemal das Wahrscheinlichste. Angesichts der konzeptionellen Verwandtschaft mit den 816 verfaßten ‚Statuten', angesichts der frühen St. Galler Kopie und schließlich wegen des archaischen Charakters der Sprache wird man für die Datierung der Übersetzung kaum über das zweite Jahrzehnt des neunten Jahrhunderts hinausgehen können.

Für die Frühdatierung ist entscheidend, daß ahd. /ei/ aus germ. /ai/ bereits durchgeführt ist, jedoch ahd. /ou/ aus germ. /au/ zumindest noch mit archaischem ‹au› geschrieben wird; daß ferner die Schrift germ. /h/ vor Konsonant in den Lautverbindungen [hl, hr, hw, hn] festhält. Ursula Daab und Werner Betz hielten für beweisend für Reichenauer Herkunft der Übersetzung deren wohl nur aus Anleihen zu erklärende, mit älteren, anscheinend Reichenauer Glossaren und Glossierungen gemeinsame Neubildungen und Übersetzungsfehler. Doch sind von den angeführten Denkmälern (Abrogans Ra, Glossar RB, Glossar Re, St. Pauler Lukasglossen) manche nicht mehr ohne weiteres in das Bodenseekloster zu lokalisieren (vgl. S. 194): die Handschrift der Lukasglossen weist eher auf Murbach, Re kommt auch in Murbach vor, Ra entstand nicht auf der Reichenau, sondern in einem unbekannten oberrheinischen Zentrum, lag jedoch früh im Inselkloster. Stefan Sonderegger hat auf bemerkenswerte Übersetzungsgleichungen mit den St. Galler Paulusglossen des Codex Sangallensis 70 (Ende 8. Jahrhundert) und auch mit der Paternoster-Verdeutschung der St. Galler Abroganshandschrift, die aber wiederum nicht aus

St. Gallen stammt, hingewiesen. St. Galler Herkunft der Übersetzung kann jedoch damit auch nicht bewiesen werden. Sicher ist nur die Einbettung der althochdeutschen Benediktinerregel in die frühe alamannische Glossographie der Karolingerzeit, wobei die Beziehungen zum sicher Reichenauer Glossar Rb am deutlichsten bleiben. Benutzt hat die althochdeutsche Benediktinerregel oder ein ihr vorausgehendes Konzept die altalamannische Psalmenübersetzung (vgl. S. 204). Rezeption der alten Regelübersetzung deutet sich in Entlehnungen durch zwei kleinere Glossare zur Benediktsregel an, die an das Murbacher Glossar Jc (vgl. S. 194) angehängt wurden. Auch einige andere Glossierungen der Regel (freilich nicht alle) scheinen mit der alamannischen Interlinearversion zusammenzuhängen. Dem Kloster St. Gallen, wo man mit dem Erwerb des Sangallensis 914, mit dem St. Galler Klosterplan und der Bezeugung von drei Regelhandschriften im Bibliothekskatalog aus der Mitte des 9. Jahrhunderts sich ja ebenfalls um die benediktinische Formung des Konvents bemühte, ist die Kopie des ins frühe 9. Jahrhundert zu datierenden Sangallensis 916 nicht abzusprechen. Vollständig übersetzt sind freilich in dieser Kopie nur der Prolog und die Kap. 1–14 der Regel, danach finden sich nur noch einzelne Sätze, Wendungen, ja Worte glossiert, um dann für die Kap. 68–73 völlig auszusetzen. Es gab übrigens in der Bibliothek des Gallusklosters anscheinend noch zwei weitere, verlorene Regelhandschriften, welche die althochdeutsche Übersetzung enthielten, in einem Falle allerdings nur für den Prolog.

Die Mönche der benediktinisch ausgerichteten Klöster sangen zu festgesetzten Zeiten (Horen) ihres Tagesablaufs (s. Schema S. 163), die dem Gottesdienst gewidmet waren, lateinische Fest- und Preislieder, Hymnen, die in ihrem Kernbestand auf den Erzbischof und Kirchenvater Ambrosius von Mailand (374–397) zurückgehen. Benedikt hatte für die Feier dieser Gebetsstunden festgesetzt (c. 16): „Wie der Prophet sagte: ‚Siebenmal am Tag singe ich dein Lob‘ (Psalm 118, 164). Diese geheiligte Siebenzahl erfüllen wir dann, wenn wir in der Morgenfrühe [zur Matutin] sowie zu den Stunden der Prim, Terz, Sext, Non, Vesper und Komplet unseren schuldigen Dienst leisten; denn von diesen Gebetsstunden am Tag sagt der Prophet: ‚Siebenmal am Tag singe ich dein Lob.‘ Von der Feier der nächtlichen Vigilien sagt der gleiche Prophet: ‚Um Mitternacht stehe ich auf, um dir zu lobsingen‘ (Psalm 118,62). Zu diesen Zeiten wollen wir also unserem Schöpfer den Lobpreis darbringen...“ Ein festes Element dieses Lobpreises war der Hymnus. Spätestens im achten Jahrhundert hatte sich für die monastische Feier ein Grundstock von 21 Hymnen herausgebildet, das ältere benediktinische Hymnar.

Ein – auf die Autorität Benedikts von Nursia gestütztes – Hymnar war bereits dem aus Montecassino übersandten Aachener Normexemplar beigefügt gewesen. Die Reichenauer Kopie hatte neben der Regel, einem Martyrolog und der monastischen Gesetzgebung Ludwigs des Frommen auch den *cursus hymnorum* Benedikts übernommen, wie aus einer Beschreibung der verlorenen Handschrift im Verzeichnis des Bibliothekars Reginbert von 835/42 hervorgeht. Die St. Galler Kopie hat das Hymnar weggelassen. Jedoch läßt sich das altbenediktinische Hymnar aus anderen Zeugen ungefähr rekonstruieren. Das Hymnar umfaßte eine Hymne für die Nokturn, sieben – nach den Wochentagen wechselnd – für die Matutin, eine für die Prim und Komplet, je zwei – wechselnd nach Quadragesima (Fastenzeit) und übriger Jahreszeit – für die Terz, Sext und Non, eine Sonntags- und eine Wochentagshymne für den Vespergottesdienst, schließlich drei Osterhymnen. Dieses Kernhymnar scheint um 800 bereits nicht mehr den aktuellen liturgischen Bedürfnissen vieler Klöster entsprochen zu haben; viele Hymnare ergänzen zusätzliche Lieder, etwa zu allgemein oder lokal gefeierten Heiligen- und Festtagen, oder sie variieren die für die Horen bestimmten Hymnen stärker nach Wochentagen (Heraushebung des Sonntags) und kirchlicher Jahreszeit. Anscheinend auf Initiative des Mönchsreformers Benedikt von Aniane und wohl nach aquitanischem Modell bildete sich im früheren 9. Jahrhundert ein neues benediktinisches Hymnar mit reicherem und anders geordnetem Liedgut. Das auf diesem Modell fußende Prümer Hymnar aus der zweiten Hälfte des 9. Jahrhunderts weist z.B. schon 34 nach dem Kirchenjahr geordnete Fest- und Heiligenhymnen (2 für Advent, 2 für Weihnachten, 1 für Epiphanie, 1 für Mariae Verkündigung, 3 für Ostern, 1 für Kreuzauffindung, 1 für Himmelfahrt, 2 für Pfingsten, 2 für Johannes den Täufer, 2 für Petrus und Paulus, 1 für Kreuzerhöhung, 1 für Michael, 1 für Chrysanthus und Daria, das sind Prümer Lokalpatrone, 1 für Martin, 1 für Benedikt, 6 Hymnen für Märtyrer, 2 für heilige Bekenner, 2 für heilige Jungfrauen, 2 für das Kirchweihfest) auf. Mit dieser Erweiterung reagierte man im hofnahen Prüm, aber auch bereits im anianischen Neuen Hymnar auf Entwicklungen der kaiserlichen Gesetzgebung über den Heiligenkult und allgemein zu feiernde Heiligen- und Festtage (wie Kirchweihfest, Michael, Benedikt, Martin).

Im alten benediktinischen Hymnar waren alle Lieder für die Nokturn, die Matutin, die Vesper und die sogenannten kleinen Horen als gesonderte Gruppen zusammengestellt. Die Hymnen jeder Gruppe besaßen thematische Bezüge, die von der Symbolik der Tageszeit bestimmt wurden; so paraphrasierten die Lieder der Nokturn das Thema der Sünde und der Gefährdung des Menschen, die Lieder der Matutin das Thema der Erscheinung des Lichtes und der göttlichen Wahrheit, die Lieder der Vesper das Thema der Schöpfung so, daß sich in der Tagesliturgie des Mönchtums die göttliche Schöpfungswoche zu wiederholen schien, die heilige Vorzeit gleichsam in die Gegenwart eingeholt wurde.

Der schulmäßigen Vermittlung dieser liturgischen Theologie des Mönchtums, dieser Gesang gewordenen Meditation widmete sich ein im frühen neunten Jahrhundert auf der Reichenau wirkender Übersetzer, der eine Interlinearversion des benediktinischen Hymnars schuf. Damit ergibt sich erneut ein Zusammenhang einer alamannischen Übersetzung mit den ‚Murbacher Statuten', deren Autor für die geistliche Erziehung der jungen Mönche folgendes Schulprogramm entwarf: „Die Schüler sollen, nachdem die Psalmen, die biblischen Cantica und die Hymnen auswendig gelernt wurden, auch die Regel und nach dem Text der Regel auch die in der Messe gelesenen Epistel- und Evangelientexte erlernen, dazwischen mögen sie sich nach dem Vortrag ihrer Lehrer lesend mit der Heiligen Schrift und ihren Erklärern sowie mit den Erbauungsschriften und den Lebensgeschichten der Väter beschäftigen. Nachdem sie dann in diesen Dingen hinreichend erzogen sind, sollen sie zum Studium der *ars litteraturae*, der grammatischen und literarischen Wissenschaften, und der *flores spiritales*, der geistlichen Blütenlesen nach dem verborgenen Schriftsinn, übergehen." In diesem aus dem Geist der monastischen Reform geborenen Studiencursus ist die Erarbeitung der Hymnen und der Psalmen notwendige Voraussetzung des Regelverständnisses. In einem Dreischritt erlernt der junge Mönch, der Novize, die Texte, die Grundlage seiner Lebensordnung und des Gottesdienstes, dem er sich weihen will, sind. In solchem Studienprogramm ergibt die Reichenauer Hymnenübersetzung guten Sinn. Sie wird damit in den Kreis des Abtbischofs Heito von Basel-Reichenau gehören; auch die frühe Integration des ursprünglich Reichenauer Hymnars in eine Murbacher Sammelhandschrift und die dort niedergeschriebene Nachtragsübersetzung von sechs Zusatzhymnen weisen auf solche Zusammenhänge. Murbach war das führende Kloster der Diözese Basel, zudem durch gemeinsamen Ursprung aus dem Klosterverbande Pirmins, des frühen Mönchreformers des achten Jahrhunderts, mit der Reichenau verbunden, in Gebetsverbrüderung gar verbunden, die gerade Heito in diesen Jahren wieder erneuerte. So scheint auch die Beschränkung der interlinearen Übersetzung auf den anerkannten Grundstock des älteren benediktinischen Hymnars geradezu Programm, versehen vielleicht mit einer Spitze gegen den Führer der Reform, Benedikt von Aniane, und dessen neues Hymnar. Auch im alamannischen Kommentar (‚Murbacher Statuten') zu den Beschlüssen der anianischen Reformsynode von 816 hatte Heito, wenn er denn der Verfasser ist, einen eher gemäßigten, traditionalistisch vermittelnden Standpunkt eingenommen. Und der aus dem Heito-Konvent stammende Walahfrid Strabo († 849) kannte in seiner Liturgiegeschichte, dem ‚Libellus de exordiis et incrementis quarundam in observationibus ecclesiasticis rerum' („Büchlein über die Anfänge und die Entwicklung einiger kirchlicher Bräuche"), anscheinend ebenfalls nur das alte benediktinische Hymnar.

Die althochdeutschen Hymnenübersetzungen sind überliefert in einer Murbacher Sammelhandschrift des 9. Jahrhunderts (Bodleian Library Oxford, Junius 25). Diese Handschrift ist aus etwa 10 ehemals selbständigen Teilen zusammengesetzt (vgl. S. 194), die miteinander die Kosmographie des Aethicus Ister, Alkuins Rhetorik und Dialektik, eine Einführung in die Musik (Brief des Hieronymus an Dardanus), Katechismus, Glossare, die Hymnen, grammatische Exzerpte, schließlich Auszüge aus Isidor ‚Etymologiae' und dem Grammatiker Donat vereinen. Es ist eine typische Schulhandschrift, teilweise abgegriffen und verschmutzt vom häufigen Gebrauch. Eine Parallele besitzt sie etwa in dem Anfang des 9. Jahrhunderts in St. Denis entstandenen Codex Paris, Bibliothèque Nationale lat. 528, der das Hymnar mit Komputus, Grammatik und Lexikographie koppelt. Die Teile der Murbacher Handschrift stammen aus verschiedenen alamannischen Schreibstuben, so *libellus* („Büchlein") III (F. 87–107) mit dem Glossar Jb aus Murbach (Anfang 9. Jahrhundert), Teil VI (F. 122–129) mit den unter den Titel *INCIPIUNT HYMNI CANENDAE* [*sic!*] *PER CIRCULUM ANNI* („Es beginnen die nach dem Zyklus des Jahres zu singenden Hymnen") gestellten ‚Reichenauer Hymnen' aus der Reichenau (815/40), Teil V (F. 116–121) mit den ‚Murbacher Hymnen' und dem Glossar Jc aus Murbach (Ende 1. Viertel 9. Jahrhundert), Teil VII, 4 Blätter (F. 130–133) mit grammatischen Exzerpten, aus der Reichenau, Teil X (F. 158–192) mit dem Glossar Ja, kurzen Texten zu den kirchlichen Ständen und Erklärungen zu Paternoster und Credo aus einem bodenseenahen unbekannten Zentrum (frühes 9. Jahrhundert). Da der Murbacher Schreiber von Jc gegen 825 bereits auf der ersten leergelassenen Seite des Reichenauer Hymnen-Faszikels schrieb und auch in Jb Glossen zu den ‚Dialogi' Gregors nachtrug, ist die Sammelhandschrift früh in Murbach zu Schulzwecken zusammengebunden worden. Der Murbacher Hymnen-Nachtrag (z.T. vom Schreiber des Glossars Jc) wird also in der ersten Hälfte des dritten Jahrzehnts des Jahrhunderts entstanden sein. Er aktualisierte offenbar die Reichenauer Vorlage für den Gebrauch in dem elsässischen Kloster, indem er eine Märtyrerhymne, drei Hymnen für die Nokturn (die alte Sammlung enthielt nur eine für die sonntägliche Hore) und zwei für die Matutin (Sonntag) hinzufügte, darunter das *Te deum laudamus* („Gott, wir loben dich").

Auch die ‚Reichenauer Hymnen' dienen dem Verständnis des Lateins, folgen nahezu völlig der lateinischen Wortfolge. Doch suchte der Übersetzer den monastischen *alumni* („Zöglingen") im althochdeutschen Wortgewand zusätzlich etwas von der poetischen Form der ambrosianischen Hymnen zu vermitteln. „Die volkssprachliche Fassung dieser Hymnen zeigt so ausgesprochene Stabreimstilisierungen, nicht nur in einzelnen Versen, sondern oft genug über zwei bis vier damit verbundene Verse, daß man hier nicht mehr von einem zufälligen Erfinden sprechen kann, auch wenn die Übersetzungstechnik dabei durchaus interlinear und damit der Idee nach so genau als möglich bleibt" (Stefan Sonderegger).

Ein Beispiel (XIX,1) möge die Technik poetischer Übertragung vergegenwärtigen:

tagarod	l*eohtes*	l*ohazit*	*himil*	l*opum*	*donarot*
Aurora	lucis	rutilat	celum	laudibus	intonat
w*eralt*	*feginontiu*	w*atarit*	*suftonti*	*pech*	w*afit*
mundus	exultans	iubilat	gemens	infernus	ululat

(nach der althochdeutschen Version: „Morgenröte des Lichtes erleuchtet, Himmel in Lob erdonnert, Welt in Freude sich weitet, stöhnende Hölle weint"; Übersetzung nach Stefan Sonderegger). Die *l*-Alliterationen binden die ersten beiden, drei *w*-Alliterationen binden die letzten beiden Kurzverse zu Langzeilen. Auch die Rhythmisierung der Hymnen scheint im althochdeutschen Text nachgeahmt.

Die erstaunliche Poetisierung einer Interlinearversion führte konsequenterweise zum Gebrauch archaischen Wortschatzes: So stammen aus der altheimischen Rechtssprache die stabreimenden Fügungen *hantheizzo : votum* „Gelübde" und *nōtnunft : fraus* „Schurkerei, Raub". So wird *victor* („Sieger") mit *sigowalto* („Siegesmächtiger") und variierend mit *sigesnemo* („Siegnehmer") übersetzt. Das sind Vokabeln, die der Sphäre der germanischen Helden- und Preisdichtung entstammen. Ein Wort wie *ortfrumo*

„Urheber, Schöpfer" (zu *ort* „Anfang", „Ende" und *frumen* „vollbringen, wirken, erschaffen"), das eigentlich „Wirker des Anfangs und des Endes" bedeutet und mit seiner komprimierten Umschreibung der göttlichen Potenz eine ganze Theologie in sich faßt, ist dem altenglischen *ordfruma* („Schöpfer") und dem *ađal-ordfrumo* („edler Schöpfer") des altsächsischen ‚Heliand' zu vergleichen. Älteste Schichten christlichen Wortschatzes sind damit angesprochen. Zugleich aber verbindet gerade dieses Wort den Reichenauer Übersetzer mit der Interlinearversion der Benediktinerregel. Notker Labeo wird es in St. Gallen zu Anfang des elften Jahrhunderts wieder aufgreifen. Es gab also eine alamannische terminologische Tradition, in die sich bewußt auch die ‚Reichenauer Hymnen' stellten.

In dieser Tradition steht auch die ‚Altalamannische Psalmenübersetzung'. Die Psalmen waren das wichtigste Andachts- und Erbauungsbuch des Mittelalters (vgl. S. 50). Das erklärt sich aus der zentralen Stellung, die sie in den Gesangsteilen der Meßliturgie, im responsorialen und antiphonalen Chorgesang einnahmen. „Genaue Kenntnis und Beherrschung der Psalmen gehörte zu den Notwendigkeiten des priesterlichen Amtes" (Helmut de Boor). Die Psalmen waren aber auch neben Hymnus und Lesung das zentrale Element des monastischen Stundengebets, des auf die Tageszeiten verteilten *officium divinum* („Gottesdienstes") der Mönche.

Mittels einer ausgeklügelten Verteilung der Psalmen auf die einzelnen Horen (Nokturn zwölf, Matutin zwei, Vesper vier, Prim, Terz, Sext, Non und Komplet je drei Psalmen) kam Benedikt in seiner Regel zu einer Tagesnorm von 33 Psalmen. Von dieser Norm konnte abgewichen werden; doch bestimmte der Mönchsvater, daß der Psalter und die ebenfalls im Offizium gesungenen *Cantica de prophetis* („Lobgesänge der Propheten") – wie etwa das Lied des Moses, das Lied des Habakuk, das Lied des Zacharias – im Verlaufe einer Woche zumindest einmal gesungen werden mußten. Während der Fastenzeit und im Totenoffizium galt ferner die ununterbrochene Psalmodie. Psalter (in oft großer Anzahl) waren zudem die vornehmste Gebetsleistung in der zunehmend vom Mönchtum übernommenen Seelenpflege verstorbener Verbrüderter und Wohltäter. Der Psalter vornehmlich bildete schließlich den Inhalt des privaten Gebets, der privaten Meditation des Mönchs. Im Laufe des frühen Mittelalters und wiederum etwas gemildert durch die Reform Benedikts von Aniane († 821) kam es ferner zu einer erheblichen Steigerung der Psalmenleistung im Stundengebet (bei den Anianern bis zu einem Tagespensum von 138 Psalmen).

Die bedeutsamen Funktionen, die den Psalmen in Frömmigkeit, in der Meßliturgie und im monastischen Gottesdienst zugesprochen worden waren, sind die Voraussetzung für die herausgehobene Stellung, die ihnen alsbald in der Schule zukam, wie sich besonders auch aus dem Studienplan der ‚Murbacher Statuten' ergibt. Am Psalter lernte man – wie schon oben aufgezeigt (S. 176) – lesen, schreiben und Latein. „Die Schüler... ließ man, statt sie an einer Fibel in das alte Idiom einzuführen, erst einmal Psalmen auswendig lernen: Texte, die auch für den Gereiften von Dunkelheiten voll sind ... Die Knaben sollten sich als erstes den authentischen Klang der heiligen Sprache aneignen, das feierliche Rezitativ, das sie passiv im Gottesdienst aufnahmen. Auf den lebendigen Tonfall, den eigenen Satzakzent, die innere Melodie des Lateinischen kam es an" (Wolfram von den Steinen).

So wurde der Psalter aus einem Lese- und Andachtsbuch auch zu einem ‚Studierbuch'. Es entstand ein eigener Typ von Psalterhandschriften, die mit Wortakzenten zur Anzeige der Lektionsbetonung und marginalen Kommentaren versehen waren, also zugleich zum Vorlesen und Nachsprechen wie auch zum Studieren gedacht waren (z.B. Codex Frankfurt a.M., Stadtbibl. Barth 32 aus Fulda, 9. Jahrhundert). Oft dienten reiche Illustrationen der didaktischen Vergegenwärtigung. Schon seit dem 7. Jahrhundert gab es Glossierungen von Psalmen, die dazu dienten, „den jungen Mönchen das christliche Verständnis der Psalmen, die ja ihr Leben Tag für Tag begleiteten, zu erschließen" (Helmut Böse). In diesen eher einfachen Kommentaren setzten sich vier wichtige Interpretationslinien durch. Man sah die Psalmen als Ausdruck 1) des Kampfes des vorbildlichen Königs (David) gegen seine Feinde, 2) des Kampfes Christi gegen die Juden, 3) des Kampfes der Kirche gegen die Häretiker und 4) der Bewährung des Gläubigen in den Versuchungen des Teufels. Diese gelegentlich auf die *traditio seniorum* („Überlieferung der Alten") zurückgeführten Interpretationswerke dienten der Frömmigkeit von Mönchen, die sich als *milites dei* („Krieger Gottes") begriffen und im Bewußtsein ihres Kampfes daher auf die Traditionen und Überzeugungen der Märtyrerkirche, der *ecclesia militans* („kämpfenden Kirche"), zurückgriffen. Diese monastischen Texte stehen neben den gelehrten Kommentaren der Kirchenväter Hilarius, Ambrosius, Hieronymus, Augustinus, Cassiodor und Prosper, neben Kompilationen der Karolingerzeit wie den Psalmenkommentaren des Adelpertus (Ende 8. Jahrhundert) und des Pseudo-Remigius (9. Jahrhundert). Glossierte Psalter eigneten sich wegen ihrer universellen praktischen Bedeutung gut als Geschenke. So übergab Ermbert, Bischof von Worms und Abt von Weißenburg (764–793), ein solches „Andachtsbuch" als kostbares Präsent (Codex Vaticanus Pal. lat. 67) an das Mainzer Domstift. Später schenkt man auch volkssprachig glossierte Psalter: so übergab Erzbischof Egbert von Trier der niederländischen Abtei Egmond, zu der er als Sohn des holländischen Grafen Theoderich II. besondere Beziehungen pflegte, 977/93 ein *psalterium teutonice glossatum* („deutsch glossierten Psalter"). Besonders häufig treten Frauen als Besitzerinnen von volkssprachig kommentierten „Andachtsbüchern" auf (vgl. S. 69). Nach einer Notiz des St. Galler Klosterhistoriographen Ekkehard IV. ließ sich Gisela, die Gemahlin Kaiser Konrads II., eine Abschrift der kommentierten Psalmenübersetzung des Notker Labeo und seiner Übertragung des Buches ‚Hiob' anfertigen, als sie das Kloster im Jahre 1027 besuchte. Zwei der sieben erhaltenen volkssprachigen Psalterübersetzungen und -glossierungen des frühen Mittelalters, dazu wohl auch die Wessobrunner Bearbeitung des Notker-Psalters, scheinen für Frauenklöster bestimmt gewesen zu sein.

In seiner ‚Admonitio generalis' („Allgemeine Vermahnung") von 789 hatte Karl der Große ausdrücklich die Beherrschung der Psalmen und der Cantica durch die Mönche gefordert. Schon vorher hatte Benedikt in seiner Regel ermahnt (c. 19): *Psallite sapienter* (Psalm 46, 8)! („Singet die Psalmen mit

Verstand“). Er zitierte: „In Gegenwart der Engel singe ich Dir Psalmen (Psalm 137,1). Wir wollen also bedenken, wie wir vor dem Angesicht der Gottheit und ihrer Engel sein müssen, und so beim Psalmensingen stehen, daß unser Herz in Einklang ist mit unserem Wort.“ Wer sich nicht auf den Vortrag der Psalmen nach Form und Inhalt „verstand“, beleidigte Gott. „Niemand darf sich herausnehmen, vorzusingen oder vorzulesen, wenn er diesen Dienst nicht zur Erbauung der Zuhörer erfüllen kann“ (c. 47). Wie sollte man aber das Herz mit dem Wort in Einklang bringen, wie die Zuhörer erbauen, wenn man Wortsinn und tiefere Bedeutung der Psalmen selbst nicht verstand? „Was ist denn von jenem Ungebildeten zu halten, der den Sinn des Verses, den er singt, nicht versteht?“, ruft Hildemar von Corbie (845/50) in seinem Regelkommentar aus. So fügte sich Benedikts Mahnung von vornherein ganz zwanglos in das karlische Reformprogramm des *intellegere* („verstehen und einsehen“) der Texte ein. Reichlich vertretene Psalmenglossen dienten diesem Zweck auf elementarer Ebene, eine didaktische Revolution des bisher herrschenden Systems des Auswendiglernens bedeuteten aber zweifellos volkssprachige Interlinearversionen und Psalmenkommentare.

Bruchstücke einer ältesten, der Sprache nach wohl 810/20 anzusetzenden althochdeutschen Interlinearversion haben sich in kopialer Überlieferung in der ‚Altalamannischen Psalmenübersetzung‘ erhalten. Die sorgfältige Planung, die gegliederte und durchdacht organisierte Textausführung zeigen, daß wir die Reste eines größeren, wohl für die Schule bestimmten Übersetzungsunternehmens vor uns haben, das wohl im gleichen alamannischen Zentrum entstand, dem wir die Übersetzung der Benediktinerregel verdanken, die von der Übertragung des 130. Psalms abhängig ist (vgl. S. 199) und mit der Interlinearversion der Psalmen charakteristische Übertragungsfehler teilt. Wir bewegen uns damit wieder im Umkreis des monastischen Studienprogramms der ‚Murbacher Statuten‘.

Die vier aus Bucheinbänden gelösten Blätter stammen ihrer Schrift nach zwar aus einem alamannischen Skriptorium (2. Drittel des 9. Jahrhunderts), jedoch weder aus St. Gallen, Murbach noch der Reichenau. Jede der acht Seiten enthält 26 vorgeritzte Zeilen, von denen abwechselnd eine mit dem lateinischen Psalmentext und eine mit der in Mennigrot übergeschriebenen deutschen Glossierung gefüllt wurde. In Rot sind auch die am Zeilenanfang vorgerückten Anfangsbuchstaben der Psalmenversikel gehalten, ebenso die lateinischen Psalmentitel. Die in Abschrift überlieferten Fragmente enthalten Teile der Psalmen 107f., 113f., 123f. und 128–130. Wie man an der Übersetzung des ‚De profundis‘ (Psalm 129, 1–2) erkennen kann, folgt die Interlinearversion getreulich Wort-für-Wort und Form-für-Form ohne größere Rücksicht auf althochdeutsche Wortstellung dem Psaltertext:

fona	*tiuffem*	*hereta*	*ce dih*	*truhtin*
De	profundis	clamavi	ad te,	domine!

truhtin kehori stimma mina sin
Domine exaudi vocem meam. Fiant

orun diniu anawartontiu in stimma
aures tuae intendentes in vocem

des kebetes mines
deprecationis meae.

(„Aus Tiefen schrie ich zur dir, Herr! Herr, erhöre meine Stimme. Es seien deine Ohren aufmerkend auf die Stimme des Gebetes von mir“ Übersetzung nach Stefan Sonderegger).

Anders als Benediktinerregel und benediktinisches Hymnar haben die Psalmenübersetzungen Wirkung erzielt und Nachfolger gefunden weit über die Zeit Karls und seines Sohnes Ludwigs des Frommen, ja über die Zeit des frühen Mittelalters hinaus. Das ganze Mittelalter hindurch wurden sie abgeschrieben, umgearbeitet, sprachlich modernisiert und ergänzt. Ein Beispiel dafür liefern die ‚Altniederfränkischen Psalmen‘, die aus einer mittelfränkischen, aber altsächsisch durchsetzten Vorlage des neunten Jahrhunderts um oder bald nach 900 im südniederländischen oder niederrheinischen Gebiet um Maastricht, Aachen, Kaiserswerth ins Niederfränkische übertragen wurden. Der rheinische Archetyp dieser Übersetzung hat im mitteldeutschen und westfälischen Sprachgebiet Sprößlinge bis ins zwölfte, ja vierzehnte Jahrhundert hinein gezeitigt, wie ein Stammbaum (nach Kurt Erich Schöndorf) veranschaulichen kann.

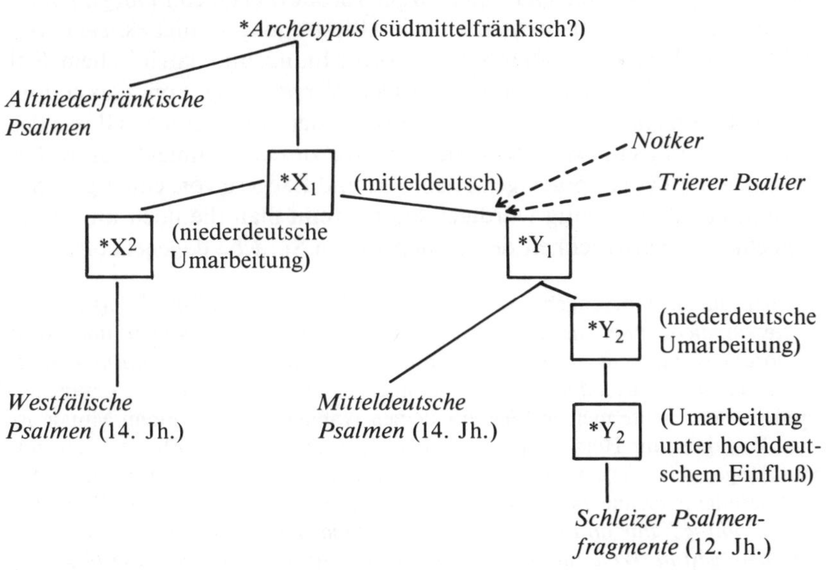

Zu der schwierig, zum Teil nur noch in frühneuzeitlichen Gelehrtenauszügen überlieferten Interlinearversion der ,Altniederfränkischen Psalmen' (aus einer verlorenen Leidener Handschrift), deren mittelfränkischer Urtext im Anfang noch sehr deutlich durch die Bearbeitung hindurch schimmert, ist ein früher (9. Jahrhundert?) Glossenauszug (zu Psalm 55) bezeugt. Sprachlich wohl um 900 ist eine interlineare ,Rheinfränkische Psalterübersetzung' anzusetzen, deren aus einem Bucheinband gelöste Fragmente, zwei halbe Blätter (Schrift 10./11. Jahrhundert) Teile des Cantica-Anhangs eines Psalters bewahren. Die sorgfältig auf vorgeritzten Linien mit roten Initialen für Zeilenanfänge und roten Überschriften ausgeführte Abschrift scheint (nach einem charakteristischen Fehler im Adressaten-Bezug zu urteilen) für ein Frauenkloster bestimmt gewesen zu sein. Ihrerseits als eine Übersetzung aus dem Rheinfränkischen gelten die ,Altsächsischen Psalmen-Fragmente' (Lubliner Psalter), die sprachlich wohl noch ins späte 9. Jahrhundert zurückreichen; sie vereinigten Psalmen (28f., 32f., 110f., 114f.) mit weiteren Gebeten des monastischen Offiziums. Die allein in den (aus einem Bucheinband gelösten) erhaltenen zwei Doppelblättern nachweisbaren vier Schreiberhände sind ins fortgeschrittene 10. Jahrhundert zu datieren und zeigen eine „gewisse Ähnlichkeit mit der Schrift eines der Anhänge des zweiten Essener Sakramentars" (Bernhard Bischoff). Erst vor kurzem aufgefunden wurde das ,Paderborner Psalterfragment', geringe Reste einer vielleicht um 950 in Westfalen entstandenen altsächsischen interlinearen Übersetzung (zu Psalm 37,2–6).

Hoch hinaus über die Übersetzungstechnik der interlinearen Versionen erhebt sich der ,Altsächsische Psalmenkommentar', geschrieben nach westfälischer Vorlage (aus Essen?) im späten zehnten Jahrhundert, vermutlich im 959 gegründeten Frauenstift Gernrode (bei Quedlinburg). Dieser ebenfalls nur in Fragmenten erhaltenen Übertragung gelingt es, sich vom lateinischen Text, von lateinischer Wortordnung und lateinischem Stil freizumachen. In eigenständig kreativer Verwendung von Cassiodors Psalmenkommentar und bezeichnenderweise der monastischen Glosse des ,Breviarium in psalmos' („Kommentarabriß zu den Psalmen") stößt der Kommentar zu volkssprachiger Theologie und Exegese vor, eine Leistung, die man nur dann richtig würdigen kann, wenn man die noch ungeübte, mangelhafte Begrifflichkeit der altsächsischen Sprache dagegenhält.

So wird Davids Morgengebet (Psalm 5,9ff.), *Domine deduc me in iustitia tua propter inimicos meos, dirige in conspectu tuo viam meam quoniam non est in ore eorum veritas; cor eorum vanum est, sepulchrum patens est guttur eorum, linguis suis dolose agebant* („Herr, leite mich in deiner Gerechtigkeit um meiner Feinde willen, richte meinen Weg auf deinen Anblick, denn in ihrem Munde ist keine Wahrheit; ihr Herz ist leer und eitel, ihr Rachen ist ein offenes Grab, mit ihren Zungen wirkten sie nur Hinterlist"), zu einem monastisch inspirierten, jubelnden und feiernden, von allegorisch-moralischer Auslegung gestützten Gebet: *Wola thû, drohtin, ûht lêdi mik an thînemo rehte thuru mîna fîanda endi gereko mînan weg an thînero gesihti. Wola thû, drohtin, gereko mîn lîf tuote thîneru hêderûn gisihti, thuru thîn emnista reht tôte thên êwigon mendislon: thuru mîna fîanda, endi thia heretikere endi thia hêthinun. That is mîn te duonne that ik mîna fuoti sette an thînan weg; endi that is thîn te duonne that thû minan gang girêkos. Welîk is thesa weg? Ne wan thiu liccia hêligero gescrivo. Thiu wârhêd nis an themo mûnthe thero heretikero: wan thiu îdalnussi bewaldid iro hertono, wan thiu tunga folgôd thena selfkuri thes muodes, wand sia ne hebbed thia wârhêd an iro mûthe, that is Cristen, wan sia ne hebbed sia an iro herton, wan alla thiu besuîkid thê fiond the hê îdeles herton findid* („Heil dir, mein Herr, leite mich unter deinem Gesetz sicher durch meine Feinde und sieh nach mir auf dem Weg, den du mir bereitest! Heil dir, mein Herr, richte mein Leben auf dein leuchtendes Antlitz aus, richte es im hohen Ebenmaß deines Gesetzes aus auf die ewigen Freuden: so leite mich sicher hindurch durch meine Feinde und die irrgläubigen Ketzer und die Heiden. Das bleibt mir zu tun, daß ich meine Füße setze auf deinen Weg; und das bleibt dir zu tun, daß du meinen Gang richtest. Welcher ist aber dieser Weg? Kein anderer als die Lesung der heiligen Schriften. Die Wahrheit findet sich nicht im Munde der Irrgläubigen, denn die Eitelkeit herrscht in ihren Herzen und ihre Zunge folgt der Willkür ihres Geistes, und sie führen die Wahrheit – das ist aber Christus – nicht in ihrem Munde, und sie haben sie nicht in ihren Herzen, denn alle diese verführte der Feind, der stets die Herzen der Eitlen zu finden weiß“). Die Verschmelzung von Gebet und Exegese zu einem Andachtsstück, das sich auch formal mit der Anwendung von syntaktischen Parallelismen und anaphorischem Periodenbau bewußt in die Tradition der Psalmen stellt, gelingt aus dem Geiste des monastischen Gottesdienstes, aus dem Geiste des Stundengebets. Es läßt sich denken, daß diese hochrhetorische Psalmenglosse zum erbauenden Vortrag bestimmt war, wofür Tischlesung und Kapiteloffizium auch in einem Frauenstift Raum geben konnten.

Ganz der Schule gewidmet ist – wie seine sonstigen, später zu besprechenden Schriften – die kommentierende Psalmenübersetzung Notkers von St. Gallen († 1022), dem seine Mitbrüder mit lächelndem Spott den Beinamen *Labeo* („der Großlippige“), aber auch das ehrende, auf seine Übersetzungsarbeit bezogene Prädikat *Teutonicus* („der Deutsche“) gaben. Seinem Psalter, den er in seinen späteren Jahren verfaßte, war ein publizistischer Erfolg beschieden: schon im elften Jahrhundert lassen sich elf Handschriften nennen; ihre Verbreitung konzentriert sich auf Alamannien und Bayern. Auch das um 1040 in einem Weißenburger Bibliothekskatalog aufgeführte *Psalterium teutonice in III voluminibus* („Psalter, auf deutsch, in drei Bänden“) wird wohl mit dem Notkerpsalter identisch gewesen sein. Die Wirkung Notkers reichte noch weiter: bis ins vierzehnte Jahrhundert hinein (‚Münchner Psalter‘) wurde sein Werk bearbeitet und umgearbeitet. Anders als seine Vorgänger gab der St. Galler Lehrer den lateinischen Text in freier, sinnorientierter Übertragung. Seine unter den althochdeutschen Glossatoren einzigartige, prägende und oft sich sentenzenartig verdichtende Sprachkraft ließ ihn dem anspruchsvollen, bildhaft ausdrucksvollen poetischen Bibeltext in bewunderswerter Weise gewachsen sein. Teils in die Übertragung, teils in einen eigenen Kommentarteil verwob Notker in didaktisch geschickter, vom Latein ins Deutsche und wieder zurück elegant gleitender „Mischsprache“ Sacherläuterungen, Worterklärungen und allegorisch-theologische Exegese, deren Stoff er den Kommentaren Augustins und Cassiodors, dem schon zitierten, dem Hieronymus zugeschriebenen ‚Breviarium‘ sowie der karolingerzeitlichen Glossierung des Pseudo-Remigius entnahm. Mündliche Schul- und Klostertradition, Glossen der heimischen Bibliothek flossen ihm wohl ebenfalls zu. „Knapp und selbständig in der Beurteilung hat Notker die Auslegung angeordnet, die nie eine wörtliche Übersetzung der Quellen bietet, sondern deren Inhalt zusammenfaßt und selbständig verarbeitet, um Verständnis des Dargebotenen zu erzielen“ (Kurt Erich Schöndorf).

Die vermittlungsorientierte Darbietung läßt sich etwa (nach Stefan Sonderegger) am typischen Aufbau des Notkertextes zum Psalmvers 121,5 zeigen. Zuerst wird der lateinische Text zitiert: *Dominus custodiet te, dominus tegimentum tuum super manum dexterae tuae* („Der Herr behütet dich, der Herr ist die Hülle über deiner rechten Hand“). Es folgt eine paraphrasierende, interpretierende, bereits in den Kommentar übergehende Übersetzung: *Got pehuôtet dih. Got ist dîn décchi. unde dîn skérm. an dem gewalte dînero zésewun* („Gott behütet dich, Gott ist dein Schutz und dein Schirm, für die Kraft deiner Rechten“). Daran schließt sich die Erklärung in deutsch-lateinischer Mischsprache an: *Daz chit an démo gewalte dinero saligheite. wanda du gewáltig pist filius dei fieri. et ad dexteram esse* („Das heißt für die Fähigkeit zu deiner Seligkeit, denn du vermagst der Sohn Gottes zu werden und zu seiner Rechten zu sein“). Sentenzartig wird das Fazit der Psalmenexegese gezogen: *So skîrmet er dih . ne plus tempteris quam potes ferre* („So beschützt er dich, auf daß du nicht stärker versucht wirst, als du es zu ertragen vermagst“). Wer ermessen will, wie weit Notker in kreativer Umsetzung des biblischen Textes in die meisterhaft beherrschte althochdeutsche Sprache vorangekommen ist, der vergleiche das ‚De profundis‘ der ‚Altalamannischen Psalmenübersetzung‘ (S. 206) mit Notkers Version: *Ûzzer dero tiêfi déro sundon ruôfta ih ze dír truhten ... truhten gehôre mina stimma. Ze minero dîgî lóseen dîniu ôren* („Aus der Tiefe der Sünden rief ich zu dir, Herr ... Herr, erhöre meine Stimme! Auf mein Flehen mögen deine Ohren lauschen“). Andererseits: welcher Abstand zwischen den schulmäßig kurzen und trockenen Erläuterungen der *translatio barbarica psalterii* („volkssprachige Übersetzung des Psalters“) – so die Überschrift des Notkerpsalters in einer frühen, verlorenen St. Galler Handschrift – und dem inspirierten altsächsischen Kommentar aus Gernrode. Beide Kommentarwerke scheinen in unterschiedlichen Funktionszusammenhängen gestanden zu haben. Dennoch läßt sich die Nachricht (vgl. S. 205), daß Kaiserin Gisela 1027 sich eine Abschrift der kommentierten Psalmenübersetzung und des Hiob anfertigen ließ, wohl nur so deuten, daß Notkers Schulwerke sekundär auch als Andachts- und Erbauungsbücher genutzt wurden.

Die alte, den karolingischen Reformidealen verpflichtete Schulmethode Notkers mit ihrer Verschränkung von philologischer und theologischer Auslegungsmethode stieß nicht überall auf Gegenliebe. Die altbenediktinische Schule, ihre besondere, ‚humanistische‘ Spiritualität, besaß im elften Jahrhundert – Ekkehard IV. berichtet mit Engagement gerade für St. Gallen von diesen Spannungen – ihren Feind in den monastischen Reformern aus Cluny, Gorze, St. Vanne in Verdun, Stablo und sogar aus dem alamannischen Einsiedeln. So verkürzt eine noch im elften Jahrhundert vorgenommene bairische Umarbeitung des Notkerpsalters (Codex Österreichische Nationalbibliothek Wien 2681), die wohl aus dem Kloster Wessobrunn stammt, den Kommentar um seine philosophische Komponente. „Es ist eine Umarbeitung in einseitig theologischem Sinne, wobei das weltliche Wissen des Artes ausgeschaltet wurde, das in den grammatikalischen, rhetorischen, dialektischen, historischen und mythologischen Einschaltungen niedergelegt war" (Gustav Ehrismann). Das Notkers Mischsprache zugrundeliegende Konzept des gleitenden Übergangs vom Latein ins Deutsche, vom Deutschen ins Latein ist aufgegeben: die lateinischen Textbänder des Kommentars sind durchweg ins Althochdeutsche übersetzt; die bei Notker aufgelösten lateinischen Psalmverse stehen nun blockartig der volkssprachigen Erklärung gegenüber. Auch in St. Gallen wurden die lateinischen Elemente des Notkerkommentars von einem Glossator interlinear verdeutscht. Notkers Schulbuch wurde damit auch hier – wenn auch in schonender Weise – in die alte glossatorische Pädagogik eingeholt, die vom absoluten Vorrang der „Vatersprache", der „Gelehrtensprache" Latein ausging: der Kommentator wird glossiert. Anscheinend ist der Glossator mit Ekkehard IV., dem Schüler Notkers, selbst zu identifizieren, von dem wir wissen, daß er, als er bald nach dem Tode seines Lehrers Schulleiter bei jenem Erzbischof Arbeo von Mainz wurde, dem er den lateinischen ‚Waltharius' korrigierte (vgl. S. 133), auch den Psalter unterrichtete. Er versäumte nicht, anläßlich passender Psalmverse, gegen die verhaßten Neuerer zu polemisieren, gegen die „welschen" Mönche aus Stablo, die selbst in St. Gallen einzugreifen gewagt hatten, gegen die Häupter der Reform, Richard von St. Vanne (1004–1046) und Poppo von Stablo (1020–1048), von denen jeder glaube, daß er der heilige Benedikt sei und die Regel ändern könne, die aber damit Mönchtum und Kirche spalteten und daher die wahren Häretiker seien, die für die die Endzeit des Christentums prophezeit wurden.

Das Evangelium in der Schule

Etwa um das Jahr 170 hatte der Syrer Tatian – man weiß nicht, ob in syrischer oder griechischer Sprache – die vier kanonischen Evangelien zu einer Harmonie des Lebens und Wirkens Jesu verwoben. Sein Werk, die Überführung der vier anerkannten Zeugen des Heilsgeschehens in eine fortlaufende Erzählung, wurde früh ins Lateinische übersetzt. Die altlateinische Evangelienharmonie wiederum, die selbst nicht erhalten ist, glich im sechsten Jahrhundert Bischof Victor von Capua († 554) an den inzwischen kanonisch gewordenen Vulgata-Text des Evangeliums in der Übersetzung des Hieronymus an. Diese Bearbeitung des *unum ex quattuor euangelium conpositum* („ein Evangelium aus vieren zusammengesetzt"), der schon Victor eine Vorrede, die Kanontafeln (Register der Parallelstellen in den vier Evangelien), die Überschriften der Kapitel und im Textcorpus selbst Marginalkonkordanzen (mit Nachweis der Herkunft des benutzten Textes und weiterer Parallelstellen) beigab, erwarb der mit der Reorganisation der fränkischen Kirche und der Mission der theodisken *gentes* beauftragte Angelsachse Bonifatius während eines Romanaufenthalts. Nahezu als eine Reliquie gelangte das wertvolle subantike, in prächtiger Unzialis, spätrömischer Majuskelbuchschrift, geschriebene Buch nach dem Märtyrertode des Missionars († 754) in seine Gründung Fulda.

Alles Leben der Mönche läuft auf das Wort Gottes zu. Die „gute Botschaft", das Evangelium Christi, war Ziel aller Mühen und Studien des Mönches. Sie war – noch jenseits der Regel des Benedikts – die Norm seines Verhaltens und Lebens, das in die *imitatio Christi* („Nachfolge Christi") münden sollte. *Regula therero búachi uns zeigot hímilrichi* („Das Gesetz dieser Bücher weist uns zum Himmelreich") formulierte der Mönch Otfrid von Weißenburg, ein Schüler Fuldas (Ad Ludovicum, v. 91). Es wundert nicht, daß man in Fulda mit und an der Evangelienharmonie arbeitete: textkritische Streichungen und Ergänzungen in der Victor-Handschrift, drei erhaltene und die Edition neu und nach Maßstäben der karolingischen Liturgie und Bibelwissenschaft organisierende Abschriften des neunten Jahrhunderts, davon eine offensichtlich im Auftrage des mit dem Fuldaer Abt Hraban korrespondierenden und zusammenarbeitenden Erzbischofs Hinkmar von Reims (845–882), zeugen von dieser Arbeit am Tatian. Wird so schon der in karolingischer Zeit nur durch Vermittlung des Fuldaer Victor-Codex überlieferte lateinische Tatian zu einer geistigen Kennmarke des Bonifatiusklosters, so ist doch die erstaunlichste und früheste Frucht der Fuldaer Arbeit an der praktischen Bedürfnissen nach Vermittlung der evangelischen Inhalte entgegenkommenden Evangelienharmonie in der ‚Lateinisch-althochdeutschen Tatianbilingue' erhalten, in welcher dem lateinischen Text des Victor von Capua auf jeder Seite der Handschrift Zeile für Zeile und Wort für Wort eine althochdeutsche Übersetzung in einer zweiten Kolumne gegenübergestellt wurde (s. Abb. 11).

Im Codex Sangallensis 56 (G) ist das Original der Fuldaer Tatianbilingue – eine Bilingue nennt man einen zweisprachigen Text – erhalten. Es richtet sich in Aufbau und Anlage getreulich – bis zur Übernahme von Fehlern – nach dem Victor-Codex. Geschrieben wurde der Sangallensis – wohl nach Vorlage je getrennter lateinischer und althochdeutscher Konzepte – von sechs Fuldaer Händen des 2. Viertels des 9. Jahrhunderts. Zwei von ihnen, darunter Schreiber *y*, der auch sprachlich besondere Wege geht, scheinen die Schriftkunst in anderen Zentren erlernt zu haben, haben sich aber dem Fuldaer Stil angeglichen. Vorreden, Kanontafeln und Kapitelverzeichnis fügte ein Mainzer Schreiber hinzu, was bei den engen Beziehungen zwischen dem Bonifatiuskloster und dem Bischofssitz des Bonifatius nicht überrascht. Auch die Sprache weist auf Fulda (nach 825). Der althochdeutsche Text ist im wesentlichen eine Übersetzung der in der St. Galler Handschrift erhaltenen lateinischen Fassung; eine Nebenquelle aus der Wurzel einer von Victor unabhängigen altlateinischen Fassung, ja überhaupt die Existenz von Zeugen dieser vermuteten altlateinischen Fassung zur Karolingerzeit ist nach den methodisch wegweisenden

Arbeiten von Johannes Rathofer unwahrscheinlich geworden. Die Fuldaer Tatianbilingue hatte – wie manches andere Werk aus der Zeit des gelehrten Abtes Hrabanus Maurus – Erfolg: Eine der Anlage nach ähnliche, heute verschollene Handschrift (B) befand sich noch 1597 im Besitz des Humanisten Bonaventura Vulcanius; eine Abschrift hat sich als Codex Junius 13 der Oxforder Bodleian Library erhalten. Einer ebenfalls verschollenen Tatianhandschrift entnahm der Redaktor der ‚Pariser Gespräche' (s. S. 158) einige Beispielsätze seines an romanische Adressaten gerichteten Sprachlehrbüchleins. Noch 1580 befand sich in der Kapitelsbibliothek der burgundischen Bischofsstadt Langres ein Evangelium, das auf einer Seite den lateinischen, auf der gegenüberliegenden Seite aber einen althochdeutschen Text bot, womit wohl nur ein formal von der kolumnenweise zur seitenweisen Konfrontation weiterentwickelter Tatiantext gemeint sein kann. Bemerkenswert ist dabei, daß der Bischofsstuhl von Langres in der 1. Hälfte des 9. Jahrhunderts generationenlang von Angehörigen einer alamannisch-bairischen, mit dem Kloster Ellwangen verbundenen Familie besetzt wurde. Aus Ellwangen kam aber der Hrabanschüler Ermenrich, der später Bischof von Passau (866–874) werden sollte; auch Hrabans Schüler Walahfrid, Mönch und später (838–849) Abt der Reichenau, hatte für Langres gearbeitet, hatte die Vita des hl. Mammes, Patron eines Kanonikerstifts der burgundischen Bischofsstadt, für feierlichen Vortrag in metrischer Form gestaltet.

Die Übersetzungstechnik des althochdeutschen Tatian zeigt in den einzelnen Teilen dieses Gemeinschaftswerkes mehrerer Übersetzer und Schreiber große Unterschiede. Stellenweise mutet sie wie eine nur technisch – durch Anwendung der schon früher in den althochdeutschen Übersetzungen der Isidor-Sippe (s. S. 252ff.) geübten Kolumnentechnik – verbesserte, recht mechanisch dem Latein folgende Interlinearversion an, läßt aber doch „bald da, bald dort einer deutschen Satzfügung in verschiedener Richtung freien Raum" (Stefan Sonderegger), etwa im gelegentlichen Durchbruch deutscher Wortstellung, in der vermehrten Setzung des Subjektpronomens beim Verbum, in der Setzung von verdeutlichenden Adjektiven usw. Zumindest einigen der Fuldaer Übersetzer genügte die aus der Glossographie abgeleitete, rein wortorientierte Technik der Interlinearversion nicht mehr. Nirgendwo freilich verleugnet die Übersetzung, daß sie dem Latein und der Schule dient. Aber sie dient doch wohl auch nicht nur dem Erlernen der fremden Sprache, sondern zugleich der rudimentären, von der Volkssprache gestützten Einführung in den Inhalt der Evangelien, wofür die Evangelienharmonie mit ihrer Ausklammerung der Widersprüche und der nur im Vergleich aufbrechenden Probleme zwischen den Einzelevangelien zweifellos das geeignete Instrument war. Darin lag wohl das Erfolgsgeheimnis der Fuldaer lateinischen und des Fuldaer bilinguen Tatiantextes. Gleichwohl wollte die Bilingue die Probleme nur zurückstellen, einem vertieften theologischen Unterricht vorbehalten, keineswegs aber verdrängen, wie die sorgfältige Übernahme des gesamten komplizierten und mühevollen Konkordanzapparates zur Genüge erweist. So entstand im Fulda des Hrabanus Maurus (s. S. 179) ein bis in die Einzelheiten dem Modell des

Victor von Capua nachgebildeter neuer Tatian, der wie der alte der praktischen Vermittlung der evangelischen Heilsgeschichte dienen wollte, dies aber unter den im gentilen, theodisken Bereich veränderten Bedingungen in der Integration einer volkssprachigen Komponente verwirklichte und so die Grundlage eines theologischen Studiums der Evangelien sicherer als bisher befestigte. Damit war zum zweitenmal, nach dem am Gottesdienst der Mönche orientierten alamannischen Lehr- und Übersetzungswerk, nun im fränkischen Fulda der karge, von den Reformen Karls des Großen ausgehende, mit einer Ausnahme eng auf die liturgischen Gebrauchstexte wie Credo, Paternoster, Taufgelöbnisse, Beichten und Predigten fixierte Übersetzungsimpuls im monastischen Bereich kreativ und eigenständig fortentwickelt worden.

Nirgendwo ist der Name des Hrabanus Maurus als Initiator des Übersetzungswerkes genannt. Er, der seine theologischen, exegetischen und sachwissenschaftlichen Kompilationen mit dem Apparat von Praefationen und Widmungen versah, kommt daher nicht als unmittelbarer Autor in Frage. Dennoch wird man kaum annehmen dürfen, daß ein so aufwendiges, getreu an der Bonifatius-Reliquie des Victor-Codex orientiertes und sorgfältig durchgeführtes Unternehmen im Skriptorium ohne seine Billigung und Aufsicht hätte erstellt werden können. Daß es dennoch jeder Vorrede und Notiz entbehrt, die Auskunft über Autoren und Zweckbestimmung gäbe, belehrt uns in heilsamer, vor Überschätzung bewahrender Weise über den Stellenwert, den diese Arbeit für die Schule in dem von Hagiographie und Bibelexegese geprägen Fuldaer Literaturbetrieb einnahm, wo wir selbst die Namen der Verfasser von komprimierten und völlig unselbständigen Kurzkommentaren – wie Walahfrid, Erkanbert und Rudolf – erfahren. Man darf die Tatian-Bilingue als Gemeinschaftswerk von Schülern Hrabans ansehen, die teils aus Fulda selbst stammten, teils zur höheren Ausbildung an dieses bedeutende Zentrum von auswärts gesandt worden waren. Solche Gemeinschaftsarbeiten fortgeschrittener Schüler sind auch aus anderen karolingischen Bildungsstätten bezeugt. Wie die Fuldaer Lehrer solche Schüler an sich heranzogen, ist belegt: Ercanbert schrieb ein exegetisches Kolleg seines Lehrers Rudolf über das Johannesevangelium nach und ließ es von ihm korrigieren; Walahfrid zeichnete auf, was Hraban „seinen Schülern aus den Schriften Augustins in rechtgläubiger Autorität" zu den Büchern Genesis und Leviticus weitergab, vielleicht auch althochdeutsche Isidorglossen „aus dem Munde des Lehrers". Der Hrabanschüler Brun Candidus berichtet in seiner Biographie des Vorgängerabtes Eigil (817–822), unter dem Hraban das Amt des Lehrers einnahm, von Lehrdisputationen zwischen Hraban und einigen Schülern (c. 2). Lupus von Ferrières bewährte sich in der Schule Hrabans als Vorleser von Bibelkommentaren. In seiner an Lupus gerichteten Vorrede zu seinem Pauluskommentar sagt Hraban selbst, daß er mit der Hilfe der Teilnehmer seiner *lectio*, seines „Studiums", aus den „Schriften der heiligen Väter", soviel er konnte, „vereinigend gesammelt habe". Wahrscheinlich ist auch seine Enzyklopädie ‚De rerum naturis' („Vom Wesen der Dinge") als Gemeinschaftsarbeit auf der Basis von Exzerptsammlungen seiner Helfer konzipiert worden. Hier findet sich das schultechnische Vorbild für die Herstellung der Tatian-Bilingue. Ein direkter Hinweis auf die zur Zeit, als Lupus (zwischen etwa 829 und 836) in Fulda weilte, im Bonifatiuskloster vorgenommene volkssprachige

Übersetzungsarbeit scheint sich gerade in einem Brief dieses aus Westfranken stammenden, aber von einer bairischen Mutter geborenen Mönchs zu finden. Er verteidigt sich dort gegenüber gehässigen Nachfragen über seine Tätigkeit während seines Aufenthaltes in Fulda. Klar stellt er heraus, daß er sich dort vor allem anderen der (theologischen) *lectio* gewidmet habe, und „nur, um sie der Vergessenheit zu entreißen und seine eigene Bildung zu vermehren, einige wenige Bücher hergestellt habe, keineswegs aber sich, wie manche unpassenderweise verbreiteten, aus Liebe für die ‚germanische' Sprache die Last einer so großen und langwierigen Arbeit aufgeladen habe." Durch die Abwehr des Mönchs, der in Fulda auch eine Handschrift der germanischen Volksrechte für den Markgrafen Eberhard von Friaul, den Schwiegersohn des Kaisers, schrieb, hindurch spürt man, daß der *amor germanicae linguae* („die Liebe zur althochdeutschen Sprache"), die Herstellung volkssprachiger Bücher, Außenstehenden für das Fulda der Hrabanzeit als bemerkenswert gelten konnte.

Wortarbeit und Kirchensprache

Gerade am althochdeutschen ‚Tatian' läßt sich erkennen, daß ein gewaltiger Anteil der geistigen Arbeit des frühen Mittelalters im Bereich der germanischen *gentes* der Bildung einer reichhaltigeren und vielseitigeren abstrakten Begrifflichkeit gewidmet war, als sie die gentilen Bauern- und Kriegersprachen boten. In Fremdwörtern, die zu Lehnwörtern wurden, in Neuformung der Bedeutungen heimischer Wörter, in sorgsam nachbildenden Lehnübersetzungen setzten sich die Mönche der Klöster, die kirchliche Hierarchie, aber auch die Masse der ungebildeten Sprecher mit lateinischen Bildungs- und vor allem christlichen Glaubensinhalten auseinander. Die Zeugen dieser Intellektualisierung und Christianisierung des althochdeutschen Wortschatzes entstammen stets den klösterlichen Skriptorien und Schulen, arbeiten auf das Verständnis der lateinischen Texte, ja der grammatischen und lexikalischen Struktur dieser Texte hin. So kann man nie sicher sein, inwieweit diese Zeugen aus wirklich volkstümlich rezipierter Sprache schöpften. „Vielfach handelt es sich" bei den althochdeutschen Wörtern der intellektuellen und christlichen Terminologie „um reine Kloster- und Schreibstubenbildungen, ... Übersetzungsnotbehelfe, die durch bessere Prägungen ersetzt wurden" (Werner Betz).

Insbesondere die Lehnübersetzungen und unter ihnen wiederum vor anderen die dem Latein sklavisch untergeordneten und dienenden Glied-für-Glied-Übersetzungen bleiben ganz im Bereich augenblicksorientierter Verständnishilfen. So übersetzt die althochdeutsche Benediktinerregel – um ein oben (S. 198) bereits in anderer Perspektive gebrauchtes Beispiel wiederaufzugreifen – den Fachausdruck *eremita* „Einsiedler" in Benutzung einer der Rechtssprache entliehenen Gleichung: lateinisch *eremus* = althochdeutsch *wald* („Einöde, Wald") und eines gängigen Ableitungssuffixes für Adjektive als *waldlīhher* („zum Wald, zum unbebauten Land Gehöriger"). Daß solche auf das etymologische und morphologische Verständnis des Lateins gerichtete Bildungen, die zudem wenigstens rudimentäre Zweisprachigkeit voraussetzten, nur selten in den allgemeinen Wortschatz eingingen, versteht sich von selbst. Die lebendige Kirchensprache, die im täglichen Umgang von Klerus und Volk – wenn auch vielfach aus der Initiative gebildeter, wortmächtiger Persönlichkeiten schöpfend – sich prägte und festigte, griff nur selten zum Mittel der Lehnübersetzung. Auch ein durchgesetztes *drīnissa* („Dreifaltigkeit"), als Übersetzung von lateinisch *trinitas* aus dem althochdeutschen Zahlwort *driu* und einem Ableitungselement geprägt, ist zweifellos gelenkte, gelehrte Schöpfung. Die lebendige Kirchensprache dagegen schimmert durch die „Schularbeiten" des frühen Mittelalters durch, bewährt sich in der Festigkeit ihrer Prägungen, die als akzeptierter Wortschatz auch von den *magistri* („Lehrern") der Klöster benutzt werden mußten. Sie ist zu einem großen Teil durch Lehnwörter und semantische Umprägung heimischer Wörter charakterisiert.

Als die Klöster mit ihrer Übersetzungsarbeit begannen, existierte bereits ein christlicher Kernwortschatz. Diese kirchensprachliche Terminologie wies regionale Varianten auf, in denen sich etwa der fränkische Sprachbezirk gegen eine süddeutsche, den *gentes* der Bayern und Alamannen zugehörige Zonen abhob. Es gab eine merowingisch-fränkische Kirchensprache, und es gab einen spezifisch süddeutschen religiösen Wortschatz, bei dessen Ausbildung mehrere Kräfte, sowohl westfränkisch-aquitanische als auch irische und irofränkische mitgewirkt hatten, der aber im achten Jahrhundert auch in einheimischer religiöser Wortarbeit bereichert wurde.

Zu den ältesten kirchensprachlichen Bildungen gehören etwa althochdeutsch *kirihha* („Kirche") aus einem wohl romanisch vermittelten vulgärgriechischen *kyri(a)kon* („Haus des Herrn") zu griechisch *kyrios* („Herr"), *priastar* aus romanisch weiterentwickeltem kirchenlateinischem *presbyter* („Priester") oder das nur im kölnischen Raum als Relikt erhaltene altsächsische (und altfriesische) *páscha* („Osterfest"). Auf nicht völlig geklärtem Wege entstand aus griechisch *papãs*, romanisch *papa* („Vater") die süddeutsche Sonderbezeichnung *pfaffo* für den Kleriker. Es kennzeichnet die Selbstreflexionsstufe gerade der Fuldaer Wortarbeit, wenn der Hrabanschüler Walahfrid († 849) in seiner kleinen Liturgiegeschichte (vgl. S. 202) teils richtig, teils falsch zahlreiche „gottesdienstliche Ausdrücke", die „unsere barbarische, althochdeutsche Sprache" (*nostra barbaries, que est Theodisca*) gebraucht, auf das Griechische und das Lateinische zurückführt. Denn: „Mögen darum die Unsrigen lesen und begreifen, daß wir in den Dingen der Religion und ihrer zweckmäßigen Benennung vielfach der Weisheit der Griechen und Römer gefolgt sind." Aus der Welt des frühen Mittelalters, ihrer politischen Religiosität, stammen Bedeutungsumprägungen wie die von *druhtin*, eigentlich „Gefolgschaftsherr", zur Gottesbezeichnung im Sinne von lateinisch *dominus* („Herr"), wie die von *diomuoti*, eigentlich „Gesinnung eines **þēwaz*, eines Dienst leistenden Gefolgsmannes", im Sinne von lateinisch *humilitas* („Demut"), schließlich die Verwendung der Lehnübersetzungen *herero, hērro* aus lateinisch *senior* („der Ältere, Herr") und *jungiro* aus lateinisch *iunior* („der Jünger(e), Diener, Gefolgsmann") sowohl in sozialer Terminologie als auch zur Kennzeichnung des Verhältnisses zwischen Christus und seinen Jüngern.

Als im achten Jahrhundert die Angelsachsen auf den Kontinent kamen, fanden sie im Bereich der hochdeutschen und niederfränkischen Dialekte die Wortfelder der volkstümlichen Frömmigkeit schon wohlbestellt vor.

Die Angelsachsen hätten diesen Wortschatz in die neumissionierten Gebiete importieren können. Sie taten es nicht. Anscheinend entsprach es auch nicht der angelsächsischen Missionsmethode, den eigenen, christlich angelsächsischen Wortschatz gegenüber den Erbwörtern der missionierten Völker mit Druck durchzusetzen. So schuf die angelsächsische Mission in ihrem auf das westmitteldeutsche Sprachgebiet, Friesland und Altsachsen beschränkten Sprengel während des achten und frühen neunten Jahrhunderts einen charakteristisch neuen christlichen Wortschatz; gerade der althochdeutsche ,Tatian' ist ein Zeuge dieser in den mitteldeutschen Zentren der Angelsachsen wie Echternach, Mainz und Fulda gepflegten Wortarbeit. Ihr Charakteristikum ist ihre – schon bei der Mission der angelsächsischen Stämme im siebten Jahrhundert bewährte – Abneigung gegen Lehnwörter, ihr Bestreben, heimisches Wortgut christlich umzuprägen, dieses zu umbauen und abzustützen gegen andere terminologische Einflüsse, wo solches aber nicht anging, aus heimischem Wortmaterial nach oft angelsächsischem Modell neue Begriffe zu schaffen. Infolge dieser Wortarbeit kam es in althochdeutscher Zeit zeitweilig zu einem kirchensprachlichen Gegensatz zwischen theodiskem Norden und theodiskem Süden. Jedoch erlagen die Neuprägungen angelsächsischen Stils, von wenigen Modewörtern abgesehen, die vom veränderten, von Angelsachsen geprägten Frömmigkeitsstil der Karolingerzeit getragen wurden, rasch dem eingebürgerten Wortschatz.

Das angelsächsisch geprägte Wortgut gibt dem Wortschatz des althochdeutschen ,Tatian' das fremdartige Aussehen. So steht nördliches *gifeho* („Freude") gegen südliches *frewida*, nördliches *truoben, mornen* („trauern") gegen südliches *trūren*. Althochdeutsch *fluob(a)ra*, altsächsisch *frófor* („Hilfe"), beides altererbte Wörter, werden nach dem Modell von altenglisch *frōbra* anstatt des hochdeutschen *trōst* zur Übersetzung von lateinisch *consolatio* („Trost") eingesetzt. Altenglisch *rōd* „Kreuz", das gegenüber dem Lehnwort *crūci* im althochdeutschen Sprachgebiet keinen Boden gewinnen kann, prägt altsächsisch *rōda, ruoda* „Zweig" um. Die von Wilhelm Braune aufgestellte und zuletzt von Hans Eggers revidierte Liste spezifisch angelsächsischer Missionswörter des volkstümlichen Bereichs umfaßt nur acht Exemplare: 1) Altenglisch *gōdspell*, Lehnübersetzung von lateinisch *evangelium* („gute Kunde"), schon im Altenglischen volksetymologisch zu *godspell* („Kunde von Gott") umgedeutet, wird im angelsächsischen Missionsbezirk in gleicher Umdeutung als althochdeutsch *gotspel* und altsächsisch *godspell* übernommen, kann sich jedoch gegen süddeutsches *cuat chundida* („gute Kunde"), *koad aruntporo* („gute Botschaft") und vor allem gegen das fränkische Lehnwort *evangelio* nicht halten. 2) Althochdeutsch *miltherzi, milten* für die Wortfamilie lateinisch *misericors, misericordia, misereri* entspringen semantischer Umprägung im Sinne von altenglisch *mildheart, miltsian*, werden aber bald von süddeutschem *irbarmida, barmherzi* u.ä. verdrängt. 3) Althochdeutsch *geba* als Übersetzung von lateinisch *gratia* („Gnade") ist Umprägung entsprechend altenglisch *giefa* aus der Grundbedeutung „Gabe", wird jedoch von eingebürgertem süddeutschem *ginada* verdrängt. 4) Althochdeutsch *ōdmuoti, ōdmuatig* und altsächsisch *ōdmodi* im Sinne von lateinisch *humilitas* („Demut"), *humilis* („demütig") sind nach dem altenglischen Muster *eađmód* aus der ursprünglichen Bedeutung „kleinmütig" umgeprägt. Dieses bei den Franken tiefer verankerte Wort ist erst im späten Mittelalter von süddeutschem *deomuotī* verdrängt worden. 5) Althochdeutsch *heilant*, altsächsisch *heliand*, mittelniederländisch *heiland*, nach angelsächsischem Muster zur Übersetzung von lateinisch *salvator* („Retter, Erlöser") geprägt, sind kennzeichnend für den angelsächsischen Missionsbezirk, können sich jedoch gegenüber den Südwörtern *neriand* („der Rettende") und alemannisch *haltend* („der Bewahrende") in althochdeutscher Zeit noch nicht durchsetzen. 6) Althochdeutsch *heilag*, altniederfränkisch *heilig*, altsächsisch *hélag*, entlehnt aus altenglisch *hálig*, hat sich noch in althochdeutscher Zeit gegenüber süddeutschem *wīh* („geweiht") durchgesetzt. 7) Ebenso ist das in der Formel *der heilago geist* zur Übersetzung des in der christlichen Dogmatik so bedeutungsvollen *spiritus sanctus* mit *heilag* zusammengebundene *geist*, nach dem Muster von altenglisch *gāst* aus der Bedeutung „Gespenst, übersinnliches Wesen" ungeprägt, bald gegen mißverständliches süddeutsches *ātum* (ursprünglich „Hauch, Atem") erfolgreich. 8) Althochdeutsch *sunnūnābend* („Sonnabend"), zweifellos eine Lehnübersetzung von altenglisch *sunnanaefen*, hat sich als Bezeichnung des Samstags über das gesamte angelsächsische Missionsgebiet (Westfriesland, Sachsen, Hessen, Thüringen) ausgebreitet, wobei die Bedeutung anfangs auf die Vigil, den „Vorabend" des Sonntags, eingeschränkt war. Wer die Liste dieser acht angelsächsischen Missionswörter durchsieht, wird sich der Einsicht nicht verschließen können, daß sie vor allem Begriffe umfaßt, die einer verinnerlichten, vertieften Frömmigkeit entstammen. Das Evangelium in der Bedeutung von „Gottes Botschaft", Barmherzigkeit, Gnade, Demut, Christus als der göttliche Arzt und Heiland, stehen im Vordergrund. Die Propagierung der Neuprägung „Heiliger Geist" für die dritte Person der Trinität steht ganz im Einklang mit der trinitarischen Frömmigkeit der Angelsachsen, wie sie sich etwa in des Angelsachsen Alkuin 802 verfaßter Schrift ‚De fide sanctae et individuae trinitatis' („Vom Glauben an die heilige und ungeteilte Dreifaltigkeit"), aber auch in der Aufnahme der nach altenglischem Vorbild (*On þrinesse and on annesse*) geprägten Trinitätsformel *in thrinisse enti in einisse* („in Dreiheit und Einheit") in das im ersten Jahrzehnt des Jahrhunderts in Fulda aufgezeichnete ‚Fränkische Taufgelöbnis' (s. S. 235) zeigte. Auch *sunnūnāband* mit der impliziten Betonung der frommen Vorbereitung auf den Tag des Herrn gehört zu jener angelsächsisch inspirierten Schicht vertieften Christentums, in der die Forderung nach einer rigorosen Sonntagsheiligung populär wurde.

Ungleich stärker als den populären religiösen Wortschatz haben die Angelsachsen den gelehrten Intellektualwortschatz und die theologische Spezialterminologie, dabei auch die Sprache der Bibelübersetzungen geprägt. Die Vorreiterrolle, die Fulda und der althochdeutsche ‚Tatian' in dieser schulmäßigen Wortarbeit besaßen, ist dabei unverkennbar. So schließt sich tatianisches *mand(a)wāri* zur Übersetzung von *mansuetus* („sanftmütig") eng an altenglisch *monnþwaere* an, *bihaltnessi* zur Übersetzung von *observatio* („Gewohnheit") aber an northhumbrisches *behaldenisse*. Anderes reichte über Fulda hinaus, verbreitete sich durch die Schüler Hrabans. So finden sich – gebildet nach altenglisch *gebed, gebédhus* – althochdeutsch *gibethūs* zur Übersetzung von *domus orationis* („Bethaus, Kirche"), althochdeutsch *gibet*, altsächsisch *gibed* („Gebet") gegen das sogar in Ortsnamen verbreitete *betabūr* (zu althochdeutsch *būr* „Gebäude") sowie gegen eingebürgertes *beta* (ursprünglich „Bitte") auch in der poetischen Evangelienharmonie des Hrabanschülers Otfrid von Weißenburg und in der mit Fulda in Kontakt stehenden altsächsischen Evangelienharmonie des ‚Heliand'. Erst viel später dringt die gelehrte Prägung *gibet* auch als Frömmigkeitswort in die Volkssprache vor.

Bedingungen und Verfahren der Fuldaer Wortarbeit lassen sich gut am graekolateinischen *paracletus* („Tröster"), einem Praedikat der dritten Person der Dreifaltigkeit, darlegen, welcher Begriff nach dem Vorbild des altenglischen *frōfregāst* selbständig in althochdeutschem Wortmaterial als *fluobargeist* („Geist der Tröstung") neugeprägt wurde. Man hat zu Recht betont, daß es sich hier und anderswo „keineswegs um einfache Entlehnung von englischen Wörtern handelt. Sie wurden vielmehr auf englische Anregung hin aus deutschem Sprachmaterial neu gebildet" (Hans Eggers). Der eigene geistige Anteil der Fuldaer Mönche bei der Rezeption der Vorbilder ist also nicht zu verkennen. Hier, wie bei der auffälligen Neuprägung zahlreicher deutscher Abstraktbildungen nach altenglischer Gewohnheit auf *-nessi, -nissi* (z.B. *bihaltnessi* „Gewohnheit", *finstarnessi* „Finsternis", *mihhilnessi* „Größe") in Fulda, läßt sich die Spracharbeit nur auf eine intensive Diskussion zwischen offenbar noch im frühen neunten Jahrhundert im Kloster anwesenden insularen und einheimischen Mönchen zurückführen.

Volkssprachige Adaptation von Artes und Philosophie

Im monastischen Bildungsprogramm des Abtbischofs Heito von Basel-Reichenau stand nach dem Auswendiglernen oder doch inhaltlichen Einprägen von Psalmen, Cantica, Hymnen und Benediktsregel, nach einer ersten Einführung in die heiligen Schriften und ihre Exegese, nach einer ersten Erbauungslektüre von monastisch-aszetischem und hagiographischem Schrifttum an, die Schüler zur *ars litteraturae*, zur „Kunst des Schreibens" im technischen, formalen und inhaltlichen Sinne, zu leiten; in den Künsten des Triviums – Grammatik, Rhetorik und Dialektik – endlich erfahren, waren die *litterati* fähig, die „geistlichen Blüten" zu pflücken, d.h. sich theologischen Studien zu widmen. Dabei beherbergte das Kloster nicht nur eine auf die Grammatik gestützte Schule des Schreibens und Lesens, nicht nur eine auf die Rhetorik sich gründende Schule des Formulierens und eine auf die Dialektik gebaute Schule des Denkens und Argumentierens, eingelassen in die grammatische Disziplin war auch die Lektüre der antiken und christlichen Poesie, ja eine rudimentäre Poetik, die sich vor allem als Metrik, als Lehre von den Versmaßen, artikulierte.

Selten trat diese Dichtungslehre auch in Übersetzungen ein; die reichlichen Glossierungen der kanonischen Autoren wie Vergil, Horaz, Prudentius, Juvencus und Arator (s. S. 189) genügten zumeist dem Unterricht. Die erste zweifelsfrei in den Zusammenhang des Metrikunterrichts zu stellende

Übersetzung entstand – wohl in der ersten Hälfte des neunten Jahrhunderts – im bairischen Sprachraum mit dem sogenannten ‚Carmen ad Deum', das Zeile um Zeile (in Manier der Kontextglossen) das aus insularer Tradition sich herleitende und in reicher Variation und erlesen-gelehrtem, dunklem, archaischem Latein Gottesanrufungen und Bittformeln häufende metrische Schutzgebet ‚*Sancte sator, suffragator*' („Heiliger Sämann und Schöpfer, heiliger Fürbitter") in die Volkssprache übertrug. *Wího fáter, hélfarí* („Heiliger Vater und Helfer") heißt nun im Althochdeutschen die erste Zeile des Hymnus. Rollen im lateinischen Lied – wie Josef Szövérffy formuliert – „die Gebetsformeln schnell und unbehindert durch die Zeilen", so wirkt die Rhythmik der deutschen Fassung, die im Metrischen mit den Mitteln der eigenen Sprache eine (wenn auch bescheidene) Kontrafaktur schafft, geradezu gegenläufig: „Der getragene Ton einer regelmäßigen Vierhebigkeit, oft mit gleicher Wort- und Silbenzahl wie im lateinischen Text, ist kennzeichnend für die althochdeutsche Übersetzung" (Stefan Sonderegger).

Diese dem Preis der trinitarischen Gottheit gewidmete Lorica, dieses dem insularen, irisch-angelsächsischen Kulturkreis entsprungene „Panzer-Lied", sollte – gleichsam wie eine aus magischen Worten geschmiedete Brünne – den Schutz des Beters gegen Angriffe des Bösen gewährleisten. Daher erklärt sich die eindringliche, in ihrem steten, fast monotonen Gleichlauf von Alliteration und Binnenreim gestützte litaneiartige Form. Metrisch handelt es sich um rhythmische Achtsilbler in trochäischem Versmaß, regelmäßig Hebung und Senkung wechselnd und die natürliche Betonung achtend, was sich im Althochdeutschen – mutatis mutandis – leicht nachahmen ließ. In der Handschrift steht die Übersetzung inmitten eines typischen Schulkontextes: Auszüge aus Bibel und Kirchenvätern, althochdeutsche Glossen, Glaubensbekenntnis, exemplarische Verse, lateinische, griechische und runische Alphabete, Brief- und Urkundenformulare. Die gleiche Hand, die Hymnus und Übersetzung schrieb, fügte auch einen weiteren Satz über andere lateinische Versmaße an: „Der Daktylos enthält immer eine lange Silbe und zwei kurze, der Spondeus aber zwei lange." Die Passage diente also der Demonstration des einfachsten Versmaßes, des Trochäus, und der kontrastiven Erklärung der komplizierteren Metren. Den erlesendunklen Wortschatz der Lorica suchte der Übersetzer im Rückgriff auf Rechtssprache (*éono sprehho* „Sprecher der Satzungen" für *legislator* „Gesetzgeber") und Wortschatz des Heldenlieds (*rantboug* „Schildbuckel" für *umbo* „Schild") nachzubilden. Die Handschrift selbst stammt wohl ursprünglich aus Passau, wurde dort zur Zeit des Bischofs Hartwich (840–866) geschrieben, gelangte aber später über Ilmmünster (bei Freising) nach Tegernsee. Die Übersetzung ist jedoch Kopie und scheint sprachlich weiter ins 9. Jahrhundert hinaufzureichen.

Man muß bis zum späten zehnten Jahrhundert warten, um zu erleben, wie die Not der schulischen Übersetzung von Artes und Kanonlektüre zur Kunst der Übersetzung wird. In der hochberühmten Schule des Klosters St. Gallen, die seit den Tagen des Abtes Grimald (841–872) und seines Stellvertreters und Nachfolgers Hartmuot (872–883) mit Ratpert († nach 884), Iso († 871), Notker Balbulus († 912), Tuotilo († nach 912), Hartmann († nach 885),

Ekkehard I. († 973), Notker *Piperisgranum* – d.h. „Pfefferkorn" – († 975) und Ekkehard II. († 990) eine ununterbrochene Folge von Lehrern, Schriftstellern und Dichtern hervorgebracht hatte, die sich der Geschichtsschreibung, der Hagiographie, der Hymnen- und Sequenzendichtung, ja – wenn wir den ‚Waltharius' (s.o. S. 133) zu Recht Ekkehard I. zuweisen – auch dem Epos zuwandten, sucht man eine über die Glossierung hinausgehende schulische Übersetzung vergebens. In der Schule des zweiten Ekkehard „wagten nur die Kleinsten anders als lateinisch zu reden" (Georg Baesecke). Der vierte Ekkehard (um 980 – um 1060), obwohl selbst Glossator, hielt wenig von eigenem Recht und eigener Kunst der Volkssprache, sondern zielte auf die Perfektion des Lateins, wenn er gegen jene „Halbschulmeister" wetterte, die „ihre Schüler schlecht zu beraten pflegen, wenn sie sagen: Überlegt, wie man am klarsten vor einem Deutschen sprechen würde, und setzt danach die Worte in der gleichen Reihenfolge ins Lateinische um!" (Übersetzung nach Hans F. Haefele). Seinem Mitbruder Immo riet derselbe Lehrer: *Teutonicos mores caveas* ... („Hüte dich vor deutschem Sprachbrauche"). Ziel des klösterlichen Lateinunterrichts war, auch wenn er sich der Volkssprache bediente, doch stets, die *lingua ... barbarica* („die wilde, barbarische Sprache") aus dem Bewußtsein der Novizen zu tilgen.

Da mutet es fast wie ein Wunder an, daß aus dieser Schule der einzige *magister* entstand, der die Muttersprache nicht nur instrumentell verbrauchte, um die Vatersprache zu lehren, sondern sie in bewußter pädagogischer Reflexion als Partnerin des Lateins zu ihrem eigenen Recht und ihrer eigenen Kunst kommen ließ. In seiner Unterrichtsmethode ergänzten sich Deutsch und Latein in sinnvoller Durchdringung und gegenseitiger Erläuterung (vgl. S. 209f.).

Einige Hexameter, die seiner noch auf dem Sterbebett vollendeten Übersetzung des biblischen Buches Hiob – offenbar von seinem Schüler Ekkehard IV. – als poetisches Explicit beigegeben waren, ordnen Notker Labeo (um 950–1022), indem sie mit seinem Beinamen spielen, in der Genealogie der St. Galler Klosterschule ein: „Stammler hieß Notker der Erste, das Pfefferkorn nannt' man den Zweiten, Unserem Dritten hier gab breite Lippe den Namen: Waren Herz doch und Lippen ihm Sitz der weitesten Liebe. Und mit breiterer Lippe wird keiner, glaub' ich, sich finden: Nimm vom Honig, den hier Breitlippe Dir liebevoll spendet" (Übersetzung von Alois Wolf). Die Außerordentlichkeit dieser Lehrerpersönlichkeit haben seine Schüler und die St. Galler Mönche schon zu seinen Lebzeiten gespürt. So nannten sie auch den Verstorbenen im St. Galler Totenbuch (zum 29. Juni) mit einem in der Kargheit des sonst nur Namen nennenden Nekrologs außerordentlichen Prädikat den „allergelehrtesten und allergütigsten Lehrer". Nach Ekkehard IV. unternahm Notker sein Übersetzungswerk *propter caritatem discipulorum* („Aus Liebe zu seinen Schülern"). Es ist bezeichnend, daß hier zum zweiten Mal nach Otfrid von

Weißenburg (s. S. 16) das mehrfach formulierte benediktinische Motiv der brüderlichen *caritas* volkssprachige Literatur legitimieren hilft.

Alle diese St. Galler Notkere und Ekkeharde gehörten – mehr oder minder explizit bezeugt – einer bedeutenden thurgauischen Adelssippe an, die ihr frühes Zentrum in Jonschwil (Schweiz, Kanton St. Gallen) fand. Ekkehard IV., dessen ‚Casus Sancti Galli' oft klingen, als ob sie nicht nur klösterlicher Tradition, sondern auch der Hausüberlieferung von dem Kloster verbundenen Familien entstammten, nennt sie die „Sippe (*prosapia*) Waldrams und Notkers, von deren Herrschaft unsere Berge ihren Namen haben", und führt sie damit in die karolingische Vorzeit zurück. Ekkehard I., dessen Bruder Amalunc im Thurgau eine bedeutende herrschaftliche Position einnahm, führte dem Kloster gleich vier Neffen zu: Ekkehard II., Ekkehard III., Notker Labeo und Purchard II., der das Kloster zwischen 958 und 971 als Abt leitete. Ein anderer Abt mit Namen Notker (971–975) war Neffe des auch als Arzt berühmten Notker Pfefferkorn, ein weiterer St. Galler Mönch dieses Namens wurde auf den Bischofsstuhl von Lüttich (972–1008) berufen; er stand wohl dem ottonischen Hof nahe, so wie Ekkehard II., der die Position eines Hoflehrers bekleidete und schließlich in Mainz als Dompropst Vorsteher eines der vornehmsten Domkapitel des Reiches wurde. Gerade das St. Galler Beispiel mag uns vor Augen führen, wie kulturelle Aktivitäten oft genug vom Traditions- und Bewußtseinsgefüge dominierender Adelsverbände des frühen Mittelalters getragen werden.

Ekkehard IV. betonte in seinem Memorialgedicht auf Notker Labeo, daß dieser „als erster in der Volkssprache geschrieben und zugleich deren Wohlgeschmack deutlich gemacht habe". Bezieht sich der Schüler und engagierte Lateiner so ganz auf die stilistische Qualität von Notkers Werk, so hat sich dieser selbst in seinem einzigen autobiographischen Zeugnis, in dem in seiner Spätzeit (um 1019/20) verfaßten Brief an Bischof Hugo II. von Sitten (Sion im Wallis), nüchterner und präziser über seine Intentionen geäußert: Bischof Hugo (erwähnt 998–1017) hatte ihm nahegelegt, seine Talente an bestimmten Artes (gemeint sind wohl die Wissenschaften des Quadriviums) zu erproben. Notker lehnt das Studium der Artes als Selbstzweck ab. Sie sind – hier steht Notker ganz in der karolingischen Tradition – Hilfsmittel: „Denn es müssen die kirchlichen Bücher, und diese in erster Linie, in der Schule gelesen werden, zu deren vollem Verständnis (*ad intellectum integrum*) zu gelangen freilich ohne die vorhergehende Behandlung" der Artes „unmöglich ist. Da ich nun im Sinne hatte, daß unsere Schüler diesen Zugang finden sollten, wagte ich etwas bis dahin beinahe Unerhörtes zu unternehmen: nämlich lateinische Schriften versuchte ich in unsere Sprache zu übersetzen und das syllogistisch oder figürlich oder rhetorisch Ausgedrückte durch Aristoteles oder Cicero oder einen anderen Fachschriftsteller zu erhellen." Notker gibt also an, daß es ihm – auch dies wiederum im Sinne des alten karlischen Reformprogramms – um das *intellegere*, das Verständnis der lateinischen Schriften geht; diesem Ziel dienen die Artes, allen voran Dialektik und Rhetorik, aber auch die Kunst der Übersetzung. So begründet er eine über sechs Abschnitte gehende, exkursartige Abhandlung über die Rhetorik in seiner Boethius-Übersetzung damit, daß *man êr nîeht pechénnen nemág iro dulcedinem, êr man sîa selbûn bechénnet* („daß man ihre Süße nicht zu begreifen vermag, bevor man sie selbst begriffen hat"). Nur auf die Übersetzung von bisher traditionell in Latein abgefaßter Artes-Literatur und rhetorischer und argumentativer Erläuterung „kirchlicher Schriften" bezieht sich dann auch die Rede von dem „bis dahin beinahe unerhörten" Unternehmen, das er wage, die zudem in einen Bescheidenheitstopos gekleidet ist, der eine spätere Captatio benevolentiae des Briefes vorbereiten soll: War dieser Versuch Frevel? Notker argumentiert, daß die deutsche Sprachform zwar zunächst wohl „ungewohnt" anmuten werde. Aber nach und nach werden die deutschen Schriften „Euch vielleicht belieben und Ihr werdet sie zu lesen vermögen und erkennen, wie schnell man in der Muttersprache begreift, was man in einer fremden Sprache kaum oder nicht völlig erfassen kann". Man glaubt die Widerstände gleichsam zu spüren, mit denen Notker im Wissenschaftsbetrieb seiner Zeit zu kämpfen hatte. In seiner Argumentation ist zugleich die „unerhörte" Hauptschwierigkeit seines Werkes, die problematische Begrifflichkeit der Volkssprache, die Fachsprache werden soll, schon mitbedacht.

In seinem Brief an Bischof Hugo von Sitten hat Notker eine rückblickende Übersicht über sein Werk gegeben. Nicht alle seine Werke sind erhalten – die verlorenen kennzeichnen wir mit einem Sternchen: Am Beginn stand nach eigenen Worten die Übersetzung und Erläuterung eines der großen geschichtsphilosophischen Werke abendländischer Tradition, des seit der Karolingerzeit in den Kanon der Schullektüre eingegangenen ‚De consolatione philosophiae' des Boethius (vgl. S. 190). Zur Erläuterung bediente sich Notker des Kommentars des spätkarolingischen Gelehrten Remigius von Auxerre († um 908) und eines weiteren, anonymen Kommentars; zur Übersetzung benutzte er ältere Boethius-Glossen der Klosterschule. Doch trägt sein ‚Boethius' sowohl in Übersetzung wie auch Kommentierung ganz eigenständige Züge. Nach Notkers Meinung nämlich ist Boethius durch den Tod gehindert worden, sein Werk zu seinem eigentlichen Ziel, nämlich einer theologischen Fundierung der Geschichte zu führen. Um diesem Ziel näherzukommen, geht Notker in seinen Erläuterungen oft weit über den bloßen Sachkommentar hinaus. *Fatum* („Schicksal") und *fortuna* als die bei Boethius bestimmenden Kräfte der Geschichte werden christlich eingeschmolzen und der göttlichen Heilsordnung als einer providentiellen unterworfen. „Notkers Auslegung steht ganz im Zeichen projektiven Verstehens" (Herbert Bolender). Insbesondere die bei Boethius mit dem im Kerker schmachtenden Autor dialogisierende Figur der Philosophie wird als das Gefäß der Wahrheit, ja der Weisheit Gottes begriffen. Als Schirmherrin aller anderen Disziplinen wird sie zu einem Instrument der gleichsam didaktischen Gnade des Herrn der Geschichte, die über Lehre und Einsicht zum *summum bonum* („höchsten Guten"), der Erlösung, führt. Zusammen mit der großen geschichtsphilosophischen Schrift des Boethius hat Notker ein theologisches Werk des gleichen Autors (vielleicht in der Bearbeitung des Remigius), *‚De sancta trinitate' („Von der heiligen Dreifaltigkeit"), übersetzt. Danach hat er sich der poetischen Schullektüre zugewandt: Übersetzungen der *‚Disticha Catonis' (einer metrischen Sentenzensammlung – vgl. Bd. II/2,

S. 150f.), der *‚Bucolica' des Vergil und einer Komödie, der *‚Andria' des Terenz. In der Folge übersetzte und kommentierte Notker ein von den Iren des späteren 9. Jahrhunderts in den Schulkanon eingeführtes spätantikes allegorisches Handbuch der sieben Artes, des Martianus Capella ‚De nuptiis Philologiae et Mercurii' (vgl. S. 178). Mit der Benutzung des Kommentars des Remigius stellt er sich wie beim ‚Boethius' in die Tradition der von Martin und Johannes Scotus geprägten Irenschule von Laon (vgl. S. 178). In St. Gallen hatte man die Philologie und ihre Töchter, die Artes, in einem großen allegorischen Gemälde, dessen Versinschriften erhalten sind, abgebildet. Vielleicht schmückte dieses Gemälde Klosterschule oder Bibliothek. Notker ergänzte dieses monumentale Gebäude der antiken Wissenschaft durch Übersetzungen der lateinischen, aus der Feder des Boethius stammenden ‚Kategorien' und der ‚Hermeneutik' des Aristoteles, den Grundlagen der schulischen Behandlung der dialektischen Argumentationskunst. Aus dem Bereich des Quadriviums übertrug der St. Galler Lehrer die *‚Principia arithmeticae' („Grundzüge der Arithmetik") – vielleicht die ähnlich titulierte Schrift des Boethius – und verfaßte einen rein althochdeutschen Abriß der (der Proportionenlehre gewidmeten) Ars der ‚Musica' (nicht im Brief erwähnt). Dem Artes-Block ließ er seine Übersetzung und Erläuterung des Psalters (s. S. 209) und die verlorene, wohl an Gregors ‚Moralia in Job' („Moralische Betrachtungen zum Buch Hiob") orientierte Übersetzung des *‚Hiob' folgen, dessen „Siegel" er nach dem beigefügten Hexameter-Explicit erbrach, dessen „Geheimnisse" er den Unkundigen deutete. Wie im ‚Boethius' dementiert die theologisch gebildete Erklärung die bescheidenen Worte des Lehrers im Brief, in dem nur von philologisch-rhetorischen Erläuterungen die Rede war. Unter seinen rein lateinischen Schriften erwähnt Notker Labeo immerhin einen ‚Computus novus', eine Schrift, welche die Berechnung des Osterfestes und damit überhaupt die christliche Zeitrechnung behandelte, sowie eine ‚Nova Rhetorica' („Neue Rhetorik"), weiterhin „einige andere Werklein (*opuscula*)", unter die wir wohl seine Schrift ‚De syllogismis' und andere logische Schriften, die – wie schon hervorgehoben (s. S. 77) – mit althochdeutschen Erklärungen, Sprichwörtern, Textbeispielen usw. durchsetzt sind, rechnen dürfen. In der Rhetorik wie im Boethius, ja mehr oder minder in seinem gesamten Werk ist Notker durchdrungen vom praktisch-philosophischen wie rhetorischen Geist Ciceros. Kein Zufall ist es dann wohl, daß Notker sich von Bischof Hugo des Römers ‚Philippica'-Reden als auch seinen Aristoteles-Kommentar ‚Commentum in topica' auslieh; vom Reichenauer, aus Prüm gekommenen Abt Bern, der selbst auf dem Gebiete der Hagiographie, der liturgischen Poesie, der Mathematik, Komputistik, Astronomie und Musiktheorie arbeitete, entlieh er sich Ciceros Rhetorik. Neuerdings wird mit guten Gründen vermutet, daß Notker Labeo auch Ciceros rhetorische Lehrschrift „De inventione" („Von der Stoffsuche") althochdeutsch für die Schule glossierte.

Notkers Schulwerke sind ganz aus der Tradition St. Gallens heraus geschrieben worden. Außer dem in der Laienfrömmigkeit bedeutsamen Psalter sind seine Übersetzungen außerhalb seines Klosters nicht rezipiert worden. Auch das ist bezeichnend. Gegen den traditionellen Unterrichtsstil, wie er sich in der althochdeutsch-lateinischen Glossographie niederschlug, besaß Notkers persönliche, originelle, ja geniale Technik der „Mischsprache" keine Chance. Und dennoch ist sein Verfahren gerade nicht als Negation, sondern als legitimes Erbe der karolingischen Glossographie anzusehen. In einem noch rudimentären Verband wandte ja auch bereits Otfrid in seiner Priscianglossierung (s. S. 191) Deutsch und Latein an, wobei der Volkssprache die Funktion zufiel, Erklärungsnotstände, die im Medium des Lateins nicht zu beheben waren, zu kompensieren. Notker hat diese Glossierungstechnik nicht verworfen, sondern gesteigert und radikalisiert.

So gleicht er den karolingischen Glossatoren etwa in seiner Vorliebe für etymologische Erklärungen, die er z.B. Remigius von Auxerre entnimmt. Selbständig wiederum erweitert er das etymologische Verfahren, wenn er es auf deutsches Sprachmaterial ausdehnt – wenn auch nur in wenigen Fällen. So erklärt er althochdeutsch *binez* („Binse") unter Rückgriff auf **bi nazi* („bei der Nässe, beim Wasser") *fóne dero názi, an déro er stat* („aus der Nässe, in der sie steht"). Besonders gewagt, aber durchaus im Einklang mit den Verfahrensweisen der mittelalterlichen gelehrten Etymologie ist es, wenn er althochdeutsch *widello* („Zwitter") über die Annahme sprachlicher Korruption auf ihren „wahren" Ursprung zurückführt: *Wánda er hábet wîbe líde dóh er mán sî ... Tánnân heízet er wídello. sámo-so wîbello. dáz chît ter wîblído* („weil er die Genitalien eines Weibes besitzt, obwohl er Mann ist ... Deswegen heißt er *widello*, gleichsam wie *wibello*, ‚Weibel', das bedeutet nämlich der, der ein weibliches Glied hat"). Die in der Übersetzung des Martianus Capella gelieferte Erklärung des Begriffs ‚Kubus' ist nichts anderes als eine weitgehend ins Deutsche übersetzte gelehrte Schulglosse: *Dánnan héizet er cubus. álso óuh LXIIII. cybus héizet. wánda dâr-ána sínt fíerstunt fíeriu fíerstunt. Táz ist tíu gelîchi dero longitudinis. únde dero latitudinis. únde dero altitudinis. án díen numeris. tánnan sie cybi héizent.* („Deswegen heißt er *Kubus*, wie auch die Zahl 64" – nach mittelalterlicher Zahlentheorie – „*Kubuszahl* heißt, weil in ihr enthalten sind vier x vier x vier. Das bedeutet Gleichheit von *Länge* und *Breite* und *Höhe* bei den" räumlich gedachten „*Zahlen*, weswegen sie *Kubuszahlen* heißen"). Anders gestaltet sich jedoch das Verfahren, wenn Notker einen Fachausdruck wie *ratiocinatio* verdeutlicht: *ratiocinatio est. quedam indissolubilis oratio. i[d est] féste gechôse. unzvîuelîg kechôse. peslózen réda.* („*Argumentation ist eine unangreifbare Rede*, das heißt eine sichere Beweisführung, eine zweifelsfreie Beweisführung, eine abgeschlossene Erörterung"). In der Variation der volkssprachigen Erläuterungen kommt das Konzept der Mischsprache gewissermaßen zu sich selbst: so wird auch *syllogismus*, ein bestimmtes Schlußverfahren, mit Hilfe der Varianten *slozreda* („Schlußrede") und *nôtfestiu gechôse* („unumstößliche Beweisführung") im Umkreisen der Bedeutung volkssprachig vergegenwärtigt; so wird *argumentum* („Beweismittel") mit den althochdeutschen Prägungen *wortzeichen* („sprachliches Indiz"), *gewissunga* („Vergewisserung"), *irreccheda* („Erklärung"), *irfareni* („Ermittlung") und *kloublichi* („Glaubwürdigkeit") in einem Wortfeld eingekreist. Ohne den Kontext des Lateins, ohne die gleitende gegenseitige Erhellung der Sprachen, wäre keines dieser volkssprachigen Wörter befähigt, den Begriff ausreichend zu glossieren.

„Notkers Werk ist geistesgeschichtlich gesehen ein Endpunkt der althochdeutschen Glossierung, die unendliche Verfeinerung und Verdichtung der Arbeit an den Glossen in ihrer Hinwendung zur Erfassung und Erklärung der lateinischen Sinneinheit, die durch eine gleichwertige deutsche Sinneinheit gespiegelt wird und in die ... durch die lateinischen Reservate ständige Rückblicke auf die umfassendere Latinität erfolgen" (Stefan Sonderegger).

Benediktinische Gelehrsamkeit und höfische Repräsentation

In der Schullektüre der Klöster hatte auch das ,Hohe Lied Salomos' seinen Platz. Freilich war es – nach einer Empfehlung des Hieronymus – das letzte im Unterricht zu behandelnde Buch, an das sich die Schüler erst dann wagen sollten, wenn sie in der Kunst der Bibelexegese bereits gereift waren. Die Kautelen waren wohl nötig. Handelt es sich doch beim *canticum canticorum* („Lied der Lieder"), das man nach Haimo von Auxerre (um 850) so nannte, „weil es alle anderen Lieder überragte", eigentlich um eine Sammlung spätjüdischer Liebes- und Hochzeitslieder, die nur der vorgeblichen Verfasserschaft des „weisen" Salomo ihre Aufnahme in den biblischen Kanon verdankten. Eine Auffassung des Liedes im Litteralsinne, im wörtlichen Verstande, stand den christlichen Vätern und auch den Klerikern und Mönchen des frühen Mittelalters nicht wohl an. Allegorische Auslegung hatte daher seit christlicher Frühzeit den geheimen Sinn, die „Weisheit" des Liedes ergraben. Der Wechselgesang zwischen Freund und Freundin, zwischen Braut und Bräutigam, dessen erotischer Schmelz dem empfindsamen *litteratus* auch in der lateinischen Übersetzung noch spürbar bleiben mußte, dessen kühne Bilder und köstliche Metaphern in die frühe Liebesdichtung des mittelalterlichen Europas flossen, wurde von den Kirchenvätern durchaus noch als *epithalamium* („Hochzeitslied") aufgefaßt, doch war das Sujet des Liedes nun ein geistliches, ja ein an die Fundamente des Christentums rührendes geworden – so bei Haimo von Auxerre, nach dem Salomo, „vom göttlichen Geist durchdrungen, dieses Büchlein über die Hochzeit Christi und der Kirche verfaßte". So sangen im geistlichen, allegorischen Sinne im Wechsel miteinander der geliebte Bräutigam Christus, die geliebte Braut Kirche und die ob ihrer Untreue verlassene, verstoßene Synagoge als Sinnbild des Judentums. Das Hohelied war eine ekklesiologische, „von der Kirche lehrende" Ekloge, ein lyrisch-dramatischer Wechselgesang geworden.

In diese Auslegungstradition stellt sich auch die um 1060 entstandene Hohelied-Paraphrase des Abtes Williram von Ebersberg (1048–1085), die nach alter, unter anderem von Sedulius (um 450) in seiner Bibeldichtung, von den Angelsachsen Beda († 735) und Alkuin († 804) sowie den von ihnen angeregten Fuldaer Schriftstellern der Karolingerzeit, Hraban (um 810) und Brun Candidus (um 840), in ihren hagiographischen Werken geübter Gattungskonvention als *opus geminatum* („Zwillingswerk"), also im Verbund von Poesie und Prosa komponiert wurde, und deren Hauptquelle eben der Kommentar Haimos ist. Zusätzlich benutzt Williram ein zweites karolingisches Kommentarwerk, das des Angelomus von Luxeuil (851/55). Er hat sein Werk – in Überbietung des *opus geminatum* – als ein dreifältiges angelegt; drei Kolumnen führt die Seiten der Handschrift (s. Abb. 12): das göttlich inspirierte Lied Salomos steht in der Mitte; es ist auf beiden Seiten „gegürtet“ – wie Williram in seinem Prolog sagt – mit einer in erhabenen leoninischen Hexametern gehaltenen lateinischen, poetischen Paraphrase (links) und einer kommentierten Prosaübersetzung in deutsch-lateinischer Mischprosa (rechts). Besonders die Fachbegriffe der Theologie und die Kernbegriffe des Dogmas werden – wie bei Notker Labeo – lateinisch gegeben, jedoch nicht – das anders als Notker – in der Volkssprache interpretiert. „Die lateinischen Termini fügen sich der luciden Diktion der deutschen Sätze geschmeidig ein und bilden meist die prägnanten Höhepunkte der Aussage“) (Hans Eggers).

Williram entstammte einem bedeutenden mittelrheinischen Adelsgeschlecht. Zu seiner Verwandtschaft gehörten die Brüder Erzbischof Heribert von Köln (999–1021) und Bischof Heinrich von Würzburg (995–1018), ebenso die Brüder Bischof Heribert von Eichstätt (1022–1042), Verfasser des Versschwanks vom ‚Schneekind‘ (vgl. S. 64), und Geseman, sein Nachfolger (1042), zugleich Kapellan Kaiser Heinrichs III. (1039–1056). Williram wurde Mönch in Fulda, in den vierziger Jahren des 11. Jahrhunderts berief man ihn als Haupt der Schule in das Bamberger Kloster Michelsberg. In Bamberg war damals (1040–1046) Suidger, der spätere Papst Clemens II. (1046–1047), Bischof. Domscholaster der fränkischen Bischofsstadt war Anno, der spätere Erzbischof von Köln (1056–1075). Der wohl schon damals als Verfasser lateinischer Gedichte hervorgetretene *egregius versificator* („außerordentliche Dichter“) Williram gehörte zum Hofkreis Heinrichs III., wie Abt Bern von Reichenau, wie Wipo, der die Taten Konrads II., des Vaters Heinrichs, besang, wie der anonyme Autor des mittellateinischen, höfischen Heldenromans ‚Ruodlieb‘, ja war vielleicht Mitglied der Hofkapelle. Auf Grund von Geburt, Laufbahn und Talent durfte er sich Hoffnung auf einen Bischofssitz machen. Die kleine bayrische Abtei Ebersberg, die ihm der Kaiser 1048 verlieh, durfte er als Sprungbrett betrachten. Tatkräftig organisierte er seine Abtei, mehrte den Klosterbesitz, sicherte ihn durch Urkundenbücher, intensivierte das Skriptorium, ließ eine Klosterchronik anlegen und erweiterte die Bauten. Allen Plänen jedoch bereitete der Tod Heinrichs III. (1056) ein Ende: „meine ganze Hoffnung war dahin“, so kommentierte Williram selbst das Ereignis. Ebersberg wurde zum Exil. Die Paraphrase des Hohen Liedes, die er 1069 dem Nachfolger Heinrich IV. widmete, vermochte die Lage nicht zu ändern. Selbst die Bitte, ihn – bei verweigerter Gnade – wieder in sein Heimatkloster Fulda zu entlassen, erfüllte der neue König nicht. Doch war der Schriftsteller und Theologe Williram in Ebersberg nicht isoliert vom geistigen Leben seiner Zeit. Mit Otloh, dem *magister* des Regensburger Klosters St. Emmeram (vgl. S. 246), unterhielt er Beziehungen: der gleichfalls für eine Weile in Fulda arbeitende Theologe und Visionär, eines der größten Talente seiner Zeit, mit dem sich Williram auch durch das gleiche benediktinisch-wissenschaftliche Ethos, durch die Ablehnung eines sich verweltlichenden Artes-Studium verbunden wissen konnte, schenkte dem Abt von Ebersberg um 1067 ein Buch. Der aus St. Emmeram gekommene und zum Kreis um Otloh gehörige Abt Wilhelm von Hirsau bat den Stilisten Williram um 1071, die kleine und sprachlich veraltete Legende des Hirsauer Klosterpatrons, des heiligen Aurelius, zu einem modernen „Büchlein“ umzuschmieden, das für feierlichen Vortrag geeignet war. Kein Grund also, im Selbstwertgefühl nachzulassen, worunter Williram jedoch offensichtlich ohnehin nicht litt, wie wir seinem Eigenurteil über die Paraphrase zum Hohen Lied entnehmen dürfen: „Wenn mich nicht ein liebenswürdiger Irrtum narrt, so hat der [göttliche Geist], welcher sich auf Salomo verströmte, auch mich einiger Tropfen gewürdigt. Wenn ich nämlich meine Werke lese, bin ich so freudig davon angetan, als ob sie ein berühmter Autor verfaßt hätte."

Für die Intentionen, die Williram mit seiner Doppelparaphrase verfolgte, ist sein Prolog aufschlußreich: Sein Bildungs- und Wissenschaftsideal ist ganz rückwärtsgewandt, die „Bemühungen der Alten" um die Exegese der heiligen Schriften will er erneuern. Der zunehmenden Verweltlichung der Studien und der Dichtung will er entgegentreten. Ins Zentrum des Interesses soll wieder die Bibel rücken, wobei sich Williram auf den französischen Theologen Lanfranc von Bec (etwa 1042–1089) beruft, der von der Dialektik wieder zum heiligen Studium gefunden habe. Der zweite Hauptfehler gegenwärtiger Theologie ist ihm ihre in Fachdiskussion und Fachterminologie sich einschließende Esoterik. In geradezu karolingischem Impuls beschwört er die praktischen Pflichten des Kirchenmannes: *instructio* („Belehrung") und *emendatio librorum* („Reinigung der Bücher von Fehlern"). Auch in einer bezeichnenden Passage seines Kommentars hebt er die pastorale Verantwortung der *doctores* („Kirchenlehrer") hervor. Sie sollen die ihnen Anvertrauten durch die christliche Lehre zu einem höheren Grad der Vollkommenheit erziehen; *mít déro míliche simplicioris praedicationis* („mit der Milch einfacher Predigt") „sollen die *doctores* die ‚kleinen Geister', die *parvulos sensu*, gleichsam ernähren und sie nach und nach bereit machen zur Aufnahme der festen Nahrung der evangelischen Vollkommenheit" (Marie-Luise Dittrich). Das hat selbst – wie das ganze Hohe Lied Salomos – seine ekklesiologische Wahrheit: im Lehramt sind die *doctores* der Kirche Christus am engsten verbunden. So richtet sich das Doppelwerk Willirams gerade darauf, daß die exegetische Forschung dem „Geiste leichter eingehe". Der Prolog formuliert: „Ich habe mir vorgenommen, das Hohe Lied sowohl durch Verse wie durch deutsche Prosa verständlicher zu machen." Zugleich werden die diagnostizierten Kardinalfehler des Wissenschaftsbetriebes seiner Zeit überwunden: In der Bibeldichtung richten sich Wissenschaft und Kunst wieder auf das Heilige aus, im deutschen Kommentar überwindet die Theologie ihre esoterische Isolierung.

Da die beiden Teile des Werkes ihrer Funktion und ihren intendierten Adressaten nach verschieden waren, hätte es nahegelegen, sie selbständig zu veröffentlichen. Daß Williram sie in einem repräsentativen, dem König gewidmeten Prunkwerk zusammenzwang, hat wohl mit seinem Wissen zu tun, daß er seine hochgesteckten kulturpolitischen Ziele nicht ohne den Hof würde verwirklichen können.

Es ist nicht ausgeschlossen, daß Williram in dieser Hinsicht die Hilfe des Königs erlangen konnte. Die Paraphrase des Hohen Liedes ist das am reichsten überlieferte volkssprachige Werk des frühen Mittelalters. Über 40 handschriftliche Zeugen, mehrere Bearbeitungen bezeugen eine bis ins späte Mittelalter andauernde Rezeption. Schon die frühe, wohl noch zu Willirams Zeiten entstandene Ebersberger Handschrift, die das *opus geminatum* mit dem Kommentar Haimos und den vorher kaum bekannten Erläuterungen des Kirchenvaters Origenes († 253/4) vereinigte, bezeugt Impulse, die von Williram ausgingen und zu einer Intensivierung der Hohelied-Studien beitrugen. Frühe Williram-Handschriften des 11. und 12. Jahrhunderts finden sich vor allem im deutschen Südosten, in Regensburg, Oberaltaich, Mondsee, Lambach, aber auch im Südwesten in Rheinau und Pfäfers, schließlich in Trier und Köln. Um 1100 entstand – wohl im holländischen Egmond – eine niederfränkische Bearbeitung. Um die Mitte des 12. Jahrhunderts bildete Willirams Paraphrase die Grundlage des hymnischen ‚St. Trudperter Hohen Liedes' (vgl. Bd. I/2, S. 143ff.). Es bleibt merkwürdig, daß gerade ein so rückwärts gewandtes, dem Wesen nach frühmittelalterliches Werk die nahezu einzige Brücke der Literatur althochdeutscher Zunge ins Hochmittelalter schlägt.

Pastorale Gebrauchsliteratur

Seit der Karolingerzeit wird im althochdeutschen Sprachraum auch pastorale, für die Seelsorge bestimmte Gebrauchsliteratur der Kirche in die Volkssprache übersetzt. Dies ist nicht zu erklären ohne die Impulse der karlischen Kirchenreform, die sich seit jenem „Grundgesetz" des großen Königs, seit der ‚Admonitio generalis' („Allgemeine Vermahnung"), von 789 auf die Besserung der Klerikerbildung und allmählich auch auf eine rudimentäre Laienunterweisung richteten. Man darf sich dabei das inhaltliche „Anliegen dieser Bestrebungen nicht schlicht genug vorstellen. Immer wieder liest man Klagen über die stupende Unbildung selbst der Geistlichkeit" (Walter Haug). Man muß für das neunte und auch noch für das beginnende zehnte Jahrhundert mit einer hohen Anzahl von unzureichend ausgebildeten Priestern rechnen. Daher verlangt die ‚Admonitio' das anscheinend Selbstverständliche von den Priestern des Reichs: den rechten Glauben zu bewahren, den Taufordo zu kennen und zu praktizieren, die Gebete der Messe nicht nur zu rezitieren, sondern auch zu verstehen, die Psalmen richtig zu singen, das Vaterunser zu verstehen und den Pfarrkindern auslegen zu können... Es geht erneut um Grundanliegen der karlischen Reform, die Beobachtung der *rectitudo*, der „Richtigkeit" des Glaubens und der gottesdienstlichen Praxis, die Einsicht der Diener Gottes in ihr eigenes Tun. Fehler und aus mangelnder Einsicht versäumter Glaube beleidigen Gott. Der erzürnte Gott wird die Schuldigen zu strafen wissen. Pflicht des Königs aber ist es, Gott gnädig zu stimmen und das Heil des Reiches zu erhalten.

Von Volkssprache ist hier noch nicht die Rede. Im Gegenteil, gerade an den Erlassen Karls auf dem Gebiete der Kirchenreform und der Klerikerbildung läßt sich ablesen – wir werden es am gegebenen Ort im einzelnen nachweisen –, daß offenbar nichts weniger selbstverständlich war, als christliche, liturgische und katechetische Gebrauchstexte in die Volkssprache zu übertragen. Immerhin lag es in der Logik der Entwicklung, daß die Forderung nach Verständnis (*intellegere*) der christlichen Hauptstücke im Bereich der theodisken *gentes* auch zu volkssprachigen Formen führte. Ein Haupthindernis, das gewachsene Liturgiemonopol der drei „heiligen Sprachen" – Hebräisch, Griechisch und Latein – hatte die fränkische Reichssynode von Frankfurt 794 aus dem Wege geräumt: „In jeder Sprache kann Gott angebetet werden!"

Otfrid von Weißenburg kleidete im späteren 9. Jahrhundert die Frankfurter Neubesinnung in die schönen Worte (I, 2, 33ff.): *Al gizúngilo thaz íst– thu drúhtin éin es alles bíst; wéltis thu thes líutes joh alles wóroltthiotes. Mit thíneru giwélti sie datí al spréchenti, joh sálida in gilúngun thiu wórt in iro zúngun, thaz síe thin io gihógetin, in éwon iamer lóbotin, jóh sie thih irknátin inti thíonost thinaz dátin.* („Alle Sprachen, die es gibt – du allein bist Herr über sie alle; du hast Gewalt über alle Menschen und alles Volk der Welt. Aus deiner Macht kam ihnen die Fähigkeit zu sprechen, und zur Seligkeit gereichten ihnen die Worte ihrer Sprachen, da sie deiner stets gedachten, da sie dich in alle Ewigkeit priesen, da sie dich in der Sprache erkannten und in ihr dir dienten.")

Aber auch nach 794 beschränkte sich die Übersetzungstätigkeit auf Weniges, Unabdingbares, das in Katechese, Laienunterweisung und paraliturgischer Frömmigkeit seinen Ort hatte: Abschwörungs- und Bekenntnisformulare im Taufritus, Glaubensbekenntnis, Vaterunser, Gebete, Sündenbekenntnis im Beichtordo, schließlich – völlig vereinzelt – Ansätze zu einem althochdeutschen Predigtcorpus.

Dabei besaß das Interesse der Reformer an einer einheitlichen Normierung, an einer reichsweit gültigen Glaubenspraxis in Bekenntnis und Ritus auch einen eminent politischen Aspekt: „Das Mainzer Konzil von 813 gab seinem Wunsch, es möchten Frieden, Eintracht und Einmütigkeit im Volke herrschen, die in offenkundiger Anlehnung an Epheser 4,5 formulierte Begründung, daß wir einen Gott, den Vater im Himmel haben, eine Mutter Kirche, einen Glauben, eine Taufe" (Raimund Kottje). Aber von der Formulierung bis zur Verwirklichung der theoretischen Einheitsutopien eines kleinen Kreises um Karl den Großen und Ludwig den Frommen war es ein langer Weg, nicht nur im Bereich der klerikalen Bildung und der Laienunterweisung, sondern auch in der Bibel- und Liturgiereform, ja sogar bei der benediktinischen Reform des Mönchtums. In mehreren Wellen, die ihre Höhepunkte in jener ‚Admonitio generalis' von 789, in Reichssynode und Reichsversammlung von 802 und in den konzertierten Regionalsynoden von 813 besaßen, suchte Karl die Reform voranzutreiben, ohne mehr als Teilerfolge zu erzielen. Immerhin erreichte man, daß die Forderungen der Reform in die bald einsetzende bischöfliche Pastoralgesetzgebung eingingen. Über dreißig Statuten, Pastoralinstruktionen und Kapitularien von Bischöfen sind – überwiegend im fränkischen Kerngebiet zwischen Loire und Rhein sowie in den theodisken rechtsrheinischen Landschaften angesiedelt – aus dem neunten und frühen zehnten Jahrhundert erhalten, die ersten von Bischöfen aus dem Aachener Hofkreis: Heito von Basel (802–823), Theodulf von Orléans (vor 798–821), Gerbald von Lüttich (787–809). So treten gerade für die pastorale Gebrauchsliteratur in der Volkssprache neben die monastischen Zentren sehr bald und kaum zufällig die bischöflichen Zentren als Produktionsstätten. Ab und zu erhaschen wir in den Vorreden der bischöflichen Instruktionen einen Blick auf die Motive der Reform: „In unseren Zeiten, da nach der Prohezeiung des Evangeliums das Ende der Welt herannaht und ungezählte Verbrechen hervorsprießen...“, heißt es in einem westfränkischen, um 850 entstandenen Bischofskapitular. Der gefürchtete Zorn Gottes erleuchtete aber die ganze Epoche, was einen Rückschluß auf die problematische Erfolgslage der Reformen zuläßt. Zugleich sollte uns das Überdauern der Reformforderungen Karls in den bischöflichen Pastoralinstruktionen davor warnen, spät überlieferte volkssprachige Gebrauchstexte ohne schwerwiegende zusätzliche Indizien – wie es lange Zeit literaturgeschichtlicher Brauch war – in ausschließlich karlischem Kontext zu interpretieren.

Im Rahmen der karlischen Reformgesetzgebung wurde schon früh der Ruf nach einer Überprüfung der Bildung und des Wissens der Priester vor ihrer Ordination und einer möglichst jährlichen Visitation ihrer seelsorgerlichen Praxis laut. Die um 803 entstandenen ‚Interrogationes examinationis‘ („Prüfungsfragen“) tragen als Aufschrift: „Am Hofe des Königs wurde angeordnet, daß Priester nicht zu ordinieren sind, bevor sie examiniert wurden“. An erster Stelle steht die Frage nach dem Inhalt ihres Glaubens, nach „Wissen und Verständnis“ von Glaubensbekenntnis (*simbolum*) und Vaterunser (*oratio dominica*); es wird aber auch nach Kenntnissen im kanonischen Kirchenrecht, nach der Beherrschung des Bußritus, der römischen Meßordnung, des Taufordos, des Evangeliums und der Predigten „rechtgläubiger Väter“ gefragt. Dieser Text steht nicht vereinzelt; andere Redaktionen verlangen noch die Kenntnis des Kalendariums, des ‚Liber pastoralis‘ („Buch der Seelsorge“) Gregors des Großen und einer *commendatio animae* („Geistliche Vermahnung der Seele“), womit wohl eine Art Beichtspiegel und Trostbuch für die Vorbereitung zum Tode gemeint ist. Diese Forderungen gehen in mehr oder minder breiter Variation in die bischöfliche Pastoralgesetzgebung ein. In der Praxis korrespondieren sie einem Mindestbestand von Büchern, die ein Priester besitzen muß. Heito von Basel formuliert diesen Bestand um 820 so: Sakramentar, Lektionar (mit den gottesdienstlichen Lesungen aus dem Neuen Testament), Antiphonar (mit den gottesdienstlichen Gesangsstücken), Taufordo, Kalendar, Bußbuch, Psalter und Homiliar (mit Textvorlagen für Festpredigten). Einige karolingerzeitliche Bücherverzeichnisse von Pfarrkirchen und priesterliche Schenkungen aus der Diözese Freising können uns über die Durchsetzungskraft der reformerischen Instruktionen unterrichten.

So besaß der Priester Waldperht aus Pfettrach um 828 nur vier Bücher (Sakramentar, Lektionar, Antiphonar und eine Sammlung der Stundengebete). In der Pfarrkirche von Bibereck fand sich 842 derselbe Bestand. Im selben Jahr besaß der Priester Egino aus *Puppininga* bereits acht Bücher (2 Sakramentare, Lektionar, Antiphonar, Gesangbuch, eine Sammlung kirchlicher Rechtstexte, Bußbuch und eine Sammlung mit Auszügen aus Gregor). Zur Pfarrkirche Tannkirchen, die aber auch der Sitz eines Chorbischofs (eines dem Diözesan zu seelsorgerlicher Hilfe beigegeben Landbischofs) war, gehörten 855 neben dem (mehrfach vertretenen) Grundbestand liturgischer Bücher noch eine Bibel, drei Psalter, zwei Homiliare, ein Poenitentiale (d.h. Bußbuch), ein Kalendar, der ,Liber pastoralis' Gregors, schließlich sogar Kommentare zu den Psalmen und zum Matthäus-Evangelium, insgesamt dreißig Bände. In einer einfachen Pfarrkirche wie der zu Mauern befand sich aber auch noch 899 nur der Grundbestand (zuzüglich eines Homiliars). Die Ausstattung der Priester mit Büchern blieb also während des gesamten neunten Jahrhunderts überaus unterschiedlich. Kein Zweifel, daß die ständig wiederholten Ermahnungen der bischöflichen Pastoralinstruktionen hierin ihren realen Grund besaßen. Kein Wunder auch, daß uns manche der in die Reformen eingebetteten volkssprachigen Texte in Sammelhandschriften begegnen, die gewissermaßen in einem Bande zusammenfassen wollten, was ein Priester für seine Amtspraxis als unabdingbar erachtete. Wichtig aber blieben bei so geringer Bücherausstattung zahlreicher Landpfarrkirchen die Examination und die Visitation der Priester auf ihr von der Reform gefordertes mündliches Wissen hin.

Taufgelöbnisse

Als Karl der Große um 811/12 die Erzbischöfe des Reiches mit dem Ziel einer Vereinheitlichung nach ihrer Handhabung des *baptismi sacramentum* („Heiltum der Taufe") befragte, haben ihm die zahlreichen und verschiedenen Antworten die Vielfalt der Taufriten vor Augen geführt. Doch in einem stimmten sie überein: In allen Taufordnungen, auch in der vom Hofe und den Reformkreisen, insbesondere von Alkuin propagierten, die man für die römische hielt, war das exorzistische Element gegenüber der auf die Unterweisung der Laien gerichteten Katechese außerordentlich stark in den Vordergrund getreten. Das Taufritual des frühen Mittelalters kann als zeremonieller Kampf gegen den Teufel aufgefaßt werden. In jener alkuinischen, in einer Handschrift mit der Bemerkung *istud a palatio aquisgrani venit* („dies kam aus der Aachener Pfalz") versehenen Taufordnung, die wohl auch die Mainzer Synode von 813 meinte, als sie wünschte, daß die Taufe „einmütig und einheitlich in allen Pfarreien nach dem römischen Brauch gefeiert werde", ist der eigentliche Taufakt mit seiner die Geheimnisse der Trinität spiegelnden dreimaligen Eintauchung des Täuflings in den Taufbrunnen umrahmt von Serien quasimagischer Handlungen: Der Priester bläst den Täufling an, auf daß, „nachdem der Teufel geflohen ist, Christus unserem Herrn der Eingang bereitet werde"; er beschwört den „bösen Geist" zu weichen; der Täufling empfängt das „Salz der Weisheit", auf daß seine törichte Sündigkeit geheilt werde. Der Priester berührt seine Nase, er salbt Brust und Rücken in Kreuzform, damit „durch das Zeichen des Kreuzes dem Teufel der Eingang versperrt werde". Der in der Taufe Wiedergeborene wird in weiße Gewänder gekleidet, zum Zeichen seines im Sakrament engelgleich gewordenen Sinnes; mit dem „heiligen Chrisma wird sein Haupt gesalbt, verhüllt mit dem mystischen Schleier". Nach empfangenem Abendmahl spendet ihm der Bischof in Auflegung der Hände den „Geist siebenfältiger Gnade". Selbst das vom Priester rezitierte *symbolum apostolicum* („apostolische Glaubensbekenntnis") wird zum Instrument, mit dem das vom Teufel verlassene Haus der Seele gereinigt und Gott als Wohnung zubereitet wird.

Es ist konsequent, daß das Taufritual – vorwiegend bestimmt für die heiligste Nacht des Jahres, die Osternacht, in der Christus „niedergefahren zur Hölle", selbst den Teufel besiegte – von einem rechtlich verpflichtenden Willensakt des Täuflings eingeleitet wird, der Abschwörung, „in der er dem bösen Geist und allen seinen verderblichen Werken und Blendwerken (*pompis*) widersagt". Karlische Theologen wie Erzbischof Odilbert von Mailand und Bischof Theodulf von Orléans haben um 812 die *abrenuntiatio* („Abschwörung") gegenüber dem Teufel und die nach der Rezitation des Credo durch den Priester vom Täufling erfragte *confessio* („Bekenntnis") des Glaubens an den dreieinigen Gott als doppelte *pactio* („Vertrag") zwischen dem Gläubigen und Gott aufgefaßt. Hraban geht einige Jahre später in seinem Handbuch ‚De institutione clericorum' („Von der Bildung der Kleriker") so weit, diese Willensakte des Täuflings in Analogie zum Feudalrecht als *commendatio*, als Eintritt in ein neues Vasallitätsverhältnis und als Herrschaftswechsel aufzufassen. In dieser juristischen Interpretation liegt der tiefere Grund dafür, daß gerade Abschwörung und Glaubensbekenntnis in der Volkssprache vorgenommen werden mußten. Nur bei vollkommenem Verständnis des Vertrages durch die Vertragspartner (vgl. S. 156) war dieser gültig. Es sind sicherlich auch rechtliche Gründe gewesen, ja Sorge um die *fideles Dei et regis* („Gläubige und Vasallen zugleich Gottes und des Königs"), wenn Karl selbst in seinem Kapitular „über Angelegenheiten, die mit den Bischöfen und Äbten zu verhandeln sind", in der Zeit der entwickelteren Sachsenmission (811) auf eine präzise Fassung der Abschwörformel drängte. Zu fragen ist: „Wer ist dieser Satan oder Feind, dessen Werken und Blendwerken wir in der Taufe abgeschworen haben?" Deshalb widersagt im ‚Altsächsischen Taufgelöbnis' der Katechumene nicht nur *allum diobeles wercum and wordum* („allen Werken und Worten des Teufels"), sondern ganz präzise den sächsischen Stammesgöttern *Thunaer ende Woden ende Saxnote ende allum them unholdum, the hira genotas sint* („Donar und Wodan und Saxnot und allen Dämonen, die ihre Genossen sind"). Deshalb wendet sich der Täufling im ‚Fränkischen Taufgelöbnis' öffentlich und kasuistisch genau ab von *allem them bluostrum indi den gelton indi den gotum, thie im heidene man zi bluostrum indi zi geldom enti zi gotum habent* („allen den Opfern und Opfergaben und Göttern, welche die Heiden als Opfer und Opfergaben und Götter kennen"). Deshalb schwört der neue Christ im ‚Altwestfälischen Taufgelöbnis' in feierlicher zweimaliger Wiederaufnahme und Präzisierung der allgemeinen Formel *allon hethinussion* („allen heidnischen Bräuchen") und *allon hethinon geldon endi gelpon, that hethina man te geldon ende te offara haddon* („allen heidnischen Opfern und eitlen Riten, welche die Heiden beim Opfern und als Opfergaben kennen") ab. Die im Kontext der karlischen Reformen – wohl in Mainz – entstandenen pseudobonifatianischen Statuten ermahnen nicht nur die Bischöfe, die Priester ihrer Diözesen sehr genau über den richtigen Vollzug und die Bedeutung der Taufritus zu unterrichten, sondern bestimmen unter Androhung des Entzugs der Pfarrpfründe: „Jeder Priester soll seine Täuflinge die Abschwör- und Bekenntnisformel in seiner Muttersprache öffentlich abfragen, damit diese verstehen, wem sie abschwören und was sie bekennen".

Es ist kein Zufall, daß alle vier explizit (zum Teil auch in anderen Partien des Taufordo) auf Heiden berechneten Taufgelöbnisse der Karolingerzeit, von denen wir Kenntnis haben, sich den beiden großen Missionszentralen für die rechtsrheinischen und die sächsischen Gebiete, nämlich Mainz und Köln, zuordnen lassen. Das ‚Altsächsische Taufgelöbnis' steht in einem Büchlein von zehn Blättern (Codex Vaticanus Palatinus latinus 577, erster Teil), die um die Wende vom achten zum neunten Jahrhundert in einer Stilstufe der deutsch-angelsächsischen Minuskel geschrieben wurde, wie sie in den mit Mainz eng verbundenen Klöstern Fulda und Hersfeld und wohl auch in der mittelrheinischen Metropole selbst geübt wurde, die bis 786 noch von dem Angelsachsen und Bonifatiusschüler Lul geleitet wurde. Die Handschrift zeigt spätere Fuldaer und Mainzer Zusätze; sie lag später auch im Mainzer Domstift St. Martin. Dieses offenbar für Missions- und Visitationszwecke einer Kirche, die ehemalige und noch praktizierende Heiden in ihrem Gebiet zu betreuen hatte, bestimmte Handbüchlein ist geprägt von Exzerpten und Texten, die aus Kirchenväterschriften sowie aus dem Kreise der angelsächsischen Mission in England und aus den bonifatianischen Reformsynoden des achten Jahrhunderts stammen und sich mit Fragen der Stellung des Priesters, der Pfarrkirchen, der praktischen Heidenunterweisung und der Bekämpfung des Aberglaubens befassen. So geht dem Taufgelöbnis voraus ein Exzerpt aus dem Matthäus-Kommentar des Hieronymus, in dem in Exegese des apostolischen Missions- und Taufgebotes (Matthäus 28,19) ganz intensiv Wert gelegt wird auf den Vorgang inhaltlicher Unterweisung, die Belehrung der *gentes*, den Empfang der Glaubenswahrheiten durch die Seele des Täuflings noch vor dem formalen Akt, der wohl in Zeiten der Massenbekehrungen allzuoft das Ritual allein beherrschte. Dem Taufgelöbnis folgt der an sächsische Bräuche adaptierte ‚Indiculus superstitionum et paganiarum' („Verzeichnis abergläubischer und heidnischer Bräuche"), in dem – in Erfüllung des karlischen Wunsches nach Präzisierung der Objekte jeder Abschwörung – heilige Handlungen der Heiden, ihre Feste und synkretistischer Aberglauben indiziert wurden. Der Band wird beschlossen von zwei Predigten aus dem Kreise des Augustinus von Canterbury († um 605), deren zweite sich mit im Gegensatz zu gentilen Sitten verbotenen Ehen wegen zu naher Verwandtschaft befaßt, deren erste aber die im vom Sippendenken geprägten Germanentum aktuelle Frage behandelt, warum den Neubekehrten die christliche Wahrheit so spät gepredigt wurde und damit so viele der Vorväter verloren seien. Für das Taufgelöbnis ergeben die starken Interferenzen zwischen Altenglisch und Altsächsisch, die die Sprache des Textes prägen, daß ein Angelsachse, der die Zielsprache wohl nur unvollkommen beherrschte, einen altenglischen Text für altsächsische (ostfälisch-engrische?) Adressaten aufbereitete. Das ‚Fränkische Taufgelöbnis' liegt uns in doppelter Überlieferung vor – einmal aus einer verlorenen Handschrift des Speyrer Domstifts, zum andern in einem in Fulda im zweiten oder dritten Jahrzehnt des neunten Jahrhunderts geschriebenen „Handbüchlein für Geistliche zum Verständnis und zur Handhabung des Meß- und Taufrituals" (Bernhard Bischoff). Das deutsche Formular – Abschwörung und Bekenntnis – bildet den Anfang des Taufordos; diese Besonderheit, dazu die starke Ausweitung der Glaubensfragen sowie die explizite Betonung trinitarischer Frömmigkeit – im Bekenntnis in der angelsächsischen Lehnformel *in thrinissi indi in einnisse* („in Dreiheit und in Einheit") gestaltet – teilt das Taufgelöbnis mit dem Taufritual in Hrabans auf die Mainzer Kirchenprovinz berechnetem Handbuch ‚De institutione clericorum' (819). Das rheinfränkische Original des Taufgelöbnisses, das wohl zeitlich weiter zurückreichen wird, dürfte damit ebenfalls Mainzer Brauch wiedergeben. Benutzt wurde das Mainzer Formular für die Kölner (?), um die Mitte des neunten Jahrhunderts vorgenommene modernisierende Redaktion des ‚Altwestfälischen Taufgelöbnisses', das seinerseits auf ein älteres Kölner, mittelfränkisches Formular zurückgeht, aus dem Bruchstücke der Abschwörungsformel im Antwortbrief des Kölner Erzbischofs Hildebald (785–818) auf die Taufanfrage Karls des Großen der Jahre 811/12 erhalten sind.

Die Taufgelöbnisse sind – wie andere Stücke der volkssprachigen pastoralen Gebrauchsliteratur, die Gott zum Adressaten haben, auch – nach dem Vorbild lateinischer Gebetsformeln der Meß-, Tauf- und Bußrituale in feierlicher, ja rhythmisierender, oft stabreimende Doppelformen (z.B. *wercum and wordum* „in Werken und Worten", *geldon endi gelpon* „Opfern und eitlen Riten") brauchender Prosa gehalten.

Credo und Paternoster

Mit dem Abklingen der Heidenmission in den rechtsrheinischen Gebieten des fränkischen Reiches reduzierte sich die Bedeutung der Taufgelöbnisse auf vereinzelte Fälle. Längst hatte sich in den altmissionierten Teilen des Reiches die Kindertaufe gegenüber der Erwachsenentaufe durchgesetzt. Im Institut der Kindertaufe wurden die Taufpaten zu Garanten des Vertrages, den der Täufling mit Gott schloß. In Verfolg dieses Gedankens hatten die karlische Reformgesetzgebung und die ihr folgenden bischöflichen Pastoralinstruktionen schon früh eine Doppelstrategie eingeschlagen. Die pseudobonifatianischen Statuten (c. 25/26) formulieren sie um 840 deutlich: „Die Priester sollen allen ihnen untergebenen Gläubigen gebieten, das Glaubensbekenntnis und das Vaterunser auswendig zu lernen, damit diese, in Glauben und Gebet vom heiligen Geiste erleuchtet, gerettet werden". Zugleich

„sollen die Priester gebieten, daß – ob Frau, ob Mann – niemand aus dem heiligen Taufbrunnen Patenkinder hebe, sofern er nicht Glaubensbekenntnis und Vaterunser auswendig kann.“ Karl der Große selbst unterband im Beisein des Bischofs Gerbald von Lüttich (787–809) eine Taufzeremonie, als er feststellen mußte, daß die Taufpaten beide Hauptstücke des christlichen Glaubens nicht kannten.

Hraban argumentiert im Einklang mit anderen karolingischen Theologen in seiner Schrift ‚De ecclesiastica disciplina‘ („Von der Kirchenzucht“), daß gerade die *illiterati*, die Schriftunkundigen, im Auswendiglernen der beiden christlichen Hauptstücke „ein ihnen ausreichendes Heilswissen erwürben“. Denn das Vaterunser „enthielte alles, was uns im gegenwärtigen Leben nötig sei“ und „im künftigen zum Heil gereiche“; das Credo aber sei „das Zeichen, durch das Gott [als Herr] anerkannt werde, und das daher die Gläubigen ergreifen, auf daß sie wissen, wie sie die Kämpfe des Glaubens gegen den Teufel vorbereiten sollen“. Für Gerbald von Lüttich sind – in einem Brief an die Priester seiner Diözese – Credo und Paternoster „die Waffen“ der Gläubigen, „mit denen sie sich gegen den Teufel verteidigen und gegen den Feind des Menschengeschlechts kämpfen können“.

Der letzten Endes auf angelsächsische Impulse etwa des Bonifatius zurückgehende nachdrückliche, auffällige Eifer, mit dem Karl der Große und die Reformer seit etwa 796/97 immer von neuem die Bedeutung von apostolischem Credo und Paternoster in Laienunterweisung und Taufliturgie einschärften, besaß zweifellos auch eine reichspolitische Funktion: Es waren Gottes Fahnenzeichen im christlichen Frankenreich – gelegentlich wurde das graecolateinische Fachwort *symbolum* in seiner Doppelbedeutung von „Erkennungszeichen“ und „Bekenntnis“ mit lateinisch *signaculum* („Feldzeichen“) wiedergegeben. Credo und Paternoster, das Gebet des göttlichen Herrn, waren Garanten der Einheit, der *familiaritas*, der freundschaftlichen Verbundenheit in einer Gemeinschaft, unter einem Herrn, wie Karls Sohn Ludwig dem noch heidnischen Dänenkönig Harald vor dessen Taufe erläuterte. Kultgemeinschaft schuf und stärkte politische Gemeinschaft. Deshalb verordnete Karl auf der Aachener Synode von 798 eine einheitliche Form des Credo für das gesamte Frankenreich; deshalb setzte er bei Papst Leo III. (795–816) durch, daß dieses Feldzeichen der Christen in die Messe, den heiligen Dienst an Gott, aufgenommen wurde; deshalb sollten die Gläubigen zweimal täglich, morgens und abends, den Tag heiligend, Symbolum und Vaterunser beten. So erklärt sich aber auch, daß bischöfliche Pastoralinstruktionen und sogar die Mainzer Synode von 813 den Lernunwilligen Strafen androhen, die vom Fasten bis zur körperlichen Züchtigung reichen: Wer die beiden christlichen Hauptstücke nicht lernt, ist ein „Verächter“ Gottes und der Religion. Die Priester sollen beide bei der Aschermittwochsbeichte abfragen; wer die Texte nicht beherrscht, ist vom Abendmahl auszuschließen. Mangelnde Unterweisung gegenüber Kindern, Patenkindern, Abhängigen und Leibeigenen geht in die Sündenkataloge der Beichtformulare ein.

Die Belehrung der Laien setzt freilich die Belehrtheit der Priester voraus. Hier hatte schon die ‚Admonitio generalis‘ („Allgemeine Vermahnung“) Karls vom Jahre 789 angesetzt, indem sie die Aufsichtspflicht der Bischöfe betonte: Diese sollten zusammen mit den Priestern das katholische Glaubensbekenntnis „sorgfältig lesen“ und dafür Sorge tragen, daß es „allem Volke gepredigt würde“. Auch sollten sie den Priestern auseinandersetzen, „daß sie das Vaterunser selbst verstehen müßten und es allen so zu verkündigen hätten, daß sie es verstehen könnten“. Auch diese Bestimmungen gingen in bischöfliche Pastoralinstruktionen und Examinationsanweisungen ein: So bestimmen um 802 die ‚Capitula de examinandis ecclesiasticis‘ („Vorschriften zur Prüfung von Klerikern“), daß die Priester zu erproben seien, „ob sie Vaterunser und Credo auch dem Sinne nach verstehen und anderen lehren könnten“. Damit ziehen Credo und Paternoster in die Schule ein. Volkssprachige Schulversionen bleiben nicht aus.

Überraschend viele frühmittelalterliche Exemplare des apostolischen Glaubensbekenntnisses stehen samt Auslegungen in schulischem Kontext. Solche Schulkatechismen fanden sich etwa gleich zweimal, verschwistert mit Glossaren, Übersetzungen, grammatischen und metrischen Exzerpten in der Murbacher Sammelhandschrift Junius 25 aus dem Anfang des Jahrhunderts (vgl. S. 202). Im Fuldaer Codex Wolfenbüttel Helmstedt 496a (spätestens 802/17) folgen der berühmten, die Klöster zum Artes-Studium anregenden ‚Epistola de litteris colendis‘ Karls (vgl. S. 53) unmittelbar Auslegungen der beiden christlichen Hauptstücke. Der Reichenauer Codex Badische Landesbibliothek Karlsruhe, Augiensis XVIII (erstes Jahrzehnt des 9. Jahrhunderts) enthält ein ganzes Corpus von Paternosterexegesen. Erzbischof Hetti von Trier (814–847) schrieb einen ‚Interrogaciones‘ („Befragungen“) betitelten Lehrdialog, welcher neben einer Einführung in die Trinitätslehre auch Erläuterungen zum Glaubensbekenntnis und zum Vaterunser bot. Die ‚Admonitio Synodalis‘, eine bischöfliche Pastoralinstruktion des frühen neunten Jahrhunderts, ordnete an, daß jeder Priester nach Möglichkeit eine solche „Auslegung des Credo und des Paternosters, nach der Überlieferung der rechtgläubigen Väter geschrieben“, besitzen solle, diese zu verstehen versuchen solle und das Volk in geduldiger Predigt darüber zu belehren habe. In die schulische Bearbeitung beider Texte sind zweifellos die nicht ganz fehlerfreien Interlinearversionen von ‚St. Galler Paternoster und Credo‘, die noch gegen Ende des achten Jahrhunderts im Anschluß an das lateinisch-althochdeutsche Abrogans-Glossar und einige Kapitel des ‚Liber ecclesiasticorum dogmatum‘ („Buch der kirchlichen Lehren“) zu sinnvollem Abschluß in den in einem unbekannten südwestdeutschen Zentrum entstandenen Codex Sangallensis 911 (vgl. S. 193) eingetragen wurden, einzuordnen. Dabei ist mitzubedenken, daß zunehmend mehr Mönche zugleich Priester waren und an den Eigenkirchen eines Klosters oft genug Pfarrstellen zu betreuen hatten, daß zugleich auch gewisse Schulprogramme wie das der ‚Murbacher Statuten‘ (s. S. 197) die Kenntnis von Credo und Paternoster als Minimalbildung für in fortgeschrittenem Alter ins Kloster eintretende Laienkonversen betrachteten: „Diejenigen aber unter denen, die sich aus dem weltlichen Stande bekehrt haben, welche die Kenntnis des Schreibens und Lesens begehren, sollen, nachdem sie diese Kenntnisse erlangt haben, das Vaterunser und das Glaubensbekenntnis, danach die Bußpsalmen (Psalm 6; 32; 38; 51; 102; 130; 143), schließlich aber die restlichen frommen Bildungsinhalte, solange Leben und Fähigkeiten reichen, lernen“. Glaubensbekenntnisse und Vaterunser spielten eben auch eine bedeutsame Rolle als Elemente des monastischen Gottesdienstes.

Schon früh hatte die bischöfliche Pastoralgesetzgebung für den Priester gefordert, daß er nicht nur das apostolische Credo, sondern auch das dem Kirchenvater Athanasius († 373) zugeschriebene, ausführliche und erläuternde Glaubensbekenntnis (‚Athanasianum') auswendig beherrsche und es verstehe. So Waltcaud von Lüttich (809–836), Theodulf von Orléans (vor 798–821), Heito von Basel (um 820), die anonymen Freisinger ‚Capitula quae iussa sunt discere omnes ecclesiasticos' („Vorschriften über das, was den Priestern zu lernen befohlen wurde") und viele andere Pastoralinstruktionen. Umsetzungen dieser Vorschrift in die Praxis finden sich z.B. lateinisch in den Sammlungen der Handschriften Augiensis XVIII und Sangallensis 20, in der Volkssprache aber im sog. ‚Weißenburger Katechismus': dieser besteht aus einer Übersetzung des Paternosters samt einem Zeile um Zeile vorgehenden Kommentar, einem lateinisch-althochdeutschen, für Beichtzwecke bestimmten Glossar der *criminalia peccata* („Hauptsünden"), Übersetzungen des apostolischen Glaubensbekenntnisses (im Gegensatz zum St. Galler Credo nach dem sich in der fränkischen Kirche durchsetzenden ‚Textus receptus'), des Athanasianums und des weihnachtlichen Engelshymnus ‚Gloria in excelsis deo' („Ehre sei Gott in der Höhe"), das der Priester in Messe und Stundengebet zu singen hatte. Der Sprache nach könnte der südrheinfränkische Text durchaus in Weißenburg, in dessen Bibliothek die Handschrift lag, entstanden sein. Jedoch ist zumindest die Handschrift des Wissemburgensis 91 nach paläographischen Kriterien nicht in Weißenburg geschrieben worden; diese Sammelhandschrift (aus fünf ehemals selbständigen Teilen) entstand vielmehr im frühen neunten Jahrhundert bei einer – nach dem Inhalt der Handschrift zu urteilen – dem Apostelfürsten Petrus geweihten Kirche, in einem Ort, wo man Interesse für das Epitaph des Mainzer Erzbischofs Richulf († 813) besaß, für einen Bischof, dem die im zweiten Teil der Handschrift aufgezeichneten Rituale der episkopalen Ostermesse, der Priesterweihe, der Bischofsweihe usw. dienlich sein konnten. Es kann angenommen werden, daß die Handschrift im Domstift St. Peter zu Worms entstand, dessen Bischöfe im achten und neunten Jahrhundert mehrfach in Personalunion den Abtsstuhl zu Weißenburg innehatten, so auch Bischof Bernhar (811–826), der von Erzbischof Richulf ordiniert worden war. Übrigens enthält der vierte Teil des bischöflichen Corpus einen kleinen *libellus* („Büchlein") mit Glaubensbekenntnissen, Erläuterungen dazu und einer Vaterunserauslegung, auch mit dem Auszug aus einer Pastoralinstruktion, der besagte, daß „alle, Männer wie Frauen, das Vaterunser und das Glaubensbekenntnis auswendig lernen sollten...". Der im fünften Teil stehende ‚Weißenburger Katechismus' schließt an eine ‚Examinatio presbyteri de baptismo et missa sancta' („Prüfung des Priesters über die Taufe und die heilige Messe") unmittelbar an und ist eingebettet in Exzerpte aus dem Neuen Testament zur Passion Christi, aus Vergils ‚Georgica', einer Aufstellung der sieben ägyptischen Plagen und einem Verzeichnis der sieben kirchlichen Weihegrade usw. Es ist sehr zu erwägen, ob nicht der volkssprachige ‚Katechismus' Bestandteil eines Prüfverfahrens für Priester war, wie sie die karolingische Pastoralgesetzgebung als vom Bischof wahrzunehmende Pflicht forderte, und die neben dem Credo, dem Athanasianum, dem Paternoster auch sonstige kirchliche und biblische Kenntnisse und die *eruditio* („Bildung") des Kandidaten umfaßte, damit – wie die bayrische Synode von Reisbach bereits 798 formulierte – „sich stets die Liebe zum und die Furcht vor dem Bischof in den Priestern entfaltete, auf daß sie nicht begönnen, nachlässig zu werden". Erst Notker hat wieder – im Anhang seines Psalters (vgl. S. 209) –

seinen Schülern einen dem Weißenburger in der sprachlichen Beherrschung und im Aufbau (Vaterunser, apostolisches Glaubensbekenntnis, Athanasianum) vergleichbaren Katechismus gegeben.

Daß die karlische Anweisung an die Priester, den Gläubigen beide Hauptstücke auszulegen, ja sie diese womöglich lernen zu lassen, auch befolgt wurde, belegt – zumindest für das „Gebet des Herrn" – das ‚Freisinger Paternoster'. Es bietet nicht nur eine Übersetzung, sondern auch eine volkssprachige Auslegung, die gut die Grundlage einer Kurzpredigt gewesen sein kann. Die Kontexte der doppelten Überlieferung legen solches nahe: Im kurz nach 800 in einem unbekannten oberrheinisch-alamannischen Skriptorium entstandenen Clm. 6330 gehen dem volkssprachigen Paternoster lateinische Predigten, Vätersprüche und eine ‚Instructio ad competentes' („Belehrung der Katechumenen") voraus, das lateinische Credo sowie Beicht- und Absolutionsformeln folgen nach. Im Clm. 14510, der ins neunte Jahrhundert gehört, folgt der Vaterunsererklärung das gleiche Credo, das die erste Handschrift bot, umrahmt ist sie von Alkuins Traktat „über den Glauben an die heilige Dreifaltigkeit und die Fleischwerdung Christi" und von dem Abschnitt „über den Glauben" aus desselben ‚Disputatio puerorum' („Gespräche mit Schülern"), also Auslegungsstücken zum dogmatischen Gehalt der beiden christlichen Grundtexte. Beide Handschriften können als pastorale Handbücher gelten. Clm. 14510 wurde zudem – wie eine Notiz besagt – durch den St. Emmeramer, zur Zeit des Bischofs Ambricho von Regensburg (864–891) lebenden *custos sacrorum* („Kustos der kirchlichen Heiltümer") Deotpert von dem Priester Wichelm des Grafen Reginpert erworben; sie befand sich also im Besitz jenes bayrischen Grafenhauses, für das die Ingolstädter Handschrift der ‚Lex Baiuwariorum' („Gesetz der Bayern") geschrieben wurde, war also wohl Bestandteil der Ausstattung einer Adelskapelle (vgl. S. 59), hier derjenigen eines Grafen, der 903 als Hofbeamter des Königs erscheint. Ja, die Schrift des Paternosters läßt nach der Analyse von Bernhard Bischoff „auf eine zögernde, wort- und silbenweise Aneinanderreihung deutlicher, aber ungeformter Buchstaben durch eine des Schreibens ungewohnte Hand – die eine weibliche gewesen sein könnte – schließen". Beide Überlieferungen des Freisinger Paternoster gehen auf eine gemeinsame Vorstufe zurück, die wiederum „eine schlichte, nach wenig üblicher lateinischer Gebetsfassung gefertigte Verdeutschung" (Achim Masser) war, die der Sprache nach spätestens in die Zeit um 800 gehörte.

Die Reformgesetzgebung Karls des Großen spricht dafür, daß man ursprünglich von den Gläubigen erwartete, daß sie Credo und Paternoster in der heiligen Sprache der Liturgie, in Latein, erlernten. Das war freilich gegenüber den theodisken *gentes* des Reiches eine arge Zumutung; sie wurde – auf dem Boden der Sprachentheorie der Frankfurter Synode von 794 (vgl. S. 26) – erst in der Spätzeit Karls aufgegeben, und das durchaus unwillig. Unter den auf das ganze Reich ausgedehnten konzertierten Provinzialsynoden von 813 ist die für die überwiegend theodisken Gebiete zuständige Synode von Mainz zu dem Beschluß (c. 45) gelangt: „Die Priester sollen das christliche Volk stets ermahnen, das Glaubensbekenntnis, welches das Zeichen des Glaubens ist, und das Vaterunser auswendig zu lernen, und wir wollen, daß denjenigen, die das Lernen vernachlässigen, eine angemessene Buße auferlegt werde, entweder durch Fasten oder irgendeine andere Züchtigung.

Ferner halten wir es für sinnvoll, daß die Laien ihre Söhne zur Schule schicken, entweder in den Klöstern oder bei den Priestern, damit sie zu Hause andere zu belehren vermögen. Wer es aber anders nicht vermag, möge beides wenigstens in seiner Muttersprache lernen." Die bischöfliche Pastoralgesetzgebung hat diese volkssprachlichen Lizenzen kaum aufgegriffen, ausgenommen Heitos von Basel um 820 entstandene ‚Capitula ecclesiastica' („Kirchliche Satzungen"), die jedoch den Sinn des Mainzer Synodalbeschlusses geradezu verschärfen und verfälschen, wenn sie bestimmen (c. 2): Beide Stücke „sollen von allen gelernt werden, und zwar sowohl auf Latein als auch in der Volkssprache (*barbarice*), damit sie das, was sie mit dem Munde bekennen, auch mit dem Herzen zu glauben und zu verstehen vermögen." Immerhin ist der karlische Impetus des *intellegere* („verstehen") hier doch aufgenommen worden.

Ein einzigartiges Zeugnis des Versuches, die karlische Gesetzgebung auf dem Gebiete der christlichen Laienunterweisung umzusetzen, ist aus dem bairischen Raum des frühen neunten Jahrhunderts erhalten – die ‚Exhortatio ad plebem christianum', eine lateinisch-althochdeutsche Mahnpredigt, die wohl als Muster für Seelsorger gedacht war. Sie nimmt alle Motivationen der Pastoralgesetzgebung, insbesondere die Verbindung von Taufe und Glaubensunterweisung, explizit auf: „Höret, teuerste Pfarrkinder, die ihr den Namen ‚Christen' empfangen habt, die Richtschnur des Glaubens, die ihr zu ständigem Gedächtnis im Herzen tragen sollt, weil sie – vom Herrn dem Menschen gegeben (wörtlich: „eingeblasen"), von seinen Jüngern eingesetzt – von eurer Christenheit kündet. Wenige Worte freilich umfaßt das Glaubensbekenntnis, doch sehr große Geheimnisse sind darin beschlossen. Der heilige Geist nämlich diktierte den Lehrern der Christenheit, seinen heiligen Aposteln, diese Worte in solcher Kürze, auf daß, was allen Christen zu glauben und stets einfältig zu bekennen aufgegeben ist, auch alle verstehen und im Gedächtnis behalten könnten. Wie kann sich denn auch ein Mensch Christ nennen, der diese wenigen Worte des Glaubensbekenntnis, durch die er zum Heile geführt werden soll, ja durch die er gerettet werden soll, und darüber hinaus die Worte des Vaterunsers, die der Herr selbst zum Gebet setzte, wie mag der Christ sein, der dies weder lernen noch in seinem Gedächtnis bewahren will? Oder wie kann der für einen anderen Bürge des Glaubens (d.h. Taufpate) sein oder das Gelöbnis ablegen, der den Glauben selbst nicht weiß? Daher sollt ihr wissen, meine Pfarrkinder, daß euer jeglicher, bis daß er das Glaubensbekenntnis seinem Patenkind bis zum Verständnis gelehrt hat, Gott die Einhaltung seines Gelöbnisses noch schuldig ist, ja daß der, welcher sein Patenkind zu lehren säumig ist, am Tage des Gerichts Rechenschaft ablegen muß. So bemühe sich nun jeder, der Christ sein will, eilends das Glaubensbekentnnis und das Vaterunser zu lernen und wiederum diejenigen, die er aus der Taufe hebe, darin zu belehren, daß er am Gerichtstage nicht gezwungen werde, Rechenschaft abzulegen, denn es ist Gottes Gebot und es ist unser Heil und es ist die Satzung unseres weltlichen Herrn und auf andere Weise vermögen wir keinerlei Sühne unserer Vergehen zu erlangen." Diese in flüssiger Rede, in rhetorisch geprägter, mit Interjektionen, Wiederholungen und Parallelismen gespickter Sprache verfaßte, so ganz in unschulischer Manier gehaltene Kurzpredigt führt ihre Mahnungen auf *unsares herrin capot*, mithin auf den Kaiser und König der Franken zurück. Das Stück ist zwiefach überliefert, zum einen unter kirchenrechtliche, pastorale und liturgische, auch deutsch glossierte Texte gemischt, in jener im ersten Viertel des Jahrhunderts im Umkreis von Regensburg entstandenen Kasseler Handschrift, die auch das ‚Kasseler Gesprächsbüchlein' (vgl. S. 157) enthält, zum andern aber in einer zu Beginn des Jahrhunderts im Kloster Niederaltaich oder in Freising entstandenen Handschrift, die in der Hauptsache eine althochdeutsch glossierte kirchenrechtliche Sammlung von Canones enthält. Im Anschluß daran folgen dort die ‚Exhortatio' und – vom gleichen Schreiber nachgetragen – die Beschlüsse der bayrischen Provinzialsynode von 805. Da sich in beiden Handschriften lateinische und deutsche Fassung in Kolumnentechnik gegenüberstehen, darf man wohl an ein sorgfältig geplantes Modell, das durchaus synodalen Ursprungs sein kann, denken. Immerhin war von 785–821 der hofnahe Arn, Schüler Alkuins, Erzbischof von Salzburg und damit Leiter der bayrischen Kirchenprovinz.

Die ständige Wiederholung des Lerngebotes für Credo und Paternoster in der pastoralen Gesetzgebung während des gesamten neunten Jahrhunderts läßt den Verdacht keimen, daß es während der gesamten karolingischen Epoche schwierig war, das Gebot durchzusetzen. Nahezu alle volkssprachigen Zeugen sind in die Blütezeit der karlischen Reformen zu datieren. Sie hinterlassen zudem den Eindruck, daß sie samt und sonders für die Schule, für die Priesterausbildung und als Unterlagen der seelsorgerlichen Praxis entworfen wurden. Lerntexte für den Gebrauch der Gläubigen scheinen nicht erhalten.

Gebete

Oratio quasi oris ratio („Das Gebet ist die Vernunft des Mundes") etymologisierte Isidor von Sevilla († 636) und mit ihm immer von neuem die klerikale Intelligenz des frühen Mittelaltes. Mönchs- und Klerikergemeinschaften, die sich im festen Rhythmus der Tageszeiten an Gott wandten, galten – wie sich tausenfach in den Gebetsverpflichtungen der Verbrüderungen (vgl. S. 38) ausdrückt – in ganz besonderem Maße als die Verwalter dieser Vernunft, als die Mittler von Hilfe und Gnade der Gottheit. Jene zeitgenössische Anekdote von dem Bauern, der mit einem Korb voller Lebensmitteln beladen an die Klosterpforte klopft, um das heilkräftige Gebet der Mönche für seine kranke Frau zu erkaufen, wird sich in gewandelten Formen oft und auch in anderen Ständen wiederholt haben. „Das Gebet guter Mönche dringt rasch bis in den Himmel", weiß Smaragd von St. Mihíel (nach 817) in seinem Regelkommentar (zu c. 38). Sicherlich rückten die potenzierten Gebetsleistungen des Klerus und des Mönchtums für den Laien leicht in die Nähe magischer Riten. Für die karolingische Frühzeit ist es ja nicht einmal selbstverständlich, daß alle Priester die Formeln der Gebete auch inhaltlich verstanden. Das karlische Reformprogramm der ‚Admonitio generalis' (c. 70) ordnete 789 an, daß alle Priester „die Meßgebete gut verstehen" sollten. Jedoch hatte diese Anordnung – soweit wir sehen – kaum Folgen für die Entstehung volkssprachiger Übersetzungen.

Nur in einer im neunten Jahrhunderts zu liturgisch-praktischen Zwecken in Fulda hergestellten Handschrift eines Meßbuchs ist auf der ursprünglich leeren ersten Seite das Bruchstück (‚Merseburger Gebet') eines zentralen Gebets der Opfermesse, das der Priester nach der eucharistischen Wandlung spricht, in Latein und althochdeutscher Übersetzung aufgezeichnet worden. „Die merkwürdige Verschränkung von lateinischem und althochdeutschem Text" ließe sich „vielleicht ... am besten als partielle Kopie einer interlinearen Übersetzung mit teilweiser Abschrift auch des lateinischen Wortlautes verstehen" (Achim Masser), die mithin auf eine schulisch interpretierende Beschäftigung mit Sakramentartexten in Fulda zurückwiese.

Die volkssprachigen Gebete des frühen Mittelalters sind in ihrer Überlieferung bestimmt durch un- oder paraliturgische Frömmigkeitsformen. So lassen sich die beiden kurzen, zweizeiligen ‚Freisinger Gebete', die zur Zeit des Bischofs Waldo von Freising (883–906) am Schluß einer Handschrift von Otfrids Evangelienbuch eingetragen wurden, im Kontext der unmittelbar vorausgehenden, für die Tischlesung von Konventen typischen Abschlußformel *Tu autem, Domine, miserere, nobis!* („Du aber, Herr, erbarme dich unser") als volkssprachige, auf die Gemeinschaft von *litterati* und *illitterati*, des Lateins kundigen und unkundigen Mönchen zielende Benediktionen verstehen, um Otfrids volkssprachige Evangelienharmonie, die offenbar zu erbaulicher Tischlesung im Domstift benutzt wurde, in gebührenden Formen abzuschließen.

Die Gebete sind nach Otfrids Vorbild endgereimt, entsprechen auch seiner Diktion. Thematisch korrespondieren sie der ‚Tu autem'-Formel: *Du himilisco trohtin, Ginade uns mit mahtin In dîn selbes rîche, Sóso dir gilîche!* („Du himmlischer Herr, erbarme dich unser durch deine Gewalt, die du in deinem Reiche übst, wie es dir wesenseigen ist"). Auch das zweite Gebet akzentuiert die Bitte um Gnade und Erbarmen: *Trohtin Christ in himile, Mit dînes fater segane Gínáde uns in êwun, Daz wir nílîden wêwún!* („Herr Christus im Himmel, mit dem Segen deines Vaters sei uns gnädig in Ewigkeit, damit wir nicht Qualen leiden"). Die früher oft ‚Sigiharts Gebete' genannten Stücke stammen nicht von der Hand des Schreibers Sigihart, der die Freisinger Otfrid-Handschrift fertigte.

Auch Otfrid von Weißenburg selbst hat an das Ende seines Werkes (V, 24) eine *oratio*, ein „Gebet", gestellt. Er stellt sich damit in die Tradition des Schreibergebets. Wie die Lesung der heiligen Texte ist ihr Schreiben verdienstvoll. Das Gebet soll die Heilswirkungen des frommen Werkes für Schreiber und Leser sichern, bittet um die Aufnahme des Petenten in das Reich Gottes: „Herr, ... laß mich dort ein, auf daß ich mich für immer unter den Deinen freuen kann; auf daß ich dich über alles loben darf, so wie man den Herrn loben soll, mit allen meinen Kräften unter deinen Heiligen." Und der Schluß feiert – ganz wie es Liturgie gestalten würde – die künftige Gemeinschaft mit den Heiligen als eine in die Gegenwart schon eingeholte: „Wir genießen deine Gegenwart in eifernder Freude und loben dich alle miteinander" *allo wórolt worolti*, „von Ewigkeit in Ewigkeit! Amen".

Ein weiteres Schreibergebet gelangte als Kopie einer rheinfränkischen Vorlage in eine auf Veranlassung des Regensburger Bischofs Baturich 821 in St. Emmeram geschriebene, kirchenrechtliche Handschrift (Clm. 14468). Das ,Fränkische Gebet' steht am Ende der ,Admonitio Generalis' („Allgemeine Vermahnung"), der programmatischen Reformsatzung Karls des Großen vom Jahre 789. Es übersetzt ein verbreitetes, auch im ,Wessobrunner Gebet' und in Sproßformen der ,Altbairischen Beichte' gebrauchtes lateinisches Formular (Bitten um Hilfe, Weisheit, guten Glauben, die rechte Liebe Gottes, rechten Willen, Heil, Wohlergehen und Gottes Huld). Eine dem althochdeutschen Text folgende lateinische Bittformel ist – wie ein Germanismus erkennen läßt – erstaunlicherweise wiederum eine Übersetzung aus der Volkssprache.

Eines der merkwürdigsten Gebilde der volkssprachigen Literatur des frühen Mittelalters hat sich im hocharchaischen, in seiner Überlieferung vielleicht noch ins späte achte Jahrhundert zurückreichenden ,Wessobrunner Gebet' erhalten. Im Gegensatz zu den anderen frühen althochdeutschen Gebetstexten bleibt es nicht bei der einfachen, auf den Anruf des Gottes und die Bitte an ihn beschränkten – auch in der Liturgie überwiegenden – Form stehen, sondern repräsentiert einen charakteristisch erweiterten Typus. Solche Erweiterungen kommen auch in den lateinischen Orationen, z.B. der Messe, vor; eine feierliche Apposition preist die göttliche Macht, evoziert die Kraft, die wirken soll: „Herr, mein Gott, der du uns befreit hast aus der Gefangenschaft des Satans, ...". Das ,Wessobrunner Gebet' erschöpft sich jedoch nicht einmal in der Praedikation Gottes; dem eigentlichen Gebet geht noch eine feierlich poetische, exemplarische Erzählung der Allmacht Gottes voraus. Das Kultgebet wird von einer Kulterzählung eingeleitet und nähert sich damit jener zweistöckigen Form, wie sie aus lateinischen und volkssprachigen Zauber- oder Segensformeln bekannt ist (vgl. S. 354). Einzigartig ist, daß der Autor des Gebets im ersten Teil seiner Komposition ein im Stil germanischer Epik gehaltenes Schöpfungsgedicht zitiert:

Dat gafregin ih mit firahim   firiwizzo meista:
Dat ero ni was noh ufhimil,
noh paum noh pereg ni was   ni [*blōmo*] *nohheinig,*
noh sunna ni scein,
noh mano ni liuhta   noh der mareo seo.
Do dar niwiht ni was   enteo ni wenteo;
enti do was der eino   almahtico cot,
manno miltisto,   enti dar warun auh manake mit inan
cootlihhe geista,   enti cot heilac.

(„Das erfuhr ich unter den Menschen als der Wunder größtes, daß es die Erde nicht gab und nicht den Himmel, es gab nicht Baum noch Berg noch irgendeine [Blume], es schien nicht die Sonne, es leuchtete weder der Mond noch das glänzende Meer. Als da nichts war, ohne Anfang und Ende, in ungemessener Zeit, war da doch der eine allmächtige Gott, der Wesen freigebigstes, und es waren bei ihm auch viele herrliche Geister, und es war der heilige Gott“).

Das Wessobrunner Fragment eines Schöpfungsgedichts (hier im wesentlichen nach der Herstellung durch Leslie Seiffert gegeben) ist metrisch – wie das ‚Hildebrandslied‘ (vgl. S. 116) – in Stabreimzeilen gestaltet; jedoch sind die Zeilen, die im traditionellen epischen Stil germanischer Dichtung aus zwei durch Stäbe verbundenen Versen bestehen, hier zu Beginn – so scheint es – zweimal um ein isoliertes Glied erweitert. Diese ähnlich auch in nordischer Dichtung – übrigens in Zauberdichtung (vgl. S. 360f.) – begegnende Strophenform verleiht dem Beginn der Dichtung feierlichen Prunk. Gerade die Eingangsworte *dat gafregin ih* begegnen auch in altenglischer und altsächsischer Epik und erweisen sich so als Formel der heimischen mündlichen Dichtung. Das Schöpfungsgedicht ist auch im Wortschatz Erbe archaischer Dichtersprache: *ufhimil* („der obere Himmel“) begegnet nur noch in altenglischer und altsächsischer Epik; *manno miltisto* ist – wenn nicht formelhaft genommen, problematische – Adaption eines traditionellen Fürstenprädikates (so in den altenglischen Epen ‚Beowulf‘ und ‚Exodus‘). Deshalb auch sind altertümliche Sprachformen (wie unverschobenes *dat* „das“) im sonst durchweg bairischen Text nicht notwendig als Reflexe einer niederdeutschen oder angelsächsischen Vorstufe aufzufassen, sondern eher (wie wohl auch im ‚Hildebrandslied‘) als Ergebnisse einer oberflächlichen, aber bewußten archaischen Stilisierung des Liedes. Daß es von den Adelssängern an den Höfen vorgetragene christliche Schöpfungslieder gegeben hat, ist für den angelsächsischen Raum mit Caedmons Schöpfungshymnus (7. Jahrhundert) und einem Zitat des ‚Beowulf‘-Epos zu belegen: Dort erklang (v. 89ff.) „in der Halle, wo Harfenklang tönte, der helle Gesang des Skops. Es sagte, der da konnte den Ursprung der Menschen von alters her berichten; er erzählte, daß der Allmächtige die Erde erschuf, die funkelnde Flur, soweit die Flut sie umschließt, auch daß der Siegreiche setzte Sonne und Mond als Licht und Leuchte den Landbewohnern und schmückte sehr schön den Schoß der Erde mit Blütenzweigen und Blättern; blühendes Leben auch schuf er jeder Art wirkenden Wesens, das sich bewegt voll Lust“ (Übersetzung nach Martin Lehnert). Ähnlichkeiten beider Texte, von der Reduzierung der Schöpfung auf Erde und Meer, auf Sonne und Mond, auf Blüten und Blätter bis zur Übertragung des heroischen Fürstenprädikats „der Siegreiche“ auf Gott, fallen ins Auge. Doch werden auch die Unterschiede deutlich. Der ‚Beowulf‘-Dichter preist Gott als positiven Schöpfer des geschmückten Kosmos, die negative Kosmologie des Wessobrunner Liedes faßt ihn als das unbegreifliche, unbeschreibliche, allen Wesen vorausgehende Wesen. Diese Art, das dem göttlichen Schöpfungsakt vorausgehende Chaos in der Negation des Seienden darzustellen, ist nicht neu: die Bibel (Genesis 1, 2; Psalm 89, 2 mit Erwähnung der *montes* „Berge“; Proverbia 8, 22–29) kennt sie; Gregor von Tours (Historia Francorum, II, c. 29) belegt sie als Topos fränkischer Heidenmission. Besonders nah steht eine Strophe der nordischen, noch heidnischen ‚Völuspá‘, des Gedichtes von den Weissagungen der Seherin, die das Chaos schildert: „Da war nicht Sand noch See noch feuchtkühle Wogen, Erde gab's nicht noch Oberhimmel“ (Übersetzung nach Helmut de Boor). Es ist also durchaus möglich, daß der Dichter des bairischen Liedes auf germanische Formeln der Urzeitschilderung, wie sie auch der altsächsische ‚Heliand‘ (v. 2886) kennt, zurückgriff; entscheidend ist jedoch seine genuin christliche Intention, Gottes Allmacht in der dem frühen Mittelalter so wichtigen genealogischen Denkform zu fassen: Gott war vor allen andern Wesen existent, er ist ihr Ausgang, er ist der Anfang der Welt, er ist ihr stets transzedent. Hierin besteht die Legitimation der Macht des Christengottes über das Universum der Schöpfung, das aus ihm stammt.

An die Evokation der in der Schöpfung bewiesenen Allmacht und umfassenden Freigebigkeit Gottes knüpft der Gebetsteil in seiner Praedikation wörtlich an; Alliterationsreihen (*mahtico – manno – miltisto – manake – mahtico – mannun – manac* und *cot – cootlihhe – geista – cot – cot – coot – gapi*) binden die letzten Zeilen des Liedes und die ersten Zeilen der Anrufung. Dies läßt auf bewußte, in Ansehung des Liedzitates vorgenommene Formung des Gebetes schließen. Im Sprachstil jedoch folgt der Gebetsteil der von Parallelismen und Repetitionen geprägten Rhetorik der lateinischen Orationen, ebenso im traditionellen, an die Formeln des ‚Fränkischen Gebets' gemahnenden Inhalt der Bitte:

Cot almahtico,
du himil enti erda gaworahtos
enti du mannun so manac coot forgapi,
forgip mir in dino ganada rehta galaupa
enti cotan willeon,
wistom enti spahida enti craft,
tiuflun za widarstantanne
enti arc zu piwisanne
enti dinan willeon za gawurchanne.

(„Allmächtiger Gott, du schufst Himmel und Erde, und du verliehst den Menschen so viele Güter, nun verleihe mir den rechten Glauben an deine Gnadenkräfte, und guten Willen, Weisheit und Klugheit und Kraft, den Teufeln zu widerstehen und das Böse zu meiden und deinen Willen zu wirken")

Das ‚Wessobrunner Gebet' ist im Kontext eines „in seiner Mischung ungewöhnlich persönlich geprägten" (Bernhard Bischoff) Codex (Clm. 22053) überliefert, der um 814 in Augsburg oder in einem anderen Skriptorium der Augsburger Diözese entstand und später in die Bibliothek des Klosters Wessobrunn gelangte. Die Handschrift ist freilich Kopie; wo die Vorlage herkam, wissen wir nicht. Eine frühe Regensburger Handschrift (Clm. 14689) zeigt in Teilen Verwandtes. Die Sammlung von Exzerpten aus biblisch-exegetischen Stücken wie einer Auslegung des Schöpfungswerks, der Vita Adams, von Legenden wie der von der Auffindung des heiligen Kreuzes, von moraltheologischen Sentenzen, Typen des Credo, Katalogen von Länder- und Städtenamen, Erklärungen der menschlichen Lebensalter und einer Definition der Artes muß von einem wachen, neugierigen Geist stammen. Ob es eine Materialsammlung für die Schule war? Das ‚Gebet' jedenfalls schließt diesen ehemals selbständigen Teil der Handschrift (F. 22–66) unter dem nicht befriedigend geklärten Titel ‚De poeta' („ein Stück vom mündlichen Dichter"?) ab und stellt sich damit wohl in die Tradition des Schreiber- oder Autorengebetes.

Die pastorale Gesetzgebung, mehr aber noch die zunehmende Beichtpraxis haben zweifellos die ja auch im ‚Wessobrunner Gebet' und anderen Schreiber- oder Autorengebeten vorliegende private Gebetsfrömmigkeit der Kleriker und Laien entscheidend gefördert. So verknüpft Theodulf von Orléans die Forderung nach täglich zweimaliger Rezitation von Credo und Vaterunser mit der Aufforderung, dieses stets mit den Gebeten *qui plasmasti me, miserere mei*... („Der du mich erschaffen hast, erbarme dich meiner") oder *Deus, propitius esto mihi peccatori*... („O Gott, sei mir Sünder gnädig") und mit einer Bitte um Fürsprache der Heiligen zu verbinden: „Geistliche Lesung und Gebete sind nämlich die Waffen, mit denen der Teufel bekämpft wird." Sicherlich hat es zahlreiche private, auf die Auslösung von Reue und „Zerknirschung des Herzens" gerichtete Gebete in der Volkssprache gegeben. Weniges davon ist mehr zufällig erhalten, etwa das schon auf dem Wege zu gereimten Bittformeln und Bittliedern (vgl. S. 329) befindliche ‚Rheinfränkische (Augsburger) Gebet' in einer um 880 in Lothringen entstandenen, später über das schwäbische Kloster Ellwangen nach Augsburg gelangten Handschrift. Es steht dort lateinisch und deutsch auf dem Vorsatzblatt des bezeichnenderweise Bußbücher und kirchenrechtliche Texte bietenden Codex:

Got, thir eigenhaf ist, thaz io genathih bist,
intfaa gebet unsar, thes bethurfun wir sar,
thaz uns thio ketinun bindent thero sundun,
thinero mildo genad intbinde haldo.

(„Gott, es ist dir wesenseigen, daß du stets gnädig bist: empfange unser Gebet, wir bedürfen dessen so sehr, auf daß uns, die wir in den Ketten der Sünden gefesselt sind, die Gnade deiner Barmherzigkeit rasch erlöse").

Die frühmittelalterliche Leistungsfrömmigkeit griff in ihrer Suche nach Steigerung der Formen und Inhalte auch nach fernen und seltenen Quellen. So nutzte Otfrid von Weißenburg (863/71) die apokryphen Petrusakten für sein einzigartiges, das dritte Buch seiner Evangelienharmonie eröffnendes Gebet an Christus als Vater und Mutter (III, 1, 44): *wis fáter mir joh múater, thu bist min drúhtin guater!* („Sei Vater mir und Mutter, du bist mein guter Herr"). Am Ende des frühen Mittelalters (um 1067) steigerte der Mönch und Schriftsteller Otloh von St. Emmeram, den wir schon als Freund Willirams von Ebersberg (vgl. S. 227) kennengelernt haben, das Gebet in Latein und in der Volkssprache zu einer rhetorischen Prunkform, in der verschiedene Gebetstypen verschmolzen. So wird seine *oratio theutonica* („deutsches Gebet") eröffnet von einer Bitte um moralische Stärke, um Tugend und „Schutz vor allen Ränken des leidigen Feindes", ist zentriert in einer litaneiartigen Anrufung der Heiligen und schließt – sie ist wohl für des Lateins unkundige Klosterbrüder gedacht – mit der Bitte um Hilfe für unser *munusturi* („Kloster"), für die Verbrüderten des Konvents, für andere geistliche Gemeinschaften, für die laikale Obrigkeit, für alle Kleriker und Laien, für die eigenen *chunilinga* („Sippengenossen") sowie die toten Brüder und Verbrüderten des Klosters. Das Streben nach Repräsentation der universalen Gebetskompetenz des Mönchtums ist nicht zu übersehen (vgl. Bd. I/2, S. 42).

Beichten

In seinen ‚Capitula ad presbyteros' („Satzungen für die Priester") bestimmte Bischof Theodulf von Orléans (vor 798–821): „Wenn aber jemand zur Beichte kommt, soll [der Priester] sorgfältig fragen, auf welche Weise oder bei welcher Gelegenheit die Sünde begangen wurde, derer sich [der Sünder] bezichtigt, und er soll ihm eine nach dem Maß der Tat zugeschnittene Buße verkünden. Er muß ihn dazu überreden, auch über seine schlechten Gedanken Beichte abzulegen. Er muß ihm auch nahelegen, Beichte darüber abzulegen, ob er sich einem der acht Hauptlaster hingegeben habe, und ausdrücklich soll der Priester jedes Laster nennen und darüber von ihm die Beichte empfangen." Die Pflicht von Priester und Gläubigen zu sorgfältiger, immer stärker formalisierter Gewissenserforschung steht am Ende einer stürmischen, seit dem siebten Jahrhundert vor allem von Iren und Angelsachsen vorangetriebenen Bußfrömmigkeit, die ihren Niederschlag in zahlreichen Bußbüchern gefunden hat. Dieser Prozeß hat die Bußpraxis der Kirche vollkommen umgestaltet. Neben die öffentliche, auf die Gemeinde ausgerichtete Kirchenbuße und die stille, vor Gott abgelegte *confessio* („Beichte") der Sünden trat die Privatbeichte, das stets wiederholbare, regelmäßige Einzelbekenntnis vor dem Priester. Schuldbekenntnis und Bußleistung werden der Öffentlichkeit so in vielen Fällen entzogen, andererseits erfassen die Bußbücher auf das genaueste auch kleine und kleinste Vergehen, bewerten Motive und Unterschiede des Standes, des Alters, des Vermögens usw. Die sogenannte Tarifbuße läßt die Sünden durch Gebetsleistungen, Messen, Geld, ja schließlich gar durch Stellvertreter ableisten. Ohne daß die öffentliche Buße für schwere Vergehen völlig außer Gebrauch kam – sie besaß als Steigerung der Bußfrömmigkeit stets auch ihre Anziehungskraft für den elitären Frommen (vgl. S. 39) –, besaß die Privatbeichte doch Vorteile für Kirche und Laien, die ihre schnelle Durchsetzung begünstigten; sie stärkte die Stellung des Priesters als des allein zur Bußindikation Berechtigten, sie ermöglichte den Laien, an der neuen, von den Angelsachsen und vom reformierten Mönchtum getragenen, auf Steigerung der Leistungen und Vertiefung des ethischen Bewußtseins gerichteten Frömmigkeit auf eine nicht allzu anspruchsvolle Weise teilzunehmen. Den tieferen Grund der gesteigerten Bußfrömmigkeit, des Strebens nach quasi offizieller Erfassung der Gläubigen, der Generalisierung des Instituts durch die Vorschrift der Aschermittwochbeichte, der skrupulösen Katalogisierung und Erforschung aller nur erdenklichen Sündenarten legt der Beichtordo der pseudo-alkuinischen, dem neunten Jahrhundert angehörigen Schrift ‚De divinis officiis' („Von den Gott zu leistenden Diensten") bloß: „Das vor allem ist festzuhalten, daß wir wegen solcher Sünden gezüchtigt werden...

in weltlichen Strafen: daher kommen die Kriege, Einfälle der Heiden, Gefangenschaften, Seuchen, Hungersnöte, Krankheiten...", alle Naturkatastrophen, aber auch „ungeeignete Könige, schlechte Fürsten und Richter..." Wie es das angesichts einer normannischen Invasion entstandene ‚Ludwigslied' zeigte (vgl. S. 137f.), strafte der unversöhnte Gott unbarmherzig die Sünden des Christenvolkes, bis sie gesühnt waren.

Aus archaischer politischer Frömmigkeit, aus Sorge um das Heil des Reichs ist daher die schon 769 begegnende und ständig wiederholte Forderung der karlischen Reformgesetzgebung zu verstehen, die Gläubigen über die Bedeutung der Todsünden, „über die jenseitige Belohnung der Guten und die ewige Verdammnis der Bösen, über die künftige Auferstehung und das jüngste Gericht und darüber, mit welchen Werken man das selige jenseitige Leben verdienen oder verwirken könne" (Synode von Tours 813, c. 17), in der Predigt aufzuklären. Die berühmte ‚Admonitio generalis' von 789 stellt gar einen Katalog schwerer Sünden auf. Die 802 entstandenen ‚Capitula de examinandis ecclesiasticis' („Vorschriften für die Prüfung der Kleriker") fordern die Prüfung der Priester über ihre Fähigkeit, Sündenbeichten abzunehmen. Sowohl die karlische Reformgesetzgebung wie die anschließenden bischöflichen Pastoralinstruktionen bestimmen, daß jeder Priester über ein Bußbuch (Poenitentiale), althochdeutsch *suonbuoh* („Sühnebuch"), verfügen soll; gelegentlich fragen sie auch nach der Beherrschung der *commendatio animae*, worunter der mit der Beichte der Sünden verbundene Gebetsbeistand in der Todesstunde zu verstehen ist. Sie sind es, welche die neue insulare Frömmigkeitspraxis popularisieren und institutionalisieren: „Ladet das Volk zur Beichte ein...", fordert die ‚Admonitio synodalis' („Synodale Vermahnung"), c. 63). Gerade die – im Gegensatz zu den Credo- und Paternosterverdeutschungen – recht zahlreichen volkssprachigen Beichtformulare zeigen, daß sich die neue Institution ohne starken staatlichen Zwang durchsetzen ließ.

Es fallen jedoch auch, vor allem seit dem 10. Jahrhundert, härtere Worte. So bestimmen die Kanones einer Trierer Synode vom Jahre 927 (c. 14): „Jeder Priester möge eifrig dafür sorgen, daß keiner unter seinen Pfarrkindern bleibe, dessen Beichte er nicht empfangen habe... Wenn sie aber nicht gebeichtet haben, sollen sie dazu gezwungen und behandelt werden, als ob sie dem Kirchenbann verfallen wären. Und es ist ihnen zu sagen, was der Psalmist singt (Psalm 36,5): ‚Offenbare dem Herrn deine Wege!' Und anderswo (Psalm 105,1): ‚Bekennet dem Herrn, denn er ist freundlich!' Auch Augustinus sagt in seinen ‚Bekenntnissen': ‚Alles kann durch die Beichte gereinigt werden'. Das Abendmahl ist denen, die nicht gebeichtet haben, zu verweigern."

Seit dem neunten Jahrhundert dringen Beichtordnungen in die Bußbücher ein. In ihnen ist die Abnahme der Beichte durch den Priester bereits zu einem komplexen Ritus geworden, in dem Befragung, Bekenntnis und Absolution eingebettet sind in Gebete des Priesters und begleitet werden von Gesten der Reue und Zerknirschung seitens des Poenitenten, die vor dem Altar der Kirche dargebracht werden, schließlich auch von der Rezitation des Credo durch den Gläubigen. In diesem Prozeß der Formalisierung der Pflichtbeichte werden Beichtformulare, lateinische und volkssprachige, welche die geforderte Vollständigkeit des Sündenbekenntnisses garantieren konnten, bald zu einer seelsorgerlichen Notwendigkeit.

Die karolingischen Beichtformulare sind durchweg Denkmäler der privaten Ohrenbeichte vor dem Priester: die Einrichtung der in der Messe von der Gemeinde gesprochenen sog. ‚Offenen Schuld' reicht nicht über das 10./11. Jahrhundert zurück. Rhetorische Formulierung der Texte, Verwendung von syntaktischen Parallelismen, Alliterationen (Stabreim) und anderer Redeschmuck sind hier nicht Indizien öffentlichen Sprechens, sondern bezeugen lateinischen Gebetsstil. Der Aufbau der Formulare ist stereotyp, die Ausfüllung jedoch individuell; der Rahmen wird von stärker formalisierten Teilen gebildet: Eröffnet wird mit der Adresse der Beichte an Gott, Heilige (besonders Reliquienheilige einer Kirche) und Priester (*godes manne* „Gottesmänner", *gotes boton* „Gottesboten" usw.) – so vollständig etwa in der ‚Sächsischen Beichte'. Die namentliche Nennung von Heiligen (z.B. ‚Reichenauer Beichte') nimmt im Zeichen sich steigernden Heiligenkultes seit dem zehnten Jahrhundert zu. Den Schluß bilden Reueerklärung und Vergebungsbitte (im einzelnen variabel). Im Zentrum steht der Sündenkatalog, der, da er ja stets individuell vom Priester zu realisieren und aufzufüllen war, am stärksten nach Inhalt und Umfang variieren konnte. Von Kasuistik und Streben nach Vollständigkeit geprägt, registrierte er – oft in wahren Kaskaden von Begriffen – Tat-, Wort-, Gedanken- und Unterlassungssünden. Besonders fallen die Einschärfung des Gebots der Sonntags- und Feiertagsheiligung und des Zehntgebots (Verpflichtung zur Abgabe von Teilen des Ernteertrags an die Pfarrkirche) auf. In den Handschriften stehen (von Gelegenheitseinträgen abgesehen) die volkssprachigen Beichten durchweg in Funktionszusammenhängen: überwiegend sind sie Elemente lateinischer Beichtordnungen, die in priesterliche Handbücher, vor allem Sakramentare (Fuldaer, Mainzer, Sächsische, Reichenauer Beichten), in ältester Überlieferung auch im Zusammenhang von Bußbüchern und Pastoralgesetzgebung (Lorscher Beichte) eingetragen wurden. Obwohl sicherlich von der karlischen Reformen angeregt, besteht kein Anlaß, die volkssprachigen Beichten auf ein karlisches Urexemplar zurückzuführen. Eher sind sie Früchte der bischöflichen Pastoralinstruktionen und auch der klösterlichen Leistungsfrömmigkeit. Doch ordnen sich die Texte deutlich zu Verwandtschaftsgruppen. Die älteste, nach sprachlichen, überlieferungsgeschichtlichen und inhaltlichen Merkmalen sicher noch in die Zeit Karls zurückreichende Gruppe *LSV übersetzte ein wohl in angelsächsisch-kontinentalem Milieu entwickeltes lateinisches Modell und wird von der ‚Lorscher Beichte' (L, etwa letztes Viertel des 9. Jahrhunderts in Lorsch zusammen mit einem lateinischen Beichtformular niedergeschrieben), der ‚Vorauer Beichte' (V, Ende 9. Jahrhundert, oberrheinisches Skriptorium) und der ‚Sächsischen Beichte' (S, spätes 10. Jahrhundert, Essen) vertreten. Gerade in letzterem Formular wird auf *hêthinussja endi unhrênja sespilon* („heidnische und unreine Gesänge"), also auf ein noch heidnisch geprägtes Milieu Altsachsens, Bezug genommen. Der kompilativ häufende Sündenkatalog von *LSV wird dabei jedoch kaum ohne die Annahme noch älterer Vorstufen zu erklären sein. Auch die Formulargruppe *FPM ist spät überliefert, reicht jedoch sicherlich – nach sprachlichen Kriterien – mindestens ins zweite Viertel des neunten Jahrhunderts zurück. Ihr gehören an die ‚Fuldaer Beichte‘ (F, älteste Überlieferung um 975, der Sprache nach in Fulda 825/50, also zur Zeit des Abtes Hraban, entstanden) und zwei innerhalb der Gruppe näher verwandte Texte, die ‚Mainzer Beichte‘ (M, Mainz-St. Alban 936/62) und die ‚Pfälzer Beichte‘ (P, im 10. Jahrhundert in einer Handschrift der für Stiftsherren bestimmten Chrodegang-Regel nachgetragen). Der vielleicht mit *LSV verwandte Archetyp *FPM ist gekennzeichnet durch das Bemühen um schlichte und knappe, jeden prunkenden Wortschmuck vermeidende Zweckmäßigkeit. Angesichts der auf die Kirchenprovinz Mainz beschränkten Überlieferung und angesichts seiner Aufnahme in das offizielle Sakramentarwerk aus St. Alban liegt in ihm vielleicht das von der Mainzer Metropole propagierte Beichtformular des früheren 9. Jahrhunderts vor. Letzten Endes auf dieses Formular geht auch die in rhetorischer Prunkform, in einprägsamer rhythmischer Stilisierung gehaltene, von Assonanzen, Reimformeln und Allitterationen durchzogene, vielleicht schon auf die feierliche, öffentliche Verwendung in der Liturgie der Messe berechnete südrheinfränkische (im Raum Speyer-Worms entstandene) ‚Reichenauer Beichte‘, zurück, die im späten 10. Jahrhundert in einem ursprünglich Reichenauer Sakramentar nachgetragen wurde. Isoliert steht – auch durch den mit lateinischen Fachwörtern gespickten, auf spezifisch monastische Verfehlungen zielenden Sündenkatalog – die in der zweiten Hälfte des 9. Jahrhunderts in Würzburg niedergeschriebene ‚Würzburger Beichte‘. In eigenem funktionalen Zusammenhang ist gar die kurze ‚Altbairische Beichte‘ zu sehen, die in frühester Überlieferung in einer im Salzburger Raum um 800 entstandenen, lateinisch geprägten Sammlung von Gebeten vorliegt. Mit seinen durch Allitterationen geschmückten Doppelformeln (*kinist enti kinâda* „Heil und Gnade“, *hrivûn enti harmskara* „Reue und Strafe“), seiner Konzentration der Adresse auf den *truhtin* („Herr“) war dieser von altertümlichem Wortschatz der süddeutschen Kirchensprache durchsetzte Text sicherlich – wie auch die Überlieferung nahelegt – für das stille, private Beichtgebet einer frommen Elite gedacht. Im ‚Altbairischen Gebet‘, das einmal im Regensburger Kloster St. Emmeram (nicht nach der Mitte des 9. Jahrhunderts) in einer Sammlung von Gebeten, Segens- und Beschwörungsformeln auftritt, zum andern bald nach 900 in eine ebenfalls Regensburger Handschrift nachgetragen wurde, wurde die altbairische Beichte um eine weitere Gebetsformel erweitert. Die Komposition scheint liturgische Bedeutung im Beichtordo des bayrischen Raumes erlangt zu haben, bildet sie doch die Grundlage einiger in der Slawenmission verwendeter altkirchenslawischer Übersetzungen (10. Jahrhundert) und der ‚Jüngeren Bairischen Beichte‘ (10. Jahrhundert). Sie geht jedoch aus ursprünglich in der privaten Frömmigkeit außerhalb der kirchlichen Buße verwendeten Reuegebeten hervor, wie sie auch der karolingische Gebetstraktat ‚De psalmorum usu‘ („Vom Gebrauch der Psalmen“) des Pseudo-Alkuin kennt. Aber auch hier winkt dem Frommen, der – wie Alkuin sich ausdrückt – das *sacrificium confessionis* („das Opfer der Beichte“) bringt, das köstliche Geschenk der Verzeihung. Alkuins Schüler Hraban predigte: „Die Beichte rechtfertigt, die Beichte erwirkt die Verzeihung der Sünden. Alle Hoffnung auf Gnade besteht in der Beichte, die Beichte ist ein Werk der Barmherzigkeit, ist des Kranken Heilung, das einzige in unseren Kräften liegende Heilmittel ist das Medikament der Buße.“

Predigtpflicht und Musterübersetzung

Schon seit 769 drängten die Reformkreise um Karl den Großen auf Einführung einer für alle Pfarrpriester verbindlichen sonn- und feiertäglichen Predigtpflicht, die es in dieser Form in der alten Kirche nicht gab. Das Homiliar (Predigtbuch) wurde zum geforderten Bestandteil jeder Pfarrbibliothek (s. S. 231): meist waren es Sammlungen mit Predigtwerken des Angelsachsen Beda oder Gregors des Großen, z.B. dem ‚Liber pastoralis' oder den vierzig Homilien über die Evangelien. Nach der Kaiserkrönung Karls, unter dem Einfluß der christlichen Kaiseridee, welche die Fürsorgepflicht für das Heil der Untertanen neu akzentuierte, intensivierte sich die Forderung nach regelmäßiger Pfarrpredigt im Rahmen des im Jahre 802 unternommenen umfassenden, gesetzlichen Reformwerks. Das ‚Aachener Kapitular' bestimmte ausdrücklich, „daß jeder Priester an allen Fest- und Sonntagen dem Volke das Evangelium Christi" zu predigen habe. Die schon erwähnten Prüfvorschriften für Kleriker forderten auch die Prüfung der Befähigung des Kandidaten zur Belehrung des Volkes und zum Predigtamt (*in officio praedicandi*). Die *missi* („Boten"), die Karl zur Überwachung der Ausführung seiner Gesetzgebung im Reiche umherschickte, sollten beobachten, „ob der katholische Glaube von den Bischöfen und Priestern sorgfältig gelesen und dem Volke gepredigt werde". Rudimentäre Inhalte der Predigt wurden festgelegt: Glaubensbekenntnis, moralische Unterweisung, die zur Beichte befähigt, das Evangelium. Die bischöflichen Pastoralinstruktionen – so etwa die Theodulfs von Orléans und die Diözesanstatuten aus Vesoul (813/40) – fordern bald, daß der Priester „in der Kirche öffentlich in einer Sprache lehre, welche die Hörer verstehen". Die Synoden des Jahres 813 – insbesondere die von Mainz, Reims und Tours – und ein kaiserliches Kapitular vom selben Jahre verdichten diese Forderung zum Gebot der Predigt in der Volkssprache. Zweifellos entsprach diese konzentrierte Aktion dem herrscherlichen Wunsch, daß die Bischöfe „bemüht sein sollten, die Predigtvorlagen zu öffentlichem Zweck in die volkstümliche romanische und in die althochdeutsche Sprache (*in rusticam Romanam linguam aut Theotiscam*) zu übersetzen, damit alle leichter verstehen könnten, was gesagt werde" (Synode von Tours, c. 17). Damit war eine alte, keineswegs selbstverständliche Seelsorgepraxis der Angelsachsen zum Gegenstand der Reichsgesetzgebung geworden.

Besonders deutlich zeigen sich die angelsächsischen Wurzeln der seelsorgerlichen, belehrenden Volkspredigt in einer in die Vita des Bonifatiusschülers Gregor von Utrecht eingegangenen Szene: Gregor ist eben – im Alter von vierzehn Jahren – aus der Palastschule zurückgekehrt, trifft bei seiner Großmutter, der Äbtissin Adela, in Pfalzel bei Trier den großen Angelsachsen: Stolz führt ihm der Knabe seine neuerworbenen Künste im Lesen eines (sicherlich geistlichen) lateinischen Buches vor. Doch Bonifatius lobt zwar seine Kunst, fragt aber auch, ob er denn verstehe, was er lese. Bezeichnenderweise scheint der Inhalt dieser Frage für Gregor geradezu unverständlich, denn er begreift sie als Aufforderung zu neuerlichem, ausdrucksvollem Lesen. Bonifatius hindert ihn: „Nach der Weise deiner Muttersprache und in der Ausdrucksweise deiner Eltern solltest du mir deine Lektüre wiedergeben." Bonifatius gibt alsbald ein Beispiel seiner volkssprachigen Predigtkunst. Es ist wohl kein Zufall, daß einer der mit Karl eng verbundenen Reformbischöfe, Liudger, der Gründer des westfälischen Klosters Werden, diese Erinnerung – breit ausgestaltet – in die Vita seines Lehrers Gregor (um 800) aufnimmt.

Die angelsächsische Tradition, die sich wohl vor allem durch die Initiative Alkuins († 804) in der Reformgesetzung durchsetzte, wird aufgenommen von Alkuins Schüler Hraban. Er ist der erste, der – für den Erzbischof Heistulf von Mainz (813–826) – ein für die Pfarrpredigt, nicht wie das noch von Karl um 786/800 empfohlene Homiliar des Paulus Diaconus ein für den klösterlichen Nachtgottesdienst bestimmtes Handbuch herstellte. Er auch hat die wichtige Bestimmung der turonischen Synode von 813 unter die für das gesamte, überwiegend theodiske Ostreich bindenden Beschlüsse der Mainzer Synode von 847, die er als Erzbischof leitete, aufnehmen lassen. Bei dieser Sachlage ist es erstaunlich, daß deutsche Predigtvorlagen vor dem späten elften Jahrhundert (vgl. Bd. I/2, S. 45ff.) nicht überliefert sind. Wieder werden wir davor gewarnt, uns über die Reichweite der karlischen Reformgesetzgebung allzu große Illusionen zu machen. Trotz des Auftrags an die Bischöfe wird es im priesterlichen Alltag, wenn überhaupt gepredigt wurde, noch lange bei extemporierten Darbietungen geblieben sein.

Keine Ausnahme bildet die im 10./11. Jahrhundert in einem Gregor-Homiliar des Frauenstifts Essen an der Ruhr nachgetragene ‚Altsächsische Allerheiligenpredigt', die sprachlich gelungene Teilübersetzung einer in karolingischen Homiliaren seit dem zweiten Viertel des 9. Jahrhunderts verbreiteten und gelegentlich dem Abt Helisachar von St. Maximin in Trier († 833/40), Erzkanzler Ludwigs des Frommen, zugeschriebenen Predigt. Man darf sich vorstellen, daß dieser Text, der die Ursprünge des erst in der Regierungszeit Ludwigs des Frommen (814–840) eingeführten Festes Omnium Sanctorum („Allerheiligen") erzählt, den zu einem großen Teil wohl des Lateins unkundigen Stiftsdamen am Festtag (1. November) feierlich verlesen wurde. Karolingische Pastoralgesetzgebung schärfte übrigens den Priestern ein, für die Feier des Allerheiligenfestes ein zusätzliches Meßformular samt Predigt bereit zu halten.

Welche Utopie nun, welche verzweifelte Kraft wird sichtbar, wenn auch dem Kreis der karlischen Reformer selbst ein musterhaftes Corpus von Texten erwächst, das geeignet (und wohl auch dazu bestimmt) war, die Anstrengungen und Forderungen der Reformgesetzgebung auf dem Gebiet der Glaubens- und Lehrpredigt inhaltlich wie formal vorzubereiten und zu unterstützen. Dieses Corpus liegt in den von einem einzigen Verfasser hergestellten althochdeutschen Übersetzungen der sog. ‚Isidor-Gruppe' vor, die um die Wende des achten zum neunten Jahrhundert in rheinfränkischer, am der Romania benachbarten Westrand des Althochdeutschen (vielleicht in Lothringen) angesiedelter Sprache entstanden. Sie bestehen aus einer fragmentarisch überlieferten Übersetzung des Matthäus-Evangeliums, des „vornehmsten“ unter den Evangelien, und aus Übertragungen verschiedener Traktate und Predigten: so der die christliche Dogmatik systematisch und in apologetischer Absicht zusammenstellenden Abhandlung ‚De fide catholica‘ („Vom katholischen Glauben“) des Kirchenvaters Isidor von Sevilla († 636); so der wohl im späten achten Jahrhundert entstandenen Predigt ‚De vocatione gentium‘ („Von der Berufung der Völker“), in der es um den universalmissionarischen Gedanken der Berufung aller Völker – also auch der theodisken, *barbaricae locutiones* („ungebildete Idiome“) sprechenden *gentes* – zum Glauben geht, im Anschluß an Paulus, den *magister gentium*, den *deotono meistar* („Lehrer der Völker“). Paulus wird auch zitiert in dem reichstheologisch bedeutsamen Satz, der schon die karlische Credo- und Taufdiskussion (vgl. S. 233) bestimmte: „Ein Herr, ein Glaube, eine Taufe, ein Gott, der Vater aller ist“. Die Einheit der Menschen unter einem Herrn geht aus dem einheitlichen Glauben und dem evangelischen Liebesgebot hervor. „Daher will Gott alle Christen zu Nächsten und zu gesetzmäßig Lebenden (lateinisch *iusti*, althochdeutsch *rehtwîsîge*) machen, auf daß sie in vereintem Willen das Gesetz der Herrengebote beachten“. Diesem reichsideologischen Thema korrespondiert die Übersetzung der ekklesiologischen Predigt LXXVI des Augustin, in der es in Auslegung von Matthäus 16, 18f. („Du bist Petrus der Fels, und auf diesen Felsen will ich bauen meine Gemeinde“) um die im Apostel Petrus, im Primat Roms und seiner Traditionen verkörperte *ecclesia unica* („eine und einzige Kirche“) geht. Die (noch um ein bisher nicht identifiziertes Predigtfragment zu erweiternde) Gruppe dieser Übersetzungen atmet den Geist der karlischen Reform, ihrer Romanität, ihres universalmissionarischen Impetus, ihres vom christlichen Kaisergedanken getragenen Entwurfs einer Einheit aller Gläubigen und Untertanen in einem Reich und einer Kirche. Diese Übersetzungen schienen geeignet, die volkssprachige Verkündigung des Evangeliums, der Glaubenslehre und der utopischen Ideenwelt der Reformer, mithin die Einheit der Gläubigen vorzubereiten. Denkbar sind sie nur in der Spätphase Karls des Großen oder in den ersten Jahren seines Sohnes, Ludwigs des Frommen, als es noch einmal in einem gewaltigen, aber letztendlich doch scheiternden Anlauf um die Verwirklichung des hochgespannten Gedankens des christlichen Einheitsreiches ging.

Überliefert sind die Übersetzungen der ‚Isidor-Gruppe‘ in zwei Handschriften: einmal in dem um 800 im nördlichen Austrasiens, am deutschen Westrand entstandenen Codex Paris Bibliothèque Nationale Latinensis 2326 (dort nur Isidor-Traktat); zum andern in den ‚Monseer Fragmenten‘, Resten eines um 810, jedenfalls vor 818 im oberösterreichischen Kloster Mondsee entstandenen Codex. Das Kloster Mondsee war 803 an den Kölner Erzbischof und Erzkaplan Karls des Großen Hildebald (785–818) gefallen. Hildebald kennen wir als leidenschaftlichen Büchersammler, der sich etwa die Handschriften, die Karl von Papst Leo erhalten hatte, für seine eigene Bibliothek kopieren ließ. Unter seiner Regie wurde Mondsee geradezu ein

Zentrum für die Produktion und Archivierung von Predigthandbüchern. Fünf lateinische Homiliare, darunter das des italienischen Mönchs Alanus von Farfa († 769/70) und eine Bearbeitung des Werkes des Paulus Diaconus, sind in dieser Zeit, teilweise auf ausdrücklich bezeugten Befehl des Erzkaplans, dort entstanden, sind zum Teil auch nach Köln gelangt – „Texte, für deren Bekanntwerden in Mondsee es keine natürlichere Erklärung geben könnte als die Vermittlung durch den Erzbischof" (Bernhard Bischoff). Hier paßt sich das althochdeutsche Isidor-Corpus gut ein. Wäre uns die erste Hälfte der *subscriptio* („Nachschrift") der Matthäus-Übersetzung erhalten, wir wüßten vielleicht mehr über den Anteil dieses Mannes aus dem engsten Kreis um Karl, seines maßgebenden Beraters in kirchlichen Angelegenheiten, Leiters zudem der Reformsynoden bis 815/17, vielleicht erführen wir sogar den Namen des Verfassers, die Umstände der Entstehung. Erhalten ist der Schlußteil, der vom Werk des Verfassers als einer *formatio librorum* („Zusammenstellung von Schriften") spricht, also den intentionalen Zusammenhang der ,Isidor-Gruppe' sichert, und eine hochgestellte Persönlichkeit, die in der Lage war, eine kirchliche Approbation des Werkes zu erteilen, vielleicht also den *sacri palacii imperialis custus* („Kustos des heiligen kaiserlichen Palastes"), ganz in karlischem Geiste um Besserung und Korrektur, schließlich um die Veröffentlichung (*puplicare*) bittet. Das sichert, daß die ,Isidor-Gruppe' eine quasi-offizielle Bedeutung besaß. Eine dritte Überlieferung bietet das elsässische Kloster Murbach, das sich zeitweilig unter der direkten Verwaltung des Kaisers befand: das dort im ersten Viertel des Jahrhunderts entstandene Glossar Jc (s. S. 194) schöpft aus den Übersetzungen.

Im 831 verfaßten Bibliothekskatalog der nordfranzösisch-picardischen Abtei St. Riquier findet sich ein Abschnitt von sechs Büchern, der von der sonstigen funktional-systematischen Gliederung des Kataloges merkwürdig absticht und den Eindruck einer zur Gänze aufgenommenen kleinen gelehrten Privatbibliothek macht. Er enthält einen Band mit Predigten zum Weihnachtsfest und den zeitlich anschließenden Festtagen des Erzmärtyrers Stephan und der unschuldigen Kindlein von Bethlehem; ein botanisches Werk (*Bodanicum*); eine glossierte Grammatik des spätantiken Autors Donat; eine Sammlung von Predigten griechischer und lateinischer Kirchenväter, *Liber Logon* genannt; eine Zusammenstellung biblischer Genealogie und schließlich eine *Passio Domini in theodisco et in latino* („Passion des Herrn auf Althochdeutsch und Latein"), eine Bilingue also, die sich – zu so frühem Zeitpunkt – wohl nur auf die Matthäus-Übersetzung der Isidor-Gruppe beziehen kann. Die Abtei St. Riquier war von Angilbert, einem vornehmen und einflußreichen Hofmann, ja auch Gelehrten und Dichter des Karlskreises, gegründet und lange Jahre (789–814) geleitet worden. Er war es, der mit Hilfe der Hofbibliothek auch die Bibliothek seines Musterklosters aufbaute. So ergeben die Überlieferungen aus Mondsee, Murbach und St. Riquier durchaus weitere Indizien für einen Zusammenhang der ,Isidor-Gruppe' mit dem herrscherlichen Hofe, für dessen „vermittelnde, strahlenförmig in die Überlieferung hineinwirkende Funktion" (Bernhard Bischoff).

Auch andere konkrete Bemühungen um die Pfarrpredigt gehen auf Initiativen des Hofes zurück. So verfaßte um 812 Smaragd von St. Mihiel, Autor von theologischen Gutachten für Karl den Großen und eines an ihn gerichteten Fürstenspiegels, eine offenbar durch den Hof verbreitete und als Predigthilfe gedachte Auslegung der biblischen Perikopen, über die in der Messe zu predigen war. Man hat wahrscheinlich gemacht, daß auch Erzbischof Hildebald von Köln ein Exemplar dieses Werkes besaß. Der bei Ludwig dem Frommen in Ungnade gefallene Hofmann Ermoldus Nigellus pries in einem an Pippin, den Sohn Ludwigs, gerichteten Gedicht Bischof Bernold von Straßburg (820/23–831/40), dem der Dichter zur Verwahrung übergeben worden war, als begnadeten Prediger in der Volkssprache: „Die Sprache des Volkes bliebe der heiligen Schrift unkundig, durchdränge sie nicht der sinnreiche Bischof. Dieser müht sich, dem Volke in verständlicher Sprache den Sinn der Schriften aufzuschließen; mit beständiger Pflugschar bricht er den Acker der Herzen um, da er zugleich Übersetzer und Priester ist." In diesem um 825/28 entstandenen, für den Hof bestimmten Preisgedicht, wird der hofnahe Bernold, ein auf der Reichenau – wohl im Geiste Heitos und der Reformer (s. S. 197) – erzogener Sachse, als Muster eines Bischofs dargestellt. Man darf dem zugleich entnehmen, daß Predigt in der Volkssprache auch bei einem karolingischen Bischof nicht selbstverständlich war.

Die Übersetzungen der ‚Isidor-Gruppe' wurden wie die gleichzeitige bairische ‚Exhortatio' (s. S. 240) und der spätere Fuldaer ‚Tatian' (s. S. 211) in der Althochdeutsch und Latein Spalte um Spalte gegenüberstellenden Kolumnentechnik publiziert. Sie zeigen einen erstaunlichen Grad der Sprachbeherrschung, der Sicherheit und Freiheit im Umgang mit komplexer theologisch-wissenschaftlicher Terminologie. Darin bewährt sich zum einen herausragendes, individuelles Können eines klug reflektierenden Kopfes, zum andern erwiesen die Übersetzungen aber auch, wozu althochdeutsche Sprache fähig war, wenn sie nicht länger schulischen, sondern offiziellen, ja öffentlichen Zwecken dienen sollte. Darin sind sie der ‚Exhortatio', dem altsächsischen Psalmenkommentar sowie gewissen Formularen von Taufgelöbnissen und Beichten vergleichbar. Nicht vergleichen darf man sie den althochdeutschen Interlinearversionen oder auch dem ‚Tatian', die in ganz andere funktionale Zusammenhänge gehören. Für den althochdeutschen Isidor aber gilt: „Die Funktion der Vulgärsprache geht hier nicht mehr in praktisch-pädagogischer Vermittlung lateinischer Überlieferung auf, die deutsche Sprache soll vielmehr zu einem dem Latein ebenbürtigen Medium für das Wort Gottes und zur Darstellung der theologisch-philosophischen Tradition werden" (Walter Haug).

Der Isidor-Übersetzer überzeugt nicht nur durch die Qualität seiner Übersetzungen, er bewährte seine sprachliche Reflexionskraft auch in der Ausarbeitung eines durchdachten und konsequent angewandten orthographischen Systems. Es handelt sich um einen kühnen Vorstoß, einen ersten Versuch, einer Volkssprache feste Verschriftungsregeln zu implantieren. Wohl zu Recht hat man diesen Versuch mit dem Bericht, den Einhard, vorzüglicher und intimer Kenner der Hofpolitik, in seiner Vita Karls des Großen über die grammatischen Bestrebungen des Kaisers gibt, in Verbindung gebracht: *Inchoavit et grammaticam patrii sermonis* („er legte auch den Grund zur grammatischen Beschäftigung mit der Muttersprache"; Übersetzung von Klaus Matzel). Einhard ordnete diese herrscherliche Initiative in die nach der Annahme des Kaisertitels (800) aus einem neuen, antikisierenden und zugleich christlichen Selbstverständnis heraus getroffenen Maßnahmen des Herrschers ein (s. S. 112). Nun enthielt ja die Wissenschaft der Grammatik für die Zeitgenossen, etwa Hraban, vor allem „die Normen ... des richtigen Schreibens und Sprechens". „Grammatica war die Lehre von der geregelten Schriftsprache, dem Latein: *grammatice loqui* bedeutet ‚lateinisch reden'..." (Herbert Grundmann). Deshalb, um die *rectitudo* („Richtigkeit"), die Normen des Lateins wiederherzustellen, hatte Karl mehrere Grammatiker – wie Petrus von Pisa, Paulus Diaconus und Clemens Scottus – an seinen Hof geladen. Die Hofbibliothek sammelte grammatische Schriften; der führende Kulturpolitiker Alkuin schrieb grammatische Traktate. Wenn also Karl eine Grammatik der fränkisch-gentilen Volkssprache anregte, dann wollte er damit die Volkssprache in den Rang einer Schriftsprache erheben, sie „literaturfähig" machen. Man hatte offenbar in Karls Kreisen erkannt, daß Reformziele wie eine einheitliche christliche Laienunterweisung in der Volkssprache nur zu erreichen waren, wenn zuvor die Voraussetzungen der Verschriftung, d.h. orthographische Regeln, gesichert waren. Ob nun die Übersetzungen der ‚Isidor-Gruppe' mit der von Karl initiierten „Grammatik" identisch oder nur von ihr beeinflußt sind, ist letzten Endes belanglos. Wie bei anderen Reformzielen wurde der Weg der Propagierung und Verbreitung durch *exempla*, durch „Muster", eingeschlagen (s. S. 55f.). Daß dieser Versuch ein utopischer war, der die tatsächlichen Schwierigkeiten, die sich einer einheitlichen Schriftnorm seitens der stark differenzierten theodisken Stammessprachen entgegenstellten, unterschätzte, zeigt die weitgehende und notwendige Zerstörung des Orthographiesystems in den bairischen und alamannischen Adaptationen der Übersetzungen. Dies mindert aber wiederum nicht die Leistung des ersten fränkischen Grammatikers.

Orte literarischer Interessenbildung und literarische Formen III: Literatur im Kontakt zwischen Laien und Klerus

Kontaktzonen

Pastoraler Kontakt und seelsorgende Kommunikation zwischen Laien und Klerus zu formalisierten und offiziellen Anlässen wie Messe, Taufe, Beichte hatten sich im Rahmen des Priesteramtes und der Priesterpflichten schon stets ereignet, hatten auch seit den Zeiten des großen Karl – wie soeben dargestellt – zur Etablierung volkssprachiger Literaturformen geführt. Doch blieb dies ein auf rudimentäre Bildungsziele beschränkter einseitiger Austausch, eine auf das Notwendige beschränkte Gabe der elitären Amtskirche an die *rustici*, die „ungebildeten" Glieder des großen Corpus Christi, das die Kirche zu sein beanspruchte. Dieser Kontakt ist im folgenden nicht gemeint, sondern jene sich im Laufe des späteren neunten Jahrhunderts entwickelnde neue Qualität der Verständigung zwischen Klerus und Laien, zwischen pergamentener und mündlicher Kultur, die neue Formen der Literatur und der literarischen Wirkung provozierte, kirchliche Formen verwandelte, mit Formen der mündlichen Dichtung amalgamierte, Bibel zu Dichtung und Epos, Liturgie zur von Laien mitgetragenen Paraliturgie werden ließ – wobei nicht verkannt werden darf, daß die so entstehenden neuen Formen volkssprachiger Literatur auch auf die illiteraten, des Lateins unkundigen Schichten innerhalb der Zitadellen der Kleriker und Mönche, in Stiften und Klöstern haben wirken können.

Zonen der Vermittlung zwischen laikaler und klerikaler Kultur erwuchsen früh aus der Sorge vor allem des laikalen Adels um Teilhabe am Heiligen. Der repräsentative und damit auch Herrschaft repräsentierende Zug adliger Frömmigkeit des Mittelalters ist nicht zu übersehen: frühe Formen sind Eigenkirche, ja Klostergründung, Grab in der Kirche eines wirkmächtigen Heiligen, Seelenpflege durch das Gebet der Mönche, *elemosyna*-Schenkungen („Almosengabe") zum eigenen Seelenheil an den heiligen Kirchenpatron und himmlischen Fürbitter. Seit der Karolingerzeit ist bezeugt, wie der herrschaftstragende Reichsadel selbst Reliquienschätze ansammelt, Heil akkumuliert. In einer Art *translatio* („Übertragung") des Heils, die der politischen *translatio* des römischen Kaisertums ins Frankenreich parallel läuft, werden vor allem römische und italienische Märtyrerreliquien importiert. Dies gehört geradezu zum Habitus des fränkischen, christlichen Adligen der Karolingerzeit. Es ist bezeichnend, daß der sächsische Adel nach seiner Bekehrung in einer spektakulären Serie von Translationen den fränkischen Habitus des Heilserwerbs übernommen hat. Zum Stil der Manifestation der neuen Frömmigkeit konnte neben dem Attachement an ein großes Kloster oder bischöfliches Zentrum, das sich auch im Eintritt von Familienmitgliedern in diese kirchlichen Institutionen äußerte, die Eigenkirche, ja die kleine mit Klerikern besetzte, mit Reliquiengrab gerüstete *cella* oder das Kleinkloster beim Herrschaftszentrum gehören, wie sie uns in den Schenkungen fränkischer und alamannischer Adliger an den Abt und Reichskaplan Fulrad von St. Denis bereits 777 entgegentreten – etwa St. Vitalis in Esslingen. Ja, in karolingischer Zeit verfügen – worauf schon hinzuweisen war (s. S. 59) – der Reichsadel, aber auch regionale Grafenhäuser gelegentlich über eine *capella*, mit einem für die Betreuung der Sakramente, der Reliquien, der Seelsorge und auch der Bibliothek zuständigen *capellanus*, so daß damit auch mancher laikale *illiteratus* durch die *lectio* („Lesung") des Geistlichen in den Genuß religiöser Bildung kommen konnte. Für Herrscherhöfe wie die Kaiser Lothars I. (817–855) und König Ludwigs des Deutschen (833–876) werden sogar theologisch gebildete und zur Kritik und *emendatio* („Verbesserung") theologischer Fachliteratur fähige *lectores* („Vorleser") erwähnt.

In Fürstenspiegeln und Adelsethiken, in Gebetbüchern, Psaltern, Evangeliaren, Bußbüchern und Legendaren in adligem Privatbesitz deutet sich das Streben des hofnahen Laienadels nach neuen Lebensformen an, die sich an klerikalen Idealen ausrichteten. So trifft man in der Bibliothek des Grafen Ekkehard von Autun um 876 neben einem *libellus cum orationibus et psalmis* („Büchlein mit Gebeten und Psalmen") und vielem anderem sogar ein *evangelium theudiscum* („volkssprachige Evangelienübersetzung oder -dichtung"). Über die Andachtsgewohnheiten des Grafen Rorico von Maine († 841), eines Verwandten des karolingischen Herrscherhauses, heißt es in den ‚Miracula S. Mauri' („Wunder des hl. Maurus") des Mönchs Odo von Glanfeuil, daß er sich nach dem Genuß der Morgenhymnen in einer bei seinem Hofe erbauten Kirche „heiligen Betrachtungen" (*divinis theoriis*) hinzugeben pflegte (s. S. 45). Hier haben wir alle Elemente beisammen: Kirche beim Herrenhof, Anlehnung an den von kanonischen Gebetszeiten (hier Matutin) geprägten monastischen Frömmigkeitsstil und versuchte Verinnerlichung der Lehre durch Kontemplation – *trûren* nennt das Otfrid von Weißenburg bei seiner Schilderung der adlig stilisierten, den Psalter singenden Gottesmutter wenig später.

Besonders in der Fastenzeit, der Quadragesima, widmeten sich auch hochgestellte Laien religiöser Lektüre, ob sie nun selbst lesen konnten oder ob sie ihnen – wie sicherlich häufiger – vorgelesen wurde. Hrabanus Maurus übersendet 843/45 einen Kommentar zu den Lobgesängen des nächtlichen Stundengebets an Ludwig den Deutschen, begleitet von dem Wunsch, der König möge sich dieser Lektüre vor allem in den Tagen der Quadragesima hingeben. Kaiser Lothar äußert gegenüber demselben Gelehrten, daß es seine Gewohnheit sei, sich während der Quadragesima dem Studium „göttlicher Lesungen" hinzugeben. Karl der Kahle erbat vom Hraban-Schüler Lupus von Ferrières Erbauungslektüre für die Fastenzeit.

Natürlich sind auch Adelskonversionen zum Mönchtum bezeugt: der Eintritt des Hausmeiers Karlmann, des Onkels Karls des Großen, in Montecassino (747) und die Bekehrung Kaiser Lothars drei Tage vor seinem Tode zum Mönch im karolingischen Hauskloster Prüm (855) sind nur spektakuläre Beispiele. Ein Normalfall ist jener kleine Grundherr Gervolc, der 862 unter Schenkung von zwei Bauernhöfen im Bliesgau in das Kloster Weißenburg eintritt. Eine weitere Bindungsform offenbart eine St. Galler Urkunde des Jahres 873, nach der ein Laie Willebold, schon ein alter Mann, seinen im Thurgau gelegenen Besitz unter der Bedingung an das Kloster schenkt, daß man ihn im „Gästehaus" der Abtei bis zu seinem Lebensende nähre und pflege. Andere *religiosi viri* („fromme Männer") oder *religiosae feminae* („fromme Frauen"), vor allem Witwen, leben in lockerer, zu besonderem Verhalten und monastischem Frömmigkeitsstil verpflichtender Assoziation mit großen Klöstern auf ihrem Hofe, so mehrere adlige Damen aus dem Umkreis des Bonifatius († 754) und um 853 Erkanfrida, die Witwe des Trierer Grafen Nithad, die sich dem Kloster St. Maximin verband. Aber auch bei den Klöstern selbst gab es Laien, die in ständigem nahen Kontakt mit den heiligen Stätten lebten. So berichtet Liudger, Bischof von Münster (804–809), in seiner Vita des Bonifatius-Schülers Gregor (c. 5) davon, daß es zu Zeiten des Abtes Sturmi († 779) in Fulda neben 400 Mönchen eine gewaltige Menge von *pulsantes* („Aspiranten") und *personae minores* („armen Leuten") gab, die in verschiedenster Weise betreut werden wollten. Schließlich hat gerade für Fulda, aber auch für andere Klöster gültig, die historische Personenforschung zeigen können, daß Mönche während ihres lebenslangen Aufenthaltes im Kloster weiterhin Kontakte zu den ihnen vertrauten Personenkreisen außerhalb der Klausur, zu Freunden, zu Verwandten, zur näheren Familie pflegten, die sich auch im Eintritt von jüngeren Sippenangehörigen im Kloster äußern konnten, vor allem aber intensive Kontaktzonen zwischen laikaler und klerikaler Kultur schufen.

Zonen der Durchdringung von Laientum und Klerus ergaben sich auch aus der Grundherrschaft von geistlichen Institutionen, zu deren *familia* eine Unmasse laikaler Abhängiger, Bauern, Handwerker, aber auch Vasallen, Krieger und Lehnsleute gehörten. Von einem Kloster wie St. Gallen hörten wir (s. S. 169), wie intensiv – bis hin zur Erziehung der Kinder – sich die Institution um die Bildung und Seelenpflege der Vasallität sorgte. Priestermönche versahen zudem an den Eigenkirchen der Grundherrschaft die pastoralen Pflichten der *familia*. Die Beziehungen zwischen Kirche und laikaler Umwelt kulminierten im Fest, im heiligen Tag, seien es nun die großen Kirchenfeste des Jahres wie Weihnachten, Ostern und Pfingsten oder die Tage der Heiligen oder die Prozessionstage und das Kirchweihfest. Zahlreich sind die Schenkungen, die Könige und Adlige anläßlich ihres Besuches am heiligen Tag eines Klosters, einer Kirche signierten. Wer etwa die zu Tausenden erhaltenen Urkunden des bedeutenden rheinischen Klosters Lorsch durchsieht, kann förmlich statistisch die Massierung von Schenkungen an den heiligen Tagen des Jahres, vor allem am Fest des Klosterpatrons Nazarius, und damit auch den Besuch bedeutender regionaler Adelsgruppen in „ihrem" Kloster beobachten.

Der Besuch konnte sich bis zur temporären *imitatio* („Nachahmung“) des monastischen Habitus steigern. Ekkehard IV. von St. Gallen (‚Casus S. Galli‘, c. 136) erzählt aus eigenem Erleben für das spätere zehnte Jahrhundert, „daß Grafen und andere mächtige Herren, Gefolgsleute auch von St. Gallen, um der Freude willen, an Festtagen unseren Prozessionen durch das Klosterinnere zu folgen,... in Mönchsröcke gehüllt mit uns marschierten, wohin wir nur immer gingen. Und auch im Refektorium habe ich ihrer acht, die freilich verdiente Männer waren, an einem Ostertag beim Abt und bei den Dekanen im Mönchshabit zu Tische sitzen sehen“ (Übersetzung von Hans F. Haefele). Selbstverständlich haben sie damit auch an den geistlichen Tischlesungen teilgenommen.

Die volkssprachige Bibeldichtung der Karolingerzeit – weder die altsächsischen ‚Heliand‘ und ‚Genesis‘, weder Otfrids fränkische Evangelienharmonie noch die bayrische Endzeitdichtung ‚Muspilli‘, um nur die umfangreicheren Werke zu nennen – ist ohne die Existenz der Vermittlungszonen zwischen Laien und Klerus nicht denkbar. Ja, der heilige Tag erweckte seine eigene Dichtung in der Sprache des Volkes, die von mündlichen bis zu litteraten Formen reichte: die Heiligenlieder. Und im tiefen, aber an die körperlichen und wirtschaftlichen Grundbedürfnisse der Menschen rührenden, magischen Grund der Religion, dort wo heidnische und christliche Formen austauschbar wurden oder miteinander verschmolzen, entstanden und lebten – von Generation zu Generation weitergegeben und neu geformt – Zauber und Segen.

Bibeldichtung

Schon einmal, in den Frühzeiten des Christentums, in anderem Sprachgewand, hatte – wie einer der Autoren, Juvencus (um 325) war es, schrieb – das „göttliche Gesetz“ den „Schmuck menschlichen Ausdrucks“ angenommen, war das Wort Gottes Dichtung, *sacra poesis* („heilige Dichtung“), geworden. Formal an der Dichtung der römischen Klassik, an Vergil, Ovid und Lukan orientiert, befriedigte die spätantike lateinische Bibelepik in der Poetisierung der heiligen Geschichte den Geschmack eines gebildeten Publikums, zugleich aber ersetzte der christliche Epiker die anstößigen Stoffe heidnischer Mythologie und Heldensage durch die Botschaft des Heils, erfüllte er die bloß formale heidnische Poesie mit dem Inhalt gültiger Wahrheit. Paulinus von Nola (353/4–431) formulierte, daß es „dem christlichen Dichter wohl anstehe, Größeres zu besingen, die Erschaffung der Welt und des Menschen, die Gesetzgebung des Moses, den neuen Bund mit Gott in der Erlösung durch Christus“. Viele Motive und Strukturen, welche die karolingische volkssprachige Bibeldichtung prägen, sind in der spätantiken Bibelepik schon vorgebildet: Episierung und Rhetorisierung der heiligen Schriften richten sich an ein theologisch nicht durchgebildetes Publikum, dem es mehr zu erzählen denn zu erklären galt. Durch wachsende

Integration der geistlichen Bedeutungsschicht in die Erzählung wird das Bibelepos zum Andachtsbuch, dient der Paränese und Erbauung der Leser und Hörer. Das unter völligem Primat des Inhalts beibehaltene luxuriöse traditionelle Formgewand steigert die Erbauung. So dichtete Prudentius (404/05) – die horazische Poetik des *prodesse et delectare* („nützen und erfreuen") interpretierend – „zur Erfreuung wie auch zugleich zur Ermahnung des Lesers". Im Kern ist hier die christliche Poetik der Erbauung, die Bibeldichtung erst ermöglicht, schon formuliert.

In der Karolingerzeit bildete sich ein Kanon von fünf Dichtern aus, die ihren Rang vor allem ihrer dominierenden Stellung in der Schullektüre verdankten (vgl. S. 177): Iuvencus, Alcimus Avitus, Sedulius und Arator, allen voran aber der Spanier Prudentius. Diese kanonischen Autoren hatten ein klassisches, auch von der volkssprachigen Dichtung der Karolingerzeit kaum verändertes Themenspektrum bearbeitet: Genesis und Exodus, die Evangelien und die Apostelgeschichte; dazu kam die im Gewande einer Heldendichtung versifizierte Tugendlehre des Prudentius, die ‚Psychomachia'. Die große Wirkung dieser kanonisch gewordenen, christlichen Dichtung par excellence bezeugen zahlreiche Handschriften, poetische Bibelwerke, aber auch die zahllosen Zitate und Reminiszenzen, die mittelalterliche Autoren aus ihr schöpften.

Schriftsteller wie Florus von Lyon († um 860) und Milo von St. Amand († um 871/72), Zeitgenossen Otfrids und des ‚Heliand'-Autors also, griffen mit eigener Bibeldichtung auf die Formen der Spätantike und die ihr eigenen, auf Erbauung zielenden Motive zurück. Allerdings wird hier nicht mehr für eine theologisch ungebildete Schicht von Laien produziert, sondern für eine an der frühchristlichen Dichtung bereits geschulte Gruppe klerikaler Intellektueller. Die Folge dieser Verschiebung für die Form der Bibeldichtung – weniger Erzählung als feiernde Memorierung bereits als bekannt vorausgesetzter Inhalte – werden noch deutlicher in der im 9. Jahrhundert anschwellenden strophischen Gattung der *Rithmi*, akzentuierend (d.h. betonte und unbetonte Silben unterscheidend), nicht metrisch (d.h. lange und kurze Silben unterscheidend) gebauten Liedern, die man als paraliturgische monastische, wohl zur klösterlichen Tischlesung an Festtagen bestimmte Texte ansprechen muß. Sie verarbeiten vorwiegend kurze erbauliche *historiae* („Geschichten") des Alten und des Neuen Testaments, z.B. ‚Judith und Holofernes', ‚Jakob und Joseph', ‚Enoch und Elias', ‚Mariae Verkündigung', ‚Christi Geburt', ‚Vom reichen und armen Lazarus', ‚Von Passion und Auferstehung des Herrn', ‚Von der Wiederkunft des Herrn und seinem Gerichtstag' usw.; sie erweitern damit auch beträchtlich das Themenspektrum der kanonischen Bibeldichtung.

Alle lateinische Bibeldichtung der Karolingerzeit wird an Bedeutung, ja allein schon an Umfang von den volkssprachigen Bibelepen übertroffen: Otfrids ‚Liber evangeliorum' („Buch der Evangelien") mit seinen 7104 Langzeilen, der altsächsische ‚Heliand', der Fragment geblieben ist, mit seinen 5983 Stabreimzeilen sind mit Abstand die größten Epen der Karolingerzeit. Sie sind die einzigen, die ihrem Anspruch nach an der spätantiken

Bibeldichtung gemessen werden können. Dabei sind beide und auch die altsächsische ‚Genesis‘ keine Nachahmungen der lateinischen Dichtungen; in Auswahl, Anlage und Formulierung verfahren sie völlig eigenständig. Ihre – von Otfrid auch explizit reflektierte – Vergleichbarkeit liegt in der literarhistorischen Situation, in gattungstheoretischer Vorbildhaftigkeit. Auch hier erzwingt die in der lateinischen Vorrede des ‚Heliand‘ und in Otfrids volkssprachiger Einleitung deutlich formulierte Blickrichtung auf die *illiterati* die Episierung des Bibelworts – die heilige Geschichte muß plastisch und als szenische Vorlage frommer Andacht erzählt werden. Auch hier – bei Otfrid deutlicher als in ‚Heliand‘ und ‚Genesis‘ – leistet die Integration der geistlichen, exegetischen Bedeutungsschicht die Erarbeitung einer neuen, so vom biblischen Text nicht erreichbaren Qualität der Erbauung durch Dichtung. Auch hier schließlich handelt es sich um reflektierende, vor allem die Form reflektierende Dichtung, echte Buchepik mithin: das äußert sich im ‚Heliand‘ in der Steigerung ererbter germanischer Stabreimform zu einem konsequenten, Variation und Enjambement systematisierenden künstlerischen Mittel („Hakenstil“), in Überlegungen zur perikopenartigen Gliederung und zum Einbezug der Allegorese in der Vorrede. Otfrid gar hat nicht nur ein raffiniertes System der Korrespondenz und Verkettung von sich gelegentlich zu Andachtsbildern steigernder Erzählung und theologischer Exegese erfunden, er stellt auch legitimierende Überlegungen zur Grammatik und zur Orthographie seiner „barbarischen“ fränkischen Sprache im Vergleich zum Latein an: Zwar will sie sich den klassischen Regeln nicht fügen, doch verfügt sie über ihre eigene *slihti* („Ebenmaß“). Das gilt auch für das von ihm gewählte Versmaß, den Reimvers (vgl. S. 300): zwar erfüllt er formal nicht die Bedingungen des antiken sechsfüßigen Hexameters, doch übertrifft er durch seinen Inhalt das antike Vorbild bei weitem. Otfrids christliche Dichtung besteht aus Hexametern des Gehalts: ihr eigentliches Metrum ist die sich in sechs Zeittakten, den Weltaltern, vollziehende Heilsgeschichte. In diesen sechs Zeiten der Welt seine Füße nach Gottes Gebot zu setzen, wie es der Beginn des 118. Psalms feiert, ist mehr, als die sechs Versfüße des Hexameters zu füllen. Der wahre, der christlich schöne „Vers“ erfüllt sich nicht in metrischer Regel, sondern in der Regel des göttlichen Gesetzes und empfängt seine Schönheit aus der siebenten Zeit, der jenseitigen Zeit der Ruhe und Kontemplation im Angesicht Gottes (I, 1, 35ff.). Doch über die spätantike Bibelepik hinaus setzt die Ästhetik der Erbauung hier ihre Primate: Die Reflexion der metrischen Form führt zum Primat des Inhalts, ja zur Auflösung der kanonischen Form in Inhalt; der Einbezug der geistlichen Bedeutung in die Erzählung etabliert den Primat der Andacht und setzt die epische Logik hintan.

Der Weißenburger *magister*, der Schulleiter Otfrid, hat in seinem lateinischen Widmungsschreiben an seinen geistlichen Vorgesetzten, Erzbischof Liutbert von

Mainz (863–889), die literarhistorische Bindung seines eigenen Unternehmens an die spätantike Bibelepik, ja darüber hinaus die Vergleichbarkeit der poetischen Initiation der fränkischen Sprache durch ihn mit dem Beginnen der klassischen Autoren Roms bewußt angesprochen und sich in eine legitime Tradition eingeordnet. Seine Mäzene, die ihn zu seiner poetischen Evangelienharmonie bewegten, hätten klagend hervorgehoben, „daß die Dichter der Heiden, wie zum Beispiel Vergil, Lucan und Ovid und sehr viele andere, von deren Werken wir es in der Welt heute wimmeln sehen, die Taten der Ihrigen in ihrer Muttersprache verherrlicht hätten; sie lobten auch die Leistungen von hervorragenden Vertretern unserer Religion, von Juvencus, Arator, Prudentius und vielen anderen, die in ihrer Sprache die Worte und Wunder Christi in würdiger Weise rühmend dargestellt hätten; wir dagegen, so sagten sie, seien, obwohl doch mit demselben Glauben und derselben Gnade ausgestattet, zu träge, den herrlich strahlenden Glanz der Worte Gottes in unserer eigenen Sprache an den Tag zu bringen" (Übersetzung nach Fidel Rädle). Kaum zufällig nannte hier Otfrid vor anderen Juvencus, der eine vorwiegend erzählende Evangeliendichtung schuf, den exegetisch deutenden Arator und Prudentius, dem es um die poetische Umsetzung ethischer Postulate ging: diese Autoren waren geeignet, die Verbindung von Erzählung und Exegese in seiner Bibeldichtung zu legitimieren, zugleich seine eigene pastorale Intention zu stützen, der Leser möge, „da er nun das Gesetz in seiner eigenen Sprache verstehe, sich dementsprechend davor hüten, in seinem eigenen Herzen auch nur ein klein wenig davon abzuweichen".

Noch einmal hatte die volkssprachige Bibeldichtung der Karolingerzeit die Aufgabe zu lösen, die der spätantiken *sacra poesis* nach der konstantinischen Wende und der Anerkennung des Christentums als offizieller Religion zugefallen war: die Destruktion und Überbietung des heidnischen Epos der eigenen, heimischen Kultur. Nur war es hier nicht Vergil, sondern die mündliche Dichtung der Skops und des Adels, die es zu überwinden, und nicht ein litterates, sondern ein illiterates Publikum, das es anzusprechen galt. In den altsächsischen Bibelepen, im bairischen ‚Muspilli' entschied man sich erneut für die Erneuerung der Inhalte bei prinzipieller Bewahrung der von den Adressaten als kanonische Norm geschätzten Ausdrucksform des germanischen Stabreimes. Nur Otfrid scheint – wie immer man seinen Anteil an der Schöpfung des althochdeutschen Reimverses beurteilt – radikaler mit der einheimischen Tradition gebrochen zu haben, indem er sich der heimischen Alliterationspoesie verweigerte. Dem Anspruch nach orientierte er sich zum einen an der antiken Dichtung, die in der Volkssprache zwar nicht in ihrer formalen Vollendung, aber doch in der christlichen Schönheit und Heiligkeit des Inhalts der neuen Dichtung erreicht werden konnte. Doch zugleich war sich Otfrid bewußt, daß auch sein Epos, so wie die christlichen Dichter der Spätantike die *vates gentilium* („Dichter der Heiden") zu ersetzen suchten, in Konkurrenz zur heimischen weltlichen Dichtung stand. Explizit hat er in seinem Approbationsschreiben an Erzbischof Liutbert als eine der Intentionen seines Evangelienbuchs bezeichnet, den *laicorum cantus obscoenus* („anstößigen Gesang des Laienvolkes") zu ersetzen.

Otfrid bezieht den Gedanken der Verdrängung der laikalen Dichtung unmittelbar in die Genese seines Unternehmens ein: „Als vor einiger Zeit etliche in Frömmigkeit bewährte Männer den Vortrag unnützer Geschichten vernehmen mußten (*rerum... sonus inutilium*) und der anstößige Gesang des Laienvolkes sie in ihrem heiligen Sinn belästigte, baten mich einige Brüder, die ein Gedenken verdienen, vor allem aber beschwor mich eine verehrungswürdige vornehme Frau namens Judith immer wieder mit ihren Bitten, ich möchte ihnen doch eine Auswahl aus den Evangelien in der Volkssprache schreiben. Der Vortrag dieser Dichtung (*huius cantus lectionis*) sollte – soweit möglich – die Spielereien der weltlichen Sänger (*ludum saecularium vocum*) ausschalten und die Menschen so von der Süßigkeit des Evangeliums in ihrer eigenen Sprache gefangennehmen, daß sie der Belästigung durch den Vortrag unnützer Geschichten (*sonum inutilium rerum*) zu entgehen wüßten" (Übersetzung nach Fidel Rädle). Ganz eindeutig ergibt sich als Gemeinsamkeit der Evangeliendichtung und der weltlichen Dichtung ihr musikalischer Vortrag; hierin liegt die formale Vergleichbarkeit und die Kontinuität beider. Die Irritation, die von der weltlichen Dichtung für den heiligen Sinn der „in Frömmigkeit bewährten Männer" ausgeht, liegt in der *res* des Vortrags, im Inhalt also, begründet. Er ist in einem christlich-theologischen Sinne „unnütz", d.h. ohne Nutzen für das Heil des Menschen. In diesem Sinne auch können die Darbietungen der weltlichen Sänger *obscoenus* genannt werden und entbehren der *dulcedo* („Süße") oder althochdeutsch der *suazi*, des die Seele erbauenden Heilsgehaltes, wie Otfrid an anderen Stellen seines Werkes oft genug ausführt. Der Begriff *obscoenus* – oft verschwistert mit *turpis* „häßlich, scheußlich", also mit einem aus der christlichen Ästhetik der Erbauung begründeten Werturteil – erscheint mehrfach in vorkarolingischer und karolingischer Synodalgesetzgebung und in den davon abgeleiteten bischöflichen Pastoralinstruktionen. So reden während der karlischen Reformsynoden des Jahres 813 in offensichtlich bis in den Wortlaut von der Aachener Zentrale vorgegebener Formulierung zwei Kirchenversammlungen davon, daß Kleriker die „Unverschämtheiten der scheußlichen und anstößigen Späße" der Spielleute fliehen und die Gläubigen vor ihnen warnen sollten. In Verfolgung dieser pastoralen Angriffe warnt auch die Pariser Reformsynode von 829 die Gläubigen eindringlich, sich wie vor anderen Lastern auch vor *obscenis turpibusque canticis* zu hüten. Ja, die karolingischen Pastoralinstruktionen verbieten mehrfach, daß Priester oder Kleriker selbst solche Gesänge – z.B. anläßlich einer Einladung zu einem Gastmahl – praktizieren; stattdessen sollten sie – wie Theodulf von Orléans empfiehlt – ihre Gastgeber geistlich erbauen (vgl. S. 63). Die Quellen lassen keinen Zweifel daran, wo sonst noch der *cantus obscoenus* die Ohren der Frommen beleidigen konnte: an den Festen der Heiligen, an Kirchweihfesten, im Vorhof und Bannkreis der heiligen Stätten (vgl. auch S. 331), in den Kontaktzonen zwischen Klerus und Laien also. So bestimmt die aus der karlischen Reform erwachsene ‚Admonitio Synodalis' („Synodale Vermahnung") in einer typischen und die tatsächliche Situation spiegelnden Formulierung, „der Gesang und die Reigentänze der Weiber sowie die Aufführungen der Spielleute und überhaupt Lieder (*canciones*) seien sowohl in der Kirche als auch im Vorhof (*in atrio*) zu verbieten". Den eigentlichen vom Inhalt ausgehenden Anstoß aktualisiert jedoch noch einmal die ‚Sächsische Beichte' (s. S. 249), wenn sie die *turpia... cantica* ihrer Vorlage mit *hethinussia ... sespilon* („heidnischen Liedern") übersetzt: die heidnischen Relikte der weltlichen Dichtung waren es, welche die „Heiligkeit" der Frommen zu beschädigen drohten. Diesen Kreisen – Otfrid eingeschlossen – ging es um die Unantastbarkeit des *sacrum*, der heiligen Orte, Zeiten und des heiligen Sinnes der Diener und Freunde Gottes.

Der Kampf gegen die „weltlichen Gesänge“ war auch eine genuin monastische Aufgabe. Jeder Mönch kannte aus der täglichen Tischlesung die erbaulichen ‚Collationes patrum‘ („Gespräche der Mönchsväter“) des Mönchsvaters Cassian († 430/35) und seine Klagen über „die Lieder der Dichter, ihre nutzlos tändelnden Erzählungen und Kriegsgeschichten“, welche den reinen Sinn der Frommen bedrohten. Die Klage des Lateiners Cassian über die heidnischen Bildungsreste wußten die theodisken Mönche der Karolingerzeit sicherlich auf ihre eigene analoge Situation zu übertragen – so wie Alkuin im Jahre 797 den Leiter des angelsächsischen Klosters Lindisfarne mahnt, daß man dort das Wort Gottes und nicht etwa die Zither zu hören habe, die „Lehren der Väter“ und nicht die „Lieder der Heiden“, denn: „Was hat Ingeld“ – Held einer germanischen Sage – „mit Christus zu schaffen?“

In seinem Widmungsbrief an Erzbischof Liutbert und vor allem in seinem programmatisch einleitenden Kapitel (I, 1), das er mit „Warum der Schreiber dieses Buch in der Volkssprache dichtete“ überschrieb, hat Otfrid den hochverehrten *edilzungun*, den edlen, ja heiligen Sprachen der Griechen und Römer die Sprache der Franken beigestellt, die ihre *rectitudo*, ihr „Richtmaß“, aus dem heiligen Inhalt, der in ihr verkündet werde, beziehe. Hatte nicht die Frankfurter Synode von 794 festgestellt, daß Gott in jeder Sprache gelobt werden könne? Hier endlich – drei Generationen später – zieht jemand literarische Konsequenzen aus dieser Position der karlischen Theologen. *Wánana sculun Fránkon éinon thaz biwánkon, ni sie in frénkisgon bigínnen, sie gotes lób singen?* („Warum sollen Franken davon Abstand nehmen, warum sollen sie nicht beginnen, in fränkischer Sprache Gottes Lob zu singen?“). Otfrid hat den Begründungsstrategien der spätantiken Bibeldichtung neue hinzugefügt. Sie resultieren aus der historischen Stellung der Franken, aus ihrem Rang, den sie in Geschichte und Heilsgeschichte einnehmen (vgl. S. 5f.). Die Franken teilen den gleichen Glauben mit den Römern. Sie sind aber auch als Krieger und Bauern, im Bereich der Wirtschaft und der Herrschaft, in ihrer von Gott gegebenen und durch ihre Gottesfurcht beständigen Geschichtsmächtigkeit den Reichsvölkern des Altertums gleich geworden. Die *translatio imperii* („Übertragung der Herrschaft“) zieht die *translatio studii* („Übertragung der Bildung“) nach sich. Auch Literatur, vor anderem die *sacra poesis*, ist Repräsentant der Herrschaft. Otfrids Evangelienbuch versteht sich explizit als gentile Dichtung des fränkischen Reichsvolks (I, 1, 113ff.):

Nu will ih scríban unser héil, evangéliono deil,
so wír nu hiar bigúnnun, in frénkisga zungun;
Thaz síe ni wesen éino thes selben ádeilo,
ni man in íro gizungi Kristes lób sungi;
Joh er ouh íro worto gilóbot werde hárto,
ther sie zímo holeta, zi gilóubon sinen ládota.

Ist ther in íro lante iz álleswio nintstánte,
in ánder gizúngi firnéman iz ni kúnni:
Hiar hor er ío zi gúate, waz gót imo gibíete,
thaz wír imo hiar gisúngun in frénkisga zúngun.
Nu fréwen sih es álle, so wer so wóla wolle,
joh so wér si hold in múate Fránkono thíote,
Thaz wir Kriste sungun in únsera zungun,
joh wir ouh thaz gilébetun, in frénkisgon nan lóbotun!

(„Nun will ich unser Heil schreiben, eine Auswahl aus den Evangelien, wie wir es hier begannen, in fränkischer Sprache, damit die Franken nicht als einzige darauf verzichten müssen, daß man in ihrer Sprache Christi Lob singe, damit vielmehr auch in einheimischen Worten er gelobt werde, der sie zu sich lud, sie in seinem Glauben versammelte. Wenn es nun jemand in ihrem Land gibt, der es anders nicht versteht, der es in anderer Sprache nicht vernehmen kann: der höre hier nun zu seinem steten Heil, was Gott ihm gebietet, wie wir es ihm hier sangen in fränkischer Sprache. Nun mögen sich alle freuen, die guten Willens sind, alle, die dem fränkischen Volk geneigten Sinn bewahren, daß wir Christus in unserer Sprache besangen, und daß wir erlebten, wie sein Lob auf Fränkisch erklang!"). Otfrid und mit ihm die Franken feiern die Epiphanie der neuen heiligen Dichtung, des gentilen Epos der Franken. Sein Held, der Held des christlichen Reichsvolkes heißt Christus. Auch in diesem Sinne übertrifft und vernichtet die Evangeliendichtung die törichten Helden der weltlichen Sänger, des *cantus obscoenus laicorum.*

Hier erfährt – das gilt auch für den altsächsischen ,Heliand' – eine von mündlicher Überlieferung und mündlicher Dichtung zutiefst geprägte Gesellschaft eine neue, unveränderliche Geschichte, die über die Anfänge des Menschen, seine Herkunft, seine Aufgaben, Pflichten und Möglichkeiten Auskunft gibt, die das Gesetz des Lebens, die Normen des Verhaltens aus göttlichem Ursprung, nicht wie die Heldendichtung aus menschlichem Herkommen legitimiert, und dem heillosen Geschehen der alten Sagen eine heilvolle, sich in gewisser Zukunft vollendende Botschaft gegenüberstellt.

Wer ersann dieses so unmittelbar an die Hoffnungen des Frankenreichs, an den Ruhm der Franken geknüpfte Programm volkssprachiger Bibeldichtung, das sich seit etwa dem vierten und fünften Jahrzehnt des neunten bis in den Beginn des zehnten Jahrhunderts in den altsächsischen ,Heliand' und ,Genesis', in Otfrids fränkischem Evangelienbuch, im bairischen ,Muspilli' und schließlich in den späten kleinen Texten des ,Psalm 138' und der gereimten Perikope von ,Christus und der Samariterin' entfaltete? Es gab Vorläufer heimischer, mündlicher Bibeldichtung, wie wir sie im ,Wessobrunner Schöpfungshymnus' noch zu fassen glauben (s. S. 243). Aber dieses Fragment gelangte funktionsentfremdet und zufällig auf das Pergament. Der Durchbruch der volkssprachigen Bibeldichtung zur Literatur dagegen ist nicht denkbar ohne die Unterstützung des fränkischen Königtums. Die Praefatio („Vorrede“) des ‚Heliand‘ führt diesen auf die Initiative eines fränkischen *augustus Ludowicus*, Ludwigs des Frommen (814–840) oder Ludwigs des Deutschen (833–876), zurück. Otfrids Dichtung ist fest eingebunden in den Hofkreis Ludwigs des Deutschen: sein Werk widmete er dem König in einem das Davidskönigtum Ludwigs verherrlichenden Preislied (vgl. S. 144); er widmete es zugleich dem Erzbischof Liutbert von Mainz (863–889), Mönch der Reichenau, aber auch bedeutender Politiker des ostfränkischen Reiches, seit 870 Erzkaplan und Erzkanzler des Königs und damit Vorsteher der Hofkapelle, des obersten Leitungsorganes des Reiches; er widmete es Bischof Salomo I. von Konstanz (839–871), einem weiteren Politiker aus dem Umkreis des Königs und wohl ehemaligen Mitglied der Hofkapelle; er widmete es schließlich den St. Galler Mönchen Hartmuot, *proabbas* („Abtsstellvertreter“) des Klosters, und Werinbert, einem *magister* („Lehrer“) des Klosters. St. Gallen und Weißenburg standen zusammen mit dem schwäbischen Ellwangen unter dem Abbatiat des ehemaligen Reichenauer Mönchs Grimald, dem Vorgänger Liutberts als Erzkanzler und Erzkaplan (833–870). Er hatte schon nach 833 zwei Weißenburger Mönche in die königliche Kanzlei eingeführt. War vielleicht Otfrid unter ihnen – wie vermutet worden ist? Jedenfalls schrieb er ihm in seinem preisenden Widmungsgedicht (Ad Lud. 87): *Themo díhton ih thiz búah* („Für ihn, in seinem Auftrag verfasse ich dies Buch“) und fuhr fort: „Wenn er nun diesem Werk seine Aufmerksamkeit zuwendet und das dadurch beweist, daß er Anweisung gibt, es vorzutragen, so kann er in diesen Worten das Evangelium hören und was Christus dem Frankenvolk gebietet.“ Otfrid richtete also an den König einen Publikationswunsch, arbeitete gar wohl in seinem Auftrag. Zumindest muß die Zustimmung seines Abtes Grimald, des mächtigsten Mannes am Hofe, vorgelegen haben. Otfrid wußte, daß die Intentionen seines Frankenevangeliums ohne die Unterstützung des Hofes nicht zu erfüllen waren. Es ist kein Zufall, daß Otfrids Preis auf Ludwig den Deutschen mit den gerade in Grimalds „Taschenhandbuch für den Hofdienst“ (Codex Sangallensis 397, nach Bernhard Bischoff) überlieferten, vor 858 entstandenen ‚Laudes‘ („litaneiartige Lobgesänge“) auf den König in Konzeption und Details Übereinstimmungen zeigt. Es wird schließlich kein Zufall sein, daß auch das dritte größere althochdeutsche religiöse Gedicht, das bairische ‚Muspilli‘, noch zu Lebzeiten Ludwigs am Pfalzort Regensburg in eine dem König gehörende Handschrift eingetragen wurde.

Ludwig der Deutsche wollte seinem Selbstverständnis nach wie sein Großvater *rex litteratus* („ein in der Kenntnis und Schätzung der Literatur erzogener König“) sein. Sein Hof, seine Beziehungen zu bedeutenden *magistri*, Autoren und Theologen waren von diesem Selbstverständnis geprägt. Schon 833/34 entstand für ihn im Kloster Weihenstephan beim bayrischen Freising das ein Quellwunder feiernde ‚Carmen de Timone comite‘ („Lied über den Grafen Timo“). Er rief 840 den gelehrten Ratleik, den früheren Notar Einhards (s. S. 94), als Oberkanzler an seinen Hof. „Der junge Herrscher muß sich früh den Ruf teilnehmenden Interesses an theologischer Literatur erworben haben" (Bernhard Bischoff): Ein wohl westfränkischer Priester Regimar widmete ihm die Kopie dreier Schriften des Kirchenvaters Ambrosius; Erzbischof Adalram von Salzburg (821–836) dedizierte ihm – mit Widmungsgedicht – eine Handschrift des pesudoaugustinischen Traktats ‚De symbolo contra Judeos' („Vom Glaubensbekenntnis gegen die Juden"). Eng waren die Beziehungen zu den geistlichen Stätten der Regensburger Residenz, zu Bischof Baturich (817–848), seinem ersten Erzkaplan. Die Reichenau überreichte dem König eine mit Widmungsbild ausgestattete Handschrift des um 848 entstandenen Versmartyrologium des Wandalbert von Prüm. Die nordfranzösische Abtei St. Bertin fertigte im zweiten Viertel des 9. Jahrhunderts einen Prunkpsalter für den König, ebenso St. Gallen. Den Erzbischof und Theologen Hinkmar von Reims (845–882) befragte der König 865 nach dem Sinn eines Verses des 103. Psalms; theologischen Gedankenaustausch pflegte er auch mit Bischof Altfrid von Hildesheim (851–874) und dem Metzer Abt Reginmar (865/66). Wie Karl der Große und sein Vater Ludwig der Fromme – freilich mit geringerem Erfolg – suchte Ludwig der Deutsche eine Hofbibliothek zu etablieren; auch sein Erzkaplan Grimald, dem schon 824/25 der ehemalige Reichenauer Abt Heito seine ‚Visio Wettini' widmete, besaß eine Sammlung von immerhin 34 Büchern, die er später seinem Kloster St. Gallen vermachte. Ausgesprochen privilegiert waren die Beziehungen Ludwigs zu dem führenden Theologen des ostfränkischen Reiches, Hrabanus Maurus (s. S. 179), dem Abt von Fulda (822–842), den er nach anfänglicher Verstimmung über dessen legitimistische Treue zum Reichseinheitsgedanken und zu Kaiser Lothar 847 zum Erzbischof von Mainz († 856) und damit zum mächtigsten Kirchenfürsten seines Reiches machte. Hraban befand sich schon 834 gelegentlich im Gefolge Ludwigs, erreichte auch für sein Kloster urkundliche Sicherungen vom König. Noch der St. Galler Notker Balbulus – hier wohl die Meinung seines Abtes Grimald referierend – rühmte das „Schriftstudium" Ludwigs: Hraban übersandte und widmete ihm mehrere Kommentare zu biblischen Büchern, bezeichnenderweise des Alten Testaments, zu den Chroniken (‚Paralipomena'), dem Propheten Daniel und den kriegerischen Taten der Makkabäer, die der Adel des frühen Mittelalters so schätzte. Sein großes enzyklopädisches Werk ‚De rerum naturis' („Vom Wesen der Dinge") übersandte er ihm, damit es von seinen *lectores in aula* („Vorleser am Hofe") vorgelesen und korrigiert werde. Zu einem nicht genau bekannten Zeitpunkt (Herbst 843?) trafen sich Mönch und König in der fuldischen Außenzelle Rasdorf, wo sie miteinander über die Heilige Schrift sprachen und Ludwig eine „Auslegung der Gesänge zur Matutin" erbat. Offensichtlich war die Feier der Matutin nach monastischem Usus auch Hofbrauch. In seine Kapelle nahm Ludwig Schüler, ja Verwandte Hrabans auf, so bald nach 833 seinen Neffen Guntram, der in Fulda erzogen worden war und später die fuldische Propstei Solnhofen an der Altmühl leitete, aber auch dessen Freund Ermenrich von Ellwangen (s. S. 180), Zögling Hrabans und 866–874 Bischof von Passau, dessen missionarische Ostpolitik die späten Jahre des Königs mitprägte. Mitte der vierziger Jahre befand er sich lehrend unter dem Abbatiat des Hrabanschülers Walahfrid, der dem König gleichfalls Versadressen übersandt hatte, auf der Reichenau, seit 849 in St. Gallen. In seiner um 850/55 entstandenen Prunkepistel an den Erzkaplan Grimald projektierte er ein Buch über die *artes liberales*, das er dem König widmen wollte. Der Hrabanschüler Otrid von Weißenburg – gut eingeweiht in die politischen Bestrebungen des Königs nach Besonderung und Ausgliederung des Ostreiches aus dem gesamtfränkischen Reichsverband – feierte diesen als davidgleichen König des ostfränkischen Reiches, des *ostarrîchi.* Seine Ruhmrede auf die Franken (I, 1 v. 57ff.) gipfelte in einem Preis des Königtums, der *monarchia* („Einherrschaft") und der Tugenden des königlichen Geschlechts der Karolinger – man denkt unwillkürlich an die Monate des Jahres 865, als Ludwig zum Kampf um die Gesamtherrschaft des fränkischen Reiches antrat und auf Einladung westfränkischer Adelskreise ins Westfrankenreich einfiel.

Nicht vergessen werden dürfen die Beziehungen Ludwigs zu dem Salzburger *clarus magister* („berühmten Lehrer") Baldo, dem er einen poetischen Dank für mündliche Belehrung und *pia scripta* („fromme Schriften") übersenden ließ. Der noch bis um 850 arbeitende Baldo, der auch in Verbindung zu dem irischen Gelehrten Dungal stand, richtete sein Interesse zwar in erster Linie auf die exegetische Literatur, jedoch offenbaren Nachträge seiner Hand im Salzburger Alkuin-Codex (Wien, Österreichische Nationalbibliothek 751) auch Kenntnisse über volkssprachige Texte. Im Anschluß an einen orthographischen Traktat finden sich dort – wie öfter in solchem Zusammenhang – griechische, runische, gotische Alphabete und Anweisungen zum Gebrauch von Geheimschriften; Baldo notierte dazu die gotischen Buchstabennamen und Exzerpte aus der Bibelübersetzung des gotischen Bischofs Wulfila († 383), versuchte, sie ins Althochdeutsche zu übersetzen, ja fügte sogar phonetische Bemerkungen über die Aussprache bestimmter gotischer Buchstaben an. Der Salzburger *magister* steht mit diesem Interesse für die Goten nicht ganz allein: es ist bezeichnenderweise der Hraban-Schüler Walahfrid, der in seiner kleinen Kirchen- und Liturgiegeschichte (s. S. 216), die er um 840/42 vollendete, in einen Exkurs über die aus dem Lateinischen und Griechischen ins Althochdeutsche übernommenen kirchensprachlichen Lehnwörter die Notiz einfügte, daß die Goten „unsere, d.h. die theodiske Sprache redeten, und – wie die Chroniken bezugen – später Gelehrte dieses Stammes die heiligen Schriften in ihre eigene Sprache übersetzten, wovon sich noch heute bei einigen Denkmäler finden lassen". Man denkt sofort an die beiden großen gotischen Bibelhandschriften, den Codex Carolinus aus dem Kloster Weißenburg, wo der karolingerzeitliche Bibelübersetzer Otfrid wirkte, und den Codex Argenteus aus dem Kloster Werden an der Ruhr. Beide Handschriften sind wohl in karolingischer Zeit aus Italien in den Norden gekommen. Ja, Walahfrid weiß sogar „aus den Berichten glaubwürdiger Brüder", daß es noch zu seiner Zeit an der Schwarzmeerküste Stämme – die sogenannten Krimgoten – gab, die in ebendieser Sprache den Gottesdienst feierten. Es ist wohl kein Zufall, daß wir das dänisch-sächsische Runenmerkgedicht des ‚Abecedarium Nordmannicum' (s. S. 76) gerade Walahfrids eigener Hand verdanken. Walahfrids Lehrer Hraban aber oder doch seinem Fuldaer Umkreis verdankt man den (in mehreren Nachschriften überlieferten) Kurztraktat ‚De inventione litterarum' („Von der Erfindung der Buchstaben"). Hier ist mit dem gelehrten Interesse von Literaten an der Schriftkunst ein Corpus hebräischer, griechischer, lateinischer und sonstiger, auch runischer Alphabete zusammengetragen und kommentiert worden, zum Teil mit Auszügen aus Isidor, die auch Walahfrid zur Einbettung des Runengedichts benutzte. Hier weiß man, daß die Runen „von den Markomannen gebraucht wurden, die wir Normannen (*Nordmannos*) nennen ..., von denen [die Völker], welche die theodiske Sprache sprechen, ihren Ursprung nahmen, mit denen ferner diejenigen, die noch heute heidnischen Kulten anhängen, ihre [weltlichen] Lieder (*carmina*) und ihre

Zaubersprüche (*incantationes*) und heiligen Lieder (*divinationes*) aufzeichnen". Auch stammten die Goten und Wandalen von den Nordvölkern ab; nachdem diese Christen geworden waren, „haben ihre Gelehrten sowohl das neue wie auch das alte Testament in ihre Sprache, das ist die theodiske (*theotiscam*) oder auch teutonische (*theotonicam*), mit Hilfe dieser Buchstaben (Runen) übertragen". Auch hier also das Wissen um die gotische Bibelübersetzung. Entscheidend aber ist „der Gedanke der Sprach- und Abstammungsgemeinschaft der germanischen Völker" (Karl Heinrich Rexroth), der des Altertums und der der eigenen Zeit, also auch der theodisken *gentes* des Frankenreichs. Es handelt sich hier um einen Gedanken, der im Zusammenhang mit der Normannenmission, die ihren Höhepunkt 826 in der spektakulären Taufe des Dänenkönigs zu St. Alban in Mainz fand, am Hofe Ludwigs des Frommen entwickelt worden war. Auch der Hofdichter Ermoldus Nigellus und vor allem Bischof Frechulf von Lisieux, Freund Hrabans, in seiner kurz vor 830 entstandenen, der Kaiserin Judith gewidmeten und für die Erziehung des jungen Prinzen Karl bestimmten Weltchronik, meinten, die Franken stammten wie die Goten und „die übrigen theodisken Stämme (*nationes*)" aus Skandinavien, „was auch durch die Eigenart ihrer Sprache bezeugt wird". Diese Kombination hatte man aus der Gotengeschichte des Jordanes (um 551), der Skandinavien als die *vagina gentium* („Vagina der Völker") bezeichnete, für die Markomannen aber aus den Werken des Tacitus, über dessen ‚Germania' man nur in Fulda verfügte. Der dem Hofe Ludwigs des Deutschen nahestehende Hrabanschüler Rudolf von Fulda († 865) hat zum Sachsenzug des ostfränkischen Königs im Jahre 852 angemerkt, daß man die Kämpfe der Römer gegen diesen Stamm bei Cornelius Tacitus nachlesen könne. Er bezog sich damit auf die in den ‚Annales' (II, 9ff.) des römischen Historikers geschilderten Kämpfe des Germanicus gegen Arminius und die Cherusker. Diese Identifizierung von Germanen und Sachsen wiederholte er um 865 in dem von seinem Schüler Meginhard vollendeten Bericht über die Translation der Reliquien des hl. Alexander ins sächsische Kloster Wildeshausen auf der Grundlage des ‚Germania'-Textes. Das seit der Spätzeit Ludwigs des Frommen und dann vor allem in Fulda und im Umkreis Ludwigs des Deutschen wachsende Interesse an der Geschichte der Germanen, an Gotica und Runica, an der theodisken Sprache und der gotischen Bibelübersetzung geht weit über die traditionelle gelehrte Beschäftigung mit Alphabeten und Geheimschriften hinaus. Es läßt sich nur verstehen aus dem wachsenden gentilen Bewußtsein der theodisken Stämme des Frankenreiches, das sich der ostfränkische König zur Legitimierung seines Sonderreiches, der *Germania*, und seiner Herrschaft über den *germanicus populus* („das germanische Volk") – wie die Fuldaer Annalen Rudolfs und Meginhards das Reich und das Reichsvolk systematisch nennen – zu eigen macht. Dieses neue Bewußtsein mündet, wie wir sehen werden, in die Idee einer volkssprachigen Bibeldichtung.

Die volkssprachige Bibeldichtung der Karolingerzeit ist Erbin der karlischen Reformen. Sie bezeugt zugleich eine auch sonst feststellbare karlische Restauration unter Ludwig dem Deutschen. Unter Karls Sohn Ludwig dem Frommen war der von dem großen Kaiser zuletzt 813, ein Jahr vor seinem Tode, noch einmal leidenschaftlich ausgesprochene Appell an den Klerus, Predigten in die Volkssprache zu übersetzen (s. S. 251), ohne Echo geblieben. Die von Karl intendierte Öffnung der Kirche hin zu den Laien, der öffentliche Anspruch des Staates „an die Ausbildungskapazität der kirchlichen Institutionen" wurden von kirchlichen Kreisen „mit dem Hinweis auf die *sacerdotalis libertas*" („priesterliche Freiheit") zunehmend abgeblockt (Detlef Illmer). Die bedeutsame Pariser Reformsynode von 829 kämpfte gegen die Aufnahme von Laien in die klösterlichen und bischöflichen *scholae*, zugleich gegen die Konzentration von Geistlichen an den Höfen des Königs und hoher Adliger im Instrument der Hofkapelle, die irregulär sei, da sie keinem Bischof unterstellt sei. Jede Vermischung der *ordines* („Stände") von Klerus und Laien sei abzulehnen. „Der König, Herrscher über den einen *ordo*, habe über den zweiten nur das Aufsichtsrecht." Ludwig der Fromme selbst war laikaler Kultur gegenüber durchaus abgeneigt; sein Biograph Thegan (c. 19) berichtet: „Latein war ihm so geläufig wie seine Muttersprache. In allen Schriften aber kannte er den geistlichen und moralischen, ja sogar den anagogischen, auf die jenseitige Zukunft gerichteten Sinn auf das beste. Die heidnischen Dichtungen (*poetica carmina gentilia*), welche er in der Jugend gelernt hatte, verachtete er und wollte sie weder lesen noch hören noch lehren lassen." Zwar war er in jugendlichem Alter also noch in der mündlichen Dichtung der Adelskultur unterwiesen worden, jedoch verhielt er – der Mäzen und stürmische Förderer der Kirchenreform – sich später ganz im Sinne der synodalen Verdikte gegen die Produkte der Skops und Spielleute (vgl. S. 61f.).

Erst Erzbischof Hraban nahm auf den drei ostfränkischen Mainzer Synoden von 847, 848 und 852 unter beherrschendem Einfluß Ludwigs des Deutschen das karlische Reformprogramm wieder auf. Es ist bezeichnend, daß schon die erste der hrabanischen Synoden in etwa der Hälfte ihrer Beschlüsse Kapitel der großen Reformsynoden von 813 erneuerte, darunter auch das Gebot zur Predigt in der Volkssprache. Ihren an König Ludwig gerichteten Prolog stilisierte diese Synode bewußt nach dem Vorbild der Mainzer Synode von 813: „Nach jenem Brauch, in welchem in den alten Zeiten unter dem Kaiser Karl" der Erzkaplan Hildebald und Erzbischof Richulf von Mainz ihre Synode hielten. Es folgt eine genaue Beschreibung – durchweg wörtliche Zitate – dieser *imitatio Karoli* („Nachahmung Karls des Großen") bis hin zur getrennten Diskussion von Klerikern und Mönchen, wobei erneut den letzteren die Aufgabe zufiel, die „Normen der Benediktinerregel" in ihren Klöstern wiederherzustellen.

Mit der Förderung der volkssprachigen Bibeldichtung jedoch übertrifft und überbietet Ludwig der Deutsche das Vorbild Karls. Im Inhalt geht die Bibeldichtung weit über das von Karls Reformern intendierte laikale Bildungsprogramm (Credo, Vaterunser, Beichte, Predigt) hinaus; Adressaten sind nun explizit – wie sowohl die Vorrede des ‚Heliand' als auch das Approbationsschreiben Otfrids an seinen Erzbischof betonen – auch Laien, die *illiterati*. Von der Ablehnung der traditionellen Adelskultur also schreitet diese Initiative weiter zu einem offensiven, aus christlichem Geiste und aus der Fürsorgepflicht des fränkischen Herrschers, des *verae religionis strenuissimus rector ac defensor sanctae Dei ecclesiae* („des allereifrigsten Lenkers der wahren Religion und Verteidigers der heiligen Kirche Gottes") – so die Mainzer Synode von 847 –, für seine Untertanen begründeten Versuch der Umgestaltung der laikalen Kultur.

Gottes Wort an die Sachsen: ‚Heliand' und ‚Genesis'

In zahlreichen Feldzügen und Aufständen hatte sich unter Karl dem Großen über mehr als dreißig Jahre (772–804) hinweg die allmähliche, schmerzhafte und blutige Eingliederung des Sachsenlandes in das fränkische Großreich vollzogen. Vor allem der Adel, der früh fränkische Grafenämter übernommen hatte und Heiratsbindungen mit reichsfränkischen Familien eingegangen war, hatte Frankonisierung und Christianisierung der *gens* getragen. Eine Kirchenorganisation war aufgebaut worden, unter wesentlicher Beteiligung westfränkischer, aber vor allem auch rheinischer Zentren wie Mainz und Köln, sowie der grenznahen hessisch-fränkischen Klöster Fulda, Hersfeld und Amorbach (im Odenwald). Im neunten Jahrhundert vollendete sich durch Initiative des sächsischen Adels und der Adelskirche die äußere Christianisierung des Landes in einer Welle von Kloster- und Stiftsgründungen und Translationen von Heiligenleibern aus den Kirchen Westfrankens und Italiens. Doch war das Christentum keineswegs bereits endgültig gefestigt: Der von heidnischer Reaktion getragene Aufstand der Stellinga („Schwurgenossen") im Jahre 842 – in den Wirren der fränkischen Bruderkriege – beweist es. Und noch im elften Jahrhundert weiß Thietmar, der Bischof von Merseburg, von den sächsischen Bauern seines Sprengels zu berichten, daß sie selten in die Kirche gehen und sich um den Besuch ihrer Pfarrer – wohl zur Beichte – nicht kümmern: „Sie verehren ihre heimischen Götter, hoffen fest auf ihre Hilfe und opfern ihnen". Sogar von einem lokalen verehrten Götzenbild, zu dessen Ehren kultische Gelage abgehalten werden, hat Thietmar gehört.

Wer die Dürftigkeit der sonstigen altsächsischen literarischen Überlieferung kennt, muß sich wundern, daß aus diesem Grund zwei poetische Texte erwachsen, die in ihrer Kühnheit der theologischen Konzeption und in ihrer Sicherheit der sprachlichen Darstellung die reifsten Zeugnisse der benachbarten althochdeutschen geistlichen Literatur wie ‚Muspilli' und Otfrids Evangelienbuch durchaus übertreffen: Es sind dies die altsächsische Evangelienharmonie, welche seit der Erstausgabe (1830) durch Johann Andreas Schmeller ‚Heliand' („Heiland") genannt wird, und die altsächsische ‚Genesis'. Beides sind Stabreimepen, in dem für die kontinentale Dichtung charakteristischen Hakenstil, bei dem die syntaktische Einheit die Langzeile überbordet und ihr Ende oft erst mit dem Schluß des Anverses der nächsten Zeile findet. Beide Epen sind wohl kaum zu denken ohne die Annahme eines – auch sekundär bezeugten (s. S. 114) – breiteren Stroms mündlicher Stabreimdichtung, welche die Traditionen erzeugte, auf die sich beide Epen beziehen: Sie benutzten sie, um dem Publikum im vertrauten Gewand den neuen, den christlichen Inhalt zu vermitteln, wie es vom friesischen Sänger Bernlef berichtet wurde (s. S. 63), wie es in England zugleich und schon vorher geübt wurde.

Es hat im Gebiet des sächsischen Stammes wie bei anderen germanischen Stämmen, wie vor allem bei den verwandten Angelsachsen, sicher mündliche Dichtung einer vorliterarischen Schicht gegeben, dienstbar der Adelskultur des Stammes, handelnd von den Helden der Vorzeit, von der *origo* („Ursprung") des Stammes, vom Preis der Fürsten und *edilinge* („Vornehmen"), gesungen im Stil der altererbten Stabreimdichtung an Adelshöfen von Berufsdichtern, den Skops, und adligen Amateuren. Diese weltliche mündliche Dichtung, im Althochdeutschen durch das kostbare Fragment des ‚Hildebrandsliedes' (s. S. 116f.) vertreten, ist für das Altsächsische nicht überliefert. Mündliche Dichtung ist bei allen Völkern der Welt gekennzeichnet durch eine dichte Formelhaftigkeit, durch stereotype Stilzüge und Handlungsmuster, die dem frei über ein Thema improvisierenden, für ein bestimmtes Publikum in einer spezifischen Situation variierenden Sänger die Arbeit erleichtern (s. S. 114). Es hat sich gezeigt, daß altenglische und altsächsische Stabreimdichtung – uns vorwiegend in geistlichen Epen überliefert –, obwohl schon Buchdichtung, über einen gemeinsamen Formelvorrat verfügen, der aus ererbter Tradition kommen muß. Freilich besitzen Altenglisch und Altsächsisch jeweils auch ihre eigenen, differenzierten Formelapparate, welche damit das Fortleben einer altsächsischen mündlichen Dichtung bis in die Karolingerzeit, bis zum Beginn einer literarischen altsächsischen Dichtung bezeugen. Es ist daher auch nicht notwendig, eine nachdrückliche Beeinflussung der altsächsischen Stabreimdichtung durch die altenglische Epik anzunehmen, auch wenn sie, vor allem hinsichtlich der Themen, nicht ausgeschlossen werden kann. Wie die mündliche Dichtung der kontinentalen Sachsen thematisch ausgesehen hat, ist uns nicht direkt bezeugt. Jedoch wird ähnlich wie bei anderen germanischen *gentes* aktuelle Fürstenpreisdichtung und heroische Vorzeitdichtung – man denke an des Friesen Bernlef „Taten der Vorfahren und Kämpfe der Könige" – im Vordergrund gestanden haben. Widukind von Corvey, der Geschichtsschreiber der Sachsen und ihres Herrschergeschlechts, der Ottonen, weiß im 10. Jahrhundert Sagen von der Herkunft der eigenen *gens* zu erzählen, kennt die Sage vom merowingerzeitlichen Helden Iring (s. S. 97), ja zitiert fahrende *mimi*, die über eine Schlacht zwischen König Konrad (911–919) und dem Sachsenherzog Heinrich sangen (s. S. 136). Hier sind also Schlacht- und Fürstenpreislieder, wie sie die altenglische und althochdeutsche Literatur (s. S. 137ff.) überliefert haben, sekundär bezeugt.

Der ‚Heliand', nahezu vollständig überliefert, ist auf der Grundlage der lateinischen Übersetzung der Evangelienharmonie des Tatian entstanden, deren Original im Kloster Fulda lag, das in der Sachsenmission tätig war und wo schon in den späten zwanziger Jahren des neunten Jahrhunderts eine althochdeutsche Prosaübersetzung dieses Textes gefertigt worden war (s. S. 211). Die altsächsische Evangelienharmonie führt inhaltlich von den Geburtsgeschichten Johannes des Täufers und Jesu über die Jugend, die Lehrtätigkeit und Leidensgeschichte Christi bis zur Auferstehung des

Heilands, wo auch Tatians Werk endet. Zur Abrundung des epischen Bogens hat jedoch der Sachse darüber hinaus noch mindestens die Himmelfahrt Christi, die Rückkehr des Herrn zum Sitz der Gottheit, geschildert.

Das Bibelepos ist in zwei vollständigeren Handschriften und drei kleinen Fragmenten überliefert. Die Überlieferung beginnt um die Mitte oder kurz nach der Mitte des neunten Jahrhunderts und endet erst in der zweiten Hälfte des zehnten Jahrhunderts mit einer in England gefertigten Abschrift. Es hat noch mindestens eine weitere Handschrift gegeben; aus ihr entnahm der protestantische Apologet M. Flacius Illyricus durch Vermittlung des Humanisten Georg Fabricius aus Meißen für seine 1562 erschienene zweite Auflage des ‚Catalogus testium veritatis' („Verzeichnis der Zeugen der Wahrheit") die *Praefatio in librum antiquum lingua Saxonica Conscriptum* („Vorrede auf ein altes, in sächsischer Sprache geschriebenes Buch"). Zu Recht hat man diese Vorrede auf den ‚Heliand' bezogen; im Kontext des *Catalogus* soll sie zwar den Anspruch der Protestanten auf eine deutsche Bibel-Übersetzung geschichtlich aus der Praxis der alten Kirche untermauern; Versuche, sie als Fälschung zu erweisen, haben sich jedoch nicht als stichhaltig erwiesen. Der Text ist genuin frühmittelalterlich, aber er ist mehrschichtig: Er enthält einen Prosateil und einen poetischen Teil, die ‚Versus de Poeta' („Verse über den Dichter"), die offenbar später entstanden sind und die Enstehung des Werkes aus einer Berufungsgeschichte nach dem Muster der aus dem angelsächsischen Bereich bekannten Caedmonlegende Bedas (Ende des siebten Jahrhunderts) erklärten, während die genuine Prosa die Übersetzung in konkrete und plausible historische Zusammenhänge einbettete.

Nach den ‚Versus' ist – wie bei Caedmon – die Genese volkssprachiger Bibeldichtung ein Mirakel: Der Dichter war Landmann und lebte in einer bukolischen Idylle, die man am besten mit den Worten der Renaissance-Übersetzung des Conrad Lautenbach von Mutiszlar (1573) wiedergibt: *Sein Heußlein war mit stroh bedeckt Auff zeitlich gut sich gar nit legt Kein Roß beschritt sein schwellen nie Doch gieng er gern umb mit Rindvieh Gantz fridsam war er allezeit lebt von seim eignen gut on nheid.* Ein Engel ermahnt ihn im Traum, die „erhabenen Lehren" der göttlichen Schriften „in die eigene Sprache zu übertragen", und wie die Praefatio B formuliert, „der Liedkunst der heimischen Sprache in angemessenem metrischem und musikalischem Bau anzupassen". Die Aussagen der ‚Versus' über den Inhalt dieser im altererbten Stile verfaßten und „allen deutschen Gedichten" (*cuncta theudisca poemata*) seiner Zeit an Schönheit der Form und lieblicher Tiefe des Gehalts überlegenen Bibeldichtung lassen übrigens die Vermutung zu, daß sie ursprünglich einem alttestamentarischen Epos als Vorrede gedient haben könnte, dessen Überreste in der ‚Altsächsischen Genesis' vorlägen.

Beide Texte – ‚Versus' und ursprüngliche Prosa-Praefatio A – sind durch Interpolationen (Praefatio B), welche sich durch stilistische und logische Brüche deutlich abheben, notdürftig miteinander verbunden worden – vielleicht zum Zwecke einer Gesamtausgabe von ‚Genesis' und ‚Heliand'.

Der ältere Teil der Praefatio ist dabei das einzige, jedoch eindrucksvolle Zeugnis über die Motive, welche die poetische Umsetzung der Evangelienharmonie des Tatian ins Altsächsische veranlaßt haben.

Es lohnt sich, diese kulturpolitisch programmatische „Staatsschrift" ausführlich zu zitieren: *Cum plurimas Reipublicae utilitates Ludowicus piissimus Augustus summo atque praeclaro ingenio prudenter statuere atque ordinare contendat, maxime tamen quod ad sacrosanctam religionem aeternamque animarum salubritatem attinet, studiosus ac devotus esse comprobatur hoc quotidie solicite tractans, ut populum sibi a Deo subiectum sapienter instruendo ad potiora atque excellentiora semper accendat, et nociva quaeque atque superstitiosa comprimendo compescat. In talibus ergo studiis suus iugiter benevolus versatur animus, talibus delectamentis pascitur, ut meliora semper augendo multiplicet et deteriora vetando extinguat. Verum sicut in aliis innumerabilibus infirmioribusque rebus eius comprobari potest affectus, ita quoque in hoc magno opusculo sua non mediocriter commendatur benevolentia. Nam cum divinorum librorum solummodo literati atque eruditi prius notitiam haberent, eius studio atque imperii tempore* [*interpoliert: sed – mirabiliter*] *a(u)ctum est nuper, ut cunctus populus suae ditioni subditus, Theudisca loquens lingua, eiusdem divinae lectionis nihilominus notionem acceperit. Praecepit namque cuidam viro de gente Saxonum, qui apud suos non ignobilis Vates habebatur, ut vetus ac novum Testamentum in Germanicam linguam poetice transferre studeret, quatenus non solum literatis, verum etiam illiteratis sacre divinorum praeceptorum lectio panderetur. Qui iussis Imperialibus libenter obtemperans* [*interpoliert: nimirum – prius*] *ad tam difficile tamque arduum se statim contulit opus, potius tamen confidens de adiutorio obtemperantiae quam de suae ingenio parvitatis. Igitur a mundi creatione initium capiens, iuxta historiae veritatem quaeque excellentiora summatim decerpens, interdum quaedam ubi commodum duxit, mystico sensu depingens, ad finem totius veteris ac novi Testamenti interpretando more poetico satis faceta eloquentia perduxit. Quod opus tam lucide tamque eleganter iuxta idioma illius linguae composuit, ut audientibus ac intelligentibus non minimam sui decoris dulcedinem praestet. Iuxta morem vero illius poematis omne opus per vitteas distinxit, quas nos lectiones vel sententias possumus appellare* [*interpoliert: Ferunt – demulceat*]. *Ut vero studiosi lectoris intentio facilius quaeque ut gesta sunt possit invenire, singulis sententiis, iuxta quod ratio huius operis postularet, capitula annotata sunt.* („Indem der allerfrömmste und erhabene Herrscher Ludwig bestrebt ist, die zahlreichen Belange des Reiches aus allerhöchstem und ausgezeichnetem Verstande klug zu entscheiden und zu ordnen, vor allem aber jene Belange, welche die allerheiligste Religion und das Heil der Seelen betreffen, erweist er sich auch als eifrig und bemüht, ja sorgt gleichsam täglich sich darum, das ihm von Gott untergebene Volk in weiser Unterrichtung stets zu besserem und ausgezeichneterem Verhalten zu entflammen, schädliche Einflüsse und etwaigen Aberglauben aber durch Unterdrückung in Schranken zu halten. Sein wohlwollender Sinn übt sich also ohne Unterlaß in der Bemühung, weidet sich an der Freude, stets das Bessere im Wachstum zu mehren und das Schlechtere durch Verbote auszulöschen. Wie man so seine Zuneigung in unzähligen anderen und untergeordneten Dingen spüren kann, so hat er auch gegenüber folgendem durchaus nicht geringzuschätzendem Werk sein Wohlwollen in erstaunlichem Maße bewiesen. Denn weil bis dahin allein die Schreibkundigen und Gelehrten die Kenntnis der göttlichen

Schriften besaßen, ist es vor kurzem auf seinen [Ludwigs] Antrieb und noch zur Zeit der Reichseinheit begonnen worden, allem seiner Herrschaft unterworfenem Volk, das die deutsche Sprache spricht, nichts Geringeres als die Kenntnis der göttlichen Schriften zu verschaffen. In diesem Sinne befahl er einem Mann aus dem Stamme der Sachsen, der bei seinen Stammesgenossen als keineswegs unbekannter Sänger galt, das alte und das neue Testament in poetischer Form in die germanische Sprache zu übertragen, damit nicht länger nur den Laien und Schreibkundigen, sondern auch den Illiteraten die heilige Lesung der göttlichen Gesetze eröffnet werde. Jener gehorchte den herrscherlichen Befehlen willig und machte sich, ohne zu zögern, an dies ebenso schwierige wie beschwerliche Werk, dabei freilich mehr auf die Hilfe, die dem Gehorsam zuwächst, vertrauend als auf den Verstand seiner Wenigkeit. So begann er mit der Erschaffung der Welt und gelangte, nach der traditionellen Weise der Sänger in reizvoll variierendem Stil übersetzend, schließlich zum Ende des gesamten alten und neuen Bundes, indem er hauptsächlich die herausragenden Ereignisse nach dem Buchstabensinn wiedergab und nur hin und wieder, wo es ihm angemessen dünkte, auch den verborgenen Schriftsinn ausmalte. Dieses Werk verfaßte er so klar und schicklich gemäß den besonderen Gesetzen seiner Sprache, daß er gerade den Hörenden und Verstehenden unter seinem Publikum nicht geringe ästhetische Reize eröffnet. Nach der traditionellen Weise dieser Dichtung teilte er das gesamte Dichtwerk ein in Fitten, die wir Lektionen oder Sinnabschnitte nennen können. Damit aber der eifrige und interessierte Leser um so leichter die einzelnen Ereignisse auffinden kann, sind den einzelnen Sinnabschnitten, wie es der Zweck dieses Werkes erfordert, die biblischen Kapitula beinotiert.")

Es wird aus dem Text der Vorrede deutlich, daß die altsächsische Bibeldichtung eingelassen ist in die politischen und religionspolitischen Bestrebungen eines Herrschers, der als *Ludouuicus piissimus Augustus* tituliert wird, vor allem in die dem Herrscher aufgetragene Sorge um die „allerheiligste Religion und das Heil der Seelen" seiner Untertanen. Allen soll die Kenntnis der heiligen Schriften ermöglicht werden. Die anvisierte Rezipientenschicht reichte also deutlich über den Kreis der Kleriker, Mönche, Nonnen und Stiftsdamen Altsachsens hinaus. Wenn sich der ‚Heliand' der traditionellen Formen heimischer Dichtung bedient und darüber hinaus gerade jene Reize hervorgehoben werden, welche er dem Hörenden entfaltet, so richtete er sich auch an den schriftunkundigen sächsischen Adel und scheint mit dem Ausdruck *sacra lectio* („heilige Lesung") gar eine Art paraliturgischen Vortrag intendiert zu haben.

Ein handschriftengeschichtliches Indiz bestätigt diese Absicht: Die Münchner Handschrift des ‚Heliand', in der zweiten Hälfte des 9. Jahrhunderts im ottonischen Hauskloster Corvey geschrieben, ist wohl wie andere Codices aus ottonischem Besitz in die Bibliothek der Neugründung Bamberg des letzten Ottonen Heinrich II. (1002–1024) gelangt. Gerade in dieser Handschrift (M) finden sich nun (wie in einer ebenfalls wohl in Adelsbesitz befindlichen Otfrid-Handschrift, vgl. S. 311) Neumen, frühmittelalterliche Musikbuchstaben, die zeigen, daß zumindest Teile der Dichtung für den musikalischen Vortrag bestimmt waren. Das noch weitergehende

Akzentsystem in anderen Handschriften, vor allem den Straubinger Fragmenten (S), die anscheinend eine nordwestsächsische Bearbeitung des Textes um 850 darstellen, legt für die gesamte Dichtung lektionsartigen Vortrag nahe.

Die *illiterati* innerhalb und außerhalb der Klöster und Stifte waren also das erwartete Publikum. Man wird jedoch nicht so weit gehen dürfen, den *litteratus* überhaupt als Rezipienten auszuschließen, wird doch gerade in den Schlußsätzen, wo es um die inhaltliche Disposition des Werkes und deren Bezug zu den Lektionen der Bibel geht, der *studiosus lector* („eifrige und interessierte Leser") angesprochen.

Wer der in der Vorrede so deutlich hervortretende Herrscher Ludwig war, ist umstritten. Ludwig der Fromme (814–840) und Ludwig der Deutsche (833–876) scheinen in Frage zu kommen. Beide konnten in einem offiziösen, publizistisch-panegyrischen Text, wie die Praefatio zu einem literarischen Werk einer ist, mit den traditionellen Ehrentiteln *piissimus* und *Augustus* oder ähnlichen Epitheta belegt werden – so deutlich der irische Auftragsdichter Sedulius Scottus in einem um 850 entstandenen Panegyricus auf den ostfränkischen König.

Daß am Hofe Ludwigs des Deutschen Tendenzen zur Gleichstellung des ostfränkischen Herrschers mit dem kaiserlichen Bruder Lothar I. und später dessen Sohn Ludwig II. auch dem Titel nach vorhanden waren, hat die Geschichtsforschung eindeutig herausgearbeitet. In einigen, dem König besonders nahestehenden Klöstern wie Fulda, Werden und St. Gallen hat man Ludwig den Deutschen gelegentlich in Urkunden als *imperator* tituliert; der St. Galler Mönch Notker Balbulus hat in seinen an den Königssohn Karl III. gerichteten ‚Gesta Karoli' („Taten Karls des Großen"), damit wohl Anregungen Grimalds, des St. Galler Abtes und Erzkaplans Ludwigs folgend, das imperiale Königtum des Ostfranken mit der Formel *rex vel imperator totius Germaniae* („König oder auch Kaiser ganz Germaniens") gekennzeichnet. Als Notker in seinem Formelbuch für seinen Schüler und späteren Bischof von Konstanz Salomo III. um 887 Königsurkunden fingierte, floß ihm wie natürlich für Ludwig den Deutschen der Titel *rex Germaniae* („König Germaniens"), aber auch die Signatur *serenissimus augustus, rector Francorum, Svevorum, Baioariorum, Turingorum, Saxonum domitorque barbarum nationum* („der allererlauchteste Augustus, Herrscher der Franken, Schwaben, Bayern, Thüringer, Sachsen und Bezwinger der barbarischen Völker") aus der Feder. Auch da werden Tendenzen des Hofes nachwirken. Hier wie im Panegyricus des Sedulius Scottus schwingt in der *imitatio* kaiserlicher Stellung auch die Nachahmung Karls des Großen mit, den Notker ausdrücklich in Ludwig neu verkörpert sieht. Sedulius Scottus' ganze Argumentation ist auf die Evokation Ludwigs des Deutschen als eines *caesareum specimen* („kaiserlichen Musterbildes") ausgerichtet: Ludwig ist der machtvolle Sohn des *caesar egregius*, dessen Frömmigkeit und Heiligkeit nicht einmal vom römischen Augustus übertroffen wurde; er ist zugleich der Sproß des großen Kaisers Karl, der in ihm als „neuem Licht der Völker" aufersteht. In seiner „kaiserlichen Brust" birgt Ludwig Frieden, zugleich umglänzt ihn der Ruhm der Waffen; sein Name und seine Ehre (*nomen honosque*) werden im Norden gefeiert; die „kriegsmächtigen Germanen und die wilden Normannen" beugten vor ihm das Haupt;

die blinden, heidnischen *gentes* führte er zum Glauben und zum Licht: „Alle Stände des Nordens kommen, alles Ratsvolk kommt; dich, den weisen Salomon, erwünscht es bittend, erwählt dich, den weisen Salomon, zum König." So ist Ludwig Kaiser aus eigenem Recht: denn, die Caesar und der ungeheure Augustus, die Kaiser der Römer also, nicht bezwangen, die unterwarf allein Ludwig. „Es erfreut sich das glückliche Germanien am kaiserlichen Gestirn, erstrahlt selbst, von ihm erleuchtet." Der Ruhm der Franken, der Abkömmling der Caesaren, vollendet seine kaisergleiche Herrschaft im Schutz der Kirchen. Im Anklang an die berühmte 4. Ekloge Vergils wird das goldene Zeitalter beschworen, das unter dem Szepter dieses Königs für das Reichsvolk anbricht. Die Zeilen, die sich auf den Triumph Ludwigs über Germanen und Normannen beziehen und im Bericht über die Huldigung und Anerkennung, ja Wahl als König durch die Nordvölker gipfeln, müssen sich auf ein konkretes Ereignis beziehen, am ehesten auf die Mainzer Synode und Reichsversammlung von 852, abgehalten in der *metropolis Germaniae* unter Beteiligung aller Bischöfe und Äbte Ostfrankens, Bayerns und Sachsens sowie der „Fürsten und Grafen der Provinzen". In diesen Jahren hatte Ludwig die Huldigung einiger Normannenfürsten entgegengenommen, die Mission in Dänemark unter Erzbischof Ansgar initiiert, schließlich Raubzüge von Wikingern in den nördlichen Grenzgebieten zurückgeschlagen. Im Anschluß an den Reichstag unternahm er einen Königsumritt, der von Bayern über den Rhein nach Sachsen zu einem allgemeinen Gerichtstag in Minden führte, und über das Engerland, Harz, den Schwabengau an der Saale und Thüringen zurück in die bayrische Residenz Regensburg führte. Besonders für Sachsen bedeutete dieser spektakuläre Zug endgültige Anerkennung und Konsolidierung seiner Herrschaft. Zu diesem Zug hatte der hofnahe Rudolf von Fulda in seinen Annalen die schon zitierte, nur scheinbar funktionslose Bemerkung über den letztlich erfolglosen Versuch des Augustus und des Germanicus zur Eroberung Germaniens an der Weser gemacht (s. S. 270), worauf sich auch der Panegyricus des Sedulius Scottus bezog, unter dessen „Germanen" wohl in erster Linie die Sachsen zu verstehen sind. *Germania* und *Germani* begegnen übrigens im ganzen Werk des Sedulius nur hier, was Absprache mit dem königlichen Hof nahelegt. In diese imperiale Herrschaftsideologie des Bezwingers der *gentes* ist wohl auch die Titulatur der ‚Heliand'-Praefatio einzuordnen.

Sicher ergibt sich aus dem Tempuswechsel im Text der Vorrede, daß der veranlassende Herrscher im Moment ihrer Abfassung noch am Leben war. Der Zeitpunkt der Initiative zur Bibelübersetzung liegt dagegen zurück und wird ausdrücklich mit *imperii tempore* näher bestimmt. Wenn wir diese Formulierung ernst nehmen, dann ist der ‚Heliand' zur Zeit des Reichs, wohl im Sinne des Gesamtreichs, also zu einem Zeitpunkt vor der *divisio imperii* („Teilung des Reichs") von 843 angeregt und begonnen worden. Dann aber kann sinnvollerweise unter dem Initiator *Ludowicus* nur Ludwig der Deutsche verstanden werden. In seine politischen Bestrebungen zur Konsolidierung seines bis 870 nahezu ausschließlich die germanischen Stämme aus dem Erbe des Großreichs vereinigenden Herrschaftsgebietes fügt sich der Plan, die heiligen Schriften gerade dem *populus ... Theudisca loquens lingua* zugänglich zu machen, gut ein – ein Plan, der über den Stamm der Sachsen hinauszugreifen scheint. Und in der Tat hat ja Otfrid von Weißenburg, der Autor des althochdeutschen Parallelunternehmens, diesem König in den sechziger Jahren des Jahrhunderts seine Evangelienharmonie gewidmet.

Der schon erwähnte Panegyricus des Sedulius Scottus scheint an bevorzugter Stelle, unmittelbar vor der Schilderung der Huldigung und Anerkennung der Herrschaft Ludwigs durch die Nordvölker und als Abschluß der geschilderten Bemühungen um ihre Christianisierung, die Mäzenatenschaft des Königs für volkssprachige religiöse Dichtung zu erwähnen (v. 61ff.): „Die ungebildete Volkssprache (*barbara lingua*) lernt Lieder zum Preise Gottes (*alleluiatica carmina*), es läßt die ungebildete Volkssprache Lobeslieder (*laudes*) erklingen: so sänftigen sich die kriegerische Hand und der Zorn des erhabenen Heerführers Ludwig." Der Ausdruck *alleluiatica carmina* läßt sich nach allgemeinem und des Sedulius Sprachgebrauch sowie nach dem Kontext nur im engeren Sinne als „Psalmen", im weiteren Sinne aber als „zum Lobe Gottes bestimmte Lieder oder Dichtungen" auffassen. In dem bedeutungsschweren, Wort für Wort, Begriff für Begriff absichtsvoll bedachten, sicherlich mit dem Hof abgestimmten Panegyricus liegt es nahe, an vom König initiierte, die imperiale *imitatio* abrundende christliche Dichtung zu denken, zumal sich auch hier das Vorbild der spätantiken Bibeldichtung anbot: Juvencus huldigte z.B. mit seiner Evangeliendichtung dem ersten christlichen Kaiser, Konstantin, und Prudentius dem großen Theodosius, der das Christentum als Staatsreligion des römischen Reiches etablierte.

Man hat aufgrund enger terminologischer und stilistischer Parallelen wahrscheinlich machen können, daß der Verfasser der ‚Heliand'-Vorrede entweder Hrabanus Maurus selbst (s. S. 179), der berühmte Abt von Fulda (822–842) und spätere Erzbischof von Mainz (847–856), oder eine Person seiner unmittelbaren Umgebung und Schule war. In Fulda lag – wie schon erwähnt – eine wichtige Handschrift des ‚Tatian', der Vorlage des ‚Heliand', von der alle anderen lateinischen ‚Tatian'-Codices des neunten Jahrhunderts abstammen; sie war dort unter Hrabans Leitung ins Althochdeutsche übertragen worden (s. S. 211). Tatian-Benutzung darf fast als fuldische Haus-Marke gelten. Auch hat der ‚Heliand'-Autor neben anderen – auch apokryphen – Quellen den Matthäus-Kommentar des Fuldaer Abtes benutzt. Die Erwähnung der religionspolitischen Tätigkeit des Herrschers legt eine Datierung der Praefatio in die Zeit der intensiven, von Ludwig dem Deutschen und Hraban gemeinsam getragenen synodalen Tätigkeit (847–852) nahe; vielleicht gehörte sie zu einer *promulgatio*, einer urkundenmäßigen öffentlichen Bekanntmachung der altsächsischen Evangelienharmonie anläßlich des Königsumritts in Sachsen von 852. Auch die schnelle, um die Jahrhundertmitte bereits mehrere Handschriften und Zwischenstufen umfassende Verbreitung und dabei auch sprachliche, auf bestimmte Teillandschaften Niederdeutschlands zielende Bearbeitung erklärt sich leichter aus zentraler königlicher Trägerschaft. Unter dem Nachfolger Hrabans zu Mainz, Erzbischof Liutbert (863–889), zugleich Erzkanzler des Königs, wurden in den sechziger Jahren Auszüge aus dem ‚Heliand' (V) abgeschrieben, wohl aus einer Handschrift, die zugleich die ‚Altsächsische Genesis' enthielt. Diesem Liutbert hatte auch Otfrid seinen althochdeutschen ‚Liber evangeliorum' zur Genehmigung vorgelegt.

Neben manchen anderen Spracheigentümlichkeiten teilt die ‚Heliand'-Praefatio mit Hraban und seiner Schule (Lupus von Ferrières, Rudolf von Fulda) vor allem den noch wenig üblichen Gebrauch der Termini *germanicus* („germanisch") und *Germania* („Germanien") für den theodisken, ostfränkischen Sprach- und Herrschaftsbereich, ja manchmal eingeschränkt für den rechtsrheinischen Bereich nördlich des Siedlungsraumes der Bayern und Alamannen. Besonders Rudolf und sein Schüler Meginhard, die Verfasser der ‚Annales Fuldenses', sprechen systematisch in bezug auf Reich und Volk Ludwigs des Deutschen von *Germania, germanicus populus* („germanischem Volk") und *Germaniae populi* („den Völkern Germaniens"). Daß in diesem antikisierenden, mit dem Studium Caesars und des Tacitus sich verbindenden Sprachgebrauch der Anspruch des Ostreichs auf eigene Staatlichkeit sich ausdrückt, darauf wurde schon anläßlich der Erörterung der Kulturpolitik Ludwigs (s. S. 270) und des bedeutsamen Panegyricus des Sedulius Scottus hingewiesen. Rückgriff auf imperiale Ideologie Karls des Großen und Ludwigs des Frommen zeigt sich in einem weiteren antikisierenden Terminus der Vorrede: die königlich-staatliche Sphäre wird – wie bereits bei Karl dem Großen nach seiner Kaiserkrönung – als *res publica* abgehoben von der *sacrosancta religio* („allerheiligsten Religion"), deren *rector* („Leiter"), nicht nur *defensor* („Verteidiger, Schutzherr") Ludwig in imperialem Anspruch hier und nach dem Willen der Mainzer Synode von 847 – das Vorbild des christlichen Kaisers Konstantin wird dort ausdrücklich angesprochen – gleichwohl bleibt. Auch inhaltlich wurzelt die Praefatio für die Aufgaben der königlichen Religionspolitik in Vorstellungen der karlischen Reformen, wie sie der konservative Hraban in seinen Werken und seiner Kirchenpolitik gleichfalls vertrat: „weise Unterrichtung" des Volkes, das „Bessere zu mehren", die Fehler aber zu korrigieren und „schädliche Einflüsse und Aberglauben" zu unterdrücken. Wer die großen Programmschriften der Zeit, die Einleitungen zu Gesetzeswerken, Promulgationsschreiben und Synodalbriefe mit der ‚Heliand'-Vorrede vergleicht, wird feststellen, daß diese wenig mit den Programmen der Zeit Ludwigs des Frommen, etwa dem ‚Prooemium generale ad capitularia tam ecclesiastica quam mundana' („Allgemeine Einleitung zu den kirchlichen und weltlichen Satzungen") von 818/19 und der ‚Admonitio ad omnes regni ordines' („Vermahnung an alle Stände des Reiches") von 823/25, gemeinsam hat. Dagegen finden sich enge Parallelen bezeichnenderweise in der Arenga, der programmatischen Einleitung der Praefatio des von Ludwig dem Deutschen präsidierten Wormser Konzils von 868, nach der die Praelaten auf Geheiß des Königs zusammenkamen, „dessen so übergroße Frömmigkeit gegen Gott sich so entfaltet, daß er seine allerhöchste Sorge stets nicht nur den weltlichen Dingen, sondern auch den göttlichen Angelegenheiten angedeihen läßt...", aber auch in der Arenga der Vorrede des Karlskonzils von Tours 813: „Wie sehr der erhabene Geist unseres allerfrömmsten Kaisers vom strahlenden Licht göttlicher Weisheit zur Lenkung der laufenden Angelegenheiten erleuchtet ist, davon legen die Geschäfte seiner ihm von Gott verliehenen Herrschaft sicheres Zeugnis ab; wievieles aber auch durch seinen Fleiß geleistet und seine Klugheit angeordnet wurde, vermag, wer weise und einsichtig ist, leicht zu erkennen – vor allem aber dies, daß er mit ganzem Herzen darüber wacht und danach sucht, was der Frömmigkeit und der wahren Religion angemessen ist, deren Früchte den Menschen am Gut der Seligkeit teilhaben lassen." In der programmatischen Doppelung von weltlicher und geistlicher Herrschaft des Kaisers wird dann die synodale Tätigkeit eingeordnet. Bis in den Aufbau gehen schließlich die Ähnlichkeiten der ,Heliand'-Praefatio mit der ,Epistola Generalis' (s. S. 55), dem Promulgationsschreiben Karls für das Predigtwerk des Paulus Diaconus, das sich mit ähnlich gestaltetem Anfang an die *religiosi lectores nostrae ditioni subiecti* („die frommen, unserer Herrschaft unterworfenen Leser") wendet, den Impetus des Herrschers zur „steten Besserung des Zustandes unserer Kirche" aus der programmatischen Doppelung der imperialen Funktionen entwickelt, dann, allmählich vom Allgemeinen ins Einzelne gleitend, darin die Reform der Artes-Studien, der Bibel und der Liturgie und schließlich das Reform-Homiliar einbettet, das er seinem *familiaris clientulus* („zum Hof gehörigen Diener") Paulus in Auftrag gab und dessen Verbreitung er nun mit herrscherlicher Autorität verfügt. Alle diese Ähnlichkeiten sind nicht zufällig, sondern legen nahe, daß wir in der Vorrede des ,Heliand' ein aus der karlischen Restauration unter Ludwig dem Deutschen entstandenes Promulgationsschreiben zu sehen haben.

Über Person und Herkunft des Autors der altsächsischen Evangelienharmonie wissen wir sehr wenig. Die offiziöse Praefatio hat ihn bewußt, mit politischer Absicht, völlig hinter dem Mäzen, dem Herrscher, zurücktreten lassen und seinen Namen verschwiegen. Seine Sprache trägt Züge des südwestlichen Altsächsischen; er gebraucht den für die Kölner Kirchenprovinz charakteristischen Begriff *pascha* („Ostern") und das nur im Rheinischen lebendige keltoromanische Lehnwort *leia* („Fels"); mit seiner Herkunft hängen wohl auch manche für den Archetyp der ,Heliand'-Überlieferung anzusetzende orthographische Frankonismen zusammen. So hat man an das rheinnahe Werden, das bereits als wichtiges Zentrum altsächsischer Literatur genannt wurde, als den Herkunftsort des Autors gedacht. Jedenfalls verfügte er über eine beachtliche theologische Bildung und zugleich über die Tradition heimischer Liedkunst.

Am ehesten wird man an eine Person aus der Umgebung Ludwigs des Deutschen denken müssen – so ließe sich auch die von der Praefatio herausgestellte befehlsmäßige Beauftragung erklären, die nicht nur prooemialer, dem Stil von Vorreden gemäßer Topos sein kann. Man hat aus dem Kreis der *capella regis* („Hofkapelle"), dem höchsten Leitungsorgan des Herrschers, den *notarius* Adalleod genannt. Er besaß zwar Kontakte zu Sachsen, jedoch läßt sich ein strikter Beweis zu seinen Gunsten nicht führen. Andere dachten an den als unorthodoxer Theologe und begnadeter lateinischer *poeta* bekannten Sachsen Gottschalk (um 803–869), einen ehemaligen Fuldaer Mönch. Aber für eine solche Identifizierung sprechen bisher nicht einmal Indizien. Wie sollte übrigens der in zartem Knabenalter als *oblatus* („Gott als Opfer Dargebrachter") ins fränkische Kloster Fulda gegebene Gottschalk sich mit den Traditionen des heimischen sächsischen Sängertums vertraut gemacht haben?

Eine Intention des Autors war es sicherlich, dem evangelischen Stoff die Stil- und Denkformen der ererbten Standesdichtung zu adaptieren. Dazu gehörte zweifellos die Umsetzung mancher biblischer Strukturen und Begriffe in die Terminologie und Muster des heimischen Epos, dazu gehörte manches formelhafte Dekor der heroischen Lieder, dazu gehörte auch die variationsfreudige Breite des Erzählens und schließlich gehörte dazu die Übernahme von Wertvorstellungen des adligen Publikums wie genealogisch verankertes Standesethos, wie Gefolgschaftstreue, wie Herrschaftsdenken, wie Ostentation und Repräsentation.

Man halte sich nur vor Augen, wie der altsächsische Dichter den nüchternen biblischen Vers, der die Tötung Johannes des Täufers einleitet – „und als sein Geburtstag herankam, gab Herodes den Fürsten, Heerführern und Vornehmen Galiläas ein Festmahl" (Markus 6,21) –, im Variationsstil des Stabreimepos ausschmückt:

Thô wurđun an themu gêrtale   Iudeo cuninges
tîdi cumana,   sô thar gitald habdun
frôde folcweros,   thô he gifôdid was,
an lioht cuman.   Sô was thero liudio thau,
that that erlo gehvilic   ôbean scolde,
Iudeono mid gômun.   Thô warđ thar an thene gastseli
megincraft mikil   manno gesamnod,
heritogono an that hûs,   thar iro hêrro was
an is kuningstôle.   Quâmun managa
Iudeon an thene gastseli;   warđ im thar gladmôd hugi.
blîđi an iro breostun: gisâhun iro bâggeƀon
wesen an wunneon.   Drôg man wîn an flet
skîri mid scâlun,   skenkeon hvurƀun,
gengun mid goldfatun: gaman was thar inne
hlûd an thero hallu,   heliđos drunkun.

(„Da war im Jahreslauf des Judenkönigs die Zeit gekommen, die wußten weise Männer des Volkes, da er geboren war, da er gekommen war ans Licht. So war es des Stammes Sitte, daß diesen Tag jeder Vornehme aus dem Judenvolke durch ein Gastmahl feiern sollte. Da sammelte sich in der Gasthalle eine mächtige Menge von Männern, im Haus des Herzogs, wo ihr Herrscher saß in seinem Königsstuhle. Es kamen viele vom Volk der Juden in diesen Gastsaal; da ward ihnen der Sinn froh, heiter ward ihnen ums Herz: Sie sahen ihren Ringspender in Wonne verweilen. Schieren Wein trug man in Schalen ins Haus, die Schenken drehten sich, eilten mit Goldkrügen: Lust ward da laut in der Halle, die Krieger tranken".)

An diesem Textstück läßt sich gut auch (z.B. v. 2728f. 2733f.) das die Zeilen brechende Enjambement des für die altsächsischen Buch- und Bibelepen im Gegensatz etwa zum Zeilenstil des althochdeutschen ‚Hildebrandsliedes' und der nordischen Edda-Lieder (s. S. 116) so charakteristischen Hakenstils aufweisen. Der Hakenstil bringt auch eine Komplizierung der Syntax mit sich: Im ‚Heliand' können syntaktische Gruppen bis zu 19 Langzeilen umfassen. Die unmittelbare Folge ist eine Zunahme der hypotaktischen Satzstrukturen, deren Perioden dennoch von dem Meister der Verskunst, der der ‚Heliand'-Dichter ist, in „ausgezeichnetem klarem Flusse" (Andreas Heusler) gehalten werden. Eine weitere Folge ist die Zunahme indirekter Rededarbietung – im altsächsischen Epos entwickelt sich direkte Rede geradezu als Stileigentümlichkeit nahezu stets nur aus vorhergehender indirekter Rede heraus; die Silbenzahl der Verse, ihre Takte und Auftakte schwellen an – der ‚Heliand'-Autor nützt diese den Rhythmus verlangsamenden „Schwellverse" zur Akzentuierung feierlicher Stellen; schließlich unterstützt gesteigerte, gegenüber den älteren Stabreimdichtungen nicht mehr inhaltlich perspektivierend die Handlung vorantreibende, sondern in statischer Synonymik verharrende Variation das Wogende und Drängende, den Dauervortrag sicherlich Belebende dieses Epenstils.

Das Kolorit der heimischen Adelskultur, die Farben aus der Welt der Grundherrschaften verleihen der Dichtung an vielen Stellen einen in eigentümlichem Kontrast zur Welt des Evangeliums stehenden archaischen Reiz, so wenn das der Geburt Christi in Bethlehem vorausgehende Census-Gebot des Augustus als *ban endi bodskepi* („Bann und Gebot") verkündet wird, die Betroffenen sich zu ihrem *ôdil* („Heimsitz") und *hantmahal* („Erbsitz") aufmachen, zu den „Burgen" ihrer Heimat wandern und Schreiber eine „Zinsliste" anlegen, in der sie „sämtliche Namen, Land und Leute" verzeichnen. Wie selbstverständlich erscheinen die Jünger Jesu als „Gefolgsleute" – wenn auch eines himmlischen Königs. Christus hält sich – wie ein Einsiedler der Karolingerzeit – vor seinem öffentlichen Auftreten nicht in der Wüste, sondern im „Urwald" auf.

Sogar Maria, die Gottesmutter, wird in den Farben einer Frau aus dem Heldenliede geschildert, wenn ihr der greise Seher Simon im Tempel Freude und Leid verkündet, das ihr durch ihren Sohn werden wird:

[...] *Listiun talde thô,*
the aldo man an them alaha idis thero gôdun,
sagda sôđlico, hvô iro sunu scolda
oƀar thesan middilgard managun werđan
sumun te falle, sumun te frôƀru firiho barnun,
them liudiun the leoƀa, the is lêrun gihôrdin,
endi them te harma, the hôrien ni weldin
Kristas lêron. „Thu scalt noh", quađ he, „cara thiggean,
harm an thînumu herton, than ina heliđo barn
wâpnun wîtnod. That wirđid thi werk mikil,
thrim te githolonna".

(„... Voll Weisheit berichtete da im Heiligtum der alte Mann der guten, hehren Frau, sagte wahr, ihr Sohn werde über diese Erde mächtig werden auf mancherlei Weise, den einen zum Verderben, den andern zum Trost, den Kindern der Menschen; den Leuten werde er in Liebe begegnen, die seinen Lehren gehorchten, denen aber zum Kummer werden, die nicht hören wollten die Lehren des Christus. ‚Du wirst noch', sprach er, ‚Schmerz leiden, Harm in deinem Herzen, wenn einst ihn Kriegsvolk mit Waffen tötet. Da mußt du große Mühsal, Not mußt Du dulden.' ")

Auch hier hatte der Evangelist das Kommende nur kurz und dunkel angedeutet. Es läßt sich auch nicht leugnen, daß der sächsische *vates* die Gelegenheit der Gethsemane-Szene ergreift, um die Schwerttat des Apostels Petrus gegen Malchus im Stil heroischer Kampfszenen auszuarbeiten. Da fragen die Jünger den Heiland:

„[...] *wâri it nu thîn willio“, quâđun sie,   „waldand frô mîn,*
that sie ûs hêr an speres ordun   spildien môstin
wâpnun wunde,   than ni wâri ûs wiht sô gôd,
sô that wi hêr for ûsumu drohtine   dôan môstin
beniđiun blêka“.   Thô gibolgan warđ
snel sverdthegan,   Sîmon Petrus,
well imu innan hugi,   that he ni mahte ênig word sprekan:
sô harm warđ imu an is hertan,   that man is hêrron thar
binden welde.   Thô he gibolgan geng,
suiđo thrîstmôd thegan   for is thiodan standen,
hard for is hêrron: ni was imu is hugi tvîfli,
blôth an is breostun,   ac he is bil atôh,
sverd bi sîdu,   slôg imu tegegnes
an thene furiston fîund   folmo crafto,
that thô Malchus warđ   mâkeas eggiun,
an thea svîđaron half   sverdo gimâlod:
thiu hlust warđ imu farhauwan,   he warđ an that hôbid wund,
that imu herudrôrag   hlear endi ôre
beniwundun brast: blôd aftar sprang,
well fan wundun.   Thô was an is wangun scard
the furisto thero fîundo.   Thô stôd that folc an rûm:
andrêdun im thes billes biti.“

(„... ‚Wäre es nun auch dein Wille, waltender Herr mein, daß sie hier an Speeres Spitze uns spießen sollten, wund von Waffen, dann wäre uns nichts so lieb, als daß wir hier für unsern Gefolgsherrn sterben müßten, bleichen Leibes!‘ Da erzürnte sich der kühne Schwertmann, Simon Petrus, da schwoll ihm der Sinn, kein einziges Wort konnte er sprechen: so bitter ward ihm ums Herz, daß man seinen Herrn dort binden wollte. Zornvoll ging er da, der hochsinnige Held, um vor seinen Herrscher sich zu stellen, kühn vor seinen Herrn. Kein Wanken kannte sein Sinn, keine Furcht sein Herz, die Klinge zog er, riß das Schwert von der Seite, schlug ein auf den vordersten der Feinde, mit der Kraft seiner Hände, so daß Malchus gezeichnet ward durch die Schärfe der Schneide, an der rechten Seite gezeichnet vom Schwert: das Ohr ward ihm zerhauen, er wurde am Haupte wund, daß ihm schwerblutig Wange und Ohr in Todeswunde barst: Blut sprang hervor, wallend aus der Wunde. Da wurde an seiner Wange schartig der vorderste der Feinde. Da wich das Kriegsvolk, sie scheuten den Biß des Schwertes.“)

Doch folgt in der Szene selbst der christliche Umschlag sofort; die heroische Kampfkulisse ist vom Autor nur aufgebaut worden, um die Botschaft Christi von der Gewaltlosigkeit um so eindrucksvoller hervortreten zu lassen: [...]*ni sculun ûs belgan wiht, wrêđean wiđ iro gewinne* („... wir dürfen nicht zürnen, nicht widersetzen uns ihrem Streiten“) und ... *wi mid ûsun dâdiun ni sculun wiht awerdian* („... wir mit unseren Taten könnten nichts wenden“). Erst der letzte Satz, die völlige Negierung des heroischen Tatensinns, läßt die Heldenpose des Petrus in ihrer ganzen Nichtigkeit aufscheinen.

Selbst in der berühmten Paraphrase von Johannes 11, 16, wo es um die Rückkehr Jesu in das feindliche Judenland geht, hat der Autor das Ethos des heimischen Heldenliedes nur instrumental eingesetzt. Die vom Rückkehrplan abratenden Jünger reden Jesu als ihren Herrn an: „Warum strebst du nun danach, zu diesem kampflustigen Volk, wo der Feinde soviele sind, zu diesen übermütigen Edelleuten zu fahren?" Doch Thomas – *diurlic drohtines thegan* („trefflicher Gefolgsmann des Herrschers") – antwortet: „Wir sollen seine Tat nicht tadeln, noch wehren seinem Willen, sondern ihm getrost beistehen, leiden mit unserem Gebieter: das ist Pflicht des Gefolgsmannes, daß er mit seinem Herrn unbeugsam stehe, sterbe mit ihm in der Stunde des Ruhms. So laßt uns alle handeln, folgen seiner Fahrt: unser Leben soll uns fortan nichts gelten, bis wir im Kriegsvolk mit ihm, unserm Herrscher, sterben. Dann lebt doch unser Nachruhm, gute Sage unter den Menschen". Die Heroisierung der Szene verfolgt hier zwei Ziele: falsches heroisches Ethos wird im „Übermut" der Juden – durchaus, wie der kampfwütende, ins Verderben führende *overmōd* des Königs Byrhtnoth in der altenglischen ‚Schlacht von Maldon' zeigt, eine heroische Eigenschaft – denunziert; die an das Johanneswort *moriamur cum eo* („laßt uns mit ihm sterben") anknüpfende, aber im Stile heroischen, oft belegten Kriegerethos (s. S. 130) gestaltete Todesbereitschaft der Jünger dient dazu, dem in der heimischen Wertwelt lebenden Publikum der Bibeldichtung das heilsgeschichtlich notwendige, dennoch frei verantwortete, die Erlösung der Menschen vorbereitende Selbstopfer Christi verständlich zu machen. Auch dieses freilich scheint dem frühmittelalterlichen Menschen nur in der Gemeinschaft, im Verband von Herrn und Gefolgsleuten, die sich zu umfassender gegenseitiger Hilfe verpflichtet haben, denkbar. Dennoch wird sichtbar, wie sich im Wechsel der Perspektiven die dramatische Rede des Heldenliedes als kerygmatische, das Heil offenbarende Rede des Bibelepos enthüllt, die das tragische heimische mündliche Lied als Heilsdichtung, in dem der Tod des Helden einen neuen Sinn gewinnt, gleichsam erlöst. Es ist Christus – wie Gottschalk, auch Sachse und Hrabanschüler, sagte – *maximus heros* („der Größte der Krieger").

Es handelt sich bei den aufgewiesenen Zügen, die an Stil und Werte des germanischen Heldenlieds erinnern, keinesfalls um Ansätze zu einer „Germanisierung" des Christentums. Sie gehören vielmehr in die vom Autor teils bewußt, teils unbewußt aufgetragene Schicht der Aktualisierung, die auch sichtbar wird, wenn Pilatus entgegen patristischer und legendarischer Tradition, aber im Sinne karolingischer Polemik als Typus des *iudex iniustus* („ungerechten Richters"), der dem Druck der Mächtigen nachgibt, dargestellt wird. All dies hat man zu Recht aus der kirchlich gerechtfertigten Praxis der „missionarischen Akkomodation" (Johannes Rathofer) erklärt, als Versuch, den intendierten Rezipienten der Dichtung so weit wie möglich in ihren heimischen Vorstellungen entgegenzukommen. Daß dabei in keinem Falle zentrale Glaubensinhalte des Christentums geopfert wurden, zeigt deutlich die Darstellung der Bergpredigt, in der kompromißlos das heimischen Vorstellungen zuwiderlaufende Gebot der Nächstenliebe, der Verzicht auf Vergeltung bis zur Selbstaufgabe verkündet wird.

Gerade an der Ausgestaltung der Bergpredigt (v. 1211ff.) läßt sich die aus der spätantiken Bibeldichtung ererbte Tendenz zur Episierung des handlungskargen evangelischen Berichts aufzeigen. Die prachtvoll erzählte Einführung schildert, wie sich die eben berufenen zwölf Apostel in einer Art Ratsversammlung um den Recht weisenden, die künftigen Normen des Verhaltens setzenden, Gut und Böse scheidenden Herrscher scharen, den *managoro mundboro* („Schutzherrn der Vielen"), den *thiodo drohtin* („Herrn der Völker"), den *landes hirdi* („Hirt des Landes") und *helag drohtin* („heiligen Herrscher"), der Gnade und Lehre und Heil auf seine Gefolgsleute verströmt. Die ganze Szenerie weicht dabei erheblich von der biblischen Vorlage ab. Auch an vielen anderen Stellen hat der sächsische Epiker die schmalen Angaben der Heiligen Schrift erweitert, Motive und Intentionen von Handlungen und Handelnden erläutert, in aktualisierender Publikumsadresse gelegentlich moralische Reflexion und theologische Exegese kommentierend eingeschoben. Die wichtigste Konsequenz der Episierung war aber, daß er die biblischen „Ereignisse mit einer bestimmten Perspektive, der heilsgeschichtlich-soteriologischen nämlich, verbindet". Insbesondere die zahlreichen Vorausdeutungen auf das erlösende Leiden und Sterben Christi und die qualifizierende Einführung dramatischer Gegner (Juden, Saten) über den Evangelientext hinaus „verleihen dem Text... eine epische Spannung, die aus dem Verhältnis von Erwartung und Erfüllung erwächst" (Bernhard Sowinski).

Der theologisch gebildete Verfasser des ‚Heliand' war mit den Strömungen der karolingischen Theologie gut vertraut: Ganz in ihrem Sinn betont er die Gottheit Jesu, das Himmels- und Weltenkönigtum Christi. Im Stile einer karolingischen ‚Maiestas Domini' („Majestät des Herrn"), die – obligatorisches Repräsentationsbild aller Evangelienbücher – den Herrn als einen auf dem Globus thronenden kosmischen Herrscher darstellt, ist Christus *cuningo rîkeost* (v. 2089: „der mächtigste der Könige"), ist *hêlag hevencuning* (v. 2926: „der heilvolle König des Himmels"). Es ist auch kein Zufall, daß er an einer einzigen Stelle, bei den ‚Blinden von Jericho', eine ausführliche Auslegung nach dem verborgenen Schriftsinn vornimmt (Fitte 44). Durch spirituelle Exegese ließ sich hier ein Kernmotiv karolingischer Missionstheologie, die unabdingbare, immerwährende Pflicht zur Heidenpredigt, zur Mission der *gentes* und zur katechetischen Unterweisung der Bekehrten, in die sich der Autor selbst ja einordnen mußte, aus dem Evangelium inhaltlich und tiefer, als es die bloße Wiedergabe des Missionsgebots vermochte, begründen. Das dünkte ihn, wie die Vorrede sagt, *commodus* („angemessen"). Die Geschichte von der Heilung der Blinden offenbart jenseits ihres Buchstabensinns, daß der Mensch durch die Erbsünde in die „Blindheit des Verstandes" (*caecitas mentis*) gestürzt wurde und erst in der Erleuchtung durch die Lehren des Evangeliums aus der selbstverschuldeten Dunkelheit errettet werden kann.

Wie sehr der Autor des ‚Heliand' nicht nur redender, lehrender, sondern auch gestaltender Theologe war, hat man in einer tieferen Schicht erst vor kurzem erkannt, indem der (freilich nicht unumstrittene) Versuch gemacht wurde, das Werk als einen geordneten Kosmos im Sinne mittelalterlicher Zahlenästhetik zu verstehen (Johannes Rathofer). Die Heilige Schrift war dem frühmittelalterlichen Menschen Urkunde, daß die göttliche Weisheit *omnia in mensura, numero et pondere* („alles in Maß, Zahl und Gewicht") geordnet hatte (Sapientia 11, 21). Das Sein, der

Kosmos, der Mensch waren vom Schöpfergott zahlhaft gegründet worden. Aus dieser Zahlenontologie hatte bereits Augustin (354–430) eine Zahlenpsychologie und Zahlenästhetik abgeleitet: der Mensch kann die Welt, das Sein nur erkennen, weil seine Seele, sein Geist ebenfalls zahlhaft ist. *Simile per similem cognoscitur* („Gleiches kann nur durch Gleiches erkannt werden"). So wirkt auf ihn die künstlerische Gestalt; in der Musik zum Beispiel sind es die zahlhaften Harmonien, wie die Oktave, die das Wohlgefallen erregen; diese Harmonien stehen in Analogie zum Schöpferwerk. So kann auch der *poeta* sein Werk nach guten Proportionen und nach heilskräftigen Symbolzahlen einrichten; diese Werkstruktur verhilft, auch ohne daß sie der Leser oder Hörer bewußt wahrnimmt, zur Strukturierung der Seele nach dem *divinus numerus* („der göttlichen Zahl") und damit zur Heilsförmigkeit, zur Orientierung nach der göttlichen *sapientia* („Weisheit"). In dieser Weise sind zahlreiche architektonische Kunstwerke, aber auch literarische und poetische Texte (gerade im Umkreis Hrabans von Fulda) zufolge eigener Aussage und gar in gelehrter Interpretation der Autoren nach den *numeri* disponiert worden. Im ‚Heliand' hat man eine symmetrische Komposition aufgedeckt, in deren Mitte, zahlhaft durch weitere Strukturen harmonisch akzentuiert, die Verklärung Christi steht, welche die *natura divina* („göttliche Natur") des Erlösers, den Kern karolingischer Christologie, offenbart. Mit ihrer Zahlenstruktur steht die altsächsische Dichtung an der Seite des ‚Liber Evangeliorum' Otfrids von Weißenburg, wo vergleichbare Ordnungen gefunden werden konnten.

Die ‚Heliand'-Praefatio behauptet, daß der altsächsische *vates*, der die Evangelien übertrug, auch vom *initium mundi* („Anfang der Welt") gehandelt habe, mithin Teile des Alten Testaments, mindestens die ‚Genesis' übertragen habe. Vollends werden die ‚Versus' der Praefatio, die sekundär mit dem genuinen Text durch Interpolationen vereinigt wurden, nur verständlich, wenn eine Übersetzung aus dem Alten Testament vorlag. Die sicherlich ebenfalls noch ins frühe Mittelalter gehörige redigierte Gestalt der Praefatio scheint zu einer Gesamtausgabe altsächsischer Bibelübersetzungen gehört zu haben, die offenbar in der verlorenen, aber nachgewiesenen Naumburger Handschrift vorlag. Auch die vatikanischen Fragmente (V), in den sechziger Jahren des Jahrhunderts im Umkreis des Erzbischofs von Mainz geschrieben, die Auszüge aus dem ‚Heliand' und aus einer altsächsischen ‚Genesis'-Dichtung vereinigen, scheinen aus einer Gesamtausgabe geschöpft zu haben. Dennoch glaubt man heute, vor allem aufgrund von narrativen, stilistischen und lexikalischen Differenzen, fast allgemein, daß ‚Heliand' und ‚Altsächsische Genesis' von verschiedenen Autoren stammen, wobei unbezweifelt bleibt, daß der Autor der ‚Genesis'-Dichtung sich an der poetischen Technik des ‚Heliand' schulte.

Die ‚Altsächsische Genesis' ist nicht nur durch die drei vatikanischen Fragmente von etwas mehr als dreihundert Versen überliefert. Schon 1875 hatte Eduard Sievers in der ‚Angelsächsischen Genesis' einen längeren Einschub entdeckt, den er seinem sprachlichen Chrakter nach als Übersetzung aus einer, wie er damals glaubte, verlorenen altsächsischen Dichtung identifizierte. Die spätere Auffindung der vatikanischen Handschrift hat, da sich deren Exzerpte in einer Verspartie mit dem insularen Text überschnitten, seine Vermutung bestätigt. Es sind also insgesamt etwa 920 Zeilen der Dichtung bezeugt, eine schmale Basis für eine Würdigung.

Die überlieferten Fragmente breiten inhaltlich drei Szenen vor Hörer und Leser aus: Empörung und Sturz Satans, Erhebung der Menschen zum zehnten Engelchor an Stelle der abtrünnigen Engel, Rache Satans durch Verführung des ersten Menschenpaares, Sündenfall und Klage der Stammeltern des Menschengeschlechts, Triumph der Hölle; dazu kommen zwei Fragmente aus der Geschichte von Kain und Abel sowie aus der Erzählung vom Untergang Sodoms.

Daß eine größere altsächsische Genesis-Dichtung existiert hat, hat man erst kürzlich durch eine kunsthistorisch-ikonographische Analyse der Illustrationen der im zweiten Viertel des elften Jahrhunderts im Christ-Church-Kloster der englischen Bischofsstadt Canterbury entstandenen Handschrift der ‚Angelsächsischen Genesis' wahrscheinlich machen können (Barbara Raw). Man hat gezeigt, daß der für einen Laienadressaten arbeitende angelsächsische Künstler u.a. einen karolingischen Bilderzyklus verwandt hat, der sich an zwischen etwa 840 und 870 entstandenen Modellen der Schule von Tours orientierte, und der in vielen erzählerischen Details (Krönung Satans mit Errichtung von Thron und Herrscherpalast; Schlange verführt Eva in Gestalt eines Engels; von der Deszendenz Adams werden nur Kain, Abel und Henoch erwähnt usw.) und Bildunterschriften so eng mit der ‚Altsächsischen Genesis' – auch in ihren nicht in die angelsächsische Genesis-Dichtung eingegangenen Teilen – übereinstimmt, daß nur der Schluß übrigbleibt, daß dem Kompositeur des Canterbury-Codex eine illustrierte Handschrift der ‚Altsächsischen Genesis' vorlag, aus der er für die Gestaltung von Text und Bild schöpfte.

Der Autor der ‚Altsächsischen Genesis' besaß gute Kenntnisse der theologischen und legendarischen Literatur; er hat für seine Darstellung neben der Bibel noch andere Quellen, auch Apokryphen benutzt, die jedoch wegen seiner freien Bearbeitungstechnik im Einzelfall nur schwer präzise zu bestimmen sind. So wachsen gerade die Teufelsszenen zu imponierender Eigenständigkeit. Doch ist dies Funktion einer weitreichenden Absicht. . Worum es dem Autor eigentlich geht, ist die Akzentuierung der initialen Szenen der ‚Genesis' nicht nur als heilsgeschichtliche Stationen, die durch Christi Erlösungstat überwunden wurden, sondern als stets aktuelle Exempla menschlicher Gefährdung, menschlicher Versuchung durch die personal faßbaren und psychologisch ausgestalteten Mächte des Bösen. Diese Konstellation steigert er, indem er die Vorgeschichten des Engelsturzes und des Sündenfalls der Urmenschen als zwei extreme Versuchsbedingungen, denen alle Geschöpfe überall und jederzeit unterworfen sind, rekonstruiert. Luzifer fällt aus *superbia* („Hochmut"), aus unveränderbarem Mangel an Einsicht in seine Geschöpflichkeit. An Adam und Eva aber zeigt sich – übrigens in feinen psychologischen Abstufungen – daß „der Fromme trotz besten Willens dem Versucher nicht standhält, weil er noch nicht den höchsten Grad der unbedingten Gottzugewandtheit erreicht hat" (Hans Schottmann).

Quasi um eine Testsituation herzustellen, erscheint der versuchende Teufel nicht im leicht erkennbaren Gewand, sondern tritt als verkleideter Gottesbote auf, der anscheinend die Weisungen des Herrn überbringt: „... dieser lichtglänzende Bote, ein guter Gottesengel, an seiner Kleidung ist zu sehen, daß er Abgesandter ist unseres Herrn, des Himmelskönigs..." (v. 421ff.). Daß Dämonen die „Gestalt eines Lichtengels" annehmen können, um die Mönche zu verführen, daß sie sich mit falschen Visionen zu beglaubigen suchen, ist schon die Auffassung früher Mönchsschriften wie der ‚Collationes patrum' („Gespräche der Mönchsväter") des Cassian († 430/35) und auch schon der Vita des Einsiedlers Antonius von Ägypten († 356). Ambrosius von Mailand († 397) vermutete, daß die Schlange Eva in der Metamorphose eines „Lichtengels" verführt habe. Gerade in der Umgebung Ludwigs des Deutschen wurde man sich 873 dieser perfiden Verführungstechnik des Teufels auf das ernsteste bewußt, als auf dem Anfang Februar einberufenen Reichstag zu Frankfurt – nach den Worten der ‚Annalen von St. Bertin' – zu Ludwigs „Sohn Karl der Teufel in der Gestalt eines Boten des Lichts kam und ihm sagte, daß sein Vater ... den Zorn Gottes gegen sich erregt habe und darum bald sein Reich verlieren würde. Gott aber habe bestimmt, daß Karl dieses Reich besitzen solle, das ihm in kurzem zufallen werde." Der Teufel folgte Karl, um ihn endgültig zu überzeugen, bis in die Kirche und überredete ihn, die Kommunion, die ihm Gott sende, zu nehmen. Dabei fuhr er in den Geist des Prinzen ein. Nachdem die Anzeichen der Besessenheit auf dem Reichstag offenbar werden, nimmt der Erzkaplan des Königs, Erzbischof Liutbert von Mainz, persönlich einen Exorzismus vor. Karl wird schließlich von Bischöfen und anderen Getreuen an die heiligen Stätten des Reiches geführt, „damit er durch ihre Verdienste und Fürbitten den Teufel loswerde und durch Gottes Barmherzigkeit wieder zu gesunden Sinnen gelange." Die Szene dokumentiert die Gefahr der teuflischen Verführung zur *superbia* selbst im christlichen Herrscherhaus, die für adliges Publikum bestimmte ‚Genesis'-Dichtung zeigt diese Gefahr am urzeitlichen Geschehen als menschliche Grundverfassung auf.

Der ‚Genesis'-Autor betreibt wie der ‚Heliand'-Dichter eine am Modell des germanischen Heldenliedes geschulte Episierung des biblischen Stoffes. Der Genesisbericht über den Sündenfall gab im Stile des Mythos nur Auskunft darüber, was geschah und wie es geschah. Das heimische Epos verlangte jedoch auch Antworten auf andere Fragen: Warum verführte der Teufel gerade Eva? Warum glaubte sie ihm? Warum überredete sie ihren Ehemann? In drei erzählerisch isolierten Schlüsselszenen, auf die aber volles Licht fällt, werden die Antworten gegeben: Adam widerstand zunächst den Einreden des als Engel auftretenden Teufels. So überzeugt der Teufel Eva, sie müsse Adam zum Essen der bösen Frucht überreden, damit er vor den Folgen des angeblichen Ungehorsams geschützt sei. Eine Vision – Trug der Hölle – bestärkt sie darin. Aus guten Motiven also wird das Böse geboren. Neid und Gotteshaß Satans, nicht der Erkenntniswille der Menschen bewegen die Geschichte, welche die Dimensionen einer Rachesage annimmt: Satan rächt sich an den Geschöpfen Gottes – fast wie der Schmied Wieland der Heldensage (s. S. 102) – dafür, daß er als Aufrührer von seinem Herrn besiegt, erniedrigt, bestraft und in Ketten gelegt wurde. Sogar das „Federkleid" der Sage scheint anzitiert zu werden (v. 183). Nach seinem vorläufigen Sieg über Adam, den er auch als Konkurrenten fürchtete, hält der teuflische Bote des *ofermôda cyning* („übermütigen Königs") der Hölle, der ehemalige Vertraute Gottes, eine Triumphrede in der Manier der heroischen Epik: „Nun ist Harm und Herzenssorge zu Gott gekommen. Was auch immer wir an Qual hier erduldeten, das ist nun an Adam alles vergolten durch den Haß des Herrn und der Krieger Verderben, den Menschen mit Todesqualen: daran wurde mein Sinn heil, Verstand und Herz wurden heiter: all unser Harm ist gerächt, das Leid, das wir so lange duldeten" (v. 519ff.).

Das Thema des Ungehorsams und der *superbia* ist das Leitthema der uns erhaltenen Stücke der ‚Genesis'-Dichtung. Hier wird zweifellos deutend auf die Gegenwart Bezug genommen: Im zeitgenössischen Lehns- und Vasallitätswesen hatte das Problem der Treue, des Gehorsams und der Unterordnung für die Oberschichten des frankonisierten Sachsen soziale Gestalt angenommen. Deshalb wird die Lehnsterminologie zur Deutung des biblischen Vorzeitgeschehens eingesetzt. Abraham und Lot erscheinen ausdrücklich als Vorbilder richtigen Verhaltens gegenüber dem Lehnsherrn. Dagegen verkörpert Luzifer den in *superbia* unrettbar befangenen *potens*, den Machtmenschen, der seine gottgegebenen Bindungen abstreift (Ute Schwab). Er sucht den legitimen Herrscher vom Thron zu stoßen, schart selbst Gefolgsleute um sich (v. 44ff.): „Warum soll ich mich plagen? Ich bedarf keines Herrn... ich habe Gewalt genug, einen erhabeneren Thron, einen höheren im Himmel zu errichten. Warum soll ich um seine Huld dienen, als Vasall mich ihm beugen? Ich kann Gott sein wie er. Mir stehen starke Streitgenossen bei, die werden mich im Kampfe nicht verlassen, die Krieger mit festem Herzen; sie haben mich zum Herrn erkoren, die berühmten Männer; mit solchen kann man Rat ersinnen, finden ihn mit solchen Schargenossen; sie sind gerne meine Freunde, sind hold mir in ihrem Sinn. Ich kann ihr Herr sein, herrschen über dieses Reich; darum dünkt es mich nicht recht, daß ich Gott um ein einziges Gut bitten sollte: nicht länger will ich sein Vasall sein!" Mahnend wird deutender Kommentar eingesetzt, als der wirklich Mächtige, der allmächtige Weltenkönig, dem Empörer die Huld entzieht und zur Bestrafung der aufständischen Engel schreitet (v. 63ff.): „So geht es jeglichem Mann, der gegen seinen Herrscher zu streiten beginnt, im Frevel gegen seinen erlauchten Herrn...".

Auch in Sodom (Genesis, c. 19) manifestiert sich der stets wiederkehrende Untergang der gottlosen und hoffärtigen *potentes* („Mächtigen"):

897 [...] *thô ward dag kuman.*
Thuo ward thar gihlunn mikil himile bitengi,
brast endi brâcoda, ward thero burugeo giwilîc

rôkas gifullit, warđ thar fan radura sô vilu
fiures gifallin, warđ fêgero karm,
lêđaro liodio: logna all biveng
brêd burugugisetu: bran all samađ,
stên endi erđa, endi sô manag strîdin man
svultun endi sunkun: sveƀal brinnandi
wel after wîkeom; waragas tholodun
lêđas lôngeld. That land inn bisank,
thiu erda an afgrundi; al warđ farspildit
Sodomarîki, that is ênig seg ni ginas,
iac sô bidôđit an dôđsêu, so it noh te daga stendit
912 *fluodas gifullit. Thuo habdun hiro firindâdi*
all Sodomothiod sêro antgoldan,...

(„... Der Tag war gekommen. Da erscholl himmelwärts machtvoller Lärm, überall barst und brach es, der Burgen jegliche füllte mit Rauch sich, es fiel vom Himmel unendliches Feuer, aufklang der Todgeweihten Jammern, des bösen Volks: Es faßte die Lohe die breiten Burgsitze: Alles brannte, Stein und Erde, und manche streitbaren Männer fielen und starben: Brennender Schwefel strömte über die Häuser; so gewannen die Frevler den Lohn ihrer Bosheit. Das Land versank, die Erde im Abgrund; alles wurde vernichtet im Reich Sodom, nicht ein einziger Mensch gerettet; es tauchte ein ins Meer des Todes, wo es noch heute steht, von der Flut bedeckt. So hatte seine Untaten das Volk von Sodom böse entgolten...“).

Dieser aktualisierenden, auf die soziale Realität der Zeitgenossen bezüglichen Deutungsschicht steht entgegen eine auch im ‚Heliand‘ aufgewiesene archaische Schicht der Gefolgschaftsterminologie aus dem Bereich der heroischen Dichtung.

Doch nur an der Oberfläche scheint das ein Kontrast zu sein. Zum einen wirkt hier notwendige, teilweise sicherlich unbewußte Akkomodation an Publikum und Stil heimischer Dichtung. Zum andern aber ist solch scheinbarer Gegensatz aufgehoben im Bewußtsein der Aristokratie; sie konnte ihre eigene Vasallitätsideologie gerade durch die traditionelle Dichtung im Licht der Vorzeitheroen deuten, denen hier die exemplarischen Gestalten christlicher Vorzeit zur Seite treten. Sie liefern dem Publikum Leitlinien des neuen, aber ohne radikalen Bruch mit der Tradition vollzogenen christlichen Selbstverständnisses. Und nur, wenn man ein vorwiegend oberschichtliches Publikum, sei es geistlichen oder laikalen Standes, annimmt, läßt sich ein Ort intendierter Einheit für die altsächsische Bibeldichtung etablieren.

Man hat angesichts der starken Akzentuierung des Abfalls von Gott, der *inoboedientia* („Ungehorsam“), auch angesichts des Vergleichs der Aufständischen mit Luzifers abtrünniger Schar in zeitgenössischen Quellen, wohl nicht zu Unrecht an den letzten großen Aufstand der Sachsen, den Stellinga-Aufstand von 842, und seine Nachwehen als historische Kulisse der ‚Genesis‘-Dichtung gedacht (Ute Schwab). Die Auswahl der Exzerpte in den vatikanischen Fragmenten kann man sich sehr wohl in Mainz, einem der Zentren der kirchlichen Sachsenbetreuung, unter katechetisch-homiletischen Aspekten entstanden denken, zumal in derselben Handschrift auch jener Abschnitt der Bergpredigtübertragung und -interpretation des ,Heliand' (v. 1279–1358), der mit seinen als „Weisheitsworte" an edle Männer deklarierten Aufrufen zu kluger Sanftmut und fehdelosem Frieden als wahre Adelspredigt gelten darf, ebenso wie eine lateinische Musterpredigt über die sieben Todsünden eingetragen wurde.

Die Dichtung Altsachsens verstummt danach für Jahrhunderte. Jedoch ist ihre Verbreitung nicht sofort zum Stillstand gekommen: Das 10. Jahrhundert noch sieht den Export der altsächsischen Dichtungen nach England, und dies setzt wohl auch ihre lebendige Aufnahme und ihr Weiterleben auf dem Kontinent voraus.

Das Evangelium der Franken: Otfrid von Weißenburg

Wola drúhtin mín, já bin ih scálc thin, thiu arma múater min eigan thíu ist si thin! Fíngar thínan dua anan múnd minan, theni ouh hánt thina in thia zúngun mina, thaz ih lób thinaz si lútentaz, giburt súnes thines, drúhtines mines... („Heil dir, o mein Herr, ja ich bin dein Knecht, meine arme Mutter ist deine Magd! Laß deinen Finger meinen Mund berühren, lege auch deine Hand auf meine Zunge, auf daß ich dein Lob laut verkünde, die Geburt deines Sohnes, meines Herrn..."). In für ihn bezeichnender Verschmelzung verschiedener Traditionsströme hat Otfrid diese Verse zu Beginn seines ,Liber evangeliorum' („Buch der Evangelien") an den Anfang des gebetsartigen Kapitels ,Invocatio Scriptoris ad Deum' („Anrufung Gottes durch den Autor") gestellt. Sie enthüllen – nachdem von der Einordnung Otfrids in die Tradition lateinischer Bibeldichtung und das ehrgeizige Programm spätkarolingischer volkssprachiger Bibeldichtung schon gehandelt wurde – einen weiteren bedeutsamen Zug seiner christlichen, aber auch spezifisch monastischen Poetologie. Der Weißenburger Mönch bezeichnet sich – in feiner Anspielung auf ein traditionelles Mönchspraedikat und in kundiger Verwebung von Text und exegetischem Gehalt des Psalmverses 115, 16 („O Herr, ich bin dein Knecht; ich bin ... deiner Magd Sohn") – als *servus Dei* („Diener Gottes"); die Mutter des Autors ist Gottes Magd. Es versteht sich von selbst, daß an dieser herausgehobenen Stelle mit der *muater* nicht die leibliche, sondern die geistige Mutter Otfrids gemeint ist – und das ist nach traditioneller Exegese des zitierten Psalmverses die *ecclesia*, die Kirche. So wie Augustin sich bei der Exegese dieses Verses explizit und stolz als Sohn der Kirche bekannte, so auch Otfrid. Mehr noch, er bettet mit diesem Bekenntnis sein gesamtes Werk ein in das Verhältnis zwischen der Kirche, der Gemeinde der Gläubigen, der er selbst angehört, und Gott. Otfrids Werk stellt dem Anspruch nach einen Teil des sich in und mittels der *ecclesia*, dem wahren *corpus Christi* („Leib Christi"), vollziehenden Heilswerkes dar. Ein hoher Anspruch!

Doch reicht Otfrids exegetisch-poetische Webekunst noch weiter: die *muater* ist gegen die Quellen als eine *arma*, als „arme" bezeichnet. In Otfrids Verständnis also ist die gegenwärtige Kirche noch eine gefährdete und unvollkommene, deren „noch mit Sünde befleckte Glieder zur Ausführung des christlichen Verkündigungsauftrages der im Gebet erflehten Hilfe Gottes bedürfen" (Ulrich Ernst). So schließt sich nun in der Tat – unter Verwebung des im monastischen Dasein täglich zur Eröffnung des Nachtgottesdienstes, aber auch der erbauenden Tischlesung gebrauchten Psalmverses 50, 17 („Herr, öffne meine Lippen, daß mein Mund deinen Ruhm verkündige") und der Berufungshistorie des Propheten Jeremias (1, 9: „der Herr reckte seine Hand aus und rührte meinen Mund und sprach zu mir: Siehe, ich lege meine Worte in deinen Mund") – dem Bekenntnis zur Kirche die Bitte um die Gewährung des *officium praedicationis* („Amt der Verkündigung"), zugleich das in Demut verborgene, dem Bibelkundigen jedoch offenbare Gebet um prophetengleiche Inspiration des Bibeldichters an.

Otfrids ‚Invocatio' ist trotz der Originalität der Vertextung doch nicht ohne Vorbilder: Eingangsgebete kannte auch die spätantike Bibeldichtung und die christliche Legendendichtung in Ablösung des antiken Musenanrufs. Gerade Psalm 50, 17 zitierte auch der Hagiograph Donatus (769/84) aus dem nahen Metz in der Einleitung seiner Lebensbeschreibung des hl. Trudo. Walahfrid, Schüler Hrabans wie Otfrid, nahm im Prolog seiner ‚Vita S. Galli' („Leben des hl. Gallus") die ja erst nach anfänglichem Widerstand des Propheten zustandegekommene Jeremiasberufung zum Vorbild seines *officium verbi* („Wortamtes") und legitimierte mit diesem Exempel, daß er die monastische Pflicht zur *contemplatio* („meditativer Gottesbetrachtung") durch das Geschäft des Schreibens verletzte. Die Zitate der Jeremias-Berufung durch die Schüler erklären sich vollends im Rückgang auf den Jeremias-Kommentar Hrabans: Der sich sträubende Prophet fürchtete nach ihm, daß er durch „Reden" und „Predigen" den Gewinn der *vita contemplativa*, der schweigenden Versenkung in Gott – wie sie im monastischen Leben durch die vielfältigen Schweigegebote der Benediktsregel angestrebt wurde –, verlieren könnte. Erst die ordnende Schöpferhand Gottes öffnete seine Lippen und verlieh die „Gnade des Sprechens", beauftragte zum Amt der Verkündigung und legitimierte damit Sprache – und Dichtung – im Ordnungsraum des Heiligen.

In der Rückwendung auf den *druhtin*, den Gott und Herrn, der zugleich Adressat des Gebets und in Gestalt seiner Hypostase, des Herrn und Gottessohnes, zugleich Gegenstand des von Otfrid intendierten Lobewerks ist, endet die Einleitung der ‚Invocatio', die eine erste Vorstellung von der kaum ausschöpfbaren, den Buchstabensinn und die geistliche Bedeutung des Gotteswortes miteinander in „heiliger Dichtung" verschmelzenden Kompositionskunst des Weißenburger Dichtertheologen geben kann.

Zu Beginn des 9. Jahrhunderts geboren, hatte der Mönch Otfrid im zweiten oder dritten Jahrzehnt des Jahrhunderts Profeß abgelegt. Sein Kloster Weißenburg, gelegen im fränkischen Speyergau (nicht im Elsaß) und in der Diözese Speyer, war Königskloster, das man zur Ausstattung großer benachbarter Prälaten wie der

Bischöfe von Speyer und Worms, der Erzbischöfe von Mainz, aber auch gelegentlich zur Fundierung von im Königsdienst stehenden Klerikern verwandte, wie Grimald, der Erzkaplan und Erzkanzler Ludwigs des Deutschen, einer war. Seinen Besitzinteressen entsprechend, richteten sich die Perspektiven des Klosters zu Otfrids Zeiten auf den Mittelrhein und die rechtsrheinischen Gebiete der Diözese Speyer, aber auch auf das seit 843 lotharingische Unterelsaß und Lothringen. Otfrid lernen wir um 830 zuerst in einem kargen Namenseintrag eines von Weißenburg auf die Reichenau gesandten Nachtrags zu einer älteren Liste der Konventsangehörigen kennen. In seinem Approbationsschreiben an Bischof Liutbert von Mainz bekennt sich Otfrid als Schüler des Hrabanus Maurus (s. S. 182). Seiner eigentümlich vollendeten karolingischen Minuskel zufolge, die Wolfgang Kleiber in seiner paläographischen Analyse der von Otfrid geschriebenen Handschriften hervorhebt und die sich von Fuldaer Praxis kaum beeinflußt zeigt, wird man annehmen dürfen, daß Otfrid noch in Weißenburg zum Schreiber ausgebildet worden ist. Als Urkundenschreiber erscheint er zu Anfang der dreißiger Jahre und nochmals 851 – nun schon unter dem Einfluß Fuldaer Urkundenformulare stehend – in seinem Kloster. Das Fuldaer Studium Otfrids wird man also in die dreißiger Jahre verlegen wollen, als im hessischen Kloster die althochdeutsche Übersetzung der Evangelienharmonie des Tatian vor dem Abschluß stand oder bereits abgeschlossen war (s. S. 212). Wie noch zu zeigen sein wird, hat Otfrid in Fulda – darin den zeitgenössischen Hrabanschülern Walahfrid, Ermenrich von Ellwangen, Lupus von Ferrières und Rudolf vergleichbar – vor allem eine theologisch-exegetische Ausbildung empfangen. Schüler ist er aber auch – wie Wortschatzuntersuchungen gezeigt haben – etwa im Bereich psychologischer Terminologie. Auch Bischof Salomo I. von Konstanz (839–871), dem er ein Exemplar seines Evangelienbuchs widmet, wird von Otfrid als Lehrer bezeichnet; wo freilich er seinen Unterricht genossen hat, wissen wir nicht genau, vielleicht in der Hofkapelle Ludwigs des Deutschen (s. S. 267). In seinem Heimatkloster hat Otfrid – wohl seit den späteren vierziger Jahren, als Grimald, der Kapellan und Kanzler des Königs, wieder Abt (847–872) wurde – die Funktion eines *magister*, eines Klosterlehrers, ausgeübt. Wir wissen es aus einem schwierigen lateinischen (nur fragmentarisch überlieferten) Gedicht, das ihn ausdrücklich so bezeichnet und mit einem Iren namens Cormac – wohl aus dem Kreis des Sedulius Scottus (s. S. 277) – in Verbindung bringt. Wir wissen es aber auch aus den eigenhändigen althochdeutsch-lateinischen Glossierungen Otfrids zu den klassischen Schulschriften des Priscian und des Prudentius – letzteren, den christlichen Dichter, hat er selbst als Vorbild in seinem Evangelienbuch genannt. Zu Otfrids Zeiten nahmen sowohl Bibliothek wie Skriptorium des Klosters Weißenburg einen bedeutsamen Aufschwung. Waren bis zur Mitte des Jahrhunderts kaum Schulschriften, kaum Klassiker, ja sogar nur die notdürftigste Ausstattung an exegetischer und homiletischer Literatur – Kommentare zu den Psalmen, einigen Büchern des Neuen Testaments, Gregors Homilien usw. – vorhanden, so änderte sich das nun grundlegend, auch quantitativ: Aus den 25 Jahren zwischen etwa 845 und etwa 870 sind „so viele Bücher erhalten wie aus den rund 75 vorausliegenden Jahren der Bibliotheksgeschichte zusammengenommen". Danach veröden Skriptorium und Büchersammlung wieder. Die neue kulturelle Blüte ist dem *magister Otfridus* zuzuschreiben: „An fast einem Drittel aller damals entstandenen Handschriften ist er eigenhändig beteiligt" (Wolfgang Kleiber). In Anlehnung an die Technik der Fuldaer Katenenkommentare (vgl. S. 180f.) schuf Otfrid durch die Anlage einer kompletten, sich auf mindestens sieben Handschriften erstreckenden, planvollen Serie von Marginalkommentaren zu allen Büchern der Heiligen Schrift die Voraussetzungen für ein vertieftes Studium des Gotteswortes in der Klosterschule. Dabei stellt ihm – etwa in den eigenhändigen Marginalkommentaren zu den Evangelien – seine die Vorlagen didaktisch straffende und systematisierende Textbearbeitung ein gutes Zeugnis als Theologe des hrabanischen, des kompilatorischen Typus aus. Wie seinem Lehrer ging es ihm in der Schule um die Weitergabe der von den Vätern verbürgten Lehrmeinung. Den größten Zuwachs schuf Otfrid der Bibliothek zunächst durch Handschriftenimport. Von den fünfzehn bis sechzehn Handschriften, die paläographisch die erste Schicht von Otfrids Bibliotheksausbau darstellen, stammen neun bis zehn von auswärts: aus Fulda drei bis vier, darunter Hrabans Handexemplar seines 842/46 vollendeten Ezechielkommentars, eine weitere mit Hrabans Pauluskommentar aus Mainz, wo Hraban seit 847 Erzbischof war. Aber noch imposanter nimmt sich die Bilanz des hrabanischen Einflusses aus, wenn man das von Otfrid in Weißenburg veranlaßte und ausgearbeitete biblische Kommentarwerk untersucht: von 24 erhaltenen Handschriften, die in diesem Zusammenhang in Weißenburg entstanden, enthalten elf Kommentare Hrabans; für einen Teil des Pentateuchs schrieb man Walahfrids Auszug aus Hrabans Kommentar ab; für das Johannesevangelium nahm man die Bearbeitung des Alkuinischen Kommentars durch Erkanbert, einen Schüler Hrabans, die dieser nach Diktat des bekannten Rudolf von Fulda (s. S. 182), eines anderen Hraban-Schülers, angefertigt hatte. Bibliotheksverzeichnisse zeigen, daß Weißenburg noch drei weitere Kommentare Hrabans sowie sein Grimald gewidmetes Martyrologium (dessen Dedikationsexemplar nach St. Gallen gelangte) und seinen ,Liber de computo' („Buch der Festberechnung"), ein Schulbuch also, besaß. Wie sehr Fulda, Weißenburg und auch St. Gallen interferierten, zeigt der nach Fuldaer Vorlage in Weißenburg gefertigte und später nach St. Gallen gelangte Codex Sangallensis 277 (mit einem Bußbuch Hrabans). Überhaupt ist Otfrids Stellung und Werk in Weißenburg am ehesten den Aktivitäten der von ihm als *fratres* („Brüder") bewidmeten St. Galler *magistri* Werinbert und Hartmuot zu vergleichen. Werinbert wird uns in seinem Konvent, dem ja ebenfalls Grimald (seit 841) vorstand, faßbar als Urkundenschreiber (837–840), Besitzer einer Vergil-Handschrift und als Lehrer des bedeutenden Sequenzendichters und Historiographen Notker Balbulus, dem er eine Sammlung erbauender, um die Figur Karls des Großen konzentrierter Legenden lieferte. Er ist zudem der Mönch des Konvents, der als erster (um 835?) sein Mönchsgelübde (*professio*) nach der neuen, von Benedikt von Aniane im Sinne des Reformmönchtums eingeführten dreigliedrigen Formel ablegte. Er war Anhänger der Reform, wie auch der wenig ältere Hartmuot. Diesen beauftragte Grimald, als er erneut die Reform und die Einführung des „regelmäßigen Lebens" in St. Gallen beschloß, mit der Durchführung der notwendigen Maßnahmen, „damit er die Bauten geistiger Ordnung in den Brüdern grundlege und nicht weniger fleißig auch die äußeren Bedürfnisse des Werkdienstes der Mönche ordne". Hartmuot, 849–872 Dekan und Abtstellvertreter, später (bis 883) auch selbst Abt des Klosters, erließ – ganz im Sinne von Hrabans Synodalappell von 847 (s. S. 271) – monastische Statuten, leitete das Skriptorium St. Gallens in seiner glanzvollsten Periode, führte die systematische Katalogisierung der auf über 400 Bände angewachsenen Klosterbibliothek durch und schuf vor allem – unter Rückgriff auf subantike und griechische Handschriften, unter Benutzung der Ausgaben der karlischen Bibelrevisoren Alkuin und Theodulf von Orléans – ein achtbändiges Bibelwerk, mit dem St. Gallen den modernsten Bibeltext seiner Zeit empfing. Nach seinem Schüler Ratpert, dem Schöpfer des althochdeutschen Gallusliedes (vgl. S. 332f.), ragte er unter anderen hervor „durch sein Wissen, seine Lebensweise und seine adlige Abstammung".

Aus der geistigen Atmosphäre der Bodenseeklöster stammte auch Erzbischof Liutbert von Mainz (863–889), dem Otfrid sein poetisches und theologisches Unternehmen in seiner Widmung ausführlich erläuterte. Liutbert war ehemaliger Mönch und *magister* der Reichenau; dort wohl hat Salomo II., Bischof von Konstanz und Neffe des erwähnten ersten Konstanzer Bischofs gleichen Namens, seine Erziehung durch ihn empfangen, die er in einem Brief an den Erzbischof aus den Jahren 877/78 erwähnt.

Diese Schicht klösterlicher Intellektueller war bestens vorbereitet, Intention und Formung von Otfrids nach den Widmungen zwischen 863 und 871 entstandenem Evangelienbuch zu diskutieren. Wie Otfrid sich über die *barbaries* („barbarische Form") seiner Sprache, des Fränkischen, äußert (s. S. 28), wie er ihre Besonderheiten in Phonetik, Orthographie und Metrik diskutiert, ist er ganz und gar ein vom Latein geprägter *magister*, ein *Otfridus latinus*, dessen Versuch, in fränkischer Zunge zu dichten, sich nie vom lateinischen Vorbild lösen kann noch will. Anscheinend haben uns einige ost- und westfränkische nekrologische Quellen sein Todesdatum (23. Januar 863/67?) überliefert. Sie weisen auf weitere Beziehungen, zu westfränkischen Klöstern wie St. Denis bei Paris, an das von Walahfrid im Namen eines *Otfridus presbyter* Gedichte adressiert wurden, aber auch zu Adelsfamilien wie den im Bodenseegebiet, am Oberrhein und in Westfranken tätigen Welfen, denen auch Hemma, die Gemahlin Ludwigs des Deutschen, zugehörte. Doch ist hier die Forschungsdiskussion noch im Fluß.

Otfrids ‚Liber evangeliorum' ist – zumindest in den beiden dem Weißenburger Skriptorium der Otfrid-Zeit entstammenden Handschriften P und V (diese vom Autor selbst korrigiert) – umrahmt von in hierarchischer Abstufung sich folgenden Widmungsschreiben und Widmungsgedichten: Preis- und Widmungsverse an König Ludwig gehen voran, es folgt das lateinische Approbationsschreiben an den zuständigen Metropoliten, Erzbischof Liutbert von Mainz, die gereimte Widmungsadresse an Bischof Salomo I. von Konstanz. Beide Prälaten gehörten zur engeren Umgebung des Königs. Dem Werk folgt – in der benediktinische *humilitas* („Demut") anzeigenden Schlußposition – die Widmungsepistel an die St. Galler Brüder und Freunde. Alle Widmungsgedichte sind in Nachahmung konstantinischer und karlischer Hofdichtung mit kunstvollen Akrosticha und Telesticha ausgerüstet: jeweils die ersten und letzten Buchstaben einer Strophe ergeben in Folge gelesen den Titel, das ist die Widmungsadresse des Gedichtes (s. Abb. 13). So steht der ‚Liber evangeliorum' ganz und gar in der prunkvollen Tradition lateinischer Buchdichtung: Wie diese vollzieht das Approbationsschreiben eine auf lateinisch gebildete *litterati* zielende und den Traditionen des Genus bis in die Gliederung folgende Legitimierung des eigenen, in seiner Neuheit durchaus empfundenen Werks. Eine für fränkische Leser geschriebene Einleitung eröffnet das erste Buch des insgesamt in fünf

Bücher gegliederten ‚Liber evangeliorum'; das dritte und das vierte Buch heben mit eigener Vorrede an; den Eingang des zweiten und des fünften Buches markieren hymnenartige Preislieder auf den Logos und das Kreuz, Gebete umrahmen die christliche Evangeliendichtung: eine einleitende, bereits gewürdigte ‚Invocatio' und eine ausleitende ‚Oratio'. Der literartheoretischen Einleitung entspricht als letztes der 140 Kapitel des Werkes eine ‚Conclusio voluminis totius' („Abschluß des gesamten Bandes").

In ihrer Auswahl der biblischen Erzählabschnitte und in der Anlage der Komposition folgt Otfrids Evangelienharmonie nicht – wie etwa der ‚Heliand' (s. S. 273) – der Gliederung des ‚Tatian', sondern erarbeitet eine eigene, theologisch modern begründete und in die Prinzipien rhetorisch-narrativen Aufbaus eingelassene Struktur, die in einem *ordo artificialis* („künstliche Erzählordnung") den vorwiegend aus den synoptischen Evangelien (Matthäus, Lukas, Markus) gewonnenen Aspekt der Menschheit Christi und den aus Johannes geschöpften Aspekt der göttlichen Natur des Erlösers in großartiger Weise miteinander verschränkt. In seinem Approbationsschreiben, in der ‚Invocatio' (I, 2) und in den Vorreden der einzelnen Bücher hat Otfrid die Sinnzentren seines Werkes charakterisiert: So leitet das erste Buch von der Menschwerdung Gottes in der Verkündigung des Engels an Maria, in der Geburt zu Bethlehem bis zur Taufe Christi am Jordan, in der durch die Stimme des Vaters seine Gottessohnschaft erwiesen wird. In einem auf dem Prolog des Johannesevangeliums gründenden, originellen Neuansatz, der konsequent zu einer an der johanneischen Theologie der Offenbarung des Logos als des Lichtes der Menschen orientierten, zugleich rekapitulierenden Neuinterpretation der im ersten Buch bereits erzählten göttlichen „Wunder" (II, 3), welche die Geburt des Erlösers begleiteten, führt, enthüllt sich Christus im zweiten Buch in Predigt und Zeichen als göttlicher Lehrer und Wundertäter. Das dritte Buch schildert vor anderem – in selbstverantworteter Auswahl, nicht nach der narrativen Ordnung der Evangelien, wie Otfrid selbst betont – *signorum claritudinem* („den Glanz der Wunder"). Im Gegensatz zum zweiten Buch, in dem es dem Weißenburger darauf ankam, in den Wunderzeichen die Offenbarung der Gottheit und des Fleisch, ja tradierbare Lehre gewordenen göttlichen Wortes zu zeichnen, geht es ihm hier um die noch andauernde, bis in die Gegenwart wirkende Heilskraft des göttlichen Wundertäters: ... *wío thiu selba héili nu ist wórolti giméini* („wie seine Heilspotenzen nun aller Welt zuteil geworden sind"). Die evangelischen Wunder werden damit zum Garanten des sich stetig bis in die Gegenwart fortsetzenden Heilsprozesses in der Geschichte. So enthält das anschließende vierte Buch folgerichtig die Erzählung des in seiner Menschheit alle Leiden bis zum Tode am Kreuz frei annehmenden und das sündige Menschengeschlecht erlösenden Christkönigs, der in seinem Selbstopfer – wie Otfrid betont (III, 26) – alle *woroltkuninga* („Weltkönige"), alle Heldenkönige darin übertraf, daß er seine Gefolgsleute durch seinen Tod nicht ins Verderben zerstreute, sondern zum Heile sammelte. Das fünfte und letzte Buch aber erzählt den *regressus Christi ad Deum* („die Rückkehr Christi zu Gott"), die Auferstehung, die das Missionsgebot enthaltenden letzten Lehren an die Apostel, die Auffahrt des Gottessohnes *ubar hímila alle, ubar súnnun lioht joh állan thesan wóroltthiot* („über alle Himmel, über die glänzende Sonne und alles Weltvolk hinaus"); Otfrid beendet seine Heilserzählung – die Evangelien damit im Sinne eines christlichen Geschichtskonzeptes transzendierend – mit der Schilderung des Jüngsten Gerichts und der *aequalitas* („Schönheit und Ausgewogenheit") des himmlischen Reiches, über das der in der Himmelfahrt zuerst offenbarte kosmische Pantokrator herrscht, und die der *inaequalitas* („Häßlichkeit und Widersprüchlichkeit") des irdischen Staates ausdrücklich konfrontiert wird.

Gerade die Verkündigungsszene (I, 5), welche die Inkarnation der Gottheit einleitet, läßt in ihrer Ikonographie die nie nur erzählerischen, sondern stets auch theologischen Absichten der Episierung hervortreten. In einem einer zeitgenössischen Marienpredigt entnommenen, im Rahmen des Werks aber das Gegenstück zur Sternenszenerie der Himmelfahrt Christi (V, 17) bildenden, großartigen kosmischen Auftritt fährt der Gottesbote, *Gabrihel angelus* („der Engel Gabriel"), zu Maria: *Floug er súnnun pad, stérrono stráza, wega wólkono zi theru ítis frono...* („Er flog den Pfad der Sonne, die Straße der Sterne, die Wege der Wolken, flog feierlich zu dieser ehrwürdigen Frau"). Die künftige Gottesmutter empfängt ihn (im Einklang mit karolingischen Verkündigungsbildern) in adliger Stilisierung, wie es ihre königliche Abkunft verlangt, in einem Palast, den Psalter singend, beim Wirken wertvoller Gewebe (s. S. 50). Überhaupt ist – wie im ‚Heliand' – auch bei Otfrid die aristokratische Zeichnung der Hauptakteure des Heilsgeschehens nicht zu übersehen. Christus ist auch *kúning in gibúrti* („König der Abstammung nach"), nicht nur in Anbetracht seines göttlichen Ursprungs (I, 17, 72). Wie ein König hält er – die biblische Szenenregie übertreffend – seinen *introitus*, seinen prachtvollen Einzug in Jerusalem (IV, 4), in dessen Verlauf gar das unkönigliche Reittier Esel durch das standesgemäß *ros* ersetzt wird. Die Jünger des Welten- und Himmelskönigs sind Gefolgsleute, *githigini* („Gefolge"), denen das königliche *girati* („Ratschluß") im Sinne feudaler Ideologie dargetan wird, die selbst *huldi* („Gunst") des Herrschers erwerben und Treupflicht leisten. Jedoch geht – anders als im ‚Heliand' – in Otfrids Evangelienharmonie die Funktion der sozialen Terminologie weit über die missionarische Akkomodation an die Adressaten hinaus; in theologischer Durchdringung ist sie stets durchlässig und vorauszeigend auf die Verfassung des künftigen, des himmlischen Reiches. So gestaltet Otfrid auch die Rede des Engels in der Verkündigungsszene aus zu einer die biblische Quelle übersteigenden, herrscherlichen *promulgatio* („Bekanntmachung") des künftigen Heilsgeschehens, wie sie in dieser Form auch einem karolingischen Königsboten gut angestanden hätte: Nicht nur den Gottessohn, den Weltschöpfer, soll Maria tragen, sondern den Weltenkönig, den wahren Erben des Königs David, der zugleich das eigene Reich, das Himmelreich, dem Menschen öffnet. „Sein Thron steht im Himmel; kein König ist in der Welt, der ihm nicht diene, kein Kaiser unter den Menschen, der ihm nicht fußfällige Gabe bringe und ihn ehre". Dem Hinweis auf die alle *gentes* erreichende universalmissionarische Ausbreitung des Christusreiches folgt die grandiose Schilderung, wie der Gottkönig seinen *drūton* („Gefolgsleuten und Freunden") zuliebe Satan bis in alle Winkel der Welt verfolgt, besiegt und in der Hölle auf ewig bindet. Der majestätischen Verkündigung des Heils durch den Gottesboten steht die demütige und dennoch mariologisch weit – in die Nähe des bedeutenden Marientheologen Hinkmar von Reims (845–882) – tragende Antwort der Jungfrau gegenüber, in der sie sich als Mutter des welterschaffenden Logos zu erkennen gibt: „Ich bin, sprach sie, Gottes Erbmagd, möge sein Wort" – das auf das Engelswort bezügliche biblische „mir geschehe nach deinem Wort" wird charakteristisch abgewandelt – „in mir wachsen!" Wie die Verkündigungsszene wird auch die Geburt Christi (I, 11) eingebettet in einen globalen Rahmen, in dem ein in erhabener Gebärde auftretender, in feierlicher, von Rechtsformeln durchsetzter Rede sein Censusgebot verkündender römischer Kaiser Augustus seine Königsboten über das Land ausschickt (v. 15ff.): *Ellu wóroltenti zi míneru henti, so wár man sehe in waron stérron odo mánon, so wara so in érdente súnna sih biwénte – al sit iz brieventi zi míneru henti!* („Bis ans Ende der Welt sei alles in meine Hand gegeben, so wahr man Sterne und Mond sehen kann, so wahr die Sonne am Ende der Erdscheibe ihre Umkehr nimmt, alles verzeichnet zu meiner Verfügung!"). Nach traditioneller, etwa beim spätantiken christlichen Historiker Orosius (um 417) zu findender Auffassung bildet die universale *pax* („Friedensherrschaft") des Augustus die universale Ausbreitung des Christusreiches angemessen vor. Alsdann verengt und konzentriert Otfrid in meisterhafter Regie die kosmische Schau des Anfangs auf den kleinen Raum des bethlehemitischen Heilsgeschehens, um sich schließlich in einem für die Zeit einzigartigen Marienhymnus (v. 39ff.) „in jenen Innenraum" einzublenden, „in dem sich die Mutter-Kind-Beziehung entwickelt" (Ulrich Ernst):

Wóla ward thio brústi, thio Kríst io gikústi,
joh múater thiu nan quátta inti émmizigen thágta;
Wóla thiu nan túzta intį in ira bárm sazta,
scóno nan insuébita inti bį įru nan gilégita!
Sálig thiu nan wátta int inan fándota,
joh thiu in bétte ligit ínne mit súlichemo kínde;
Sálig thiu nan wérita, than imo fróst derita;
árma joh hénti inan hélsenti!
Er nist in érdringe ther ira lób irsinge,
noh mán io so gimúati ther irzéllę ira gúati;
[...]
51 *Wanta ira sún guato díurit sia gimúato,*
ist ira lób joh giwáht, thaz thu įrrímen ni máht:
Múater ist si máru, joh thíarna thoh zi wáru,
si bar uns thúruhnahtin then hímilisgon drúhtin.

(„Heil ward den Brüsten, die Christus stets von neuem küßte, Heil der Mutter, die fortwährend mit ihm sprach und mit ihm schwieg; Heil ihr, die ihn zärtlich tätschelte und in ihren Schoß setzte, ihn so freundlich wiegte und ihn zu sich legte! Selig, die ihn kleidete und mit allem Nötigen versah, und die mit solchem Kinde im Bette liegt! Selig, die ihn warm anzog, als ihm der Frost schaden wollte, seine Arme und Hände ihm warmrieb! Niemand auf dieser Welt vermag ihr Lob auszusingen, kein Verehrer vermag ihre Güte auszuloten; ... Aber ihr hochmögender Sohn verherrlicht sie hold, so hoch ist ihr Preis, daß du ihn nicht ermessen kannst: Sie ist wahre Mutter, und doch wahre Jungfrau zugleich, in Unversehrtheit gebar sie uns den himmlischen Herrn.") – Der Preis der küssenden, säugenden, umarmenden und liebkosenden Mutter, die ihr Kind auf ihren Schoß setzt, es kleidet, vor der Kälte schützt und in den Schlaf wiegt, knüpft gewiß an Lukas 11, 27 („Selig ist der Leib, der dich getragen hat und die Brüste, die du gesogen hast!") an, hat gewiß in einzelnen Zügen Vorbilder in biblischen Apokryphen, Marienlegenden und -hymnen, erinnert gewiß an zeitgenössische Buchmalerei, in dieser Synthese von gemalten Details und gefühlvoller Ergriffenheit sucht Otfrids Hymnus jedoch seinesgleichen und bezeichnet – wie die Verkündigungsszene – eine fortgeschrittene Position des Weißenburgers in der karolingischen Marienverehrung. Sein Preislied zeichnet ein eindrucksvolles, sicherlich auch zur Meditation bestimmtes Andachtsbild, und doch ist es mehr, ist es voller theologischer Ausdruck: So wie in der Verkündigung aller Nachdruck auf die Logosnatur des sich inkarnierenden, Mensch werdenden Gottes gelegt ist, so wird hier in der Schilderung des hilflosen, von der Mutter genährten und gepflegten göttlichen Kindes die vollkommene und zu Herzen gehende Menschheit des Heilands herausgearbeitet – in rhetorischer Form, die den expressiven Schmelz kindersprachlicher Wörter (*tuzen* „hätscheln", *quetten* „plappern") keineswegs verschmäht.

Im Gegensatz zur altsächsischen Evangelienharmonie ist Otfrids Dichtung nicht in Stabreim-, sondern in Endreimversen gestaltet. Er wählte damit jene Dichtform, die von nun an die deutsche Literatur des Mittelalters prägen sollte.

Ihre Eigenart läßt sich am Marienpreis aufzeigen: Otfrids Dichtung ist strophisch; eine Strophe umfaßt zwei Langzeilen. Den strophischen Typus der Dichtung haben die Handschriften eingefangen, indem sie die erste Zeile einer Strophe mit Majuskel ausstatteten und die zweite Zeile einrückten (s. Abb. 13). Hier steht Otfrid an der Seite anderer karolingischer Endreimgedichte, aber auch der lateinischen Hymnik (s. S. 200) und der monastischen Erbauungspoesie der Rithmi (s. S. 261). Die einzelnen Langzeilen bestehen wiederum aus zwei Kurzversen, die durch Reim aneinander gebunden sind. Reim ist für uns heute „Gleichklang vom Vokal der letzten betonten Silbe an" (Helmut de Boor): so reimt *Thule* auf *Buhle*. Der althochdeutsche Endreimvers kennt diesen Typus des „reinen" Reims auch (v. 39 z.B.), jedoch nicht ausschließlich. Er spielt freier und umfassender mit der Gleichheit der Klänge. So genügte grundsätzlich auch der Gleichklang unbetonter Endsilben (v. 43); der Reim konnte durch die Assonanz des Vokals der vorletzten Silbe oder durch den anlautenden Konsonanten der letzten Silbe (v. 40) oder durch andere Klangmittel oder deren Kombination gestützt werden – notwendig waren diese Bindungen nicht. Der Vers folgte im inneren Aufbau den Akzentgesetzen germanischer Sprachen, dem Wechsel von betonten und unbetonten Silben. Er verwirklichte sich in vier „Takten", die vier Ausdrucksstellen des Verses bargen. Im Normalfall bestand der „Takt" aus zwei Silben, aus gleichmäßiger Folge von Hebung und Senkung; nur im „Schlußtakt" fehlte die Senkung regelmäßig, war „pausiert". Vor den ersten „Takt" konnte noch ein hebungsloser „Auftakt" treten. Jedoch kennt die althochdeutsche Endreimdichtung in hoher Anzahl auch einsilbige, nur von einer Hebung dominierte, und dreisilbige „Takte". Gerade die „schweren" einsilbigen Takte wurden an Ausdrucksstellen der Dichtung sinnhaft eingesetzt.

So verfiel die Endreimpoesie nicht glattem Ebenmaß, sondern bewahrte sich aus der Tradition der Stabreimdichtung die Möglichkeit geschmeidiger, im Einklang mit der natürlichen Betonung gesetzter Variation an den Ausdrucksstellen des Verses. Schon an der ersten Zeile (v. 39) des Marienpreises lassen sich die Formgesetze und Möglichkeiten des Endreimverses aufzeigen:

Wóla ward thio brústi,   thio Kríst io gikústi,
/ x́x /   x́   x / x́ / x̀(x)   //   x / x́ / x́ x / x́ / x̀(x)

Während der Anvers – wenn man von der unter Sondergesetzen stehenden, den Reim tragenden zweisilbigen „Kadenz“ des Versendes absieht – den regelmäßigen Wechsel von Hebung und Senkung erstrebt, beschwert der mit „Auftakt“ eröffnende Abvers den das ausdrucksstarke *nomen sacrum* („den heiligen Namen“) *Krist* bergenden ersten „Takt“ durch einsilbige Füllung und verlangsamt so feierlich und sinnhaft den Rhythmus der Zeile.

Das Vorbild des althochdeutschen Reimverses hat man ansprechend in den aus Liturgie und monastischem Gottesdienst vertrauten späten ambrosianischen Hymnen und den karolingischen Rithmi gefunden. Dort findet sich die binnengereimte Langzeile, eine gleichartige Strophenbildung, der – allerdings in regelmäßigem Wechsel von Hebung und Senkung ausgebildete – Viertaktbau des Verses, der Assonanzreim, der Übergang zum akzentuierenden Rhythmus. So wird ja auch ein althochdeutsches Reimlied, das ‚Ludwigslied‘ (s. S. 137), in der Handschrift, die es überliefert, als *Rithmus teutonicus* („deutscher Rithmus“) tituliert. Mit den Rithmi teilt Otfrid auch die gelegentliche, an thematischen Höhepunkten eingesetzte Ausgestaltung seiner Reimverskapitel zu vortragsgerechten, von Refrainstrophen durchzogenen Festgesängen. Überhaupt muß man mit einem rezitativen Vortrag der Dichtung im Lektionston der Mainzer Kirchenprovinz rechnen, dessen am Wortakzent orientierten Tonhöhenwechsel die in den Weißenburger Handschriften systematisch gesetzten Akzente anzeigten. Ist nun die Umsetzung der Binnenreimstrophe der Rithmi ins Althochdeutsche das Werk Otfrids? Das kaum: er redet doch ziemlich selbstverständlich vom *schema omoeoteleuton* („Struktur des Paarreims“), das er anstatt der klassischen metrischen Form lateinischer Dichtung einsetzt, als der offenbar vertrauten „dichterischen Kunstform dieser Sprache“ (*linguae hujus ornatus*, Ad Liutbertum 82ff.). Zwar ist keines der althochdeutschen Endreimgedichte seiner Überlieferung nach sicher vor Otfrid anzusetzen; doch zeigen sie mehrfach abweichende Strophenformen (aus drei und mehr Langzeilen), die wiederum ihre Vorbilder unabhängig vom Evangelienbuch in den Rithmi finden; auch die innere Versstruktur sonstiger althochdeutscher Reimdichtung wirkt oft archaischer, blockhafter als bei Otfrid, verharrt im Zeilenstil, im das Enjambement scheuenden Gleichlauf von Vers und Syntax. Auch die Existenz einer ebenfalls aus den Rithmi abzuleitenden, zeitgleich mit dem ‚Ludwigslied‘ (881/82) im altfranzösischen ‚Eulalialied‘ überlieferten baugleichen romanischen Endreimlangzeile, die gleichfalls zur kanonischen Form der volkssprachigen Dichtung – diesmal des Westens – aufstieg, gibt sicheren Hinweis, „daß Otfrid in einer vor und neben ihm vorhandenen Formtradition stand“ (Rainer Patzlaff), die auch durch gelegentlich gereimte paraliturgische Bittformeln (vgl. S. 328) bestätigt wird. War nun Otfrid nicht der Finder des althochdeutschen Endreims, so doch sein Vollender, der Autor, der bewußt anstatt des Stabreims, dessen Formeltradition er nachweislich kannte, ein Versmaß mit „christlichem“ Signum wählte und es zuerst zum Instrument großer, anspruchsvoller Buchepik umprägte.

Die poetische Kraft Otfrids, seine epische Kunstfertigkeit halten wohl aufs Ganze gesehen einen Vergleich weder mit den altsächsischen Bibeldichtern noch etwa mit dem Schöpfer des ‚Ludwigsliedes' aus. Der Eindruck seines Werkes bleibt uneinheitlich: Neben Höhepunkten wie der Verkündigungsszene und der Geburtsschilderung stehen mehr oder weniger routiniert, oft gar dürftig versifizierte Partien. Otfrids Stärke liegt in der durchdachten Komposition, liegt in der Rückbindung des Erzählten an den Zweck der Erbauung durch Exegese, welche die Erzählung durchscheinend macht für eine zweite Gestaltwerdung des Sinns. Wo beides, die theologisch-exegetische Gestaltung des Sinns und die an Mustern orientierte, künstlerisch raffinierte Komposition zusammentreffen, erreicht er Großes. Solche intarsienartig in den ‚Liber evangeliorum' eingelegten Stücke stellen die im zweiten und fünften Buch auftretenden Refrainkapitel dar. Schon thematisch gleichen sie manchen lateinischen Rithmi, die ebenfalls mit Refrainschmuck arbeiten: der Hymnus auf den Logos (II, 1), Kreuzeshymnen (V, 1–3), „Vom Jüngsten Gericht" (V, 19–20), „Vom Himmelreich" (V, 23). In allen Fällen sind es Erbauungsstücke, der Refrain dient der meditativen Versenkung in den theologischen Kerngedanken, der andächtigen Rücklenkung und Konzentration des Denkens auf die Bedeutung des erzählten Geschehens. Sprachen wir beim ‚Heliand' von einer geistlichen Funktion der Variation, die auch bei Otfrid nicht fehlt, so ist es hier die psalmenartige, in der Liturgie vorgeprägte Responsion und Repetition, die die geistliche Konzentration auf eine neue Ebene hebt. Der Refrain ist ihre prunkvollste Ausprägung. Die theologischen Höhepunkte des Werkes, am Beginn jeweils des zweiten und fünften Buches plaziert, offenbaren diese Funktion als reflexive Spiegel des Geschehens sowie durch ihre Position im Werkganzen wie auch in ihrer Binnenstruktur.

So führt der Logoshymnus Otfrids zwar formal Johannes 1, 1ff. aus: „Am Anfang war das Wort, und das Wort war bei Gott, und Gott war das Wort. Dasselbe war im Anfang bei Gott. Alle Dinge sind durch dasselbe gemacht und ohne dasselbe nichts gemacht, was gemacht ist. In ihm war das Leben, und das Leben war das Licht der Menschen. Und das Licht scheint in der Finsternis, und die Finsternis hat's nicht begriffen." Doch dient der Hymnus – wie schon aufgezeigt – der theologischen Vertiefung der bereits erzählten Inkarnation. Erst jetzt, mit dem johanneischen Neueinsatz, erfährt der Leser-Hörer der Evangeliendichtung das volle Mysterium der Geschöpfwerdung des Schöpfers; im Lichte des Logos wird das von Verkündigung über Geburt bis zur Taufe bereits erzählte Heilsgeschehen neu interpretiert. Nicht länger ist dieses Geschehen ein linearer, aus einem Anfang entspringender und seinem Ende zueilender geschichtlicher Prozeß, es ist Teil eines vor aller Schöpfung mit aller Schöpfung bereits im Rate der Gottheit beschlossenen Geschehens: *Er allen wóroltkreftin joh éngilo giscéftin, so rúmo ouh so in áhton mán ni mag gidráhton; Er sé joh hîmil wurti joh érda ouh so hérti, ouh wíht in thiu gifúarit, thaz siu éllu thriu rúarit: So was io wórt wonanti er állen zitin wórolti; thaz wír nu sehen óffan, thaz was thanne úngiscafan.* („Vor allen Kräften, die in der Welt wirken, vor allen Engelsgeschöpfen, so weit zurück, wie es ein Mensch auch in Gedanken nicht auszuspannen vermag, bevor Meer und Himmel und auch die feste Erde entstanden, noch bevor irgendeine Kraft hervorgebracht wurde, die jene drei Weltteile bewegen könnte, da existierte doch schon das Wort vor aller Weltzeiten Anfang: was wir nun im Offenen sehen, das war damals ungeschaffen").

Der göttliche Logos, dessen Präexistenz vor aller Schöpfung, vor allem menschlichen Gedenken, ja vor aller Zeit in Zeilen, die an die negative Kosmologie des ‚Wessobrunner Schöpfungshymnus' erinnern (s. S. 243), gepriesen wird, dieser Logos, *then ánagin ni fúarit, ouh énti ni birúarit* („den kein Ursprung hervorbrachte, den auch kein Ende anrührt"), hat in der Schöpfung das, was bisher als Gedanke in der Brust der Gottheit verborgen war, offenbar werden lassen. In fünf Strophen, fünfmal von Refrain begleitet, wird nun in der Negation der Kreaturen die präexistente, mit Gottvater einmütig wirkende Schöpferkraft des Logos beschworen: Bevor die Gestirne erschaffen wurden, bevor der erste Regen aus Wolken fiel, bevor die Fundamente der Erde sich bildeten, Himmelreich und Paradies entstanden, Engel und Menschen darin wohnten und die Erde ihren Zierat gewann, *so was er io mit ímo sar, mit imo wóraht er iz thar; so wás ses io gidátun, sie iz allaz sáman rietun* („war er [der Logos] stets mit ihm zugleich, mit ihm schuf er alles zugleich; was immer sie taten, sie berieten es alles gemeinsam"). Gewiß angelehnt an den biblischen Preis der göttlichen Weisheit (Proverbia 8, 22–30) gewinnt Otfrids Hymnus doch in seiner tektonisch genau durchdachten, den *numerus perfectus* („die vollkommene Zahl") Sechs und damit die Vollkommenheit des Sechstagewerkes der Schöpfung umspielenden formalen Struktur (5 inhaltlich besonderte Sechserblöcke von Langzeilen rahmen die 5 Refrainstrophen), aber auch in seinem immer wieder auf die Heilspotenz des Logos hinweisenden, diese aus dem Sinnzentrum des Refrains (v. 33ff.) entwickelnden gehaltlichen Aufbau ein völlig eigenes Signum. Das göttliche Wort ist es, das die dynamische Kontinuität zwischen präexistenter Gottheit und Kreatur zur Erscheinung bringt: es offenbart sich in der Schöpfung, es muß sich, um ganz erschaut zu werden, in dem noch unvollkommenen Zustand der Welt, der als Finsternis, als noch unvollständige Offenbarung begriffen wird, als Licht des Heils inkarnieren. So wird die Heilsgeschichte zur Geschichte der sich allmählich vervollständigenden Offenbarung des Logos, der inspiriertes Bibelwort, der Lehre wird. Otfrid wird aus diesem Begriff des göttlichen Wortes auch seine Lehre von der Auslegung der Schrift entwickeln.

Nicht weniger Meditationsstück, nicht weniger auch von sakraler Zahl versiegeltes Kunststück ist Otfrids triumphale Kreuzeshymne (V, 1), in der der Weißenburger Dichtertheologe begründet, warum der Erlöser gerade das anscheinend schändlich-schimpfliche Kreuz zum Instrument seines freiwilligen Heilstodes erkor. Auch hier lenkt der Hymnus, am Eingang des letzten Buches plaziert, zunächst einmal vertiefend zurück auf die im vorletzten Buche des Werkes erzählte Passion des Heilands. Die rekapitulierende Erbauung des Lesers wird gestützt – zumindest in der von Otfrid revidierten Handschrift V – durch ein dem Text an die Seite gestelltes Kreuzigungsbild (s. Abb. 15).

Solche Andachtsbilder besitzen ihre Parallelen in karolingischen Evangelien und Psaltern. Ganz nah verwandt ist schon ikonographisch die zur Otfridzeit entstandene Miniatur des für Ludwig den Deutschen gefertigten Berliner Prunkpsalters. Sie enthält auch eine *oratio ante crucem dicenda* („ein Gebet, das vor dem Kreuz zu sprechen ist"), also ein für die Kreuzesmeditation bestimmtes Gebet, das durchaus in seiner Funktion mit Otfrids Andachtshymnus zu vergleichen ist, der in der Tat sogar das auffällige Motiv des Kreuzes als *girusti* („Rüstung"), *brunia alafesti* („wunderharte Brünne"), als *helm* („Helm") des Heils und *wafan alawassaz* („wunderscharfe Waffe") gegen die „sichtbaren und unsichtbaren Feinde" diesem Gebet entnahm (v. 15f.). Wie in Alkuins Figurengedicht über das „herrliche Banner des Kreuzes" ist es Siegeszeichen und *gundfano* („Kampfbanner"), das mit seinen vier Enden auf alle vier Teile der Welt weist. Um so deutlicher konnte es für den Leser werden, daß – mit den Worten des Zeitgenossen Paschasius Radbertus in seinem Matthäus-Kommentar – der Kreuzestod Christi „nichts anderes als die Vernichtung des Todes und die Entehrung der höllischen Mächte, die Siegeszuversicht und den Triumph eines Kämpfers" darstellte. Dem Kreuzigungsbild entspricht in der Gesamtanlage des von Otfrid überwachten Codex V das einleitende Bild des Labyrinths (s. Abb. 14), formal nach einem Typus gestaltet, der sich auch in einem Illustrationszyklus zu Hrabans Enzyklopädie (s. S. 181f.) findet. Das Labyrinth war den christlichen Interpreten des antiken Mythos Sinnbild des *mundus peccatus* („der sündigen Welt"), der Menschenseele, die sich in den täuschenden Gängen des Irrtums verfangen hat. Im Zentrum lauerte der Minotaurus-Satan, aus dessen Klauen Theseus-Christus die Seele am Ariadne-Faden der göttlichen Gnade befreite. Bis in die Farbgestaltung und die Maße hinein war das initiatorische Labyrinthbild der Kreuzigungsminiatur angeglichen, so anzeigend, daß Christus das erlösende Kreuz der sündigen Welt für alle Zeiten eingeprägt hat. Auch dieses Bild sollte, an ausgezeichneter Stelle des Evangelienbuchs plaziert, dort wo die Initialbilder der Prachtevangeliare oft genug die Majestät des Herrn feierten, zweifellos Gegenstand des visuellen Memorierens der Leser werden – ganz im Sinne Cassiodors, für den Bildmeditation im Verein mit spiritueller Lektüre, mit *lectio divina* („heiliger Lesung") integraler Bestandteil der monastischen Praxis der Kontemplation war.

Der Hymnus selbst besteht aus acht Strophenblöcken zu je sechs Langzeilen; zwei Blöcke leiten, nach dem Sinn des Todes am Kreuze fragend, die Meditation ein, sechs Strophenblöcke, aus sechs mal sechs Langzeilen, am Schlusse jeweils von einer Refrainstrophe geziert, geben die Antwort: Sie liegt in der Zeichenhaftigkeit des Kreuzes: richte man es auf oder strecke man es auf dem Boden aus, seine vier Enden zeigen den *orbis quadratus*, den in der heiligen Vierzahl, die auch die Zahl der Evangelien ist, gestalteten Kosmos. Das Kreuz umspannt die vier Weltenden, es umspannt als Zeichen der kosmischen Erlösung und der kosmischen Herrschaft des Erlösers Erde und Himmel und den Abgrund der Hölle. In dieser Zeichenhaftigkeit entbindet es seine wunderbare Botschaft: es gibt die *woroltenti*, die wahre Welt mithin, in die Hände des im Tode über die Gottfeinde siegenden Gottes (v. 39f.). Er ist der Kosmokrator am Kreuz. So wie der Kreuzeshymnus in der Vollkommenheit der Sechszahl gestaltet ist, welche die Rückkehr der Schöpfung zu ihrer göttlichen Bestimmung anzeigt, so feiert die stets von neuem zu frommer Andacht wiederholte Refrainstrophe die Vollkommenheit des Erlösungswerkes und des Erlösungszeichens, das keine sinnentleerte *superfluitas* („Überfluß") kennt, wie sie die karlische Reform und die Reformsynoden der Zeit nicht müde wurden, als Grundübel in Sitten, Verhalten und Denken anzuprangern, sondern in Entbindung seiner Heilspotenz den Sinn auf die göttlichen Dinge lenkt: *Bi thiu níst in themo bóume, thes mánnilih gilóube, thes fríuntilih giwís si, thaz thar úbbiges si* („Somit ist nichts am Kreuzesbaum, das glaube jedermann, dessen versichere sich jeder der Freunde Gottes, das eitel, unnütz, überflüssig wäre"). Das Kreuz ist das Gegenbild jeder *inutilitas* („Unnützigkeit") und *obscoenitas* („Schändlichkeit"), wie sie Otfrid durch den Gesang des Evangeliums bekämpfen will.

Otfrid hat in seinem Approbationsschreiben an der Stelle, wo er sich über die Gliederung seines Werkes in fünf Bücher äußerte, angedeutet, daß der ‚Liber evangeliorum' wie so viele andere Werke aus der Schule Alkuins und des Hrabanus Maurus und wie auch der ‚Heliand' (s. S. 287) nach einem von Zahl und Maß bestimmten tektonischen Grundriß angelegt ist (Ad Liutbertum 46ff.): „Die erwähnte Fünfgliederung habe ich, obwohl es nur vier Evangelien gibt, deswegen vorgenommen, weil die heilige Gleichmäßigkeit ihrer Vierzahl (*eorum quadrata aequalitas sancta*) die Ungleichmäßigkeit (*inaequalitas*) unserer fünf Sinne schmückt und den in uns anzutreffenden Überfluß (*superflua*) nicht nur des Handelns sondern auch des Denkens umkehrt und auf die himmlischen Dinge ausrichtet. Worin wir auch durch Sehen, Riechen, Tasten, Schmecken und Hören fehlgehen, in der Vergegenwärtigung (*memoria*) des Evangelientextes können wir uns von jener Verderbtheit reinigen. Unser bis zur Unnützigkeit verdunkeltes Gesicht wird von den Worten des Evangeliums erleuchtet: das verderbte Gehör soll nicht länger unserem Herzen schaden; Geruch und Geschmack mögen sich aller Verderbtheit entschlagen und sich mit der Süße Christi erfüllen; und in den geheimsten Kammern des Herzens möge die Erinnerung stets von neuem diese in der Volkssprache geschriebenen Lektionen abtasten." In dieser erneut auf die unnütze Ungleichmäßigkeit und Überschüssigkeit – diesmal der Sinne – bezugnehmenden Stelle wird die augustinische Zahlenästhetik und Zahlenpsychologie vorausgesetzt, nach der alles Sein vom Schöpfer in zahlhafter Harmonie geordnet ist; wo aber das Sein, vor allem der Geist des Menschen, von sündigem Trachten und Handeln verdorben ist, kann es durch die unbewußte Aufnahme guter Zahlen und Proportionen – etwa in der Zahlenkunst par excellence, der Musik, aber auch in anderer Kunst – umgestaltet und zur rechten Ordnung zurückgeführt werden. Antike und mittelalterliche Zahlenlehre haben sich Zahlen geometrisch-figürlich vorgestellt. So bestand die *aequalitas* der Quadratzahl Vier im Ebenmaß der Seiten der Quadratfigur ⚃. Gewiß ist dann die Gestaltung seiner Dichtung nach der *inaequalitas* der Fünfzahl eine Demutsgeste Otfrids gegenüber dem heiligen Text, die „an die Inferiorität unserer an die Sinne gebundenen Erkenntnis erinnern" mag (Ernst Hellgardt), doch verlangt die Zahlenpsychologie der Zeit, daß sich die intendierte Umgestaltung der Fünf in die Vier als tektonischer Prozeß in der Formstruktur des Werkes tatsächlich vollziehe. Wird auch die Erforschung der Zahlentektonik des Evangelienbuchs (im Gegensatz etwa zu der des ‚Heliand') dadurch erleichtert, daß das Werk vollständig vorliegt und kein Vers in seiner Authentizität bezweifelt wird, die Gliederung des Werkes vielmehr vom Autor offen vor Augen gestellt wurde, so sind doch die hierzu vertretenen Positionen noch nicht endgültig kritisch gesichert. Am meisten Wahrscheinlichkeit darf eine Umgestaltung der Fünfbuchform in die heilige und von Otfrid selbst akzentuierte Vierform des Kreuzes beanspruchen, z.B. mit einer Zentralposition des dritten Buches, des *livol suntar* („besonderen Buches"; III, 1, 2). Otfrids Werk ist ja – wie herauszuheben war – in seiner Erzählstruktur geprägt durch den Doppelweg der christologischen Interpretation der Inkarnation. So führt ein Weg in 91 = 7 x 13 Kapiteln vom ersten über das dritte zum vierten Buch, von der Erlösergeburt über die Wundertaten des Gottmenschen bis zu Passion und Erlösung. Diesem soteriologischen Weg korrespondiert eine zweite Struktur, in der – gewissermaßen auf den Kreuzesarmen ausgespannt – das zweite und das fünfte Buch die Offenbarung des Logos in Lehre, Tat und Zeichen und seinen, von der kosmischen Herrschaft des Kreuzes ausgehenden „Rückgang zu Gott" erst des Erlöserkönigs, dann aber auch den der erlösten Menschheit in die *civitas coelestis*, das „Himmelreich", enthält. Damit entsprechen den 13 + 13 + 13 + 13 + 13 + 13 + 13 Kapiteln des Längsbalkans der Werkfigur 31 + 13 + 31 des Querbalkens. Alle diese Zahlen ergeben in ihrer Quersumme jeweils die heilige Vierzahl, umspielen aber auch die heilsträchtige Dreizehn. Zahlendeutung des Mittelalters zerlegte Zahlen, deren Geheimnisse es zu enthüllen galt, gerne nach traditionellen Verfahren in kleinere Zahlen, über deren Zeichenhaftigkeit – etwa wie bei der Christus inmitten der zwölf Apostel hervorgehoben repräsentierenden Dreizehn – Gewißheit bestand. So hier. Aber auch die Gesamtzahl der Verse des Evangelienbuchs ergibt 444 x 4 x 4 = 7104 oder auch 8 x 888 Verse. 888 ist aber der Zahlenwert der griechischen Buchstaben des *nomen sacrum* („heiligen Namen") IHCOYC (griechische Schreibung von „Jesus", etymologisch als „Erlöser" gedeutet), er enthält nach Beda die „absolute Acht" und damit „die Geheimnisse unseres ewigen Heils", ist doch Acht die Zahl der *beatitudo aeterna* („ewigen Seligkeit"), weil Jesus in der Bergpredigt in acht Seligpreisungen die Gebote des Heils proklamierte. Gematrie, Berechnung des Zahlenwertes griechischer Buchstaben, hatte auch Hraban, der Lehrer Otfrids, in seinen grandiosen Figurengedichen „zum Lobe des Kreuzes" geübt (s. S. 179f.). Hraban hat auch ein Figurengedicht den Geheimnissen der Zahl 46 – das ist der Zahlenwert des Namen AΔAM – gewidmet. Auf 6 x 46 = 276 Tage berechneten die Exegeten den Aufenthalt Christi im Mutterleib. In der Verbindung der vollkommenen Zahl Sechs mit der Adamszahl deutete nach ihnen Christus an, daß er der „neue Adam" ist, der die Sünden des alten Adam auslöscht; er bezeichnete zugleich damit die Vollkommenheit seiner Menschennatur. Es kann kein Zufall sein, wenn nun die Kapitel, in denen Otfrid die Erzählung von der Empfängnis Mariae (I, 5) zur Geburt (I, 11) führt, genau 276 Verse umfassen, daß zwei weitere Inhaltsblöcke des ersten Buches, die bis zur Taufe Jesu und damit zum Erweis seiner Gottessohnschaft führen, von den gematrischen Zahlen der „heiligen Namen" ΘΕΟϹ („Gott"), d.i. 284, und IHϹ (des Salvatormonogramms), d.i. 218, dominiert werden, beides Worte, deren Gematrie auch Hraban diskutiert. Die bis in die innere Struktur der Kapitel reichende Zahlentechnik des Evangelienbuchs kann hier nicht weiter diskutiert werden. Mag vieles im einzelnen auch noch strittig sein, an der grundsätzlichen zahlenästhetischen und formsymbolischen Disposition des Evangelienbuchs läßt sich kaum zweifeln. Diese Einsicht erhöht die Bewunderung, die man dem Kompositeur und Theologen Otfrid zollen muß.

„Meine Intention ist es, was von einem andern gut gesagt wurde, so darzulegen, daß es verstanden werden kann, wie es gemeint war. Meines Amtes ist es, Dunkelheiten aufzuklären, Offenbares aber nur kurz zu berühren." So hatte der von Otfrid verehrte Kirchenvater Hieronymus († 419/20) das Geschäft des Exegeten beschrieben. Seit der Zeit der Kirchenväter bemühte sich die theologische Wissenschaft um die Erhellung der Heiligen Schrift. Auf der Basis des Glaubens an einen über das Buchstabenverständnis hinausgehenden Sinn des Bibelwortes wurde die spirituelle Interpretation zur vornehmsten Aufgabe der mittelalterlichen Theologie. Nach der geläufigen Methode erschließt sich der *sensus spiritualis* („der geistige Sinn") „der durch das Wort benannten Dinge, Personen, Orte, Zeiten, Zahlen, Qualitäten... über ihre verweisungsfähigen Eigenschaften, die der Exeget für den jeweiligen Deutungszusammenhang als tertium commune von Bezeichnendem und Bezeichnetem auswählt und wertet" (Reinildis Hartmann). In der Schule Hrabans und Fuldas aufgewachsen, wo man in umfangreichen Katenenkommentaren das Erbe der Vätertheologen einbrachte, selbst in Weißenburg – wie wir gesehen haben – um die Besserung des exegetischen Studiums bemüht, war es für Otfrid selbstverständlich, seinen Lesern und Hörern auch die geistige Sinnschicht des Gotteswortes darzubieten. Er stand damit auch in der Tradition der älteren Bibeldichtung, welche die von geheimnisvollen Analogien durchwirkte Symbolstruktur der heiligen Schriften transparent werden lassen wollte. Indem er aber den geistigen Schriftsinn nicht nur im Text verwoben darbot, sondern durch eingeschobene Leseanweisungen ankündigte, oder – noch deutlicher vom nach dem Litteralsinn erzählten biblischen Geschehen abtrennend – ihn in eigenen Exegesekapiteln zusammenfaßte, näherte er sich wiederum dem karolingischen Schriftverständnis, das eine reinliche Scheidung der Verständnisebenen forderte.

Dem theologisch-wissenschaftlichen Allegorieverständnis seiner Zeit verpflichtet, legte der Weißenburger Theologe den geistigen Sinn des Wortes auf dreierlei Weise aus: *moraliter*, d.h. im Hinblick auf die ethische Beispielhaftigkeit des Geschehens; *spiritualiter*, d.h. im Hinblick auf die heilsgeschichtliche Bedeutsamkeit des Erzählten; *mystice*, d.h. im Hinblick auf die geheimnisvolle, erst in Bildern offenbarte Welt des zukünftigen Reiches Gottes. Die von Otfrid gebrauchte, spezielle Terminologie der Allegorese findet man im 8./9. Jahrhundert nur noch in einem nordfranzösischen, irisch beeinflußten Matthäuskommentar. Der Weißenburger *magister* hat, obwohl hier im einzelnen noch manches der Aufhellung bedarf, für seine exegetische Arbeit im wesentlichen Gregors Evangelienhomilien, den Lukaskommentar des Angelsachsen Beda Venerabilis († 735), den Matthäuskommentar seines Lehrers Hraban, den Johanneskommentar Alkuins († 804) und die daraus gearbeitete Epitome des Mitschülers Erkanbert von Fulda, den von ihm selbst aus diesen und anderen Quellen zusammengestellten Marginalkommentar des Codex Weissenburgensis 26 (s. S. 295), ferner gelegentlich auch weitere exegetische Schriften des Hieronymus, Augustins und anderer Väter, vor allem aber auch Predigtliteratur diverser Herkunft als Quellen benutzt. Doch waren ihm, der über eine außerordentliche theologische Bildung verfügt haben muß, Quellen nur Rohstoff, den er ausgewählt, mosaikartig kombiniert und im steten Rückbezug auf die von ihm schon vordeutend und akzentuierend geformte Erzählung des buchstäblichen Geschehens „zu einer neuen bildhaft anschaulichen und zugleich gefühlsbetonten Allegorese verarbeitet hat, deren gehaltliche Einheit in der Verbindung von Moraltheologie und Geschichtstheologie begründet liegt" (Ulrich Ernst). Aus dem vielfältigen, ja oft widersprüchlichen Deutungsangebot der Kommentare entstand so ein dicht gewobener, gestaltend geglätteter Teppich von Heilsbedeutung und Heilsgeschichte.

Otfrids genuine und von niemandem im frühen Mittelalter erreichte Leistung besteht in der innigen Verbindung von Erzählung und Exegese des heiligen Geschehens bei doch stets aufgezeigter Besonderung der Verständnisebenen. Sensualisierung und Episierung des Geschehens dienen dem Zweck der *aedificatio* („Erbauung") von Leser und Hörer. Die Erbauung durfte jedoch, wenn Irrtümer, ja Häresien bei den nun die geheimnisvolle Schrift im Buchstabensinn selbst erkennenden und selbst bedenkenden volkssprachigen Adressaten vermieden werden sollten, nicht beim nacherzählten und nachgefühlten Geschehen stehen bleiben: Es sollten nach Otfrids eigenen Worten die illitteraten Leser „nicht mehr fürchten..., im eigenen Verständnis vom Gemeinten abzuirren" (Ad Liutbertum 23–29). Otfrids Evangelienbuch ist durch seine konsequent verfolgte, nur in der Volkssprache zu erreichende Absicht, den Adressaten am interpretierten Wort teilnehmen zu lassen, zugleich durch die stets auf Vermittlung gerichtete Eigenart seiner Exegese ein Spitzenerzeugnis karolingischer Theologie, das über die Kommentare der Hrabanschule und über den größten Teil der karolingischen geistlichen Dichtung in lateinischer Sprache hinausreicht. Es kommt bei seinem zur Erbauung bestimmten Werk darauf an, die dem Verständnis und der Meditation zugewandte Synthese zu erfassen und zu interpretieren. Woher er die Elemente und Bausteine der Synthese nahm, bleibt sekundär. In ihrem den neuen, den inneren Menschen erbauenden, das Leben verwandelnden Gehalt jedenfalls findet diese Dichtung zu ihrem Wesen.

In der Deutung des Weinwunders auf der Hochzeit zu Kana hat der Weißenburger Hörer und Leser in die Methode der geistigen Schriftdeutung einzuführen versucht – auch dieses Vorgehen ist einzigartig in der Dichtung seiner Zeit. Drei Kapitel (II, 8–10) hat er der Erzählung und Deutung dieser Szene gewidmet: in ihr sieht er die Dualität des Schriftsinns von Christus selbst bildlich eingesetzt. Das Wasser in den sechs Krügen bedeutet die im

Buchstabensinn sich erweisende, in der Geschichte der sechs Weltalter vor Christus angesammelte Weisheit; Christus verwandelte sie in Wein, den nun die Hüter der geistlichen *rectitudo*, des rechten Verständnisses, die mit dem Lehramt beauftragten buchkundigen Bischöfe, aus den heiligen Schriften schöpfen und den Gläubigen zu trinken geben (II, 10, 13ff.). Beiderlei Getränk ist aber notwendig: „Erfülle die Schrift immer nach Kräften so, wie es dasteht, dann erfrischst du dich oft vortrefflich mit Quellwasser; und richte die Gedanken konzentriert auf die geistige Rede, dann tränkst du deinen Sinn mit herrlichem Wein" (II, 9, 91ff.). Am Beispiel des alttestamentarischen Opfers Isaaks durch seinen Vater Abraham, das nun im Lichte des Evangeliums nicht mehr nur als Exempel demütigen Gehorsams gegenüber Gott, sondern als Vorbildung des Opfers des Gottessohnes erscheinen muß, arbeitet er die Adressaten pädagogisch geschickt in die vielschichtige Technik der typologischen Exegese ein, welche die Heilspotenzen der jüdischen heiligen Schriften aus dem Geiste des Christentums neu zu entfalten suchte.

Otfrid selbst begreift sich als Instrument der „Verwandlung des Worts" in heilskräftigen Sinn, als demütiges Werkzeug der „Erweckung des Buchstabens zum Geist, der Aufdeckung des Verhüllten, der Aufhebung der Schatten im Licht der Erkenntnis" (Friedrich Ohly). Nicht zufällig hat der Weißenburger Theologe – im Gegensatz etwa zu Tatian und ‚Heliand' – die Szene von Kana vor der Bergpredigt und am Beginn der öffentlichen Wirksamkeit Christi eingeordnet. Diese selbständige Strukturierung des Weinwunders ist aus dem Sinn des zweiten Buches der Evangelienharmonie heraus zu verstehen, in dem der Logos, das göttliche Wort, sich in Zeichen und Lehre offenbart. Zeichen und Wunder sind bildliche Lehre, die der Exegese bedürfen: so war die Lehre nach dem Verständnis Otfrids nicht möglich, bevor Christus nicht selbst in der Verwandlung des Wassers zu Wein das Prinzip der geistigen Schriftauslegung einsetzte. Auch der exegetisch gehobene Sinn ist Logos, als Licht in der Dunkelheit geoffenbarter Logos. Exegese ist zugleich geistige Mahlgemeinschaft mit Christus, um die Otfrid ausdrücklich bittet, mit dem, der von sich selbst sagte (Johannes 6, 41): „Ich bin, da ich vom Himmel herabstieg, das lebendige Brot" (III, 1, 23f.). Denn das Wort ist auch „geistliches Brot", dessen „Kruste" aufgebrochen werden muß durch *lesan* („lesen") und *grubilon* („meditieren"): unter der „Härte der Buchstaben" findet sich dann das vergeistigte Wort, die süße „Speise Christi" (III, 7, 75ff.): *so wehsit thir thaz Kristes múas in munde joh in múate zi thínes selbes gúate* („so mehrt sich dir die Speise Christi im Mund und Sinn zu deinem eigenen Heil"). Selbst in die Vaterunser-Bitte um das tägliche Brot hat Otfrid die Bitte um ein Mehr, das ist Christi Lehre (*theist méra, thínes selbes lera*), eingeflochten (II, 21, 34).

Otfrids Evangelienbuch ist von *fratres* angeregt worden, die wir nicht näher kennen, die aber offenbar zu Otfrid bzw. seinem Konvent in der Beziehung der geistlichen

Verbrüderung lebten (s. S. 15); in ihrer Initiative herausgehoben wird von Otfrid (Ad Liutbertum 7ff.) auch eine *veneranda matrona* („verehrungswürdige Dame") namens Judith, die wir ebenfalls nicht sicher identifizieren können, die aber der Bezeichnung *matrona* nach wohl adliger Herkunft und nach dem Prädikat *venerandus* in geistlichem Stande lebte oder einem Kloster als *femina religiosa* („fromme Frau") verbunden war. Solche lockeren klösterlichen Bindungen verpflichteten zu besonderem, geistlich regelhaftem Verhalten (s. S. 259). Der damals noch seltene Name begegnet in der Hochadelsfamilie der Welfen. An vielen Stellen wird sichtbar, daß der Weißenburger *magister* seine volkssprachige Dichtung am Standard der litteraten Kultur und ihrer Buchdichtung mißt. Er rechnet auch ganz offensichtlich mit Adressaten, die des Lateins, ja theologischer Bildung kundig sind, die Leser sind: so erklären sich Aufforderungen, im eigenen Werk, in den heiligen Schriften, aber auch etwa bei Kirchenvätern wie Gregor oder Augustin nachzulesen. Viele exegetischen Anspielungen konnten nur von *litterati* verstanden werden. Der *liber evangeliorum* ist in seiner Aufmachung (Kapiteleinteilung, auf Schriftstellen verweisenden Marginalien usw.) auf Leser berechnet. So ließe sich für die praktische Verwendung der Evangeliendichtung am ehesten an die private Lektüre oder die erbauliche Lesung während der Tisch- und sonstigen Lesezeiten in einer geistlichen Gemeinschaft denken, wie das durch einen solchen Gelegenheiten vorbehaltenen Gebetsschluß (s. S. 242) für die Freisinger Handschrift (F) auch tatsächlich gesichert ist. Es ließe sich an eine ähnliche Situation denken, wie sie der Reformmönch Smaragd von St. Mihiel für sein Erbauungsbuch ‚Diadema monachorum' („Krone der Mönche") entworfen hat; nach dem Abendessen, im Vesperkapitel „sollen alle zusammensitzen, und einer möge die *collationes* [des Cassian] oder die Lebensbeschreibungen der Mönchsväter oder etwas anderes Erbauliches vorlesen". Andererseits hat Otfrid in seinem Approbationsschreiben (Ad Liutbertum 25ff.) und in seiner Einleitung (I, 1, 119f.) deutlich ausgesprochen, daß er für Adressaten schreibt, die Gottes Wort „in einer anderen Sprache nicht verstehen können" (s. S. 28). Hier könnte – wie explizit in der Widmung an den König geäußert – an den Vortrag durch geistliche Lektoren vor adligen Laien gedacht sein, an Fest- und Sonntagen, während der Mahlzeiten, oder wann es sonst den bekämpften *cantus obscoenus laicorum* („schändlichen Gesang der Laien") zu verdrängen galt. Daß gebildete *lectores* („Vorleser") an den Höfen der Könige und Großen wirkten, erwähnt Hrabanus Maurus in vielen Widmungen seiner Werke. Nur so auch ist der an Ludwig den Deutschen gerichtete Wunsch Otfrids zu verstehen, er möge sein Evangelienbuch „vortragen lassen" (Ad Ludovicum, v. 88). Man muß aber auch an mit Klöstern und Kirchen verbundene fromme Laien, vor allem Frauen denken, die als Publikum in Frage kommen (s. S. 50f.); man muß gar an Gelegenheiten denken, wie sie ein in der karolingischen ‚Admonitio Synodalis' (c. 39) ausgesprochenes Verbot im Auge hat: „Niemand möge, wann immer am Jahrtag oder zur Feier des dreißigsten oder dritten Tages nach dem Tode eines Verstorbenen oder zu irgend anderem Behufe Priester sich versammeln, sich unterstehen, auf die Minne der Heiligen oder des Verstorbenen zu trinken oder andere zum Trinken zu zwingen oder sich auf Bitten eines andern zu berauschen noch überhaupt mehr als drei Becher zu genießen, noch möge er sich unterstehen, unbegründete Darbietungen oder Witze oder unnütze Geschichten (*fabulas inanes*) zu erzählen oder zu singen, noch möge er schändliche Späße, seien sie zum Saitenspiel vorgetragen, oder unter der Maske des Bären oder des Hirschleins oder mit Tänzerinnen aufgeführt, erlauben, noch möge er

Dämonenmasken, die man im Volke *talamascas* nennt, dulden, weil das teuflisch und von den heiligen Kanones verboten ist. Laßt vielmehr stets während eurer Zusammenkunft etwas aus der Heiligen Schrift, was zur Erbauung dienen kann, lesen" (vgl. S. 264). Es bleibt dennoch unaufhebbar und muß als ein Teil der Spannung zwischen den Kulturen, zwischen der illiteraten und der litteraten, aus der Otfrids Werk entstand, begriffen werden, daß das Evangelienbuch von Anfang an für eine Vielfalt von Rezeptionsmöglichkeiten berechnet war. Dem entspricht auch die konkrete Rezeption. Zwar ist von den Handschriften, die zweifellos den Widmungsadressen an den König, an Erzbischof Liutbert von Mainz, an Bischof Salomo von Konstanz und die St. Galler Brüder beigegeben waren, nichts erhalten. Allenfalls eine nach dem Modell des Deckblatts der Otfrid-Handschrift V gefertigte Labyrinthzeichnung, die später einer anderen St. Galler Handschrift (Codex Sangallensis 197 mit der Bibeldichtung des Alcimus Avitus) vorgesetzt wurde, gibt eine kärgliche Spur des Verlorenen. Doch geben über die Multifunktionalität der Evangeliendichtung die erhaltenen Handschriften Auskunft. Tonbuchstaben – die denen Weißenburger und Fuldaer Evangeliare der Otfridzeit gleichen – weisen auf gesanglichen Vortrag zumindest von Partien der Handschrift V, die Otfrid selbst korrigiert hatte, hin. In der wenig später in Weißenburg entstandenen Handschrift P ist gerade das Prunkstück der Verkündigungsszene durch Neumierung für die musikalische Darbietung eingerichtet worden. Zugleich hat eine weibliche Leserin in dieser Handschrift (F. 90v.), am Rande des Kapitels (III, 12), das nach Matthäus 16, 17ff. die Einsetzung des Apostelfürsten Petrus zum Primas der neuen Kirche Christi erzählt, ihr Signum hinterlassen: *Kicila diu scona min filu las* („Die edle Gisela hat viel in mir gelesen"), spricht das Buch. Weitere Benutzungsspuren, darunter auch die Eintragung des althochdeutschen „Georgsliedes" (vgl. S. 335), sichern die Nutzung der Handschrift bis ins frühe 11. Jahrhundert. Schließlich spricht ein Spendenverzeichnis, das sich an ganz bestimmte, sämtlich in Verbindung zur alamannischen Herzogsfamilie der Hunfridinger-Burkhardinger stehende geistliche Institutionen richtet, dafür, daß sich P spätestens im 10. Jahrhundert im Besitz einer Reichsadelsfamilie des ostfränkischen Regnum befand. Auf einen weiteren Adelskreis, der die Rezeption des Evangelienbuchs beeinflußte, stoßen wir mit der behutsam bairisch überarbeiteten Handschrift F, die nach ihrer Subskription, die übrigens Otfrids Werk unzweideutig als *evangelium* bezeichnet, von dem in St. Gallischem Schriftstil gebildeten Priester Sigihard auf Befehl des Bischofs Waldo von Freising (883–906) um 900 hergestellt wurde. Waldo, der „treue und geliebte Bischof, unser guter Hirte und allerbester Fürst" der Urkunden Kaiser Arnulfs (887–899), gehörte bereits um 880 der Hofkapelle und -kanzlei Karls III. (876–888) an und blieb einflußreicher Hofmann noch unter Ludwig dem Kind (900–911). In Freising reorganisierte er die Bibliothek und das Skriptorium durch Bücherimporte und vor allem die Einführung des Schriftstils von St. Gallen, wo er zusammen mit seinem jüngeren Bruder noch zu Zeiten Hartmuots, von Klosterlehrern, unter ihnen der große Sequenzendichter Notker Balbulus, Schüler Werinberts, ausgebildet worden war. Schon die Persönlichkeiten der St. Galler Freunde Otfrids mußten den Kontakt mit der Evangeliendichtung frühzeitig vermittelt haben. Der Bruder Waldos, Salomo III., Bischof von Konstanz (890–919), wie Waldo stets in Königsnähe und schließlich unter Ludwig dem Kinde einer der wichtigsten Träger der Reichsregierung, war zugleich Abt von St. Gallen. Für seine literarisch-gelehrten Interessen sprechen eigene Gedichte, die Anlage eines ‚Psalterium Quadrupartitum' („viergeteilten Psalters"), das in seiner

Vereinigung von hebräischem, griechischem und den beiden konkurrierenden lateinischen Psaltertexten gewiß exegetischen Studien diente, sowie wohl auch das in seiner Grundsubstanz ihm zugehörige ,Glossarium Salomonis' (s. S. 195). Mit Salomo III. und Waldo stoßen wir auf ein *genus sacerdotale* („ein priesterliches Adelsgeschlecht"), dessen Angehörige sich schon seit der ersten Hälfte des 9. Jahrhunderts durch Königsnähe und das Streben nach besonderer Bildung auszeichneten. Sie erreichten immer wieder bischöfliche Ämter, vor allem das des Bodenseebistums Konstanz – angefangen von Salomo I., dem Lehrer Otfrids, über seinen Neffen Salomo II. (876–890), der sich als Schüler des Mainzer Erzbischofs Liutbert (863–889) bekennt, des „gelehrtesten unter den in den Wissenschaften gelehrten" – wie die ,Annales Fuldenses' schreiben – bis zu den Brüdern Waldo und Salomo III., die noch vom Großoheim zur Erziehung in St. Gallen bestimmt worden waren, wo sie bis Ende 878 in der äußeren, für Kleriker bestimmten Schule verblieben. In diesen von persönlichen Beziehungen einiger Adelsfamilien getragenen spätkarolingischen Kulturkreis ist beinahe alles an althochdeutscher Dichtung, das uns nach Otfrid überliefert ist, vor allem auch ,Psalm 138' (s. S. 314) und das ,Galluslied' des St. Galler Mönches Ratpert (s. S. 332), einzuordnen. Von den Otfridhandschriften bezeugen die erst um 975 in Fulda geschriebenen Fragmente von D das andauernde Interesse des Klosters, das Otfrids exegetische Bildung gefördert hatte, an seinem Evangelienbuch; D dokumentiert damit zugleich, daß ein althochdeutscher Text „bei einer rein buchmäßigen Tradition auch noch ein Jahrhundert nach seiner Entstehung gewissenhaft, in getreuer Wahrung des sprachlichen Charakters, kopiert werden konnte" (Bernhard Bischoff). So lassen sich für Otfrids Werk insgesamt acht Handschriften nachweisen. Auch hiermit liegt er an der Spitze aller frühen althochdeutschen Texte. Es ist durchaus möglich, daß das *evangelium theudiscum* („volkssprachige Evangelium"), das der burgundische Graf Ekkehard um 876 an die Äbtissin Bertrada von Faremoutiers bei Meaux (östlich Paris) nebst einer weiteren Erbauungsschrift, nämlich der Vita des ägyptischen Erzeremiten Antonius, schenkte, eine weitere verlorene Handschrift des Evangelienbuchs repräsentiert (s. S. 59f.).

Spätkarolingische Bibeldichtung

Die beiden kleineren althochdeutschen Bibeldichtungen, die neben und nach Otfrid überliefert sind, ,Christus und die Samariterin' und die Paraphrase des ,138. Psalms', lassen sich, obwohl sie in Reimversen verfaßt sind, ihrer Form nach nicht von der großen Evangeliendichtung des Weißenburgers ableiten. Anders als der ,Liber evangeliorum' sind sie den Stilmustern der mündlichen Dichtung intensiv verhaftet, anders als die Kapitel der Buchdichtung sind sie in einer Mischung von zwei- und dreizeiligen Strophen verfaßt. Jedoch mag die süddeutsche Rezeption Otfrids einen Anstoß zur Aufzeichnung dieser kleinen, aber kostbaren Stücke gegeben haben.

Nur als Fragment, in wohl Reichenauer Überlieferung aus dem mittleren zehnten Jahrhundert, ist ,Christus und die Samariterin' auf uns gekommen. Die Eigenart des kleinen Erzählliedes wird am deutlichsten in der Konfrontation mit Otfrids ganz auf Johannes 4, 3–42 gegründeter, erbaulich erweiternder und theologisch interpretierender Wiedergabe (II, 14). Der

Dialog Jesu mit der Wasser aus dem Jakobsbrunnen schöpfenden Samariterin gipfelt bei ihm in der Selbstoffenbarung des Logos als Quell des Lebens (v. 39ff.): „Wer aber von den Menschen meinen Brunnen genießt, ... den wird kein Durst mehr quälen, weil dieser Brunnen in ihm selbst aufspringt, der gewährt ihm angenehmste Erfrischung in alle Ewigkeit." Die Heidin aus Samaria, die keine Gemeinschaft mit dem auserwählten Volk Gottes besitzt, wird von Christus bekehrt. Von nun an darf auch die Heidin zum Gott Israels beten. Nicht mehr Jerusalem, ja überhaupt kein bestimmter Ort mehr wird künftig die privilegierte Stätte des Gebets sein, prophezeit Christus, „es kommt die Zeit..., da die wahren Beter den Vater im Geiste anbeten; denn er sucht vor allem rechte Beter, auf daß sie ihn allezeit im Geiste anbeten. Der Geist ist Gott der Herr, mit den höchsten Kräften begabt, wahrlich will der Geist Gottes, daß man ihn vor allem anbete" (v. 67ff.). Im Gefolge der Samariterin glauben viele Heiden an den erschienenen Messias (v. 121f.): „Nun wissen wir ganz sicher, er ist der Heiland, wir wissen, daß er hier in die Welt kam, auf daß er die Menschen errette." Es ist die Konsequenz des universal-missionarischen Gedankens, es ist die auch auf die heidnischen *gentes* ausstrahlende soteriologische Kraft Christi, die Otfrids Deutung der Szene trägt.

Wir wissen nicht, ob diese Deutung auch hinter dem kleinen, Fragment gebliebenen Reimstück steht. Es ist wahrscheinlich, doch nicht aus dem Text zu belegen, denn jeder innere Deutungsansatz, wie ihn Otfrids Erbauungsbuch bietet, fehlt. Eine Deutung konnte jedoch durchaus dem Vortrag einer solchen Reimlektion folgen. ‚Christus und die Samariterin' kennt aber keine theologische Exegese, sondern ist ganz Erzählung und Dialog, ist ganz Szene. Einer Personen und Situation vorstellenden Exposition von sechs Zeilen folgt die Inszenierung des Geschehens aus dem Dialog der Protagonisten. Das Lied verwendet formelhafte Publikumsadressen, umgangssprachliche Wendungen – der Samariterin entfährt der anachronistische Ausruf *wizze Christ* („Christus sei's geklagt"), der Heiland wird umgangssprachlich als *guot man* („guter Mann") angesprochen – wie der unbekannte Gast in der ‚Pariser Gesprächen' (s. S. 158). Eine Prägung wie *fartmuodi* („fahrtmüde") verrät die Nähe zur mündlichen Dichtung – daher stammt auch die karge balladenartige Erzählweise, welche „Wechselrede in knappen Repliken ohne Einführung der Redenden gegeneinander" bietet (Helmut de Boor). Solcher Dialog ist eigentlich nur im Vortrag, in differenzierender Stimmgestik zu realisieren.

Das Reimlied von nur 31 überlieferten Zeilen ist im Codex 515 der Österreichischen Nationalbibliothek Wien, einem kleinen Heft von acht Blättern, das die sog. ‚Lorscher Annalen' und eine Katechumenenpredigt enthält, nachträglich im Anschluß an den Annalentext eingetragen, soweit der Platz auf der Seite reichte – ohne Strophen- und Versabteilung. Die Handschrift des Grundtextes, in einem unbekannten alamannisch-oberrheinischen Skriptorium entstanden, lag seit dem frühen 9. Jahrhundert im Bodenseekloster Reichenau. Man muß sprachlich mit der alamannischen Überformung einer wohl bis in den Beginn des 10. Jahrhunderts zurückreichenden fränkischen Vorlage rechnen.

Die Bedeutung der Psalmen für die Frömmigkeit des frühen Mittelalters kann kaum hoch genug eingeschätzt werden (s. S. 204). „Der Psalm verjagt die Dämonen, lädt die Engel zu heilskräftiger Hilfe ein, ist Schild in den Schrecken der Nacht und ist Erquickung in den Mühen des Tages, schirmt die Knaben, kleidet die Jünglinge, tröstet die Greise, den Frauen aber ist er der angemessenste Schmuck... O wahrhaft weise Einrichtung unseres bewundernswerten Lehrers, daß wir, indem wir nur freudig zu singen scheinen, zugleich darüber belehrt werden, was dem Heil der Seele nützt... Was aber gibt es, das nicht aus den Psalmen erlernt werden kann? Gehen nicht jede nur erdenkliche Kraft der Tugend, nicht die Richtschnur der Gerechtigkeit, nicht der Schmuck der Keuschheit, nicht die Vollendung der Klugheit, nicht Art und Weise der Buße, nicht das Gesetz der Geduld, nicht überhaupt alles, was man an Gutem nur denken kann, aus ihnen hervor?" So eine Augustin zugeschriebene frühmittelalterliche Vorrede zum Psalter. Die Psalmen waren die Zuflucht der Beter, auch der Laien, soweit sie *litterati* waren. Bischof Prudentius von Troyes (um 843–861) stellte für laikalen Gebetsbrauch, konkret für eine adlige Dame, die von vielen Wechselfällen des Lebens bedrückt, von Feinden gar bedrängt wurde, eine Auswahl an *flores* („Blüten") aus dem Psalter zu „mitleidiger Tröstung" zusammen. Solche auf die Psalmen gegründete Gebetssammlungen, moralische Anweisungen zum Gebrauch der Psalmen waren in der Karolingerzeit kein Einzelfall. Ein Einzelfall jedoch ist die Anfang des 10. Jahrhunderts in Bayern aufgezeichnete, meditativ freie, volkssprachige Umformung des 138. Psalms in ein Reimlied.

Die bairische Paraphrase des 138. Psalms ist Anfang des 10. Jahrhunderts in der für den Kreis um Bischof Waldo von Freising († 906) typischen, vom Stil der Bodenseeklöster beeinflußten Schrift (s. S. 376) auf dem ursprünglich leeren, zum Schutz des Buchblocks angenähten Blatt 69[r] des vom St. Galler Mönch Notker Balbulus für seine Schützlinge Salomo III. und Waldo zusammengestellten Formel- und Briefbuchs nachgetragen worden. Die Abschrift ist sorgfältig und geplant; die Strophen des Liedes sind abgesetzt, ihre Anfangsbuchstaben vorgerückt und als Majuskeln ausgezeichnet, der Liedanfang gar mit roter Initiale. Die Paraphrase folgt der lateinischen Übersetzung der Septuaginta-Version des Psalters; so erklärt sich auch die für die adlig-kriegerische Einfärbung charakteristische Interpretation *zoum* („Zaum eines Reitpferdes") für die an sich unverständliche Septuaginta-Lesart *funiculus* („Seil") in Zeile 7.

Der biblische Psalm 138 – nach Cassiodor „voll der allertiefsten Geheimnisse" – preist die Allwissenheit, Allgegenwart und Allmacht Gottes, um daran die Bitte an den Herrn der Geschichte um Hilfe gegen die gottlosen Feinde des Beters zu knüpfen: So ist der Beter in seinen Gedanken und Worten von Gott vor allem Denken und Sprechen je schon erkannt, er kann keinen Ort erdenken, an dem ihn Gottes Antlitz nicht ansähe, Gottes Hand nicht erreichte, nichts ist an ihm, das nicht von Gott bewirkt wäre. Nach klassischer, von den Kirchenvätern Hilarius, Augustin und Cassiodor getragener theologischer Auslegung ist der Psalm *ex persona Christi* gesprochen, d.h. seine Verse sind als Adresse und Preis des hier seine Menschennatur bekennenden Gottessohnes an den göttlichen Vater aufzufassen, sie entstammen – nach einem thematischen Kurzregister des Psalters – „der Stimme Christi, welche die Allmacht Gottvaters bekennt und aufweist, daß er stets gegenwärtig ist, in den geheimen Gedanken und in allen Anfängen und Gründen der Dinge (*elementis*)".

Für den Introitus der Ostermesse nutzte man im neunten und zehnten Jahrhundert (auch etwa in St. Gallen) Verse (18. 5f. 1f.) der Septuaginta-Fassung des 138. Psalms, um das theologische Festgeheimnis des Auferstehungstages, die vor allen Zeiten in der Allwissenheit Gottes erdachte und durch seine Allmacht gelenkte Wendung der Geschichte zum Heil auszudrücken. Christus preist den Vater in Worten des Psalms: „Ich bin auferstanden, und bin noch immer bei dir, alleluia; du hast deine Hand über mir gehalten, alleluia; wunderbar hat sich dein Wissen entfaltet, alleluia, alleluia... Herr, du hast mich erprobt und hast mich von Anbeginn an erkannt; du hast meine Bedrängnis und meine Auferstehung von jeher vorausgewußt" (Codex Sangallensis 484). Im Auferstehungsjubel des österlichen Introitus empfanden die Singenden und Feiernden sicherlich auch ihre eigene Hoffnung auf Auferstehung, die am Ende der in Gottes Allwissenheit beschlossenen und von seiner Allmacht gelenkten Heilsgeschichte erfüllt werden sollte.

Neben der hochtheologischen Deutung existierte jedoch eine populäre, litterale Gebetsnutzung des 138. Psalms, die vom Grundgedanken des Psalms (v. 5), dem Gedenken an den Menschen, der in allen Dingen in der Hand Gottes steht, seinen Ausgang nimmt. So legt in der Illustration des karolingischen Stuttgarter Psalters Gott seine Hand segnend auf das Haupt des Beters David. Ein nach Gebetsfunktionen klassifizierendes frühmittelalterliches Psalterregister weist den Psalm, der mit den Worten „Herr, du hast mich geprüft und erkannt" beginnt, für den Fall an, daß der Beter „nach überstandener Versuchung" quasi *probatus* („geprüft") „Gott Dank abstatten möchte". Ein im Salzburger Raum geschriebenes Gebetbuch, das die ‚Bairische Beichte' enthält (s. S. 250), zählt ihn unter den sechzehn Psalmen auf, die den täglichen „privaten" Gebetsleistungen in der Morgenfrühe dienen sollen.

Der althochdeutsche Psalm folgt der litteralen Interpretation. Das zeigt schon die einleitende Publikumsadresse des Reimliedes: *Wellet ir gihoren Daviden den guoton, den sinen touginon sin? er gruozte sinen trohtin...* („Wollt ihr David den Frommen hören, seine geheimen Gedanken? Er redete seinen Herrn so an..."). Obwohl der Eingang des Liedes sich wohl an der Formulierung *arcanae cogitationes* („geheime Gedanken") des oben zitierten Psalterregisters orientiert, ist doch klar, daß der Psalm hier *ex persona* Davids, als Gebet des alttestamentarischen Vorbildkönigs interpretiert wird, dem der Psalter auch die Komposition des Psalms *pro victoria* („um eines Sieges willen"), in anderen Handschriften *in finem* („als Trostgebet in der Todesstunde") zuschrieb. Doch setzt das althochdeutsche Lied eigene Akzente, die schon im Aufbau deutlich werden. So folgt es dem Gedankengang der biblischen Vorlage nicht wörtlich, sondern paraphrasiert eher frei über ihr, nimmt – kunstvoll von Repetitionen ganzer Zeilen unterstützt – auch eigene Motive in den meditativen Text auf.

Die Gliederung ist schon rein äußerlich durch den Einsatz von abschnittschließenden, den Inhalt aufgipfelnden dreizeiligen Strophen bei sonstiger Zweizeiligkeit der Strophen angezeigt. Es ergeben sich so drei Abschnitte, die sich an drei Gedanken, Einsichten und Bekenntnissen Davids orientieren. Im ersten (v. 3–15) formuliert der König die hyperbolische Erkenntnis der eigenen Ausweglosigkeit vor der Allwissenheit, der Allgegenwart und Allmacht Gottes (v. 11ff.): „Wie gewaltig ist dein Wissen über mich, Christus! Wie könnte ich dir entrinnen! Stiege ich auch auf gen Himmel, dort wärst du mit deinem Heer, richtete sich zur Hölle meine Fahrt, auch dort bist du Gegenwart: ich könnte in kein (anderes) Land, wenn deine Hand mich nicht hielte!" Dieser aus dem Bewußtsein vom österlichen Sieg über die Hölle gespeisten Passage entspricht spiegelbildlich der dritte Abschnitt (v. 25–35), der das gleiche Thema erneut (aber wohl aus der Perspektive der Zukunft nach dem Tode) paraphrasiert: Gott hat seit Erschaffung seiner Seele, seit seiner Geburt den Beter in seine Obhut, in seinen Schutz genommen; auch wenn er in die Finsternis (des Todes?) gehen muß, so hütet ihn der, der die Nacht hell wie den Tag sein läßt. Fliegt der Beter dann ans andere Ufer jenes Meeres (des Lebens?), so bleibt er auch dort in Gottes Gegenwart. Die gleiche Zeile beendet den ersten und den dritten Abschnitt: „ich könnte in kein (anderes) Land, wenn deine Hand mich nicht hielte!". In der Bildmeditation des karolingischen Utrechter Psalters ist das Allwissen Gottes in der oberen, himmlischen Zone der Illustration vergegenwärtigt: Christus im Kreuznimbus, der von sechs Engeln flankiert wird, von denen einer in ein Buch schreibt; er verzeichnet wohl die Taten der Menschen. Die Allgegenwart Gottes ist versinnbildlicht in zwei absichtsvoll darunter angeordneten Szenen: Eine Personifikation der Hölle verschlingt einen Sünder; unterdessen schleppt ein Teufel ein weiteres Opfer herbei. Zum andern gehört in diesen Argumentationsgang auch die bereits besprochene Abbildung Davids zwischen der die Geburt signifizierenden Wöchnerin und dem die Auferstehung bezeichnenden offenen Sarkophag: Das ganze Sein wird von Gott umschlossen: Der althochdeutsche Psalm wiederum wird von der Bitte abgeschlossen, Gott möge prüfen – bewußt wird dasselbe Verb *kiosan* („erproben") gebraucht wie im Einsatz der Davidsrede –, ob der Beter sich zu ihm bekehrt habe, ja möge den Beter zu ihm lenken – zweimal steht das Verb *chéren* („umkehren") –, möge den Beter für alle Ewigkeit in seiner Gnade halten! In der Bekehrung liegt das Arkanum der Gedanken Davids; der völlig selbständig gestaltete zentrale Teil des Liedes offenbart es (v. 16–24): Er besteht aus *confessio* („Bekenntnis"), Bekehrungsversprechen und Bitte: „Nun will ich alle Mörder (*mansleccun*) von mir weisen, alle (auch), die mir zu ungerechter Herrschaft (*unrehton rihtuom*) rieten. Alle, die mir zu ungerechter Herrschaft rieten, die sind deine Feinde: denen will auch ich gram sein. Die wider dich handeln wollen, die will ich grimmig hassen, will sie alle um deines Ruhmes willen mir zu Feinden machen. Du, mein Gott, beschirme mich überall mit deiner Macht, nimm meinem Feind mit deiner Kraft den Speer (aus der Hand), erlaube ihm nicht, auf mich zu schießen!" Die Unterschiede zum zugrundeliegenden biblischen Motiv (Psalm 138, v. 19ff.) sind bemerkenswert: dort bittet David um die Tötung der Gottlosen und Erlösung von den *viri sanguinum* („blutgierigen Männern"), die der ebenfalls karolingische Stuttgarter Psalter durch eine Gruppe kämpfender und ihre Opfer tötender Krieger darstellt; im althochdeutschen Psalm kehrt sich der König selbst von den Gottesfeinden ab. Völlig neu ist das Motiv der ungerechten Herrschaft: David schließt im dargestellten Akt seiner Bekehrung einen neuen Pakt mit Gott, der in vollendetem Gehorsam seine Herrschaft unter das Gesetz Gottes stellt. Das ist der Inhalt des *tougin sin*, der arkanen Einsicht des Königs.

Der Schöpfer dieses eigenartigen, einem König in den Mund gelegten Bittliedes hat die Szene des Psalms in ein frühmittelalterliches, in ein kriegerisches Licht getaucht. Gegen den Text des Psalters erscheint Gott mit einem Heer, er ist ein kriegerischer, bezwingender Gott, der die Schlachten lenkt, dessen Ruhm der betende König im Kampf gegen seine Feinde ausbreiten will. Und auch David ist vor allem Krieger, der sein Roß lenkt, der gegen Bluttäter zu Felde zieht, der Gott um die Hemmung des feindlichen Speers bittet, der seine gerechte Herrschaft im Namen Gottes aufrichten will. Das Thema, das im althochdeutschen Liede verhandelt wird, ist das der gerechten Herrschaft, die von Gott ist, und der ungerechten, von der sich ein vorbildlicher König, ein frommer Herrscher, ein „neuer David", abzuwenden hat. Ist das der Sinn der Meditation – Königen und adligen Herren im Exemplum Davids das Arkanum jeder Herrschaft zu offenbaren, die nur gerecht ist, wenn sie in Gottes Hand steht? Daß der Text auf frühmittelalterliche Gegenwart zielt, dafür steht die problemlose Ansprache des Herrn als Christus (v. 11), auch die Anspielung auf den dieser Zeit so wichtigen, im Credo und im Kirchweihritus stets von neuem bekannten Sieg des *rex gloriae* („ruhmvollen Königs") und *dominus virtutum* („kraftmächtigen Herrn") über Satan (v. 14). Darf man sich den althochdeutschen Psalm für den erbaulichen Vortrag am Hofe eines Fürsten bestimmt denken? Für die Hoftafel Karls des Großen ist der Vortrag biblischer Cantica, von Szenen aus dem Buche Hiob und von Psalmen bezeugt.

Von der Zukunft nach dem Tode

Das Ende der Zeiten ebenso wie das individuelle Schicksal der Seele nach dem Tode spielte eine große Rolle in der Frömmigkeit des frühen Mittelalters, im elaborierten Denken des Klerus ebenso wie in den religiösen Hoffnungen und Vorstellungen der Laien (s. S. 38). Das Bewußtsein – wie Alkuin sagte –, „in den letzten Zeiten" zu leben, war stark und ausgeprägt. Die wenigen Andeutungen der Evangelien und Propheten über Endzeit und himmlisches Endreich, die geheimnisvollen Offenbarungen der Apokalypse haben eine (bisher noch keineswegs umfassend ausgewertete) reiche eschatologische Literatur hervorgebracht, die von den lateinischen Übersetzungen des syrischen Hymnikers Ephraim († 373) über irische und kontinentale Jenseitsvisionen, den oft kopierten und aufschlußreich bebilderten Apokalypsenkommentar des Spaniers Beatus von Liebana (776), merowingische und karolingische Rithmi mit den Themen ‚Vom Jüngsten Gericht', ‚Vom himmlischen Jerusalem', darunter auch Rithmi über die zum Kampfe mit dem Antichristen, dem Apologeten des Satans, am Ende der Zeiten wiederkommenden Väter Enoch und Elias, bis hin zur systematischen Schrift ‚De ortu et tempore Antichristi' („Von der Herkunft und der Zeit des Antichrist") des Abtes Adso von Montier-en-Der (949/54) reicht. In zahlreichen Miniaturen frühmittelalterlicher Handschriften sind die Ereignisse der letzten Tage abgebildet worden, in den monumentalen Weltgerichtsbildern der Kirchen waren sie den Gläubigen Gegenwart. Auch die karolingische volkssprachige Bibelepik hat die eschatologische Thematik ihren Konzepten der Erbauung integriert.

Eindrucksvoll gestaltet, folgen die Weltgerichtsdarstellungen (Fitten 31; 51ff.) des altsächsischen ‚Heliand' (s. S. 272) – von der Erscheinung des geheimnisvollen *mūdspelli* abgesehen – am engsten dem evangelischen Bericht (vor allem Matthäus 25, 31ff.). Die Kunde von den letzten Dingen ist ein Teil der Lehre Christi. In Otfrids planvoller Ökonomie seines Evangelienbuches (s. S. 292) dagegen ist der Matthäusbericht in die heilsgeschichtliche Szenerie des letzten Buches eingelassen, beschließt als Erzählung vom Rückgang der Schöpfung zu Gott Werk und Geschichte (V, 19–23). Schon die Darstellung des Jüngsten Gerichts ist getragen von paränetischer, seelsorgerlicher Intention: Das Gericht Christi wird in Negation der karolingisch-fränkischen Rechtsprechung anschaulich gemacht; vor dem in seiner Majestät erscheinenden Weltenherrn hilft kein Rechten, kein Streiten, kein Zorn, keine Rache; vor dem Allwissenden gibt es kein Beweisverfahren, keine Parteien, keine Fürsprecher, keine Revision; kein Loskauf ist möglich, die Schwachen und die Mächtigen werden gleich, die Rechtsfindung wird nicht an einen (vielleicht bestechlichen) Königsboten delegiert, das Urteil kommt aus dem Munde des himmlischen Königs selbst. Stumm stehen die vom Tode Auferstandenen vor der majestätischen Gegenwart des Weltenrichters, der die Gerechten von den Ungerechten scheidet und die Guten von den Bösen. Eindringlich weist der Weißenburger Theologe auf die Negation der frühmittelalterlichen Vorstellungswelt, indem er Zug um Zug das Zerreißen der Personenverbände, der Familien, der Sippen, der Gefolgschaften und Freundschaften vor dem göttlichen Gericht beschreibt. „Der germanische Erfahrungshorizont" wird „nur deshalb aufgebaut, um ein christliches Vorstellungsmodell plastisch abzuheben und in seiner unverwechselbaren Eigenart zu profilieren" (Ulrich Ernst). Es folgt – in großartig bewegtem Dialog – die Einladung Christi an die Erlösten, ihm ins Himmelreich zu folgen. Während – ohne biblisches Vorbild – die Seligen Christus grüßend antworten, vollzieht sich die Verfluchung der Verdammten ohne Antwort, ohne Rechtfertigung; stumm weist sie der König ihrer Strafe im Höllenfeuer zu, wo sie in Ewigkeit brennen werden, wo sie unendliches, unaussprechliches Leid, Weh und Schmerzen erdulden müssen. Die Gerechten aber besitzen (nach Matthäus 25, 46) das „ewige Leben": *in éwinigo wúnni so ferit thaz ádalkunni* („in ewige Freuden fährt dieses Adelsgeschlecht"); dieser christliche Tugendadel gewinnt ein in das leuchtende Licht der Gottheit getauchtes Land ohne

Leid und Tod. Immer wieder – in einem besonderen Kapitel (V, 21) und vor allem in responsorisch eingesetzten Refrainstrophen – zieht Otfrid moralische Folgerungen für die Gegenwart aus dem Endzeitgeschehen, fordert er zur *conversio* („Bekehrung") auf. Refrainstrophen, die um Schutz und Hilfe des Herrn im irdischen Leben bitten, durchziehen auch den triumphalen, abschließenden Preis des himmlischen Reiches (V, 23), dessen Qualitäten, dessen Schönheit dem Elend und den Qualen des irdischen Daseins konfrontiert werden. Das himmlische Reich wird alle irdischen Güter – Liebe, Speise, Trank, Jugend, Glück, Licht, Gärten und Musik – in gesteigerter Form entbieten, alle irdischen Übel – Leid, Angst, Hunger, Durst, Frost, Haß, Neid, Krankheit – aber werden aufgehoben sein – oder wie es eine karolingische Katechese sagt: „dort ist Leben ohne Tod, Jugend ohne Alter, Freude ohne Trauer, Friede ohne Streit, Licht ohne Finsternis, Gesundheit ohne Schmerz, ein Reich ohne Veränderung." Wahrlich mußte dem frühmittelalterlichen, an die Permanenz des Krieges gewöhnten Menschen diese Verheißung von Stabilität und Schönheit als die Vollendung menschlicher Existenz erscheinen. *Thiz ist tódes gewalt – thar ist líb einfalt, wanta hímilrichi theist lébentero richi!* („Hier herrscht die Macht des Todes – dort aber das lautere Leben, denn das Himmelreich ist das Reich der Lebendigen!" V, 23, 85f.).

Anders als ‚Heliand' und Otfrid folgt ein bairisches Endzeitgedicht von der Zukunft nach dem Tode, das wegen eines mit der altsächsischen Evangeliendichtung geteilten Rätselwortes so genannte ‚Muspilli', eschatologischen Motiven, die überwiegend der Apokalypse, ja dem breiten Strom legendarischer und apokrypher Nebenüberlieferung entnommen wurden und die es unverwechselbar prägen. Erneut gelangen wir mit diesem spätkarolingischen Text in den Umkreis Ludwigs des Deutschen. Er wurde im späteren neunten Jahrhundert wahrscheinlich am Regensburger Hofe des Königs „durch eine des Bücherschreibens ungewohnte Hand" (Bernhard Bischoff) auf einigen freien Seiten und freigebliebenen Seitenrändern einer Handschrift, die Erzbischof Adalram von Salzburg Ludwig bereits 821/27 geschenkt hatte, und die mithin zur Bibliothek des Königs gehörte (s. S. 267), fragmentarisch eingetragen (s. Abb. 16). Die weitere Überlieferung der Handschrift weist ebenfalls auf Regensburg.

Das (auch im Anfange unvollständige) Endzeitlied setzt mit dem individuellen Tod des Menschen ein. Sobald sich die von des Lebens Hülle befreite Seele auf ihren Weg begibt, erscheinen ein Heer aus der Höhe des Himmels, von den Sternen kommend, und ein Heer aus der Tiefe der Hölle: Beide kämpfen um die Seele des Toten. Feuerqual und Finsternis ist der Lohn der von Satan errungenen, aber „Leben ohne Tod, Licht ohne Finsternis, eine Wohnung ohne Sorgen ... ein Haus im Himmel" der Gewinn der von den Engeln zu eigen erkämpften Seelen. Der Kampf zwischen himmlischem und höllischem Heer (v. 1–17) ist geistlich zu verstehen: Ein angeschlossener Aufruf zur Abkehr von sündigem Verhalten und zu eifriger Ergebung in Gottes Willen setzt solche Deutung voraus (v. 18–30). Sie scheint an Vorstellungen apokrypher Schriften – wie Paulusoffenbarung und Paulusapokalypse – orientiert, entspricht aber auch ganz der kriegerischen Auffassung karolingischer Ikonographen vom Endzeitgeschehen, so etwa des Utrecht-Psalters, in dem Engel als Krieger auftreten. Neu einsetzend geht das Lied nun zur Schilderung des Weltgerichts über, das jedes individuelle Urteil überholt: in einer dramatischen Szenerie (v. 31ff.), die einblendend und ausblendend, bejahend und verneinend vor dem Horizont karolingischer Rechtsbräuche spielt, wird das Endzeitgeschehen in seiner ganzen gewaltsamen Größe entfaltet. Der Himmelskönig entbietet den Gerichtsbann: anders als beim weltlichen Gericht kann sich niemand diesem Ruf entziehen; er muß dem Herrscher Rechenschaft über sein Tun ablegen. Im Zentrum der ersten Phase des Endzeitgeschehens steht der in Analogie zum gerichtlichen Zweikampf ausgestaltete, aus apokalyptischer Literatur übernommene Kampf zwischen den „Kämpen" Elias und Antichrist (v. 37–60). Elias kämpft „für das ewige Leben", für die Herrschaft der *rehtkernon* („Gerechten"), der Antichrist steht auf seiten Satans, des altbösen Feinds. Über den Ausgang der gewaltigen *kosa* („Rechtssache") gibt es verschiedene Meinungen. Die *weroltrehtwison* („Kenner des weltlichen Rechts"?) vertreten – im Einklang etwa mit Cassiodor – die vom germanischen Rechtsdenken her verständliche Meinung, daß der Vertreter der ungerechten Sache auf der *wicsteti* („Kampfplatz") fallen, in *domo siga(lo)s* („beim Gerichte sieglos") werden wird. Viele *gotman* („Geistliche, Theologen") – so etwa das apokryphe Nikodemusevangelium, Beatus von Liebana und der karolingische Rithmus von ‚Enoch et Haelias' (in Auslegung von Apokalypse 11, 7–10) – behaupten aber, daß Elias in diesem Kampfe verwundet werde – und negieren damit die Zweikampftheorie, die ja im Sinne einer Stellvertreterrechtfertigung die Einzelseele von ihrer individuellen Verantwortung vor dem göttlichen Richter der Endzeit entbunden hätte. Im weiteren Verlauf folgt dann – ganz wie bei Otfrid – auch die Zerstörung der im heimischen Rechtsdenken verankerten Institution der Verwandtenhilfe vor Gericht. Im Einklang mit späten, aus Osteuropa überlieferten Apokryphen, aber auch mit einer spanischen Credoformel des 8. Jahrhunderts läßt der Autor des ‚Muspilli' aus dem auf die Erde träufelnden Blut des Propheten „die Berge entbrennen" und „die Wasser vertrocknen". *Muor var(s)wilhit sih, svilizot lougiu der himil, mano vallit, prinit mittilagart* („das Moor verschlingt sich, es schwelt im Brande der Himmel, es fällt der Mond, der Erdkreis brennt"). Das feurige Weltende ist das Zeichen des Straf- und Gerichtstages Gottes, der so ganz anders ist als die Gerichte weltlicher Könige: Kein Verwandter kann hier dem andern helfen vor dem *muspille*, die abgesteinte Mark des Gerichts ist verbrannt, bezwungen steht die Seele, sühnelos muß sie zur Hölle fahren.

In diese absolute Negation archaischer Rechtsvorstellungen, die ein Gericht an einen festbestimmten Ort und an eine im Streit der Parteien sich herstellende Urteilsfindung gebunden sehen, ist das vielumstrittene *muspilli* eingelassen. Die beiden Heliand-Stellen (v. 2591; 4357), an denen das Wort *mūdspelli* gebraucht wird, beziehen sich ebenfalls auf das Weltende und das Weltgericht. Sie paraphrasieren – mit dem Bild des plötzlich in der Nacht erscheinenden Diebes – ein Motiv, das mehrfach in der Bibel im eschatologischen Zusammenhang gebraucht wird, und sich zum einen auf den „Tag des Herrn", den Gerichtstag (1. Thessalonicher 5, 2f.; 2. Petrus 3, 10), zum andern aber auf den wiedererscheinenden Herrn selbst (Matthäus 24, 42; Apokalypse 3, 3) beziehen. Auch im Variationsgefüge der ‚Heliand'-Passagen wird nicht hinreichend klar, ob *mūdspelli* den Gerichtstag, das Weltende oder den Weltenrichter meint. Unter den vorgeschlagenen Etymologien ist die Zuordnung zu altsächsisch *mūđ* (althochdeutsch *mund*) „Mund" und angelsächsisch *spildan, spillan*, altsächsisch *spildian* „zerstören, verderben" wohl die wahrscheinlichste, womit das Wort entweder als nomen actionis „Mundverderben, -zerstörung" bzw. als nomen agentis „Mundverderber" aufzufassen ist. Es wäre damit Kenning für Christus oder das Weltgericht, jedesmal mit Bezug auf 2. Thessalonicher 2, 1ff., wo Christus den Widersacher (Antichrist) mit einem Hauch seines Mundes (nach Hrabanus „durch sein Wort" tötet, und Apokalypse 19, 11ff. (vgl. 1, 16; Epheser 6, 17; Hebräer 4, 12), wo Christus den Pseudopropheten der Endzeit (und damit den Antichrist) und sein Heer durch ein aus seinem Munde hervorgehendes Schwert umbringt – als Kombination durchaus ähnlich jener, die in den zwanziger Jahren des Jahrhunderts der Reichenauer Walahfrid Strabo (‚De imagine Tetrici', v. 88) mit dem „König auf feuriger Wolke" aus Matthäus 24, 30 und Apokalypse 14, 14 schöpfte. Althochdeutsches *muspill(i)* wäre dann (wegen des nur im Norden vorkommenden n-Schwundes) Lehnwort aus dem Niederdeutschen. Wie Heinz Finger gezeigt hat, sind die Muspellssöhne späterer nordischer Mythologie, die wie die apokalyptischen Reiter über die Welt kommen (Apokalypse 6, 1ff.) und ihr den Tod durchs Feuer bringen, wohl aus der südlichen Prägung erst abzuleiten.

Das Lied aber fährt mit erhobenem Zeigefinger fort: Wohl dem, der sein Recht in der Welt nicht durch Bestechung sucht; dem bestechlichen Richter wiederum droht Lohn durch den göttlichen Richter. Gerade bei dieser bis in die Terminologie hinein prall in der Diskussion karolingischer Gesetzgebung stehenden, im Text aber eher trivial und im Zusammenhang gesucht wirkenden „Richterschelte" kann man sich des Eindrucks moralisierender Interpolation kaum erwehren. Im Rückgang auf das Gottesgericht setzt das Lied erneut an (v. 77–103): Das himmlische Horn erschallt und der König, „der da richten wird Tote und Lebende", fährt mit mächtigem Heer zur Gerichtsstätte, die Toten erstehen aus den Gräbern, der Richter spricht das Urteil. Da vermag niemand zu lügen, niemand etwas zu verheimlichen, selbst seine Glieder würden gegen ihn zeugen. Nur die Bußfertigen werden Gnade erfahren. In bewußtem Kontrast zu der (wie in der Ikonographie der Weltgerichtsbilder) auf seinem Thron sitzenden, von der „Menge der Engel und der seligen Menschen" umgebenen Majestät des Herrn endet das Fragment mit dem Vortrag des Kreuzes, „an dem der heilige Christ gehangen hat. Dann zeigt er die Male, die er in seiner Menschheit empfing, die er aus Liebe zum Geschlecht der Menschen erlitt..." (vgl. Matthäus 24, 30). In diesem Zug geht das ‚Muspilli' der zeitgenössischen Weltgerichtsikonographie voraus. Das Kreuz erscheint sonst erst im Reichenauer Weltgerichtstypus ottonischer Zeit: In St. Michael im schwäbischen Burgfelden tragen zwei Engel das Kreuz vor dem in der Mandorla thronenden Christus, der – wie vorher nur im englischen, aber vielleicht ottonisch beeinflußten Aethelstan-Psalter des 10. Jahrhunderts – die Wundmale zeigte. Zweifellos ist die Erlösergeste Christi im Jüngsten Gericht als Substrat einer verstärkten Andacht, einer intensiveren Kreuzesfrömmigkeit der Zeit zu interpretieren.

Im Text des ‚Muspilli' ist manches umstritten: kaum wird man es für einen von Grund auf einheitlichen Text halten können: „Neben korrekten stabenden Langzeilen gibt es nicht nur Stabreimverse, die jeder Regel spotten, sondern auch binnengereimte Endreimverse, ja Prosazeilen; Abschnitte von großer dichterischer Kraft wechseln mit moralisierenden Passagen, die man jenen gegenüber als seicht empfunden hat" (Walter Haug). Die Sprache des überlieferten Textes ist bairisch geprägt, jedoch scheinen fränkische Spuren durch. Sprachgeschichtlich ältere stehen neben jüngeren Formen. Ist es eine Montage verschiedener Vorlagen? Ist es die am neuen Modell der Endreimdichtung orientierte Überarbeitung einer älteren fränkischen Stabreimdichtung?

Angesichts zahlreicher, sorgfältig bis in den Wortschatz hinein ausgearbeiteter Bezüge zum germanischen Rechtsdenken, die auch den seelsorgerlichen Autorkommentar prägen, darf man dem überlieferten Text die Intention unterstellen, das endzeitliche Geschehen, die Zukunft des Menschen nach dem Tode aus den gesellschaftlichen Vorstellungen des frühen Mittelalters zu erklären und zugleich daraus zu lösen. Der Dichter muß „ganz sicher zu denjenigen gerechnet werden, die im neunten Jahrhundert am theologisch-politischen Programm der karolingischen Kirchen- und Staatsreform festhielten". So kommt es in den paränetisch-moralischen Passagen, die im überlieferten Text vorrangig geworden sind und die (vielleicht älteren) erzählenden Teile auf die Funktion der *memoria* von Heilsgeschichte reduzierten, geradezu zu einer „formalen Angleichung an den offiziellen karolingischen Sprachgebrauch". Entspricht das nicht der Atmosphäre der karlischen Restauration am Hofe Ludwigs des Deutschen? Die eingelegte Darstellung des Jüngsten Gerichts gewinnt so – mit der Anklage des Teufels gegenüber Funktionären des Reiches (v. 63ff.) – ihren aktuellen, politischen Sinn. Der *mahtigo khuninc* („mächtige König"), „der Himmelskönig, bestraft die von Dienern seines irdischen Stellvertreters, des Frankenkönigs, in Untreue gegen diesen begangenen Frevel" (Heinz Finger). Dieses auf der Grenze zwischen Stabreim- und Endreimdichtung stehende Lied über die „letzten Dinge" richtete sich an Menschen, die es gewohnt waren, vor dem Königsgericht zu agieren, die der Unterstützung mächtiger Verwandten sicher waren, die das germanische Rechtsverfahren von streitender Beweiserhebung bis zum Gottesurteil durch Zweikampf kannten, die sich es vielleicht leisten konnten, den Gerichtsbann des Königs gelegentlich zu ignorieren, die auch potentiell zum Richteramt berufen waren ... Die Adressaten waren „Großvolk", wie es am Hofe, in Königsnähe versammelt war. Manche Magnaten waren im frühen Mittelalter am Wissen über die „letzten Dinge" interessiert: Adso von Montier-en-Der verfaßte (949/54) sein Buch über den Antichrist für eine Königin, für Gerberga, die Schwester Ottos des Großen und Gemahlin des französischen Königs Ludwig IV. Von Ludwig dem Deutschen aber berichtete schon Hrabanus Maurus, der Abt von Fulda, an Hatto, seinen Nachfolger im Fuldaer Amt (nach 842), daß er „auf dringende Bitten unserer Freunde und vor allem auf die Mahnung König Ludwigs gezwungen sei, etwas über die künftige Schau und Erscheinung Gottes (*de futura visione Dei*) zu schreiben." Auch Erzbischof Hinkmar von Reims referierte um 865 Ludwig theologisch über das Thema des Jüngsten Gerichts und des Gewichts der menschlichen Taten vor ihm. Im Jahre 874 gar hatte der alte König eine Vision, in der ihm sein schon vor fünfunddreißig Jahren verstorbener Vater nahelegte, seinen Qualen im Fegefeuer durch Bittbriefe um Gebetshilfe aller Klöster seines Reichs ein Ende zu bereiten.

Mit der altsächsischen Evangeliendichtung verbindet das ‚Muspilli' das im gleichen eschatologischen Zusammenhang gebrauchte tiefgehende titelgebende Rätselwort, das wohl als Entlehnung aus dem Altsächsischen gesehen werden muß. Mit Otfrids ‚Liber evangeliorum' hat es die sorgfältige Abweisung falscher, auf einheimische Rechtsvorstellungen gegründeter Analogien, vielleicht auch ein Zitat aus einer bereits geprägten paraliturgischen Formel (vgl. S. 329) gemeinsam. Ist das Zufall? Man wird überlegen müssen, ob nicht diese textuellen Bindungen, die nicht als unmittelbare Abhängigkeiten gesehen werden müssen, in den Zusammenhang der belegten Diskussion über die „letzten Dinge" am Hofe des ostfränkischen Königs zu stellen sind. Jedenfalls erklären sich diese Züge wie die Neuerungen des karolingisch-ottonischen Weltgerichtsbildes aus einer neuen, seelsorgerlich orientierten Frömmigkeit, der es um die „Sichtbarmachung der unüberbrückbaren Polarität von gut und böse mit Hilfe einer Reihe paradiesischer und dämonischer Figurationen" geht (Beat Brenk). Frucht dieses Kontrastdenkens ist die intensivierte Veranschaulichung der Nichtigkeit des Menschen vor Gott, die Verbildlichung der Unvergleichlichkeit der letzten Dinge mit der menschlichen Gegenwart. Ziel ist das Umdenken des Menschen in der *memoria*, dem Angedenken, der „Andacht" der von Gott auf das Eschaton gerichteten Heilsgeschichte.

Kraft und Macht der Heiligen

In der mächtig aufblühenden Frömmigkeit der Karolingerzeit (vgl. S. 34) waren die Mittler, die Fürbitter des Menschen beim unnachsichtig das endzeitliche Gericht verwaltenden Herrn des Heils und der Geschichte, beim Weltenkönig Christus, die Heiligen also, immer stärker in den Vordergrund getreten. In der Verehrung der auf der Erde in ihren Leibern und Reliquien anwesenden Heiligen fand der Mensch wieder aus der Distanz zum allgewaltigen, fernen Herrschergott zur Nähe, ja zur Teilhabe am Sakralen, die beim Adel bis zum Eigenbesitz von Reliquien oder zur verwandtschaftlichen Bindung des Geschlechts an einzelne Heilige führen konnte. Drei Komponenten regelten den Verkehr des Frommen mit dem Heiligen: der in der Regel mit Kirche und Kleriker- oder Mönchsgemeinschaft verbundene heilige Ort, die heilige Zeit des Festes und die heiligen Bräuche und Riten, die sich am Ort, im Fest zum Kultus entfalteten und gelegentlich heidnischen Gewohnheiten – wie Minnetrinken und rituelle Speisegemeinschaften zu Ehren des Heiligen – festhielten. Im Zentrum des Kultes stand jedoch das Heiligengrab, die wirkmächtige Reliquie, die alsbald in populärer Frömmigkeit zu einem quasi-magischen Kraftträger wurde, der eine Zone des Heils etablierte. Durch Umgang um die in der Kirche, in Altären oder auch unter dem Hochaltar in der Krypta aufbewahrten Reliquien, durch Berühren des Grabes oder des Reliquiars, in dem das Heiltum verschlossen war, ja durch Anfertigung von Kontaktreliquien – mit der Reliquie in Berührung gekommenen Staub, Wasser, Öl usw. – suchte man sich mit der Heilskraft aufzuladen, suchte sich konkrete Teilhabe am Heil zu verschaffen.

Die ottonische Kirche St. Georg in Reichenau-Oberzell, wo man das Haupt des Kirchenpatrons aufbewahrte, vermag eine Vorstellung von der Praxis frühmittelalterlicher Reliquienverehrung zu geben: „Über dem Eingangsstollen zum säulengetragenen viereckigen Altarraum ist eine Öffnung (Confessio) sichtbar, die wohl der Verehrung des Georgshauptes diente, das im Altar der Kirche über der Krypta verwahrt wurde. Die wunderwirkende Kraft der Reliquie konnte dem anbetenden Gläubigen durch die Öffnung zuströmen, obwohl die Gebeine selbst unsichtbar und ungreifbar im Altar ruhten" (Ingeborg Schroth). Auch im St. Galler Klosterplan stand der Sarkophag mit den Reliquien des Klosterheiligen unter dem Hochaltar; zwischen den Treppen zum Hochaltar befand sich ein Zugang zur Grabkammer, durch den man den Kontakt zum Heiligen erlangen konnte.

In ihrer kultischen Präsenz boten die Heiligen Schutz und Hilfe gegen Krankheiten, Not und Gefahr; selbst im Kriege waren sie mächtig. Die Reliquien gehorchen nach populärer Meinung ihrem Besitzer, sie können daher auch zu Schutzzwecken mitgenommen werden, sie können sogar geraubt werden, ohne an Wirkung zu verlieren. „Die Reliquien wirken ‚automatisch', sie sind geradezu mit Macht geladen, die jederzeit ‚angezapft' werden kann" (František Graus).

Durch die Reliquien übten die Heiligen ihre Schutzherrschaft über eine Familie, eine Kirche, eine Stadt, eine Landschaft, ein Volk. Als die Normannen 885/86 Paris belagerten, trug man die Reliquien der Stadtpatrone Germanus und Genovefa stets an die bedrohtesten Stellen der Mauer; ebenso geschah es 903 in Tours mit dem Heiltum des Stadtpatrons Martin. Und im zehnten Jahrhundert weiß der sächsische Geschichtsschreiber Widukind von Corvey, daß, seitdem man die Reliquien des heiligen Vitus von Westfranken nach Sachsen übertragen habe, sich die Macht der Franken ständig vermindert, die der Sachsen aber ständig vermehrt habe, bis dieser Stamm nun mit dem Geschlecht der Ottonen auch die Königsfamilie stelle. Die Macht der Heiligen faszinierte gerade die Mächtigen der Zeit, die sich dem Schutz besonderer Patrone unterstellten: Der westfränkische König Karl der Kahle unternimmt einen Gewaltritt, um zur Stunde des Festes des hl. Dionysius am Ort seiner Kirche St. Denis vor Paris zu sein und nicht das Gebet an den Heiligen zu versäumen, das er als eine seiner vornehmsten Aufgaben ansieht. Ludwig der Deutsche zieht sich mehrfach während der Osterwoche zu wirkmächtigem Gebet in die Nähe des ostfränkischen Patrons Bonifatius nach Fulda zurück. Um keinen Heiligen wegen unterlassenen Gebets beleidigt zu hinterlassen, führt sein Vater Ludwig der Fromme das Allerheiligenfest (s. S. 252) ein.

Einige Heilige besaßen ein über den Ort und die Landschaft hinausreichendes Prestige. Zu den führenden Heiligen des frühen Mittelalters gehörten die Reichspatrone Martin, Remigius, Dionysius, der Apostelfürst Petrus, die Gottesmutter, der Erzengel Michael und der Erzmärtyrer Stephan. In der Karolingerzeit strömte mit zahlreichen Reliquientranslationen der Kult römischer und italienischer Heiliger nach Norden. Die Rezeption römischer Liturgie befestigte diese Entwicklung noch. Frömmigkeitsbildend wirkte auch das Verfahren der Bischofskirchen und Klöster, die Bindung der ihnen gehörenden Eigenkirchen durch Pertinenzpatrozinien – Patrozinien, welche die Zugehörigkeit der Kirchen anzeigten – und Reliquienexporte zu stärken. In Pflichtprozessionen zur Kirche des Heiligen am Fest und an den großen Prozessionstagen erfuhren die Angehörigen der *familia*, der Kommunität von Vasallen und leibeigenen Bauern und Handwerkern einer Kirche, das Wesen des Verehrten und lernten, wie man ihn verehrte.

Der Heiligenkult des frühen Mittelalters ist eine Massenbewegung. Einzugsgebiete der größeren und kleineren Reliquienstätten von einigen hundert Kilometern sind auch in dieser Zeit keine Seltenheit. Zu rheinischen Kultstätten kommt man als Büßer oder um der Heilung willen aus Aquitanien und Gallien, zur heiligen Walpurgis in Schwaben pilgert man aus dem lothringischen Bliesgau... Die Klosterkirchen, in denen die Heiligenleiber liegen, sind so überlaufen, daß man bereits 789 für die ruhige Durchführung des monastischen Gottesdienstes den Bau eigener Kapellen empfahl. In Limoges im Westen des Frankenreiches stürzt im zehnten Jahrhundert eine Kirche unter dem Andrang der Gläubigen zusammen. In Figeac in der Auvergne wurde um 1000 beim Fest des hl. Vivian das Gedränge in der Kirche so groß, daß man die Reliquienbüste des Heiligen auf einen freien Platz tragen mußte: „Dort baute man Zelte auf, in denen die Reliquien untergestellt wurden." Über gewaltige Volksmassen, die den Reliquien folgten, berichtete auch Rudolf von Fulda anläßlich der Translation des hl. Alexander, die durch ganz Deutschland bis zum sächsischen Wildeshausen führte.

Im 11. Jahrhundert erstrahlte das Grab des hl. Trudo in St. Trond bei Lüttich „jeden Tag von neuen Wundern. In der Tat strömte im Umkreis einer halben Meile rings um den Ort, auf allen Zufahrtswegen und selbst quer über die Wiesen und Felder eine Menge von Pilgern, Adligen, Freien und anderen Volks täglich dem Heiligentum zu, besonders aber während der Feste. Diejenigen, die infolge des Gedränges keine Unterkunft in den Häusern fanden, wohnten in Zelten oder in Hütten aus Zweigen, wie es gerade kam. Man hätte glauben können, sie wollten die Stadt belagern. Zu diesen kamen noch viele Kaufleute mit Wagen, Karren und Lasttieren, welche die Pilger versorgten. Was soll man sagen von den Gaben, die am Altar niedergelegt wurden? Sprechen wir nicht von den Tieren, den Pferden, Ochsen, Kühen, Schweinen, Hammeln und Lämmern, die man in unglaublichen Mengen spendete; unmöglich ist es, die Zahl und den Wert des Leinens, des Wachses, der Brote und der Käse zu schätzen; um das ungemünzte Silber und die Geldstücke einzusammeln, die sich bis in die Nacht hinein anhäufen, arbeiteten mehrere Küster, und diese Tätigkeit beanspruchte ihre ganze Zeit."

Im Glauben an das von Gott durch die Heiligen bewirkte Wunder artikulierte sich am deutlichsten der auf Heil, Heilung und Rettung angelegte Urgrund archaischer Frömmigkeit. Im Wunder wird der Defekt geheilt, die rechte Ordnung wiederhergestellt, werden die Mächte des Bösen, die Dämonen besiegt. Im Wunderglauben fassen wir sicherlich eine sozial integrative Kraft des Christentums, die es rudimentär auch in die Religion der Mittel- und Unterschichten der Zeit eindringen ließ, in eine Religion, deren vorherrschend magischer Charakter ausdrücklich und oft belegt ist. Massiv magische Präsenz der Reliquien als Kraftspender, apotropäische Bilder, Amulette, Fetischismus, Zaubergesänge und manches andere gehörten zur

Wirklichkeitssphäre der frühmittelalterlichen Volksfrömmigkeit. Die Menschen des frühen Mittelalters waren wohl fähig, die unfaßlichsten Wunder zu glauben. Leuchtet man aber hinter die Fähigkeiten, so enthüllen sie sich als Notwendigkeiten: ist das Wunder möglich, so kann jedem, auch dem übelsten Zustand abgeholfen werden. So ist der Glaube an das Wunder für breite Schichten der Bevölkerung sicherlich der Glaube an die eigenen Möglichkeiten, der Glaube auch an die Möglichkeit des Wandels gewesen. In den von den Heiligen vermittelten Wundern vollzog sich die Vereinigung der irdischen und der unsichtbaren Welt.

Der Glaube an die Möglichkeit des unmittelbaren und sichtbaren Eingreifens der überirdischen Macht in den Lauf der Dinge zwang die Konkretion des Wunders herbei. So verkündet in einem geradezu heiligenideologischen Text die um 895 aufgezeichnete Legende der hl. Walpurgis: „Die Natur des Menschen ist von der Geburt bis zum Tode durch unzählige Mühsal geplagt; Blinde, Lahme, Taube, Mißgeburten, Krüppel, Kranke aller Art sind in der Welt... Zahlreich kommen diese Armen täglich zur Kirche der Mutter Walburgis! Wer schwach und krank gekommen ist, kehrt mit gewonnener Kraft nach Hause." Hier wird das Wunder zu einem Stück vorweggenommener, nicht in die Eschatologie verschobener *reparatio* („Aufhebung") des Unglücks, der Ungerechtigkeit und der Mißstände der Welt. Die Funktion des Wunders als eines Faktors sozialer Stabilisierung in der unsichtbaren Welt des frühen Mittelalters darf also keineswegs übersehen werden.

Die Typen der Kultpropaganda für einen Heiligen ruhen auf der sozialen Funktion des Wunders und der Fürbittkraft des Heiligen auf. Gebet und Wunder gleiten im Heiligenkult ein in das Vasallitäts- und Treue-Denken des frühmittelalterlichen Menschen. Wir erinnern uns, daß lateinisch *fides* sowohl das Glaubens- wie das Treueverhältnis bezeichnen konnte. Vom Heiligen, zu dem er in einem Schutzverhältnis stand oder dem er Gaben dargebracht hatte, dem er Glaube, Hoffnung und Verehrung zuwandte, verlangte der Mensch Rat und Hilfe; Leistung heischte Gegenleistung.

Unter den literarischen Formen, welche die Kultpropaganda von Heiligen hervorgebracht hat, kann man – ohne daß man Übergänge in den schließlich realisierten Formen leugnen müßte – drei Funktionstypen unterscheiden; solche, die der *memoria*, solche, die dem Preis und solche, die dem Gebet dienen. Die Basis aller Formen stellt die Legende dar, welche das Leben des Heiligen als auf Gott gerichtetes zugleich erzählt und bezeugt. Momente der erbauenden *memoria* sind hier besonders in karolingerzeitlichen Exemplaren durchaus bereits eingeschlossen. Die Legende war zur Lektüre am Heiligenfest bestimmt, diente aber auch der privaten Andacht, wie nicht zuletzt ihre häufige Erscheinungsform in isolierten *libelli* („Büchlein") als auch ihre Präsenz in Adelsbibliotheken bezeugt.

Die oben (S. 59) schon analysierten Bibliotheken dreier dem karolingischen Reichsadel angehöriger Magnaten enthielten allesamt Legenden und Heiligenviten, die des Markgrafen Eberhard von Friaul, des Schwiegersohns Kaiser Ludwigs des

Frommen, sogar ein Passionar, eine nach dem Jahreszyklus geordnete Sammlung von Heiligenleben, welche wohl zum kontinuierlichen Vortrag am Hofe, vielleicht als Tischlektüre, bestimmt waren. Dhuoda, die Gemahlin des Grafen Bernhard von Septimanien und Barcelona, verarbeitete in ihrem für ihren Sohn bestimmten ‚Manuale' drei Heiligenviten. Die Söhne des Grafen Eberhard von Friaul veranlaßten die Aufzeichnung der ‚Translatio' des hl. Calixtus nach ihrem Hauskloster Cysoing in der Diözese Noyon; ein Enkel des sächsischen Herzogs Widukind gab den Bericht über die 851 vollzogene Translation des hl. Alexander nach Wildeshausen in Auftrag; für seinen Herrn und dessen Gattin schrieb ein Kleriker des Grafen Gerhard von Vienne um 863 die Translation der heiligen Eusebius und Pontianus. Für diesen Grafen wurde auch ein hagiographischer Sammelband mit Texten über Heilige seines Interessenkreises verfertigt. Ein metrischer Translationsbericht wurde dem westfränkischen König Odo (888–898) zugeeignet. Die Beispiele ließen sich häufen. Sie sind Zeugen adligen Heiligenkultes, der sich auch in zahlreichen Translationen von Heiligenreliquien in Eigenklöster und Eigenkirchen und in der Förderung neuer Heiligenkulte – wie wir das auch am Beispiel des althochdeutschen ‚Georgsliedes' fassen können – niederschlug.

Der Kultpropaganda dienten auch neue ästhetische und literarische Formen der Heiligenverehrung, die seit dem achten Jahrhundert im Frankenreich aufkamen. So entwickelte sich seit dem zehnten Jahrhundert in Südfrankreich der bald nach Osten verbreitete Brauch, die Heiligenreliquien nicht mehr in sarkophagähnlichen Schreinen aufzustellen, sondern in Heiligenbüsten, die die Gestalt des Verehrten bzw. die Gestalt der Reliquie – etwa einer Armreliquie – nachahmten. Die neue, oft in kostbarer, edelsteingeschmückter Gold- oder Silberschmiedearbeit getriebene Form dient – wie es in den ‚Miracula sancti Viviani' („Wunder des hl. Vivian") heißt – dazu, die *maiestas*, die Machtfülle und Erhabenheit des Heiligen, deutlicher vor Augen stellen zu können.

Dem gleichen Ziel, den Ruhm, die *memoria* des Kirchenheiligen zu erhöhen und die Anziehungskraft der Kultstätte zu stärken, dient die bereits im achten Jahrhundert nach dem merowingerzeitlichen Vorbild der von Gregor von Tours verfaßten ‚Wunder des hl. Martin' neu entwickelte Gattung der Mirakelbücher. Bisher waren – wenn überhaupt – Wunderberichte über einen Heiligen im Anhang von Legenden aufgezeichnet worden. Nun kursierten sie in eigenen *libelli*. Die neue Gattung dringt mit dem karolingischen Reichsmönchtum nach Osten vor. Im zehnten und elften Jahrhundert ist sie vor allem in Lothringen verbreitet, während die Reichskirche rechts des Rheines der neuen Form – wie überhaupt dem Wunder – eher reserviert gegenübersteht. Jedoch war immerhin ein Mann wie Ermenrich von Ellwangen († 874), Schüler des Fuldaer Abtes Hrabanus Maurus, dem Reliquienkult nicht abgeneigt, wie ja auch über die Reliquiensammlungen und -käufe des großen Abtes von Fulda ein eigener Bericht verfaßt wurde, so zahlreich waren sie: „Das Volk und die minder Klugen und wir mit ihnen wollen mit vollem Lobe festhalten, daß die Heiligen im Namen Christi die Leiden und Krankheiten der Menschen heilen."

Gerade in die Mirakelerzählungen – im ganzen ein noch wenig erforschter Gegenstand – gehen auch populäre Stoffe und europäische Wandermotive ein. Die um 1000 im südfranzösischen Conques entstandenen ‚Wunder der hl. Fides' stellen fest, „daß viele Wundergeschichten der Heiligen unter der bäuerlichen Bevölkerung der Umgebung unter der Bezeichnung ‚Streiche (*ioca*) der heiligen Fides' verbreitet waren". Wenn sich unter den Mirakelerzählungen der hl. Walpurgis die Volkssage vom unerlösten Mörder findet, der ruhelos den auf seinem Rücken festgewachsenen Ermordeten durch das Land schleppen muß, darf man auch hier an die Einwirkung von im Volke umlaufenden Erzählungen glauben. Es scheint sich also die frühe Blüte der Mirakelliteratur nicht allein durch Kultpropaganda zu erklären; man reagierte offenbar bereits auf volkstümliche Formen der Mirakel, denen in den ‚Miracula' autorisierte Formen gegenübergestellt wurden; man gab damit einem bereits formulierten Bedürfnis breiter Schichten nach. So erklärt sich, daß die Mirakelliteratur gerade im romanischen Westen und in den angrenzenden deutschsprachigen Gebieten aufblühte, dort eben, wo die Sozialstruktur entwickelter und durchlässiger war, nicht im aristokratisch-konservativen Osten des Frankenreiches, wo man sich bis ins zwölfte Jahrhundert gegen die Neuerung reserviert verhielt.

Dem Preis der Heiligen dienten literarisch-musikalische Schmuckformen, die sich – thematisch auf den Festheiligen ausgerichtet – am Heiligenfest entwickelten: Hymnen, die in Offizium und Messe eingelegt wurden, Sequenzen, welche – von alternierenden Chören gesungen – die prachtvoll entwickelten Melodien des Alleluia in der Messe mit zu kunstvollen Serien ausgebauten Texten unterlegten. Die Kunst der Festhymnen und Festsequenzen entfaltete sich gerade in der zweiten Hälfte des neunten Jahrhunderts und im zehnten Jahrhunderts zu hoher Blüte. St. Martial im westfränkischen Limoges, St. Amand in Flandern, aber auch St. Gallen mit der von höchster literarischer Qualität geprägten Dichtung eines Notker Balbulus († 912) und seiner Schüler geben der neuen Kunst ihr unverwechselbares, traditionsstiftendes Gepräge. In den durchgereimten Offizien des zehnten Jahrhunderts, die Hymnen und Sequenzen in ihr Textprogramm aufnehmen, findet diese liturgische Bewegung ihren Höhepunkt. Unter die Preislieder der Liturgie, die oft auch die Großtaten der Heiligen zur Kommemoration holzschnittartig vergegenwärtigen, mischen sich schon früh Bittlieder oder Bittstrophen.

Dort, wo am Heiligenfest und an seinem hochgefeierten Vorabend, der Vigil, bei unliturgischer Feier, bei Prozessionen und Umgängen der Wallfahrer und Pilger der Kontakt zwischen Klerus und Volk besonders eng wurde, entwickelten sich außerhalb der Liturgie oder an ihrem Rande auch neue volkssprachige Formen des Kultliedes. Es ist kein Zufall, daß sich diese paraliturgischen Liedformen zu gleicher Zeit, im späteren neunten und zehnten Jahrhundert, entfalten wie die Festhymnen und Festsequenzen. Sie erwachsen gemeinsam aus dem inständig intensivierten Heiligenkult der Karolingerzeit.

Ihren einfachsten Ausdruck findet diese teils passive, teils aber auch schon aktive Beteiligung des Volkes am Heiligenfest – wenn wir von dem mehrfach bezeugten, auf die Hymnen und Prozessionsgänge der Kleriker antwortenden Kyrieruf der Laien absehen – in kurzen gereimten Bittrufen, Bittversen und preisenden Akklamationen, die auf die Tradition der *laudes* („Lobgesänge") verweisen, die an hohen Festtagen den Heiligen oder beim Adventus, der feierlichen Ankunft des Herrschers, diesem und seiner Familie dargebracht wurden. Die volkssprachigen Bittlieder können dagegen mit den kurzen lateinischen *preces* („Bittlieder") der gallikanischen und mozarabischen Liturgie verglichen werden.

Charakteristisch für die *laudes*- und *preces*-Eingangsformeln ist ihr performativer Charakter; d.h. sie beschreiben eine Handlung und sind zugleich ihr Vollzug; sie fordern so zum Lobgesang und zum Gebet ausdrücklich auf, etwa *Cuncti simus concanentes: Ave Maria* („Laßt uns alle zusammen singen: Heil dir, Maria"), und sind zugleich Lob und Bitte. In Otfrids Evangelienbuch (vgl. S. 293ff.) sind zwei im ganzen Werk nach Form und Appellstruktur singuläre Doppelstrophen als Zitate älterer volkssprachiger „Rufe" erkannt worden. So etwa (I, 6, 15ff.):

Nu síngemes álle mánnolih bi bárne:
Wola kínd diuri, fórasago mári!
Wola kínd diuri, fórasago mári!
ja kúndt er uns thia héili, er er gibóran wari.

(„Nun laßt uns alle zusammen, Sippe um Sippe, singen: Heil dir teures Kind, berühmter Prophet! Heil dir, teures Kind, berühmter Prophet! Denn er verkündete uns das Heil, eh er geboren war").

Die Verwandtschaft dieser Verse, die Johannes der Täufer, der schon im Mutterleibe die den Herrn tragende Gottesmutter erkannte und grüßte, preisen, mit dem zitierten lateinischen „Ruf" ist evident; eine verwandte Formel schließt aber auch die erste Strophe des aus dem Althochdeutschen ins Lateinische übersetzten ‚Galluslíedes' ab: *Exultemus omnes, laudemus Christum pariles* („Laßt uns alle freuen, laßt uns zusammen Christus loben"). Als Abschluß des Folgekapitels (I, 7, 23ff.) hat Otfrid zwei weitere – vielleicht schon ursprünglich miteinander verbundene – „Rufe", hier Bittrufe, zitiert. Der erste Bittvers richtet sich an die Gottesmutter: *Nu férgomes thia thíarnun, sélbun sancta Máriun, thaz sí uns allo wórolti si zí iru súne wegonti* („Nun wollen wir die Jungfrau dringlich bitten, Sankt Marien selbst, daß sie uns alle Zeit bei ihrem Sohn Fürbitte leiste"). Der zweite Bittvers ruft den Beistand des Täufers an: *Johannes drúhtines drut wílit es bithíhan, tház er uns firdánen giwérdo ginádon* („Johannes, der Vertraute des Herrn, wolle das bewirken, daß er uns Verlorenen gnädig werde"). Im Kontext beider Bittverse bezieht sich das letzte „er" zwar auf den „Sohn" des Marienrufs, jedoch kann es sich ursprünglich auch auf den heiligen Fürbitter bezogen haben – wie im ‚Petruslied', wo der *gotes drut*, der „Vertraute Gott", selbst der Mittler gnädigen Erbarmens ist – und das in wörtlich mit der Schlußzeile des Johannesrufs übereinstimmender Formel. Jedenfalls macht die Übereinstimmung von lateinischem Formelgut, von Preis- und Bittformeln des ‚Petrusliedes' und der bei Otfrid zitierten Stücke offenbar, daß wir hier eine fast verschüttete volkssprachig-paraliturgische Tradition fassen. Formen, die an die Kyrie-Tradition anknüpfen, sind uns für die Einführung des Bischofs Dietmar von Prag in sein Bistum (um 967) bezeugt: Der Klerus singt das

,*Te Deum laudamus*' („Dich, Gott, loben wir"); der Herzog und die Fürsten singen: *Christe keinado, kirie eleison, und die hallicgen alle helfuent unse, kyrie eleison* („Christ, gnade uns, Kyrie eleison, auch alle Heiligen mögen uns helfen, Kyrie eleison"); das einfache Volk aber singt nur *Kyrie eleison.* Auch im ,Ludwigslied' (vgl. S. 138) singt der als Gottesfreund erwiesene König ein heiliges Lied vor, und seine Krieger antworten mit ihm zusammen *Kyrieleison* (v. 46f.).

Aus dem *Kyrie eleison* des Volkes haben sich strophige Bittlieder entwickelt, die in mittelhochdeutscher Zeit als *kirleis* oder kurz *leis* bezeichnet werden, also mit einem Wort, dessen etymologische Herkunft klar auf der Hand liegt. In althochdeutscher Zeit ist diese Gattung in der zweifellos nur ausschnitthaften Überlieferung allein durch das bairische ,Petruslied' vertreten, das von „einer ungeschickten Freisinger Hand aus dem ersten Drittel des zehnten Jahrhunderts" auf dem letzten Blatt einer unter Bischof Anno (854–875) entstandenen Freisinger Handschrift nachgetragen wurde (Natalia Daniel). Die drei sauber abgesetzten, neumierten, also mit musikalischer Notation versehenen Strophen werden jeweils von der liturgischen Doppelformel *Kyrie eleyson, Christe eleyson* abgeschlossen. Man kann daran denken, daß ein Vorsänger den althochdeutschen Text vortrug und das Volk in Nachahmung responsorischer liturgischer Gesänge mit dem Kyrie antwortete. Es ist aber auch – bei einem kurzen Lied von sechs Zeilen – nicht ausgeschlossen, daß die Menge der Prozessierenden und Bittenden selbst den ganzen Text sang.

Das Lied ist wie ein mehrstöckiges Gebet (vgl. S. 243) aufgebaut. Zwei Strophen vergegenwärtigen die von Gott verliehene Macht des Apostelfürsten. Er hat die Gewalt, „den zu erretten, der auf ihn hofft"; ihm ist auch Gewalt über die Himmelspforte gegeben: „Da kann er einscharen, wen er zu erretten gedenkt". Hier ist auf die Binde- und Lösegewalt Petri angespielt, die ihm – nach Matthäus 16, 19 – Christus mit den Worten übergibt: „Und ich will dir des Himmelreiches Schlüssel geben: alles, was du auf Erden binden wirst, soll auch im Himmel gebunden sein, und alles, was du auf Erden lösen wirst, soll auch im Himmel los sein." Die letzte Strophe ruft nun performativ in Einheit von Aussage und Handlung, wie wir es von den Bittrufen gewohnt sind, auf zum kollektiven Gebet um gnädiges Erbarmen an den *gotes drut,* den „Vertrauten" oder „Freund Gottes", wie Petrus mit traditionellem Heiligenprädikat genannt wird. Die Singenden sollen *uparlut* („mit lauter Stimme") bitten. Auch hier steht das Lied in der Kyrie-Tradition. So weisen die Regiebemerkungen einer bayrischen Osterfeier des 10./11. Jahrhunderts das Volk an, auf das *Te deum laudamus* des Chors der Kleriker *alta voce* („mit lauter Stimme") mit dem *Kyrieleison* zu antworten.

Gewichtige Indizien sprechen für die Existenz von vorliterarischen volkssprachigen Heiligenliedern teils preisenden, teils erzählenden oder die Taten des Heiligen memorierenden Charaktes, im neunten und zehnten Jahrhundert, die an den Festvigilien oder auch auf Wallfahrten und bei

Prozessionen gesungen wurden – sowohl in der Romania als auch im theodisken Sprachbereich. Man kann die aufgezeichneten Lieder geradezu als klerikale Kontrafakturen solcher volkstümlicher Formen verstehen.

Die ,Wunder der hl. Fides' berichten über den Wallfahrtsort der Heiligen, Conques in Südwestfrankreich, für das elfte Jahrhundert aufschlußreich: „Es ist ein alter Brauch, daß die Pilger immer die Vigilien in der Kirche der hl. Fides mit Kerzen und Lichtern in den Händen verbringen. Die Kleriker und die weniger Gebildeten singen Psalmen und Vigillieder. Die Ungebildeten überbrücken die lange Nacht mit bäuerischen Liedern und anderen Nichtigkeiten." Wir haben Grund zu der Annahme, daß unter den „bäuerischen Liedern" volkssprachige Gesänge zu verstehen sind, deren *rusticitas* („Bäuerischheit, ungehobelte Gestalt") den lateinisch und liturgisch geformten Stilidealen des Klerus nicht entsprachen. Um diese Volksgesänge wirksam bekämpfen zu können, stellte man an den Kultorten der Heiligen Kontrafakturen her, die äußerlich Formen und Melodien der populären Kunstübung aufnahmen, im Inhalt aber autorisiert und durch legendarische Quellen verbürgt waren. So entstand etwa für die hl. Fides im elften Jahrhundert die ihre Kontrafaktur ausdrücklich bezeugende ,Chanson de Sainte Foy', zu der übrigens auch getanzt wurde. Im 9. Jahrhundert sang und tanzte man im nordfranzösischen Meaux ein Lied zu Ehren des lokalen Heiligen Faro, das sich an heldenartige Volksgesänge anschloß (vgl. S. 100). Einen dreistrophigen, binnengereimten, marschmäßigen Rithmus (vgl. S. 261) – durchsetzt mit Romanismen – sangen die Teilnehmer einer Prozession zu der Wallfahrtskirche St. Georges bei Roye in Nordfrankreich nach einem Bericht des 11. Jahrhunderts zu Ehren des *Georgius preciosus* („kostbaren, weil in seinen Reliquien präsenten Georg"), des *miles invictissimus* („des unbesiegbaren Kriegers"). Andere Spuren führen in den spielmännischen Bereich: So engagieren die Mönche des Klosters Stablo in den Ardennen zum Remaclusfest des Jahres 1071 zwei dem Kloster nahestehende Spielleute, um König Heinrich IV. ein propagandistisch gemeintes Lied über den Klosterheiligen vorzutragen. Da das Volk miteinstimmen kann, muß das Lied zumindest in Teilen (Refrain?) bekannt gewesen sein. Im lothringischen, romanischsprachigen Westen vermittelt für das 10. Jahrhundert die ,Translatio S. Firmini' („Translation des hl. Firmin") Kenntnisse über Heiligenlieder mit Kyrierefrain: Etwa um 960 unternimmt ein aus dem Seillegau südlich von Metz stammender Grundherr zusammen mit seinem Priester und einer Menge Volks, das größtenteils dem Bereich seiner *familia*, seiner Vasallen und Leibeigenen, entstammte, eine Prozession zum Fest des hl. Firmin. Vor Antritt der Reise wählt die Pilgerschar einen *praedux* („Führer"), der die Wallfahrer mit erbaulichen Liedern über die Taten und Wunder des verehrten Heiligen unterhält. Der Vortrag wird von einer Frauenstimme begleitet, deren Aufgabe es war, in responsorialer Manier das *Kyrie eleison* zu singen.

Wieder eine andere Form der Integration spielmännischer Lieder in die sich an hohen Festtagen zwischen Laien und Klerus etablierende Kontaktzone zeigt ein auf den Bischof Udalrich von Augsburg (923–973) bezüglicher Passus aus dessen zeitgenössischer Lebensbeschreibung. Dieser Bischof pflegte am Ostersonntag – nach Prozession und Messe in der Domkirche – traditionell ein großes Gastmahl zu halten, zu dem neben der Domgeistlichkeit und den Mönchen des Klosters St. Afra auch Laien geladen waren: „Wenn diese Messe in aller Frömmigkeit glorreich gesungen war und alle die Sakramente Christi empfangen hatten und nach Hause gegangen waren, begab er sich zur Tafel; dort standen drei Tische, die mit aller Zier zugerüstet waren: einer, an dem er mit den von ihm Geladenen saß, ein zweiter für die Domgeistlichen und ein dritter für die Kongregation der heiligen Afra. Also wurde die Speise gesegnet, und er verteilte unter alle das Fleisch des Osterlammes und Speckstücke, die während der Meßfeier geweiht woren waren, und erst dann nahm er mit ihnen in aller Freude das Mahl ein. Zu bestimmter Zeit kamen Spielleute, deren Menge so groß war, daß sie, wenn aufgestellt, fast den ganzen Raum des Saales einnahmen, und sie vollführten drei Weisen. Da die Freude also übergroß wurde, ließ der Bischof die Kanoniker die Caritas erbitten und empfangen, während sie ein Responsorium auf die Auferstehung des Herrn sangen. Wenn diese Caritas ausgebracht war, tat am anderen Tisch die Kongregation der heiligen Afra ebenso. Da aber der Abend nahte, ließ er sich und denen, die bei ihm saßen, fröhlich die Becher reichen und bat sie alle, eine dritte Caritas in Liebe zu trinken; bei dieser Caritas sang der ganze Klerus zusammen in Fröhlichkeit ein drittes Responsorium. Danach standen die Kanoniker zu einem Hymnus auf, um recht vorbereitet zur Vesper zu gehen. Nach der Vesper kehrte der Bischof mit seinen Gästen und mit den Kriegsleuten in sein Haus zurück, um alle zu erheitern".

In der Romania wird der Typus des kontrafaktorischen Heiligenliedes im neunten Jahrhundert durch das 881/82 in engem Konnex mit dem althochdeutschen ‚Ludwigslied' (s. S. 137), aber auch mit einem lateinischen Hymnus des Prudentius auf die spanische Heilige überlieferte altfranzösische Lied auf die hl. Eulalia von Mérida vertreten; im zehnten Jahrhundert durch ein längeres Lied auf den bereits merowingerzeitlich verehrten Bischof Leodegar von Autun († 679/80); im elften Jahrhundert durch das schon erwähnte Lied auf die heilige Fides von Conques. Während das ‚Leodegarlied' ausführlich erzählt, besitzen ‚Eulalialied' und ‚Chanson de Sainte Foy' eher memorativen Charakter, sie setzen die Kenntnis der Legende bei den Hörern voraus.

Hierher gehört auch das kleine, aus zwei Strophen zu je zwei Zeilen und einer Refrainzeile bestehende romanische ‚Passionslied', das erst vor kurzem als Eintragung des 10. Jahrhunderts in einer Augsburger Handschrift aufgefunden wurde: „Mit Dornen werden sie sein Haupt schlagen, und mit den Lanzen werden sie seine Seite durchstoßen, und ans Kreuz werden sie ihn hängen. Und mit dem Essig werden sie ihn tränken, so schwer ist es zu sagen, und ans Kreuz werden sie ihn hängen" (Übersetzung von Rolf Schmidt). Das Lied diente wohl memorierend-vorausschauender Kreuzesmeditation am Anfang der Karwoche.

In die Tradition des *memoria*-Liedes, des „Gedächtnisliedes", gehört auch das vor 884 in dem bereits als Zentrum frühmittelalterlicher Musikkultur gewürdigten Kloster St. Gallen entstandene, ursprünglich in althochdeutscher Sprache verfaßte ‚Galluslied'. Sein Autor ist bekannt: es ist der St. Galler Klosterlehrer, Historiograph und *poeta* Ratpert, der, wie der Sequenzendichter Notker Balbulus, sein Verwandter, noch aus der Schule des Otfrid-Freundes Hartmuot (s. S. 295) stammte. Erhalten ist das Lied freilich nur in der lateinischen, vor 1022 vollendeten Übertragung Ekkehards IV., des bedeutenden Schülers Notkers Labeo (s. S. 221). Ekkehard vollbrachte sein in drei Fassungen überliefertes Übersetzungswerk, weil er die „liebliche Melodie" des Liedes retten wollte. Notwendig wurde die Rettung des *carmen barbaricum* („volkssprachigen Liedes"), weil das archaische Althochdeutsch des Liedes immer weniger verstanden wurde. Angesichts der Überlieferungslage sind Rückschlüsse auf die Formgestalt der verlorenen althochdeutschen Fassung nur begrenzt möglich: die Melodie ist durch die Neumierung Ekkehards gerettet; auch die Komposition aus siebzehn Strophen zu je fünf Langzeilen wird man für die Urfassung annehmen dürfen; schließlich scheinen in der Metrik der lateinischen Übertragung Spuren des Originals durch.

Die fünf Langzeilen einer Strophe bestehen jeweils aus zwei in Endreim aneinander gebundenen, vierhebigen Kurzversen. Der Rhythmus ist streng alternierend, die Auftaktverhältnisse fest geregelt: Während nämlich alle Anverse der Strophe mit Hebung beginnen, setzen die Abverse der ersten vier Zeilen mit Senkung ein. Die Strophe wird gerundet durch den gegen die Regel mit Hebung beginnenden, abschließenden Abvers der fünften Zeile. Die strophische Durchkomposition zeigt sich auch in der Regelung von Versschluß (Kadenz) und Taktfüllung. Während nämlich am Schluß sämtlicher zehn Kurzverse „nach altdeutschem Muster vor der Schlußhebung die Senkung fehlen kann, also Doppelhebung, *colléctò = glórià*, erlaubt ist", (Karl Strecker), darf im Innern der mit Senkung beginnenden Abverse keine Senkung fehlen und keine Doppelsenkung gesetzt werden, was aber in den mit Hebung einsetzenden Anversen und dem gleichgeregelten strophenschließenden Abvers durchaus zugelassen ist. Die Strophe des ‚Galluslliedes' nähert sich damit – allerdings auf der Basis der binnengereimten Langzeile – bereits dem Typus der mittelhochdeutschen Heldenliedstrophen mit seiner Tendenz zur Akzentuierung und Besonderung des Strophenschlusses (vgl. Bd. II/1).

Die kunstvolle Komposition des ‚Galluslliedes' ist – auch wenn sie vielleicht in der Strophik einem volkstümlichen Muster folgt – doch letztlich ein Erzeugnis der Klosterschule. Schon der Länge von 85 Zeilen wegen ist nicht an ein geistliches Volkslied zu denken. Das ‚Galluslied' verlangt kunstgemäßen Vortrag durch einen geschulten Vorsänger oder gar einen Chor. So hat man zu Recht die an sich sprachlich doppeldeutige Auskunft Ekkehards, Ratpert habe das Lied *populo in laude sancti Galli canendum* gefertigt, so verstanden, daß es „dem Volke zum Lobe des heiligen Gallus vorzusingen war" – wohl an seinem Festtage (16. Oktober). Auch dem Inhalte nach ist das Loblied auf den Klosterheiligen eine gelehrte Komposition, folgt der lateinischen Legende. Nur gelegentlich lassen sich Spuren mündlicher Überlieferung – wie im ‚Georgslied' – fassen.

Das Lied gliedert sich dem Inhalte nach in drei Strophenblöcke zu je fünf Strophen, umrahmt von feiernder Einleitungs- und feiernder Schlußstrophe. Im ersten Liedteil werden die Ausfahrt der heiligen Iren, Kolumban, Gallus und ihrer Begleiter von ihrer Insel, dann die Reisen des Gallus mit dem Mönchsvater Kolumban und anderen Begleitern bis zur Wanderung des Kolumban († 615) nach Italien berichtet. Im zweiten Teil wird die Gründung St. Gallens erzählt: Gallus sucht und findet die *solitudo* („Einöde") an der Steinach; betend und fastend liegt er drei Tage in den Dornen des Waldes, singt den von Zion als Wohnstätte des Gottes Davids und des Volkes Israel handelnden 131. Psalm (v. 14): „Hier soll meine Ruhestätte sein in Ewigkeit, hier will ich wohnen; denn es gefällt mir wohl." Durch Gebetsopfer wird der Ort geweiht, der Wald wird gerodet, wilde Tiere helfen beim Bau des neuen Tempels des Herrn. Dann werden Tiere und böse Geister durch die Kraft des heiligen Mannes für immer vom heiligen Ort verbannt. Eine durch den Heiligen von ihrer Krankheit geheilte Herzogstochter stattet das neue Klösterlein aus und ermöglicht damit seine materielle Existenz. Christusgleich verschenkt Gallus seine Güter an die Armen. Der abschließende Strophenblock berichtet alsdann von der Vollendung der Buße, die ihm sein Lehrer Kolumban als Strafe für Ungehorsam auferlegt hatte, endlich auch von Wundern vor, bei und nach dem Tode des Heiligen. Staunend, weinend, bewundernd entdecken die Jünger des Gallus an seinem Leichnam die Spuren der strengen Askese des „glücklichen Peinigers seiner selbst". Die Pferde des Leichenwagens laufen wunderbarerweise zum heiligen Ort, unter dem Kyrie-Gesang des Bischofs, des Klerus und des Volkes wird der Heilige in St. Gallen begraben. Ein feiner Kunstgriff ist Ratpert in der Schlußstrophe gelungen; in ihr spricht eine nicht näher bezeichnete Stimme den weinenden Jünger und Bischof Johannes an: „Weine nicht! Der Lehrer, glaube es, er lebt! Es lebt, sage ich, Gallus. Niemand ist seliger denn er!" Als Beweis für die über seinen Tod fortwirkende Präsenz des Heiligen werden angeführt: weiterhin wirkt er Wunder; sein Name ist Schild und Schirm gegen alle Gefahren; er vermag als Besitzer des himmlischen Gerichts seinen Verehrern beizustehen. Die Szene lehnt sich an Johannes 20, 15f. an, wo der auferstandene Christus die zum Grabe gekommene Maria Magdalena fragt: „Warum weinst Du?"; sie aber nennt ihn – nun an das Fortleben des Auferstandenen glaubend – „Lehrer" (*magister*). Ratpert hat also die Szene in die *imitatio* einer Osterfeier gesetzt: Gallus weist in seinem Fortwirken als Wundertäter, Schirmherr und Fürbitter der Gläubigen auf die Auferstehung am Ende der Geschichte hin.

In den Grundlinien folgt die Erzählung des Liedes einer wohl noch merowingerzeitlichen, alten Vita des hl. Gallus und ihrer karolingerzeitlichen Bearbeitung durch Walahfrid Strabo († 849). Doch lassen einige inhaltliche Sonderzüge ein Weiterdichten der Legende vor oder durch Ratpert erkennen. Diese Sondermotive dienen stets der Steigerung der Heiligkeit des Gallus und seiner Gründung: Gallus sieht in einer Vision die Erhebung der Seele seines Lehrers in den Himmel; er stirbt am Fest des hl. Michael, des Seelenwägers, der die Seele des Heiligen in den Himmel geleitet und so seine Mittlerfunktion überhaupt erst begründet; schließlich wird Gallus als Heiligster unter allen in eine Schar anderer in Franken und Alamannien verehrter Iren gereiht. Der wunderbaren Legitimation des heiligen Ortes dienen Züge wie: das aspektreiche Zitat des 131. Psalms, das angstvolle Jammern der Dämonen des Waldes bei Ankunft des Heiligen, die Hilfe eines Bärs bei der Rodung. Insgesamt aber gehört Ratperts Schöpfung in den Rahmen intensiver Bemühungen des Gallusklosters um die Neugestaltung der Feier des Heiligen, die vor allem von Notker Balbulus, Ratpert und ihren Schülern getragen werden: Notker gestaltet zusammen mit seinem Schüler Hartmann in kühnem Wurf das Gallusleben als Prosimetrum neu, in dem die Prosa – unter anderem eine Prunk- und Musterpredigt des Heiligen – mit poetischen Einlagen wechselt; Notker und ein Unbekannter des

10. Jahrhunderts verfassen Sequenzen auf Gallus; Hartmann feiert den Klosterpatron in drei Strophen seiner Allerheiligenlitanei; Ratpert widmet ihm die ersten vier Kapitel seiner Klostergeschichte und ein aus dreizehn Distichen bestehendes Prozessionslied. Das althochdeutsche ‚Galluslied' war nichts anderes als der auf die Erbauung der Laien zielende Teil des aus Legende, Hymnen, Litanei und Liedern bestehenden, neugestalteten literarischen Festornatus.

Die Steigerung der Bedeutung des hl. Michael gibt vielleicht einen gewissen Datierungshinweis für das Lied: hier wird nämlich die Vertrautheit mit dem alten gallikanischen, d.h. in der Kirche des Merowingerreiches gefeierten Michaelsfest am 16. X. vorausgesetzt. Dieses Fest wird aber in St. Galler Kalendarien des frühen Mittelalters nirgendwo erwähnt. Allerdings wurde dem Erzengel 867 unter Bischof Salomo I., dem Lehrer Otfrids von Weißenburg, Abt Grimald, dem Abt auch Otfrids, und Vizeabt Hartmuot, dem Freund Otfrids und zugleich Lehrer Ratperts, in St. Gallen eine Kirche geweiht. Im Umkreis dieses bedeutsamen Aktes wird man auf das sonst unbekannte Fest gestoßen sein. Nicht allzu lange danach – vielleicht in den siebziger Jahren des 9. Jahrhunderts – wird man das althochdeutsche ‚Galluslied' Ratperts, der bald nach 884 starb, ansetzen dürfen.

Gewiß hofften die Klöster, mit diesen Liedern auf die Verehrung ihrer Heiligen und auf die Entwicklung des Heiligkeitsverständnisses ihrer Verehrer Einfluß zu nehmen. Dies läßt sich auch an dem erst in der ersten Hälfte des elften Jahrhunderts am Schluß der Heidelberger Otfridhandschrift (P) fragmentarisch nachgetragenen, nach Ausweis seiner Sprache aber weit älteren, am Ende des neunten oder zu Beginn des zehnten Jahrhunderts entstandenen ‚Georgslied' aufzeigen. Auch dieses formenprächtige Lied – in kompliziertem Wechsel von ungleichzeiligen Textstrophen und Refrainstrophen gehalten – ist gelehrte Komposition, auch wenn es mit der Formeltechnik und dem Stil mündlicher Dichtung spielt. Gelehrte Komposition ist es auch dem Inhalt nach, wenn aus zweien der vier im Abendland umlaufenden Legendenversionen, einer altlateinischen (X) und einer dem römischen Passionar entnommenen jüngeren (Y) Fassung, Motive ausgewählt und in wohlüberlegter, freier Steigerungsreihe kombiniert werden.

Die etwa 60 erhaltenen, fortlaufend geschriebenen Langzeilen des Liedes sind zu großen Teilen schwer lesbar; eine vertrackte Orthographie, die offenbar ein konsequenteres graphisches System der Vorlage in der Abschrift zerstörte, erhöht die Verständnisschwierigkeiten gegenüber dem Text und kompliziert die Aufgabe einer Rekonstruktion der originalen Fassung. So sind daher auch manche Fragen zu Sprache, Form und Inhalt der Dichtung bis heute kontrovers. Neuere Arbeiten (W. Haubrichs) identifizieren die Sprache als mittelfränkisch und denken auf Grund von orthographischen sowie kult- und legendengeschichtlichen Indizien an das karolingische Hauskloster Prüm in der Eifel, wo man seit 852 über bedeutsame Reliquien des orientalischen Großmärtyrers Georg verfügte; andere (Rudolf Schützeichel) verteidigen die traditionelle und verlockende Annahme einer Herkunft des Liedes aus der alamannischen Reichenau: dorthin hatte 896 Erzbischof Hatto von Mainz, zugleich Abt der Reichenau, das in Rom erworbene Haupt des Märtyrers transferieren lassen und hatte damit seine Neugründung Reichenau-Oberzell ausgestattet. Auf der Reichenau und überhaupt im Umkreis des einflußreichen Erzbischofs hatte sich in der Tat im Anschluß an diese spektakuläre Translation ein intensiver Georgskult entwickelt. Beispiele dafür, daß Translationen, Reliquienerhebungen, neue Wunder sehr bald neue Viten, Mirakelbücher, Hymnen usw. provozieren, gibt es manche. Insofern erschiene eine Lokalisierung des ‚Georgsliedes' im Bodenseekloster durchaus plausibel. Doch ist die sprachliche Zuweisung des Textes zum Alamannischen nur mühsam herzustellen; vor allem läßt sich das Lied nicht in die Reichenauer Legendentradition einordnen. Im Inselkloster bevorzugte man in Hymnen und Sequenzen auf den Heiligen bewußt eine gewisse Kraßheiten der altlateinischen Legende (X) abmildernde Neuredaktion (Z); die vom ‚Georgslied' verwendeten Legendenversionen waren anscheinend im Kloster gar nicht vorhanden. So spricht bei näherem Hinsehen wenig für die Reichenau, vieles aber für ein im Norden situiertes, mit guten Verbindungen ins Westfrankenreich ausgestattetes Zentrum, wo man sich unter Zugrundelegung verschiedener Legendenversionen und ihrer Varianten mehrfach, wenn auch ohne durchschlagenden Erfolg um einen neuen Lesetext der Legende bemüht hat. Dieses Zentrum könnte Prüm sein, jedoch verhindert die weitgehende Vernichtung der Bibliothek des Eifelklosters eine wünschenswerte weitere Überprüfung der Indizien.

Jedenfalls war im Trierer Raum der Brauch verbreitet, an den Heiligenfesten oder den Vorabenden auf dem Vorplatz oder im Atrium der Kirche zu singen und zu tanzen. Nicht ohne Grund übernahm um 906 Regino, der ehemalige Abt von Prüm, in sein Synodalhandbuch die schon ältere pastoralrechtliche Bestimmung: „Abzustellen ist der unfromme Brauch, den das Volk an den Heiligenfesten zu üben pflegt, daß nämlich die Leute, welche den Gottesdienst erwarten, sich mit Tänzen (*saltationibus*) und scheußlichen Liedern (*turpibus canticis*) wachhalten, womit sie nicht nur sich selbst schaden, sondern auch die Verrichtungen der Frommen übertönen...". Regino ordnet für die kanonische Visitation von Pfarreien die Frage an, „ob sich jemand unterstehe, scheußliche und Gelächter erregende Lieder im Umkreis der Kirche zu singen", und ob die Priester das Volk ermahnen, „daß sie im Atrium der Kirche nicht zu singen noch Weiberreigen zu tanzen, sondern beim Eingang in die Kirche dem Worte des Herrn schweigend zu lauschen hätten". Es gab also auch in Prüm durchaus Grund, Kontrafakturen zu diesen an den Heiligenfesten gesungenen Liedern des Volkes zu erstellen.

Die Form des fragmentarisch überlieferten ‚Georgsliedes' ist verschieden rekonstruiert worden. Als heute noch ansprechend dürfen die Ansätze von Friedrich Zarncke gelten, der als erster die auffallenden, das ganze Lied durchziehenden, aber deutlich differenzierten Repetitionsverse als Refrainstrophen deutete. Folgt man weiterentwickelnd dieser Deutung, so läßt sich das Lied als Struktur von ungleichzeiligen Strophen und ungleichzeiligem Wechselrefrain deuten. Die ungleichzeilige Strophik läßt sich mit den ungleichzeiligen Sequenzen vergleichen, die Technik des das Thema leicht abwandelnden Wechselrefrains ist in den karolingerzeitlichen Rithmi zu finden. Für das Gesamtlied ist an eine den Sequenzen ähnliche Durchkomposition in Strophen von wechselnder Länge – drei (A), vier (B), fünf (C) und sechs (D) Zeilen – zu denken. Die zehn erhaltenen Strophen – davon die zehnte nur in 2½ Langzeilen – folgen sich in drei Cursus (zu vier, drei und ursprünglich nochmals vier Strophen), von denen der Textverluste wegen nur die ersten beiden sicher zu beurteilen sind. So entsteht ein sicherlich im Vortrag reizvolles, die verschiedenen Strophen- und Refraintypen (R^a–R^c) kunstvoll arrangierendes Schema, das ungefähr so ausgesehen haben mag:

Cursus I CR^a / BR^a / BR^b / CR^b
Cursus II CR^c / AR^c / DR^c /
Cursus III CR^a / DR^a / [DR^b / CR^b]

Schon in der Form – aber auch im Inhalt, wie wir sehen werden – tritt die Zentralkomposition des Liedes durch drei dreizeilige Jubelrefrains und die Sonderstellung der zentralen Strophe mit ihrer Gleichgewichtigkeit von Strophe und Refrain, denen je drei Zeilen zugeteilt werden, deutlich hervor. Das Lied gleicht damit im Bau einer sog. Da-Capo-Sequenz, für die ein respondierender doppelter Cursus mit evtl. zwischengeschaltetem Mittelstück charakteristisch ist.

Die unhistorische Legende des heiligen Georg, der zum uns vertrauten Drachentöter überhaupt erst durch eine legendarische Erfindung des elften Jahrhunderts wird, entstand wohl gegen Ende des vierten Jahrhunderts in einem kleinasiatischen Milieu populären Christentums; sie wurde bald in die verschiedensten Sprachen übersetzt, darunter mehrfach – und wohl schon im fünften Jahrhundert – auch ins Lateinische. Georg wurde einer der populärsten Heiligen der gesamten Christenheit. Der Inhalt der Legende, die man gelegentlich einen „Roman" genannt hat, ist freilich auch erstaunlich: Georg, aus Kappadozien gebürtig, *comes* („Truppenführer") und Befehlshaber über ein großes Kontingent Soldaten, erscheint vor dem – ebenfalls unhistorischen – Perserkönig und Christenverfolger Datian und bekennt sein Christentum. Im Verlaufe einer Serie von unglaublichen Martern wird der Heilige in immer raffinierterer Weise getötet, stets aber von Gott zu neuem Leben erweckt. Er vollbringt zahlreiche Wunder, darunter Erweckungen erstorbenen pflanzlichen, tierischen und menschlichen Lebens, bekehrt schließlich die Königin Alexandria, die von ihrem Gemahl hingerichtet wird. Georg stürzt die Götzen des heidnischen Tempels, bekehrt 30900 Heiden und erleidet schließlich das Martyrium durch das Schwert, nicht ohne von Gott vorher das Privileg erbeten und erlangt zu haben, allen denen in jedweder Not helfen zu dürfen, die seinen Namen anrufen und seine Reliquien verehren („Nothelferprivileg"). Dieses Handlungsgerüst ist mit romanhaften Zügen, Details aus dem persischen Strafrecht, gnostischen Erlösungsmotiven, jüdischen Jenseitsvorstellungen und Lokalmythen gefüllt worden. Man hat Georg, den *megalomartyr* („Großmärtyrer") – wie ihn Byzanz nannte –, und die Helden anderer, ähnlich gestalteter, in der Spätantike in Kleinasien und Ägypten produzierter Legendenromane, etwa Katharina oder Cyricus und Julitta, zu Recht als „Märtyrer vom unzerstörbaren Leben" bezeichnet und in ihren Legenden die hypertrophe Feier des christlichen Vitalitätsprinzips, der christlichen Unsterblichkeitshoffnung, erkannt (Konrad Zwierzina).

Seines militärischen Ranges wegen ist Georg in Byzanz seit dem 6. Jahrhundert zum Soldatenheiligen aufgestiegen; die westliche Welt kennt den orientalischen

Heiligen in Aufnahme der älteren Schicht der Verehrung zunächst vorwiegend als Totenpatron. Ihm sind manche alten Coemeterialbasiliken („Friedhofskirchen") in den spät- und subantiken Städten und Kastellen Galliens gewidmet, auch merowingische Könige und Adlige haben ihm Kirchen geweiht. Die Karolingerzeit brachte einen Rückgang des Kultes. Eine Renaissance ergab sich erst während der Normannen- und Ungarnkriege des späten 9. Jahrhunderts beim Adel der Kontaktzonen: so im Anjou, im Maine, im Rheinland. Der Verdacht liegt nahe, daß wir es mit einer Aktualisierung des militärischen Charakters des Kultes zu tun haben. In den Rheinlanden wird der Kult besonders gefördert durch Erzbischof Hatto von Mainz (891–913) und die politisch mit ihm zusammenarbeitenden Bischöfe – so etwa durch Salomo III. von Konstanz, Abt von St. Gallen (890–919), und seinen Bruder Waldo von Freising (883–906) – und die mit ihm, der die Reichsregierung unter Arnulf († 899) und Ludwig dem Kind († 911) praktisch trug, paktierenden Adelsfamilien – so auch durch die fränkischen Konradiner, die mit Konrad I. (911–919) zum Königtum aufstiegen. Die Konradiner weihten ihrem neuen Geschlechtsheiligen mehrere Kirchen, darunter um 905 auch das Stift Limburg an der Lahn. Im Laufe des 10. Jahrhunders übernahmen die verwandten Adelsfamilien der Hunfridinger in Schwaben und der seit 919 im Reich herrschenden Ottonen die Verehrung des Heiligen. Herzog Burkhard von Schwaben, ein mit der Ottonin Hadwig verheirateter Hunfridinger, widmete 954/63 sein Burgkloster auf dem schwäbischen Herzogsberg, dem Hohentwiel, dem heiligen Georg; eine eigene, an Reichenauer Vorbildern orientierte Festhymne entstand dort. Im Laufe dieses Rezeptionsprozesses rückte Georg auch in die Heiligenreihe der *laudes regiae* („Bittlitaneien für den König") ein; zunächst war er Schutzpatron für die königliche Sippe, später für den Heerbann, wurde damit also auch im Westen Militärheiliger. In diese Kultentwicklung ist auch das althochdeutsche ‚Georgslied', das – nach einer Mailänder Hymne des 8. Jahrhunderts – zweite Lied auf den Heiligen im Westen überhaupt, einzuordnen.

Das althochdeutsche Lied lebt aus der Doppelmotivik des Georgskultes; des die Hoffnung auf Auferstehung und ewiges Leben repräsentierenden „Großmärtyrers" und des alle heidnischen Feinde zerstörenden „unbesiegbaren", „unzerstörbaren", weltlichen und geistlichen Soldaten. Die formale Dreiteilung des Liedes bildet sich dabei auch im Inhalt ab. Im ersten Strophencursus des Liedes (Strophe I–IV) fährt der Kriegsmann zum Thing, zum Gericht des Königs (Text in rekonstruierter und orthographisch normalisierter Gestalt):

I 1 *GORIO fuor ce malo · mit mikilemo herio.*
fone dhero marko · mit mikilemo folko.
fuor er ce dhemo ringe · ce hebigemo dhinge.
dhazs dhing was marista · gote liebosta.
ferliezc er wereltrike · kewan er himilrike.
R[a] *dhazs kedheta selbo · dher mare crabo GORIO.*

(„Zum Richtplatz reiste Georg mit großer Gefolgschaft; aus seinem Herrenland kam er mit vielem Volk; zur Versammlung im Ring des Herrschers fuhr er, zu gewaltigem Gericht. Dieser Gerichtstag wurde sehr berühmt, sehr lieb wurde er Gott. Die Welt verließ Georg, das Himmelreich gewann er." – R[a]: „Das hat getan mit eigner Kraft der edle Graf Georg"). Schon in dieser ersten Strophe klingt die Verweisungskraft des heiligen Geschehens an: das irdische Gericht des Herrschers läßt das himmlische Gericht Gottes durchscheinen. In der zweiten Strophe suchen die Heiden Georg, den das Lied mit seinem volkstümlichen Namen *Gorjo* nennt, zur Abschwörung seines Glaubens zu überreden. Doch beweist sich nun der *herte muot* („feste Sinn") des „Grafen" – so übersetzt das Lied zeitgemäß den *comes*-Titel der Legende. Seine *constantia* („Standhaftigkeit") ist der Grund, aus dem ihm Gott alles gewährt, worum der Heilige ihn bittet. Schon klingt hier die Mittlerfunktion, das „Nothelferprivileg" Georgs an. In den letzten beiden Strophen des ersten Cursus beweist Georg seine von Gott gewährte Wunderkraft: er schafft zwei armen Frauen Nahrung, bringt Stumme zum Sprechen, Taube zum Hören, Blinde zum Sehen, Lahme zum Gehen, eine trockene hölzerne Säule treibt von neuem Blätter... *GORIO dho dhigita inan DRUHTIN al kewereta* („Georg betete, der Herr gewährte ihm alles") heißt es noch zweimal.

In der *constantia mentis* („Standhaftigkeit des Geistes"), die Georg beweist, wird vom Autor des Liedes bewußt ein Adelsideal anzitiert, wie es sich auch im Heldenlied als die Kraft, in einer Welt von Widerständen, Drohungen und Anfeindungen unbeirrbar an dem einmal gewählten Weg festzuhalten, zeigt. So bewunderten nach dem am Iringlied (s. S. 98) orientierten Bericht des sächsischen Geschichtsschreibers Widukind von Corvey (um 967/68) die Franken an einem sächsischen Helden die *ingentem animi constantiam* („ungeheure Standhaftigkeit des Geistes"). Sie ist eine quasi charismatische, überkörperliche, seelische Kraft. Regino von Prüm lobte die *constantia mentis* seines bretonischen Kriegerhelden Wurfand, dessen Sage er erzählt. Liudprand von Cremona pries 939 die „bewundernswerte Standhaftigkeit" Ottos I. in auswegloser Situation. Standhaftigkeit bewunderte das frühe Mittelalter auch am Heiligen. Hier war der „edle, berühmte Graf" Georg eine ideale Projektfigur, die ein aristokratisches Identifikationsangebot enthielt. Bis in die Form hinein hat es der Autor des ‚Georgsliedes' bewußt gestaltet. So zitiert er in der ersten Strophe des Liedes den Variationsstil des Heldenliedes und die ihm eigentümlichen Kriegerformeln. Die Hörer konnten so zu Beginn des Liedes noch nicht über den Gattungscharakter des Stückes – Heldenlied oder Heiligenlied – sicher sein. Erst die zweite Strophe, und da besonders der leicht, aber charakteristisch abgewandelte Refrain, der zum ersten Mal das Heiligenprädikat des *sancte Gorio* nennt, enthüllte den kriegerischen Grafen als heiligen Krieger Gottes.

Im zweiten Strophencursus stehen die grausamen Martern, Tode und Auferstehungen des Märtyrers, drei an der Zahl, im Mittelpunkt. Er wird mit einem „wunderscharfen Schwert" zerstückelt; er wird schließlich zermalmt, zu Staub verbrannt, die Asche in einen Brunnen geworfen. „Großes wirkte Georg da, so wie er es immer machet offenbar" (VII, 6). Seine von Gott begnadete, unzerstörbare Lebens- und Wunderkraft, die bis in die Gegenwart weiterwirkt – wie der Autor nicht unterläßt zu betonen –, läßt ihn stets erneut auferstehen. Wie der triumphale Refrain der drei Strophen des Mittelstücks auch stets von neuem wiederholt: *dhazs wezs hik dhazs ist alewar* · *huffherstuont sik GORIO dhar* · *huffherstuont sik GORIO dhar* · *wola prediiot her dhar* · *dhie heidenen man* · *keskante GORIO file fram* · („Das weiß ich, das ist wirklich wahr, auferstand der Georg da. Auferstand der Georg da, prächtig predigte er sogleich. Die Heiden machte Georg vollkommen zuschanden"). In den dreifach wiederholten, siegreichen Auferstehungen vernichtet die Glaubensfestigkeit des großen Heiligen alle Hoffnung des Heidentums.

Aus den Widersprüchen der Legendenfassungen hat der Autor des Liedes die Freiheit bezogen, die Motive nach seiner Gestaltungsabsicht zu arrangieren und zum Teil umzubilden. So ist aus der unverständlichen Zersägung als erstem Tod Georgs eine Zerstückelung mit „wunderscharfem Schwert" geworden. Auch die Rezeption des Schemas von dreifachem Tod und dreifacher Auferstehung ist innerhalb der legendarischen Tradition eine bewußte Entscheidung für die von der Kirche längst als apokryph erachtete, wenn auch als veraltetes Andachtsbuch geduldete Version X. Da der Autor auch Y kannte, und sich sogar in Details – z.B. dem Steinverschluß des Brunnens beim dritten Tod (Strophe VII) – für diese Fassung entschied, hätte er durchaus anders gestalten können, wenn er gewollt hätte. Die Häufung der Kraft- und Wundertaten Georgs hat jedoch ihr Analogon in der zeitgenössischen Leistungsfrömmigkeit. Je gewaltiger die Leiden und Wunder des Märtyrers, um so größer seine Kraft als Mittler des menschlichen Hilfegebets: das ist auch die Funktion dieser Motivwahl.

Vom dritten Strophencursus kennen wir nur die achte, die neunte und den Beginn der zehnten Strophe. Die achte Strophe berichtet die Auferweckung eines toten Heiden, der kund tut, wie er und seine Genossen vom Teufel betrogen und verdorben wurden. Erzählt wird dann die Bekehrung der heidnischen Königin *Elessandria*. So wie Georg gegenüber den Irrlehren der Heiden standhaft blieb – II, 2: *ne wolta ernes horen* („er wollte auf sie nicht hören") –, so schließt sich die Bekehrte der wahren Lehre auf – IX, 2: *begonta si'm ezs horen* („sie begann, auf ihn zu hören"). Ihr Martyrium wird nicht berichtet. Wichtiger war dem Autor ihr Arrangement als dem Grafen Georg komplementäre adlige Projektfigur, die sich durch Wohltätigkeit, *elemosyna*, hier durch die Verschenkung ihres königlichen Schatzes, das ewige Leben sichert, das ihr der Heilige selbst erbittet. Damit sind – übrigens auch hier wieder im Variationsstil der weltlichen Adelsdichtung gehalten – im Lied zwei Weisen adligen Heilserwerbs vorgezeigt: die glaubensfeste, in der *constantia mentis* sich bewährende Aktivität des *miles christianus*, des „Kriegers Christi", und die *elemosyna*, die nach Auffassung der Zeitgenossen gerade von einem guten Herrscher erwartet, insbesondere aber als Pflicht und Aufgabe der Fürstinnen aufgefaßt wurde. So wird sie etwa von Königin Mathilde, der Frau Heinrichs I. (919–936), und von Kaiserin Adelheid, der Gemahlin Ottos I. (936–972), als Ausdruck adliger Idealität berichtet. Das ‚Georgslied' scheint also in seinem

Identifikationsangebot zwei differenzierte Projektfiguren zeichnen zu wollen, eine männliche und eine weibliche (vgl. S. 41).

Die in der Überlieferung letzte Strophe berichtet noch von der Zerstörung eines Apollostandbildes durch den Heiligen: der Götze fährt in den Abgrund der Hölle. So handelt der letzte Strophencursus, soweit wir es bei der fragmentarischen Überlieferung beurteilen können, von der Überwindung des Heidentums und der teuflischen Abgötter – im Bericht des toten Heiden über den Teufelstrug des Aberglaubens, in der Bekehrung der Heidenkönigin, im Höllensturz des Heidengottes – durch Georg.

Alle Taten Georgs sind nur angedeutet; verständlich wird die Erzählung nicht aus sich selbst, sie setzt Hörer voraus, die der Legende – und zwar offenbar bereits spezifisch zugeschnittener Traditionen – kundig sind. Der Refrain ist dagegen affirmativ, besitzt Deutungsfunktion. Wie der nah verwandte thematische Typus ist der affirmative Refraintypus auf Vertiefung und Vergegenwärtigung des Handlungssinns gerichtet und findet sich häufiger in den zeitgenössischen Rithmi katechetischen Inhalts, aber auch in memorativen Heiligen- und Festliedern. Damit stimmt auch der Refraintypus zum memorativen Liedtypus, während im Buß- und Bittlied der lateinischen Tradition – man vergleiche aber auch das Petruslied (s. S. 330) – der supplizierende, flehend an den heiligen Mittler oder Gott selbst gerichtete Typus, im Prozessionslied der akklamierende, preisende Typus vorherrscht.

Die Otfrid-Handschrift P, zugleich die Handschrift des Georgsliedes, birgt einige für ihre Geschichte wahrscheinlich aufschlußreiche Spuren, deren Deutung aber noch nicht abgeschlossen ist (vgl. S. 311). So findet sich auf Blatt 202 verso ein der Mitte des 10. Jahrhunderts angehöriges Verzeichnis von Geldspenden – wohl für die Abhaltung von Gedenkmessen – an verschiedene Kirchen, die durch ihre heiligen Schutzpatrone repräsentiert sind. Darunter lassen sich ziemlich sicher identifizieren: St. Ursus in Solothurn (Schweiz), St. Verena in Zurzach (Schweiz), St. Margarethen in Waldkirch bei Freiburg, St. Hippolyt in Oehningen bei Waldhut, St. Nazarius in Lorsch und St. Sulpicius in Ellwangen. Die meisten dieser geistlichen Institutionen liegen in Alamannien. Sieht man sich nun nach einer Familie um, die Verbindungen zu allen diesen Kirchen besaß, so kommen nur die Hunfridinger, die schwäbische Herzogssippe, in Betracht. Sie waren teils Eigenkirchenherren, teils Vögte dieser Klöster und Kirchen, oder standen in stifterähnlichen Verhältnissen zu ihnen. Identifiziert man Angehörige der Hunfridinger-Sippe als Initiatoren des Spendenverzeichnisses, erklärt sich auch einleuchtend die Präsenz der einzigen nichtalamannischen Kirche, nämlich Lorsch, für dessen alamannischen und rätischen Besitz gerade diese Familie die Vogtei ausübte. Unter dieser Prämisse lassen sich auch die bisher unidentifizierten Patronate des Verzeichnisses als mit der schwäbischen Herzogsfamilie um 950 in rechtlicher und geistlicher Bindung stehende Kirchen fassen: die Salvatorkapelle der Reichenau, wo 949 Herzog Hermann bestattet wurde; mit hoher Wahrscheinlichkeit das von der Familie mitgegründete Reformkloster Einsiedeln mit seinem Marienpatrozinium; das dem hl. Kreuz gewidmete Eigenkloster in Schänis und das Eigenklösterlein St. Peter in Benken, beide im Umkreis des

Zürichsees; schließlich St. Martin im rätischen Disentis. So wird man davon ausgehen dürfen, daß die Otfridhandschrift P im 10. Jahrhundert im Besitz der schwäbischen Herzogsfamilie war, deren Georgskult sich in verschiedenen Kirchengründungen, vor allem aber durch die Gründung des Klosters auf dem Hohentwiel bewährte. Auch jene *Kicila*, die sich im 10. Jahrhundert, frühestens im ersten Drittel (Bernhard Bischoff), als Leserin der Petrusszene in Otfrids Evangelienbuch verewigte (s. S. 311), läßt sich in die Familie einordnen. Doch wird hier auch Gisela, die literaturfreundliche Gemahlin Kaiser Konrads II. (1024–1039), die sich in St. Gallen den Psalter und die Hiob-Übersetzung des Notker Labeo erbat, erwogen (Rudolf Schützeichel), was aber der paläographischen Zeitstellung der Eintragung wegen weniger wahrscheinlich ist.

Zauber und Segen

Die Kraft der Magie beruht stets – wie der bedeutende Ethnologe und Kulturtheoretiker Bronislaw Malinowski einmal feststellte – „auf der Kraft des Wortes, denn... das wichtigste Element des Zaubers ist das Wort..., bei der Untersuchung einer Zauberhandlung wird man stets finden, daß das Ritual seine Mitte in einer sprachlichen Äußerung besitzt". In dieser Bedeutung des Wortes für den Zauber gründet die Sorgsamkeit, mit der viele Zaubersprüche, Zauberformulare sprachlich komponiert sind. Sie sind sich ihrer sprachlichen Mittel wohl bewußt und haben ihren eigenen Stil, der bestimmt ist von Alliteration und Reim, von syntaktischem und gedanklichem Gleichlauf, von kunstvoller Variation und Wiederholung. So steht es bei den lateinischen Zauberformularen des frühen Mittelalters, so steht es auch bei den zeitgenössischen althochdeutschen und altsächsischen Zaubersprüchen, die uns – als Zeugen der mündlichen und der literarischen Urgründe der Magie – einen breiten Strom volkssprachiger Zaubertexte aus allen Zeiten des Mittelalters vertreten müssen. Es ist nur ein schmales Corpus, das aus der Frühzeit erhalten ist. Die Masse des Verlorenen muß auf dem geheimen und vielfach indizierten Gebiete des Zaubers besonders umfangreich eingeschätzt werden, wie die endlosen Parallelen und Zwischenstufen zu den erhaltenen Texten aus jüngerer Zeit und anderen Regionen nahelegen.

Die „starken Worte" des Zaubers richten sich auf Heil und Heilung, auf Heilung vor allem von Krankheiten, auf Errettung aus Gefahren, Schutz vor Unheil, Abwehr des Bösen; der Zauber ist also ganz wesentlich prophylaktisch und therapeutisch, seltener – zumindest in den überlieferten Texten – richtet er sich auf die Stiftung von Schaden. Im Zauber sucht der Zaubernde Macht über die übernatürliche Kräfte zu gewinnen, sucht durch verbürgte Mittel, durch „Zaubergesetze" die Kreatur und den Unheil bewirkenden Dämon unter seinen Willen zu zwingen. Auch die christliche Liturgie kennt Beschwörungen, Exorzismen, die der Austreibung unreiner Geister dienen, kennt Schutzformeln, Benediktionen, Segen, welche die

Versiegelung von Gegenständen und Personen gegen den Eintritt der bedrohlichen, allgegenwärtigen Dämonen bezwecken. „Ich beschwöre euch, ihr schädlichen Mäuse ... durch Gott den allmächtigen Vater ...“ usw., heißt es in einer christlichen Beschwörungsformel, ja beschwörend wird geweihtes Wasser zur Anwendung in neuer Beschwörungshandlung gewonnen: „Ich beschwöre dich, Geschöpf Wasser ... daß du Beschwörungswasser werdest zur Vertreibung jeglicher Macht des Feindes und kräftig seist, diesen Feind zu entwurzeln und auszurotten“, heißt es in der Weihwasserformel des Fuldaer Sakramentars. Auch hier soll der Priester, der die Formel spricht, das Heil des Gläubigen bewirken, die Kreatur mit Heil aufladen, auf daß sie alles Unheil in ihrem Umkreis banne. Schließlich verordnet das um 950 in Mainz entstandene römisch-germanische Pontifikale, eine Sammlung liturgischer Riten und Texte, gegen Dämonen, die in den Körper eines Menschen eingedrungen sind, Rezepturen und Kuren bis hin zum Erbrechen. Zwar weiß der christliche Exorzist, daß es im freien Ratschluß Gottes steht, zu helfen, jedoch mußte dies dem Heilung und Heil erwartenden Laien in der Praxis der Beschwörung oft ein fast unmerklicher Unterschied werden. In der Alltagsfrömmigkeit konnte die theologisch fundamentale Grenze zwischen Magie und christlicher Beschwörung, christlicher Besegnung leicht verschwimmen: beide Male galt der Kampf den Mächten des Unheils, des Bösen, den Dämonen. In beiden Riten erfuhr der Mensch seine Umwelt erfüllt von feindlichen, übernatürlichen Mächten, in beiden Riten erwies sich die Allmacht des Numinosen, wobei die Verzauberung der Welt nichts anderes als die Kehrseite der frühmittelalterlichen Sakralisierung der Welt ist.

Auch die Funktionsbereiche der Beschwörung und Besegnung in Glauben und Aberglauben sind einander ähnlich: Die altdeutschen Zauber und Segen richten sich überwiegend auf die Sorgen des Alltags einer agrarischen, zum Teil auch aristokratischen Welt, die Versiegelung des Hauses vor bösen Geistern, den Schutz auf gefährlicher Reise, den Schutz der Hunde vor Dieb und Wolf, die Bannung der schwärmenden Bienen in den eigenen Hof, dann aber die Heilung der Tiere, vor allem der Pferde, von ihren Krankheiten, die Heilung des Menschen von Geschwüren, Blutungen, Augenkrankheiten, Fallsucht... In der Vermehrung und Differenzierung der Weiheformulare und rituellen Benediktionen ist ein Reflex der offiziellen Kirche auf die magischen Praktiken einer archaischen Gesellschaft zu sehen. Die zeitgenössischen liturgischen Sammlungen enthaltenen Segnungsformulare für die verschiedensten Lebensbereiche und ergänzen damit die heidnisch-volksfrommen Abwehrmaßnahmen gegen unheilvolle Kräfte aus christlicher Perspektive. Es werden geweiht: Wasser, Wein, Öl, Salz, Brot, Feldfrüchte, Heilkräuter, Kerzen, Edelsteine, Wohnhäuser, Brunnen, Gefäße, gewerbliche Dinge; Segen beziehen sich auf alle unberechenbaren Naturereignisse wie Regen, Dürre, Gewitter, schützen gegen Tiere, Dämonen, schützen die Mutter und ihr Kind, die erste Bart- und Haarschur – die

Haare galten als Sitz vitaler Kräfte –, die Reisen, Wallfahrten, Waffen, Gottesurteile, heilen schließlich Krankheiten. Sie tragen damit – die Traditionen der archaischen Kultur verwandelnd, aber nicht zerstörend – zur umfassenden Sakralisierung des Lebens bei. Zwischen Heil und Unheil etablierte sich so eine mächtige Zone des Kontakts zwischen laikaler und klerikaler Kultur, von der wir wohl nur weniges, das mehr oder minder zufällig aufs Pergament gelangte, fassen. Noch dieses Wenige zeigt, daß die alten Formen des Zaubers die neuen Kraftträger des Christentums, den Herrn, die Gottesmutter, die Heiligen aufnahmen, sich in christlicher Einkleidung und Kontrafaktur gleichsam selber segneten.

Seit der Spätantike hatte das Christentum die Magie, den Zauber, alles, was ihr als *superstitio* („Aberglauben") galt, bekämpft. Diese Tradition setzte die Kirche auch bei der Bekehrung und inneren Mission der theodisken *gentes* fort. Es wird kein Thema in den karolingerzeitlichen Bußbüchern und der gleichzeitigen Pastoralgesetzgebung des Staates und der Kirche so endlos wiederholt wie die Verdammung der Magier, Trankmischer, Losdeuter, Astrologen, Zaubersänger, Wettermacher, Amulettwirker und Hexenmeister. Zauberriten, Zauberlieder gehören zu jener *pompa diaboli* („Blendwerk des Teufels"), die der „Fälscher der Welt" (*totius saeculi interpolator*), der Urheber aller Irrtümer – wie der Kirchenvater Tertullian († nach 220) sagt –, der Teufel also, den Menschen lehrte und der im Taufgelöbnis abgeschworen wird. Die Stetigkeit der Verbote setzt freilich die Lebendigkeit der Bräuche voraus.

Der Mentalität des frühen Mittelalters sind auch Credo und Paternoster *incantationes* („Zaubergesänge"), die im übrigen zur Unterstützung und Bekräftigung magischer Formeln immer wieder eingesetzt wurden. Das Poenitentiale des Bischofs Burchard von Worms († 1025) offenbart diese befremdende Gleichung, indem es den Priester die Gläubigen daraufhin examinieren läßt, ob sie „Heilkräuter mit anderen Zaubergesängen als dem Glaubensbekenntnis oder dem Vaterunser besungen haben". Schon die frühmittelalterliche ‚Homilia de sacrilegiis' („Predigt über religiöse Frevel") teils Burchards Ansicht. Mit *incantatio* ist aber auch ein oberflächlich christianisierter Verwandter des heidnische Götter zitierenden ‚Zweiten Merseburger Zauberspruchs', der ‚Trierer Pferdesegen' (vgl. S. 361), in der Handschrift überschrieben. Hier gingen offenbar die Kategorien in lebendigem Synkretismus ineinander über.

In seinem gelehrten Traktat ‚De magicis artibus' („Von den Zauberkünsten") hat der große Fuldaer Abt und spätere Mainzer Erzbischof Hrabanus Maurus 842/56 aus heilsgeschichtlichem Impetus, den seiner Meinung nach das Wächteramt des Priesters forderte, vor den Zauberbräuchen nicht nur der Heiden, sondern auch der „falschen Christen" gewarnt; im Zauber erhebe sich das Geschlecht der gefallenen Engel zum Gegenschlag gegen Gott: „Es ist daher zu erwarten und mit allem Eifer zu verhüten, daß in unseren Zeiten, in denen wir die christliche Religion über den ganzen Erdkreis verbreitet sehen, der Trägheit der Lehrer und des Müßiggangs der Gelehrten halber jene wenigen Heiden, die heute noch existieren, den feierlichen Kult des wahren Gottes zerstören und daß von dämonischem Wahn verführte Existenzen falsche Weissagungen unter dem Volke Gottes verbreiten und die Ungebildeten und Unerfahrenen verführen werden: so daß diese, indem sie jene Wahrheit vergessen, die ‚das Licht der Welt ist und jeden Menschen, der in diese Welt der Dunkelheit kommt, erleuchtet' (Johannes 1, 9; 8, 5), Wissen über die Zukunft erstreben, und von den Betrügern der Menschen, d.h. den Dämonen, das Heil ihrer Seelen, aber auch ihrer Körper zu erlangen suchen. Durch diese Sünden aber wird Gott aufs äußerste erzürnt und zur Vergeltung gereizt." Die Zauberer werden im folgenden von Hraban geradezu in den Rang der alttestamentarischen Pseudopropheten erhoben, um derenwillen Volk und König gestraft werden. Es ist wohl dieser Wachsamkeit der karolingischen Theologen gegenüber synkretistischen, heidnische Bräuche in christlichem Gewande weitertradierenden Formen der Frömmigkeit zu verdanken, daß volkssprachige (aber durchweg auch lateinische) Zaubersprüche nicht vor dem 10. und 11. Jahrhundert überliefert wurden.

Stets standen Kleriker, Priester, Mönche, Nonnen, fromme Männer und Frauen in der Gefahr, von Mittlern des Heils auch zu Mittlern der Heilung zu werden und damit ganz in die Funktion ihrer heidnischen und abergläubischen Konkurrenten einzutauchen. Priester verwalteten in ihren Kirchen die Gnadenwirkungen der Reliquien und Heiltümer, die übernatürliche Kräfte besaßen, Wunder wirken konnten, heilten und Schutz gaben. Waren nicht Heilige aus dem Priestertum und Mönchtum hervorgegangen? Führten nicht Kleriker, Mönche und Nonnen ein besonderes, heiligmäßiges, in strenge Riten gefaßtes, auf Schau und Nähe Gottes gerichtetes Leben? Heilige Mönche und Nonnen waren Wundertäter, Ärzte, Heiler: wie unterschied es sich denn vom sympathetischen Zauber eines Wettermachers, wenn die Nonne Scholastica, die Schwester des heiligen Mönchsvaters Benedikt, nach dem Bericht Gregors des Großen durch ihren Tränenfluß den heiteren Himmel zum Regnen brachte? Empfahl man nicht das segnende Kreuzzeichen als Mittel der Versiegelung von Körper und Seele gegen die Dämonen?

Otfrid von Weißenburg widmete dem *signaculum crucis* („Kreuzsegen") in seinem althochdeutschen Evangelienbuch zwei enthusiastische, an irische Kreuzesfrömmigkeit erinnernde Kapitel (V, 2–3): „Nun sollen wir uns verschließen mit dem Kreuzessegen, mit den Worten Christi" – gemeint ist wohl das Vaterunser – „gegen die Feinde. Das sollen wir fürwahr auf unsere Stirnen zeichnen, auf unser Antlitz, daß es sich fest eingrabe... Es ist kein Feind in dieser Welt, der nicht davor zurückwiche; selbst der Teufel muß weichen, wenn er das Kreuz erblickt..." Den ganzen Körper soll der Gläubige damit rüsten. Mit dem Kreuzeszeichen „will ich rundherum besegnet sein, auf daß es den Feind nicht gelüste, in mir seine Wohnstatt zu nehmen... daß mich der Feind in seinem Haß nicht anzurühren vermag, und mir in diesem Leben nur Heilsames geschehe!"

Der Priester beschwört mit liturgischen Formeln „im Namen dessen, dem alles unterworfen ist,... jede Heerschar des Teufels, jede feindliche Gewalt, jeden Schatten von Dämonen" – wie es das ‚Missale Gothicum', ein aus Südfrankreich stammendes Meßbuch des frühen Mittelalters, ausdrückt. Er segnet schützend die Felder und Weinberge, die Tiere, die Ernte, das Haus und das Ehebett, Werkzeuge und Nahrung. Der Priester wird so zum besten Kenner der Dämonen. Da nach gängigem Glauben Unheil und Krankheit von Dämonen verursacht werden, war es nur zu natürlich, wenn sich auch hier die Hoffnungen der Gläubigen auf die heiligen, schriftkundigen Männer und Frauen in Klerus und Mönchtum richteten. Wir haben sichere Anzeichen dafür, daß sich nicht alle den in sie gesetzten Erwartungen entziehen konnten: Bußbücher, Kapitularien und Pastoralgesetze bedrohen immer wieder mit harten Strafen Priester und Kleriker, die zaubern, Tränke mischen, Amulette fertigen, weissagen, Träume und Lose deuten.

Im Jahre 834 läßt Kaiser Lothar der Nonne Gerberga, Schwester des ihm feindlich gesonnenen Grafen Bernhard von Septimanien, in Chalon den Prozeß wegen Gift- und Kräutermischerei machen – wahrscheinlich unberechtigt. Sie wird wie eine Hexe in einem Faß in der Saône ertränkt. Der sächsische Bischof Thietmar von Merseburg (1009–1018) wandte bei einem Absolutionsverfahren quasimagische Praktiken an, indem er um der Bekräftigung der Lossprechung willen das schriftlich niedergelegte Sündenverzeichnis des Poenitenten auf ein mit Heiligenreliquien gefülltes Behältnis legte, „auf daß dem weinend bekennenden Sünder durch der Heiligen ständige Fürbitte die wahre Vergebung und die lange erwünschte Tilgung seiner Vergehen zuteil werde". Die Heilskraft der Reliquien sollte das Unheil unschädlich machen.

Eine aus der zweiten Hälfte des 11. Jahrhunderts (im Codex Wien, Österreichische Nationalbibliothek 1529) überlieferte, wohl im Trierer Raum aufgezeichnete Predigt gegen Zauberer und Zaubermittel, denen Gläubige schändlicherweise anhängen, vermerkt: „Manche lassen sich solche Zaubermittel von frommen Klerikern anfertigen. Aber jene sind keine frommen Kleriker, sondern Helfer des Teufels..." Die Kleriker werden stattdessen auf die Heilmittel der Kirche, vor allem die Eucharistie, verwiesen. Die Predigt steht in der Handschrift im Kontext von monastischen Verhaltensregeln und Auszügen aus Erbauungsbüchern, so daß ihr Adressatenbezug keineswegs undeutlich bleibt.

Die Mitwirkung von Klerikern, von *litterati*, in einem christlich getönten Zauberwesen bestätigt sich auch im gelehrten und öfter noch halbgelehrten Charakter mancher Spruch- und Segenskompositionen. So beginnt der Londoner Blutsegen – ein lateinischer Text – mit der dreifachen Anrufung der *Berenice*, welchen Namen nach apokrypher Überlieferung die von Christus geheilte blutflüssige Frau (Matthäus 9, 20) trug, setzt ins Zentrum eine Strophe des spätantiken Bibeldichters Sedulius über dieses Wunder und schließt mit einer gegen den ursprünglichen Sinn gewendeten, den Psalmen (50, 16) entnommenen Bittformel: „Errette mich, Gott, von den Strömen des Blutes, du Gott meines Heils!" Die Auswahl der Vorbildhandlung aus Bibel und Apokryphen, die Montage eines literarischen Zitats und die Verknüpfung mit einem im monastischen Gottesdienst bedeutsamen Psalm wird man nur einem *litteratus* zutrauen wollen. Dennoch wird gerade hier das für den Zauber charakteristische Vertrauen auf das analogische Fortwirken göttlicher Kraft- und Heilstaten, auf die automatisch fortwirkende Macht des heiligen Wortes, auch wenn es aus seinem ursprünglichen Sinnverband gelöst ist, deutlich. Sympathetische Magie und gelehrte Legendenkenntnis mischen sich, wenn zur Bekämpfung des Fiebers, gewissermaßen zu seiner „Einschläferung", nicht nur die Gottesmutter, die Evangelisten und Apostel als kraftstrahlende Heilspersonen angerufen werden, sondern auch die drei Jünglinge im Feuerofen und vor allem die Siebenschläfer von Ephesus. Die Mentalität der Buchmenschen offenbart sich in einer Heilanweisung aus St. Omer in Nordfrankreich: einer christlichen Formel setze man auf einem Pergament ein Quadrat voraus, in dem sich die Worte *TEDET* („Er gibt dir") und *ETATE* („in der Zeit") kreuzen; man träufele Wasser auf das Pergament und gebe dieses dem Kranken zum Trinken. Auch die volkssprachigen Segen lassen oft genug – wie wir noch sehen werden – ihren halbgelehrten Ursprung erkennen.

Die Dämonen sind die Verursacher allen Unheils und Unglücks. Die Priester sind ihre besten Kenner. Stolz darf der sein, dem es wie Abt Einhard von Seligenstadt gelingt – so berichtet er selbst in seiner 830 entstandenen ‚Translation der heiligen Marcellinus und Petrus' –, einen Dämon in einem Exorzismus zu fassen und zum Geständnis seiner Schuld zu zwingen: der Dämon Wiggo bekannte ihm, daß er ein Gefolgsmann und Schüler Satans und lange Zeit Pförtner in der Hölle gewesen sei. „Nun aber habe ich mit meinen elf Gefährten während einiger Jahre des fränkische Reich verwüstet. Getreide, Wein und alle anderen Früchte, die zum Nutzen der Menschen aus dem Boden wachsen, haben wir, wie es uns befohlen worden ist, zerstört; das Vieh haben wir durch Seuchen getötet und den Menschen selbst Epidemien gesandt. Alle Widrigkeiten und Übel, die sie schon lange wegen ihrer Sünden erdulden, sind ihnen durch unser Tun und Wirken zugestoßen." Der Teufel und seine *satellites* („Gefolgsleute") sind allgegenwärtig, begegnen oft in unerwarteter Form und an unerwartetem Ort – wie so überaus plastisch aus vielen Erzählungen der um 883/84 entstandenen ‚Gesta Karoli' („Taten Karls des Großen") des St. Galler Mönchs Notker Balbulus hervorgeht. Gegen den „altbösen Feind" wehrt man sich auch handgreiflich. So griff der „Fürst dieser Welt" einmal Pippin, den königlichen Vater Karls des Großen, im Bade an, um ihn zu töten. Pippin aber schützte sich mit dem Kreuzeszeichen und durchbohrte den Dämon mit seinem Schwert, so daß Moder, Blut und Unschlitt aus ihm hervorquollen. Der stets gefaßte, eigentlich kompetente Kämpfer gegen den Teufel ist freilich der Mönch. Von Tuotilo, dem als Dichter von Hymnen und als Elfenbeinschnitzer bekannten Mitbruder des Balbulus, erzählt Ekkehard IV. in seinen ‚Casus S. Galli' („St. Galler Klostergeschichten"), daß er einen ihm unangenehmen Mönch, unter dem Vorwand, er sei der Teufel, nächtlich verprügelte: Er ruft die Brüder zu Zeugen an, daß „jenem, der da umgeht im Dunkel ... ein Engel des Herrn die Schläge mit eigener Hand beigebracht hat". Von Notker Labeo (s. S. 221) erzählt Ekkehard, daß er den „Schädiger menschlichen Heils" in Hundegestalt in der Kirche des Klosters entdeckte und festbannte, um ihn, der den Mönch angriff, mit dem Krummstab des hl. Gallus durchzuprügeln. Notker war eben „tapfer im Geiste" und „vermochte viel gegen Dämonen". Gerade im Exorzismus war es üblich, den bösen Geist aus Besessenen mit Stockschlägen auszutreiben. So verfuhr erfolgreich der heilige Ursmar aus dem belgischen Kloster Lobbes, wie sein Biograph Anso (vor 776) berichtet. Auch die ‚Miracula S. Liutwini' („Wunder des hl. Liutwin") – im 11. Jahrhundert im saarländischen Mettlach entstanden – kennen diesen exorzistischen Brauch, freilich als Praxis der Volksmedizin, von der sich die gelehrten Mönche ironisch distanzieren. Zu diesem handgreiflichen Umgang mit Teufel und Dämonen gehört auch der im 11. Jahrhundert in eine Handschrift aus dem Trierer Kloster St. Eucharius (St. Matthias) in Geheimschrift eingetragene ‚Spruch wider den Teufel':

Nu willih bidan den rihchan Crist, the mannelihches chenist ist
ther den diuvel gibant: in sinen namen willih gan;
nu wilih then vreidon slahan mitten colbon!

(„Nun will ich den mächtigen Christus, der jedes Menschen Heil ist, der den Teufel fesselte, bitten: in seinem Namen will ich gehn; ich will nun den Abtrünnigen mit dem Knüppel schlagen!"). Der Spruch nimmt Bezug auf den am Anfang der Zeiten vollzogenen Abfall der Engel von Gott und den in der Osternacht vollzogenen Höllensieg Christi, der Satan in den Schlünden der Unterwelt bis zu den letzten Tagen band. Die Anzeige des exorzistischen (?) Prügelritus gestaltet der Beter in einer Angangsformel, die an den Beschwörungsritus der Weihrauchweihe in einem altlateinischen Ordo erinnert: „Nun wollen wir gegen dich angehen (*adgredimur*), du unreiner Geist, und vertrauen (*fidentes*) auf den Namen der allmächtigen Gottheit, und wollen dich, du Feind des Menschengeschlechts, austreiben (*exorcizantes*)..."

Auch das Motiv der Fesselung des Teufels durch den in der Osternacht zur Hölle niederfahrenden Erlöser kommt häufiger in der Liturgie vor, am charakteristischsten vielleicht im fränkischen gelasianischen Meßbuch (Sakramentar von Gellone), wo eine Formel für die Weihe des Salzes erreichen will, „daß der Teufel bekämpft, bezwungen, zitternd zurückschreckt. Er sei von jedem als ein von Gott Besiegter verachtet und ein an die Kette gelegter Verklagter angesehen, gezeichnet als ein zu Strafe Verurteilter; als ein verdammenswerter Räuber werde er ausgerottet..." Bei solch aggressiver Allgegenwart des Teufels und der Teufelsabwehr mutet der kleine, an einem Satz Gregors des Großen aus dessen ‚Moralia in Job' („Moralische Betrachtungen zum Buche Hiob") orientierte, im frühen 11. Jahrhundert vor einer kunstvollen Sündenbeichte in lateinischen, binnengereimten Hexametern auf eine leere Seite einer aus dem Kloster St. Maximin stammenden Augustinushandschrift notierte ‚Trierer Reimspruch' wie eine tröstliche Wappnung des Menschen gegen allzu große Teufelsfurcht an: *Nisal nieman then diubal vorhtan, wanda her nemach manne scada sin, iz nihengi imo use druhttin* („Es braucht niemand den Teufel zu fürchten, denn er vermag dem Menschen nur zu schaden, wenn es ihm unser Herr gestattet").

Die volkssprachigen, althochdeutschen und altsächsischen Zaubersprüche und Segen sind in zwei charakteristischen Gebrauchsrahmen überliefert. Sie finden sich als Nachträge in Handschriften, die Predigten, Gebete oder liturgische Texte enthalten, also für die tägliche Praxis des Priesters bestimmt waren. Sie belegen somit erneut die Beanspruchung oder auch Faszination des Klerus durch die Welt des Zaubers. Zum andern finden sich die einschlägigen Texte in kleinen Sammlungen zusammen mit lateinischen oder auch volkssprachigen medizinischen Rezepturen, manchmal sogar eingelassen in ausgedehntere naturkundliche oder heilkundliche Handbücher. Hierin dokumentiert sich die Zugehörigkeit der Zauber- und Segensmedizin zur zeitgenössischen Heilpraxis. Das hatte seine Wurzeln in der Spätantike – etwa in dem medizinischen Handbuch des Marcellus von Bordeaux; aber auch die Klöster des frühen Mittelalters, in denen nahezu ausschließlich die ärztliche Kunst weitergepflegt wurde, legten medizinische Sammelwerke an, in die magische Mittel und Formeln aufgenommen wurden.

Eine solche – wohl auf die Bodenseeklöster verweisende – Sammlung von zehn Blättern ist auch in den im elften Jahrhundert gefertigten Codex Paris, Bibliotheque Nationale, Nouv. acqu. lat. 229, eingegangen; Auszügen aus dem medizinischen Handbuch des byzantinischen Arztes Anthimos (6. Jahrhundert) folgen diätetische Anweisungen für einzelne Monate, ein Abriß der Säftelehre, Regeln für den Aderlaß, Rezepte gegen Kopfweh, Augenkrankheiten, Zahnschmerzen, Steinleiden und Epilepsie. Magische Beschwörungen mit geheimnisvollen Worten, die ins Ohr geraunt, oder – auf Pergament geschrieben – aufgegessen werden sollen, werden empfohlen. Die Sammlung setzt sich in teils lateinisch-deutschen, teils ganz althochdeutschen Segensformeln und Zaubersprüchen fort und schließt mit einem Fiebersegen, demzufolge Hostien mit Kreuzen, Sakralworten und dem Namen des Kranken zu beschriften und diesem einzugeben sind. Ähnliches gilt für eine in Oberitalien im 9. Jahrhundert geschriebene, später nach St. Gallen gelangte Sammlung von mindestens 22 Blättern (Codex Sangallensis 217 und Fragmentensammlung 1396), die sich ‚Ars medicinae' („Medizinkunst") betitelt. Auch hier stehen neben Rezepten, Pflanzenregistern, Schmerzmitteln und Vorschriften für einen Keuschheitstest Angaben über die Neutralisation von Zaubertränken, angefüllt mit abergläubisch-heidnisch-christlichem Zeremoniell, dazu ein Fiebersegen, der als Vorbildererzählung ausführt, das Jesus, als er nach Galiläa kam, „den Fiebern und Frösten Einhalt gebot". Die Fieberdämonen werden alsdann unter Berufung auf die Unversehrtheit der drei Jünglinge im Feuerofen, Daniels in der Löwengrube und des Jonas im Bauche des Walfischs beschworen, „von jenem [Kranken], welcher Gefolgsmann des lebenden Gottes ist", zu weichen. Die ältesten deutschen Rezepte (‚Basler Rezepte') – im frühen 9. Jahrhundert in Fulda von angelsächsischer Hand neben einem lateinischen Fiebermittel in einen Codex mit Isidors Traktat ‚De ordine creaturarum' („Von der Ordnung der Geschöpfe") eingetragen – sind u.a. *widhar cancur*, „gegen Hautgeschwüre" (bei Pferden?) also, gerichtet und empfehlen in einer mit angelsächsischen Elementen durchsetzten Sprache einen Sud von gebranntem Salz, Seife und Austerschalen.

Sicher gab es eine Spannung zwischen jener dem Okkulten offenen Mönchsmedizin und der ebenfalls von den Klöstern gepflegten Erfahrungsmedizin, wie sie z.B. in St. Gallen Notker II. genannt „Pfefferkorn" (s. S. 221), gleichfalls im Rückgriff auf die Antike praktizierte. Die Umgebung freilich nahm auch die Erfahrungsmedizin anders auf: als der Klosterlehrer Iso

Aussätzige, Gelähmte und Blinde durch Salben heilte (?), führten die Zeitgenossen und noch Ekkehard IV., der den Bericht darüber gibt, dies nicht auf die Heilkraft der Salben, sondern auf die Wunder bewirkende Heiligkeit des Mannes zurück.

Der Verfasser der Mirakel des hl. Liutwin von Mettlach (11. Jahrhundert) schildert den Ritus einer Besessenenheilung mit Hilfe des Heiligen und des Heiltums, das die Mönche des Klosters verwalteten: Man trägt die Reliquien feierlich um die Besessene herum und liest über ihrem Leib aus den Evangelien. Doch erforderte der *pessimus et callidissimus daemon*, dieser „überaus schlimme und darüber hinaus auch noch äußerst gerissene Dämon", der die Frau eines *vir militaris* („Kriegers") befallen hatte, besondere Anstrengungen. Die Brüder suchen ihn durch Anrufungen des hl. Liutwin während Tagen und Nächten, durch ununterbrochenes Messelesen und Psalmodieren auszutreiben, aber bei diesem nutzt es nichts. Im Gegenteil: des Nachts hört man, wie andere Dämonen ihn rufen und beglückwünschen. Der Teufel selbst macht, um die Gebete zu stören, im Turm der Klosterkirche einen grauenhaften Lärm, und kann erst, als er beim Namen Christi beschworen wird, zum Abzug bewogen werden. Die Unglückliche wird danach in geweihtes Wasser getaucht, der dämonische Tyrann wird mit den stärksten Formeln beschworen, der Name Christi ausgerufen, die Reliquien zahlreicher Heiliger um die Besessene versammelt. Auch dies hilft nichts. Vier Priester legen sodann ihre Meßgewänder an und stellen sich – nach den vier Himmelsrichtungen ausgerichtet – in der Form eines Kreuzes um sie auf, verlesen die Leidensgeschichte Christi. Die Kranke sinkt halbtot zur Erde und steht nach einiger Zeit – anscheinend befreit vom Diener des Höllenfürsten – mit wiedererlangten Kräften auf. Aber wieder hat der schlaue Dämon die heiligen Männer getäuscht. Nachdem die Kranke zu Hause angelangt ist, macht er sich erneut bemerkbar. Erst den gemeinsamen Anstrengungen des hl. Liutwin und der Gottesmutter am Feste der ‚Purificatio S. Mariae' („Mariae Reinigung", 1. Februar) gelingt die endgültige Vertreibung.

Wir bemerken in diesem Exorzismus nahezu alle Charakteristika der Magie: die Beschwörung der Dämonen durch sakrale Personen; die Anwendung von Zwangsmitteln (Namen Christi, heilige Worte, Weihwasser, Reliquien, Kreuz); die Steigerung und Potenzierung heiliger Formen und Riten; Vorbilderzählung und erhoffte analogische Wirkung – hier im Verhältnis von Christi Leidensgeschichte und dem Leiden der Kranken. Wie sollte ein Laie oder auch der durchschnittliche Kleriker zwischen diesen kirchlichen Beschwörungenriten und den Riten der zumeist christlich verbrämten Zauberhandlungen einen kategoriellen Unterschied erkennen können? Diese herausgehobenen Heilungen der Mönche gingen nahtlos in die Alltagsmagie über: die Kräfte der Zauberer wie der Segnenden scheinen in den Händen zu sitzen, diffundieren im Anfassen, Streichen, Segnen, oder sie gehen von heiligen Gegenständen wie Kreuz und Reliquien in die handelnden Hände ein. Aber auch Atem und Speichel der kraftgebenden zaubernden Person besitzen ihre Wirkung, so wie sie diese auch in den die Taufe begleitenden Exorzismen besitzen. Wie die Mettlacher Dämonenreinigung ist auch ein althochdeutscher Segen gegen die Lähmung des Pferdebeins (Pariser Pferdesegen ‚Ad equum erraehet', 11. Jahrhundert) komponiert aus Ritushandlung, wirkendem Spruch mit Vorbildererzählung und analogischer Handlung: „Nun zieh das Pferd an allen vier Seiten, raune ihm in das Ohr, tritt es auf den rechten Fuß, so wird es von seiner Lähmung erlöst!" Die Pointe ist hier, daß Christus selbst diesen Spruch einem Hilfesuchenden in der Vorbildhandlung verrät. Der Zaubernde hat nach Zitat der analogischen Erzählung ein Paternoster zu sprechen, über die Beine und Füße des Pferdes reibend zu streichen und zu sagen: „so werde alsbald auch dieses Pferd von seiner Lähmung erlöst, wie jenes, das Gott selbst erlöste!" Mehr nicht. Aber man wird doch annehmen dürfen, daß das Zitat der Vorbildererzählung, in der Christus dem hilfebedürftigen Reiter mit lahmendem Pferde begegnet, von dem Raunen ins Pferdeohr und den sonstigen im Spruch ausgedrückten Riten begleitet war. Der gegen die gleiche Pferdekrankheit, die Rähe, gerichtete ‚Züricher Pferdesegen' empfiehlt, ein Paternoster ins rechte Pferdeohr zu flüstern. Nicht viel unterscheidet typologisch dieses Raunen und Flüstern vom Psalmodieren der Mönche in der Mettlacher Szene! Der sympathetische Ritus des „auf die Füße treten, um wieder auf die Füße zu kommen", findet sich auch in einem komplexen althochdeutschen Segen gegen Epilepsie (‚Contra caducum morbum', 11. Jh., u.a. in derselben Pariser Handschrift wie der Pferdesegen überliefert), der deshalb so wertvoll ist, weil er – im nur Klerikern verständlichen Latein – die Handlungsanweisungen des Zauberritus enthält, während die Vorbilderzählung (Christi Kampf mit dem Satan auf der Brücke über dem Höllenfluß?), die (hier übergangene) Einlage aus einem Blutsegen und einige vielleicht den heidnischen Gott Donar beschwörende Worte eher unverständlich sind und wohl bewußt zur Steigerung des Mysteriums eingesetzt wurden: „Gehe hin zu dem liegenden Kranken und stelle dich über ihn, spreize von links nach rechts die Beine und sprich dreimal": *Doner dutigo dietewigo* („Donar, Volksgott, du im Volke ewiger"?) bzw. (nach der parallelen Regensburger Überlieferung) *dietmahtiger* („du über das Volk mächtiger"). Es könnte sich hier um die Beschwörung des Teufels, als welcher der heidnische Gott Donar in christlicher Interpretation zu begreifen war, zum Zwecke seiner Vernichtung handeln, genauer eines Teufelssohnes, der in der folgenden Vorbilderzählung auftritt: „Da kam des Teufels Sohn auf Adams Brücke und scheitete einen Stein auf das Holz. Da kam Adams Sohn" – d.i. Christus – „und schlug des Teufels Sohn mit einem Zweig" – d.i. der Kreuzesbaum (?)... „Er verbannte den Satan. So tu ich's mit dir, du unreiner Geist, verbanne dich aus diesem christlichen Leib. So rasch werde Erlösung diesem christlichen Leib zuteil, so rasch ich mit den Händen die Erde berühre!" Es folgen Ritusanweisungen, die auch die Auflösung der analogisch über dem Körper des Fallsüchtigen gebildeten Brücke enthalten: „Und berühre die Erde mit beiden Händen und sprich das Paternoster. Danach spring hinüber auf die rechte Seite und berühre mit dem rechten Fuß seine rechte Seite und sage: ‚Steh auf! Was war dir? Gott gebot es dir!' Das tue dreimal und alsbald wirst du den Kranken gesund aufstehen sehen." Wenig trennt den Ritus dieses Zaubersegens strukturell von den Riten der Mettlacher Szene. Zauber, Segen, Beschwörungen sehen als Verursacher der Krankheiten Dämonen und Teufel, und wie in der liturgischen Beschwörung wendet sich der hier zweifellos klerikale, lateinkundige Zauberer mit seinem okkulten Wissen gegen den ‚unreinen Geist'.

Form und Technik des Zauberns und des Zauberspruchs waren in der spätantiken Magie und in der magischen Praxis der antiken Randkultur der Germanen nicht wesentlich unterschieden. Die christlichen Zaubersegen sind hier Erben beider Traditionen. Nach heidnischem wie christlichem Weltbild wird die Welt bewegt von Göttern und Dämonen. Letztere sind für das Übel verantwortlich, erstere für das Heil. Beide unterstehen „Gesetzen..., deren Kenntnis die Magie benutzt, um ein bestimmtes Verhalten der über- und unterirdischen Wesen zu erzwingen". Im verchristlichten Segen wird die gewünschte Wirkung gelegentlich vom allmächtigen Gott erbeten. In beiden Fällen ist jedoch von hoher Wichtigkeit die Wahrung der rituellen Form, die das Gesetz oder der Gott verlangt. Zauber und Segen entspringen demselben Geiste, der den Ritualismus der frühmittelalterlichen Liturgie bewirkte.

Grundsätzlich sind zwei Formen des Zauberspruchs oder Segens zu unterscheiden: der einfache Befehl oder Wunsch auf der einen, der komplexe magische Sprechakt auf der anderen Seite. Beide können sie mit ritueller Handlung, mit Paternoster und Kreuzzeichen usw. kombiniert sein.

Einen unzweideutigen, aber detaillierten Befehl enthält der – auch in einer althochdeutschen Version überlieferte – altsächsische Wurmsegen („Contra vermes", d.h. „Gegen Würmer", Anfang 10. Jahrhundert), der sich an den als Wurm vorgestellten Krankheitsdämon mit Namen *Nesso* (aus vulgärlateinisch **nessio* > *nescius*, das soviel wie „unbekannte Krankheit" bedeutet) richtet: „Fahr aus, Nesso, mit neun Nessinklein, hinaus von dem Mark in den Knochen, von dem Knochen in das Fleisch, hinaus von dem Fleisch in die Haut, hinaus von der Haut in die Hufsohle. So werde es, o Herr!" Der mit christlicher Bekräftigungsformel abschließende Spruch richtet sich gegen das „Schwinden" des Pferdehufs; seine Ahnen reichen zurück bis in die im zweiten Jahrtausend vor unserer Zeitrechnung entstandenen indischen Veden. Dem Wurm und seinen Wurmkindern, die sich also auch betroffen fühlen müssen, wird kein Schlupfloch gelassen, der Weg aus dem Pferdefuß vielmehr in einer Kettenformel peinlich vorgeschrieben. In eine genaue – wiederum lateinische – Handlungsanweisung ist die zentrale alliterierende Befehlsformel des Spruchs ‚Contra malum malannum' („Gegen das bösartige Geschwür", 11. Jahrhundert) eingebettet: „Mit dem kleinen Finger sollst du den Ort umkreisen, wo das Geschwür erscheint, und dazu folgende Worte [auf althochdeutsch] sagen: ‚Ich beschwöre dich, Geschwür, bei Gott und auch bei Christus'. Dann schlage ein Kreuz darüber und sprich: *daz tu niewedar nigituo noh tolc noh tothoupit* („Das tu nie wieder, schaffe niemals Wunde nach Tod"). Die Formel geht – was wiederum auf klerikalen Gebrauch weist – unmittelbar ins Latein über: „Auch beschwöre ich Dich durch den Vater, den Sohn und den Heiligen Geist, daß du weiterhin nicht wachsest, sondern vertrocknest." Hier trat zum Befehl bereits – wie in liturgischen Beschwörungsformeln – die Anrufung des kraftvollen Namen Gottes.

Es kann aber auch die Nennung der geheimen Namen der Dämonen oder auch der geheimen Worte, denen sie gehorchen müssen, einen impliziten, unausgesprochenen Befehl enthalten – so in der stabreimenden ‚Züricher Hausbesegnung' (11. Jahrhundert), gemacht, wie die Überschrift sagt, „um das Haus gegen den Teufel zu versiegeln": *Wola, wiht, taz tu weist, taz tu wiht heizist, Taz tu neweist noch nechanst cheden, chnospinci!* („Gut, Wicht, daß du weißt, daß du Wicht heißt, daß du weder weißt noch kannst Zauber sprechen, du Knösperich!"). Es handelt sich um die bannende Beschwörung des schädlichen Hausdämons, des Wichtels, der Larve – von denen Notker Balbulus so manche Stücke zu erzählen weiß –, dem im Spruch seine Macht- und Sprachlosigkeit als „Wicht", d.h. ja „kleines Etwas", vor Ohren geführt wird, dessen Namen Knosp man in der Verkleinerungsform zitieren darf, die seine Bedeutungslosigkeit noch hervorhebt. Mit der Kenntnis des Namens ist wie beim Märchendämon Rumpelstilzchen die Macht des Geistes gebrochen. In dem verbreiteten Zauberspruch ‚Ad voracitatem equorum' („Um die Pferde zum Fressen zu bringen") wirken die unverständlichen, von geheimnisvollen Gleichklängen durchzogenen Worte, die ins rechte Pferdeohr zu flüstern sind: *Wamapis, union, geneprol, genetul, katulon, gortrie, uniferuna, noctiferuna, maris samna neque samna nec te damnet.*

Die Macht des zum Beistand angerufenen Christengottes konnte auch – ganz wie in der liturgischen Beschwörung – durch ein in den einstöckigen Spruch eingebautes Paradigma evoziert werden. So erinnert ein Pariser Segen „gegen das Überbein" (11. Jahrhundert) an die Erlösungstat Christi am Kreuze: „Ich beschwöre dich, Überbein, bei dem Holze, an dem der allmächtige Gott um der Sünder der Menschen willen sterben wollte, daß du schwindest und den Kranken nimmermehr aufsuchest." Die Macht des am Kreuze gestorbenen Gottes über den Krankheitsdämon wird im Ritus, der vorsieht, Holz auf die Wunde zu legen und ein Kreuz darüber zu schlagen, noch zusätzlich vergegenwärtigt. Im althochdeutschen Spruch ‚Contra vermem edentem' („Gegen den fressenden Wurm") aus der gleichen Pariser Sammelhandschrift wird der Krankheitsdämon nach der einleitenden Befehlsformel „Ich gebiete dir, Wurm, der du in dem Fleische liegst..." im Namen der Trinität unter Aufzählung der Heils- und Krafttaten Christi beschworen. In beiden Fällen ist man nahe an den Sachbeschwörungen der Liturgie.

Den liturgischen Sachbeschwörungen, die auch Bienensegen kennen, steht der im 10. Jahrhundert in eine Handschrift des mittelrheinischen Klosters Lorsch eingetragene rheinfränkische ‚Lorscher Bienensegen' schon deshalb nahe, weil er sich nicht an einen Dämon, sondern an die Kreatur richtet.

Kirst, imbi ist huze! nu fliuc du, vihu minaz, hera
fridu frono in godes munt, heim zi comonne gisunt.
‚sizi, sizi, bina', inbot dir sancte Maria:
‚hurolob nihabe du, zi holze nifluc du;
noh du mir nindrinnes, noh du mir nintwinnest.
sizi vilu stillo, wirki godes willon.'

(„Christ, das Bienenvolk ist ausgeschwärmt! Nun fliegt, meine Tiere, hierher im Frieden des Herrn, um unter Gottes Schutz unversehrt heimzukommen. Sitze, sitze, Biene – das gebot dir Sankt Maria. Keinen Auszug sollst du haben, zum Wald darfst du nicht fliegen, darfst mir nicht entrinnen, darfst mir nicht entweichen. Sitz ganz still, wirke Gottes Willen").

In rhythmischen, von Endreim, Alliterationen und dem Gleichlauf des Satzbaus gestütztem, vielleicht leise gemurmeltem Singsang meldet der Imker Christus das Schwärmen der Bienen, ruft sie zur Heimkehr unter Gottes Schutz und nennt ihnen dreimal das Gebot der Gottesmutter zum Niedersitzen. Die Gefahr des Ausschwärmens in den Wald, wo die Rechte des Besitzers des Bienenvolkes enden, steht vor Augen. Die letzten Zeilen der beiden dreizeiligen Versblöcke, aus denen der kunstvolle Spruch besteht, schließen jeweils die Reihe der Gebote und Verbote ab mit dem heiligen Gebot der wunderreichen Sancta Maria, die Macht über die Bienen hat. Wie sie sind die Bienen – wie lateinische Segen ausführen – „Gottesmägde", wie sie vollbringen die Bienen „Gottes Werke", indem sie das Wachs für die Kerzen, die man zum Gottesdienst braucht, bereiten. Ein mit althochdeutschen Worten durchsetzter, von einer Hand des ausgehenden 10. oder frühen 11. Jahrhunderts in eine Salzburger Handschrift eingetragener lateinischer Segen vertieft noch die Beziehungen der Bienen zu Christus und den Heiligen: „Erinnere dich, was Christus dir gebot, als er von der Erde zu den Himmeln aufstieg, daß du hier bleiben sollst, daß du nicht zum Walde fliegen sollst, daß du hier wohnen sollst, daß du nicht zurückdenken sollst an den Wald, daß du alle hohlen Bäume und alle fremden Gärten meiden sollst. Hier habe ich dir den Mann gesetzt, der dich nähren soll. Er wird dich in den Korb füllen, der dem heiligen Martin gehörte. Darin sollst du schaffen Wachs und Wonne. Der heiligen Maria sollst du die Steckkerze mehren und dem heiligen Christ das Licht an seinem Altar". Es kann – angesichts der im Text wohl aus einer alliterierenden Doppelformel stehengebliebenen Honigmetapher „Wonne" (althochdeutsch *wunni*) – diesem Segen, der den stetigen und ortstreuen Gottesdienst der Flugwesen in einem apokryphen Gebot des zum Himmel auffliegenden Gottes begründet, durchaus eine volkssprachige Vorform zugrundeliegen. Für beide, den ‚Lorscher' und den ‚Salzburger Bienensegen' gilt dabei sicherlich, daß sie von litteraten, von klerikalen Autoren komponiert wurden. Auch sie sind eben geprägt vom analogischen Denken des frühen Mittelalters, das die Erscheinungen nach ihren Ähnlichkeiten ordnet.

Der ‚Lorscher Bienensegen' ist ein erstes Beispiel des zweigliedrigen Zauberspruchs, der uns in althochdeutscher Zeit vorwiegend in der Verbindung von analogischer, von den Taten sakraler Wesen handelnder Vorbilderzählung und eigentlichem Zauberbefehl begegnet. Man kann diese zweigliedrige Form als Erweiterung der im eingliedrigen Spruch häufigen paradigmatischen, die Macht des zum Beistand angerufenen Gottes oder Heiligen vergegenwärtigenden Erinnerung einer Heils- und Krafttat ansehen. Beide Male wird eine heilige, machtvolle Person – Christus, die Gottesmutter, die Apostelfürsten Petrus und Paulus, der Erzmärtyrer Stephan, der vornehmste der fränkischen Heiligen, Sankt Martin – in Dienst genommen, um Dämon oder Kreatur zu unterwerfen. Jedoch ging auch solch paradigmatisches Zitat zumeist schon über die bloße Evokation der Macht hinaus. Das Wesentliche ist in beiden Fällen, daß das vorbildhaft zitierte oder erzählte „heile", in der Vorzeit ereignete Geschehen ein Muster zur Bewältigung des gegenwärtigen Zaubergeschehens abgibt. Erzählte oder zitierte Heilshandlung und gegenwärtige Heilsaufgabe sind einander ähnlich. In der feierlichen Erzählung des ereigneten Heils sollen die übernatürlichen Kräfte, die damals wirkten, erneut aktualisiert werden, soll der mit Zauberkraft geladene Vorgang wieder lebendig werden, sollen heilige Vergangenheit und Gegenwart verschmelzen.

Die Vorbilderzählungen sind dem Bereich der Wundertaten Christi, Heiligenlegenden, noch häufiger aber apokryphen Texten entnommen. Sie können den Anschein angestrengter Konstruktion nicht immer verbergen.

In den volkssprachigen Zaubersegen des frühen Mittelalters werden u.a. als Vorbildhandlungen zitiert und erzählt: Christus und Judas spielen nach einer apokryphen Kindheitserzählung mit Spießen, wobei der Heiland an der Seite verwundet wird (gegen den Blutfluß); der Jordan steht bei der Taufe Christi still (gegen den Blutfluß); in einer Variante überqueren Christus und Johannes den heiligen Fluß, dessen Wasser Christus anhält; Christus stellt die geknickten Flossen eines Fisches wunderbar wieder her (gegen Pferdelähmung); Christus heilt die Verrenkung des Pferdes des hl. Stephan beim Einzug nach Jerusalem; Christus wird (nach Johannes 19, 34) von einem Soldaten, den die spätere Legende Longinus nennt, mit einem Speer an der Seite verwundet (gegen Blutfluß); der Erlöser stirbt freiwillig am Kreuzesholz; Christus kämpft mit dem Teufel auf der Brücke über den Höllen- oder Todesfluß; Petrus sendet seinen Bruder Paulus, auf daß er einer Person mit dem sprechenden Namen *Aderuna* die Adern abbinde und so den Blutfluß zum Stillstand bringe.

Die Konstrukteure der Zaubersegen schreckten auch vor tiefgreifenden Umbauten der biblischen Szenerie nicht zurück. Der spätalthochdeutsche zweite ‚Bamberger Blutsegen' – eingetragen im 12. Jahrhundert zwischen Exzerpten einer lateinischen Rezeptsammlung – bietet eine nicht ungeschickt gereimte Fassung des Longinussegens, des neben den Jordansegen verbreitetsten Typus mittelalterlicher Blut- und Wundsegen: *Christ wart hi [en] erden wunt. daz wart da ze himele chunt. iz nebluotete. noch nesvar. noch nechein eiter nebar. taz was ein file guote stunte. heil sis tu wunte!* („Christ ward hier auf Erden wund, das ward im Himmel kund. Es blutete nicht und schwärte nicht, noch gebar es irgendwelchen Eiter. Das war eine gute Zeit. Werde heil, du Wunde!"). Der Segen, der die dem Analogiezauber zugrundeliegende Vorstellung einer vergangenen und wieder zu aktualisierenden Heilszeit explizit formuliert, wird durch einen Verstärkungsapparat von 2 x 3 Paternostern und von einer Beschwörung bei den heiligen fünf Wunden Christi und beim Namen der heiligen Trinität abgeschlossen. Die in diesem Text noch dunkle Grundlage der Vorbilderzählung läßt sich im Vergleich mit verwandten Segen erschließen. Lateinische Parallelen belehren uns, daß hier – anders als im Evangelium, wo die Seite Christi erst nach seinem Tode durch einen Lanzenstich geöffnet wird – Christus nach der Verwundung als noch lebend und fähig zur Wundenheilung dargestellt wird.

Der auch durch seine sprachliche Komposition in archaischen Stabreimformeln eindrucksvolle ‚Wiener Hundesegen' (10. Jahrhundert) demonstriert, wie auch theologische Grundvorstellungen des Christentums – etwa die Praeexistenz des Logos (s. S. 302) – in den Dienst des Zaubers genommen werden können. Die Vorbilderzählung lautet dort: „Christ wurde geboren, bevor noch Wolf oder Dieb waren. Da war Sankt Martin der Hirte Christi." Der auch in einer lateinischen Variante gleichen Alters vorliegende Spruch gebraucht also die aus dem ‚Wessobrunner Gebet' (s. S. 243) bekannte Gottesanrufung in der Präexistenzperspektive zum Erweis der Macht des Schöpfers über sein Geschöpf, oder – wie es dem genealogischen Denken des frühen Mittelalters noch länger lag – zur Ableitung des Vorrangs Christi aus seiner allumfassenden Priorität. Ähnlich wurde auch der Prolog des Johannesevangeliums für Zauber und Segen genutzt. Der zweite Teil der Vorbildhandlung etabliert, indem er auf der Bezeichnung des heiligen Bischofs als *pastor Christi* („Hirte Christi") aufbaut, eine Analogie zwischen Sankt Martin und dem profanen Hirtenamt. Daraus leitet anschließend – hier nicht zitiert – der Wunschteil des Spruchs die Hüterfunktion von Christus und Martin gegenüber der in Wald und Heide jagenden Hundemeute ab. ‚Bamberger Blutsegen' wie ‚Wiener Hundesegen' scheinen in ein halbgebildetes, teils volkstümlich, teils klerikal geprägtes Milieu zu führen. Für die Wiener Handschrift, die vom Hofe Ludwigs des Deutschen stammt, ist es nicht ausgeschlossen, daß sie sich in der ersten Hälfte des 10. Jahrhunderts in Adelsbesitz befand.

Die Vorbilderzählungen der altdeutschen Zaubersprüche und Zaubersegen entwerfen Heilsszenen, die von mächtigem Schutz und mächtiger Heilung berichten. Auf die biblische Stimmigkeit und theologische Richtigkeit kommt es den Kompositeuren dabei genausowenig an wie jenen Goldschmieden, welche im frühen Mittelalter die Motive vom erretteten ‚Daniel in der Löwengrube' oder von den unversehrt singenden ‚drei Jünglingen im Feuerofen' zu variantenreichen Heilsbildkompositionen auf Amulettscheiben verwandten. So können auch in der magischen ‚interpretatio christiana' aus antikem und biblischem Traditionsgut neue Legenden, aus einem Wortspiel ein neuer Heiliger, aus Stupidus („der Dumme") der apokryphe heilige Tumbo in einem Straßburger Blutsegen des 11. Jahrhunderts geboren werden.

Der Leibarzt des Kaisers Theodosius I. (379–395), der aus Bordeaux stammende Marcellus Empiricus, hatte unter die Rezepte und Heilformeln seines Traktates ‚De medicamentis' („Von den Heilmitteln") einen „gegen den Blutfluß der Weiber" nützlichen Spruch aufgenommen: *Stupidus in monte ibat, Stupidus stupuit. Adiuro te, matrix, ne hoc iracundia suscipias!* („Stupidus ging auf einen Berg, Stupidus stand still. Ich beschwöre dich, Gebärmutter, empfange dieses Vorbild nicht in zorniger Abwehr!"). Der zweigliedrige Text enthält ein *veriloquium*, eine etymologische Prophezeiung des Namens, insofern das vom gleichen Stamm gebildete lateinische Verbum *stupere* auch „still stehen, gerinnen" bedeutet. So etabliert die Einführung des Handlungsträgers Stupidus eine doppelte Analogie zum erwünschten Stillstand des Blutes: im Stocken des Ganges und im Namen. In einem ebenfalls weit zurückreichenden, in einer Berner Handschrift des 10. Jahrhunderts überlieferten Fragment (Bern A 92. 24) findet sich eine Variante des Spruchs: *Stulta femina super fontem sedebat et stultum infantem in sinu tenebat; siccant montes, siccant valles, siccant venae, vel quae de sanguine sunt plenae!* („Eine dumme Frau saß auf einer Quelle und hielt ein dummes Kind auf ihrem Schoß; es mögen die Berge trocknen, es mögen die Täler trocknen, es mögen die Adern trocknen oder was immer voll des Blutes ist!"). Die Variante hat das etymologische Motiv des *Stupidus*-Spruchs nicht durchschaut, und so das lateinische Wort, das auch „dumm, begriffsstutzig" heißen konnte, durch gleichbedeutendes *stultus* ersetzt.

Die gleiche, vom pragmatischen Zweck des Spruches her sich anbietende Szenerie mit Mutter und Kind hat eine altprovenzalische Fassung des 10. Jahrhunderts: *Tomida femina in tomida via sedea, tomid infant in falda sua tenea*... („Eine aufgeschwollene Frau saß auf aufgeschwollenem Weg, hielt ein aufgeschwollenes Kind in ihrem Schoß..."). Hier ist das die Analogie tragende Adjektiv – der Verwendung des Spruchs gegen Geschwulste gemäß – erneut variiert. Aus den zersungenen und zersprochenen und neu gefaßten Varianten läßt sich doch ablesen, daß der in einer verlorenen Straßburger Handschrift des 11. Jahrhunderts überlieferte althochdeutsche ‚Tumbo-Segen' – bestimmt zum Hemmen von Blutungen – sich an einem zwischen den zitierten Varianten stehenden Vorbild orientierte: *Tumbo saz in berke mit tumbemo kinde enarme. tumb hiez ter berch, tumb hiez daz kint: der heilege Tumbo versegene tiusa wunda!* („Stumm saß auf dem Berge mit stummem Kind im Arm. Stumm war der Berg, stumm war das Kind: der heilige Stumm versiegele diese Wunde!"). Dem althochdeutschen Spruch ist es gelungen, das etymologische Zauberspiel im eigenen Sprachmaterial nachzuarbeiten: *tumb* hieß im Althochdeutschen sowohl „dumm" wie auch „stumm, still" – so daß im volkssprachigen Spruch in eindrucksvoller Reihenbildung die Wirkung der Vorbilderzählung sowohl auf der Analogie des Namens wie dem Verstummen, Stillewerden aller aufgezählter Kreatur beruht. Damit aber auch im neuen Verstehenshorizont christlichen Zaubers das vorzeitliche Geschehen sich als Heilstat legitimieren kann, muß der Agent der Handlung geheiligt werden.

Zwei Handlungstypen kennzeichnen die Vorbilderzählungen des Zauberspruchs und Zaubersegens zu allen Zeiten besonders: Begegnungstyp und Wanderschaftstyp. Im Begegnungstyp trifft der Dämon des Unheils oder der Krankheit mit einem Gott oder einem Heiligen zusammen und wird von dem mächtigeren Wesen gezwungen, auf weitere Schadenszufügung zu verzichten.

So in einem lateinischen Begegnungssegen, in dem der uns schon bekannte Krankheitswurm Nessia (bzw. Nesso) davon betroffen wird: „Die schädliche Nessia machte sich auf, um auf diesen und jenen Straßen zu wandern und zu forschen, wen sie verletzen könne. Ihr begegnete der Herr und sprach: ‚Wohin gehst du, Nessia?' ‚Ich gehe zum Diener Gottes N.N., um das Mark seiner Knochen auszusaugen, seine Sehnen abzufressen und sein Fleisch auszutrocknen' Der Herr sagte zu ihr: ‚Ich befehle dir im Namen des Vaters usw., daß du ablässest von diesem Diener Gottes und daß du weiterziehst an einen wüsten Ort!' "

Eine dramatische, in Dialog aufgelöste Ausgestaltung des Begegnungssegens zeigt der schon mit seiner Schlußformel besprochene ‚Pariser Pferdesegen' (10./11. Jahrhundert). Hier begegnet Christus nicht dem Krankheitsdämon, sondern dem Geschädigten: „Ein Mann kam des Wegs daher, zog sein Roß mit Händen. Da begegnete ihm mein Herr mit seiner Gnade: ‚Weshalb, Mann, gehst du zu Fuß? Warum reitest du nicht?' ‚Wie kann ich reiten? Mein Roß ist lahm geworden!' " Es folgt der wirkkräftige, aus dem Mund Christi gegebene Zauberspruch. Zum Wanderschaftstyp wiederum gehört der zweite der beiden ‚Merseburger Zaubersprüche'. In diesem Typus widerfährt einer wandernden oder ausreitenden heiligen Person, ihrem Begleiter oder auch einem Reittier ein Unheil.

Die ‚Merseburger Zaubersprüche' repräsentieren in der frühmittelalterlichen Überlieferung, während alle anderen Texte aus spätantiker magischer Medizin oder genuin christlicher Entwicklung zu erklären sind, allein germanisch-heidnische Zauberdichtung. Das heißt nicht, daß nicht auch hier spätantike Traditionen eingeflossen sind. So finden sich für die Wirkungsweise der *idisi* („heiligen Frauen") im ersten Spruch Vorbilder in lateinischen, auf die Heil schaffende Tätigkeit von *virgines* („Jungfrauen") bezogenen Formeln. Und die Rolle des germanischen Zauber- und Reitergottes Wodan als Arzt im zweiten Spruch ist nicht zu denken ohne die antike Verehrung göttlicher Ärzte. Doch sind hier die Ströme antiker Tradition durch die Gründe der germanischen Randkultur hindurchgeflossen, bevor sie in der Überlieferung des christlichen Frühmittelalters emportauchten.

Der genuin heidnische und germanische Charakter der ‚Merseburger Zaubersprüche' läßt sich nicht ernstlich erschüttern. Zu erklären ist vielmehr, wie und zu welchem Zwecke heidnisches Traditionsgut auf christliches Mönchspergament gelangte.

Überliefert sind beide Sprüche als Nachtrag einer Hand des ersten oder zweiten Drittels des 10. Jahrhunderts auf dem freien Vorsatzblatt eines nur fragmentarisch erhaltenen Sakramentars, das mit anderen, aus Fulda stammenden Stücken in eine sechsteilige Sammelhandschrift gelangte, die später der Merseburger Dombibliothek angehörte. Die Schrift der Sprüche entspricht freilich nicht dem Fuldaer Schrifttypus. Ein im Anschluß an die Zaubersprüche von anderer Hand eingetragenes lateinisches Gebet entstammt dem Fuldaer Sakramentar und knüpft damit weitere Bezüge zu dem hessischen Kloster. In dieser Gebetsformel ist in der Fürbitte für Abt und Konvent der Fuldaer Heilige Bonifatius durch N.N. ersetzt. Das Gebet war also offenbar für eine von Fulda beeinflußte, aber nicht mit dem Bonifatiuskloster identische Gemeinschaft bestimmt. Man kann an die liturgische Gebrauchshandschrift eines mit Seelsorge beauftragten Mönchspfarrers denken. Die Sprache scheint Altsächsisches und Althochdeutsches zu mischen; wieviel von älterer Vorlage in ihr durchschimmert, ist umstritten.

Die ‚Merseburger Zaubersprüche' sind in der klassischen germanischen Dichtform, in Stabreimen, gehalten. Nur am Ende des ersten Spruchs, im entscheidenden Zauberbefehl, wird auch Endreim eingesetzt. Aber das gehört schon zu der diesen Sprüchen eigentümlichen Technik der Akzentuierung des Schlusses. Überhaupt läßt sich an solchen archaisch wirkenden Texten besonders gut beobachten, in welcher Weise sich die heidnisch-germanische Zauberdichtung eine später kaum erreichte „Sprache und Form der Eindringlichkeit geschaffen" hatte. „Ihr Hauptmittel ist Wiederholung mit Heraushebung des letzten Gliedes der magischen Dreizahl" – seien es Dreiergruppen handelnder, heiliger Kraftpersonen, sei es die Aufspaltung der zu heilenden Objekte in eine dreigegliederte Gesamtheit, sei es die dem

Gesetz der Dreizahl folgende Anordnung von syntaktischen Einheiten und Versen. „Ihr zweites Mittel ist Gleichlauf der Glieder" in Syntax und Metrum (Helmut de Boor). Im Zauberspruch sind diese formalen Mittel nicht Schmuck, sondern erhöhen, indem sie auf die Sprache selbst zurücklenken, die Kraft der Formel und die Intensität des Zaubers. Die Sprache wird Zaubersprache. Das heilige Geschehen der Vergangenheit wird im rituellen, aus der Alltagssprache herausgehobenen Rezitieren erneut Gegenwart. Anders als in vielen späteren, weniger sprachmächtigen Sprüchen kann daher hier auf explizite Formulierung der erstrebten analogischen Wirkung verzichtet werden.

Die Deutung des ‚Ersten Merseburger Zauberspruchs' ist in manchen Details umstritten. Soviel läßt sich jedoch festhalten, daß es sich um eine von mehreren Gruppen von *īdisi* („heiligen, weisen, zauberkundigen Frauen") vollbrachte zauberhafte Lösung von Gefangenen handelt. Die Handlung ist in der heiligen Vorzeit des „Einst" situiert:

Eiris sazun idisi, sazun hera duoder.
suma hapt heptidun, suma heri lezidun,
suma clubodun umbi cuoniowidi:
insprinc haptbandun, invar vigandun!

(„Einst saßen Idisen, saßen hier und dort. Einige hefteten Haftbande, einige hemmten das Heer, einige knüpften die Fesseln auf: Spring aus den Haftbanden, entfahre den Feinden!")

Drei heilige Frauengruppen, drei Gruppen von Idisen, haben am Vorgang des Fesselns und Hemmens und Lösens der Kriegerscharen teil. Die dritte Gruppe weiß den Lösezauber, der in geltungssichernder Doppelung gesprochen wird. Dreimal setzen die Handlungen in syntaktischem Gleichlauf mit *suma* ein, die letzte, die gewünschte Handlung jedoch ist, indem sie sich über eine ganze Stabreimzelle erstreckt, stärker gewichtet. Daß es sich bei diesem Formzug um uralte Prägung handelt, zeigt die Parallele des nordischen ‚Alten Sigurdliedes'. Dort ist unter Verwendung des sprachlich entsprechenden *sumir*, in gleicher Akzentuierung des dritten Kettengliedes, zusätzlich verstärkt durch Endreim, die Ausrüstung und magische Stärkung Gothorms für den Mord am Kriegerhelden Sigurd formuliert (Str. 6): „Einige schmorten den Wolf, einige schnitten die Schlange, einige gaben Gothorm vom Gierfleisch zu essen". Der Schluß unseres Spruchs nun überbietet die Dreizahl: nach drei Stabreimzeilen enthält die letzte, endreimbeschwerte Zeile den Zauberbefehl. Die Dreiheit weiblicher Wirkkräfte besitzt übrigens Parallelen in spätantiken Zauberformeln, die von bestimmten Krankheiten lösen sollen. So überliefert Marcellus von Bordeaux gegen das Magenkollern folgende Formel: „Drei Jungfrauen (*virgines*) setzten inmitten des Meeres einen Tisch aus Marmor: zwei drehten (*torquebant*) in einer Richtung, und eine drehte zurück (*retorquebat*)". Die erwünschte Wirkung entsprang wohl dem Doppelsinn von *torquere*, das auch – häufig von Schmerzen gesagt – „plagen, quälen" bedeuten kann. Bei Marcellus findet sich noch ein ähnlicher Spruch gegen Magenbeschwerden: „Es stand ein Baum inmitten des Meeres und daran hing, gefüllt mit menschlichen Därmen, ein

Eimer: drei Jungfrauen gingen drum herum, zwei knüpften Knoten, eine band sie auf." Ganz ähnlich die Formel aus der Sammlung des Codex Sangallensis 751: „Drei Schwestern wanderten, die eine knüpfte, die andere zog den Knoten fest, die dritte löste ihn". In allen drei Formeln wird wie im Merseburger Spruch die Bindung von zwei Wirkkräften besorgt, die dritte jedoch besitzt die überlegene Kraft des Lösens. Man hat aus diesen Parallelen auch für die althochdeutsche Strophe auf therapeutische Funktion geschlossen. Jedoch lassen sich die Stabreimverse angesichts ihres auf „Heer" und „Feinde" bezogenen Vokabulars nicht aus der Kriegersphäre lösen. Ferner gilt hier der Zauberbefehl nicht – wie bei einem Heilzauber zu erwarten – dem Krankheitsdämon, sondern der zu befreienden Person. Schließlich sind Lösezauber zur Befreiung von Gefangenen im Norden bezeugt; z.B. weiht im Zaubergesang der Gróa eine helfende Mutter ihren Sohn in die Magie der Befreiung ein (Str. 10): „Wenn man Fesseln dir um die Knöchel knüpft, dann will ich Lösezauber deinem Gelenk sprechen, dann springt das Band vom Bein." Im Norden gab es Sagen von plötzlicher Lähmung oder Fesselung kampfunfähig gemachter Heere. Der Name der Walküre *Herfiǫtur* „Heerfessel" spricht für sich.

Auch die Merowingerzeit kennt ähnliche Fäll: das Heer König Sigiberts von Austrasien soll 560 – wie Gregor von Tours (IV, 29) erzählt – durch Zauber besiegt worden sein. Schließlich findet sich wunderbare Gefangenenbefreiung auch in christlich-legendarischer Form: Segenssprüche und geweihte Brote sollen sie erreichen; die irische Heilige Brigida befreit Gefangene durch einen Hymnus; in Bedas Kirchengeschichte ist zu lesen, daß ein Kriegsgefangener nicht gefesselt werden konnte, da sein Bruder Messen für ihn lesen ließ, worauf der Gefangene prompt des Zaubers verdächtigt wurde; Thietmar von Merseburg (I, 21) berichtet im frühen 11. Jahrhundert, „daß sich die Fesseln eines Gefangenen, den seine Frau tot glaubte und für den sie durch ständige Seelenmessen sorgte, so oft lösten, wie sie für ihn Gottvater genehme Opfer darbrachte." Er zitiert hier die ‚Dialoge' Gregors des Großen, doch wird die Vorstellung von der Möglichkeit der Gefangenenbefreiung durch fernwirkende Mittel auch im Zitat noch deutlich.

Der ‚Zweite Merseburger Zauberspruch' – in Details nicht weniger umstritten als der erste – handelt von der Verletzung eines Götterpferdes und der magischen Heilung durch den germanischen Gott des Zaubers:

Phol ende Wodan   vuorun zi holza.
du wart demo Balderes volon   sin vuoz birenkit.
thu biguol en Sinthgunt,   Sunna era svister;
thu biguol en Friia,   Volla era svister;
thu biguol en Wodan,   so he wola conda:
sose benrenki,   sose bluotrenki,
sose lidirenki:
ben zi bena,   bluot zi bluoda,
lid zi geliden,   sose gelimida sin!

(„Vol und Wodan ritten in den Wald. Da ward dem jungen Pferde Balders der Fuß verrenkt. Da besang ihn erst Sinthgunt, dann Sunna, ihre Schwester; da besang ihn erst Freyja, dann Volla, ihre Schwester; da besang ihn Wodan, so wie er es gut konnte: ‚Sei es Beinrenkung, sei es Blutrenkung, sei es Gliedrenkung; Bein zu Bein, Blut zu Blut, Glied zu Glied, so daß sie fest verbunden sind!' ").

auch in diesem Spruch handeln drei Gruppen in dreifachem Zauber mit sich steigernder Wirkung. Zwei Götterpaare beschwören das Unheil, dann spricht der Zaubergott selbst den wirksamen, aus zweimal drei Gliedern bestehenden Zauberbefehl. Jeweils das dritte Glied der doppelten Kette ist in der Zauberformel hervorgehoben: zunächst durch metrische Isolierung des Schlußverses der ersten Kette – darin in etwa dem nordischen Ljodaháttr („Zauberform"), der Dichtform des Zaubergesangs, vergleichbar –, dann aber durch die akzentuierende Wiederaufnahme des *sose* der ersten Kette im alles abschließenden Abvers. Der gesamte Spruch besteht schließlich aus drei Handlungsteilen: Unfall, Beschwörung, Heilformel. Klar ist, daß mit Sturz und Verletzung des Götterpferdes „der Einbruch des Chaos in die heile Welt der Göttergesellschaft" gezeigt wird (Karl Hauck). Das Unheil, das die Reitergötter betraf, wird in solidarischem Handeln der Götter abgewendet. Die Paare von Göttinnen bereiten mit ihrem magischen Gesang vor, was der Zaubergott als der magische Dritte in seiner alles überragenden Zauberkompetenz vollendet: Er allein kennt das nur in der geprägten Form gültige Zaubergesetz. Die Vielzahl der handelnden Götter unterstreicht die Betroffenheit der Götterwelt, ihre Verwandtschaft ist der Solidarität ihres Handelns komplementär. Wer sind diese Götter? Manches, nicht alles läßt sich aus späterer nordischer Mythologie aufschließen; manches wird aus schwer faßbarem südgermanischem Eigengut stammen. Deutet man das *balder* der zweiten Zeile – wie wahrscheinlich – als Name und nicht als Appellativum „Herr", so wird Balder, der tragische, im Tod mit dem Untergang der Götterwelt verknüpfte Gott, auch hier vom Unheil betroffen; er dürfte mit Vol identisch sein. Er paßt damit (als Bruder?) zu der gemeinsam mit ihrer Schwester Freyja handelnden Göttin Volla. Zu Freyja gehört im Norden als Bruder und Gatte zugleich Freyr: sein Pferd heißt dort *Blódighófi* („Blutfuß"), was auf einen ähnlichen Reitunfall deutet; Wodan scheint auch dort die Heilung vollzogen zu haben. Vol freilich fehlt als Göttername der skandinavischen Überlieferung. In einer schwedischen Variante des Zauberspruchs stößt jedoch einem Reitergott mit dem etymologisch nah verwandten Namen Fylle das Pferdemißgeschick zu; Freyja heilt. So zeichnet sich als Grundlage des Spruchs vielleicht ein wechselnd ausgestalteter Heilsmythos ab, der ein prominentes Mitglied der Götterfamilie betraf. Wie Sunna – kaum vom Appellativum althochdeutsch *sunna* („Sonne") zu trennen – und Sinthgunt (Walkürenname „Heerkämpferin"? Kampfdämonin?) sich einfügen, bleibt freilich unklar. Jedenfalls evoziert der Spruch – wie auch einige als Amulette getragene frühmittelalterliche Goldbrakteaten des Nordens (mit Heilbildern versehene, gestanzte Schmuckmünzen) – einen göttlichen Unfall in göttlicher Zeit und Wodan als göttlichen Arzt.

Der Typus des ‚Zweiten Merseburger Zauberspruchs', vor allem auch die abschließende Zauberformel, ist weit verbreitet. Zahlreiche Varianten zeugen davon. „Das Grundmotiv aller Varianten ist ... die Wanderschaft, bei der eine Person oder ein Tier sich verletzt und der Heilung bedarf" (Irmgard Hampp). Schon die althochdeutsche Überlieferung kennt eine christliche Kontrafaktur, den ‚Zweiten Trierer Spruch' (10. Jahrhundert), in dem Christus und Stephan *zi der burg zi Saloniun* („zur Stadt Salem") reisen: *thar warth sancte Stephanes hros entphangan* („da wurde Sankt Stephans Roß verfangen, d.h. im Bein gelähmt"). Das germanische Götterpaar ist also durch den Heiland und seinen ersten Heiligen, den Erzmärtyrer, ersetzt: die Szene bezieht sich – wie andere Varianten noch deutlicher erweisen – auf den Einzug Jesu in Jerusalem. Auch hier wird Christus als der göttliche Arzt enthüllt. Doch anders als im heidnischen Spruch ist die erhoffte analogische Wirkung explizit ausformuliert, mit dem Verstärkungsapparat von Paternoster und Anrufung Christi – *Uuala Krist* („Heil dir Christus") – versehen, die Handlung des Zaubernden aber der *Kristes fullesti*, der „gnädigen Hilfe" des Heilands, unterstellt.

Mit Überresten germanischen Heidentums muß bei den Unterschichten, bei den Bauern des fränkischen Reiches, vor allem in dessen äußerstem Osten, in Sachsen, Hessen, Thüringen und dem östlichen Franken, für das neunte und zehnte Jahrhundert durchaus noch gerechnet werden. Im Aufstand der sächsischen Stellinga, einer Verschwörung vor allem der Mittel- und Unterschichten des Stammes, ging es 841/42 vor anderem um eine heidnische Reaktion gegen die christlich-fränkische Herrschaft, in der durchaus die Rede von der Wiederherstellung der alten Kulte war. Als Bischof Unwan 1013 seine Hamburger Diözese inspizierte, hatte er die „heidnischen Kulte, deren abergläubische Verehrung noch in jener Gegend lebendig war, von Grund auf auszurotten, indem er überall in der Diözese in den Hainen, die unsere Sumpflandbewohner mit törichter Verehrung besuchten, neue Kirchen bauen ließ" – so berichtet der zeitgenössische Kirchenhistoriker Adam von Bremen. Thietmar von Merseburg (1009–1018) aber erzählt über seine Bauern, daß sie heimische Götter anbeteten und ihnen opferten (s. S. 32). Er erwähnt auch eine dörfliche Kultgenossenschaft, die einen Stab verehrte, an dessen Spitze sich eine Hand befand, die einen eisernen Ring hielt. Der Hirt des Dorfes trug dieses Kultbild von Haus zu Haus; beim Eintreten sprach er jeweils: „Wache, Hennil, wache!" Ein Gelage zu Ehren dieses Hennil, in dem man eine Erscheinungsform des Schutz- und Totengottes Wodan gesehen hat, folgte. Nach den volkskundlichen Belegen für die spätere abergläubische Anrufung einer dämonischen, mit Sterben und Tod in enger Beziehung stehenden Figur Henn dürfte sich auch dieser Kult auf weitere Bereiche des Ostens erstreckt haben. In den Aberglauben absinkende Kultvorstellungen von Wodan als Reiter-, Krieger- und Totengott bezeugen noch lange die Sagen vom nächtlich wütenden „wilden Heer" der Toten, an dessen Spitze der Gott – oft in kaum verhüllter Namensform Wode oder Gode genannt – reitet. Zur Hexe sinkt Holda, „Frau Holle", ab, auch sie dämonische Anführerin eines „wilden Heeres", ursprünglich aber wohl eine Idise oder eine Erscheinungsform der Freyja. Buchard von Worms klagt im elften Jahrhundert in seinem Bußbuch, das aber wohl auf karolingische Pastoralgesetzgebung zurückgeht, „daß es verbrecherische Weiber gibt, die, durch die Vorspiegelungen und Einflüsterungen der Dämonen verführt, glauben und bekennen, daß sie zur Nachtzeit mit der heidnischen Göttin Diana und einer unzählbaren Menge von Frauen auf gewissen Tieren reiten, über vieler Herren Länder heimlich und in der Totenstille der Nacht hinwegeilen, der Diana als ihrer Herrin gehorchend und in bestimmten Nächten zu ihrem Dienst sich aufbieten lassen." Burchard beklagt, daß eine große Menge von Gläubigen der Irrlehre folge, „daß es außer dem einen Gott noch etwas Göttliches und Übermenschliches gebe".

Diese „Hexe" – in antikisierender Interpretation vom Bischof Diana genannt – „nenne volkstümliche Dummheit ... Holda". Gewiß, dies alles sind Trümmer. Aber man gewinnt doch aus der trümmerhaften und tendenziösen Bezeugung den Eindruck, daß sich bis ins elfte Jahrhundert unterschiedliche Relikte der heidnischen Religion gehalten haben. Jedoch sinken sie bereits ab in den urtümlichen und jeder Religion beigemischten Glauben an Geister, Zauberer und Hexen, in eine Vorstellungsschicht, aus der der St. Galler Mönch Notker Labeo († 1022) in seiner deutschen Martian-Übersetzung (s. S. 224) über nächtliche menschenfressende Wesen berichtet, „die wir Wilzen nennen", in der sein Schüler Ekkehard IV. (‚Casus S. Galli', c. 39) in einer angeblich in die karolingische Zeit zurückreichenden Klosterlegende vorführt, daß, was dem frommen Sinn Wunder war, Skeptikern Resultat eines aus den „schwarzen Büchern" erlernten Zaubers sein konnte. Wollte jener Geistliche, vielleicht Pfarrer, der im zehnten Jahrhundert die beiden heidnischen ‚Merseburger Zaubersprüche' sorgfältig aufzeichnete, sich über diese sinkenden Götter, diese zwischen Kultus und Magie oszillierenden *paganiae* („Heidentümer") unterrichten, welche die Pastoralgesetzgebung indizierte, welchen die Gläubigen im Taufritus abzuschwören hatten?

Zum Beschluß

Ig fant, iz fersvant;
Ig berein, iz fersvein

(„Ich fand, es verschwand;
Ich berührte, es verlöschte")

Althochdeutscher Zauberspruch

Auch wenn man Gestalten wie Notker Labeo und Williram von Ebersberg gebührend würdigt, läßt sich doch nicht verkennen, daß die volkssprachige Literatur des frühen Mittelalters in ihrem Kern, in den ihr eigentümlichen Prägungen von Gattungen und Formen, wie auch in der Tradition der Einzelwerke mit dem zehnten Jahrhundert im wesentlichen abbricht und kaum eine schriftlich gefaßte Kontinuität sie mit der nachfolgenden Periode der deutschen Literatur verbindet. Was in frühmittelhochdeutscher Zeit, im späten elften und frühen zwölften Jahrhundert, zu deutscher Sprache und deutschen Versen findet, ist ein Neuanfang. Worin liegt dieser Bruch begründet?

Zum einen natürlich in dem raschen Sprachwandel, der sich in der Zeit zwischen dem achten und dem elften Jahrhundert vollzog und die volkssprachigen Werke rasch veralten ließ. Daß kaum noch jemand den althochdeutschen Text verstand, war ja im frühen elften Jahrhundert ein Argument für Ekkehard IV., das ‚Galluslied' in das Lateinische zu übersetzen. Aber überhaupt war es keine alltägliche Sache, deutsch zu lesen, wie wiederum aus einer beiläufigen Bemerkung Ekkehards IV. über die Psalterübersetzung seines Lehrers Notker Labeo, „an der sich alle erfreuen können, die die ‚barbarische' Sprache zu lesen verstehen", hervorgeht. Die althochdeutsche Literatur stand auf wenigen Augen. Immer wieder war in ihrer Geschichte auf die Schulzusammenhänge, welche die Autoren verbinden, auf die Bedeutung, die Freundschaften, Verbrüderungen, Verwandtschaften für ihre Rezeption gewannen, zu verweisen. Sie breitete sich auf schmalen Pfaden aus. Recht eigentlich ist sie ein Geschöpf der Karolingerzeit; mit deren Ende ist sie schon im Verlöschen begriffen. Sie entsteht einmal aus der bitteren Not, über die Muttersprache den Klerikern und Mönchen das notwendige, das geliebte Latein zu vermitteln. Insofern bleibt sie ganz instrumental, bleibt im Bannkreis der schmalen, kirchlichen Schicht der *litterati*. Sie entsteht zum andern dort, wo die privilegierte Kirche der Kleriker nicht vermeiden konnte, sich auf die Laien unmittelbar einzulassen: bei Taufgelöbnis, Glaubensbekenntnis, Gebet und Beichte. Wo volkssprachige Literatur darüber hinaus strebt, in Bibeldichtung und Heiligenlied sich intensiv auf die Belehrung der Laien einläßt, ist sie von Anstrengung geprägt und bleibt letztlich, auch wo sie zu großer, bewundernswerter Form findet, nahezu Einzelstück. In beiden Kontaktaufnahmen mit der laikalen Kultur entsteht sie zudem unter massiver Einflußnahme des karolingischen Königtums, das die Notwendigkeit einer volkssprachigen, zugleich gentilen und christlichen Literatur eher erkannte als der Klerus. So ist die Bibeldichtung undenkbar ohne die Förderung durch den ersten König des fränkischen Ostreichs, Ludwig den Deutschen. Hier fand diese christliche Literatur gegenüber dem lateinischen Erbe und gegenüber der mündlichen Dichtung der theodisken Stämme zu ihrem eigenen Raum, der aus dem Ethos der Mission geprägt war und die Buchwerdung der gentilen Sprachen als eine dem christlichen Frankenreich aufgetragene Pflicht verstand. Vielleicht ist ihr Impetus mit dem Kommentar zur Benediktinerregel des Smaragd von St. Mihiel, der dem Königtum nahestand, am besten gefaßt: „Auch ist der, der den geistig Unfertigen die Lehre und die Unwissenden das Wort des Wissens kündet, würdig, so gelobt zu werden, als habe er Almosen gespendet." Sorge um das Seelenheil der Untertanen als bei Gott verdienstliche und dem eigenen Seelenheil förderliche Mildtätigkeit, aus diesem, im imperialen karolingischen Königtum entwickelten Verständnis des herrscherlichen Amtes entstand die volkssprachige Literatur des frühen Mittelalters, lebte mit ihm und erlosch mit ihm.

Literaturhinweise

Die Literaturhinweise erheben nicht den Anspruch einer repräsentativen Bibliographie. Sie verfolgen lediglich das Ziel, dem Benutzer einen allerersten Zugang zur Forschung zu eröffnen. Deshalb wurden bevorzugt neuere Titel aufgenommen, die das jeweilige Gebiet bibliographisch aufschließen. Selbst im Text zitierte Arbeiten sind dann nicht einbezogen worden, wenn sie über die angegebenen Grundartikel und neuere Untersuchungen bibliographisch leicht erreichbar sind. Eine erste Abteilung nennt einige Arbeiten zur allgemeinen Geschichte und zur Literaturgeschichte, die von grundlegender Bedeutung für die gesamte Darstellung sind; eine zweite Abteilung stellt Arbeiten zu einzelnen Abschnitten der Darstellung zusammen; nicht jedoch Spezialliteratur zu den dort behandelten Autoren und Werken; sie ist, da viele von ihnen in mehr als nur einem Abschnitt vorkommen, einer eigenen dritten Abteilung vorbehalten, die auch einige lateinische und altenglische Autoren bzw. Texte enthält, die häufiger zitiert wurden und für eine deutsche Literaturgeschichte des frühen Mittelalters Zeugniswert besitzen. Die Angaben in dieser Abteilung orientieren sich, soweit möglich und angebracht, jeweils an dem Schema: Edition(en) – Artikel der 2. Auflage (in Ausnahmefällen der 1. Auflage) des Verfasserlexikons bzw. anderer einschlägiger Nachschlagwerke – Untersuchungen. Kursivsatz kennzeichnet Editionen. Folgende Abkürzungen werden gebraucht:

ABäG	Amsterdamer Beiträge zur älteren Germanistik.
AfKG	Archiv für Kulturgeschichte.
Ahd.Gll.	E.v. Steinmeyer/E. Sievers (Hgg.), Die althochdeutschen Glossen, I–V, 1879–1922.
Ahd.Lb.	W. Braune/E.A. Ebbinghaus (Hgg.), Althochdeutsches Lesebuch, ^{16}1979.
AION	Annali. Istituto Orientale di Napoli (Sezione Germanica).
Althochdeutsch	R. Bergmann/H. Tiefenbach/L. Voetz (Hgg.), Althochdeutsch, 2 Bde., 1987
Bostock	J.K. Bostock, A Handbook on Old High German Literature, bearb. v. K.C. King/D.R. McLintock, Oxford, ^{2}1976.
BzN	Beiträge zur Namenforschung.
DA	Deutsches Archiv für die Erforschung des Mittelalters.
DPhiA	Deutsche Philologie im Aufriß, I–III, ^{2}1957–1969.
DVjs	Deutsche Vierteljahrsschrift für Literaturwissenschaft und Geistesgeschichte.
FMSt	Frühmittelalterliche Studien.
GRM	Germanisch-Romanische Monatsschrift.

Groseclose/ Murdoch	J. S. Groseclose/B. O. Murdoch, Die althochdeutschen poetischen Denkmäler, 1976.
HZ	Historische Zeitschrift.
Kartschoke	D. Kartschoke, Altdeutsche Bibeldichtung, 1975.
KGGP	Kurzer Grundriß der germanischen Philologie bis 1500, hg. v. L.E. Schmitt, I. Sprachgeschichte, 1970; II. Literaturgeschichte, 1971.
LCI	Lexikon der christlichen Ikonographie, hg. v. E. Kirschbaum, I–VIII, 1968–1976.
LM	Lexikon des Mittelalters, Iff., 1980ff.
LThK^2	Lexikon für Theologie und Kirche, I–XI, ^{2}1957–67.
MGH	Monumenta Germaniae Historica.
MLJ	Mittellateinisches Jahrbuch.
NHL	Neues Handbuch der Literaturwissenschaft, VI: Europäisches Frühmittelalter, hg. v. K. von See, 1985.
PBB	Beiträge zur Geschichte der deutschen Sprache und Literatur. (Halle) 1955–1979: Ausg. Halle. (Tübingen) 1955–1979: Ausg. Tübingen.
Rathofer	J. Rathofer, Realien zur altsächsischen Literatur, in: Niederdt. Wort 16 (1976) 4–62.
RGA^2	Reallexikon der Germanischen Altertumskunde Iff., ^{2}1973ff.
RhVjbll	Rheinische Vierteljahrsblätter.
Rissel	M. Rissel, Rezeption antiker und patristischer Wissenschaft bei Hrabanus Maurus. Studien zur karolingischen Geistesgeschichte, 1976.
RL	Reallexikon der deutschen Literaturgeschichte, I–IV, ^{2}1958–84.
Schlosser	H. D. Schlosser, Die literarischen Anfänge der deutschen Sprache, 1977.
Steinmeyer	E. v. Steinmeyer (Hg.), Die kleineren althochdeutschen Sprachdenkmäler, 1916 (Neudr. 1963).
VL	Die deutsche Literatur des Mittelalters. Verfasserlexikon, Iff., 1978ff.
VL^1	Die deutsche Literatur des Mittelalters. Verfasserlexikon, I–V, 1933–55.
Wadstein	E. Wadstein, Kleinere altsächsische Sprachdenkmäler, 1899.
ZfdA	Zeitschrift für deutsches Altertum.
ZfdPh	Zeitschrift für deutsche Philologie.
ZfGerm	Zeitschrift für Germanistik.
ZGL	Zeitschrift für germanistische Linguistik.
ZGORh	Zeitschrift für die Gechichte des Oberrheins.

Allgemeines

Zur allgemeinen Geschichte: A. Angenendt, Das Frühmittelalter. Die abendländische Christenheit von 400 bis 900, 1990; H. Beumann, Die Ottonen, ^{2}1991; E. Boshof, Die Salier, 1987; K. Bosl, Die Grundlagen der modernen Gesellschaft im Mittelalter, 1972; ders., Europa im Aufbruch, 1980; J. Dhondt, Das frühe Mittelalter, 1968; G. Duby, Das Europa der Mönche und Ritter, Genf 1984; H. Fichtenau, Das karolingische Imperium, Zürich 1949; ders., Lebensordnungen des 10. Jahrhunderts, 1992; J. Fleckenstein u.a., Deutsche Geschichte, I, 1985; J. Fried, Die Formierung Europas 840–1046, 1991; ders., Der Weg in die Geschichte. Die Ursprünge Deutschlands, 1994; F. Heer, Karl der Große und seine Welt, 1977; E. Hlawitschka, Vom Frankenreich zur Formierung der europäischen Staaten- und Völkergemeinschaft 840–1046, 1986; F. Prinz, Grundlagen und Anfänge. Deutschland bis 1056, in: Die neue deutsche Geschichte 1, 1986; T. Reuter, Germany in the Early Middle Ages, 1991; P. Riché, Die Welt der Karolinger, 1981; R. Schieffer, Die Karolinger, 1992; R. Schneider, Das Frankenreich, 1982; H.K. Schulze, Vom Reich der Franken zum Reich der Deutschen: Merowinger und Karolinger, 1987; K.F. Werner, Histoire de France, I: Les origines, Paris, 1984.

Zur mittellateinischen Literaturgeschichte: M. Manitius, Geschichte der lateinischen Literatur des Mittelalters, I, 1911; K. Langosch, Die Deutsche Literatur des lateinischen Mittelalters in ihrer geschichtlichen Entwicklung, 1964; F. Brunhölzl, Geschichte der lateinischen Literatur des Mittelalters, 2 Bde., 1975–92; NHL VI, S. 5ff., 151ff. – J. Szöverffy, Die Annalen der lateinischen Hymnendichtung, I, 1964; W. Berschin, Biographie und Epochenstil im lateinischen Mittelalter, 3 Bde., 1986ff.

Zur deutschen Literaturgeschichte: H. Weddige, Einführung in die germanistische Mediävistik, [2]1992, – R. Kögel, Geschichte der deutschen Literatur bis zum Ausgang des Mittelalters, I, Straßburg, 1894–1897; G. Ehrismann, Geschichte der deutschen Literatur bis zum Ausgang des Mittelalters, I, [2]1932, (Neudruck 1966); G. Baesecke, Vor- und Frühgeschichte des deutschen Schrifttums, I–II, 1940–1953; W. Schröder, Grenzen und Möglichkeiten einer althochdeutschen Literaturgeschichte (Berichte über die Verhandlungen d. Sächs. Akademie der Wiss. Leipzig, phil. hist. Kl. 105,2), 1959; H. de Boor/R. Newald, Geschichte der deutschen Literatur von den Anfängen bis zur Gegenwart, I, 1949, [5]1962; K. Bertau, Deutsche Literatur im europäischen Mittelalter, I, 1972; KGGP II, S. 326ff.; E. Erb, Geschichte der deutschen Literatur von den Anfängen bis 1160, 1976; Bostock; Schlosser; M. Wehrli, Geschichte der deutschen Literatur vom frühen Mittelalter bis zum Ende des 16. Jahrhunderts, 1980; B.O. Murdoch, Old High German Literature, Boston, 1983; D. Geuenich, Die volkssprachige Überlieferung der Karolingerzeit aus der Sicht des Historikers, DA 39 (1983) 104–130; NHL VI, S. 189ff.; W. Haug, Schriftlichkeit und Reflexion, in: Schrift und Gedächtnis, 1983, S. 141–157; A. Masser, Aufgabe und Leistung der frühen volkssprachigen Literatur, in: Geistesleben um den Bodensee im frühen Mittelalter, 1989, S. 87–106; C. Edwards, German Vernacular Literature: a survey, in: Carolingian Culture: Emulation and Innovation, 1993, S. 141–170. – KGGP II, S. 242ff.; J. Rathofer, Realien zur altsächsischen Literatur, in: Niederdt. Wort 16 (1976) 4–62; NHL VI, S. 217ff. – B. Bischoff, Paläographische Fragen deutscher Denkmäler der Karolingerzeit, FMSt 5 (1971) 101–134 (neu in: ders., Mittelalterliche Studien, III, 1981, S. 73–111); ders., Die südostdeutschen Schreibschulen und Bibliotheken in der Karolingerzeit, I–II, 1960–1980; H. Fischer, Schrifttafeln zum althochdeutschen Lesebuch, 1966. – H.D. Schlosser (Hg.), Althochdeutsche Literatur. Ausgewählte Texte mit Übertragungen und Anmerkungen, 1970; Althochdeutsche Literatur. Hg., übers., mit Anm. und einem Glossar von H. Schlosser (erw. Neuausg.) 1989; W. Haug/B. K. Vollmann (Hgg.), Frühe deutsche Literatur und lateinische Literatur in Deutschland 800–1150, Frankfurt a.M. 1991.

Zu einzelnen Abschnitten

Einleitung: Die Welt des frühen Mittelalters: A. J. Gurjewitsch, Das Weltbild des mittelalterlichen Menschen, 1982. – H.W. Goetz, Leben im Mittelalter, 1986.

Raum, Menschen und Strukturen: Handwörterbuch zur deutschen Rechtsgeschichte, Iff., 1964ff; K. Kroeschell, Deutsche Rechtsgeschichte, I, 1972; H.K. Schulze, Grundstrukturen der Verfassung im Mittelalter, I–II, 1985/86; [2]1990/92; J. Ehlers, Schriftkultur, Ethnogenese und Nationsbildung in ottonischer Zeit, in: Frühmittelalterliche Studien 23 (1989), 302–317. – G. Duby, Krieger und Bauern. Die Entwicklung von Wirtschaft und Gesellschaft im frühen Mittelalter, 1977; E. Ennen/W. Janssen, Deutsche Agrargeschichte, 1979; F.W. Henning, Landwirtschaft und ländliche Gesellschaft in Deutschland, I, 1979. – K. Schmid/J. Mehne/G. Althoff/E. Freise/O.G. Oexle/J. Wollasch, Prosopographie als Sozialgeschichte?, 1978 (Bibl.) – K.F. Werner, Adel, LM I, S. 118–128; J. Wollasch, Eine adlige Familie des frühen Mittelalters, AfKG 39 (1957) 150–188; J.P. Bodmer, Der Krieger der Merowingerzeit und seine Welt, Zürich, 1957; H. Kallfelz, Das Standesethos des Adels im 10. und 11. Jahrhundert,

1961; U. Hoffmann, König, Adel und Reich im Urteil fränkischer und deutscher Historiker des 9. bis 11. Jahrhunderts, 1968; J. Beeler, Warfare in Feudal Europe (730–1200), Ithaca-London, 1971; W. Störmer, Früher Adel, 1973; Th. Zotz, Adel, Oberschicht, Freie. Zur Terminologie der frühmittelalterlichen Sozialgeschichte, ZGORh 125 (1977) 3–20; W. Störmer, Der Adel als Träger von Rodung, Siedlung und Herrschaft im frühmittelalterlichen Oberbayern, Oberbayrisches Archiv 106 (1981) 290–307; J. Fleckenstein, Adel und Kriegertum und ihre Wandlung im Karolingerreich, in: Nascità dell' Europa ed Europa carolingia, Spoleto 1981, S. 67–100; H. Keller, Archäologie und Geschichte der Alamannen, ZGORh 129 (1981) 39ff.; H. W. Goetz, „Nobilis". Der Adel im Selbstverständnis der Karolingerzeit, Vierteljahresschrift für Sozial- und Wirtschaftsgesch. 70 (1983) 153–191; K. Schmid, Gebetsgedenken und adliges Selbstverständnis im Mittelalter, 1983. – F. Prinz, Klerus und Krieg im früheren Mittelalter, 1971. – H. W. Goetz (Hg.), Weibliche Lebensgestaltung im frühen Mittelalter, 1991; E. Ennen, Frauen im Mittelalter, [5]1994. – F. Mütherich, Die Reiterstatuette aus der Metzer Kathedrale, in: Studien zur Geschichte der europäischen Plastik, 1965, S. 9–16.

Sprache: KGGP I, S. 211ff., 253ff., 288ff.; St. Sonderegger, Grundzüge deutscher Sprachgeschichte, 1979; N. R. Wolf, Geschichte der deutschen Sprache, I: Althochdeutsch – Mittelhochdeutsch, 1981; H. Eggers: Deutsche Sprachgeschichte, I, [2]1986. – I. Reiffenstein, Bezeichnungen der deutschen Gesamtsprache, in: Sprachgeschichte, II, 1985, S. 1717–1727; H. Thomas, Der Ursprung des Wortes Theodiscus, in: Historische Zeitschrift 247 (1988) 295–332; ders., *frenkisk*. Zur Geschichte von *theodiscus* und *teutonicus* im Frankenreich des 9. Jahrhunderts, in: R. Schieffer (Hg.), Beiträge zur Geschichte des Regnum Francorum, 1990, S. 67–95; W. Haubrichs (Hg.), Deutsch – Wort und Begriff (LiLi, H. 94), 1994; R. Gasser, Propter lamentabilem vocem hominis. Zur Theorie der Volkssprache in althochdeutscher Zeit, 1970; K. Matzel, Karl der Große und die Lingua Theodisca, RhVjbll. 34 (1970) 172–189; ders., Das Problem der „karolingischen Hofsprache", in: Mediaevalia Litteraria, 1971, S. 15–31; H. Beumann/W. Schröder (Hgg.), Aspekte der Nationenbildung im Mittelalter, 1978; M. Richter, Die Sprachenpolitik Karls des Großen, Sprachwissenschaft 7 (1982) 412–437; W. Haug, Literaturtheorie im deutschen Mittelalter, 1985, S. 25ff.

Religion, Kirche, Frömmigkeit: Handbuch der Kirchengeschichte, II. 2, III. 1, 1966–1975; J. M. Wallace-Hadrill, The Frankish Church, Oxford 1983; W. Hage, Das Christentum im frühen Mittelalter, 1993. – W. Haubrichs, Christentum der Bekehrungszeit. Frömmigkeitsgeschichte (Kontinent), in: RGA[2] IV, S. 510–557; R. Kottje, Einheit und Vielfalt des kirchlichen Lebens in der Karolingerzeit, Zeitschrift für Kirchengeschichte 76 (1965) 323–342; A. Angenendt, Religiosität und Theologie, Archiv für Liturgiewissenschaft 20/21 (1978/79) 28–55; ders., Missa specialis, FMSt 17 (1983) 153–221; J. Chélini, L'aube du Moyen Age. Naissance de la chrétienté occidentale. La vie religieuse des laïcs à l'époque carolingienne, 1991. – F. J. Jakobi, Früh- und hochmittelalterliche Sozialstrukturen im Spiegel liturgischer Quellen, Geschichte in Wissenschaft und Unterricht 1 (1980) 1–20; K. Schmid/J. Wollasch (Hgg.), Memoria, 1984; K. Schmid, Bemerkungen zu Synodalverbrüderungen der Karolingerzeit, in: Sprache und Recht, II, 1986, S. 693–710.

Kultur und Bildung zwischen Klerus und Laien: W. Haubrichs, Bildungswesen (5.–10. Jh.), in: RGA[2] II, S. 598ff. (Bibl.); NHL VI, S. 71ff.; R. McKitterick (Ed.), Carolingian Culture: Emulation and Innovation, 1993. – LM I, S. 156 (J. Fleckenstein zur ‚Admonitio generalis'); LM II, S. 187–189 (J. Fleckenstein); W. Braunfels (Hg.), Karl der Große. Lebenswerk und Nachleben, I–IV, 1965; R. Schneider, Karl der Große – politisches Sendungsbewußtsein und Mission, in: Kirchengeschichte als Missionsgeschichte, II, 1, 1978, S. 227–248; D. Schaller, Vortrags- und Zirkulardichtung am Hof Karls des Großen, MLJ 6 (1970) 14–36. – H. Lüdtke, Die Entstehung romanischer Schriftsprachen, Vox Romanica 23 (1964) 3–21; M. van Uytfanghe, Histoire du latin, protohistoire des langues romanes, Francia 11 (1983) 579–613.

Mündliche Dichtung und ihre Träger: P. Wareman, Spielmannsdichtung, Amsterdam 1951; J. Werner, Leier und Harfe im germanischen Frühmittelalter, in: Aus Verfassungs- und Landesgeschichte. Festschrift Th. Mayer, 1954, S. 9–15; W. Salmen, Der fahrende Musiker im europäischen Mittelalter, 1960; E. Werlich, Der westgermanische Skop, ZfdPh 86 (1967) 352–375; E. R. Haymes, Das mündliche Epos, 1977; K. Manitius, Amarcius, in: VLI, Sp. 321ff.; N. Voorwinden/M. de Haan (Hgg.), Oral Poetry, 1979; F. J. Felten, Äbte und Laienäbte im Frankenreich, 1980, S. 26–32.

Gattungen und Formen der mündlichen Dichtung: NHL VI, S. 91–123. – G. de Smet, Die Winileod in Karls Edikt von 789, in: Studien zur deutschen Literatur und Sprache des Mittelalters, 1974, S. 1–7; H. Klingenberg, Dichtung, in: RGA²V, S. 401f.

„Heldensage" und „Heldendichtung" im frühen Mittelalter: K. von See, Germanische Heldensage, 1971; H. Uecker, Germanische Heldensage, 1972; NHL VI, S. 91–123; 237–276; 317–357; H. Beck (Hg.), Heldensage und Heldendichtung im Germanischen, 1988; W. Schröder, Ist das germanische Heldenlied ein Phantom?, ZfdA 120 (1991) 249–256; W. Haubrichs, Recht und Wert. Vom strukturalen und funktionalen Wandel in der Heldensage des frühen Mittelalters, ZfGerm. N.F. 1 (1991) 521–532. – D. Williams, Cain und Beowulf, Toronto/Buffalo/London, 1982. – W. Hoffmann, Das Siegfriedbild in der Forschung, 1979; S. Margeson, The Vǫlsung legend in medieval art, in: Laboratorium for folkesproglig Middelalderliteratur: Medieval Iconography and Narrative, Odense University 1980, S. 183–211; K. Düwel, Zur Ikonographie und Ikonologie der Sigurddarstellungen, in: Zum Problem der Deutung frühmittelalterlicher Bildinhalte, 1986, S. 221–271; S. H. Fuglesang, Ikonographie der skandinavischen Runensteine der jüngeren Wikingerzeit, ebd., S. 183–210. – E. Marold, Ragnarsdrápa und Ragnarssage, in: Germanic Dialects, Amsterdam/Philadelphia 1986, S. 427–457. – R. Wisniewski, Mittelalterliche Dietrich-Dichtung, 1986; vgl. dazu kritisch J. Heinzle, AfdA 99 (1988) 82–87. – A. Wolf, Mythos und Geschichte in der Nibelungensage und im Nibelungenlied, in: Nibelungenlied. Ausstellungskatalog des Vorarlberger Landesmuseums Nr., 86, Bregenz 1979, S. 41–54; O. Gschwantler, Die historische Glaubwürdigkeit der Nibelungensage, ebd., S. 55–69; R. Wisniewski, Die Hunnenexpansion im Spiegel des Waltharius und des Alten Atliliedes, in: Studien zur deutschen Literatur des Mittelalters, 1979, S. 76–85. – J. Williams, Etzel der rîche, Bern 1981; H.M. Heinrichs, Atlilieder der Edda, in: LM I, Sp. 1173f. – N. Wagner, Alboins sächsische amici vetuli, Beiträge zur Namenforschung, NF 15 (1980) 237–245; ders., Alboin bei Thurisind, ZfdA 111 (1982) 243–255. – L. G. Whitbread, The ‚Liber Monstrorum' and ‚Beowulf', in: Medieval Studies 36 (1974) 434–471. – N. Wagner, Zur Herkunft der Franken aus Pannonien, FMSt 11 (1977) 218–228; ders., Irmin in der Sachsen-Origo, GRM 59 (1978) 385–397; H. Weddige, Heldensage und Stammessage. Iring und der Untergang des Thüringerreiches in Historiographie und heroischer Dichtung, 1989. – K. Heisig, Über das Farolied, Romanische Forschungen 60 (1947/48) 459–499; E. Ploss, der Beginn politischer Dichtung in deutscher Sprache, ZfdPh 88 (1969) 1–18; R.A. Gerberding, The Rise of the Carolingians and the ‚liber Historiae Francorum', Oxford 1987, S. 163ff. – K. Hauck, Wielands Hort, Stockholm 1977; RGA² I, Sp. 514ff. R. Nedoma, Die bildlichen und schriftlichen Denkmäler der Wielandsage, 1988; H. Beck, Die Volundarkviđa in neuerer Forschung, in: Über Brücken. FS U. Groenke, 1989, S. 81–97; M. Ishikawa, War Wieland der Schmied ein ‚Weiser'? Über die Herkunft seines Namens, in: Studien zum Altgermanischen. FS Heinrich Beck, 1994, S. 371–380. – F. Norman, The Evidence for the Germanic Walter Lay, Acta Germanica 3 (1968) 21–35; K. Langosch, Die Vorlage des ‚Waltharius', in: Festschrift für B. Bischoff, 1971, S. 226–259. – R. N. Bailey, Viking Age Sculpture in Northern England, London 1980.

Zur Funktion der Heldensage: O. Gschwantler, Studien zur Funktionsgeschichte der Heldensage, Wien, 1959; W. Haug, Andreas Heuslers Heldensagenmodell: Prämissen, Kritik und Gegenentwurf, ZfdA 94 (1975) 273–292; Th. Klein, Vorzeitsage und Heldensage, in:

Heldensage und Heldendichtung im Germanischen, 1988, S. 115–147; U. Ebel, Historizität und Kodifizierung: Überlegungen zu einem zentralen Aspekt des germanischen Heldenlieds, in: Althochdeutsch, S. 685–714; W. Haug, Die Grausamkeit der Heldensage. Neue gattungstheoretische Überlegungen zur heroischen Dichtung, in: Studien zum Altgermanischen. Festschrift H. Beck, 1994, S. 303–326. – G. Meissburger, Zum sogenannten Heldenliederbuch Karls des Großen, GRM 44 (1963) 105–119; E. Ploss, Das 9. Jahrhundert und die Heldensage, ZfdPh 89 (1970) 3–34. W. Haubrichs, Veterum regum actus et bella. Zur sog. Heldenliedersammlung Karls des Großen, in: Aspekte der Germanistik, 1989, S. 17–46. – R. Holtzmann, Die Quedlinburger Annalen (1925), in: ders., Aufsätze zur deutschen Geschichte im Mittelelberaum, 1962, S. 193–254; O. Gschwantler, Die Heldensagen-Passagen in den Quedlinburger Annalen und in der Würzburger Chronik, in: Linguistica et Philologica, Wien 1984, S. 135–181; ders., Frutolf von Michelsberg und die Heldensage, in: Philologische Untersuchungen, Wien 1984, S. 196–211; W. Haubrichs, Heldensage und Heldengeschichte. Das Konzept der Vorzeit in den Quedlinburger Annalen, in: Festschrift H. Kolb, 1989, S. 171–201; O. Gschwantler, Heldensage als ‚Tragoedia'. Zu einem Brief des Domschulmeisters Meinhard an Bischof Gunther von Bamberg, in: 2. Pöchlarner Heldenliedgespräch. Die historische Dietrichepik, 1992, S. 39–67. – R. Wenskus, Wie die Nibelungenüberlieferung nach Bayern kam, Zs. für Bayerische Landesgesch. 36 (1973) 393–449; W. Störmer, Früher Adel, II, 1973, S. 489ff; ders., Nibelungentradition als Hausüberlieferung in frühmittelalterlichen Adelsfamilien? in: Nibelungenlied und Klage. Passauer Nibelungengespräche 1985, 1987, S. 1–20; K. Graf, Literatur als adelige Hausüberlieferung?, in: J. Heinzle (Hg.), Literarische Interessenbildung im Mittelalter, 1993, S. 126–144; ders. Heroisches Herkommen, in: L. Petzoldt u.a. (Hgg.), Das Bild der Welt in der Volkserzählung, 1993, S. 45–64.

Zu Stil und Form des Heldenliedes: W. Hoffmann, Altdeutsche Metrik, 1967; K. von See, Germanische Verskunst, 1967; ders., Stabreim und Endreim, PBB 102 (1980) 399–417.

Das ‚Hildebrandslied': s.u. zum ‚Hildebrandslied'.

„Das Lied des eigenen Unglücks". Heldensage und Kriegergesellschaft: K.-G. Cram, Iudicium belli, 1955; F. Graus, Die Gewalt bei den Anfängen des Feudalismus, Jahrbuch für Wirtschaftsgeschichte 1 (1961) 61–156; R. Zacharias, Die Blutrache im deutschen Mittelalter, ZfdA 91 (1962) 167–201; B.F. Huppe, The Concept of the Hero in the Early Middle Ages, in: Concepts of the Hero in the Middle Ages and Renaissance, Albany 1975, S. 1–26; H. Gneuss, Die Battle of Maldon als historisches und literarisches Zeugnis, SB Bayr. Akad. d. Wiss., phil.-hist. Kl. 5 (1976).

Die späten Sagenlieder: M. Diebold, Das Sagenlied, 1974; K. Brunner, Auf den Spuren verlorener Traditionen, Peritia. Journal of the Medieval Academy of Ireland 2 (1983) 1–22; A. Ebenbauer, Heldenlied und „historisches Lied" im Frühmittelalter – und davor, in: Heldensage und Heldendichtung im Germanischen, 1988, S. 15–35.

Christliche Rezeption der Heldensage: s.u. zum ‚Waltharius'.

Das Schlacht- und Fürstenpreislied: A. Ebenbauer, Carmen Historicum, I, Wien 1978; P. Godman, Poets and Emperors. Frankish Politics and Carolingian Poetry, Oxford 1987; D. Schaller, Pippins Heimkehr vom Avarensieg, in: Arbor amoena comis, 1990, S. 61–74.

Ottonische Hofdichtung: L. Bornscheuer, Miseriae Regum, 1968; K. Hoffmann, Das Herrscherbild im Evangeliar Ottos III. (clm. 4453), FMSt 7 (1973) 324–341; C. Nordenfalk, Archbishop Egbert's ‚Registrum Gregorii', in Studien zur mittelalterlichen Kunst 800–1250, 1985, S. 87–100.

Volkssprachige Rechtstexte: St. Sonderegger, Die ältesten Schichten einer germanischen Rechtssprache, in: Festschrift für K.S. Bader, Zürich 1965, S. 419–438; R. Schneider, Schriftlichkeit und Mündlichkeit im Bereich der Kapitularien, in: Recht und Schrift im Mittelalter, 1977, S. 257–280; R. Schmidt-Wiegand, Eid und Gelöbnis, Formel und Formular im mittelalterlichen Recht, ebd., S. 55–90; dies., Fremdeinflüsse auf die deutsche Rechtssprache, in: Sprachliche Interferenz, 1977, S. 226–245; dies., Stammesrecht und Volkssprache in karolingischer Zeit, in: Nationes, I, 1978, S. 171–203; dies., Altdeutsche Scripta-Quellen, in: Textsorten und literarische Gattungen, 1983, S. 365–377.

Das Erlernen von Fremdsprachen in einer mehrsprachigen Kultur: B. Bischoff, The Study of Foreign Languages in the Middle Ages, in: ders., Mittelalterliche Studien, II, 1967, S. 227–245; St. Sonderegger, Reflexe gesprochener Sprache in der althochdeutschen Literatur, FMSt 5 (1971), 176–192.

Das Kloster – „Stadt Gottes" und „Werkstatt der Tugenden": J. Wollasch, Mönchtum des Mittelalters zwischen Kirche und Welt, 1973; K.S. Frank, Grundzüge der Geschichte des christlichen Mönchtums, 1975; F. Prinz (Hg.), Mönchtum und Gesellschaft im Frühmittelalter, 1976; ders., Monastische Zentren im Frankenreich, Studi Medievali, 3. serie, 19 (1978) 571–590; ders., Askese und Kultur, 1980. – F. Schwind, Zu karolingerzeitlichen Klöstern als Wirtschaftsorganisationen und Stätten handwerklicher Tätigkeit, in: Institutionen, Kultur und Gesellschaft im Mittelalter, 1984, S. 101–123; L. Kuchenbuch, Bäuerliche Gesellschaft und Klosterherrschaft im 9. Jahrhundert, 1978; W. Haubrichs, Die Kultur der Abtei Prüm zur Karolingerzeit, 1979; K.S. Frank, Vom Kloster als *scola dominici servitii* zum Kloster *ad servitium imperii*, in: Studien und Mitteilungen zur Geschichte des Benediktinerordens 91 (1980) 80–97. – W. Braunfels, Abendländische Klosterbaukunst, 1969; W. Horn/E. Born, The Plan of St. Gall, I–III, University of California Press 1980/81; W. Jacobsen, Der Klosterplan von St. Gallen und seine Stellung in der karolingischen Architektur, 1981; R.E. Sullivan, Schola Dominici Servitii: Carolingian Style, in: Catholic Historical Review 67 (1981) 421–431. – B. Probst (Hg.), Regula Benedicti de codice 941 in bibliotheca monasterii S. Galli servato [...], 1983; B. Steidle (Hg.), Die Benediktus-Regel, ^{2}1975; Corpus Consuetudinum Monasticarum, Iff., 1963ff.; J. Semmler/H. Bacht, Benedikt von Aniane, in: LM I, Sp. 1864–1867 (Bibl.); C. Butler, Benediktinisches Mönchtum, 1929; D. Knowles, The Monastic Horarium, Downside Review 51 (1933) 706–725; J.B.L. Tolhurst, The Monastic Breviary of Hyde Abbey Winchester, VI, London 1942, S. 7ff.; M.A. Schroll, Benedictine Monasticism as reflected in the Warnefrid-Hildemar Commentaries on the Rule, New York 1941; W. Hafner, Der Basiliuskommentar zur Regula S. Benedicti, 1959; K. Zelzer, Von Benedikt zu Hildemar. Zu Textgestalt und Textgeschichte der Regula Benedicti auf ihrem Weg zur Alleingeltung, FMSt 23 (1989), 122–130; F. Rädle, Studien zu Smaragd von Saint-Mihiel, 1974; K. Schmid (Hg.), Die Klostergemeinschaft von Fulda im früheren Mittelalter, 1978; K. Hallinger, Überlieferung und Steigerung im Mönchtum des 8. bis 12. Jahrhunderts, in: Eulogia, Miscellanea Liturgica, Rom 1979, S. 125–187; H.F. Haefele, Wolo cecidit, DA 35 (1979) 17–32.

Das Schreiben, die Bücher, die Schule: B. Bischoff, Paläographie des römischen Altertums und des abendländischen Mittelalters, 1979; V. Trost, Skriptorium. Die Buchherstellung im Mittelalter (= Bibliotheca Palatina. Ausstellung der Universität Heidelberg [...] Begleitheft), 1986; P. Ruck (Hg.), Pergament, 1991; NHL VI, S. 81ff. (R. Schieffer). – R. McKitterick, The Carolingians and the Written Word, 1989; R. McKitterick, Frauen und Schriftlichkeit im Frühmittelalter, in: H.W. Goetz (Hg.), Weibliche Lebensgestaltung im frühen Mittelalter, 1991, S. 65–118; R. McKitterick (Ed.), The Uses of Literacy in Early Medieval Europe, 1992; A. Angenendt, Libelli bene correcti. Der „richtige Kult" als Motiv der karolingischen Bildungsreform, in: Das Buch als magisches und Repräsentationsobjekt, 1992, S. 117–135. – H. Hoffmann, Buchkunst und Königtum im ottonischen und frühsalischen

Reich, 1986; E. van Houts: Women and the writing of History in the early middle ages: The case of Abbess Matilda of Essen and Aethelward, in: Early Medieval Europe 1 (1992) 53–68. – K. Christ/A. Kern, Das Mittelalter, in: Handbuch der Bibliothekswissenschaft, III. 1, 1955, S. 243–498; E. Mehl/K. Hannemann, Deutsche Bibliotheksgeschichte, in: DPhiA, I, 1957, Sp. 453–562; A. Derolez/G. Bernt, Bibliothek, in: LM II, Sp. 113ff.; K. Bosl, Die Bibliothek in Gesellschaft und Kultur Europas vom 6. bis zum 18. Jahrhundert, in: Schöne alte Bibliotheken, 1972; S. L. Pralle, Die Wiederentdeckung des Tacitus, 1957; L. Krapf, Germanenmythos und Reichsideologie, Frühhumanistische Rezeptionsweisen der taciteischen ‚Germania', 1979; J. Duft, Die Klosterbibliotheken von Lorsch und St. Gallen als Quellen mittelalterlicher Bildungsgeschichte, in: Lorsch und St. Gallen in der Frühzeit, 1965, S. 23–45; W. Milde, Der Bibliothekskatalog des Klosters Murbach aus dem 9. Jahrhundert, 1968; B. Bischoff, Lorsch im Spiegel seiner Handschriften, 1974; ders., Mittelalterliche Studien, I–III, 1966–1981; St. Sonderegger, Schatzkammer deutscher Sprachdenkmäler. Die Stiftsbibliothek St. Gallen als Quelle germanistischer Handschriftenerschließung vom Humanismus bis zur Gegenwart, St. Gallen 1982; ders., Deutsche Sprache und Literatur im mittelalterlichen Kloster St. Gallen, in: Ruperto Carola. Heidelberger Universitätshefte 43 (1991) Nr. 83/84, S. 167–180. – RGA^2 II, Sp. 598–606 (W. Haubrichs); B. Bischoff, Die Bibliothek im Dienste der Schule, in: ders., Mittelalterliche Studien, III, 1981, S. 213–233; P. Stotz, Dichten als Schulfach – Aspekte mittelalterlicher Schuldichtung, MLJ 16 (1981) 2–5; P. O. Ochsenbein, St. Galler Klosterschule, St. Gallen 1983; N. Henkel, Deutsche Übersetzungen lateinischer Schultexte, 1989, S. 9ff.; M. M. Hildebrandt, The External School in Carolingian Society, Leiden 1992. – J. Leclercq, Wissenschaft und Gottverlangen, 1963.

Die Sammlung der Wörter. Glossen und Glossare: H. Thoma, Althochdeutsche Glossen, in: RL I, Sp. 579–589; R. Bergmann, Verzeichnis der althochdeutschen und altsächsischen Glossenhandschriften, 1973; Th. Klein, Studien zur Wechselbeziehung zwischen altsächsischem und althochdeutschem Schreibwesen [...], 1977; R. Bergmann, Die althochdeutsche Glossenüberlieferung des 8. Jahrhunderts, 1983; R. Schützeichel, Addenda und Corrigenda zu Steinmeyers Glossensammlung, 1982; ders., Addenda und Corrigenda (II) zur althochdeutschen Glossensammlung, 1985; I. Frank (Hg.), Aus Glossenhandschriften des 8. bis 14. Jahrhunderts, 1984; L. Voetz, Die St. Pauler Lukasglossen, 1985; K. Siewert, Die althochdeutsche Horazglossierung, 1986; A. Schlechter, Die althochdeutschen Aratorglossen der Handschrift Rom Bibliotheca Apostolica Vaticana Pal. Lat. 1716 und verwandte Glossierungen, 1993; W. Schulte, die althochdeutsche Glossierung der Dialoge Gregors des Großen, 1994; W. Sanders, in: VL II, Sp. 633f.; VI, Sp. 410. – A. Schwarz, Glossen als Texte, PBB (Tüb.) 99 (1977) 25–36; L. Voetz, Formen der Kürzung in einigen alemannischen Denkmälern des 8. und 9. Jahrhunderts, Sprachwissenschaft 12 (1987) 166–179. – E. Meineke, Bernstein im Althochdeutschen. Mit Untersuchungen zum Glossar Rb., 1984. – H. Thoma, Interlinearversion, in: RL I, Sp. 750–752.

Die Lehrbarkeit des monastischen Offiziums: H. Gneuss, Hymnar und Hymnen im englischen Mittelalter, 1968. – B. Fischer, Die Psalmenfrömmigkeit der Regula S. Benedicti, Liturgie und Mönchtum. Laacher Hefte 4 (1949) 22–35; 5 (1950) 64–79; H. Eggers (Hg.), Zwei Psalter aus dem 14. Jahrhundert, 1962 (Einleitung); K. E. Schöndorf, Die Tradition der deutschen Psalmenübersetzung, 1967; H. Boese, Die alte ‚Glosa Psalmorum ex traditione seniorum', 1962; H. Houben, Heito von Reichenau, in: VL III, Sp. 939–942; Ch. Wilsdorf, Le manuscrit et l'auteur des statuts dits de Murbach, Revue d'Alsace 100 (1961)f 102–110; W. Haubrichs, Das monastische Studienprogramm der ‚Statuta Murbacensia' und die altalemannischen Interlinearversionen, in: Sprache – Literatur – Kultur, Festschrift W. Kleiber, 1989, S. 237–261.

Das Evangelium in der Schule: s.u. zur ‚Tatian-Bilingue'.

Wortarbeit und Kirchensprache: F. Maurer/H. Rupp (Hg.), Deutsche Wortgeschichte, ^{2}1974.

Volkssprachige Adaptation von Artes und Philosophie: G. Eis, Artes, in: RL I, Sp. 102–106; G. Bernt, Artes liberales, in: LM I, Sp. 1058–1061.

Benediktinische Gelehrsamkeit und höfische Repräsentation: s.u. zu Williram von Ebersberg.

Pastorale Gebrauchsliteratur: P. Brommer (Hg.), MGH: Capitula episcoporum, I, 1984; P. Brommer, ‚Capitula episcoporum'. Die bischöflichen Kapitularen des 9. und 10. Jahrhunderts, Turnhout 1985; W. Hellinger, Die Pfarrvisitation nach Regino von Prüm, Zs. der Savigny-Stiftung für Rechtsgeschichte, Kan. Abt. 79 (1962) 1–116, 80 (1963) 75–137; C. Vykoukal, Les examens du clergé paroissial à l'époque carolingienne, Revue d'Histoire Ecclésiastique 14 (1913) 81–96; 794 – Karl der Große in Frankfurt am Main, 1994. – M. Andrieu: Les Ordines Romani du Haut Moyen Age, I–II, 1931–1948; J.A. Jungmann, Missarum Sollemnia, I–II, 1962.

Taufgelöbnisse: LThK^{2} IX, Sp. 1310ff.; F. Wiegand, Erzbischof Odilbert von Mailand über die Taufe, 1899; A. Knoepfler, Walafridi Strabonis liber de exordiis et incrementis [...], 1899, S. 104f.; A. Angenendt, Taufe und Politik im frühen Mittelalter, FMSt 7 (1973), 143–168; ders., Der Taufexorzismus und seine Kritik [...], in: Die Mächte des Guten und Bösen, 1977, S. 388–409; Rissel, S. 214ff. – R. Schmidt-Wiegand, ‚Indiculus superstitionum et paganiarum', in: VL IV, Sp. 376–378.

‚Credo' und ‚Paternoster': P. Fransen/A. Stenzel, Glaubensbekenntnis, in: LThK^{2} IV, Sp. 935–939; G. Langgärtner/D. von Huebner, Credo, in: LM III, Sp. 337–339. – J. N. D. Kelly, Apostolisches Glaubensbekenntnis, in: LThK^{2} I, Sp. 760–762; F. Kattenbusch, Das apostolische Symbol, I–II, 1894 (Neudr. 1962); F. Wiegand, Die Stellung des apostolischen Symbols im kirchlichen Leben des Mittelalters, I, 1899; Tolhurst (s.o. Abschnitt ‚Das Kloster'), S. 49ff. – J. Quasten, Quicumque, in: LThK^{2} VII, Sp. 937f. – J. Gnilka/J.A. Jungmann, Vaterunser, in: LThK^{2} X, Sp. 624–629; St. Sonderegger, Eine althochdeutsche Paternoster-Übersetzung der Reichenau, in: Festschrift für K. Bischoff, 1975, S. 299–307.

Gebete: B. Thum u.a., Gebet, in: LThK^{2} IV, Sp. 537–551; J.A. Jungmann, Oration, in: LThK^{2} VII, Sp. 1191f.; Th. Schnitzler, Gebetbuch, in: LThK^{2} IV, Sp. 551–553. – H. Rheinfelder, Zum Stil der lateinischen Orationen, Jahrbuch für Liturgiewissenschaft 11 (1931) 20–34.

Beichten: L. Hödl/D. Briesemeister u.a., Beichtformeln, in: LM I, Sp. 1812–1818; R. Schmitz u.a., Buße, in: LM II, Sp. 1123–1144; R. Kottje, Bußbücher, in: LM II, Sp. 1118–1122; Tolhurst (s.o. Abschnitt ‚Das Kloster'), S. 47f.; Rissel, S. 241ff.; A. Angenendt, Theologie und Liturgie der mittelalterlichen Toten-Memoria, in: Memoria, 1984, S. 131ff.

Predigtpflicht und Musterübersetzung: W. Keuck/J.B. Schneyer, Predigt, in: LThK^{2} VIII, Sp. 705–713; H. Wolf, Predigt, in: RL III, Sp. 223–257; Rissel, S. 281ff. – P. Siffrin, Homiliar, in: LThK^{2} V, Sp. 465f.; H. Barré, L'homiliaire carolingien de Mondsee, Revue Benédictine 71 (1961) 71–107; ders., Les homiliaires carolingiens de l'école d'Auxerre, Città del Vaticano 1962, S. 4ff.; R. Etaix, Le prologue du Sermonnaire d'Alain de Farfa, Scriptorium 18 (1964) 3–10.

Kontaktzonen: vgl. Literatur der Einleitungsabschnitte.

Bibeldichtung: W. Haubrichs, Bibeldichtung (Kontinent), in: RGA^2 II, S. 492–497; F. Rädle/D. Kartschoke u.a., Bibeldichtung, in: LM II, 75–82. – J. Fleckenstein, Die Hofkapelle der deutschen Könige, I–II, 1959–1966. – J.W. Thompson, The literacy of the laity in the Middle Ages, New York [2]1960, S. 31f.; R. Düchting, Sedulius Scottus. Seine Dichtungen, 1968, S. 108ff.; W. Eggert, Das ostfränkisch-deutsche Reich in der Auffassung der Zeitgenossen, 1973; R. Kottje, König Ludwig der Deutsche und die Fastenzeit, in: Mysterium der Gnade, 1975, S. 307–311; ders., Die Bußbücher Halitgars von Cambrai und des Hrabanus Maurus, 1980, S. 7ff.; W. Hartmann, Das Konzil von Worms, 1977, S. 33f.; B. Bischoff, Mittelalterliche Studien, III, 1981, S. 187–212; J.M. Wallace-Hadrill, The Frankish Church, Oxford 1983, S. 333f.; F.J. Worstbrock, Ermenrich von Ellwangen, in: VL II, Sp. 606–611. – R. Derolez, Runica Manuscripta, 1954; ders., Die ‚hrabanischen' Runen, ZfdPh 78 (1959) 1–19; B. Bischoff, Mittelalterliche Studien, II, 1967, S. 233.

Gottes Wort an die Sachsen. ‚Heliand' und ‚Genesis': s.u. zu den einzelnen Texten.

Das Evangelium der Franken. Otfrid von Weißenburg: G. Schweikle, Reim, in: RL^2 III, Sp. 403–421; ders., Altdeutscher Reimvers, ebd. 424–431; U. Ernst/P.E. Neuser (Hgg.), Die Genese der europäischen Endreimdichtung, 1977. – Vgl. u. zu Otfrid.

Spätkarolingische Bibeldichtung: s.u. zu den einzelnen Texten.

Von der Zukunft nach dem Tode: LCI I, Sp. 119–122 (Antichrist), 513–523 (Weltgericht); R. Manselli u.a.: Antichrist, in: LM I, Sp. 703–708; R. Konrad, De ortu et tempore Antichristi, 1964. – Vgl. u. zu ‚Muspilli'.

Kraft und Macht der Heiligen: H. Vorgrimler, Heiligenverehrung, in: $LThK^2$ V, Sp. 104–108; B. Kötting u.a., Wallfahrt, in: $LThK^2$ X, Sp. 941–946; W. Haubrichs, in: RGA^2 IV, Sp. 514ff., 541ff.; M. Heinzelmann, Translationsberichte und andere Quellen des Reliquienkultes, 1979; P. Corbet, Les saints ottoniens. Sainteté dynastique, sainteté royale et sainteté féminine autour de l'an Mil, 1986; A. Angenendt, Heilige und Reliquien. Die Geschichte ihres Kultes vom frühen Christentums bis zur Gegenwart, 1994; I. Schroth, Die Schatzkammer des Reichenauer Münsters, 1962. – B. Fischer/K.G. Fellerer, Litanei, in: $LThK^2$ VI, Sp. 1075–1078; E. Lengeling, Fürbitten, in: $LThK^2$ IV, Sp. 461f.; Tolhurst (s.o. Abschnitt ‚Das Kloster'), S. 114ff. – H. Berschin/W. Berschin/R. Schmidt, „Augsburger Passionslied", in: Lateinische Dichtungen des 10. und 11. Jahrhunderts, 1981, S. 251–279. – W. Haubrichs, Heiligenfest und Heiligenlied im frühen Mittelalter. Zur Genese mündlicher und literarischer Formen in einer Kontaktzone zwischen laikaler und klerikaler Kultur, in: Feste und Feiern im Mittelalter, 1991, S. 133–143. – Vgl. u. zu den einzelnen Texten.

Zauber und Segen: Steinmeyer Nr. 62–77; Ahd. Lb. Nr. XXXI; A. Masser, Zaubersprüche und Segen, in: RL IV, Sp. 957–965; Groseclose/Murdoch, S. 48ff.; H.-H. Steinhoff, in: VL I, Sp. 2, 27–29, 593; II, Sp. 8–11, V, Sp. 911f.; A.A. Barb, The Survival of Magic Arts, in: The Conflict between Paganism and Christianity [...], Oxford 1963; G. Eis, Altdeutsche Zaubersprüche, 1964; C. Vogel, Le pêcheur et la pénitence au Moyen Age, Paris 1969; ders., Pratiques superstitieuses de début du XI^3 siècle [...], in: Mélanges E.R. Labande, Poitiers 1974, S. 750–761; K.A. Wipf, Die Zaubersprüche im Althochdeutschen, Numen 22 (1975) 42–69; D. Harmening, Superstitio, 1979; J. Jaenecke-Nickel, Zauberspruch, in: Deutsche Volksdichtung, 1979, S. 195–220; M. Blöcker, Wetterzauber, Francia 9 (1981) 117–131; M. Geier, Die magische Kraft der Poesie, DVjs 56 (1982) 359–385; H. Stuart/F. Walla, Die Überlieferung der mittelalterlichen Segen, ZfdA 116 (1987) 53–79. R. Kieckhefer, Magic in the Middle Ages, 1989; C. Daxelmüller, Zauberpraktiken. Eine Ideengeschichte der Magie, 1993; A. Önnerfors, Zaubersprüche in Texten der römischen und frühmitelalterlichen Medizin. Centre Jean Palerne, Mémoires VIII. Saint-Etienne 1988. – E. Bartsch, Die Sachbeschwörungen der römischen Liturgie, 1967; P. Köpp, Das Handbuch eines frühmittelalterlichen Arztes [...], Helvetia Archaeologica 13 (1982) 163–175; A. Borst, Ein Forschungsbericht Hermanns des Lahmen, DA 40 (1984) 379–477. – H. Jongeboer, Der Lorscher Bienensegen..., ABäG 21 (1984) 63–70; B. Bischoff, Anecdota Novissima, 1984, S. 261–263; R. Reiche, Neues Material zu den altdeutschen Nesso-Sprüchen, AfKG 59 (1977) 1–24; E. Riesel, Außerlinguistische Funktion der lexikalischen Wiederholung in alter deutscher Volksdichtung, ZfGerm 3 (1982) 412–418; St. Sonderegger, Althochdeutsch in St. Gallen, 1970, S. 30; B. Murdoch, *Peri hieres nousou:* approaches to the Old High German medical charms, in: Mit regulu bithuungan – neue Arbeiten zur althochdeutschen Poesie und Sprache, 1989, S. 142–160; ders., *Drohtin uverthe so!* Funktionsweisen der altdeutschen Zaubersprüche, in: Lit. wiss. Jb. 32 (1991) 11–38; M. Elsakker, Contra caducum morbum. 2. maal vallen en opstaan, ABäG 29 (1989) 49–60; B. Kratz, Die altdeutschen Sprüche „Pro Nessia" und ein französischer Hippiatrie-Traktat des 15. Jahrhunderts, ABäG 34 (1991) 23–31; V. Schwab, ‚In sluthere bebunden', in: Studien zum Altgermanischen, Festschrift H. Beck, 1994, S. 554–583.

Zu einzelnen Autoren und Werken

‚Abecedarium Nordmannicum': *G. Baesecke, Kleine Schriften zur althochdeutschen Sprache und Literatur, 1966, S. 237–248.* – VL I (St. Sonderegger).

‚Abrogans deutsch': *Ahd. Gll. I 1–270; V 87–89.* – VL I (J. Splett). – B. Bischoff/J. Duft/St. Sonderegger (Hgg.), Das älteste deutsche Buch. Die ‚A.' – Handschrift der Stiftsbibliothek St. Gallen (Facsimile), I–II, St. Gallen 1977; J. Splett, Zur Frage der Zweckbestimmung des A., in: Collectanea Philologica, 1985, S. 725–735; J. Splett, Der Abrogans und das Einsetzen althochdeutscher Schriftlichkeit im 8. Jahrhundert, in: Typen der Ethnogenese unter besonderer Berücksichtigung der Bayern, Bd. 1, 1990, S. 235–241.

Alkuin: VL I (D. Schaller); LM I, Sp. 417–420 (W. Heil u.a.).

Altalamannische Psalmenübersetzung: *U. Daab, Drei Reichenauer Denkmäler der altalemannischen Frühzeit, 1963, S. 77–92*; VL I (St. Sonderegger).

‚Altbairische Beichte': *Ahd. Lb. Nr. XXII, 1.* – VL I (A. Masser).

‚Altbairisches (‚St. Emmeramer') Gebet': *Ahd. Lb. Nr. XXII, 1b.* – VL I (A. Masser). – R. Gusmani, Altkirchenslavische Übersetzungstechnik bei der Wiedergabe des altbairischen Beichtgebets, in: Althochdeutsch, S. 819–827.

‚Altdeutsche (Pariser) Gespräche': *J.A. Huisman, Die P.G., RhVjbll. 33 (1969) 272–296.* – VL I (St. Sonderegger). – W. Haubrichs (s.u. zum ‚Georgslied') 387ff.; H. Penzl, „Gimer min ros", German Quarterly 57 (1984) 392–401; W. Haubrichs/M. Pfister, „In Francia fui". Studien zu den romanisch-germanischen Interferenzen und zur Grundsprache der althochdeutschen „Pariser (Altdeutschen) Gespräche", 1990; E. Meineke: Ahd. Prosasyntax und die Pariser Gespräche, in: Althochdeutsch. Syntax und Semantik (= Université Lyon III. Centre d'Études Linguistiques. Série germanique ancien 1), 1992, S. 323–357; R. Lühr: Germanisch und Romanisch, in: Zeitschrift für romanische Philologie 111 (1995) [im Druck].

‚Althochdeutsche Benediktinerregel': *U. Daab, Die ‚A.B.' des Codex Sang. 916, 1959.* – VL I (St. Sonderegger). – V. Wessing, Interpretatio Keronis in Regulam Sancti Benedicti, 1992.

'Althochdeutsche Lex Salica': *St. Sonderegger, Die A.L.S.-Übersetzung, in: Festschrift für W. Jungandreas, 1964, S. 113–122.* – VL I (St. Sonderegger). – D. Geuenich. Zur althochdeutschen Literatur aus Fulda, in: Von der Klosterbibliothek zur Landesbibliothek, 1978, S. 117–119. – Handwörterbuch zur deutschen Rechtsgeschichte, II, Sp. 1949–1962 (R. Schmidt-Wiegand).

'Althochdeutscher Isidor und Monsee-Wiener Fragmente': *H. Eggers, Der althochdeutsche I., 1964; G.A. Hench, The Monsee Fragments, Straßburg 1890.* – VL I (K. Matzel). – W. Haubrichs, Zum Stand der I.-forschung, ZfdPh 94 (1975) 1–15; K. Ostberg, The Old High German I. in its relationship to the extant manuscripts of Isidorus 'De fide catholica', 1979; P.W. Tax, Althochdeutsche Übersetzung und lateinischer Kommentar, Sprachwissenschaft 5 (1980) 343–360; F. Delbono, L',,Isidoro" e la questione delle origini della letteratura tedesca, Nuovi annali della Facoltà dia Magistero dell'Università di Messina 4 (1986) 159–182; M. Blusch, Zur Rekonstruktion der Anfangspartien der ahd. Übersetzung des Isidor-Traktats, ZfdA 117 (1988) 68–78.

'Althochdeutscher Psalm 138': *Ahd. Lb. Nr. XXXVIII.* – VL VII (D.R. McLintock); N. Daniel, Handschriften des 10. Jahrhunderts aus der Freisinger Dombibliothek, 1973, S. 70ff.; W. Haubrichs, Arcana Regum. Der althochdeutsche hundertachtunddreißigste Psalm und die Synode zu Tribur (895), in: Architectura poetica, 1989, S. 67–106. – P. Salmon, Les 'Tituli Psalmorum' des manuscrits latins, Città del Vaticano 1959; B. Fischer, Der Stuttgarter Bilderpsalter, I–II, 1968.

'Altniederfränkische Psalmen': *A. Quak, Die altmittel- und anfrk. Pss. und Glossen, Amsterdam, 1981.* – VL I (W. Sanders). – T. Klein, Studien zur Wechselbeziehung zwischen altsächsischem und althochdeutschem Schreibwesen, 1977, S. 276ff.

'Altsächsische Allerheiligenpredigt:' *Wadstein Nr. IV.* – VL I (W. Sanders). – J.E. Cross, ,,Legimus in ecclesiasticis historiis", Traditio 33 (1977) 107–135.

'Altsächsische Genesis': Edition und Übersetzung s. 'Heliand'. – VL I (B. Taeger). – U. Schwab, Ansätze zu einer Interpretation der as. G.dichtung, in: AION 17 (1974) 111–186, 18 (1975) 7–88, 19 (1976) 7–52, 20 (1977) 7–79; dies., Zwei Frauen vor dem Tode, in: Verhandelingen van de Koninklijke Academie voor Wetenschappen, Letteren en Schone Kunsten van België, Klasse der Letteren, Jg. 51 (1989), Nr. 132; dies., Die Bruchstücke der altsächsischen Genesis. Einführung, Textwiedergaben und Übersetzungen, 1991; B. Raw, The probable derivation of most of the illustrations in Junius 11 from an illustrated Old Saxon Genesis, Anglo-Saxon England 5 (1976) 133–148; W. Haubrichs (s.o. zum 'Altsächsischen Taufgelöbnis') S. 407ff.

'Altsächsische Psalmen-Fragmente' ('Lubliner Psalter): *W. Krogmann, Die Lubliner Psalmenfragmente, Niederdeutsches Korrespondenzblatt 57 (1950) 49–58.* – VL I (K.E. Schöndorf).

'Altsächsischer (Gernroder) Psalmenkommentar': *Wadstein Nr. II.* – VL II (W. Sanders).

'Altsächsisches Taufgelöbnis': *Ahd. Lb. Nr. XVI, 2.* – KGGP II, S. 245f. (J. Rathofer). – W. Haubrichs, Die Angelsachsen und die germanischen Stämme des Kontinents im frühen Mittelalter, in: Irland und die Christenheit, 1987, S. 392ff.

'Altwestfälisches (Kölner) Taufgelöbnis': *W. Foerste, Untersuchungen zur westfälischen Sprache des 9. Jahrhunderts, 1950, S. 90–125.* – VL V (A. Masser).

‚Basler Rezepte‘: *Steinmeyer Nr. 7.* – VL I (H.-H. Steinhoff). – H. Spilling, Angelsächsische Schrift in Fulda, ebd. S. 62ff.; W. Haubrichs (s.o. zum ‚Altsächsischen Taufgelöbnis‘), S. 400f.

‚Battle of Maldon‘ (‚Byrhtnoths Tod): *E. V. Gordon, The B. o. M., London 1966.* – LM II, Sp. 1169 (N.P. Brooks).

‚Beowulf‘: *F. Klaeber, B. and the Fight at Finnsburg, New York, ³1950.* – M. Lehnert, B. (Übersetzung), 1986. – LM I, Sp. 1925–1928 (D.K. Fry). – F. Schubel, Probleme der B.-Forschung, 1979; C. Chase (Hg.), The Dating of B., Toronto/Buffalo/London, 1981; J.D. Niles, B., Cambridge (Mass.)/London, 1983; K.S. Kierman, B. and the B.-Manuscript, 1984.

‚Bingener Memorienstein‘ (‚Rheinfränkische Grabschrift‘): *Ahd. Lb. Nr. IV, 2.* – H. Tiefenbach, Zur Bingener Inschrift, RhVjbll 41 (1977) 124–137. – G. Binding, Eine Gruppe romanischer Grabsteine („Memoriensteine“) im Erzbistum Köln, Zs. für Archäologie des Mittelalters 2 (1974) 41–61.

‚Carmen ad Deum‘ (‚Sancte Sator suffragator‘ althochdeutsch): *Ahd. Lb. Nr. XV.* – XL I (F. Rädle).

‚Carmina Cantabrigensia‘: *K. Strecker, C.C., 1926.* – LM II, Sp. 1517f. (G. Bernt).

‚Christus und die Samariterin‘: *Ahd. Lb. Nr. XXXIV.* – VL I 1238–1241 (D.R. McLintock): LM II, S. 1943 (U. Schulze); Groseclose/Murdoch, S. 81f. – J. Erben, Textspezifische Gelegenheitsbildungen des Kompositionstyps Adjektiv und Substantiv in hochdeutschen Texten, in: Althochdeutsch 366–370.

‚Edda‘: *G. Neckel/H. Kuhn, Die Lieder des Codex Regius nebst verwandten Denkmälern, I–II, 1962–1983.* – F. Genzmer, Die E. (Übersetzung), 1984; A. Häny, Die E. (Übersetzung), 1987. – LM III, Sp. 1555–1558 (O. Gschwantler).

Einhard: LM III, Sp. 1737–1739 (J. Fleckenstein).

Ekkehard IV. von St. Gallen: LM III, Sp. 1767f. (H.F. Haefele).

‚Exhortatio ad plebem christianam‘: *Ahd. Lb. Nr. X.* – VL II (A. Masser).

‚Fränkisches Gebet‘: *Ahd. Lb. Nr. XIV.* – VL II (A. Masser).

‚Fränkisches Taufgelöbnis‘: *Ahd. Lb. Nr. XVI, 1.* – VL II (A. Masser). – Geuenich (s.o. zur ‚Althochdeutschen Lex Salica‘), S. 111ff.

‚Freisinger (sog. Sigiharts) Gebete‘: *Ahd. Lb. Nr. XXXVII, 2.* – Groseclose/Murdoch, S. 100.

‚Freisinger Paternoster‘: *Ahd. Lb. Nr. XII.* – VL II (A. Masser).

‚Fuldaer Beichte‘: *Steinmeyer Nr. XLVIII.* – VL II (A. Masser). – Geuenich (s.o. zur ‚Althochdeutschen Lex Salica‘), S. 113f.

‚Galluşlied‘: *MG Poetae V, S. 534–540 (ed. K. Strecker).* – P. Osterwalder, Das althochdeutsche G. Ratperts und seine lateinischen Übersetzungen durch Ekkehart IV., 1982; ders., St. Gallus in der Dichtung. Gallusdichtungen und Gallusverse vom Mittelalter bis zur Neuzeit, St. Gallen/Rohrschach 1983.

,Georgslied': *Ahd. Lb. Nr. XXXV; W. Haubrichs, Gl. und Georgslegende im frühen Mittelalter, 1979.* – VL II (R. Schmidt-Wiegand). – R. Schützeichel, Codex Pal. lat 52, 1982; dazu W. Haubrichs, in: Anzeiger für deutsches Altertum 96 (1985) 9ff.; W. Haubrichs, in: Theologische Realenzyklopädie XII, Sp. 380–385; V. Schupp, kicila diu scona min filo las. Bemerkungen zur Georgsliedforschung, ZfdA 120 (1991) 452–455. W. Haubrichs, Die alemannische Herzogsfamilie des 10. Jahrhunderts als Rezipient von Otfrids Evangelienbuch? Das Spendenverzeichnis im Codex Heidelberg Palatinus lat. 52, in: Festschrift E. Hlawitschka, 1993, S. 165–211; ders., St. Georg auf der frühmittelalterlichen Reichenau, in: Herrschaft, Kirche, Kultur. Beiträge zur Geschichte des Mittelalters. Festschrift F. Prinz, 1993, S. 505–537; ders., Zur Rezeption der Georgslegende und des ahd. Georgliedes, in: Festschrift U. Hennig (im Druck); R. Schützeichel, Begegnungen. Matthias Flacius Illyricus und alte Handschriften, in: Philologische Forschungen. Festschrift P. Marcq, 1994, S. 263–282; H. Röhn, Zur Überlieferung des althochdeutschen Georgsliedes, in: Studien zum Altgermanischen. Festschrift H. Beck, 1994, S. 514–526.

,Glossarium Salomonis': *Ahd. Gll. IV 27–174; V 45.* – R. Schmidt, Reichenau und St. Gallen, 1985, S. 89–92; B. Meineke, Althochdeutsches aus dem 15. Jahrhundert. Glossen Salomonis im Codex Lilienfeld Stiftsbibliothek 228, 1990; dies., Zu einer Edition der sogenannten Glossae Salomonis, in: Probleme der Edition althochdeutscher Texte, 1993, S. 18–37.

,Hammelburger Markbeschreibung': *Ahd. Lb. Nr. II,3.* – VL III (R. Schmidt-Wiegand).

,Hebban olla vogala' (,Altniederfränkisches Sprichwort'): M. Schönfeld, H.o.v. [...], Tijdschrift voor Nederlandse Taal- en Letterkunde 76 (1958) 1–9; W. J. Caron, Het taalspel van de probatio pennae, in: Tijdschrift voor Nederlandse Taal- en Letterkunde 79 (1963) 253–270; G. de Smet, Altniederfränkisch, in: Atti Accademia Peloritana, Messina 1986, S. 218ff.

,Heberollen und Heberegister': Rathofer 26f.; VL II (R. Schmidt-Wiegand).

,De Heinrico': *Ahd. Lb. Nr. XXXIX; K. Strecker, Die Cambridger Lieder, 1955, S. 55–59.* – VL III (D. R. McLintock). – S. Weinfurtner, Die Zentralisierung der Herrschaftsgewalt im Reich durch Kaiser Heinrich II., in: Historisches Jahrbuch 106 (1986) 266ff.; T. Klein, „De Heinrico" und die altsächsische Sentenz Leos von Vercelli. Altsächsisch in der späten Ottonenzeit, in: Architectura poetica, 1990, S. 45–66.

,Heliand': *O. Behaghel/B. Taeger, H. und Genesis, 1984.* – F. Genzmer, H. und die Bruchstücke der Genesis (Übersetzung), 1955. – VL III (B. Taeger). – K. Hannemann, Der Humanist Georg Fabricius in Meißen, das Luthermonotessaron in Wittenberg und Leipzig und der Heliandpraefatiokodex aus Naumburg a.d. Saale, AION 17 (1974) 7–109, 256–260; B. Taeger, Die Auswirkung des Schreiberwechsels auf die dialektologische Auswertung der Münchener ,H.'-Handschrift, in: Befund und Deutung, 1979, S. 111–135; M. Gysseling, Die nordniederländische Herkunft des H.-dichters und des ,Altsächsischen' Taufgelöbnisses, Niederdeutsches Jahrbuch 103 (1980), 14–31; D. Neuendorff, Studie zur Entwicklung der Herrscherdarstellung in der deutschsprachigen Literatur des 9.–12. Jahrhunderts, 1982; W. Huber: Altniederdeutsche Dichtung, in: G. Cordes/D. Möhn (Hgg.), Handbuch zur niederdeutschen Sprach- und Literaturwissenschaft, 1983, S. 334–350; U. Schwab, in: Quaedam ubi commodum duxit mystico sensu depingens, Atti Accademia Peloritana dei Pericolanti. Classe di lettere, filosofiae, belle arti, vol. 60, 1986, S. 41–92; H. Magennis, The Treatment of Feasting in the ,H.', Neophilogogus 69 (1985) 126–133; B. Sowinski, Darstellungsstil und Sprachstil im H., 1985; B. Taeger (Hg.), Der Heliand. Ausgewählte Abbildungen zur Überlieferung, 1985; J.A. Huisman, Die Straubinger H.-fragmente als altwestfriesische

Übersetzung, in: Wortes anst – Verbi gratia, Leuven/Amersfort 1986, S. 227–235; Haubrichs (s.o. zum ,Altsächsischen Taufgelöbnis'), S. 409ff.; J. fon Wearinga, The Heliand and Bernlef, Michigan German Studies 12 (1986) 21–33; T. Klein, Die Straubinger Heliand-Fragmente: Altfriesisch oder Altsächsisch? ABäG 31/32 (1990) 197–225; W. Sanders, Sprachliches zu den Straubinger „Heliand"-Fragmenten, in: Architectura poetica, 1990, S. 17–28; G.R. Murphy, Magic in the Heliand, Monatshefte 83 (1991) 386–397; M. Swisher, The sea miracles in the Heliand, in: Neophilologus 75 (1991) 232–238; D.A. Krooks, The „hero on the beach" in the old Saxon Heliand?, American Journal of Germanic Linguistics and Literatures 3 (1991) 161–174.

,Hildebrandslied': *Ahd. Lb. Nr. XXXVIII.* – VL III (K. Düwel) – Das Hildebrandslied. Faksimile der Kasseler Handschrift, mit einer Einführung von H. Broszinski, [2]1985. – R. Schützeichel, Interpretationsinterferenzen, in: Sprachliche Interferenz, 1977, S. 146–158; J. Erben, Die Herausforderung der ur-hettun im althochdeutschen Hl., ZfdPh 98 (1979, Sonderh.) 4–9; H. Kolb, Hs. Sohn, in: Studien zur deutschen Literatur des Mittelalters, 1979, S. 51–75; P. von Polenz, Der Ausdruck von Sprachhandlungen in poetischen Dialogen des deutschen Mittelalters, ZGL 9 (1981) 249–273; M. Bax, Die lebendige Dimension toter Sprachen, ZGL 11 (1983) 1–21; R. d'Alquen/H.G. Trevers, The lay of H., ABäG 22 (1984) 11–72; E.S. Dick, Heroische Steigerung: Hs. tragisches Versagen, in: Dialectology, Linguistics, Literature, 1984, S. 41–71; W.C. McDonald, „Too softly a gift of treasure", Euphorion 78 (1984) 1–16; E. Stutz, Hadebrant und Alebrant, BzN, NF 19 (1984) 261–274; D. Hüpper-Dröge, Schild und Speer [...], 1983, S. 111ff.; E. Ebbinghaus, The End of the Lay of H. and Hadubrant, in: Althochdeutsch, S. 670–676; J. Heinzle, Rabenschlacht und Burgundenuntergang im Hl. ?, ebd., S. 677–684; K. Schneider, Zum Hildebrandslied 37/38 und 49, ebd., S. 655–669; B. Meineke, CHIND und BARN im Hildebrandslied, 1987; E.A. Ebbinghaus, *forn her ostar gihueit...*, Neophilologus (1988) 238–243; W. Haug, Literarhistoriker „untar heriun tuem", in: In hôhem prîse – a Festschrift in honor of Ernst S. Dick, 1989, S. 129–144; H.H. Meier, Die Schlacht im „Hildebrandslied", ZfdA 119 (1990) 127–138; P.E. Neuser, Das karolingische „Hildebrandslied". Kodikologische und rezeptionsgeschichtliche Aspekte des 2°Ms. theol. 54 aus Fulda, in: Architectura poetica, 1990, S. 1–16. – Vgl. E. Schröder (zu ,Heldensage' und ,Heldendichtung').

,Hirsch und Hinde': *Steinmeyer Nr. LXXXIX.* – VL IV (St. Sonderegger). – E.S. Dick, Altenglisch Dryht und seine Sippe, 1965, S. 405ff; U. Schwab, Das althochdeutsche ,Hirsch und Hinde' in seiner lateinischen Umgebung, in: N. Henkel/N.F. Palmer (Hgg.), Latein und Volkssprache deutschen Mittelalter 1100–1500, 1992, S. 74–122; dies., ,Hirsch und Hinde' und die Otmar-Antiphonen, in: Medelingen van de Koninklijke Academie voor Wetenschappen, Letteren en Schone Kunsten van België, Klasse der Letteren, Jg. 55 (1993), Nr. 1, S. 3–49.

Hrabanus Maurus: VL IV (R. Kottje). – M. Sandmann, H. als Mönch, Abt und Erzbischof, Fuldaer Geschichtsblätter 56 (1980)f 133–180; R. Kottje/H. Zimmermann (Hgg.), H.M., 1982; J. Fleckenstein, Über H.M., in: Tradition als historische Kraft, 1982, S. 204–213; J. Adler/U. Ernst, Text als Figur, 1987, S. 33ff.; B. Reudenbach, Das Verhältnis von Text und Bild in „De laudibus sanctae crucis" des Hrabanus Maurus, in: Geistliche Denkformen in der Literatur des Mittelalters, 1984, S. 282–320.

,Kasseler Glossen' (,Glossae Cassellanae'): *Ahd. Gll. III 9–13.* – VL III (W. Schröder). – H. Penzl, „Stulti sunt Romani", Wirkendes Wort 35 (1985) 240–248.

,Kleriker und Nonne': *P. Dronke, Medieval Latin and the Rise of the European Love-Lyric, II, 1986, S. 353–356.* – Groseclose/Murdoch, S. 103f.

,Kölner Bibliotheksinschrift': *N. Kruse, Die Kölner volkssprachige Überlieferung des 9. Jahrhunderts*, 1976, S. 133ff.

,Lex-Salica-Übersetzung': s. ,Althochdeutsche Lex Salica'.

,Lorscher Beichte': *Ahd. Lb. Nr. XXII, 2.* – VL V (A. Masser).

,Ludwigslied': *Ahd. Lb. Nr. XXXVI.* – VL V (W. Freytag). – K.F. Werner, Gauzlin von Saint-Denis und die westfränkische Reichsteilung von Amiens (März 880), DA 35 (1979) 395–462; R. Kemper, Das Ll. – eine politische Lektion, Leuvense Bijdragen 72 (1983) 59–77; K.J. Mattheier, Historisches und Figuratives im althochdeutschen Ll., in: Philologische Untersuchungen, Wien 1984, S. 270–288; K. Ostberg, The ,Ll.' in the Context of Communication between the Continent and Anglo-Saxon England, German Life and Letters 38 (1984/85) 395–416; P.J. Fouracre, The Context of the OHG ,Ll.', Medium Aevum 54 (1985) 87–103; P.M. Blau, Das althochdt. Ludwigslied. Ein Beitrag zu den gattungsgeschichtlichen Grundlagen der Dichtung und zum literarischen Bild des christlichen Herrschers in karolingischer Zeit, Diss. Köln 1986; E.A. Ebbinghaus, Two OHG Notes, Studia Neophilologica 59 (1987) 241–242; R. Müller, Der historische Hintergrund des althochdeutschen Ludwigsliedes, DVjs 62 (1988) 221–226; ders., Le Chant de Louis – un chant de croisade?, in: La croisade: réalités et fictions, 1989, S. 177–182; R. Kemper, Das Ludwigslied und die liturgischen Rechtstitel des westfränkischen Königstum, in: Mit regulu bithuungan – neue Arbeiten zur althochdeutschen Poesie und Sprache, 1989, S. 1–17; D. Yeandle, The Ludwigslied: king, church, and context, ebd., S. 18–79; P. Fouracre, Using the background to the Ludwigslied: some methodological problems, ebd., S. 80–93; C. Händl, Ludwigslied. Canto di Ludoviko. Introduzione e commento, Alessandria 1990.

,Mainzer Beichte': *Ahd. Lb. Nr. XXII, 3.* – VL V (A. Masser).

,Malbergische Glossen': *K.A. Eckhardt, Pactus legis Salicae. MGH Leges nat. Germ. IV, 1, 1962.* – VL V (R. Schmidt-Wiegand).

,Merseburger Gebetsbruchstück': *Steinmeyer Nr. 84.* – VL VI (A. Masser).

,Merseburger Zaubersprüche': *Ahd. Lb. Nr. XXX, 1.* – VL VI (H.H. Steinhoff). – R. Ködderitzsch, Der 2. M.Z. und seine Parallelen, Zs. für Celtische Philologie 33 (1974) 45–57; K. Hauck, Stammesbildung und Stammestradition am sächsischen Beispiel, Jahrbuch der Männer vom Morgenstern 50 (1969) 54f.; ders., Zur Ikonologie der Goldbrakteaten XIV, FMSt 11 (1977) 414ff.; ders., Text und Bild in einer oralen Kultur, FMSt 17 (1983) 518ff. – Th. Siebs, Der Todesgott ahd. Henno, ZfdPh 24 (1892) 145–157; W. Schlesinger, Kirchengeschichte Sachsens im Mittelalter, I, 1962; S. 33; 225; B. Murdoch, But did they work? Interpreting the Old High German „Merseburg charms" in their medieval context, Neuphil. Mitt. 89 (1988) 358–369.

,Modus Liebinc': s. ,Das Schneekind'.

,Modus Ottinc': *K. Strecker, Carmina Cantabrigensia 1926, Nr. 11.* – VL VI (V. Schupp).

,Monsee-Wiener Fragmente': s. ,Althochdeutscher Isidor und Monsee-Wiener Fragmente'.

,Murbacher Hymnen': *U. Daab, Drei Reichenauer Denkmäler der altalemannischen Frühzeit, 1963.* – VL VI (St. Sonderegger). – N. Henkel, Deutsche Übersetzungen lateinischer Schultexte, 1989, S. 65ff.

‚Muspilli': *Ahd. Lb. Nr. XXX.* – VL VI (H.H. Steinhoff). – J. Singer, Zu M. 90–93, ZfdPh 95 (1976) 444–449; Haubrichs (s.o. zum ‚Altsächsischen Taufgelöbnis'), S. 406f.; W. Brandt, Zukunftserzählen im M., in: Althochdeutsch, S. 720–736; A. Masser, Althochdeutsch *peh*, ebd. S. 1195–1209; R. Schützeichel, Zum Muspilli, in: Festschrift für Ingo Reiffenstein, 1989, S. 15–29; J. R. Peirce, A modern review of muspille's verses, in: Proceedings of the first annual languages and literature conference, 1990, S. 95–100.

Notker I. Balbulus von St. Gallen: VL VI (H.F. Haefele).

Notker III. Labeo von St. Gallen: *P. Piper, Die Schriften N.s. und seiner Schule, I–III, 1882/83; E. H. Sehrt/T. Starck, N.s. des Deutschen Werke, I–III, 1933–1955; J. C. King/P. W. Tax, Die Werke N.s des Deutschen, Neue Ausgabe, Iff., 1972f.* – VL VI (St. Sonderegger). – J.C. Frakes, Die Rezeption der neuplatonischen Metaphysik des Boethius durch Alfred und N., PBB (Tübingen) 106 (1984) 51–74; E. Hellgardt, N. Teutonicus, PBB (Tübingen) 108 (1986) 190–205, 109 (1987) 202–221; J. M. Jeep, Stabreimende Wortpaare bei N.L., 1987; St. Sonderegger, N. der Deutsche als Meister einer volkssprachigen Stilistik, in: Althochdeutsch, S. 839–871; S. Sonderegger, Notkers des Deutschen Terminologie des Übersetzungsvorganges, ZfdPh 106 (1987) 15–24; G. Braungart, Notker der Deutsche als Bearbeiter eines lateinischen Schultextes: Boethius De Consolatione Philosophiae, ZfdPh 106 (1987) 2–15; J.C. Frakes, Griechisches im frühmittelalterlichen St. Gallen. Ein methodologischer Beitrag zu Notker Labeos Griechischkenntnissen, ZfdPh 106 (1987) 25–34; N. Henkel, Deutsche Übersetzungen lateinischer Schultexte, 1989, S. 73ff.; B. Bennett, The function of adaptation in Notker's Rhetorica, Rhetorica 7 (1989), 171–184; R. F. M. Byrn, Judgement and cursings in the psalms as translated by Notker, in: Mit regulu bithuungan – neue Arbeiten zur althochdeutschen Poesie und Sprache, 1989, S. 133–141; S. Sonderegger: Notker III. von St. Gallen und die althochdeutsche Volkssprache, in: Geistesleben um den Bodensee im frühen Mittelalter, 1989, S. 139–156; E. Hellgardt, Die „Wiener Notker"-Handschrift. Überlegungen zum ursprünglichen Bestand und Gebrauch, in: Aspekte der Germanistik, 1989, S. 47–67; E. Scherabon Firchow, Althochdeutsche Textausgaben: Notker Teutonicus und seine Werke, in: Probleme der Edition althochdeutscher Texte, 1993, S. 110–.

‚Ad Odonem regem': *Analecta Hymnica 2 (1888), Nr. 127.*

Otfrid von Weißenburg: O. Erdmann/L. Wolff, O.s. Evangelienbuch, 1962. – G. Vollmann-Profe, O. v. W. Evangelienbuch, Auswahl (Übersetzung), 1987. – VL VII (W. Schröder); W. Kleiber (Hg.), O. v. W., 1978 (Bibl.). – N. Daniel (s.o. zu ‚Althochdeutscher Psalm 138'), S. 63f.; P. Michel/A. Schwarz, Unz in obanentig, 1978; W. Haubrichs, Nekrologische Notizen zu O. v. W. Prosopographische Studien zum sozialen Umfeld und zur Rezeption des Evangelienbuches, in: Adelsherrschaft und Literatur, 1980, S. 7–13; S. Greiner, Das Marienbild O. s. v. W., 1987; H. Günther, Probleme beim Verschriften der Muttersprache, Lili. Zs. f. Literaturwissenschaft und Linguistik 15 (1985), H. 59, S. 36–54; D.H. Green, Zur primären Rezeption von O.s. Evangelienbuch, in: Althochdeutsch, S. 737–771; U. Ludwig, O. in den Weißenburger Mönchslisten, ZGORh 135 (1987) 65–82. – H.B. Meyer, „Crux, decus es mundi", in: Paschatis Sollemnia, 1959, S. 96–107; E. Jammers, Schrift, Ordnung, Gestalt, 1969, S. 90ff.; C. Morini, Il mistero della croce nel Liber Evangeliorum di Otfrid von Weißenburg (V, 1, 2, 3), Messina 1984; L. Archibald, The seamless robe and related imagery in Otfried von Weißenburg's Evangelienbuch, in: Mit regulu bithuungan – neue Arbeiten zur althochdeutschen Poesie und Sprache, 1989, S. 123–132; W. Kleiber, Zur Otfridedition, in: Probleme der Edition althochdeutscher Texte, 1993, S. 83–. – Vgl. Lit. zum ‚Georgslied'.

Otloh von St. Emmeram (‚Otlohs Gebet'): *Ahd. Lb. nr. XXVI (mit Bibl.)* – VL III (B. Bischoff).

,Paderborner Psalmenfragment': *A. Quak, Zum Paderborner Fragment einer altsächsischen interlinearen Psalmenübersetzung*, ABäG 26 (1987) 1–10.

,Petruslied': *Ahd. Lb. Nr. XXXIII.* – VL VII (H. Lomnitzer).

,Pfälzer Beichte': *Steinmeyer Nr. 50.* – VL VII (A. Masser).

Ratpert von St. Gallen: s.o. zum ,Galluslied'. VL VII (F. Rädle).

,Reichenauer Beichte': *Steinmeyer Nr. 51.* – VL VII (A. Masser).

,Reichenauer Hymnen': s. ,Murbacher Hymnen'.

,Rheinfränkische Psalterübersetzung' (,Cantica'): *Steinmeyer, Nr. 39.* – VL VII (K.E. Schöndorf).

,Rheinfränkisches (Augsburger) Gebet': *Ahd. Lb. Nr. XXXVII, 1.* – VL I (A. Masser); Groseclose/Murdoch, S. 99. – P.J. Geary, Der Münchener Cod. lat. 3851 und Ellwangen im 10. Jahrhundert, DA 33 (1977) 167–170.

,Rithmus de Pippini regis victoria Avarica' (,Awarenschlachtlied'): *MGH Poetae lat. I, S. 116f.* – J. Déer, Karl der Große und der Untergang des Awarenreiches, in: Karl der Große, I, 1965, S. 727.

,Sächsische Beichte': *Ahd. Lb. Nr. XXII, 5.* – VL VIII (A. Masser).

,Samanunga worto': *Ahd. Gll. I 3–270.* – VL VIII (J. Splett).

,St. Galler Paternoster und Credo': *Ahd. Lb. Nr. VI.* – VL II (St. Sonderegger).

,St. Galler Schreiberverse': *Ahd. Lb. Nr. XXIII, 9.* – VL II (St. Sonderegger).

,St. Galler Schularbeit': *Ahd. Lb. Nr. XXIII, 19.* – VL II (St. Sonderegger).

,St. Galler Spottverse': *Steinmeyer Nr. 82.* – VL II (St. Sonderegger). – I. Strasser, Zum St. Galler Spruch im Cod. 105, Seite 1, ZfdA 110 (1981) 243–253.

,St. Galler Sprichwörter': VL II (St. Sonderegger).

,St. Galler Verse aus Notkers Rhetorik': *Ahd. Lb. Nr. XL.* – VL VI 1233, Nr. IX, C (St. Sonderegger).

,Das Schneekind' (,Modus Liebinc'): *K. Strecker, Carmina Cantabrigensia, 1926, Nr. 15.* – VL VIII (V. Schupp).

,Spruch wider den Teufel' (,Trierer Teufelsspruch'): *Steinmeyer Nr. LXXX.* – Groseclose/Murdoch, S. 100f. – R. Schützeichel, Zu einem althochdeutschen Denkmal aus Trier, ZfdA 94 (1965) 237–243. – H.W. Goetz, Strukturen der spätkarolingischen Epoche im Spiegel der Vorstellungen eines zeitgenössischen Mönchs, 1981, S. 59ff.

,Straßburger Eide': *Ahd. Lb. Nr. XXI, 1.* – Schlosser, S. 99. – S. Becker, Untersuchungen zur Redaktion der S. E., 1972; E. Koller, Zur Volkssprachlichkeit der S. E. und ihrer Überlieferung, in: Althochdeutsch, S. 828–838.

,Summarium Heinrici': *R. Hildebrandt, S. H. 1974–1982.* – L. Voetz, S. H. Codex discissus P, Sprachwissenschaft 5 (1980) 364–414; W. Wegstein, Studien zum ,S.H.', 1985; R. Hildebrandt, S.H.: Eigilo, der engagierte Kopist, in: Althochdeutsch, S. 600–607; R. Hildebrandt, Der Wort-„Schatz" des Summarium Heinrici, in: Brüder-Grimm-Symposium zur historischen Wortforschung, 1986, S. 40–58; D. Gottschall: Ein neuer Fund zur Datierung des „Summarium Heinrici", ZfdA 119 (1990) 397–403; St. Stricker, Basel ÖBU. B IX 31. Studien zur Überlieferung des Summarium Heinrici Langfassung Buch XI, 1989; dies., Die Summarium-Henrici-Glossen der Handschrift Basel ÖBU. B X 18, 1990; dies., Editionsprobleme des Summarium Heinrici, in: Probleme der Edition althochdeutscher Texte, 1993, S. 38–75.

,Tanz von Kölbigk': *E. E. Metzner, Zur frühesten Geschichte der europäischen Balladendichtung: Der Tanz in Kölbigk, 1972.* – J. Schroeder, Zur Herkunft der älteren Fassung der Tanzlegende von Kölbigk, in: M. Borgolte/H. Spilling (Hgg.), Litterae Medii Aevi, FS J. Autenrieth, 1988, S. 183–189.

,Tatian-Bilingue': *E. Sievers, T., 1892 (Neudr. 1960); A. Masser, Die lateinisch-althochdeutsche Tatianbilingue Stiftsbibliothek St. Gallen Cod. 56, 1994.* – Bostock, S. 157ff.; Schlosser, S. 117. – B. Fischer, Bibelausgaben des frühen Mittelalters, in: La Bibbia nell'alto medioevo, Spoleto 1963, S. 545ff. – J. Rathofer, Ms. Junius 13 und die verschollene T.-Hs. B, PBB (Tüb.) 95 (1973) 13–125; Haubrichs (s.o. zum ,Altsächsischen Taufgelöbnis'), S. 401–405 (Bibl.).

Thietmar von Merseburg: *W. Trillmich, Th. v. M.: Chronik, 1974, (mit Bibl. und Einleitung).*

,Trierer Capitulare': *Ahd. Lb. Nr. XIX.* – Schlosser, S. 97. – H. Tiefenbach, Ein übersehener Textzeuge des T. C., RhVjbll 39 (1975) 272–310.

,Trierer Reimspruch' (,Gregorius-Spruch'): *Steinmeyer Nr. 81.* – Groseclose/Murdoch, S. 101.

,Vorauer Beichte': *Steinmeyer Nr. 47.*

,Waldere': *F. Norman, W., London, 1949.* – U. Schwab, W.: testo e commento, Messina 1967.

,Waltharius': *MGH Poetae VI 1–85.* – W. Berschin, Ergebnisse der W.-Forschung seit 1951, DA 24 (1968) 16–45; M. Wehrli, Formen mittelalterlicher Erzählung, 1969, S. 97–112; K. Langosch, ,W.', 1973; F. B. Parkes, Irony in ,W.', Modern Language Notes 89 (1974) 459–465; A. Wolf, Mittelalterliche Heldensagen zwischen Vergil, Prudentius und raffinierter Klosterliteratur, Sprachkunst 7 (1976) 180–212; D. Schaller, Fröhliche Wissenschaft vom ,W.', MLJ 16 (1981) 54–57 (Bibl.); P. Dronke, ,W.' and the ,Vita Waltharii', PBB 106 (1984) 390–402 (Bibl.); U. Ernst, Walther – ein christlicher Held?, MLJ 21 (1986) 79–83; B. Scherello, Die Darstellung Gunthers im „Waltharius", MLJ 21 (1986) 88–90; S. Gäbe, Gefolgschaft und Blutrache im „Waltharius", MLJ 21 (1986) 91–94; A. Önnerfors, Das Waltharius-Epos. Probleme und Hypothesen, 1988; F. Brunhölzl: Waltharius und kein Ende?, in: Festschrift für Paul Klopsch, 1988, S. 45–55; D. Schaller, Beobachtungen und Funde am Rande des Waltharius-Problems, in: Litterae medii aevi. Festschrift für Johanne Autenrieth, 1988, S. 135–144; A. Wolf, Volkssprachliche Heldensagen und lateinische Mönchskultur. Grundsätzliche Überlegungen zum „Waltharius", in: Geistesleben um den Bodensee im frühen Mittelalter, 1989, S. 157–183; J. Peeters, Guntharius – die Fehler eines Königs, ABäG 34 (1991) 33–48.

‚Weißenburger Katechismus': *Ahd. Lb. Nr. XIII.* – G. De Smet, Zum W. K., in: Mediaevalia Litteraria, 1971, S. 39–53.

‚Wessobrunner Gebet': *Ahd. Lb. Nr. XXIX.* – Groseclose/Murdoch, S. 45ff.; Kartschoke, S. 21ff.; G. A. Waldman, The German and Geographical Glosses of the Wessobrunn Prayer Manuscript, BzN NF 13 (1978) 261–305; C. Edwards, Tohuwabohu: The ‚W. G.' and its analogues, Medium Aevum 53 (1984) 263–281; C. L. Gottzmann: Das W. G., in: Althochdeutsch, S. 637–654; J. A. Huisman, Das W. G. in seinem handschriftlichen Kontext, ebd., S. 625–636; Haubrichs (s.o. zum ‚Altsächsischen Taufgelöbnis'), S. 405f.; V. Schwab, Zum W.G.: eine Vorstellung und neue Lesungen, in: Romanobarbarica 10 (Roma 1988/89) 383–427; C. Edwards/J. Kiff-Hooper, Ego bonefacius scripsi? More oblique approaches to the Wessobrunn prayer, in: Mit regulu bithuungan – neue Arbeiten zur althochdeutschen Poesie und Sprache, 1989, S. 94–122.

Williram von Ebersberg: *J. Seemüller, W.s. deutsche Paraphrase des hohen Liedes, 1878.* – V. Schupp, Studien zu W. v. E., 1978; H. U. Schmid, Nachträge zur Überlieferung von W.s. Paraphrase des Hohen Liedes, ZfdA 113 (1984) 229–234; K. Gärtner, Zu den Handschriften mit dem deutschen Kommentarteil des Hoheliedkommentars Willirams von Ebersberg, in: Deutsche Handschriften 1100 bis 1400, 1988, S. 1–34; U. Schmid, Ein neuer Textzeuge von Willirams Hohelied-Paraphrase, ZfdA 118 (1989) 216–226. – VL V (W. Sanders zum ‚Leidener Williram').

‚Würzburger Beichte': *Steinmeyer Nr. 44.*

‚Würzburger Markbeschreibungen': *Ahd. Lb. Nr. II, 4.* – Schlosser, S. 108f.

Zaubersprüche, Segen: s. Lit. zum Abschnitt.

Register
(Autoren, sonstige historische Personen, Werke)
von Peter Godglück